矿产资源案件胜诉实战指南

——疑难案件办案思路和实务要点详解

唐青林　李　舒　杨　巍　编著

MINERAL RESOURCES CASES

PRACTICAL GUIDE TO WINNING A LAWSUIT

中国法制出版社
CHINA LEGAL PUBLISHING HOUSE

前　　言

由于矿产资源具有稀缺性、不可再生性，我国对矿产资源的开发利用一直处于行政强力监管状态，这也决定了矿产资源案件具有自身的独特性。为此，最高人民法院已将矿产资源案件作为特殊类别案件进行审理：2014 年 6 月，最高人民法院发布《关于全面加强环境资源审判工作为推进生态文明建设提供有力司法保障的意见》，提出要充分发挥环境资源审判职能作用；2014 年 7 月，最高人民法院设立环境资源审判庭，审理范围包括自然环境污染侵权纠纷民事案件、涉及地质矿产资源保护、开发有关权属争议纠纷民事案件等；2017 年 6 月，最高人民法院针对矿业权纠纷案件，发布《关于审理矿业权纠纷案件适用法律若干问题的解释》。

矿产资源纠纷涉及矿产资源法、合同法、物权法、侵权责任法、行政许可法等多个领域的法律法规，尤为复杂。本书以案例研究为出发点，搜集最高人民法院和各省、自治区、直辖市高级人民法院真实案例，挑选极具代表性的矿产资源纠纷法律问题进行分析讲解。我们希望通过系列司法案例的解读，帮助当事人快速提高涉矿法律风险防范意识和能力，从他人的血泪教训中总结经验。同时，我们也希望通过对司法案例的分析，为统一司法裁判尺度贡献绵薄之力。

本书的编撰结构包括阅读提示、裁判要旨、案情简介、裁判要点、实务经验总结、相关法律规定、裁判文书原文以及延伸阅读部分。其中，裁判要旨和裁判要点部分，归纳总结了案件的裁判思路；案情简介部分，力求以最简练的语言提炼案件事实，便于读者快速了解案情；实务经验总结部分，从法律风险防范角度提出实务操作要点；延伸阅读部分，根据搜集到的相关法律问题的案例，提炼出裁判规则，或列出相关地方规定，供读者参考。

一、本书解读的裁判文书案件事实纷繁复杂、证据较多，往往涉及多个法律焦点。为了写作和理解方便，我们可能仅选取某个具体角度、某个焦点问题进行解读和评析，难免挂一漏万。需要完整了解某个案件，请通过法院官方网站或其他渠道获取裁判文书原文进行研读。

二、与此同时，有些似乎事实相同的案件，却出现不一样甚至相反的判决结果，这可能是因为案件事实看似相同实际上却存在某些细微但关键的差别，也可能是法院根据社会发展的变化调整裁判规则和思路，甚至可能是法律法规本身出现了变化。裁判文书一旦作出就固化了，但是立法和司法实践是不断向前发展变化的。

三、我国不是判例法国家，除非是最高人民法院正式发布的指导性案例（根据《最高人民法院关于案例指导工作的规定》第七条规定，最高人民法院发布的指导性案例，各级人民法院审判类似案例时应当参照），否则即使是最高人民法院的裁判文书也并不具有指导另案的法律效力。

由于学识和能力有限，书中尚存在诸多不足之处，内容难免存在纰漏，真诚希望得到读者的批评、指正，也欢迎读者就本书中的有关问题与本书作者进行探讨，我们的邮箱是 18601900636@163. com。

目 录

Contents

第一章　矿业权出让

第二章　矿业权转让

第三章 涉矿企业投资

第四章 矿业权承包、租赁

第五章 矿业权施工

第六章 矿业权合作、合伙

第七章 矿业权侵权

第八章　矿业权物权

第九章　矿业权执行

第十章　矿业权行政

第一章　矿业权出让

001 乡政府能否出让矿业权，出让合同是否有效

——乡政府作为出让主体签订的矿业权出让合同无效

阅读提示

本文引用的案例为最高人民法院于 2016 年 7 月 12 日发布的人民法院关于依法审理矿业权民事纠纷案件典型案例之一，最高人民法院认为，本案例的典型意义是："矿产资源归国家所有，国家对矿产资源的勘查、开采实施严格的许可证管理制度。矿业权的出让应由县级以上国土资源主管部门根据法定权限依法进行，乡级政府并非适格的矿业权出让主体。在不拥有矿山勘查、采矿许可证的情况下，乡级政府签订合同擅自将国家所有的矿产资源交由他人勘查、开采，不仅严重侵害国家对矿产资源的所有权，造成矿业权税费流失，而且极易造成矿产资源的乱采滥挖，甚至导致环境污染、生态破坏。对此类合同应给予否定性法律评价。人民法院应在认定合同无效的前提下，区别返还财产和赔偿损失等不同责任方式，在维护矿产资源国家所有权的同时，综合考虑过错因素，保护当事人的合法利益和矿业权流转市场的交易秩序。"

裁判要旨

乡人民政府作为基层国家行政机关，依法无权出让其辖区内的矿产资源，其作为出让主体所签订的矿业权出让合同无效。

案情简介

一、2003 年 1 月，社硎乡政府与傅钦其签订《开发社硎乡塔林顶伊利石矿山承包合同书》(以下简称《合同书》)，约定由傅钦其开发仙游县社硎乡塔林顶伊利

石矿山。合同签订后，傅钦其依约投资道路等设施并实施探矿行为。

二、2005 年 1 月，仙游县政府批准挂牌出让案涉矿山采矿权。2007 年 7 月，仙游县政府将案涉矿山列入禁采范围。傅钦其未能依法取得案涉矿山的采矿许可证。

三、傅钦其向莆田中院提起诉讼，请求社硎乡政府赔偿损失，并支付投资款的资金占用期间利息。莆田中院认为，《合同书》的性质属于矿产资源出让合同，社硎乡政府作为乡一级人民政府，依法无权出让其辖区内的矿产资源，故《合同书》无效，判令社硎乡政府承担傅钦其实际投资款 50%的赔偿责任。

四、傅钦其与社硎乡政府均不服，向福建高院提起上诉。福建高院认为，应依傅钦其投入资产的性质分类处理，其中押金属于社硎乡政府因合同收取的保证金，应直接返还；所修公路位于社硎乡政府辖区范围，属于其获益部分，应按照实际支出折价补偿；其余投资属于履行合同受到的损失，应按照过错比例承担民事赔偿责任。遂判令社硎乡政府返还傅钦其押金和修路支出费用 69. 0279 万元，对傅钦其 86. 2849 万元投资损失承担 80%的赔偿责任。

裁判要点

法院认定案涉《合同书》无效的原因在于，国务院《矿产资源开采登记管理办法》第三条规定，开采矿产资源应由县级以上地方人民政府负责地质矿产管理工作的部门颁发采矿许可证。据此，开采矿产资源必须依法申请，经批准后取得采矿权，并办理采矿权登记，持有采矿权审批机关颁发的合法、有效的《采矿许可证》。

本案中，社硎乡政府与傅钦其签订《合同书》，约定仙游县社硎乡塔林顶伊利石矿山由傅钦其开发。《合同书》名称虽为承包合同，但实质是社硎乡政府将属于其辖区内的矿产资源出让给傅钦其开发。社硎乡政府作为基层国家行政机关，依法无权出让其辖区内的矿产资源，且未能举出证据证明其与傅钦其签订的《合同书》依法经过有权机关批准。依照《中华人民共和国合同法》第五十二条第五项“违反法律、行政法规的强制性规定”合同为无效合同之规定，本案双方当事人签订的《合同书》为无效合同。

值得注意的是，福建高院认为：“仙游县社硎乡人民政府明知其无权出让辖区内的矿产资源，亦未依法及时办理相关报批手续，与傅钦其签订的涉案合同违反了法律法规的强制性规定，对导致本案讼争合同无效应承担主要过错责任。而傅钦其是仙游县社硎乡人民政府通过招商引资方式引进开发讼争矿山，仙游县社硎乡人民政府有理由使傅钦其产生一定程度的合理信赖，其对导致讼争合同无效应承担较小的过错责任。”最终认定傅钦其的 4 项投资金额共计人民币 862849 元，应按照社硎乡政府 8 成、傅钦其 2 成的责任比例承担相应的赔偿责任。

实务经验总结

前事不忘，后事之师。为避免未来发生类似败诉，我们提出如下建议：

一、根据《合同法》相关规定，合同无效的法律后果是：（1）返还因无效合同取得的财产或折价补偿；（2）按过错赔偿损失。

二、签合同，尤其是具有浓烈行政色彩的矿业权出让合同，一定要认准合同相对人。根据《最高人民法院关于审理矿业权纠纷案件适用法律若干问题的解释》第二条的规定，除法律、行政法规另有规定的情形外，县级以上人民政府国土资源主管部门作为出让人与受让人签订的矿业权出让合同，自依法成立之日起生效。因此，应当与县级以上人民政府国土资源主管部门签订矿业权出让合同。

相关法律规定

《中华人民共和国矿产资源法》

第三条 矿产资源属于国家所有，由国务院行使国家对矿产资源的所有权。地表或者地下的矿产资源的国家所有权，不因其所依附的土地的所有权或者使用权的不同而改变。

国家保障矿产资源的合理开发利用。禁止任何组织或者个人用任何手段侵占或者破坏矿产资源。各级人民政府必须加强矿产资源的保护工作。

勘查、开采矿产资源，必须依法分别申请、经批准取得探矿权、采矿权，并办理登记；但是，已经依法申请取得采矿权的矿山企业在划定的矿区范围内为本企业的生产而进行的勘查除外。国家保护探矿权和采矿权不受侵犯，保障矿区和勘查作业区的生产秩序、工作秩序不受影响和破坏。

从事矿产资源勘查和开采的，必须符合规定的资质条件。

《探矿权采矿权转让管理办法》

第三条 除按照下列规定可以转让外，探矿权、采矿权不得转让：

（一）探矿权人有权在划定的勘查作业区内进行规定的勘查作业，有权优先取得勘查作业区内矿产资源的采矿权。探矿权人在完成规定的最低勘查投入后，经依法批准，可以将探矿权转让他人。

（二）已经取得采矿权的矿山企业，因企业合并、分立，与他人合资、合作经营，或者因企业资产出售以及有其他变更企业资产产权的情形，需要变更采矿权主体的，经依法批准，可以将采矿权转让他人采矿。

《矿产资源开采登记管理办法》

第三条 开采下列矿产资源，由国务院地质矿产主管部门审批登记，颁发采矿许可证：

（一）国家规划矿区和对国民经济具有重要价值的矿区内的矿产资源；

（二）领海及中国管辖的其他海域的矿产资源；

（三）外商投资开采的矿产资源；

（四）本办法附录所列的矿产资源。

开采石油、天然气矿产的，经国务院指定的机关审查同意后，由国务院地质矿产主管部门登记，颁发采矿许可证。

开采下列矿产资源，由省、自治区、直辖市人民政府地质矿产主管部门审批登记，颁发采矿许可证：

（一）本条第一款、第二款规定以外的矿产储量规模中型以上的矿产资源；

（二）国务院地质矿产主管部门授权省、自治区、直辖市人民政府地质矿产主管部门审批登记的矿产资源。

开采本条第一款、第二款、第三款规定以外的矿产资源，由县级以上地方人民政府负责地质矿产管理工作的部门，按照省、自治区、直辖市人民代表大会常务委员会制定的管理办法审批登记，颁发采矿许可证。

矿区范围跨县级以上行政区域的，由所涉及行政区域的共同上一级登记管理机关审批登记，颁发采矿许可证。

县级以上地方人民政府负责地质矿产管理工作的部门在审批发证后，应当逐级向上一级人民政府负责地质矿产管理工作的部门备案。

《中华人民共和国合同法》

第五十二条 有下列情形之一的，合同无效：

（一）一方以欺诈、胁迫的手段订立合同，损害国家利益；

（二）恶意串通，损害国家、集体或者第三人利益；

（三）以合法形式掩盖非法目的；

（四）损害社会公共利益；

（五）违反法律、行政法规的强制性规定。

第五十八条 合同无效或者被撤销后，因该合同取得的财产，应当予以返还；不能返还或者没有必要返还的，应当折价补偿。有过错的一方应当赔偿对方因此所受到的损失，双方都有过错的，应当各自承担相应的责任。

以下为该案在福建高院审理阶段，裁判文书中“本院认为”部分就该问题的论述：

关于本案讼争合同效力问题。根据《中华人民共和国矿产资源法》第三条规定：矿产资源属于国家所有，由国务院行使国家对矿产资源的所有权。地表或者地下的矿产资源的国家所有权，不因其所依附的土地的所有权或者使用权的不同而改变。国务院《探矿权采矿权转让管理办法》第三条第二项规定：经依法批准，可以将采矿权转让他人采矿；第四条规定：国务院地质矿产主管部门和省、自治区、直辖市人民政府地质矿产主管部门是探矿权、采矿权转让的审批管理机关。国务院《矿产资源开采登记管理办法》第三条规定，开采矿产资源应由县级以上地方人民政府负责地质矿产管理工作的部门颁发采矿许可证。根据上述法律法规之规定，开采矿产资源必须依法申请，经批准后取得采矿权，并办理采矿权登记，持有采矿权审批机关颁发的合法、有效的《采矿许可证》；未经过依法批准买卖、出租或者以其他形式转让矿产资源，以及以承包等方式擅自将采矿权转让给他人进行采矿、经营等均属于违反法律、行政法规的强制性规定的行为。本案中，仙游县社硎乡人民政府与傅钦其双方于2003年1月16日签订《开发社硎乡塔林顶伊利石矿山承包合同书》（以下简称《承包合同书》），双方约定仙游县社硎乡塔林顶伊利石矿山由傅钦其开发。从本案双方当事人在《承包合同书》中约定的实际内容评判，协议名称虽为承包合同，但实质是仙游县社硎乡人民政府将属于其辖区内的矿产资源出让给傅钦其开发。仙游县社硎乡人民政府作为基层国家行政机关，依法无权出让其辖区内的矿产资源，且未能举出证据证明其与傅钦其签订的《承包合同书》依法经过有权机关批准。依照《中华人民共和国合同法》第五十二条第五项“违反法律、行政法规的强制性规定”合同为无效合同之规定，原判认定本案双方当事人签订的《承包合同书》为无效合同，并无不当。故上诉人傅钦其主张该《承包合同书》有效的理由，缺乏法律依据，不予支持。上诉人仙游县社硎乡人民政府提出该《承包合同书》无效的主张，符合法律规定，予以支持。

案件来源

傅钦其与仙游县社硎乡人民政府采矿权纠纷二审民事判决书福建省高级人民法院（2015）闽民终字第1535号。

002 在林区可否设置采矿权

——国家二级或三级公益林地上可开采矿藏

阅读提示

国家级公益林是指生态区位极为重要或生态状况极为脆弱，对国土生态安全、生物多样性保护和经济社会可持续发展具有重要作用，以发挥森林生态和社会服务功能为主要经营目的的防护林和特种用途林。那么，公益林地上能否勘查和开采矿产资源？本案例认为，《国家级公益林管理办法》规定严格控制开采矿藏占用公益林地，但非绝对禁止；且该规定仅禁止非国务院有关部门和省级人民政府批准的基础设施建设项目征占用国家一级公益林地，但未禁止开采矿藏征占用国家二级或三级公益林地。

裁判要旨

一、《国家级公益林管理办法》（林资发〔2013〕71 号）① 第十一条的规定仅禁止非国务院有关部门和省级人民政府批准的基础设施建设项目征占用国家一级公益林地，但未禁止开采矿藏征占用国家二级或三级公益林地。

二、根据《占用征用林地审核审批管理规范》的规定，林地的征占用审批手续并非采矿权挂牌出让的前置条件，而是采矿权挂牌出让活动结束后的行政程序。

案情简介

一、2013 年，经浙江省国土资源厅审批同意，三门县国土资源局将白象山建筑用石料（凝灰岩）矿采矿权委托给浙江省矿业权交易中心，进行采矿权挂牌出让交易。浙江省矿业权交易中心在网上公开《白象山矿区相关情况告知书》，告知：白象山矿区属国家三级公益林地块，经同三门县林业特产局联系沟通，此区块可以按有关规定程序审批。

二、新曙光公司交纳 3600 万元的竞买保证金后，参加竞拍并以 80200 万元拍得案涉采矿权，并与三门县国土资源局签订《成交确认书》。

---

① 《国家级公益林管理办法》已于 2017 年 4 月 28 日修订。

三、《成交确认书》签订后，新曙光公司以竞拍标的物涉及国家公益林，尚未取得公益林开发许可等为由，多次与三门县国土资源局沟通、协商未果，亦未在《成交确认书》约定期限内与三门县国土资源局签订《采矿权有偿出让合同》。浙江省矿业权交易中心作出《告知书》，告知：解除《成交确认书》，取消新曙光公司竞得资格，竞买保证金不予退还。

四、新曙光公司以法律禁止在国家公益林地新设采矿权，三门县国土资源局的行为显属行政违法行为为由，向法院起诉请求撤销《成交确认书》。临海市法院一审、台州市中院二审均未支持其诉讼请求。

五、新曙光公司不服台州市中院判决，向浙江高院申请再审。浙江高院裁定驳回新曙光公司的再审申请。

裁判要点

本案新曙光公司败诉的原因在于：

第一，《国家级公益林管理办法》（林资发〔2013〕71 号）第十一条规定："严格控制勘查、开采矿藏和工程建设征收、征用、占用国家级公益林地。除国务院有关部门和省级人民政府批准的基础设施建设项目外，不得征收、征用、占用一级国家级公益林地。"因开采矿藏占用公益林地的，该规定表述为严格控制，而非绝对禁止；且该规定仅禁止非国务院有关部门和省级人民政府批准的基础设施建设项目征占用国家一级公益林地，但未禁止开采矿藏征占用国家二级或三级公益林地。故新曙光公司关于法律禁止在国家公益林地上设置采矿权的主张，法院未予支持。

第二，根据《占用征用林地审核审批管理规范》相关规定，林地的征占用审批手续并非采矿权挂牌出让的前置条件，而是采矿权挂牌出让结束后的行政程序。故新曙光公司关于涉案公益林地的征占用审批手续是本案采矿权挂牌出让的前置条件，如果签订《采矿权有偿出让合同》，合同目的不能实现的主张，法院未予支持。

第三，案涉采矿权的开采对象为建筑用石料（凝灰岩），根据《中华人民共和国矿产资源法实施细则》附件《矿产资源分类细目》的规定，凝灰岩属非金属矿产的一种，故本案采矿项目为开采矿藏。浙江新曙光建设有限公司关于本案采矿项目属开山采石，法律禁止在公益林上开山采石的主张，法院未予支持。

实务经验总结

前事不忘，后事之师。为避免未来发生类似败诉，提出如下建议：

法律并未禁止在国家二级或三级公益林地上开采矿藏，矿产资源主管部门可依法出让位于该类公益林地上的矿业权。因此当事人在参加竞拍矿业权时，应重点关注招标、拍卖、挂牌公告中关于该矿业权是否位于公益林地的信息。如果该矿业权位于公益林地，当事人竞得矿业权后，还需向林业主管部门办理林地的占用或者征收、征用审批程序，并缴纳森林植被恢复费。

相关法律规定

《中华人民共和国森林法》

第十八条 进行勘查、开采矿藏和各项建设工程，应当不占或者少占林地；必须占用或者征收、征用林地的，经县级以上人民政府林业主管部门审核同意后，依照有关土地管理的法律、行政法规办理建设用地审批手续，并由用地单位依照国务院有关规定缴纳森林植被恢复费。森林植被恢复费专款专用，由林业主管部门依照有关规定统一安排植树造林，恢复森林植被，植树造林面积不得少于因占用、征收、征用林地而减少的森林植被面积。上级林业主管部门应当定期督促、检查下级林业主管部门组织植树造林、恢复森林植被的情况。

任何单位和个人不得挪用森林植被恢复费。县级以上人民政府审计机关应当加强对森林植被恢复费使用情况的监督。

《国家级公益林管理办法》（林资发〔2013〕71号，已废止）

第十一条 禁止在国家级公益林地开垦、采石、采沙、取土，严格控制勘查、开采矿藏和工程建设征收、征用、占用国家级公益林地。除国务院有关部门和省级人民政府批准的基础设施建设项目外，不得征收、征用、占用一级国家级公益林地。

经批准征收、征用、占用的国家级公益林地，由国家林业局进行审核汇总并相应核减国家级公益林总量，财政部根据国家林业局审核结果相应核减下一年度中央财政森林生态效益补偿基金。

《占用征用林地审核审批管理规范》

一、建设项目确需占用征用林地的条件和范围

（一）国务院批准或同意的建设项目，国家和省级重点建设项目，国务院有关部门、国家计划单列企业、省级人民政府批准的国防、交通、能源、水利、农业、林业、矿山、科技、教育、通讯、广播电视、公检法、城镇等基础设施（以下简称基础设施）建设项目，原则上可以占用征用（含临时占用，下同）各类林地。

二、占用征用林地的申报材料

（二）建设项目批件。

3. 勘查、开采矿藏项目，要有勘查许可证、采矿许可证和其他相关批准文件。

《建设项目使用林地审核审批管理办法》

第四条　占用和临时占用林地的建设项目应当遵守林地分级管理的规定：

（一）各类建设项目不得使用Ⅰ级保护林地。

……

《国家级公益林管理办法》（林资发〔2017〕34号）

第九条　严格控制勘查、开采矿藏和工程建设使用国家级公益林地。确需使用的，严格按照《建设项目使用林地审核审批管理办法》有关规定办理使用林地手续。涉及林木采伐的，按相关规定依法办理林木采伐手续。

经审核审批同意使用的国家级公益林地，可按照本办法第十八条、第十九条的规定实行占补平衡，并按本办法第二十三条的规定报告国家林业局和财政部。

以下为该案在高级人民法院审理阶段，裁判文书中“本院认为”部分就该问题的论述：

1. 涉案采矿权的设置经浙江省国土资源厅批复同意，其开采对象为：建筑用石料（凝灰岩），根据《中华人民共和国矿产资源法实施细则》附件《矿产资源分类细目》的规定，凝灰岩属非金属矿产的一种，故本案采矿项目为开采矿藏。浙江新曙光建设有限公司认为本案采矿项目属开山采石，与事实不符。2. 涉案矿区林地属公益林地，其等级自2014年1月26日起由有关行政管理部门拟划定为二级公益林地，并逐级呈报有权部门批准（目前尚未批准）；2014年1月26日之前，有关行政管理部门将其作为三级公益林地管理。本案中，浙江省国土资源厅批复同意设置采矿权的时间（2013年5月21日）、浙江省矿业权交易中心发布采矿权网上挂牌出让公告的时间（2013年12月13日）、浙江新曙光建设有限公司交纳竞买保证金的时间（2014年1月13日）、三门县国土资源局与浙江新曙光建设有限公司签订《采矿权网上挂牌出让成交确认书》的时间（2014年1月22日），均在2014年1月26日前，故三门县国土资源局在本案采矿权挂牌出让中不存在隐瞒公益林地等级的情形。另外，从《国家级公益林管理办法》第十一条的规定看，因开采矿藏占用公益林地的，法条表述为严格控制，而非绝对禁止；且该规定仅禁止非国务院有关部门和省级人民政府批准的基础设施建设项目征占用国家一级公益林地，但未禁止开采矿藏征占用国家二级或三级公益林地。故浙江新曙光建设有限公司关于涉案矿区林地属国家一、二级公益林地，法律禁止设置采矿权的主张，理由不足。3. 浙江新曙光建设有限公司还提出，涉案公益林地的征占用审批手续是本案采矿权挂牌出让的前置条件，且涉案公益林地不可能通过征占用审批，故其如果签订

《浙江省采矿权有偿出让合同》，合同目的不能实现。经查，根据《占用征用林地审核审批管理规范》的规定，林地的征占用审批手续并非采矿权挂牌出让的前置条件，而是采矿权挂牌出让活动结束后的行政程序；对于涉案公益林地不能通过征占用审批的主张，亦未提供足够的证据证实，故浙江新曙光建设有限公司提出的该主张理由不足。因此，三门县国土资源局通过挂牌方式出让采矿权，并与竞买人浙江新曙光建设有限公司签订成交确认书的行为并不违反法律规定，原一审判决驳回浙江新曙光建设有限公司的诉讼请求，原二审判决驳回浙江新曙光建设有限公司的上诉、维持原一审判决，并无不当。

案件来源

浙江新曙光建设有限公司与三门县国土资源局、浙江省矿业权交易中心再审复查与审判监督行政裁定书，浙江省高级人民法院（2015）浙行申字第307号。

延伸阅读

认定法律不禁止在林区上设立矿业权的案例：

西安八路川矿业有限公司与甘肃省地质矿产勘查开发局第二地质矿产勘察院探矿权纠纷一案二审民事判决书［甘肃省高级人民法院（2010）甘民二终字第195号］认为："本案八路川公司与二勘院之间签订的《甘肃省宕昌县八路川金矿普查探矿权转让合同书》属于有效合同。该合同涉及的转让标的探矿权，由甘肃省国土资源厅登记发证。按照《中华人民共和国森林法》第十八条、第二十三条，《中华人民共和国森林法实施细则》第十六条、第二十一条以及《森林公园管理办法》第十二条的规定，勘查、开采矿产资源须经县级以上林业主管部门审核同意后，依照有关规定缴纳森林植被恢复费；禁止毁林开垦和毁林采石、采砂、采土以及其他毁林行为。故法律并不禁止在林区设置探矿权。探矿权及采矿权的审批登记发证和转让审批登记属于国土资源部及各省国土资源厅的行政管理职权，故省林业厅关于不同意设置探矿权的复函不能否定已经合法设置的探矿权。"

003 采矿权受让人能否以无法办理占用林地手续为由，请求解除出让合同

——采矿权出让合同约定由受让人负责办理占用林地手续的，受让人无权以办理不能为由请求解除合同

阅读提示

根据《中华人民共和国森林法实施条例》相关规定，勘查、开采矿藏需要占用林地，用地单位应当向县级以上人民政府林业主管部门办理审批手续。受让人在与国土资源主管部门签订采矿权出让合同后，能否以占用林地审批手续办理不能为由，请求解除出让合同？本案例当事人签订的出让合同已明确约定占用林地审批手续的办理义务主体为受让人，最高人民法院据此认为该情形下受让人无权请求解除合同。本书作者另梳理了与占用林地相关的案例及裁判规则，请见延伸阅读部分。

裁判要旨

采矿权出让合同约定由受让人负责办理占用林地、环境影响评价等审批手续的，受让人无权以审批手续办理不能为由请求解除合同。

案情简介

一、2005 年 10 月，漳州国土局授权华安国土局出让采矿权，招拍挂方案已经华安县矿业招拍挂领导小组和华安县人民政府批准。2007 年 4 月，顺通公司和华安国土局签订《采矿权出让合同》，约定受让人应按规定办理开发利用方案、环保、水土保持、占用林地、矿山安全、地质灾害等评价审批手续后，持该合同和采矿权出让价款支付凭证，按规定向漳州国土局申请办理采矿登记，领取采矿许可证，取得采矿权。

二、顺通公司起诉至漳州中院，主张漳州国土局违反《福建省矿业权招标拍卖与挂牌出让管理办法》的规定，未会同环保、林业、经贸、安全生产、监察等部门做好前期有关工作并经政府批准，造成无法办理采矿权相应配套手续，顺通公司实际无法开采，合同目的无法实现，因此，合同应解除。故请求判令：解除其与华安国土局采矿权出让合同；漳州国土局、华安国土局连带偿还出让款等。

三、漳州中院认为，从本案合同约定内容可以认定，办理环评、安全生产、林业审批等手续的主体应是顺通公司，而非漳州国土局，顺通公司主张解除合同的理由缺乏事实依据。遂判决：驳回顺通公司的诉讼请求。

四、顺通公司不服，上诉至福建高院，请求依法改判支持顺通公司原审的诉讼请求或发回重审。福建高院仍未支持其请求。

五、顺通公司仍不服，向最高人民法院申请再审，主张由于出让方非法圈占林地，非法颁发采矿许可证，造成该合同事实上不能履行，应予解除。最高人民法院裁定：驳回顺通公司的再审申请。

裁判要点

首先，办理占用林地、环保等审批手续是顺通公司的合同义务。案涉采矿权出让合同第十条约定，受让人应按规定办理开发利用方案、环保、水土保持、占用林地、矿山安全、地质灾害等评价审批手续后，持该合同和采矿权出让价款支付凭证，按规定向漳州国土局申请办理采矿登记，领取采矿许可证，取得采矿权。据此，依法申请占用林地、环保等审批属于顺通公司的合同义务。顺通公司应当按照相关规定自行申请审批后，持相关文件申请领取采矿许可证。

其次，办理占用林地审批手续是顺通公司的法定义务。《中华人民共和国森林法实施条例》《福建省矿业权招标拍卖与挂牌出让管理办法》《福建省矿产资源管理条例》等相关规定虽然要求国土部门在招拍挂前会同林业、环保等部门做好前期工作，但同时明确申请占用林地审批的主体是用地单位，不能据此认为国土部门负有代替采矿权受让人办理占用林地审批的义务。

最后，本案中林业部门虽仅批准了部分占用林地面积，但并无充分证据证明顺通公司不能继续申请占用林地审批或者按照规定申请上级林业部门审批。

综上，顺通公司关于本案合同不能履行，合同目的不能实现，合同应予解除的主张没有充分依据。

实务经验总结

前事不忘，后事之师。为避免未来发生类似败诉，我们提出如下建议：

一、采矿权如涉及占用林地，采矿权受让人在签订出让合同后应当及时按《中华人民共和国森林法》及相关规定向林业主管等部门办理占用林地审批手续，尤其是在出让合同明确约定办理义务主体是受让人的情形下。

二、当事人参与竞买采矿权前，应当仔细研读招标拍卖挂牌公告、标书文件，调查该采矿权是否涉及占用林地，评估办理占用林地审批手续的时限及难易程度。

相关法律规定

《中华人民共和国合同法》

第九十四条 有下列情形之一的，当事人可以解除合同：

（一）因不可抗力致使不能实现合同目的；

（二）在履行期限届满之前，当事人一方明确表示或者以自己的行为表明不履行主要债务；

（三）当事人一方迟延履行主要债务，经催告后在合理期限内仍未履行；

（四）当事人一方迟延履行债务或者有其他违约行为致使不能实现合同目的；

（五）法律规定的其他情形。

《中华人民共和国森林法》

第十八条 进行勘查、开采矿藏和各项建设工程，应当不占或者少占林地；必须占用或者征用林地的，经县级以上人民政府林业主管部门审核同意后，依照有关土地管理的法律、行政法规办理建设用地审批手续，并由用地单位依照国务院有关规定缴纳森林植被恢复费。森林植被恢复费专款专用，由林业主管部门依照有关规定统一安排植树造林，恢复森林植被，植树造林面积不得少于因占用、征用林地而减少的森林植被面积。上级林业主管部门应当定期督促、检查下级林业主管部门组织植树造林、恢复森林植被的情况。

任何单位和个人不得挪用森林植被恢复费。县级以上人民政府审计机关应当加强对森林植被恢复费使用情况的监督。

《中华人民共和国森林法实施条例》

第十六条 勘查、开采矿藏和修建道路、水利、电力、通讯等工程，需要占用或者征收、征用林地的，必须遵守下列规定：

（一）用地单位应当向县级以上人民政府林业主管部门提出用地申请，经审核同意后，按照国家规定的标准预交森林植被恢复费，领取使用林地审核同意书。用地单位凭使用林地审核同意书依法办理建设用地审批手续。占用或者征收、征用林地未经林业主管部门审核同意的，土地行政主管部门不得受理建设用地申请。

（二）占用或者征收、征用防护林林地或者特种用途林林地面积10公顷以上的，用材林、经济林、薪炭林林地及其采伐迹地面积35公顷以上的，其他林地面积70公顷以上的，由国务院林业主管部门审核；占用或者征收、征用林地面积低于上述规定数量的，由省、自治区、直辖市人民政府林业主管部门审核。占用或者征收、征用重点林区的林地的，由国务院林业主管部门审核。

（三）用地单位需要采伐已经批准占用或者征收、征用的林地上的林木时，应当向林地所在地的县级以上地方人民政府林业主管部门或者国务院林业主管部门申请林木采伐许可证。

（四）占用或者征收、征用林地未被批准的，有关林业主管部门应当自接到不予批准通知之日起7日内将收取的森林植被恢复费如数退还。

《福建省矿业权招标拍卖与挂牌出让管理办法》（闽国土资文〔2003〕5号）

第十二条第一款 县级以上地方人民政府国土资源行政主管部门应当会同环保、经贸、林业、安全生产、监察等有关部门做好探矿权、采矿权招标、拍卖或挂牌出让的前期有关工作，拟订招标、拍卖与挂牌出让的具体方案，经同级人民政府批准后实施。受上级人民政府国土资源行政主管部门委托组织矿业权招标、拍卖或挂牌出让的，其制订的出让方案经同级人民政府同意后，报委托机关批准后方可实施。

《福建省矿产资源条例》

第四十四条 采矿权人开办、停办、关闭矿山，应按规定做好劳动安全、水土保持、土地复垦和环境保护工作；采矿权人也可以委托县级以上人民政府有关主管部门组织完成上述工作，所需费用由采矿权人承担。

以下为该案在最高人民法院审理阶段，裁判文书中“本院认为”部分就该问题的论述：

关于涉案采矿权出让合同是否应予解除的问题，顺通公司主张，由于漳州国土局未能在采矿权出让前会同环保、林业、安全生产等部门做好挂牌出让的前期工作，致使顺通公司不能办理林地占用、矿山安全、环保等审批手续，不能进行生产，合同不能履行，目的不能实现，应予解除。本院认为，首先，根据顺通公司和华安国土局签订的采矿权出让合同第十条约定，受让人应按规定办理开发利用方案、环保、水土保持、占用林地、矿山安全、地质灾害等评价审批手续后，持该合同和采矿权出让价款支付凭证，按规定向漳州国土局申请办理采矿登记，领取采矿许可证，取得采矿权。据此，依法申请占用林地、环保等审批属于顺通公司的合同义务。顺通公司应当按照相关规定自行进行申请审批后，持相关文件申请领取采矿许可证。第二，本案漳州国土局授权华安国土局出让采矿权的招拍挂方案已经华安县矿业招拍挂领导小组和华安县人民政府批准。顺通公司依据《中华人民共和国森林法实施条例》《福建省矿业权招标拍卖与挂牌出让管理办法》《福建省矿产资源管理条例》等相关规定，认为国土部门应当先行做好林地占用和环保审批后再进行招拍挂，但上述文件虽然要求国土部门在招拍挂前会同林业、环保等部门做好前期工作，但同时明确申请的主体是用地单位，不能据此认为国土部门负有代替采矿权受让人办理占用林地、环保审批等义务。本案中虽林业部门仅批准了部分占用林地面积，但并无充分证据证明顺通公司不能继续申请占用林地审批或者按照规定申请上级林业部门审批。因此，顺通公司关于本案合同不能履行，合同目的不能实现，合同应予解除的主张没有充分依据，该申请再审理由不能成立。

案件来源

漳州市顺通华安玉矿业有限公司与漳州市国土资源局、福建省华安县国土资源局合同纠纷申请再审民事裁定书，最高人民法院（2015）民申字第 257 号。

延伸阅读

裁判规则一：勘查、开采矿藏需要占用或者征用林地的，林地征占用审批手续应当在采矿权出让、取得采矿许可证之后办理。

案例 1：浙江新曙光建设有限公司、三门县国土资源局资源行政管理：土地行政管理（土地）再审审查与审判监督行政裁定书［最高人民法院（2017）最高法行监 17 号］认为："《占用征用林地审核审批管理办法》第二条第一项规定：'本办法适用于下列情况：（一）进行勘查、开采矿藏和各项建设工程需要占用或者征收、征用林地的审核……'第四条第一款第一项规定：'用地单位申请占用、征收、征用林地或者临时占用林地，应当填写《使用林地申请表》，同时提供下列材料：（一）项目批准文件……'对于此处'项目批准文件'的理解，国家林业局《占用征用林地审核审批管理办法释义》进行了界定，并对何为项目批准文件进行了说明；国家林业局《占用征用林地审核审批管理规范》（林资发〔2003〕139 号）第二条第二项亦明确列举'勘查、开采矿藏项目，要有勘查许可证、采矿许可证和其他相关批准文件'。因此，综合上述规定并结合占用征用林地审批制度立法本意，林地征占用审批依法应当在采矿权出让、采矿许可证办理之后，新曙光公司认为在取得林地征占用审批之前不能设立并出让采矿权，于法无据。"

裁判规则二：国土资源主管部门没有处理好矿区和林地的关系，在审批手续上存在瑕疵，不能保证采矿权人应该享有的权利，造成林业部门禁止开采、阻止开采的结果的，采矿许可行为应确认违法。

案例 2：博尔塔拉蒙古自治州国土资源局与新疆国瑞经贸有限公司行政确认再审审查与审判监督行政裁定书［新疆维吾尔自治区高级人民法院（2017）新行申 74 号］认为：“原审查明，本案争议的砂石料矿区 2004 年 7 月就被博乐市人民政府界定为重点公益林地，2009 年开始实施公益林项目，2010 年由原审第三人农林水牧局拉了围栏。根据《中华人民共和国森林法实施条例》第十六条的规定，勘查、开采矿藏等，需要占用或者征用林地的用地单位应当向县级以上人民政府林业主管部门提出用地申请，经审核同意，依法办理相关手续。国土局作为砂石料矿区的出让人，应当确保得到采矿许可的单位能够依法充分享有采矿的权利。由于国土局没有处理好砂石料矿区和林地的关系，在审批手续上存在瑕疵，不能保证采矿权人应该享有的权利，造成林业部门禁止开采、阻止开采的结果。因此，原审判决国土局的采矿许可行为违法并无不当。由于国土局的颁证行为违法，致使国瑞公司不能行使采矿权，原审判决国土局返还国瑞公司拍卖款 170 万元、矿产使用费 16500 元、办证登记费 200 元、地环保证金 2 万元，赔偿拍卖佣金 8.5 万元符合法律规定，并无不当。”

004 采矿权存在瑕疵，受让人能否解除出让合同

——采矿权拍卖公告载明的资源储量与实际不符但出让人已进行风险提示的，受让人无权以此为由解除出让合同

阅读提示

在出让人已进行风险提示的情形下，采矿权资源储量与实际不符，受让人能否解除采矿权出让合同？本案例对此持否定态度。有鉴于此，当事人参与竞买采矿权时，应当仔细阅读招标、拍卖、挂牌公告等相关文件。

裁判要旨

采矿权拍卖公告载明的资源储量与实际情况不符，但出让人已事先进行风险提示的，受让人无权以此为由请求解除采矿权出让合同、返还出让价款、赔偿损失。

案情简介

一、凉山州国土资源局委托冕宁县国土资源局以拍卖方式出让案涉采矿权，拍卖公告载明：“以上采矿权范围内由有资质地勘单位做过地质勘查或资源储量核实工作，但因地勘工作程度较低，仍存在一定风险，竞买人应仔细研阅拍卖文件、踏勘现场，自行承担竞买及采矿风险。”同时，公告还载明了出让面积、资源量。

二、周某甲、周某乙竞得案涉采矿权，于 2009 年 7 月与凉山州国土资源局签订采矿权出让合同。

三、2010 年 9 月，周某甲、周某乙注册成立的安利矿业向凉山州国土资源局递交《矿体储量误差的报告》，主张案涉采矿权储量、品位存在差异，要求凉山州国土资源局退还购买矿山的全部价款并赔偿损失。2011 年 4 月，周某甲、周某乙通知凉山州国土资源局，解除双方签订的采矿权出让合同。

四、周某甲、周某乙向凉山州中院起诉，请求：确认采矿权出让合同已解除；凉山州国土资源局返还采矿权拍卖出让款 170 万元，赔偿损失 600 万元。本案经凉山州中院一审、四川高院二审，均未支持周某甲、周某乙的诉讼请求。

五、周某甲、周某乙不服，向最高人民法院申请再审。最高人民法院裁定：驳回周某甲、周某乙再审申请。

裁判要点

本案凉山州国土资源局在拍卖伊始就已经明确说明了采矿权竞买的风险，并声明不对竞买和采矿风险承担责任，即不对拍卖标的矿山提供担保。最高人民法院认为，可以推定周某甲、周某乙在明确知悉案涉采矿权只经过初步勘探，事实可能与初步勘探不符的情况下，自愿承担竞买所带来的商业风险，并高价购得案涉采矿权。因此，周某甲、周某乙购得采矿权后的具体情况与拍卖公告不符，为其可以预见范围内的风险，应当自行承担。

实务经验总结

前事不忘，后事之师。为避免未来发生类似败诉，提出如下建议：

一、当事人参与竞买采矿权时，应当仔细阅读招标、拍卖、挂牌公告等相关文件，尤其应当关注文件中关于资源储量的风险提示条款，评估能否承担风险。

二、根据《国土资源部关于完善矿产资源开采审批登记管理有关事项的通知》

（国土资规〔2017〕16 号）的规定："采矿权申请人原则上应当为营利法人。"本书作者建议，自然人受让采矿权时应咨询当地的地质矿产主管部门其是否具有受让主体资格，或者注册成立公司受让采矿权。

相关法律规定

《中华人民共和国合同法》

第九十六条 当事人一方依照本法第九十三条第二款、第九十四条的规定主张解除合同的，应当通知对方。合同自通知到达对方时解除。对方有异议的，可以请求人民法院或者仲裁机构确认解除合同的效力。

法律、行政法规规定解除合同应当办理批准、登记等手续的，依照其规定。

以下为该案在最高人民法院审理阶段，裁判文书中"本院认为"部分就该问题的论述：

冕宁县国土资源局采矿权拍卖挂牌出让公告上明确说明："以上采矿权范围内由有资质地勘单位做过地质勘查或资源储量核实工作，但因地勘工作程度较低，仍存在一定风险，竞买人应仔细研阅拍卖文件、踏勘现场，自行承担竞买及采矿风险。"由此可知，凉山彝族自治州国土资源局在拍卖伊始就已经明确说明了采矿权竞买的风险，并声明不对竞买和采矿风险承担责任，亦即不对拍卖标的矿山提供担保。因此凉山彝族自治州国土资源局已经进行了风险提示，且该公告中明确载明了竞买冕宁县拖乌玛什斤硅石矿的详细竞买信息，即出让面积为 0.061 平方千米，保有量 332+333 资源量为 3.4 万吨。这与周某甲、周某乙其后进行的鉴定存在不符的情形。但凉山彝族自治州国土资源局已经明确说明地勘工作程度较低，开采存在风险，周某甲、周某乙应该仔细阅读拍卖文件，实地勘查现场。本院认为，通过上述分析可以推定周某甲、周某乙在明确知悉其竞买的标的只有初步勘探，事实可能与初步勘探情况不符的情况下，自愿承担竞买所带来的商业风险，并高价购得涉案矿山。购得矿山后的具体情况与拍卖时不符，为其可以预见范围内的风险，应当由其自行承担。对于周某甲、周某乙认为的凉山彝族自治州国土资源局风险提示无效，凉山州国土资源局不能免责的请求于法无据，不予支持。

案件来源

周某甲、周某乙与凉山彝族自治州国土资源局采矿权出让合同纠纷申请再审民事裁定书，最高人民法院（2012）民申字第 1622 号。

第二章　矿业权转让

005 采矿权转让合同未经批准是否生效

——采矿权转让合同未经批准不生效

阅读提示

采矿权转让合同属于具有行政管理色彩的合同，根据《探矿权采矿权转让管理办法》的规定，采矿权转让需报地质矿产主管部门批准，批准转让的，转让合同自批准之日起生效。如果采矿权转让合同未经主管部门批准，合同是否有效？司法实践认为该情形下转让合同未生效。

值得关注的是，2017 年 7 月 27 日起施行的《最高人民法院关于审理矿业权纠纷案件适用法律若干问题的解释》（法释〔2017〕12 号）已对该问题作出规定，该解释第六条规定："矿业权转让合同自依法成立之日起具有法律约束力。矿业权转让申请未经国土资源主管部门批准，受让人请求转让人办理矿业权变更登记手续的，人民法院不予支持。当事人仅以矿业权转让申请未经国土资源主管部门批准为由请求确认转让合同无效的，人民法院不予支持。"

裁判要旨

转让探矿权、采矿权的，审批管理机关作出准予转让或者不准转让的决定。批准转让的，转让合同自批准之日起生效。未经审批管理机关批准的采矿权转让合同尚未生效，当事人一方请求继续履行合同、办理变更登记缺乏依据，法院不予支持。

案情简介

一、2007 年，乌鲁木齐牙克亚富民园艺有限公司（"牙克亚公司"）与哈密金祥矿业有限责任公司（“金祥公司”）签订《转让合同》《项目合作协议书》，约定牙克亚公司将某铁矿的采矿权转让给金祥公司。合同签订后未办理采矿权转让批准手续。

二、金祥公司起诉至乌鲁木齐县法院，请求牙克亚公司履行转让协议，办理变更登记手续。乌鲁木齐县法院判决牙克亚公司继续履行《转让合同》，办理采矿权的变更登记手续。

三、牙克亚公司不服乌鲁木齐县法院判决，向乌鲁木齐市中院提起上诉，乌鲁木齐市中院判决驳回上诉，维持原判。

四、牙克亚公司不服乌鲁木齐市中院判决，向新疆自治区高院申请再审。新疆自治区高院对本案提审，判决：撤销乌鲁木齐市中院、乌鲁木齐县法院判决；驳回金祥公司的诉讼请求。

五、金祥公司不服新疆自治区高院判决，向最高人民法院申请再审，最高人民法院提审本案，判决维持新疆自治区高院判决。

裁判要点

根据《矿产资源法》第六条和《合同法司法解释（一）》第九条的规定，采矿权转让必须经过审批管理机关批准，转让合同自批准之日起生效，未经批准，应认定合同未生效。本案金祥公司未提交证据证明采矿权转让已经经过国土资源部门批准，最终最高人民法院认定《转让合同》不符合法定的生效条件，尚未生效。金祥公司主张继续履行合同、直接办理变更登记缺乏依据，法院不予支持，金祥公司因此败诉。

值得注意的是，国土资源部门出具的采矿权评估报告结果确认书只是对采矿权价值等作出评估和确认，并非准予采矿权转让的批准文件。

实务经验总结

前事不忘，后事之师。为避免未来发生类似败诉，提出如下建议：

一、拟受让采矿权的当事人一定要及时促使双方及时向国土资源部门办理审批手续，否则，合同将不生效，影响合同履行。

二、采矿权转让合同可具体约定采矿权转让报批手续的主办理主体及协办主体，以及办理时限，并约定违约条款，督促双方尽最大努力促成合同生效。

三、2017 年 7 月 27 日起施行的《最高人民法院关于审理矿业权纠纷案件适用法律若干问题的解释》已对矿业权转让合同的法律效力问题作出规定，该解释第六条规定，矿业权转让合同自依法成立之日起具有法律约束力。第七条规定，矿业权转让合同依法成立后，在不具有法定无效情形下，受让人请求转让人履行报批义务或者转让人请求受让人履行协助报批义务的，人民法院应予支持，但法律上或者事实上不具备履行条件的除外。据此，该解释并未从合同未生效的角度认定未经审批的矿业权转让合同效力，而是从促成合同生效的角度，规定矿业权转让合同自成立之日起具有法律约束力，督促报批义务人履行报批义务。

相关法律规定

《中华人民共和国合同法》

第四十四条　依法成立的合同，自成立时生效。

法律、行政法规规定应当办理批准、登记等手续生效的，依照其规定。

《最高人民法院关于适用〈中华人民共和国合同法〉若干问题的解释（一）》

第九条　依照合同法第四十四条第二款的规定，法律、行政法规规定合同应当办理批准手续，或者办理批准、登记等手续才生效，在一审法庭辩论终结前当事人仍未办理批准手续的，或者仍未办理批准、登记等手续的，人民法院应当认定该合同未生效；法律、行政法规规定合同应当办理登记手续，但未规定登记后生效的，当事人未办理登记手续不影响合同的效力，合同标的物所有权及其他物权不能转移。

《中华人民共和国矿产资源法》

第六条　除按下列规定可以转让外，探矿权、采矿权不得转让：

（一）探矿权人有权在划定的勘查作业区内进行规定的勘查作业，有权优先取得勘查作业区内矿产资源的采矿权。探矿权人在完成规定的最低勘查投入后，经依法批准，可以将探矿权转让他人。

（二）已取得采矿权的矿山企业，因企业合并、分立，与他人合资、合作经营，或者因企业资产出售以及有其他变更企业资产产权的情形而需要变更采矿权主体的，经依法批准可以将采矿权转让他人采矿。

前款规定的具体办法和实施步骤由国务院规定。

禁止将探矿权、采矿权倒卖牟利。

《探矿权采矿权转让管理办法》

第四条　国务院地质矿产主管部门和省、自治区、直辖市人民政府地质矿产主管部门是探矿权、采矿权转让的审批管理机关。

国务院地质矿产主管部门负责由其审批发证的探矿权、采矿权转让的审批。

省、自治区、直辖市人民政府地质矿产主管部门负责本条第二款规定以外的探矿权、采矿权转让的审批。

第十条 申请转让探矿权、采矿权的，审批管理机关应当自收到转让申请之日起40日内，作出准予转让或者不准转让的决定，并通知转让人和受让人。

准予转让的，转让人和受让人应当自收到批准转让通知之日起60日内，到原发证机关办理变更登记手续；受让人按照国家规定缴纳有关费用后，领取勘查许可证或者采矿许可证，成为探矿权人或者采矿权人。

批准转让的，转让合同自批准之日起生效。

不准转让的，审批管理机关应当说明理由。

《最高人民法院关于审理矿业权纠纷案件适用法律若干问题的解释》

第六条 矿业权转让合同自依法成立之日起具有法律约束力。矿业权转让申请未经国土资源主管部门批准，受让人请求转让人办理矿业权变更登记手续的，人民法院不予支持。

当事人仅以矿业权转让申请未经国土资源主管部门批准为由请求确认转让合同无效的，人民法院不予支持。

以下为该案在最高人民法院审理阶段"本院认为"部分关于采矿权转让合同效力的论述：

本院认为，2007年10月16日《转让合同》尚未生效。首先，依据《矿产资源法》第六条和《探矿权采矿权转让管理办法》第十条规定，采矿权的转让，必须经过审批管理机关的批准。转让合同自批准之日起生效。依据《合同法》第四十四条规定，法律、行政法规规定应当办理批准、登记等手续生效的，依照其规定。依据《合同法司法解释（一）》第九条规定，法律、行政法规规定合同应当办理批准手续，或者办理批准、登记等手续才生效，在一审法庭辩论终结前当事人仍未办理批准手续的，或者仍未办理批准、登记等手续的，人民法院应当认定该合同未生效。

本案中，涉案铁矿的《采矿许可证》的发证机关为新疆维吾尔自治区国土资源厅，依据《探矿权采矿权转让管理办法》第四条第三款规定，涉案铁矿的采矿权转让的审批管理机关也应是新疆维吾尔自治区国土资源厅。但金祥公司并未提交证据证明该转让已经得到了上述审批管理机关的批准，其提交的新国土资采确发（2008）278号采矿权评估报告结果确认书只是对涉案铁矿的服务年限、采矿权价值等作出评估和确认，并非准予转让的决定。因此，该《转让合同》不符合法定的生效条件。

案件来源

哈密金祥矿业有限责任公司与乌鲁木齐牙克亚富民园艺有限公司采矿权纠纷再审民事判决书，最高人民法院（2013）民提字第52号。

延伸阅读

认定未经审批的采矿权转让合同为未生效合同的案例：

案例1：塔什库尔干县兴祚矿业开发有限责任公司（以下简称“塔县矿业公司”）与叶城县兴祚矿业开发有限责任公司（以下简称“叶城矿业公司”）采矿权转让合同纠纷二审民事判决书［新疆维吾尔自治区高级人民法院（2016）新民终633号］认为：“原审法院依据《中华人民共和国矿产资源法》及《探矿权采矿权转让管理办法》的相关规定认定塔县矿业公司与叶城矿业公司之间的涉案采矿权转让合同属已成立未生效合同，并无不当。塔县矿业公司上诉称依据上述法律行政法规的规定应认定涉案采矿权转让合同无效系对法律的理解有误。”

案例2：邓馥佳采矿权转让合同纠纷二审民事判决书［云南省高级人民法院（2014）云高民二终字第103号］认为：“虽然本案双方签订的合同名为《变更协议》，但实质是针对砚山县阿舍乡鹏呈综合选厂的采矿权转让及法人变更登记等事项作出的约定，双方当事人之间应为采矿权的转让与受让法律关系。根据《中华人民共和国矿产资源法》及国务院《探矿权采矿权转让管理办法》等规定，探矿权、采矿权转让合同是以行政审批机关的批准转让为其生效要件，本案中双方当事人签订的《变更协议》没有经过相关审批管理机关的批准，依照《最高人民法院关于适用〈中华人民共和国合同法〉若干问题的解释（一）》第九条的规定，本案双方当事人未就采矿权转让事宜办理变更登记手续，故其合同效力处于未生效状态。现双方发生纠纷后合同目的已不能实现，依法应予解除。”

案例3：韩丰邦与于洋采矿权转让合同纠纷再审民事判决书［青海省高级人民法院（2016）青民再43号］认为：“关于《矿山转让合同》的效力。韩丰邦与于洋签订《矿山转让合同》后，该合同依法成立。《矿山转让合同》成立后，韩丰邦与于洋未按规定向审批管理机关报请涉案采矿权转让审批手续……《矿山转让合同》未生效。现双方当事人同意解除合同，依法予以解除。韩丰邦此节再审理由成立，应予支持。”

案例4：上诉人贾宝程与被上诉人段永红、贺桂玲采矿权转让合同纠纷二审民事判决书［甘肃省高级人民法院（2015）甘民二终字第 101 号］认为：“段永红将其所有的涉案永红煤矿转让与贾宝成，并签订煤矿转让协议。本院认为，采矿权属于特许行业，根据有关法律、行政法规规定，取得涉案煤矿的采矿权需经相关部门审批。根据国务院《探矿权采矿权转让管理办法》第十条第三款规定‘批准转让的，转让合同自批准之日生效’，因本案涉案煤矿的转让合同未经审批，据此本院认定涉案煤矿转让协议已合法成立，尚未生效，该协议对双方当事人无约束力，且双方以实际行为已表明均不愿继续履行涉案转让协议，故双方对因无约束力的转让协议所取得的财产，应当相互返还。”

006 探矿权转让合同未经批准，是否会导致合同无效

——探矿权转让合同未经批准，属成立但未生效合同

阅读提示

《探矿权采矿权转让管理办法》第十条规定，探矿权转让合同自批准之日起生效。如果探矿权转让合同未经批准，是否会导致合同无效？本案例认为，未经批准的探矿权转让合同属于成立但未生效的合同。此外，本书作者也关注到有部分法院认定未经批准的探矿权转让合同为无效合同。

值得关注的是，2017 年 7 月 27 日起施行的《最高人民法院关于审理矿业权纠纷案件适用法律若干问题的解释》已对该问题作出规定，该解释第六条规定：“矿业权转让合同自依法成立之日起具有法律约束力。矿业权转让申请未经国土资源主管部门批准，受让人请求转让人办理矿业权变更登记手续的，人民法院不予支持。当事人仅以矿业权转让申请未经国土资源主管部门批准为由请求确认转让合同无效的，人民法院不予支持。”

裁判要旨

根据《中华人民共和国矿产资源法》第六条、国务院《探矿权采矿权转让管理办法》第三条、第十条的规定，当事人订立合同转让探矿权，须经审批管理机关批准，转让合同自批准之日起生效。未经审批管理机关批准，探矿权转让合同成立但未生效。

案情简介

一、2009 年 6 月 18 日、2012 年 7 月 11 日，海鑫公司与楚华公司分别签订了两份《探矿权转让合同》（下称“第一份合同”“第二份合同”）。其中第二份合同约定：海鑫公司将某金矿探矿权转让给楚华公司，转让款 360 万元，在探矿权过户后 5 日内付清；楚华公司不能按约支付转让价款，应当按照总价款的 20% 承担违约责任。

二、第一份合同签订后，楚华公司向海鑫公司支付了履约定金 72 万元；第二份合同签订后，楚华公司向海鑫公司支付了转让款 216 万元。2013 年 1 月，第二份合同经青海省国土资源厅批准，同日楚华公司取得了《矿产资源勘查许可证》。

三、因楚华公司未按约付清剩余转让款 72 万元，海鑫公司向西宁中院起诉，请求判令楚华公司支付探矿权转让款 72 万元及违约金 72 万元。西宁中院认为，双方约定的违约金明显过高，依据楚华公司的请求，依法应予调整。西宁中院判决：楚华公司向海鑫公司给付探矿权转让款 72 万元，并承担逾期付款违约金 16.236 万元。

四、楚华公司不服西宁中院判决，向青海高院上诉称，海鑫公司自签订第一份合同开始至完成过户所花费的时间长达 4 年，未及时完成过户手续，存在着严重的违约行为，请求发回重审或改判驳回海鑫公司部分诉讼请求。青海高院认为，第一份合同因探矿权变更登记手续未得到政府相关行政部门批准，合同成立但未生效，而第二份合同已替代了第一份合同。故青海高院判决：驳回上诉，维持原判。

裁判要点

根据《矿产资源法》第六条，国务院《探矿权采矿权转让管理办法》第三条、第十条的规定，当事人之间协议约定转让探矿权、采矿权，经审批管理机关批准之日起生效。

本案双方当事人签订的第一份合同未得到审批管理机关批准，合同成立但未生效。而第二份合同经青海省国土资源厅批准，为有效合同，并已替代了第一份合同。楚华公司未按第二份合同约定付清转让款已构成违约，理应承担违约责任。

实务经验总结

前事不忘，后事之师。为避免未来发生类似败诉，提出如下建议：

一、探矿权转让合同当事人应当及时向审批部门办理批准手续，否则合同将不发生法律效力，影响交易目的的实现。

二、当事人可在探矿权转让合同中约定办理报批手续的义务方，并设定具体的办理时限及相应违约责任，督促义务方及时办理相关手续，促成合同生效。

三、2017 年 7 月 27 日起施行的《最高人民法院关于审理矿业权纠纷案件适用法律若干问题的解释》已对矿业权转让合同的法律效力问题作出规定，该解释第六条规定，矿业权转让合同自依法成立之日起具有法律约束力。第七条规定，矿业权转让合同依法成立后，在不具有法定无效情形下，受让人请求转让人履行报批义务或者转让人请求受让人履行协助报批义务的，人民法院应予支持，但法律上或者事实上不具备履行条件的除外。据此，该解释并未从合同未生效的角度认定未经审批的矿业权转让合同效力，而是从促成合同生效的角度，规定矿业权转让合同自成立之日起具有法律约束力，督促报批义务人履行报批义务。

相关法律规定

《中华人民共和国矿产资源法》

第六条　除按下列规定可以转让外，探矿权、采矿权不得转让：

（一）探矿权人有权在划定的勘查作业区内进行规定的勘查作业，有权优先取得勘查作业区内矿产资源的采矿权。探矿权人在完成规定的最低勘查投入后，经依法批准，可以将探矿权转让他人。

（二）已取得采矿权的矿山企业，因企业合并、分立，与他人合资、合作经营，或者因企业资产出售以及有其他变更企业资产产权的情形而需要变更采矿权主体的，经依法批准可以将采矿权转让他人采矿。

前款规定的具体办法和实施步骤由国务院规定。

禁止将探矿权、采矿权倒卖牟利。

《探矿权采矿权转让管理办法》

第三条　除按照下列规定可以转让外，探矿权、采矿权不得转让：

（一）探矿权人有权在划定的勘查作业区内进行规定的勘查作业，有权优先取得勘查作业区内矿产资源的采矿权。探矿权人在完成规定的最低勘查投入后，经依法批准，可以将探矿权转让他人。

（二）已经取得采矿权的矿山企业，因企业合并、分立，与他人合资、合作经营，或者因企业资产出售以及有其他变更企业资产产权的情形，需要变更采矿权主体的，经依法批准，可以将采矿权转让他人采矿。

第四条 国务院地质矿产主管部门和省、自治区、直辖市人民政府地质矿产主管部门是探矿权、采矿权转让的审批管理机关。

国务院地质矿产主管部门负责由其审批发证的探矿权、采矿权转让的审批。

省、自治区、直辖市人民政府地质矿产主管部门负责本条第二款规定以外的探矿权、采矿权转让的审批。

第十条 申请转让探矿权、采矿权的，审批管理机关应当自收到转让申请之日起40日内，作出准予转让或者不准转让的决定，并通知转让人和受让人。

准予转让的，转让人和受让人应当自收到批准转让通知之日起60日内，到原发证机关办理变更登记手续；受让人按照国家规定缴纳有关费用后，领取勘查许可证或者采矿许可证，成为探矿权人或者采矿权人。

批准转让的，转让合同自批准之日起生效。

不准转让的，审批管理机关应当说明理由。

《中华人民共和国合同法》

第四十四条 依法成立的合同，自成立时生效。

法律、行政法规规定应当办理批准、登记等手续生效的，依照其规定。

《最高人民法院关于适用〈中华人民共和国合同法〉若干问题的解释（一）》

第九条 依照合同法第四十四条第二款的规定，法律、行政法规规定合同应当办理批准手续，或者办理批准、登记等手续才生效，在一审法庭辩论终结前当事人仍未办理批准手续的，或者仍未办理批准、登记等手续的，人民法院应当认定该合同未生效；法律、行政法规规定合同应当办理登记手续，但未规定登记后生效的，当事人未办理登记手续不影响合同的效力，合同标的物所有权及其他物权不能转移。

合同法第七十七条第二款、第八十七条、第九十六条第二款所列合同变更、转让、解除等情形，依照前款规定处理。

《最高人民法院关于审理矿业权纠纷案件适用法律若干问题的解释》

第六条 矿业权转让合同自依法成立之日起具有法律约束力。矿业权转让申请未经国土资源主管部门批准，受让人请求转让人办理矿业权变更登记手续的，人民法院不予支持。

当事人仅以矿业权转让申请未经国土资源主管部门批准为由请求确认转让合同无效的，人民法院不予支持。

以下为该案在青海高院审理阶段，判决书中“本院认为”就该问题的论述：

2012年7月11日双方在青海省国土资源厅矿业权交易中心签订的《探矿权转

让合同》系真实意思表示，合法有效，应受法律保护。根据《中华人民共和国矿产资源法》第六条、国务院《探矿权采矿权转让管理办法》第三条、第十条的规定，当事人之间协议约定转让探矿权、采矿权，须经审批管理机关批准之日起生效。且双方当事人2009年6月18日签订的第一份合同亦约定“自政府主管部门批准之日起生效”。虽然第一份合同签订后，上诉人楚华公司支付了履约定金720000元，但因探矿权变更登记手续未得到政府相关行政部门批准，合同成立却未生效；双方当事人基于该事实，又于2012年7月11日重新签订了第二份合同，从第二份合同约定内容看已替代了第一份合同。楚华公司上诉提出海鑫公司在履行第一份合同时迟延过户矿权并迟延交付矿权所涉地质资料，给其造成正常勘探经营损害的理由，与其合同约定不符。双方当事人在第二份合同约定：“转让款360万元于探矿权过户手续生效即探矿权已完全由乙方所有之后5日内一次性付清；乙方不能按照合同约定支付转让价款，乙方应当按照转让总价款的20%承担违约责任。”2013年1月31日，涉案探矿权转让合同经青海省国土资源厅批准，同日楚华公司取得了《矿产资源勘查许可证》。按合同约定，楚华公司应在2013年2月5日前付清尾款。但楚华公司至今未付，其行为已构成违约，理应承担违约责任。一审法院依据海鑫公司的诉求及楚华公司核减违约金的请求，依法将违约金过高部分予以核减，判决确定楚华公司承担162360元违约金并无不当。

案件来源

青海楚华矿业有限公司与青海海鑫矿业有限公司探矿权转让纠纷案二审民事判决书，青海省高级人民法院（2015）青民三终字第2号。

延伸阅读

关于探矿权转让合同未经批准合同是否有效的案例。

（一）认定探矿权转让合同未经批准属于成立但未生效合同的案例

案例1：朱为亚与甘肃天府雨子沟金矿有限责任公司探矿权转让合同纠纷案［甘肃省高级人民法院（2013）甘民二初字第2号］认为：“天府公司所举的证据证明，其与朱为亚的‘合作探矿’，并未向主管部门申请批准。未经批准的探矿权转让行为，违反了国土资源主管部门的相关规定。……国务院《探矿权采矿权转让管理办法》第十条第三款规定：‘批准转让的，转让合同自批准之日起生效。’根据《最高人民法院关于适用〈中华人民共和国合同法〉若干问题的解释（一）》第九条‘依照合同法第四十四条第二款的规定，法律、行政法规规定合同应当办理批准手续，或者办理批准、登记等手续才生效，在一审法庭辩论终结前当事人仍未办理批准手续的，或者仍未办理批准、登记等手续的，人民法院应当认定该合同未生效’之规定，本案的《合作探矿合同》属未生效的合同。朱为亚主张确认该合同无效的诉讼请求没有法律依据，本院依法不予支持。”

案例 2：上诉人西藏北开工贸发展有限公司与被上诉人西藏普康矿业开发有限公司探矿权转让合同纠纷一案二审民事判决书［西藏自治区高级人民法院（2013）藏法民二终字第 5 号］认为：“根据《探矿权采矿权转让管理办法》第三条第一项、第十条第三款规定，探矿权转让需经国土资源部门批准才能转让，转让合同自批准之日起生效。在本案中，双方签订的探矿权转让合同未经国土资源部门批准，因此属未生效合同。对此，原判认定正确，上诉人北开公司提出的探矿权转让合同合法有效的上诉理由不能成立，被上诉人普康公司提出的探矿权转让合同未生效的抗辩理由成立。”

案例 3：四川吉成矿业投资开发有限公司与云南大地矿业投资开发有限公司、四川永安矿业开发有限公司探矿权转让合同纠纷上诉案［云南省高级人民法院（2010）云高民二终字第 84 号］认为：“由于李 X 代表吉成公司与大地公司商定和签署探矿权作股事宜经过了吉成公司的确认，因此《探矿权作股协议》是吉成公司和大地公司的真实意思表示，该协议依法成立。但因为该作股协议涉及探矿权的转让，依法应当由国土资源管理部门进行审批后方能生效，故该协议依法成立但未生效，不具备法律约束力。”

案例 4：丁正明与贵州省三都县永发矿业有限公司等探矿权转让合同纠纷案民事裁定书［贵州省高级人民法院（2014）黔高民申字第 492 号］认为：“按照《中华人民共和国矿产资源法》第六条、国务院《探矿权采矿权转让管理办法》第十条第三款的规定，永发公司与丁正明、钱碧金、郑捍东于 2008 年 3 月 30 日签订的《探矿权转让协议》未经国家职能部门批准，该合同未生效，双方对此均无异议。双方在合同中约定了 50 万元定金，永发公司已按约定支付给了丁正明。因双方原因，至今仍未办理探矿权转让批准手续，导致转让协议未生效，双方对此均有责任。在《探矿权转让协议》未生效的情况下，二审认定定金条款未生效，永发公司起诉没有超过诉讼时效，符合法律规定。”

（二）认定探矿权转让合同未经批准合同无效的案例

案例 5：郴州玉城矿业有限公司与李回书、李勇探矿权转让合同纠纷二审民事判决书［湖南省郴州市中级人民法院（2015）郴环民终字第 71 号］认为：“关于

《郴州玉城矿业有限公司湖南省黄岑岭铅锌多金属矿探矿权项目槽探工程的包干协议》的效力，我国矿产资源属国家所有，探矿权属特许经营权。由于我国对探矿权人的探矿资质和探矿权的转让实行严格的审批制度，非经法定程序不得自行对探矿权进行转让。根据《中华人民共和国矿产资源法》第六条第一款第一项的规定，'探矿权人有权在划定的勘查作业区内进行规定的勘查作业，有权优先取得勘查作业区内矿产资源的采矿权。探矿权人在完成规定的最低勘查投入后，经依法批准，可以将探矿权转让他人'。除此以外，不得转让探矿权。因此，该协议的性质名为《郴州玉城矿业有限公司湖南省黄岑岭铅锌多金属矿探矿权项目槽探工程的包干协议》，实为探矿权转让，其转让探矿权的行为因违反了法律、行政法规的强制性规定，故该'协议'为无效协议。"

案例6：红河州集成经贸有限责任公司诉云南大秦矿业有限公司刘业芬、肖沣恒探矿权转让合同纠纷一案一审民事判决书［云南省红河哈尼族彝族自治州中级人民法院（2014）红中民二初字第230号］认为："原告集成公司与被告大秦公司签订的《探矿权转让合同书》是否应当解除？合同解除与否，应当以合同有效为前提。本案中，集成公司与大秦公司签订的《探矿权转让合同书》，虽然出自双方真实意思，并且大秦公司持有探矿权证的有效期已延长至2015年6月8日，但《中华人民共和国矿产资源法》第三条第三款规定：'勘查、开采矿产资源，必须依法分别申请、经批准取得探矿权、采矿权，并办理登记……'国务院《探矿权采矿权转让管理办法》第三条第一项规定，经依法批准，可以将探矿权转让他人。第十四条规定：'未经审批管理机关批准，擅自转让探矿权、采矿权的，由登记管理机关责令改正，没收违法所得，处10万元以下的罚款……'在没有办理完毕探矿权转让申请、审批手续的情况下，集成公司与大秦公司仅签订了转让合同即将探矿权证项下的探矿权及相关资产进行移交，虽然金平县国土资源局通知可以办理探矿权转让、变更手续，但集成公司没有取得合法探矿权证并一直经营管理至今，双方的行为已经违反了前述法律及行政法规规定。同时，大秦公司章程第十二条约定，公司的经营方针和投资计划由股东会决定，但大秦公司至今没有列举证据证实转让探矿权已经过股东会决定，《中华人民共和国公司法》第三十七条规定：'股东会行使下列职权：（一）决定公司的经营方针和投资计划；……'大秦公司转让探矿权属于公司经营方针，其行为也违反该法律规定。《中华人民共和国合同法》第五十二条第五项规定，违反法律、行政法规的强制性规定的合同无效。因此集成公司与大秦公司签订的《探矿权转让合同书》无效，且从签订时起不受法律保护。"

案例7：桐柏永恒矿产品购销有限公司与河南省地质矿产勘查开发局第三地质

调查队合同纠纷再审民事判决书［河南省高级人民法院（2013）豫法民提字第00205号］认为："关于地调三队对合同无效应承担的民事责任问题。原审认定地调三队与永恒公司签订的铁矿勘查工程承包合同书内容实质是探矿权转让，按照《矿产资源勘查区块登记管理办法》《探矿权采矿权转让管理办法》有关规定，探矿权转让应依法经过有权机关的审批，探矿权受让人应具备相关资质等。而永恒公司并不具备勘查资质，签订的转让合同也未经有权部门审批，双方规避法律私自转让探矿权的行为，损害国家利益，违反法律、行政法规的强制性规定，属无效合同正确。对于合同无效后的责任承担问题，按照《中华人民共和国合同法》第五十八条规定，合同无效后，因该合同取得的财产，应当予以返还，因此，再审判决判令地调三队将该30000元返还给永恒公司处理正确。河南省人民检察院对此的抗诉理由亦不能成立，本院不予支持。"

案例8：洛南县鑫发矿业有限责任公司与代小宁探矿权转让合同纠纷二审民事判决书［陕西省商洛市中级人民法院（2016）陕10民终203号］认为："《中华人民共和国矿产资源法》第三条第四款规定，从事矿产资源勘查和开采的，必须符合规定的资质条件。本案双方当事人签订的《探矿工程责任承包合同》内容实质是探矿权转让，按照《矿产资源勘查区块登记管理办法》《探矿权采矿权转让管理办法》有关规定，探矿权转让应依法经有权机关的审批，探矿权受让人应具备相关资质等，上诉人代小宁并不具备勘查资质，签订的合同也未经有权部门审批，双方规避法律私自转让探矿权的行为，损害国家利益，违反法律、行政法规的强制性规定，原审认定该合同属无效合同正确。"

007 采矿权转让未经批准，受让人能否直接诉请办理变更登记

——采矿权转让未获得批准，受让人无权请求办理变更登记

阅读提示

采矿权转让获得批准前，受让人能否直接请求办理采矿权变更登记？本案例对此持否定态度。值得关注的是，2017年7月27日施行的《最高人民法院关于审理矿业权纠纷案件适用法律若干问题的解释》已对该问题作出规定："矿业权转让合同自依法成立之日起具有法律约束力。矿业权转让申请未经国土资源主管部门批

准，受让人请求转让人办理矿业权变更登记手续的，人民法院不予支持。”

裁判要旨

采矿权转让得到批准是办理采矿权变更登记的前置程序，而转让能否获得批准，需要经过审批管理机关的审查，属于行政权限范围。故在采矿权转让尚未获得批准的情形下，受让人直接请求办理采矿权变更登记无法律依据。

案情简介

一、2007年，牙克亚公司与金祥公司签订《转让合同》《项目合作协议书》，约定牙克亚公司将某铁矿的采矿权转让给金祥公司。合同签订后未办理采矿权转让批准手续。

二、金祥公司起诉至乌鲁木齐县法院，请求牙克亚公司履行转让协议，办理变更登记手续。乌鲁木齐县法院判决：牙克亚公司继续履行《转让合同》，办理采矿权的变更登记手续。

三、牙克亚公司不服乌鲁木齐县法院判决，向乌鲁木齐市中院提起上诉。乌鲁木齐市中院判决：驳回上诉，维持原判。

四、牙克亚公司不服乌鲁木齐市中院判决，向新疆高院申请再审。新疆高院提审本案，判决：撤销乌鲁木齐市中院、乌鲁木齐县法院判决；驳回金祥公司的诉讼请求。

五、金祥公司不服新疆高院判决，向最高人民法院申请再审，最高人民法院提审本案，判决：维持新疆高院判决。

裁判要点

首先，案涉《转让合同》尚未生效。依据《矿产资源法》第六条和《探矿权采矿权转让管理办法》第十条规定，采矿权的转让，必须经过审批管理机关的批准。转让合同自批准之日起生效。依据《合同法》第四十四条第二款规定，“法律、行政法规规定应当办理批准、登记等手续生效的，依照其规定”。依据《最高人民法院关于适用〈中华人民共和国合同法〉若干问题的解释（一）》第九条规定，法律、行政法规规定合同应当办理批准手续，或者办理批准、登记等手续才生效，在一审法庭辩论终结前当事人仍未办理批准手续的，或者仍未办理批准、登记等手续的，人民法院应当认定该合同未生效。本案中，涉案铁矿的《采矿许可证》

的发证机关为新疆国土资源厅，依据《探矿权采矿权转让管理办法》第四条第三款规定，涉案铁矿的采矿权转让的审批管理机关也应是新疆国土资源厅。但金祥公司并未提交证据证明该转让已经得到了上述审批管理机关的批准。因此，该《转让合同》不符合法定的生效条件。

另外，案涉《转让合同》第四条第一款约定："本合同双方代表签字并盖章后正式生效。"此为当事人对合同效力所附的条件，不违反法律、行政法规的强制性规定，和上述法定的生效条件也不相冲突。经鉴定，该《转让合同》上"牙克亚"三个字不是牙克亚·阿不都本人所签，金祥公司也不能证明是牙克亚公司授权的其他代表人所签。因此，该《转让合同》也不符合约定的生效条件。

其次，金祥公司不能要求继续履行《转让合同》、办理采矿权变更登记。合同有效是合同当事人履行合同义务的基础，《转让合同》尚未生效，金祥公司请求牙克亚公司继续履行合同缺乏法律依据。金祥公司的诉讼请求为办理采矿权变更登记，但依据《探矿权采矿权转让管理办法》第十条第二款规定，申请转让采矿权的，转让人和受让人应当在收到批准转让通知之日起 60 日内，到原发证机关办理变更登记手续。也就是说，转让得到批准是办理采矿权变更登记的前置程序，而转让能否获得批准，需要经过审批管理机关的审查，属于行政权限范围。故在转让尚未获得批准的情形下，金祥公司直接请求办理采矿权变更登记无法律依据。

实务经验总结

前事不忘，后事之师。为避免未来发生类似败诉，提出如下建议：

一、采矿权转让未经批准的，受让人无权请求办理采矿权变更登记。2017 年 7 月 27 日起施行的《最高人民法院关于审理矿业权纠纷案件适用法律若干问题的解释》已对该问题作出规定："矿业权转让合同自依法成立之日起具有法律约束力。矿业权转让申请未经国土资源主管部门批准，受让人请求转让人办理矿业权变更登记手续的，人民法院不予支持。"

二、根据《最高人民法院关于审理矿业权纠纷案件适用法律若干问题的解释》第七条、第八条的规定，矿业权转让合同依法成立后，在不具有法定无效情形下，受让人可请求转让人履行报批义务，也可请求由受让人自行办理报批手续，转让人履行协助义务，并承担由此产生的费用。此外，受让人可请求解除合同、返还已付转让款及利息，并由转让人承担违约责任。

相关法律规定

《中华人民共和国矿产资源法》

第六条 除按下列规定可以转让外，探矿权、采矿权不得转让：

（一）探矿权人有权在划定的勘查作业区内进行规定的勘查作业，有权优先取得勘查作业区内矿产资源的采矿权。探矿权人在完成规定的最低勘查投入后，经依法批准，可以将探矿权转让他人。

（二）已取得采矿权的矿山企业，因企业合并、分立，与他人合资、合作经营，或者因企业资产出售以及有其他变更企业资产产权的情形而需要变更采矿权主体的，经依法批准可以将采矿权转让他人采矿。

前款规定的具体办法和实施步骤由国务院规定。

禁止将探矿权、采矿权倒卖牟利。

《探矿权采矿权转让管理办法》

第四条 国务院地质矿产主管部门和省、自治区、直辖市人民政府地质矿产主管部门是探矿权、采矿权转让的审批管理机关。

国务院地质矿产主管部门负责由其审批发证的探矿权、采矿权转让的审批。

省、自治区、直辖市人民政府地质矿产主管部门负责本条第二款规定以外的探矿权、采矿权转让的审批。

第十条 申请转让探矿权、采矿权的，审批管理机关应当自收到转让申请之日起40日内，作出准予转让或者不准转让的决定，并通知转让人和受让人。

准予转让的，转让人和受让人应当自收到批准转让通知之日起60日内，到原发证机关办理变更登记手续；受让人按照国家规定缴纳有关费用后，领取勘查许可证或者采矿许可证，成为探矿权人或者采矿权人。

批准转让的，转让合同自批准之日起生效。

不准转让的，审批管理机关应当说明理由。

《中华人民共和国合同法》

第四十四条 依法成立的合同，自成立时生效。

法律、行政法规规定应当办理批准、登记等手续生效的，依照其规定。

《最高人民法院关于适用〈中华人民共和国合同法〉若干问题的解释（一）》

第九条 依照合同法第四十四条第二款的规定，法律、行政法规规定合同应当办理批准手续，或者办理批准、登记等手续才生效，在一审法庭辩论终结前当事人仍未办理批准手续的，或者仍未办理批准、登记等手续的，人民法院应当认定该合同未生效；法律、行政法规规定合同应当办理登记手续，但未规定登记后生效的，当事人未办理登记手续不影响合同的效力，合同标的物所有权及其他物权不能转移。

合同法第七十七条第二款、第八十七条、第九十六条第二款所列合同变更、转让、解除等情形，依照前款规定处理。

《最高人民法院关于审理矿业权纠纷案件适用法律若干问题的解释》

第六条第一款 矿业权转让合同自依法成立之日起具有法律约束力。矿业权转让申请未经国土资源主管部门批准，受让人请求转让人办理矿业权变更登记手续的，人民法院不予支持。

以下为该案在最高人民法院审理阶段，裁判文书中“本院认为”部分就该问题的论述：

一、关于2007年10月16日《转让合同》的效力如何认定的问题

本院认为，2007年10月16日《转让合同》尚未生效。首先，依据《矿产资源法》第六条和《探矿权采矿权转让管理办法》第十条规定，采矿权的转让，必须经过审批管理机关的批准。转让合同自批准之日起生效。依据《合同法》第四十四条第二款规定，“法律、行政法规规定应当办理批准、登记等手续生效的，依照其规定”。依据《最高人民法院关于适用〈中华人民共和国合同法〉若干问题的解释（一）》第九条规定，法律、行政法规规定合同应当办理批准手续，或者办理批准、登记等手续才生效，在一审法庭辩论终结前当事人仍未办理批准手续的，或者仍未办理批准、登记等手续的，人民法院应当认定该合同未生效。本案中，涉案铁矿的《采矿许可证》的发证机关为新疆维吾尔自治区国土资源厅，依据《探矿权采矿权转让管理办法》第四条第三款规定，涉案铁矿的采矿权转让的审批管理机关也应是新疆维吾尔自治区国土资源厅。但金祥公司并未提交证据证明该转让已经得到了上述审批管理机关的批准，其提交的新国土资采确发（2008）278号采矿权评估报告结果确认书只是对涉案铁矿的服务年限、采矿权价值等作出评估和确认，并非准予转让的决定。因此，该《转让合同》不符合法定的生效条件。

其次，该《转让合同》第四条第一款约定：“本合同双方代表签字并盖章后正式生效。”此为当事人对合同效力所附的条件，不违反法律、行政法规的强制性规定，和上述法定的生效条件也不相冲突。经鉴定，该《转让合同》上“牙克亚”三个字不是牙克亚·阿不都本人所签，金祥公司也不能证明是牙克亚公司授权的其他代表人所签，金祥公司虽主张此鉴定结论错误，但在一审审理程序中没有申请重新鉴定，也没有提交足以反驳的相反证据和理由，依据《最高人民法院关于民事诉

讼证据的若干规定》第七十二条第一款规定，本院对该鉴定结论的证明力予以认定。因此，该《转让合同》也不符合约定的生效条件。

二、关于该《转让合同》能否继续履行的问题

本院认为，金祥公司要求继续履行《转让合同》、办理采矿权变更登记的诉讼请求不能得到支持。合同有效是合同当事人履行合同义务的基础，《转让合同》尚未生效，金祥公司请求牙克亚公司继续履行合同缺乏法律依据。金祥公司的诉讼请求为办理采矿权变更登记，但依据《探矿权采矿权转让管理办法》第十条第二款规定，申请转让采矿权的，转让人和受让人应当在收到批准转让通知之日起60日内，到原发证机关办理变更登记手续。也就是说，转让得到批准是办理采矿权变更登记的前置程序，而转让能否获得批准，需要经过审批管理机关的审查，属于行政权限范围。故在转让尚未获得批准的情形下，金祥公司直接请求办理采矿权变更登记无法律依据。对于其已经履行的部分，金祥公司可另行通过法律途径解决，或在转让获得批准后，金祥公司可再行起诉。

案件来源

哈密金祥矿业有限责任公司与乌鲁木齐牙克亚富民园艺有限公司采矿权纠纷再审民事判决书，最高人民法院（2013）民提字第52号。

延伸阅读

一、矿业权转让合同的效力、强制履行、合同解除及违约责任承担

矿业权转让未经国土资源主管部门批准，当事人不能凭转让合同办理矿业权变更登记，但并不意味着转让合同不具有任何法律效力，更不应认定合同无效。已经依法成立的矿业权转让合同，对当事人具有法律约束力。《最高人民法院关于审理矿业权纠纷案件适用法律若干问题的解释》第六条规定："矿业权转让合同自依法成立之日起具有法律约束力。矿业权转让申请未经国土资源主管部门批准，受让人请求转让人办理矿业权变更登记手续的，人民法院不予支持。当事人仅以矿业权转让申请未经国土资源主管部门批准为由请求确认转让合同无效的，人民法院不予支持。"

二、认定采矿权转让合同经批准后为有效合同、可请求办理采矿权变更登记的案例

曹孙海、贵州省平坝县下院煤矿有限责任公司采矿权转让合同纠纷再审审查与

审判监督民事裁定书［最高人民法院（2017）最高法民申 3880 号］认为："黄火顺与曹孙海签订的《煤矿转让协议》是双方的真实意思表示，不违反法律和行政法规的强制性规定并已实际履行，事后双方当事人也按约定完成了顺翔煤矿采矿权的审批转让，因此原两审判决均已认定该协议书是合法有效的合同。该合同具有法律约束力，曹孙海称协议书为无效合同、其与黄火顺不能以未生效合同为依据将采矿权变更登记至广盛源公司矿业公司名下，没有法律依据，也与本案事实不符。"

008 不满足转让条件，采矿权转让合同是否有效

——采矿权不满足已经缴纳资源价款、投入采矿生产满一年等转让条件，不能据此认定采矿权转让合同无效

阅读提示

《探矿权采矿权转让管理办法》第六条规定，转让采矿权，应当具备矿山企业投入采矿生产满 1 年等条件。该规定是否属于效力性强制性规定，违反该规定将导致采矿权转让合同无效？本案例认为，违反该规定并不会导致采矿权转让合同无效。

裁判要旨

当事人仅以采矿权没有交纳资源价款，或者投入采矿生产不满 1 年为由，请求确认采矿权转让合同无效的，法院不予支持。

案情简介

一、2009 年，王晓艳与杨晓丽签订《买卖协议》，约定王晓艳将某煤矿转让给杨晓丽。2011 年，双方签订《补充协议》，约定余款的给付时间和期限。

二、王晓艳诉至阜新市中院，请求判令杨晓丽给付购买煤矿剩余价款及利息，阜新市中院判决支持了王晓艳诉求。

三、杨晓丽不服阜新市中院判决，向辽宁省高院提起上诉，请求确认合同无效，辽宁省高院判决驳回上诉，维持原判。

四、杨晓丽不服辽宁省高院判决，向最高人民法院申请再审，最高人民法院裁

定驳回再审申请。

裁判要点

最高人民法院认为，《探矿权采矿权转让管理办法》第六条关于采矿权转让需满足已经缴纳资源价款、投入采矿生产满 1 年等转让条件的规定是管理性强制性规定，不是效力性强制性规定，违反此规定不会导致合同无效。故杨晓丽仅以双方签订煤矿转让协议时不符合《探矿权采矿权转让管理办法》规定的转让条件为由，请求确认合同无效，最高人民法院不予支持，杨晓丽败诉。

实务经验总结

前事不忘，后事之师。为避免未来发生类似败诉，提出如下建议：

一、当事人诉讼之前精确分析法律关系并据此确定正确的诉讼策略非常重要。我们认为，本案中杨晓丽的诉求策略均为请求确认合同无效，以此为由主张合同无效不容易成功，因为很多案例已经证明法律规定的转让条件“已经缴纳资源价款、投入采矿生产满 1 年”是管理性强制性规定，不是效力性强制性规定，违反该规定的转让协议并不至于无效。如果更换诉讼策略，改为主张采矿权转让未经批准、合同未生效，或许案件会朝着不同的方向发展，也许会实现诉讼目的（参见本书文章《采矿权转让合同未经批准是否生效》）。

二、双方在签订采矿权转让合同后再以采矿权不满足《探矿权采矿权转让管理办法》第六条规定的转让条件为由，请求确认合同无效，法院不会支持。

三、采矿权转让双方应在合同中约定办理采矿权转让审批程序的义务主体、办理时限及违约责任，督促办理审批程序的一方及时办理相关程序。在审批通过之前，转让合同未生效，受让方不必支付转让价款。

相关法律规定

《中华人民共和国合同法》

第五十二条 有下列情形之一的，合同无效：

（一）一方以欺诈、胁迫的手段订立合同，损害国家利益；

（二）恶意串通，损害国家、集体或者第三人利益；

（三）以合法形式掩盖非法目的；

（四）损害社会公共利益；

（五）违反法律、行政法规的强制性规定。

《最高人民法院关于适用〈中华人民共和国合同法〉若干问题的解释（二）》

第十四条 合同法第五十二条第（五）项规定的“强制性规定”，是指效力性强制性规定。

《中华人民共和国矿产资源法》

第三条 矿产资源属于国家所有，由国务院行使国家对矿产资源的所有权。地表或者地下的矿产资源的国家所有权，不因其所依附的土地的所有权或者使用权的不同而改变。

国家保障矿产资源的合理开发利用。禁止任何组织或者个人用任何手段侵占或者破坏矿产资源。各级人民政府必须加强矿产资源的保护工作。

勘查、开采矿产资源，必须依法分别申请、经批准取得探矿权、采矿权，并办理登记；但是，已经依法申请取得采矿权的矿山企业在划定的矿区范围内为本企业的生产而进行的勘查除外。

国家保护探矿权和采矿权不受侵犯，保障矿区和勘查作业区的生产秩序、工作秩序不受影响和破坏。

从事矿产资源勘查和开采的，必须符合规定的资质条件。

第六条 除按下列规定可以转让外，探矿权、采矿权不得转让：

（一）探矿权人有权在划定的勘查作业区内进行规定的勘查作业，有权优先取得勘查作业区内矿产资源的采矿权。探矿权人在完成规定的最低勘查投入后，经依法批准，可以将探矿权转让他人。

（二）已取得采矿权的矿山企业，因企业合并、分立，与他人合资、合作经营，或者因企业资产出售以及有其他变更企业资产产权的情形而需要变更采矿权主体的，经依法批准可以将采矿权转让他人采矿。

前款规定的具体办法和实施步骤由国务院规定。

禁止将探矿权、采矿权倒卖牟利。

《探矿权采矿权转让管理办法》

第六条 转让采矿权，应当具备下列条件：

（一）矿山企业投入采矿生产满1年；

（二）采矿权属无争议；

（三）按照国家有关规定已经缴纳采矿权使用费、采矿权价款、矿产资源补偿费和资源税；

（四）国务院地质矿产主管部门规定的其他条件。

国有矿山企业在申请转让采矿权前，应当征得矿山企业主管部门的同意。

第八条 探矿权人或者采矿权人在申请转让探矿权或者采矿权时，应当向审批管理机关提交下列资料：

（一）转让申请书；

（二）转让人与受让人签订的转让合同；

（三）受让人资质条件的证明文件；

（四）转让人具备本办法第五条或者第六条规定的转让条件的证明；

（五）矿产资源勘查或者开采情况的报告；

（六）审批管理机关要求提交的其他有关资料。

国有矿山企业转让采矿权时，还应当提交有关主管部门同意转让采矿权的批准文件。

以下为该案在最高人民法院审理阶段“本院认为”就该问题的论述：

关于《买卖协议》的效力问题。《买卖协议》明确约定：就王晓艳自有的阜新市清河门区煤炭供销公司联办煤矿转让一事达成共识，该煤矿作价500万元，价款包含煤矿地下资源、地上附着物及其生产设备等。故应认定王晓艳与杨晓丽之间所买卖（转让）的合同标的是包括采矿权在内的整个煤矿，且主要为矿业权的转让。原审判决仅根据《补充协议》第四条“甲方须配合乙方完成法人或者股权变更手续”这一双方为完成《买卖协议》的履行而约定的部分配合义务，即将本案协议的性质认定为股权转让，定性不当。但是，《中华人民共和国矿产资源法》第六条和《探矿权采矿权转让管理办法》第六条、第八条均属于强制性管理性规范，而非强制性效力性规范，且《买卖协议》签订前，涉案煤矿已依法办理了采矿许可证、煤炭生产许可证等相关证照。杨晓丽仅以双方签订煤矿转让协议时王晓艳没有交纳煤炭资源价款（资源费）为由，请求确认本案买卖行为无效，法律依据不足，本院不予支持。裁定驳回杨晓丽的再审申请。

案件来源

杨晓丽与王晓艳买卖合同纠纷申请再审民事裁定书，最高人民法院（2014）民申字第1102号。

延伸阅读

我们写作中关注到，有法院认为矿产资源法相关规定系效力性强制性规定，违反会导致合同无效；有法院认为矿产资源法相关规定系管理性强制性规定，违反不会导致合同无效。以下为6个判例中，有4个认为是效力性强制性规定，有1个判例认为是管理性强制性规定。

一、有法院认为矿产资源法相关规定系效力性强制性规定，违反会导致合同无效

案例1：周时选与陈玉顺、山西忻州神达花沟煤业有限公司采矿权转让合同纠纷再审民事裁定书［最高人民法院（2013）民申字第783号］认为："根据我国矿产资源法规定，（《中华人民共和国矿产资源法》第六条）已取得采矿权的矿山企业，只有因企业合并、分立，与他人合资、合作经营，或者因企业资产出售以及有其他变更企业资产产权的情形而需要变更采矿权主体的情况下，并且需经依法批准方可以将采矿权转让。且周时选本人并非原平市千树沟煤矿的采矿权人，其无权转让原平市千树沟煤矿的采矿权，其以原平市千树沟煤矿有限公司的名义与陈玉顺签订的《采矿权转让协议书》，亦未获得政府主管部门的批准，该协议及其一系列补充协议均违反了我国矿产资源法的强制性规定，一、二审判决据此认定《采矿权转让协议书》及其补充协议无效，适用法律正确，不存在应当再审的情形。"

案例2：台河市双利煤焦有限责任公司与闫新春、台河市宏伟煤矿等采矿权转让合同纠纷申诉、申请民事裁定书［最高人民法院（2016）最高法民申1077号］认为："本案中，闫新春与双利公司签订的煤矿转让协议，违反了法律、行政法规的强制性规定，应当认定无效。涉案煤矿转让协议约定闫新春将其投资的包括资源价款、井巷工程等在内的宏伟煤矿四井全部转让给双利公司，并将证照、印章及一切相关票证全部交给双利公司。由该协议内容可知，该煤矿转让协议实为采矿权的转让。根据《中华人民共和国矿产资源法》第三条的规定，国家保障矿产资源的合理开发利用，禁止任何组织和个人用任何手段侵占或破坏矿产资源，从事矿产资源勘查和开采，必须符合法定的资质条件。第六条规定，禁止将探矿权、采矿权倒卖牟利。本案中，不仅双利公司不具有采矿权资质，且闫新春与双利公司未经批准擅自转让采矿权，并在未办理采矿权转让手续的情况下非法开采，严重扰乱了国家矿产资源管理秩序，损害了国家和社会公共利益，该煤矿转让协议应当认定无效。"

案例3：曾向金、陈健、曾世新、广西壮族自治区宾阳县矿贸公司合同纠纷一案民事判决书［广西壮族自治区高级人民法院（2013）桂民四终字第10号］认为："《中华人民共和国矿产资源法》第三条规定，矿产资源属于国家所有，勘查、开采矿产资源，必须依法分别申请、经批准取得探矿权、采矿权，并办理登记；从事矿产资源勘查和开采的，必须符合规定的资质条件；第六条规定探矿权、采矿权经依法批准，可以转让他人；禁止将探矿权、采矿权倒卖牟利；第四十二条规定买卖、出租或者以其他形式转让矿产资源的，应没收违法所得，处以罚款。《探矿权采矿权转让管理办法》第十五条规定：'违反本办法第三条第（二）项的规定，以承包等方式擅自将采矿权转给他人进行采矿的，由县级以上人民政府负责地质矿产管理工作的部门按照国务院地质矿产主管部门规定的权限，责令改正，没收违法所得，处10万元以下的罚款；情节严重的，由原发证机关吊销采矿许可证。'《矿业权出让转让管理暂行规定》第三十八条规定：'采矿权人不得将采矿权以承包等方式转给他人开采经营。'从上述法律、法规、规章的规定可见，未经过依法批准转让探矿权、采矿权，或买卖、出租或者以其他形式转让矿产资源，以及以承包等方式擅自将采矿权转给他人进行采矿、经营的都属于违反法律、行政法规的强制性规定的行为。本案中曾向金未能举出证据证明其具有依法从事矿产资源勘查和开采的资质条件，也未能证明其与宾阳矿贸公司签订《联合开采协议书》依法经过批准，因此双方在该协议中约定宾阳矿贸公司把在涉案矿点采矿的权利转给曾向金行使，宾阳矿贸公司许可曾向金在特定期间内行使采矿权并收取承包金，曾向金自主开采生产，自负盈亏等相关内容违反了上述法律规定，依照《中华人民共和国合同法》第五十二条第五项'违反法律、行政法规的强制性规定'合同为无效合同的规定，曾向金与宾阳矿贸公司签订的《联合开采协议书》因违反法律、行政法规的强制性规定而无效。"

案例4：刘谨诚与孙常龙、枣庄金正矿业有限公司采矿权转让合同纠纷二审民事判决书［山东省高级人民法院（2016）鲁民终2036号］认为："对于《转包合同书》的效力问题，应为无效合同，《中华人民共和国矿产资源法》第六条规定，已经取得采矿权的矿山企业，因企业合并、分立，与他人合资、合作经营，或者因企业资产出售以及有其他变更企业资产产权的情形，需要变更采矿权主体的，经依法批准，可以将采矿权转让他人采矿。除上述情形外，采矿权不得转让。因此，本案中的采矿权转让行为显然不属于依法可转让的情形。尚且不论孙常龙是否有权将本案所涉及合同进行转包，仅从其与刘谨诚签订合同来看，已经违反了法律的强制性规定。"

二、有法院认为矿产资源法相关规定系管理性强制性规定，违反不会致合同无效

案例5：申请再审人王仕龙与被申请人刘俊波申请再审案民事裁定书［最高人民法院（2011）民申字第512号］认为："《探矿权采矿权转让管理办法》第六条是相关行政主管部门对于转让采矿权进行行政管理的依据，并非效力性强制性规定。因而，即使本案转让合同不符合上述《探矿权采矿权转让管理办法》第六条的相关规定，也并不导致合同无效，本案转让合同在签订时即成立。”

案例6：上诉人叶朝成为与被上诉人甘肃省康县鑫河矿业开发有限公司采矿权转让合同纠纷案民事判决书［甘肃省高级人民法院（2013）甘民二终字第166号］认为：“国务院1998年2月12日《探矿权采矿权转让管理办法》第十条第三款规定：‘批准转让的，转让合同自批准之日起生效。’未经批准的采矿权出租行为，违反了国土资源主管部门的相关规定，但并不能导致涉案《协议书》因‘违反法律、行政法规的强制性规定’而产生被认定为无效的法律后果。本案《协议书》未经甘肃省国土资源厅批准，本院依据《最高人民法院关于适用〈中华人民共和国合同法〉若干问题的解释（一）》第九条第一款的规定，认定涉案合同合法成立，但尚未生效。”

009 不满足转让条件，探矿权转让合同是否有效

——探矿权转让不满足勘查满2年及完成最低勘查投入的条件将导致合同无效

阅读提示

根据《探矿权采矿权转让管理办法》第五条的规定，探矿权转让应满足自颁发勘查许可证之日起满2年、完成规定的最低勘查投入等条件。如果不满足上述条件，探矿权转让合同是否有效？本案例认为，上述条件属于效力性强制性规定，不满足上述条件将导致合同无效。因此当事人在转让探矿权时应满足上述条件，否则将不能获得审批机关的批准，影响合同效力。

裁判要旨

《探矿权采矿权转让管理办法》第五条规定，探矿权转让应满足自颁发勘查许可证之日起满2年或者在勘查作业区内发现可供进一步勘查或者开采的矿产资源，以及完成规定的最低勘查投入等条件，该规定属于效力性强制性规定，不满足上述条件将导致转让合同无效。

案情简介

一、2008 年，丰隆矿业公司与长盛工贸公司签订《探矿权转让合作合同书》，约定：丰隆矿业公司将其拥有的某探矿权办理到长盛工贸公司名下；长盛工贸公司支付转让费 450 万元，本合同签订后支付定金 400 万元，领到探矿权证后支付 50 万元。长盛工贸公司依约向丰隆矿业公司支付了 400 万元。

二、2009 年，由于丰隆矿业公司未履行《探矿权转让合作合同书》，丰隆矿业公司与长盛工贸公司签订《补充协议》，约定：丰隆矿业公司将某矿点（未领到探矿权证但已登记）转让给长盛工贸公司；长盛工贸公司支付转让费用 100 万元，该款从长盛工贸公司原支付的定金 400 万元中扣除；丰隆矿业公司将定金中的其余 300 万元归还长盛工贸公司，如不能按期归还，丰隆矿业公司应支付 200 万元的违约金。《补充协议》签订后丰隆矿业公司向长盛工贸公司返还 150 万元，案涉探矿权证未办到长盛工贸公司名下。

三、长盛工贸公司向拉萨中院提起诉讼，请求丰隆矿业公司返还转让费 100 万元、定金 150 万元，违约金 200 万元、资金占有费 351653 元。拉萨中院认为，《探矿权转让合作合同书》和《补充协议》因违反法律法规的规定，应认定为无效，丰隆矿业公司应返还长盛工贸公司因履行合同所支付的 250 万元，故判决丰隆矿业公司向长盛工贸公司支付 250 万元。

四、丰隆矿业公司不服拉萨中院，向西藏高院提起上诉。西藏高院判决维持丰隆矿业公司向长盛工贸公司支付 250 万元。

裁判要点

法院认定《探矿权转让合作合同书》和《补充协议》无效的原因在于，《探矿权采矿权转让管理办法》第五条规定："转让探矿权、采矿权应当具备下列条件：（一）自颁发勘查许可证之日起满 2 年或者在勘查作业区内发现可供进一步勘查或者开采的矿产资源；（二）完成规定的最低勘查投入；……"《矿产资源法》第六条第四款规定："禁止将探矿权、采矿权倒卖牟利。"而长盛工贸公司与丰隆矿业公司均未提交证据证明涉案矿点的探矿权符合上述条件，根据《合同法》第五十二条"违反法律、行政法规的强制性规定，合同无效"之规定，《探矿权转让合作合同书》和《补充协议》因违反上述法律、行政法规的强制性规定，为无效合同。

因《探矿权转让合作合同书》和《补充协议》无效，根据《合同法》第五十八条“合同无效或者被撤销后，因该合同取得的财产，应当予以返还”之规定，长盛工贸公司向丰隆矿业公司支付的400万元应当予以返还。现长盛工贸公司已收到丰隆矿业公司返还的150万元，故丰隆矿业公司还应返还250万元。

实务经验总结

前事不忘，后事之师。为避免未来发生类似败诉，提出如下建议：

根据《探矿权采矿权转让管理办法》第五条的规定，当事人转让探矿权，应当满足下列条件：（1）自颁发勘查许可证之日起满2年，或者在勘查作业区内发现可供进一步勘查或者开采的矿产资源；（2）完成规定的最低勘查投入；（3）探矿权属无争议；（4）按照国家有关规定已经缴纳探矿权使用费、探矿权价款；（5）国务院地质矿产主管部门规定的其他条件。因此当事人在转让探矿权时应满足上述条件，否则将不能获得审批机关的批准，导致转让合同不生效，甚至转让合同可能被法院认定为无效合同。

相关法律规定

《中华人民共和国矿产资源法》

第六条　除按下列规定可以转让外，探矿权、采矿权不得转让：

（一）探矿权人有权在划定的勘查作业区内进行规定的勘查作业，有权优先取得勘查作业区内矿产资源的采矿权。探矿权人在完成规定的最低勘查投入后，经依法批准，可以将探矿权转让他人。

（二）已取得采矿权的矿山企业，因企业合并、分立，与他人合资、合作经营，或者因企业资产出售以及有其他变更企业资产产权的情形而需要变更采矿权主体的，经依法批准可以将采矿权转让他人采矿。

前款规定的具体办法和实施步骤由国务院规定。

禁止将探矿权、采矿权倒卖牟利。

《探矿权采矿权转让管理办法》

第五条　转让探矿权，应当具备下列条件：

（一）自颁发勘查许可证之日起满2年，或者在勘查作业区内发现可供进一步勘查或者开采的矿产资源；

（二）完成规定的最低勘查投入；

（三）探矿权属无争议；

（四）按照国家有关规定已经缴纳探矿权使用费、探矿权价款；

（五）国务院地质矿产主管部门规定的其他条件。

《矿产资源勘查区块登记管理办法》

第十七条 探矿权人应当自领取勘查许可证之日起，按照下列规定完成最低勘查投入：

（一）第一个勘查年度，每平方公里2000元；

（二）第二个勘查年度，每平方公里5000元；

（三）从第三个勘查年度起，每个勘查年度每平方公里10000元。

探矿权人当年度的勘查投入高于最低勘查投入标准的，高于的部分可以计入下一个勘查年度的勘查投入。因自然灾害等不可抗力的原因，致使勘查工作不能正常进行的，探矿权人应当自恢复正常勘查工作之日起30日内，向登记管理机关提交申请核减相应的最低勘查投入的报告；登记管理机关应当自收到报告之日起30日内予以批复。

《中华人民共和国合同法》

第五十二条 有下列情形之一的，合同无效：

（一）一方以欺诈、胁迫的手段订立合同，损害国家利益；

（二）恶意串通，损害国家、集体或者第三人利益；

（三）以合法形式掩盖非法目的；

（四）损害社会公共利益；

（五）违反法律、行政法规的强制性规定。

第五十八条 合同无效或者被撤销后，因该合同取得的财产，应当予以返还；不能返还或者没有必要返还的，应当折价补偿。有过错的一方应当赔偿对方因此所受到的损失，双方都有过错的，应当各自承担相应的责任。

《最高人民法院关于适用〈中华人民共和国合同法〉若干问题的解释（二）》

第十四条 合同法第五十二条第（五）项规定的“强制性规定”，是指效力性强制性规定。

以下为该案在法院审理阶段，判决书中“本院认为”就该问题的论述：

原审法院对本案归纳出的两个争议焦点析解如下：对于《探矿权转让合作合同书》和《关于〈探矿权转让合作合同书〉的补充协议》的效力问题。原审法院认为，根据《中华人民共和国探矿权采矿权转让管理办法》第五条“转让探矿权、采矿权应当具备下列条件：（一）自颁发勘查许可证之日起满2年或者在勘查作业区内发现可供进一步勘查或者开采的矿产资源；（二）完成规定的最低勘查投入……”之规定，长盛工贸公司与丰隆矿业公司均未提交证据证明涉案矿点的探矿权符合上述条件，且根据《中华人民共和国矿产资源法》第六条“禁止将探矿权、采矿权倒卖牟利”及《中华人民共和国合同法》第五十二条“违反法律、行政法规的强制性规定，合同无效”之规定，本案所涉《探矿权转让合作合同书》和《补充协议》因违反法律法规的规定，认定为无效。

对于长盛工贸公司要求返还转让费100万元、定金150万元，违约金200万元、资金占有费351653元是否应该支持的问题。原审法院认为，因《探矿权转让合作合同书》和《补充协议》无效，根据《中华人民共和国合同法》第五十八条“合同无效或者被撤销后，因该合同取得的财产，应当予以返还”之规定，长盛工贸公司为履行《探矿权转让合作合同书》支付的400万元应当予以返还。根据2008年10月12日收条中丰隆矿业公司已从润雨矿业公司处收到长盛工贸公司支付的400万元的叙述及2009年5月14日丰隆矿业公司在《补充协议》中认可收到长盛工贸公司转让费的内容，该400万元应由丰隆矿业公司返还给长盛工贸公司。现长盛工贸公司认可其从400万元中已收到丰隆矿业公司返还的150万元，故丰隆矿业公司还应返还250万元。至于长盛工贸公司主张的违约金及资金占有费，因《探矿权转让合作合同书》和《补充协议》无效，原审法院不予支持。

……

综上所述，原判认定事实清楚，适用法律正确。上诉人丰隆矿业公司的上诉请求缺乏事实和法律依据，不能成立，本院不予支持。原判认定《探矿权转让合作合同书》和《关于〈探矿权转让合作合同书〉的补充协议》因违反法律法规的规定，属无效合同的认定正确，但在判决主文中未认定合同效力欠妥，本院予以纠正。

案件来源

西藏丰隆矿业开发有限公司与西藏长盛工贸有限公司、西藏润雨矿业有限公司探矿权转让合同纠纷二审民事判决书，西藏自治区高级人民法院藏法民二终字第11号。

延伸阅读

关于探矿权转让不满足转让条件的转让合同效力认定问题，本书作者认为该情形下应认定转让合同未生效，原因如下：

第一，探矿权转让合同效力司法审查的重点应在于转让合同是否已经审批机关批准。国务院《探矿权采矿权转让管理办法》第十条规定，探矿权转让合同自批准之日起生效。《最高人民法院关于适用〈中华人民共和国合同法〉若干问题的解释（一）》第九条规定："法律、行政法规规定合同应当办理批准手续，或者办理批准、登记等手续才生效，在一审法庭辩论终结前当事人仍未办理批准手续的，或者仍未办理批准、登记等手续的，人民法院应当认定该合同未生效。"因此，探矿权转让是否满足转让条件应由行政机关进行审查，如果探矿权转让合同未经批准，司法机关应认定合同未生效，而不能径直认定合同无效。

第二，参照最高人民法院（2014）民申字第1102号案对采矿权转让条件属于管理性强制性规定的认定，探矿权转让条件亦应属于管理性强制性规定。

以下为本书作者在写作中另检索到的探矿权转让合同不满足转让条件，转让合同被认定无效的案例：

案例1：成县亚兴矿冶有限公司诉甘肃万方黄金开采有限公司探矿权转让合同纠纷二审民事判决书［甘肃省高级人民法院（2014）甘民二终字第81号］认为："万方公司与亚兴公司签订的《探矿权转让协议书》因不符合《中华人民共和国矿产资源法》第六条、国务院《探矿权采矿权转让管理办法》第三条规定的情形，根据《中华人民共和国合同法》第五十二条第五项之规定，原审法院认定《探矿权转让协议书》为无效合同正确。因双方当事人对返还转让款及案涉矿山均无异议，故本案争议的焦点为《探矿权转让协议书》被确认无效后，亚兴公司、万方公司各自关于损失的主张是否应予支持。"

案例2：康县山川矿业开发有限公司与孙晓南股权转让纠纷上诉案［甘肃省高级人民法院（2013）甘民二终字第91号］认为："山川公司与刘旗签订的《探矿权转让协议》违反《中华人民共和国矿产资源法》第六条、国务院《探矿权采矿权转让管理办法》第五条的强制性规定，应为无效协议。根据《中华人民共和国合同法》第五十八条之规定，因该协议取得的财产应当返还，造成的损失则按照过错承担相应责任。"

案例3：郴州玉城矿业有限公司与李回书、李勇探矿权转让合同纠纷二审民事判决书［郴州市中级人民法院（2015）郴环民终字第71号］认为："关于《郴州玉城矿业有限公司湖南省黄岑岭铅锌多金属矿探矿权项目槽探工程的包干协议》的效力，我国矿产资源属国家所有，探矿权属特许经营权。由于我国对探矿权人的探矿资质和探矿权的转让实行严格的审批制度，非经法定程序不得自行对探矿权进行转让。根据《中华人民共和国矿产资源法》第六条第一款第一项的规定，'探矿权人有权在划定的勘查作业区内进行规定的勘查作业，有权优先取得勘查作业区内矿产资源的采矿权。探矿权人在完成规定的最低勘查投入后，经依法批准，可以将探矿权转让他人'。除此以外，不得转让探矿权。因此，该协议的性质名为《郴州玉城矿业有限公司湖南省黄岑岭铅锌多金属矿探矿权项目槽探工程的包干协议》，实为探矿权转让，其转让探矿权的行为因违反了法律、行政法规的强制性规定，故该'协议'为无效协议。"

010 自然人能否成为探矿权人，与自然人签订的探矿权转让合同效力如何

——自然人不能成为探矿权人，探矿权人与自然人签订的探矿权转让合同不能获得批准，合同未生效

阅读提示

关于自然人能否取得探矿权，成为探矿权人的问题，实践中尚存在争议，以往的规定亦存在冲突。为此，本书作者建议自然人拟受让探矿权时应事先向当地国土资源管理部门咨询具体政策，或者出资设立企业法人作为受让人，以确保顺利取得探矿权。

裁判要旨

探矿权人与自然人签订探矿权转让合同未经矿产资源部门批准，属于成立但未生效的合同。且由于自然人不能成为探矿权人，即便当事人向矿产资源部门提出申请，也不能获得批准。

案情简介

一、天府公司拥有某金矿《矿产资源勘查许可证》。2011 年 6 月，天府公司与朱为亚签订《合作探矿合同书》，约定双方进行合作探矿。合同签订后，朱为亚按约向天府公司支付了补偿费 1900 万元、保证金 80 万元及协调费 90 万元。

二、朱为亚向甘肃高院起诉，请求判令：确认《合作探矿合同书》无效；天府公司返还朱为亚补偿费 2000 万元，保证金 80 万元，协调费 90 万元，及利息损失 210.8 万元。本案审理期间，甘肃高院就有关问题征询甘肃省国土资源厅意见。该厅矿管处答复：通过设立合作、合资法人勘查、开采矿产资源的，应申请办理矿业

权转让审批和变更登记手续；探矿权申请人应是企业法人或事业单位法人。

三、甘肃高院认为，我国矿产资源主管部门对合作探矿行为的界定是探矿权转让，而本案探矿权的转让未经甘肃省国土资源厅批准，故《合作探矿合同》成立但尚未生效。因此甘肃高院判决天府公司返还朱为亚补偿费 1900 万元，保证金 80 万元，协调费 90 万元，合计 2070 万元。

四、天府公司不服甘肃高院判决，上诉至最高人民法院，经最高人民法院主持调解，双方达成调解协议，约定天府公司退还朱为亚 1135 万元。

裁判要点

第三十六条第一款规定："矿业权转让是指矿业权人将矿业权转移的行为，包括出售、作价出资、合作、重组改制等。"第四十二条规定："合作勘查或合作开采经营是指矿业权人引进他人资金、技术、管理等，通过签订合作合同约定权利义务，共同勘查、开采矿产资源的行为。"法院据此认定我国矿产资源主管部门对合作探矿行为界定为探矿权转让，因此本案当事人签订的《合作探矿合同》属探矿权转让合同。

第二，根据《探矿权采矿权转让管理办法》第十条第三款的规定："批准转让的，转让合同自批准之日起生效。"而本案的《合作探矿合同》并未向矿产资源主管部门申请批准，故本案的《合作探矿合同》属成立但未生效的合同。

第三，由于不允许个人成为探矿权人，即便本案当事人就涉案合同向矿产资源主管部门提出申请，也不能获得批准。鉴于涉案合同尚未生效，双方当事人基于合同约定取得的权利和财产应相互返还。

实务经验总结

前事不忘，后事之师。为避免未来发生类似败诉，提出如下建议：

一、关于自然人能否成为探矿权人，《国土资源部关于进一步完善采矿权登记管理有关问题的通知》曾规定："探矿权申请人应是企业法人或事业单位法人。"但该通知已被废止。2017 年 12 月 14 日发布的《国土资源部关于进一步规范矿产资源勘查审批登记管理的通知》规定："非油气探矿权人原则上应当为营利法人或者非营利法人中的事业单位法人。油气（包含石油、天然气、页岩气、煤层气、天然气水合物，下同）探矿权人原则上应当是营利法人。"此规定已经将措辞改变，这一变化与国务院《中华人民共和国矿产资源法实施细则》规定"取得勘查许可证的单位或者个人称为探矿权人”的精神相符。本书作者建议自然人拟受让探矿权时应事先向当地国土资源管理部门咨询具体政策，或者出资设立企业法人作为受让人，以确保顺利取得探矿权。

二、关于合作探矿是否应认定为探矿权转让，目前尚不存在统一的裁判标准，但 2017 年 7 月 27 日起施行的《最高人民法院关于审理矿业权纠纷案件适用法律若干问题的解释》已对该问题作出规定，请参阅本书文章：《合作探矿是否属于探矿权转让，是否需报批》。

相关法律规定

《中华人民共和国矿产资源法》

第三条第三款 勘查、开采矿产资源，必须依法分别申请、经批准取得探矿权、采矿权，并办理登记；但是，已经依法申请取得采矿权的矿山企业在划定的矿区范围内为本企业的生产而进行的勘查除外。

《探矿权采矿权转让管理办法》

第十条 申请转让探矿权、采矿权的，审批管理机关应当自收到转让申请之日起 40 日内，作出准予转让或者不准转让的决定，并通知转让人和受让人。

准予转让的，转让人和受让人应当自收到批准转让通知之日起 60 日内，到原发证机关办理变更登记手续；受让人按照国家规定缴纳有关费用后，领取勘查许可证或者采矿许可证，成为探矿权人或者采矿权人。

批准转让的，转让合同自批准之日起生效。

不准转让的，审批管理机关应当说明理由。

《矿业权出让转让管理暂行规定》

第三十六条 矿业权转让是指矿业权人将矿业权转移的行为，包括出售、作价出资、合作、重组改制等。

矿业权的出租、抵押，按照矿业权转让的条件和程序进行管理，由原发证机关审查批准。

第三十七条 各种形式的矿业权转让，转让双方必须向登记管理机关提出申请，经审查批准后办理变更登记手续。

第四十二条 合作勘查或合作开采经营是指矿业权人引进他人资金、技术、管理等，通过签订合作合同约定权利义务，共同勘查、开采矿产资源的行为。

《最高人民法院关于适用〈中华人民共和国合同法〉若干问题的解释（一）》

第九条 依照合同法第四十四条第二款的规定，法律、行政法规规定合同应当办理批准手续，或者办理批准、登记等手续才生效，在一审法庭辩论终结前当事人仍未办理批准手续的，或者仍未办理批准、登记等手续的，人民法院应当认定该合同未生效；法律、行政法规规定合同应当办理登记手续，但未规定登记后生效的，当事人未办理登记手续不影响合同的效力，合同标的物所有权及其他物权不能转移。

合同法第七十七条第二款、第八十七条、第九十六条第二款所列合同变更、转让、解除等情形，依照前款规定处理。

以下为该案在法院审理阶段，判决书中“本院认为”就该问题的论述：

关于本案的性质问题。本案中朱为亚主张涉案合同系探矿权转让合同，天府公司认为该合同未涉及探矿权属，仍是合作合同范畴，但双方对合作探矿的约定均未否认。2000年10月31日国土资源部《矿业权出让转让管理暂行规定》（以下简称《暂行规定》）第三十六条第一款规定：“矿业权转让是指矿业权人将矿业权转移的行为，包括出售、作价出资、合作、重组改制等。”第四十二条规定：“合作勘查或合作开采经营是指矿业权人引进他人资金、技术、管理等，通过签订合作合同约定权利义务，共同勘查、开采矿产资源的行为。”从上述规定可以看出，我国矿产资源主管部门对合作探矿行为的界定是探矿权转让，故本案当事人签订的《合作探矿合同》属探矿权转让合同。由于最高人民法院《民事案件案由规定》将因探矿权转让、抵押、继承、出租等引起的权属纠纷，统归为探矿权纠纷，而本案合同不涉及探矿权权属争议。因此，本案的案由应定为探矿权转让合同纠纷。

关于本案合同的效力。《中华人民共和国矿产资源法》第三条规定，矿产资源属于国家所有，由国务院行使国家对矿产资源的所有权。勘查、开采矿产资源，必须依法分别申请、经批准取得探矿权、采矿权，并办理登记。《暂行规定》第三十七条规定：“各种形式的矿业权转让，转让双方必须向登记管理机关提出申请，经审查批准后办理变更登记手续。”第六十一条规定：“未经登记管理机关批准，擅自转让矿业权或违反本办法规定出租矿业权的，由登记管理机关依据《探矿权采矿权转让管理办法》第十四条的规定予以处罚。”结合前述《暂行规定》第三十六条、第四十二条的规定，说明在甘肃省区域内进行的矿产资源合作勘查工作，须向甘肃省国土资源厅申请批准。但天府公司所举的证据证明，其与朱为亚的“合作探矿”，并未向主管部门申请批准。未经批准的探矿权转让行为，违反了国土资源主管部门的相关规定。《中华人民共和国合同法》第五十二条规定：“有下列情形之一的，合同无效：……（五）违反法律、行政法规的强制性规定。”《暂行规定》不属于法律和行政法规的范畴，国务院《探矿权采矿权转让管理办法》虽属于行政法规，但其规定属于管理性规范。《最高人民法院关于适用〈中华人民共和国合同法〉若干问题的解释（二）》第十四条规定："合同法第五十二条第（五）项规定的'强制性规定'，是指效力性强制性规定。"因此，虽然本案中《合作探矿合同书》的约定违反了以上行政法规和规章，但并不能导致该合同因"违反法律、行政法规的强制性规定"而产生被认定为无效的法律后果。国务院《探矿权采矿权转让管理办法》第十条第三款规定："批准转让的，转让合同自批准之日起生效。"根据《最高人民法院关于适用〈中华人民共和国合同法〉若干问题的解释（一）》第九条"依照合同法第四十四条第二款的规定，法律、行政法规规定合同应当办理批准手续，或者办理批准、登记等手续才生效，在一审法庭辩论终结前当事人仍未办理批准手续的，或者仍未办理批准、登记等手续的，人民法院应当认定该合同未生效"之规定，本案的《合作探矿合同》属未生效的合同。朱为亚主张确认该合同无效的诉讼请求没有法律依据，本院依法不予支持。

矿业权属于行政许可权利，根据有关法律、行政法规的规定，取得涉案石管子金矿的探矿权需经过甘肃省国土资源厅审批，其中任何一项权利未经批准，其探矿行为不受法律保护。本案探矿权的转让未经甘肃省国土资源厅批准，本院认定涉案合同成立但尚未生效，该合同条款对双方当事人没有约束力，故也不产生违约责任。由于前述行政法规和规章都对矿产勘查作业实施主体的资质进行了规定，且明确不允许个人成为探矿权人，也就是说，即便本案当事人就涉案合同向甘肃省国土资源厅提出申请，因客观条件不具备，也不能获得批准，因此本案当事人订立合同的目的不可能得以实现。鉴于涉案合同尚未生效，朱为亚亦明确表示不愿履行，因此双方当事人基于合同约定取得的权利和财产应相互返还。

案件来源

朱为亚与甘肃天府雨子沟金矿有限责任公司探矿权转让合同纠纷一案一审民事判决书，甘肃省高级人民法院（2013）甘民二初字第2号；甘肃天府雨子沟金矿有限责任公司因与朱为亚探矿权转让合同纠纷二审民事调解书，最高人民法院（2013）民一终字第150号。

延伸阅读

一、与自然人能否取得探矿权相关的规定

（一）认为自然人不能取得探矿权的规定

《国土资源部关于进一步规范探矿权管理有关问题的通知》（国土资发〔2009〕

200号，已废止）

探矿权申请人应是企业法人或事业单位法人。本通知下发之前，探矿权人不具备法人资格的，应当依法办理成为企业法人或事业单位法人后，方可再申请办理探矿权延续、保留和变更等手续。探矿权申请人不具备地质勘查资质的，应依法委托具有相应地质勘查资质的勘查单位编制勘查实施方案并开展地质勘查工作。探矿权人和勘查单位均不得对勘查项目进行转包。

（二）认为自然人可以取得探矿权的规定

1. 国务院《中华人民共和国矿产资源法实施细则》

第六条 《矿产资源法》及本细则中下列用语的含义：

探矿权，是指在依法取得的勘查许可证规定的范围内，勘查矿产资源的权利。取得勘查许可证的单位或者个人称为探矿权人。

……

2. 国土资源部《矿业权出让转让管理暂行规定》

第三条第二款 依法取得矿业权的自然人、法人或其他经济组织称为矿业权人。

二、认定自然人不能取得探矿权的案例

案例1：鲁明椿申请执行聂志军、宁城金浩源经贸有限公司探矿权转让合同纠纷再审审查监督执行裁定书［内蒙古自治区赤峰市中级人民法院（2016）内04执复30号］认为："针对探矿权，根据《国土资源部关于进一步规范探矿权管理有关问题的通知》（已失效）规定，探矿权申请人应是企业法人或者事业单位法人，探矿权人不具备法人资格的，应当依法办理成为企业法人或者事业单位法人后，方可再申请办理探矿权延续、保留和变更等手续。本案执行过程中，申请执行人鲁明椿系自然人，依据上述文件规定不具有持有探矿权资质的条件，探矿权的执行只能执行给企业法人或者事业单位法人。"

案例2：张益和、刘汉堂与赵汝贵、赵子少探矿权转让合同纠纷一审民事判决书［祥云县人民法院（2015）祥民初字第1356号］认为："根据《中华人民共和国矿产资源法》第三条第五款、国务院《探矿权采矿权转让管理办法》第七条及《国土资源部关于进一步规范探矿权管理有关问题的通知》第一条第三项等相关规定，探矿权申请人、受让人应是企业法人或事业单位法人。张益和、刘汉堂作为自然人，明显不具备受让探矿权的资格条件。综上所述，本案探矿权转让合同应认定无效。被告赵汝贵、赵子少关于合同有效的抗辩意见，不符合法律规定，本院不予支持。"

案例3：原告蔡卫国与被告湖南省宏大矿业有限责任公司、浏阳市鑫源矿业有限公司探矿权转让合同纠纷一案民事判决书［浏阳市人民法院（2014）浏民重字第3号］认为："原、被告签订的《湖南省浏阳市连云山铅锌多金属矿（石坳矿点）投资勘探开发合同书》系探矿权转让合同，原告蔡某某不具备探矿申请人的条件，不能成为探矿权转让的受让人，双方签订合同时宏大公司取得国土资源部授予的《矿产资源勘查许可证》没有满2年，探矿权转让没有经过地质矿产主管部门的审批，合同违反相关法律法规的规定，故该合同应认定无效。"

011 受让方不具有采矿权资质的采矿权转让合同属于未生效合同还是无效合同

——受让方不具有采矿权资质且未办理采矿权转让手续即非法开采矿产的，采矿权转让合同无效

阅读提示

《矿产资源法》第三条第四款规定："从事矿产资源勘查和开采，必须符合法定的资质条件。"如果采矿权转让交易的受让方不具备采矿资质，转让合同属于未生效合同还是无效合同？目前司法实践对该问题存在不同的认识，但是无论合同效力是未生效或是无效，采矿权转让合同因受让方不具有资质而无法获得地质矿产主管部门的批准，该转让合同不可能生效。所以，采矿权转让交易中，受让方应满足特定的资质条件，以确保获得批准，促成合同生效。

裁判要旨

一、判断合同未生效还是无效，首先应按照《合同法》第五十二条规定的合同无效的情形进行审查，在不存在合同无效情形的情况下，才需要判断合同是否具备生效条件及是否生效。

二、采矿权受让方不具有采矿权资质，并在未办理采矿权转让手续的情况下非法开采，严重扰乱了国家矿产资源管理秩序，损害了国家和社会公共利益，采矿权转让合同应当认定无效。

案情简介

一、2003 年，闫新春与双利公司签订煤矿转让合同，约定闫新春将其投资的宏伟煤矿四井转让给双利公司，矿井证照、印章全部交付给双利公司，转让总价款为 900 万元。合同签订后双方未办理煤矿转让的审批手续，双利公司即已开始生产，后煤矿因受政策性调整而关闭。

二、双利公司向七台河中院起诉，请求确认煤矿转让合同无效，闫新春向其返还转让款，赔偿投入损失。闫新春提起反诉，要求双利公司支付违约金、井上下设备材料款及垫付款。七台河中院认为，双方一直未办理煤矿转让的审批手续，故煤矿转让合同未生效。案涉煤矿并非因双方当事人而被关闭，故双方对此均不应承担过错责任。该院判决：煤矿转让合同成立未生效；闫新春返还双利公司投入、转让款；双利公司向闫新春返还原煤价值；上述相抵后，闫新春返还双利公司 1129429. 19 元。

三、双利公司及闫新春均不服七台河中院判决，对金额计算存在异议，向黑龙江高院提出上诉。黑龙江高院认定双方的行为属于非法转让采矿权，判决：煤矿转让合同无效，闫新春返还双利公司 2632134. 19 元。

四、闫新春不服黑龙江高院判决，向最高人民法院申请再审称，因未办理采矿权转让手续，煤矿转让合同未生效，原审判决认定该煤矿转让合同无效属于适用法律错误。最高人民法院裁定驳回闫新春的再审申请。

裁判要点

本案最高人民法院认定案涉煤矿转让合同无效的原因在于，《矿产资源法》第三条规定，“国家保障矿产资源的合理开发利用，禁止任何组织和个人用任何手段侵占或破坏矿产资源”“从事矿产资源勘查和开采，必须符合法定的资质条件”。第六条规定，“禁止将探矿权、采矿权倒卖牟利”。本案中，不仅双利公司不具有采矿权资质，且闫新春与双利公司未经批准擅自转让采矿权，并在未办理采矿权转让手续的情况下非法开采，违反了上述规定，严重扰乱了国家矿产资源管理秩序，损害了国家和社会公共利益，因此煤矿转让合同应当认定无效。

《合同法》第五十八条规定：“合同无效或者被撤销后，因该合同取得的财产，应当予以返还；不能返还或者没有必要返还的，应当折价补偿。有过错的一方应当赔偿对方因此所受到的损失，双方都有过错的，应当各自承担相应的责任。”本案中，案涉煤矿转让合同无效，双利公司基于煤矿转让合同取得的煤矿及其资产、收益应当返还闫新春，闫新春也应当返还双利公司支付的煤矿转让价款及经营期间对煤矿的投入。因合同无效，故闫新春无权主张违约责任。

实务经验总结

前事不忘，后事之师。为避免未来发生类似败诉，提出如下建议：

一、无效合同与未生效合同的区别在于，无效合同因违反了《合同法》第五十二条规定的情形，自始无效，没有生效的可能；而未生效合同满足生效条件即可生效。具体到采矿权转让交易中，因受让方不具有采矿资质转让合同被法院认定无效后即没有再生效的可能。即使司法实践中有法院认定该情形下转让合同属于未生效合同，但转让合同也无法获得地质矿产主管部门的批准，最终无法生效。

二、2017 年 7 月 27 日起施行的《最高人民法院关于审理矿业权纠纷案件适用法律若干问题的解释》第十六条规定："债务人不履行到期债务或者发生当事人约定的实现抵押权的情形，抵押权人依据民事诉讼法第一百九十六条、第一百九十七条规定申请实现抵押权的，人民法院可以拍卖、变卖矿业权或者裁定以矿业权抵债，但矿业权竞买人、受让人应具备相应的资质条件。"据此，法院在拍卖、变卖矿业权或者裁定以矿业权抵债应当对受让人的资质进行审查。但是该解释并未对矿业权转让交易中受让人的资质是否会影响转让合同效力的问题作出规定。

相关法律规定

《中华人民共和国矿产资源法》

第三条 矿产资源属于国家所有，由国务院行使国家对矿产资源的所有权。地表或者地下的矿产资源的国家所有权，不因其所依附的土地的所有权或者使用权的不同而改变。

国家保障矿产资源的合理开发利用。禁止任何组织或者个人用任何手段侵占或者破坏矿产资源。各级人民政府必须加强矿产资源的保护工作。

勘查、开采矿产资源，必须依法分别申请、经批准取得探矿权、采矿权，并办理登记；但是，已经依法申请取得采矿权的矿山企业在划定的矿区范围内为本企业的生产而进行的勘查除外。

国家保护探矿权和采矿权不受侵犯，保障矿区和勘查作业区的生产秩序、工作秩序不受影响和破坏。

从事矿产资源勘查和开采的，必须符合规定的资质条件。

第六条第三款 禁止将探矿权、采矿权倒卖牟利。

《中华人民共和国合同法》

第五十二条 有下列情形之一的，合同无效：

（一）一方以欺诈、胁迫的手段订立合同，损害国家利益；

（二）恶意串通，损害国家、集体或者第三人利益；

（三）以合法形式掩盖非法目的；

（四）损害社会公共利益；

（五）违反法律、行政法规的强制性规定。

第五十八条 合同无效或者被撤销后，因该合同取得的财产，应当予以返还；不能返还或者没有必要返还的，应当折价补偿。有过错的一方应当赔偿对方因此所受到的损失，双方都有过错的，应当各自承担相应的责任。

以下为该案在最高人民法院审理阶段，裁定书中“本院认为”部分就该问题的论述：

原审判决认定涉案煤矿转让协议无效符合法律规定。关于闫新春主张因未办理采矿权转让手续，涉案煤矿转让协议未生效，原审判决认定煤矿转让协议无效适用法律错误的问题。本院认为，第一，理论上，合同成立未生效指合同双方经平等协商就合同内容达成合意，但缺乏合同生效的要件，暂时不产生法律效力，在办理相应批准登记手续或约定生效条件具备时合同生效，合同生效后双方依约享有合同权利履行合同义务。合同无效指法律对合同内容本身的否定性评价，合同自始不产生法律效力，对双方当事人没有任何约束力，由双方当事人根据过错程度承担责任。判断合同未生效还是无效，首先应按照《中华人民共和国合同法》第五十二条规定的合同无效的情形进行审查，在不存在合同无效情形的情况下，才需要判断合同是否具备生效条件及是否生效。

第二，本案中，闫新春与双利公司签订的煤矿转让协议，违反了法律、行政法规的强制性规定，应当认定无效。涉案煤矿转让协议约定闫新春将其投资的包括资源价款、井巷工程等在内的宏伟煤矿四井全部转让给双利公司，并将证照、印章及一切相关票证全部交给双利公司。由该协议内容可知，该煤矿转让协议实为采矿权的转让。根据《中华人民共和国矿产资源法》第三条的规定，国家保障矿产资源的合理开发利用，禁止任何组织和个人用任何手段侵占或破坏矿产资源，从事矿产资源勘查和开采，必须符合法定的资质条件。第六条第三款规定，禁止将探矿权、采矿权倒卖牟利。本案中，不仅双利公司不具有采矿权资质，且闫新春与双利公司未经批准擅自转让采矿权，并在未办理采矿权转让手续的情况下非法开采，严重扰乱了国家矿产资源管理秩序，损害了国家和社会公共利益，该煤矿转让协议应当认定无效。因该煤矿转让协议自始无效，当然也不存在办理批准登记手续后恢复生效的问题。因此，闫新春关于涉案煤矿转让协议未生效，并不必然导致无效的主张，于法无据，不予支持。

案件来源

台河市双利煤焦有限责任公司与闫新春、台河市宏伟煤矿等采矿权转让合同纠纷申诉、申请民事裁定书，最高人民法院（2016）最高法民申 1077 号。

延伸阅读

关于受让人不具有采矿资质是否会导致采矿权转让合同无效的问题，目前司法实践中存在不同的认识。部分法院认为，受让人不具有采矿资质不会导致采矿权转让合同无效，但因未获批准，采矿权转让合同未生效；部分法院认为，受让人不具有采矿资质会导致采矿权转让合同无效。

一、认定受让人不具有采矿资质，采矿权转让合同不会因此而无效的案例（案例 1—案例 2）

案例 1：邓馥佳、付连贵等与黄友鹏采矿权转让合同纠纷再审复查与审判监督民事裁定书［云南省高级人民法院（2015）云高民申字第 127 号］认为："关于《变更协议》及《承诺书》的效力问题。本案双方当事人签订的《变更协议》是双方的真实意思表示，该合同实质是针对砚山县阿舍乡鹏呈综合选厂的采矿权转让及法人变更登记等事项作出的约定，双方当事人之间应为采矿权的转让与受让法律关系。邓馥佳、付连贵申请再审主张的《矿产资源开采登记管理办法》第五条第一款第二项、《矿业权出让转让管理暂行规定》第十九条系管理性规范，不符合《中华人民共和国合同法》第五十二条第五项'违反法律、行政法规的强制性规定'的规定，再审申请人据此主张《变更协议》无效的理由不能成立。原判决依据《中华人民共和国合同法》《中华人民共和国矿产资源法》及国务院《探矿权采矿权转让管理办法》等规定，认定双方当事人签订的《变更协议》没有经过相关审批管理机关的批准，依照《最高人民法院关于适用〈中华人民共和国合同法〉若干问题的解释（一）》第九条的规定，双方当事人未就采矿权转让事宜办理变更登记手续，其合同效力处于未生效状态并无不当。2012 年 5 月 9 日邓馥佳、付连贵出具

《承诺书》系其自愿行为，当事人理应承担所承诺义务，申请再审主张《承诺书》无效的理由不能成立。”

案例 2：杨银祥与王超坚、林正喜采矿权转让合同纠纷再审审查与审判监督民事裁定书［新疆维吾尔自治区高级人民法院（2016）新民申 957 号］认为：“关于杨银祥与林正喜签订的采矿权转让协议的效力问题。本案杨银祥为托克逊县黑戈壁8 号石英矿法定代表人。王超坚与林正喜于 2010 年 2 月 21 日就托克逊县库米什黑戈壁八号石英矿签订了合作协议，基于该合作协议林正喜出面，与杨银祥于 2010 年 12 月 25 日签订了《采矿权转让协议》。协议约定杨银祥以 8 万元的价格将托克逊县库米什黑戈壁 8 号石英矿转让给林正喜经营。转让后杨银祥无偿配合林正喜办理转让有关手续。关于杨银祥提出的林正喜、王超坚作为自然人主体不符合本案《采矿权转让协议》主体资格及涉案矿产《采矿许可证》取得不满 1 年而不符合转让条件的主张，《探矿权采矿权转让管理办法》第十条规定：‘申请转让探矿权、采矿权的，审批管理机关应当自收到转让申请之日起 40 日内，作出准许转让或者不准许转让的决定，并通知转让人和受让人。……批准转让的，转让合同自批准之日起生效；不准转让的，审批管理机关应当说明理由。’通过以上管理办法可见，采矿权属于必须具备法定的条件才能取得的一项用益物权。在采矿权转让中，受让人必须符合取得采矿权人的资质条件。而判断并认定受让人是否符合取得采矿权的资质条件及矿产权是否符合转让条件等均属于矿产资源行政主管部门依照行政职权予以审查的范围。因此杨银祥关于林正喜、王超坚不具备采矿权转让资格的主张不能成立，该问题需要通过行政审批机关审查确定。本案中，杨银祥与林正喜所签订的转让协议尚未获得审批管理机关批准，根据以上法律规定原审认定双方之间签订的《采矿权转让协议》为已成立但尚未生效状态并无不当。”

二、认定受让人不具有采矿资质，采矿权转让合同无效的案例（案例 3—案例 5）

案例 3：四川省宝兴县大坪大理石矿与李竞采矿权纠纷申请再审民事裁定书［最高人民法院（2015）民申字第 2165 号］认为：“本案宝兴大坪矿与李竞之间系采矿权承包合同关系，不存在擅自转让采矿权的问题；涉案矿山的采矿权主体始终是宝兴大坪矿，并没有变更为李竞，亦不存在采矿权主体因不具备采矿资质而导致合同无效的情形。故二审判决认定《协议书》有效并无不当。”

案例 4：福州黄家湾矿业有限公司、高体义与陈健才采矿权转让合同纠纷再审复查与审判监督民事裁定书［福建省高级人民法院（2014）闽民申字第 1162 号］认为：“关于再审申请人提出涉案的《石材矿山开采承包协议》已成立之理由。依照我国现行的法律法规，在矿产资源转让中，各方均应具有采矿资质和采矿能力。

在本案中，被申请人陈健才不具备采矿的资质，福州黄家湾矿业有限公司、高体义将采矿权以承包方式转移给陈健才，约定陈健才自行开采矿山，收取固定承包金，其实质是将采矿权出租的行为。故双方订立的《石材矿山开采承包协议》违反了《中华人民共和国矿产资源法》第三条的规定，依法应认定为无效。故此申请理由不能成立，不予采纳。”

案例 5：游逵与张永摻采矿权转让合同纠纷再审复查与审判监督民事裁定书［福建省高级人民法院（2015）闽民申字第 1144 号］认为：“关于再审申请人游逵提出原一、二审认定本案《采矿权转让合同》无效之判决错误的申请再审理由。经查，再审申请人游逵与原一审被告三坊煤矿在 2008 年 12 月 31 日签订的《采矿权转让合同》中明确约定，三坊煤矿将其名下采矿许可证号为 350000052104 的采矿权转让给游逵，故本案合同性质属于采矿权转让合同纠纷，原一、二审判决对此节认定正确。游逵不具备采矿权人或采矿权受让人的资质条件，其与三坊煤矿签订的《采矿权转让合同》亦未按照法律法规的规定经过相关行政主管部门审批，违反了相关法律、行政法规的强制性规定，原一、二审判决依照《中华人民共和国合同法》第五十二条第五项之规定认定该合同无效，适用法律正确。”

012 探矿权受让人不具备勘查资质，是否会导致探矿权转让合同无效

——探矿权受让人不具备勘查资质将导致探矿权转让合同无效

裁判要旨

探矿权转让交易的受让人不具备勘查资质，签订的转让合同也未经有权部门审批，属于违反法律、行政法规的强制性规定的情形，故合同无效。

案情简介

一、2004 年，永恒公司与地调三队签订了《关于桐柏县回龙乡牛粪大顶铁矿勘查工程承包合同书》，约定由永恒公司承包地调三队在牛粪大顶铁矿勘查区探矿工程。正式开工前，永恒公司向地调三队交纳 3 万元安全生产保证金。实质上，永恒公司并不具备勘查资质。

二、永恒公司向桐柏县法院起诉，请求判令：地调三队返还安全生产保证金3万元；赔偿因无效施工给永恒公司造成的经济损失51.4万元。桐柏县法院认为，《关于桐柏县回龙乡牛粪大顶铁矿勘查工程承包合同书》内容实质上是探矿权转让合同，为无效合同。因永恒公司施工地点不是合同约定的地点，造成的损失与地调三队无关，故判决驳回永恒公司的诉讼请求。

三、永恒公司不服桐柏县法院判决，向南阳市中院提起上诉。南阳市中院判决驳回上诉，维持原判。

四、永恒公司不服南阳市中院判决，向南阳市中院申请再审。南阳市中院再审认为，地调三队与永恒公司签订的合同无效后，地调三队已丧失持有3万元安全生产保证金的法律依据，应返还给永恒公司，故判决地调三队返还永恒公司安全生产保证金3万元。

五、永恒公司不服南阳市中院再审判决，向检察机关申诉，河南省检察院向河南省高院提出抗诉，河南省高院裁定提审本案。河南省高院再审判决维持南阳市中院判决。

裁判要点

法院认定本案双方签订的探矿权转让合同无效的原因在于，依据《矿产资源勘查区块登记管理办法》《探矿权采矿权转让管理办法》有关规定，探矿权转让应依法经过有权机关的审批，探矿权受让人应具备勘察资质，而永恒公司并不具备勘查资质，签订的转让合同也未经有权部门审批，双方规避法律私自转让探矿权的行为，损害国家利益，违反了法律、行政法规的强制性规定。

对于合同无效后的责任承担问题，按照《合同法》第五十八条规定，合同无效后，因该合同取得的财产，应当予以返还，因此，地调三队应将其收取的3万元安全生产保证金返还给永恒公司。

实务经验总结

前事不忘，后事之师。为避免未来发生类似败诉，提出如下建议：

一、当事人在进行探矿权转让交易时，应当事先与当地国土资源管理部门沟通，确认当地关于探矿权转让的具体政策，按规定办理相关审批手续，以促成合同生效，实现交易目的。

二、2017年7月27日起施行的《最高人民法院关于审理矿业权纠纷案件适用法律若干问题的解释》第十六条规定："债务人不履行到期债务或者发生当事人约定的实现抵押权的情形，抵押权人依据民事诉讼法第一百九十六条、第一百九十七条规定申请实现抵押权的，人民法院可以拍卖、变卖矿业权或者裁定以矿业权抵债，但矿业权竞买人、受让人应具备相应的资质条件。"据此，法院在拍卖、变卖矿业权或者裁定以矿业权抵债应当对受让人的资质进行审查。但是该解释并未对矿业权转让交易中受让人的资质是否会影响转让合同效力的问题作出规定。

相关法律规定

《中华人民共和国矿产资源法》

第三条第五款 从事矿产资源勘查和开采的，必须符合规定的资质条件。

第六条 除按下列规定可以转让外，探矿权、采矿权不得转让：

（一）探矿权人有权在划定的勘查作业区内进行规定的勘查作业，有权优先取得勘查作业区内矿产资源的采矿权。探矿权人在完成规定的最低勘查投入后，经依法批准，可以将探矿权转让他人。

……

《矿产资源勘查区块登记管理办法》

第六条 探矿权申请人申请探矿权应当向登记管理机关提交下列资料：

（一）申请登记书和申请的区块范围图；

（二）勘查单位的资格证书复印件；

（三）勘查工作计划、勘查合同或者委托勘查的证明文件；

（四）勘查实施方案及附件；

（五）勘查项目资金来源证明；

（六）国务院地质矿产主管部门规定提交的其他资料。

申请勘查石油、天然气的，还应当提交国务院批准设立石油公司或者同意进行石油、天然气勘查的批准文件以及勘查单位法人资格证明。

《探矿权采矿权转让管理办法》

第三条 除按照下列规定可以转让外，探矿权、采矿权不得转让：

（一）探矿权人有权在划定的勘查作业区内进行规定的勘查作业，有权优先取得勘查作业区内矿产资源的采矿权。探矿权人在完成规定的最低勘查投入后，经依法批准，可以将探矿权转让他人。

……

第八条 探矿权人或者采矿权人在申请转让探矿权或者采矿权时，应当向审批

管理机关提交下列资料:

(一) 转让申请书;

(二) 转让人与受让人签订的转让合同;

(三) 受让人资质条件的证明文件;

(四) 转让人具备本办法第五条或者第六条规定的转让条件的证明;

(五) 矿产资源勘查或者开采情况的报告;

(六) 审批管理机关要求提交的其他有关资料。

国有矿山企业转让采矿权时,还应当提交有关主管部门同意转让采矿权的批准文件。

《中华人民共和国合同法》

第五十八条 合同无效或者被撤销后,因该合同取得的财产,应当予以返还;不能返还或者没有必要返还的,应当折价补偿。有过错的一方应当赔偿对方因此所受到的损失,双方都有过错的,应当各自承担相应的责任。

以下为该案在河南高院审理阶段,判决书中"本院认为"就该问题的论述:

关于地调三队对合同无效应承担的民事责任问题。原审认定地调三队与永恒公司签订的铁矿勘查工程承包合同书内容实质是探矿权转让,按照《矿产资源勘查区块登记管理办法》《探矿权采矿权转让管理办法》有关规定,探矿权转让应依法经过有权机关的审批,探矿权受让人应具备相关资质等。而永恒公司并不具备勘查资质,签订的转让合同也未经有权部门审批,双方规避法律私自转让探矿权的行为,损害国家利益,违反法律、行政法规的强制性规定,属无效合同正确。对于合同无效后的责任承担问题,按照《中华人民共和国合同法》第五十八条规定,合同无效后,因该合同取得的财产,应当予以返还,因此,再审判决判令地调三队将该30000元返还给永恒公司处理正确。河南省人民检察院对此的抗诉理由亦不能成立,本院不予支持。

案件来源

桐柏永恒矿产品购销有限公司与河南省地质矿产勘查开发局第三地质调查队合同纠纷再审民事判决书,河南省高级人民法院(2013)豫法民提字第00205号。

延伸阅读

关于探矿权受让人不具备勘察资质导致合同无效的案例:

案例 1：廖德财、曹孙庆与漳平市九鹏实业有限责任公司探矿权转让合同纠纷二审民事判决书［福建省龙岩市中级人民法院（2016）闽 08 民终 733 号］认为："上诉人与被上诉人在《转让协议》明确约定转让的是被上诉人在留地坑煤矿区的探矿权及现状资产，而我国对探矿权的取得和转让是实行依法许可制度，根据《中华人民共和国矿产资源法》第三条第三款规定，勘查矿产资源，必须依法经批准取得探矿权。第六条第一款第一项、第三款规定，探矿权人经依法批准，可以将探矿权转让他人，禁止将探矿权倒卖牟利。国务院颁布的《矿产资源勘查区块登记管理办法》第八条第四款规定，经地质矿产主管部门审批登记，颁发勘查许可证，成为探矿权人。故依据上述规定，只有依法取得探矿权的合法的探矿权人才有权将探矿权转让他人，本案中，被上诉人转让的留地坑煤矿区的探矿权其并未依法取得，不具有法定的转让探矿权的权利。而且根据国务院颁布的《矿产资源勘查区块登记管理办法》第七条规定的探矿权转让的受让人必须具备的资质条件，本案中，上诉人主张其不具有法定的受让资质，而被上诉人也未提供上诉人符合法定受让资质条件的证据。综上，被上诉人将留地坑煤矿区的探矿权转让给上诉人，探矿权的出让和受让均违反法律、行政法规的强制性规定，依据《中华人民共和国合同法》第五十二条第五项的规定，应确认转让协议无效，上诉人上诉理由部分成立，本院应予支持。"

案例 2：洛南县鑫发矿业有限责任公司与代小宁探矿权转让合同纠纷二审民事判决书［陕西省商洛市中级人民法院（2016）陕 10 民终 203 号］认为："《中华人民共和国矿产资源法》第三条第四款规定，从事矿产资源勘查和开采的，必须符合规定的资质条件。本案双方当事人签订的《探矿工程责任承包合同》内容实质是探矿权转让，按照《矿产资源勘查区块登记管理办法》《探矿权采矿权转让管理办法》有关规定，探矿权转让应依法经有权机关的审批，探矿权受让人应具备相关资质等，上诉人代小宁并不具备勘查资质，签订的合同也未经有权部门审批，双方规避法律私自转让探矿权的行为，损害国家利益，违反法律、行政法规的强制性规定，原审认定该合同属无效合同正确。"

013 采矿权转让合同未经批准是否影响报批义务条款的效力

——采矿权转让合同中的报批义务条款无需审批，自合同成立即生效

阅读提示

采矿权转让合同属于需经地质矿产主管部门批准才生效的合同，当事人通常会在合同中约定报批义务人及违约责任条款。但在报批义务人未履行报批义务而发生纠纷时，报批义务人会以采矿权转让合同未经审批未生效，报批义务条款亦未生效为由进行抗辩。对此最高人民法院认为，采矿权转让的报批义务条款及因该报批义务而设定的相关条款无需审批，自合同成立时即发生法律效力。

值得关注的是，2017 年 7 月 27 日起施行的《最高人民法院关于审理矿业权纠纷案件适用法律若干问题的解释》已对该问题作出规定。

裁判要旨

采矿权转让合同因未经地质矿产主管部门审批属于未生效合同，但采矿权转让合同的报批义务条款及因该报批义务而设定的相关条款无需审批，自合同成立时即发生法律效力。如报批义务方未履行报批义务，应当按约承担违约责任。

案情简介

一、老虎石煤矿系个人独资企业，投资人为孙大明。2014 年 1 月，老虎石煤矿与国能公司签订《金沙县老虎石煤矿资产（含采矿权）转让合同》（以下简称《转让合同》），约定转让价款 2600 万元；如老虎石煤矿不能及时办理过户变更手续，国能公司有权单方面解除合同，且老虎石煤矿应承担违约责任。

二、《转让合同》签订后，老虎石煤矿向国能公司交付合同约定的采矿权证书等部分清单资料，国能公司支付了首期款 1560 万元。此后由于采矿权及其他资产转让存在障碍，双方签订 3 份补充协议，约定不能排除障碍时相应的违约责任，刘肇坤作为连带责任保证人。

三、2014 年 8 月，国能公司向贵州高院起诉，请求：解除《转让合同》；老虎

石煤矿、刘肇坤、孙大明连带承担下列责任：退还国能公司已付首期转让款 1560 万元，支付违约金及滞纳金。贵州高院认为，《转让合同》因未经采矿权转让审批部门批准，依法应当认定为未生效合同，但合同中报批义务条款有效。判决：解除《转让合同》；老虎石煤矿、孙大明共同向国能公司返还转让款 1560 万元，支付违约金及滞纳金，刘肇坤承担连带责任。

四、老虎石煤矿、孙大明、刘肇坤不服贵州高院判决，向最高人民法院上诉，请求依法撤销贵州高院判决，将本案发回重审或改判。最高人民法院判决驳回上诉，维持原判。

裁判要点

法院认定老虎石煤矿、孙大明、刘肇坤应连带承担违约责任的原因在于：

第一，本案老虎石煤矿与国能公司签订的《转让合同》涉及采矿权转让，根据《矿产资源法》第六条、《探矿权采矿权转让管理办法》第十条第三款之规定，合同中涉及采矿权转让的部分因未经地质矿产主管部门审批而未生效。但涉及采矿权转让的报批义务条款及因该报批义务而设定的相关条款无需审批，自合同成立时即发生法律效力。3 份补充协议是为排除采矿权转让报批的障碍以及在不能排除障碍时如何处理的约定，属于与履行报批义务相关的条款，应为合法有效。因老虎石煤矿不能办理采矿权转让审批，故应向国能公司承担违约责任。

第二，依据《个人独资企业法》第二条的规定，孙大明作为个人独资企业老虎石煤矿的投资人应对老虎石煤矿的债务承担无限责任。此外，补充协议约定刘肇坤作为连带责任保证人，故刘肇坤应当承担相应的连带责任。

实务经验总结

前事不忘，后事之师。为避免未来发生类似败诉，提出如下建议：

一、探矿权、采矿权转让合同属于需经地质矿产主管部门审批才生效的合同，但是合同中的报批义务相关条款具有独立性，未经审批也不影响该类条款的效力。因此当事人应当在转让合同中约定报批义务人、办理时限及相应的违约责任等条款，以尽可能地促成转让合同生效，而且如果报批义务人未履行合同义务，对方可依约主张报批义务人承担违约责任。

二、关于矿业权转让合同的报批义务问题，2017 年 7 月 27 日起施行的《最高人民法院关于审理矿业权纠纷案件适用法律若干问题的解释》第七条已明确规定：

“矿业权转让合同依法成立后，在不具有法定无效情形下，受让人请求转让人履行报批义务或者转让人请求受让人履行协助报批义务的，人民法院应予支持，但法律上或者事实上不具备履行条件的除外。人民法院可以依据案件事实和受让人的请求，判决受让人代为办理报批手续，转让人应当履行协助义务，并承担由此产生的费用。”

三、个人独资企业并非法人企业，投资人应对企业债务承担连带责任，而公司制企业属于法人企业，投资人仅以出资额为限对公司承担责任。但个人独资企业与公司的税收政策有所不同，当事人需根据具体情形，权衡税收负担，确定设立何种类型的企业。

相关法律规定

《中华人民共和国矿产资源法》

第六条 除按下列规定可以转让外，探矿权、采矿权不得转让：

（一）探矿权人有权在划定的勘查作业区内进行规定的勘查作业，有权优先取得勘查作业区内矿产资源的采矿权。探矿权人在完成规定的最低勘查投入后，经依法批准，可以将探矿权转让他人。

（二）已取得采矿权的矿山企业，因企业合并、分立，与他人合资、合作经营，或者因企业资产出售以及有其他变更企业资产产权的情形而需要变更采矿权主体的，经依法批准可以将采矿权转让他人采矿。

前款规定的具体办法和实施步骤由国务院规定。

禁止将探矿权、采矿权倒卖牟利。

《探矿权采矿权转让管理办法》

第十条第三款 批准转让的，转让合同自批准之日起生效。

《中华人民共和国个人独资企业法》

第二条 本法所称个人独资企业，是指依照本法在中国境内设立，由一个自然人投资，财产为投资人个人所有，投资人以其个人财产对企业债务承担无限责任的经营实体。

以下为该案在最高人民法院审理阶段，裁判文书中“本院认为”部分就该问题的论述：

本案中涉及1份《转让合同》及3份补充协议，其中《转让合同》明确约定转让的标的为“老虎石煤矿的100%采矿权及煤矿关闭后剩余的其他全部资产”，转让金额为2600万元；结合整个《转让合同》的内容及当事人当庭陈述，案涉合同应属于包含采矿权和其他资产在内的煤矿整体转让。根据《中华人民共和国矿产资源法》第六条、《探矿权采矿权转让管理办法》第十条第三款之规定，虽然合同中涉及采矿权转让的部分因未经地质矿产主管部门审批而未生效，但涉及采矿权转让的报批义务条款及因该报批义务而设定的相关条款和其他资产转让部分无需审批，自合同成立时即发生法律效力。3 份补充协议的内容，包括其中违约金及滞纳金的条款，是为排除办理煤矿收购和采矿权转让报批的障碍以及在不能排除障碍时如何处理的约定，属于与履行报批义务相关的条款，没有违反法律、行政法规的强制性效力性规定，应为合法有效。老虎石煤矿、刘肇坤、孙大明在不能排除办理采矿权转让障碍、进而办理采矿权转让审批的情况下，应据此承担相应的违约责任。

案件来源

贵州国能能源有限公司与贵州省朗月矿业投资有限公司金沙县高坪乡老虎石煤矿、刘肇坤等采矿权转让合同纠纷二审民事判决书，最高人民法院（2015）民一终字第 151 号。

延伸阅读

关于认定采矿权转让合同的报批义务条款无需审批，自成立时即生效的案例：

案例 1：贵州肥矿光大能源有限公司与柳振金、马敏奎采矿权纠纷二审民事判决书［最高人民法院（2015）民一终字第 159 号］认为："基于本案已查明的事实，2011 年 1 月 10 日肥矿光大公司与柳振金、马敏奎签订的《协议》中明确约定'甲方（肥矿光大公司）负责办理《采矿权许可证》等丙方各类证照变更事宜，乙方（柳振金、马敏奎）应当及时根据需要提供证照及文件'；2011 年 1 月 15 日柳振金、马敏奎即将涉及煤矿的证照及文件交付给肥矿光大公司；2011 年 3 月 10 日双方签订的《补充协议》进一步明确'变更工商登记、采矿权转让手续等相关事宜，柳振金所承担的责任和义务委托贵州肥矿光大能源有限公司行使和办理'。尽管案涉《协议》由于未经地质矿产主管部门批准未生效，但不影响《协议》和《补充协议》中关于当事人履行报批义务条款及因该报批义务而设定的相关条款的效力，因此上述《协议》和《补充协议》中关于采矿权报批、变更登记义务的条款合法有效，对双方当事人均有法律约束力。"

案例 2：于建波与蓬莱市龙山金矿有限公司企业出售合同纠纷申请再审民事裁定书［最高人民法院（2014）民申字第 1271 号］认为："原审判决关于本案采矿

权、探矿权及选矿厂、尾矿库转让《协议书》性质及效力的认定是正确的。本案《协议书》因涉及采（探）矿权转让未经有关审批管理机关批准，不符合法律强制性规定，因而整体上未生效。但是协议中如有涉及报批义务、清算、管辖、仲裁等条款约定内容的，有其独立效力。尽管本案《协议书》未约定报批义务内容，但依照法律规定转让方应当履行相应的报批义务。龙山金矿未履行上述义务，应当承担违反法定义务的责任。龙山金矿对于建波基于对《协议书》的信任而投入相应费用所造成的损失，应当予以赔偿。”

案例3：郑礼巧与吴雅采矿权转让合同纠纷一审民事判决书［贵州省高级人民法院（2015）黔高民初字第116号］认为：“本案系采矿权转让合同纠纷，双方当事人对此亦无争议。根据《探矿权采矿权转让管理办法》第十条规定，采矿权转让合同自行政审批许可之日发生法律效力。而对未经审批的合同效力，根据《最高人民法院关于适用〈中华人民共和国合同法〉若干问题的解释（一）》第九条规定，采矿权转让合同未经行政审批属于未生效合同，而非无效合同。同时，《最高人民法院关于适用〈中华人民共和国合同法〉若干问题的解释（二）》第八条规定，须经审批生效的合同成立未生效时，如果负有报批义务的一方当事人不履行报批义务的，人民法院可以根据案件的具体情况和相对人的请求，判决相对人自己办理有关手续。可见，未经审批的采矿权转让合同虽然未生效，但由此产生的采矿权转让报批义务有效，当事人应按照合同约定和法律规定履行采矿权转让报批义务。就此，本院已经依法向主张本案合同无效并据此请求返还合同价款的原告进行释明，但原告仍然坚持其主张。原告以本案讼争的采矿权转让合同未报经行政审批而请求确认合同无效，于法无据，不能成立，依法不予支持；原告据此主张返还合同价款的诉讼请求，因其主张的请求权基础不存在，依法亦不予支持。”

014 矿业权转让人拒绝办理报批手续，受让人能否诉请自行办理

——矿业权转让的报批义务人不履行报批义务的，法院可根据案件具体情况和相对人请求，判决相对人自己办理报批手续

阅读提示

本案例为最高人民法院于2016年7月12日发布的人民法院关于依法审理矿业

权民事纠纷案件典型案例之一，最高人民法院认为，本案例的典型意义是："对矿业权的转让进行审批，是国家规范矿业权有序流转，实现矿产资源科学保护、合理开发的重要制度。矿业权转让合同未经国土资源主管部门批准并办理矿业权变更登记手续，不发生矿业权物权变动的效力，但应确认转让合同中的报批义务条款自合同成立时起即具有法律效力，报批义务人应依约履行。在转让合同不具有法定无效情形且报批义务具备履行条件的情况下，相对人有权请求报批义务人履行报批义务；人民法院依据案件事实和相对人的请求，也可以判决由相对人自行办理报批手续。允许相对人自行办理报批手续既符合诚实信用和鼓励交易的原则，也有利于衡平双方当事人的利益。"

值得关注的是，2017 年 7 月 27 日起施行的《最高人民法院关于审理矿业权纠纷案件适用法律若干问题的解释》已对该问题作出明确规定，即："矿业权转让合同依法成立后，在不具有法定无效情形下，受让人请求转让人履行报批义务或者转让人请求受让人履行协助报批义务的，人民法院应予支持，但法律上或者事实上不具备履行条件的除外。人民法院可以依据案件事实和受让人的请求，判决受让人代为办理报批手续，转让人应当履行协助义务，并承担由此产生的费用。"

裁判要旨

矿业权转让合同成立后，有义务办理申请批准手续的一方当事人未办理申请批准手续的，人民法院可以根据案件的具体情况和相对人的请求，判决相对人自己办理有关手续。

案情简介

一、2014 年 1 月，陈付全与团山公司签订《转让矿山协议》，约定团山公司将其采矿权作价 360 万元转让给陈付全，并积极配合陈付全办理采矿许可证。合同签订后，陈付全依约付清了全部款项。但团山公司拒绝配合陈付全办理采矿权转让的批准、登记手续。

二、陈付全向确山法院提起诉讼，请求确认《转让矿山协议》有效，由团山公司配合陈付全办理采矿权转让手续。确山法院判决：《转让矿山协议》合法有效，由陈付全办理采矿权转让相关手续。

三、团山公司不服，上诉至驻马店中院，请求改判确认《转让矿山协议》系未生效协议。驻马店中院判决：《转让矿山协议》成立，由陈付全办理采矿权转让相关手续。

裁判要点

第一，采矿权转让合同未经批准属于成立但未生效的合同。案涉《转让矿山协议》系双方当事人真实意思表示，订立形式符合法律规定，该合同已成立。因未办理批准手续，根据《中华人民共和国合同法》第四十四条、《探矿权采矿权转让管理办法》第十条第三款及《最高人民法院关于适用〈中华人民共和国合同法〉若干问题的解释（一）》第九条的规定，未办理审批手续的采矿权转让合同处于成立但未生效状态。

第二，采矿权转让合同中的报批义务条款自合同成立时起即具有法律效力。本案双方当事人在《转让矿山协议》约定的履行报批义务的条款，因该部分内容不涉及采矿权转让，不属于行政部门审查批准的范围，故虽然本案《转让矿山协议》系未生效合同，但不影响当事人设定的履行报批义务条款的效力，该协议中有关履行报批义务的条款具有法律效力。

第三，根据《最高人民法院关于适用〈中华人民共和国合同法〉若干问题的解释（二）》第八条的规定，依照法律、行政法规的规定经批准或者登记才能生效的合同成立后，有义务办理申请批准或者申请登记等手续的一方当事人未按照法律规定或者合同约定办理申请批准或者未申请登记的，属于《合同法》第四十二条第三项规定的“其他违背诚实信用原则的行为”，人民法院可以根据案件的具体情况和相对人的请求，判决相对人自己办理有关手续。故法院据此判决由陈付全自己办理采矿权转让相关手续。

实务经验总结

前事不忘，后事之师。为避免未来发生类似败诉，提出如下建议：

一、签订矿业权转让合同后，报批义务人应当按约积极履行报批义务，否则法院可以根据案件的具体情况和相对人的请求，判决相对人自己办理报批手续。报批义务人对由此产生的费用和给相对人造成的实际损失，还应当承担损害赔偿责任。

二、根据《最高人民法院关于审理矿业权纠纷案件适用法律若干问题的解释》第八条，矿业权转让人无正当理由拒不履行报批义务，受让人可请求解除合同、返还已付转让款及利息，并由转让人承担违约责任。

三、采矿权转让合同中的报批义务条款无需审批，自合同成立即生效（请参阅本书文章:《采矿权转让合同未经批准是否影响报批义务条款的效力》)。当事人可根据该条款请求报批义务人履行报批义务,承担违约责任。

相关法律规定

国务院《探矿权采矿权转让管理办法》

第十条　申请转让探矿权、采矿权的,审批管理机关应当自收到转让申请之日起40日内,作出准予转让或者不准转让的决定,并通知转让人和受让人。

准予转让的,转让人和受让人应当自收到批准转让通知之日起60日内,到原发证机关办理变更登记手续;受让人按照国家规定缴纳有关费用后,领取勘查许可证或者采矿许可证,成为探矿权人或者采矿权人。

批准转让的,转让合同自批准之日起生效。

不准转让的,审批管理机关应当说明理由。

《中华人民共和国合同法》

第四十二条　当事人在订立合同过程中有下列情形之一,给对方造成损失的,应当承担损害赔偿责任:

(一)假借订立合同,恶意进行磋商;

(二)故意隐瞒与订立合同有关的重要事实或者提供虚假情况;

(三)有其他违背诚实信用原则的行为。

第四十四条　依法成立的合同,自成立时生效。

法律、行政法规规定应当办理批准、登记等手续生效的,依照其规定。

《最高人民法院关于适用〈中华人民共和国合同法〉若干问题的解释(一)》

第九条　依照合同法第四十四条第二款的规定,法律、行政法规规定合同应当办理批准手续,或者办理批准、登记等手续才生效,在一审法庭辩论终结前当事人仍未办理批准手续的,或者仍未办理批准、登记等手续的,人民法院应当认定该合同未生效;法律、行政法规规定合同应当办理登记手续,但未规定登记后生效的,当事人未办理登记手续不影响合同的效力,合同标的物所有权及其他物权不能转移。

合同法第七十七条第二款、第八十七条、第九十六条第二款所列合同变更、转让、解除等情形,依照前款规定处理。

《最高人民法院关于适用〈中华人民共和国合同法〉若干问题的解释(二)》

第八条　依照法律、行政法规的规定经批准或者登记才能生效的合同成立后,有义务办理申请批准或者申请登记等手续的一方当事人未按照法律规定或者合同约定办理申请批准或者未申请登记的，属于合同法第四十二条第三项规定的“其他违背诚实信用原则的行为”，人民法院可以根据案件的具体情况和相对人的请求，判决相对人自己办理有关手续；对方当事人对由此产生的费用和给相对人造成的实际损失，应当承担损害赔偿责任。

以下为该案在驻马店中院审理阶段，裁判文书中“本院认为”部分就该问题的论述：

上诉人团山公司与被上诉人陈付全订立的《转让矿山协议》系双方当事人真实意思表示，订立形式符合法律规定，该合同已成立。本案《转让矿山协议》因未办理批准手续，根据《中华人民共和国合同法》第四十四条、《探矿权采矿权转让管理办法》第十条第三款及《最高人民法院关于适用〈中华人民共和国合同法〉若干问题的解释（一）》第九条的规定，未办理审批手续的采矿权转让合同处于成立但未生效状态。故团山公司提出《转让矿山协议》系未生效协议的上诉理由成立，本院予以支持。本案双方当事人在《转让矿山协议》约定的履行报批义务的条款，因该部分内容不涉及采矿权转让，不属于行政部门审查批准的范围，故虽然本案《转让矿山协议》系未生效合同，但不影响当事人设定的履行报批义务条款的效力，该协议中有关履行报批义务的条款具有法律效力。根据《最高人民法院关于适用〈中华人民共和国合同法〉若干问题的解释（二）》第八条的规定，依照法律、行政法规的规定经批准或者登记才能生效的合同成立后，有义务办理申请批准或者申请登记等手续的一方当事人未按照法律规定或者合同约定办理申请批准或者未申请登记的，属于合同法第四十二条第三项规定的“其他违背诚实信用原则的行为”，人民法院可以根据案件的具体情况和相对人的请求，判决相对人自己办理有关手续。故原审法院判决由陈付全办理采矿权转让相关手续并无不当。关于团山公司提出原审判决认定事实有误，其于2014年7月21日办理的采矿许可证系对原采矿证的延续的问题。虽然原判中出现“河南省国土资源厅于2014年7月21日为团山公司办理了新的C4100002010042120062290号采矿许可证”之句，但原判亦认定了2014年7月21日的采矿许可证的证号与原采矿许可证一致，结合上下文文义，原判已认定2014年7月21日的采矿许可证系对原采矿权许可证的延续，故团山公司提出原判认定事实有误的上诉理由不能成立，本院不予支持。综上，原审判决本案《转让矿山协议》为有效合同，系适用法律有误，应予纠正。

案件来源

上诉人确山县团山矿业开发有限公司与被上诉人陈付全采矿权转让合同纠纷一

案民事二审判决书，河南省驻马店市中级人民法院（2015）驻民二终字第68号。

延伸阅读

认定矿业权转让人不履行报批义务，法院可根据案件具体情况和受让人请求判决受让人自己办理报批手续的案例：

钟昌厚与付学其、龙吉邦、陈老令、卢成林采矿权转让合同纠纷一案的民事判决书［贵州省高级人民法院（2014）黔高民终字第21号］认为："原判决程序合法，不存在拒绝裁判与超诉请判决。首先，原审判决在认定《转股协议》与《转股补充协议》属于成立未生效的情况下，依据付学其的诉请判决确认该两份协议成立，符合法律规定，并非对合同效力拒绝裁判。其次，付学其的第3项诉讼请求为'请求依法判令钟昌厚向盘县响水镇大地煤矿的相关登记机关提出申请，办理将大地煤矿的权利人、所有权人、投资人、采矿权人变更至付学其名下的申请及批准登记手续，若钟昌厚不予办理，由付学其自行办理，由此所发生的税、费由钟昌厚承担'。六盘水中院已经认定《转股协议》及其补充协议属于需经有关行政部门批准才能生效的合同、因未经审批故均成立未生效。按照《中华人民共和国矿产资源法》《探矿权采矿权转让管理办法》及《最高人民法院关于适用〈中华人民共和国合同法〉若干问题的解释（二）》第八条的规定，转让采矿权的合同，转让人钟昌厚有义务办理采矿权转让报批手续，若钟昌厚不予以配合办理，在相对人付学其已经提出由其自行办理的诉请的情况下，法院可以判令由付学其自行办理采矿权转让申报批准手续。因此，原判决合法有据，不存在拒绝裁判与超诉请判决的情形，钟昌厚的该项上诉主张没有事实与法律依据，本院不予支持。"

015 矿业权转让人不履行报批义务，是否应承担违约责任

——采矿权转让人不履行报批义务，应承担违约责任

阅读提示

关于矿业权转让交易中转让人不履行报批义务应承担缔约过失责任还是违约责任的问题，以往司法实践中存在争议。但是2017年7月27日起施行的《最高人民法院关于审理矿业权纠纷案件适用法律若干问题的解释》已明确，转让人无正当理

由拒不履行报批义务，受让人有权请求转让人承担违约责任。

裁判要旨

为排除采矿权转让报批的障碍以及在不能排除障碍时如何处理而设置的违约金及滞纳金条款，属于与履行报批义务相关的条款，没有违反法律、行政法规的强制性效力性规定，应为合法有效。义务人在不能排除办理采矿权转让障碍，进而办理采矿权转让审批的情况下，应据此承担相应的违约责任。

案情简介

一、老虎石煤矿系个人独资企业，投资人为孙大明。2014 年 1 月，老虎石煤矿与国能公司签订《金沙县老虎石煤矿资产（含采矿权）转让合同》（以下简称《转让合同》），约定转让价款 2600 万元；如老虎石煤矿不能及时办理过户变更手续，国能公司有权单方面解除合同，且老虎石煤矿应承担违约责任。

二、《转让合同》签订后，老虎石煤矿依约向国能公司交付采矿权证书等部分清单资料，国能公司支付了首期款 1560 万元。此后由于采矿权及其他资产转让存在障碍，双方签订 3 份补充协议，约定排除办理煤矿收购和采矿权转让报批的障碍以及在不能排除障碍时相应的违约责任，刘肇坤作为连带责任保证人。

三、2014 年 8 月，国能公司向贵州高院起诉，请求：解除《转让合同》；老虎石煤矿、刘肇坤、孙大明连带承担下列责任：退还国能公司已付首期转让款 1560 万元，支付违约金及滞纳金。贵州高院认为，《转让合同》因未经采矿权转让审批部门批准，依法应当认定为未生效合同，但合同中报批义务条款有效。判决：解除《转让合同》；老虎石煤矿、孙大明共同向国能公司返还转让款 1560 万元，支付违约金及滞纳金，刘肇坤承担连带责任。

四、老虎石煤矿、孙大明、刘肇坤不服贵州高院判决，向最高人民法院上诉，请求依法撤销贵州高院判决，将本案发回重审或改判。最高人民法院判决驳回上诉，维持原判。

裁判要点

首先，《转让合同》涉及采矿权转让的部分未生效，但相关的报批义务条款有效。案涉合同属于包含采矿权和其他资产在内的煤矿整体转让。根据《中华人民共和国矿产资源法》第六条、《探矿权采矿权转让管理办法》第十条第三款之规定，虽然合同中涉及采矿权转让的部分因未经地质矿产主管部门审批而未生效，但涉及采矿权转让的报批义务条款及因该报批义务而设定的相关条款和其他资产转让部分无需审批，自合同成立时即发生法律效力。

其次，3 份补充协议中与报批义务相关的条款合法有效。3 份补充协议中违约金及滞纳金的条款，是为排除办理煤矿收购和采矿权转让报批的障碍以及在不能排除障碍时如何处理的约定，属于与履行报批义务相关的条款，没有违反法律、行政法规的强制性效力性规定，应为合法有效。

最后，老虎石煤矿、刘肇坤、孙大明在不能排除办理采矿权转让障碍，进而办理采矿权转让审批的情况下，应依约承担相应的违约责任。

实务经验总结

前事不忘，后事之师。为避免未来发生类似败诉，提出如下建议：

一、采矿权转让合同的报批义务条款无须审批即有效，因此报批义务人应当按约履行报批义务，否则对方当事人有权诉请履行报批义务，或者诉请解除合同、返还已付转让款及利息、承担违约责任。

二、关于采矿权转让合同的报批义务人不履行报批义务是承担缔约过失责任，还是承担违约责任的问题，以往司法实践中存在争议，但是《最高人民法院关于审理矿业权纠纷案件适用法律若干问题的解释》已明确："矿业权转让合同依法成立后，转让人无正当理由拒不履行报批义务，受让人请求解除合同、返还已付转让款及利息，并由转让人承担违约责任的，人民法院应予支持。"根据《中华人民共和国合同法》第一百一十三条的规定，违约当事人一方赔偿的损失"包括合同履行后可以获得的利益，但不得超过违反合同一方订立合同时预见到或者应当预见到的因违反合同可能造成的损失"。

相关法律规定

《中华人民共和国矿产资源法》

第六条 除按下列规定可以转让外，探矿权、采矿权不得转让：

（一）探矿权人有权在划定的勘查作业区内进行规定的勘查作业，有权优先取得勘查作业区内矿产资源的采矿权。探矿权人在完成规定的最低勘查投入后，经依法批准，可以将探矿权转让他人。

（二）已取得采矿权的矿山企业，因企业合并、分立，与他人合资、合作经营，或者因企业资产出售以及有其他变更企业资产产权的情形而需要变更采矿权主体的，经依法批准可以将采矿权转让他人采矿。

前款规定的具体办法和实施步骤由国务院规定。

禁止将探矿权、采矿权倒卖牟利。

《探矿权采矿权转让管理办法》

第十条 申请转让探矿权、采矿权的，审批管理机关应当自收到转让申请之日起40日内，作出准予转让或者不准转让的决定，并通知转让人和受让人。

准予转让的，转让人和受让人应当自收到批准转让通知之日起60日内，到原发证机关办理变更登记手续；受让人按照国家规定缴纳有关费用后，领取勘查许可证或者采矿许可证，成为探矿权人或者采矿权人。

批准转让的，转让合同自批准之日起生效。

不准转让的，审批管理机关应当说明理由。

《中华人民共和国合同法》

第一百零七条 当事人一方不履行合同义务或者履行合同义务不符合约定的，应当承担继续履行、采取补救措施或者赔偿损失等违约责任。

《最高人民法院关于审理矿业权纠纷案件适用法律若干问题的解释》

第八条 矿业权转让合同依法成立后，转让人无正当理由拒不履行报批义务，受让人请求解除合同、返还已付转让款及利息，并由转让人承担违约责任的，人民法院应予支持。

以下为该案在最高人民法院审理阶段，裁判文书中“本院认为”部分就该问题的论述：

关于案涉合同的性质与效力问题：

本案中涉及1份《转让合同》及3份补充协议，其中《转让合同》明确约定转让的标的为“老虎石煤矿的100%采矿权及煤矿关闭后剩余的其他全部资产”，转让金额为2600万元；结合整个《转让合同》的内容及当事人当庭陈述，案涉合同应属于包含采矿权和其他资产在内的煤矿整体转让。根据《中华人民共和国矿产资源法》第六条、《探矿权采矿权转让管理办法》第十条第三款之规定，虽然合同中涉及采矿权转让的部分因未经地质矿产主管部门审批而未生效，但涉及采矿权转让的报批义务条款及因该报批义务而设定的相关条款和其他资产转让部分无需审批，自合同成立时即发生法律效力。3份补充协议的内容，包括其中违约金及滞纳金的条款，是为排除办理煤矿收购和采矿权转让报批的障碍以及在不能排除障碍时如何处理的约定，属于与履行报批义务相关的条款，没有违反法律、行政法规的强制性效力性规定，应为合法有效。老虎石煤矿、刘肇坤、孙大明在不能排除办理采矿权转让障碍、进而办理采矿权转让审批的情况下，应据此承担相应的违约责任。

案件来源

贵州国能能源有限公司与贵州省朗月矿业投资有限公司金沙县高坪乡老虎石煤矿、刘肇坤等采矿权转让合同纠纷二审民事判决书，最高人民法院（2015）民一终字第 151 号。

延伸阅读

矿业权转让合同未经审批，当事人是否应承担违约责任的相关案例

裁判规则一：采矿权转让合同未经审批属于成立但未生效的合同，故合同条款对当事人没有约束力，也就不产生违约责任。

案例 1：陈允斗与宽甸满族自治县虎山镇老边墙村民委员会采矿权转让合同纠纷案［最高人民法院（2011）民提字第 81 号，《中华人民共和国最高人民法院公报》2012 年第 3 期（总第 185 期）］认为："本案是出租人村委会与承租人陈允斗因《老边墙金矿租赁协议书》的履行发生的纠纷，在此法律关系中，村委会是采矿权人，双方约定租赁的是采矿权而非包括采矿设备在内的整个矿山。采矿权租赁是采矿权转让的一种特殊形式，不发生采矿权主体的变更。根据本案当事人主张的民事法律关系性质，应确定本案案由为采矿权转让合同纠纷。原判决确定本案案由为'矿山租赁合同租期延续及赔偿纠纷'不妥，应予变更。……本院认定涉案租赁协议已合法成立，尚未生效，该协议条款对双方当事人没有约束力，也不产生违约责任。……涉案租赁协议签订后，由于多种原因导致协议没有全部履行，致使陈允斗无法正常开矿，确实遭受了经济损失。但由于该协议未生效，对双方当事人不具有约束力，陈允斗遭受的损失不能依据该协议的违约条款获得救济，故对于陈允斗主张的协议无法履行的责任在村委会，村委会应承担违约责任的主张，不予支持。"

案例 2：车玉和与山东东泰能源集团有限公司合同效力纠纷民事判决书［贵州省高级人民法院（2014）黔高民终字第 3 号］认为："根据查明的案件事实以及双方当事人在一、二审中的陈述，首先，东泰公司已退出金鸡煤矿经营管理，车玉和已将 8500 万元退还东泰公司，双方已通过实际行为不再履行《股权转让合同》，这充分表明双方当事人已达成了合同权利义务终止的新的合意，即东泰公司将金鸡煤矿返还车玉和，车玉和将转让款返还东泰公司，并且对于达成该新的合意的事实，双方均向法庭表示确认。其次，车玉和主张东泰公司毁约应承担违约责任且东泰公司也同意3000万元定金只退还1500万元。如前所述，本案中双方当事人签订名为股权转让实为采矿权转让的合同，因未经批准，合同成立未生效，除报批促使合同生效条款之外，合同约定对双方当事人均不发生法律上之拘束力，故不存在违约责任之说，本院对车玉和关于‘东泰公司毁约应承担违约责任’的主张不予采信。车玉和关于东泰公司同意其扣留1500万元的主张，因东泰公司不予认可，且车玉和也未能举证证明双方有此约定，车玉和对此应承担举证不能的不利后果。因此，车玉和占有1500万元已无事实和法律依据，其应将该笔款项返还东泰公司，并从其与东泰公司以实际行为终止合同权利义务开始，即从2012年1月13日起，按中国人民银行同期同类贷款利率支付占用该1500万元的利息。”

案例3：朱为亚与甘肃天府雨子沟金矿有限责任公司探矿权转让合同纠纷一案一审民事判决书［甘肃省高级人民法院（2013）甘民二初字第2号］认为：“矿业权属于行政许可权利，根据有关法律、行政法规的规定，取得涉案石管子金矿的探矿权需经过甘肃省国土资源厅审批，其中任何一项权利未经批准，其探矿行为不受法律保护。本案探矿权的转让未经甘肃省国土资源厅批准，本院认定涉案合同成立但尚未生效，该合同条款对双方当事人没有约束力，故也不产生违约责任。由于前述行政法规和规章都对矿产勘查作业实施主体的资质进行了规定，且明确不允许个人成为探矿权人，也就是说，即便本案当事人就涉案合同向甘肃省国土资源厅提出申请，因客观条件不具备，也不能获得批准，因此本案当事人订立合同的目的不可能得以实现。鉴于涉案合同尚未生效，朱为亚亦明确表示不愿履行，因此双方当事人基于合同约定取得的权利和财产应相互返还。”

案例4：上诉人叶朝成与被上诉人甘肃省康县鑫河矿业开发有限公司采矿权转让合同纠纷案［甘肃省高级人民法院（2013）甘民二终字第166号］认为：“根据国土资源部2011年1月20日《关于进一步完善采矿权登记管理有关问题的通知》（已失效）精神，叶朝成作为个人不能成为采矿权主体，因此本案《协议书》事实上不能得到国土资源主管部门的批准。未生效的合同，对双方没有法律约束力，因而也不产生违约责任。叶朝成不具备矿山开采的资质及主体条件，却无视法律法规的相关规定和矿产资源开采的可见风险，未经批准擅自开采，其开挖成本和掘进米数等损失理应自行承担；鑫河公司作为矿山开发企业，明知未经批准不得转让、出租采矿权，依然与叶朝成签订《协议书》，明显具有过错。由于双方当事人对涉案合同未生效均有过错，根据《中华人民共和国合同法》第五十八条的规定，其通过合同取得的财产，应当予以退还。”

案例5：上诉人西藏北开工贸发展有限公司与被上诉人西藏普康矿业开发有限公司探矿权转让合同纠纷一案二审民事判决书［西藏自治区高级人民法院（2013）藏法民二终字第5号］认为：“由于双方签订的探矿权转让合同未生效，故该合同条款对双方当事人没有约束力，也不产生违约责任。因此，原判对此认定正确，北开公司要求普康公司支付60万元违约金的上诉请求亦没有法律依据，本院不予支持。”

案例6：彭泽县安顺建材有限公司与彭泽大顺新型建筑材料有限公司、原审第三人彭泽县朱代潮采石场采矿权转让合同纠纷二审民事判决书［江西省高级人民法院（2013）赣民一终字第187号］认为：“关于2011年10月14日、2012年6月1日签订的《租赁承包矿山开采经营协议》《〈租赁承包矿山开采经营协议〉补充协议》的效力问题。2011年10月14日、2012年6月1日签订的《租赁承包矿山开采经营协议》《〈租赁承包矿山开采经营协议〉补充协议》是安顺公司、采石场共同将包含采石矿及水运码头资产在内的合法有效的采矿许可、水运码头经营许可租赁承包给大顺公司，故本案主要系因采矿权租赁合同引发的纠纷，租赁采矿权属于一种特殊的矿业权转让方式，应当按照采矿权转让的有关法律、行政法规的规定取得国土资源主管部门的审批。根据1998年2月12日国务院颁布的《探矿权采矿权转让管理办法》第十条第三款‘批准转让的，转让合同自批准之日起生效’之规定，以及2000年11月1日国土资源部颁布的《矿业权出让转让管理暂行规定》第三十六条第二款‘矿业权的出租、抵押，按照矿业权转让的条件和程序进行管理，由原发证机关审查批准’之规定，原审法院认定，三方分别于2011年10月14日、2012年6月1日签订的《租赁承包矿山开采经营协议》《〈租赁承包矿山开采经营协议〉补充协议》依法成立，但是没有生效，事实清楚、于法有据，应予维持。因此，上述两协议条款对协议当事人没有约束力，也不产生违约责任。”

裁判规则二：采矿权转让合同未经审批即有效，报批义务人未履行报批义务构成违约。

案例7：济源市兴安实业有限责任公司、刘月英等与周广灶采矿权转让合同纠纷再审民事判决书［河南省高级人民法院（2016）豫民再349号］认为：“《中华人民共和国物权法》第十五条规定：‘当事人之间订立有关设立、变更、转让和消灭不动产物权的合同，除法律另有规定或者合同另有约定外，自合同成立时生效；未办理物权登记的，不影响合同效力。’该规定确定了不动产物权变动的原因与结果相区分的原则。物权转让行为不能成就，并不必然导致物权转让的原因即债权合同无效。周广灶与兴安公司、原聚德选矿厂签订的转让合同为有效合同，兴安公司、原聚德选矿厂负有办理采矿权并申请主管部门将采矿权转让给周广灶的义务。双方约定力争在 2007 年 6 月 30 日前办好，如无特殊情况不得延期，但是直至 2009 年 4 月 23 日，兴安公司才取得了权利人为兴安公司的水泉洼铁矿采矿许可证，并未到相关行政部门办理采矿权转让手续，构成违约，应承担支付违约金等违约责任。周广灶在一审起诉明确要求解除转让合同，应予支持。”

案例 8：中煤能源新疆煤电化有限公司诉新疆石河子开发区经济建设总公司探矿权转让合同纠纷案一审民事判决书［新疆生产建设兵团第八师中级人民法院（2016）兵 08 民初 28 号］认为：“探矿权是指在依法取得的勘查许可证规定的范围内，勘查矿产资源的权利。原、被告签订的探矿权转让合同，是双方真实意思表示，且双方均在转让合同上签字，该合同成立。根据国务院《探矿权采矿权转让管理办法》第四条的规定，探矿权的转让应报请地质矿产主管部门审批，转让合同自批准之日起生效。本案所涉探矿权转让合同成立后，双方在合同中约定了报批义务条款，即被告完成探矿权转让手续，该条款自合同成立时具有法律效力，被告未按约定完成报批手续，有违诚实信用原则。本案转让合同不具有其他法定无效情形，且被告具备履行条件，被告作为报批义务人应依约履行，协助原告办理探矿权变更登记，故对原告主张被告协助办理探矿权变更登记的诉讼请求本院予以支持。被告至今未给原告办理探矿权的变更手续，构成违约，应承担相应的违约责任，即应按约定的同期银行贷款利率支付原告已付价款的利息，期限从签订合同的 2009 年 4 月 15 日的 6 个月后开始计算。”

016 探矿权转让合同纠纷能否向矿区所在地法院起诉

——探矿权转让合同履行地应为权属变更登记地，并非探矿权所在地

阅读提示

本文总结了与探矿权转让合同纠纷管辖权相关的 3 个裁判规则：

（一）探矿权转让合同当事人未约定管辖法院或约定无效的，转让合同纠纷由被告住所地或者合同履行地人民法院管辖，而合同履行地应为探矿权权属变更登记地；

（二）探矿权转让合同不属于不动产纠纷，不适用不动产专属管辖的规定，当事人可约定管辖法院；

（三）探矿权转让当事人签订了阴阳合同，应以备案于国土资源管理部门的探矿权转让合同中约定的管辖条款作为确定管辖权的依据。

裁判要旨

探矿权的转让以权属变更登记为履行标志，权属变更登记地应为探矿权转让合同的履行地。故当事人选择向合同履行地法院提起诉讼的，探矿权权属变更登记地法院对案件有管辖权。

案情简介

一、台州市鑫龙矿业有限公司（下称“鑫龙公司”）以浙江省地勘实业发展有限公司（下称“地勘公司”）为被告向台州中院起诉称：鑫龙公司与地勘公司签订《探矿权转让合同》，约定地勘公司将位于台州市天台县某探矿权转让给鑫龙公司。合同签订后，鑫龙公司依约支付了首付款1000万元，但地勘公司未依约启动探矿权转让程序，鑫龙公司未能取得该探矿权。故请求判令：解除《探矿权转让合同》，地勘公司向鑫龙公司返还首付款并支付违约金。

二、地勘公司对本案提出管辖权异议。台州中院认为，《探矿权转让合同》约定的仲裁条款与管辖条款均无效，本案应由被告住所地或者合同履行地法院管辖，案涉探矿权位于天台县，故合同履行地在天台县，台州中院依法对本案享有管辖权。故裁定驳回地勘公司提出的管辖权异议。

三、地勘公司不服台州中院裁定，上诉至浙江高院。浙江高院认为，本案合同履行地应为杭州市，裁定本案由杭州中院管辖。

裁判要点

本案浙江高院裁定本案由杭州中院管辖的原因在于：

第一，《探矿权转让合同》约定的仲裁条款和诉讼管辖条款均无效。根据最高人民法院《关于适用〈中华人民共和国仲裁法〉若干问题的解释》第七条之规定，双方约定了仲裁和诉讼两种争议解决方式，故仲裁条款应认定无效。而管辖条款未约定明确的管辖法院，故管辖条款亦应认定无效。

第二，《探矿权转让合同》的合同履行地应为权属变更登记地，故本案应由杭州中院管辖。《民事诉讼法》第二十三条规定：“因合同纠纷提起的诉讼，由被告住所地或者合同履行地人民法院管辖。”就合同履行地而言，因探矿权转让合同的特征性义务为出让方转让探矿权的行为，而依据《探矿权采矿权转让管理办法》相关规定，探矿权的转让需经地质矿产主管部门审批，准予转让的，到原发证机关办理探矿权变更登记手续，故探矿权的转让以权属变更登记为履行标志，权属变更登记地应为此类合同履行地。因涉案探矿权的变更登记地为浙江省国土资源厅所在地，故本案合同履行地应为杭州市。且因涉案合同已经部分履行，由合同履行地法院审理本案更为适宜。

实务经验总结

前事不忘，后事之师。为避免未来发生类似败诉，提出如下建议：

一、如果探矿权转让合同当事人未约定管辖法院或者约定无效，当事人可向被告住所地或者合同履行地人民法院提起诉讼，而探矿权转让合同的履行地并非探矿权所在地，而是探矿权权属变更登记地。

二、探矿权转让合同纠纷并非不动产纠纷，当事人可以书面协议选择原告住所地、被告住所地、合同签订地、合同履行地、标的物所在地等与争议有实际联系的地点的法院管辖，但不得违反级别管辖和专属管辖的相关规定。

三、当事人以仲裁作为争议解决方式的，应书面约定明确、唯一的仲裁机构，且不能同时约定仲裁和诉讼两种争议解决方式。

相关法律规定

《最高人民法院关于适用〈中华人民共和国仲裁法〉若干问题的解释》

第七条 当事人约定争议可以向仲裁机构申请仲裁也可以向人民法院起诉的，仲裁协议无效。但一方向仲裁机构申请仲裁，另一方未在仲裁法第二十条第二款规定期间内提出异议的除外。

《中华人民共和国民事诉讼法》

第二十三条 因合同纠纷提起的诉讼，由被告住所地或者合同履行地人民法院管辖。

第三十四条 合同或者其他财产权益纠纷的当事人可以书面协议选择被告住所地、合同履行地、合同签订地、原告住所地、标的物所在地等与争议有实际联系的地点的人民法院管辖，但不得违反本法对级别管辖和专属管辖的规定。

《探矿权采矿权转让管理办法》

第十条 申请转让探矿权、采矿权的，审批管理机关应当自收到转让申请之日起40日内，作出准予转让或者不准转让的决定，并通知转让人和受让人。

准予转让的，转让人和受让人应当自收到批准转让通知之日起60日内，到原发证机关办理变更登记手续；受让人按照国家规定缴纳有关费用后，领取勘查许可证或者采矿许可证，成为探矿权人或者采矿权人。

批准转让的，转让合同自批准之日起生效。

不准转让的，审批管理机关应当说明理由。

以下为该案在浙江高院审理阶段，裁判文书中“本院认为”就该问题的论述：

本案为探矿权转让合同纠纷，涉案合同第二十三条同时约定了仲裁和诉讼两种争议解决方式，根据最高人民法院《关于适用〈中华人民共和国仲裁法〉若干问题的解释》第七条之规定，仲裁约定应认定无效，加之该条款又未约定明确的管辖法院，故该争议解决条款应认定无效。《中华人民共和国民事诉讼法》第二十三条规定，因合同纠纷提起的诉讼，由被告住所地或者合同履行地人民法院管辖。就合同履行地而言，因探矿权转让合同之特征性义务为出让方转让探矿权之行为，而依据《探矿权采矿权转让管理办法》之规定，探矿权的转让需经地质矿产主管部门审批，准予转让的，到原发证机关办理探矿权变更登记手续，故探矿权的转让系以权属变更登记为履行标志，权属变更登记地应为此类合同履行地。因涉案探矿权之变更登记地为浙江省国土资源厅所在地，故本案合同履行地应为杭州市。原审裁定认定本案合同履行地为探矿权所涉矿区所在地不当，应予纠正。因涉案合同已经部分履行，由合同履行地法院审理本案更为适宜。上诉人的上诉理由成立，其上诉请求应予支持。

案件来源

台州市鑫龙矿业有限公司与浙江省地勘实业发展有限公司探矿权转让合同纠纷二审民事裁定书，［浙江省高级人民法院（2014）浙辖终字第74号］。

延伸阅读

与探矿权转让合同管辖权相关的两个裁判规则：

（一）探矿权转让合同不属于不动产纠纷，不适用不动产专属管辖的规定，当事人可约定管辖法院

案例1：上诉人安庆金鑫矿业投资有限公司因与被上诉人安徽省地质矿产勘查局326地质队探矿权转让合同纠纷一案管辖裁定书［安徽省安庆市中级人民法院

（2016）皖 08 民辖终 190 号］认为："探矿权是用益物权，探矿权纠纷是物权纠纷，而探矿权转让属于合同纠纷，探矿权纠纷不能涵盖探矿权转让纠纷，不能认为是物权纠纷，原审裁定认为按照不动产纠纷处理的依据不足。合同或者其他财产权益纠纷的当事人可以书面协议选择被告住所地、合同履行地、合同签订地、原告住所地、标的物所在地等与争议有实际联系的地点的人民法院管辖，但不得违反级别管辖和专属管辖的规定。因双方约定'如不能协商解决将通过诉讼处理，诉讼地为安庆市迎江区人民法院'，该约定符合法律规定，双方均应受到协议管辖的约束，本案有管辖权的法院是安徽省安庆市迎江区人民法院。原审裁定不当，应予撤销。"

（二）探矿权转让当事人签订了阴阳合同，应以备案于国土资源管理部门的探矿权转让合同中约定的管辖条款作为确定管辖权的依据

案例 2：中陕核工业集团公司与乌拉特中旗众通商贸有限责任公司管辖裁定书［西安市中级人民法院（2017）陕 01 民辖终 9 号］认为："本案双方当事人之间签订的落款日期为 2013 年 4 月 23 日的《探矿权转让合同》，不仅在时间上晚于 2012 年 5 月 17 日签订的《探矿权转让合同》，而且 2013 年 4 月 23 日签订的《探矿权转让合同》备案于国土资源管理部门。故 2013 年 4 月 23 日签订的《探矿权转让合同》效力高于 2012 年 5 月 17 日签订的《探矿权转让合同》，应作为确定本案管辖权的依据。因该合同中约定由合同签订地（内蒙古自治区国土资源储备交易登记中心）人民法院管辖，该中心所在地在内蒙古自治区呼和浩特市赛罕区，故原审法院裁定将本案移送赛罕区人民法院并无不当。"

017 未经股东会同意，法定代表人将公司财产低价转让给关联公司，合同效力如何认定

——公司法定代表人低价转让公司财产给其关联公司，股东可诉请确认转让合同无效

裁判要旨

法定代表人以明显不合理的低价将公司所有的探矿权转让给其关联公司，属于"恶意串通，损害国家、集体或者第三人利益"的情形，故转让合同无效。

案情简介

一、2004 年，青海森源（外商独资公司，董事长、法定代表人为梁俪瀞）取得内蒙古某探矿权。2007 年 1 月，经政府批准，香港水晶会将其持有的青海森源100%的股份转让给香港森源。

二、2009 年 7 月，青海森源董事会作出决议，将涉案探矿权转让给即将成立的内蒙小红山源森。同年 9 月，香港森源作出董事会决议：罢免青海森源现时所有董事及法定代表人，但未办理工商登记。同年 10 月，源森矿业（梁俪瀞于 2008 年在香港设立）在内蒙古设立内蒙小红山源森，法定代表人为梁俪瀞。同年 11 月，青海森源和内蒙小红山源森签订了《探矿权变更协议》，约定青海森源将案涉探矿权人变更为内蒙小红山源森，转让价 800 万元（实际付款 8790345 元）。并办理了变更登记，登记书载明已完成的勘查投入为 3200 万元，勘查面积为 15.47 平方公里。2012 年，内蒙小红山源森取得了 0.888 平方公里的采矿许可证。

三、香港森源向西市中院提起诉讼，请求确认《探矿权变更协议》无效。西宁中院判决支持了香港森源的请求。

四、内蒙小红山源森、青海森源不服西宁中院判决，上诉至青海高院。青海高院认为，香港森源作为独立的公司法人，违背合同相对性原则，主张内蒙小红山源森与青海森源签订的《探矿权转让协议》无效缺乏事实和法律依据，判决驳回香港森源确认《探矿权变更协议》无效的诉求。

五、香港森源不服青海高院判决，向最高人民法院申请再审，最高人民法院裁定指令青海高院再审本案。

六、青海高院再审认为，梁俪瀞利用作为青海森源和内蒙小红山源森法定代表人的便利及关联关系，将青海森源所有的探矿权以明显低于涉案探矿权前期完成的勘查投入的价款转让给内蒙小红山源森，损害了青海森源唯一股东香港森源的利益，属于“恶意串通，损害国家、集体或者第三人利益”的情形，判决《探矿权变更协议》无效。

裁判要点

法院认定本案《探矿权变更协议》无效的原因在于：

第一，根据《公司法》相关规定，“公司的控股股东、实际控制人、董事、监事、高级管理人员不得利用其关联关系损害公司利益”“董事、监事、高级管理人员应当遵守法律、行政法规和公司章程，对公司负有忠实义务和勤勉义务”。梁俪澔违反对公司负有的忠实义务，利用作为青海森源和内蒙小红山源森法定代表人的便利及关联关系，将青海森源所有的探矿权以明显低于涉案探矿权前期完成的勘查投入的价款转让给内蒙小红山源森，损害了青海森源唯一股东香港森源的利益。

第二，根据《公司法》关于“董事、高级管理人员违反法律、行政法规或者公司章程的规定，损害股东利益的，股东可以向人民法院提起诉讼”的规定，青海森源股东香港森源对损害其利益的行为有权提起诉讼。

第三，青海森源和内蒙小红山源森签订的《探矿权变更协议》违反《合同法》第五十二条第二项关于“恶意串通，损害国家、集体或者第三人利益的合同无效”的规定，应认定无效。

实务经验总结

前事不忘，后事之师。为避免未来发生类似败诉，提出如下建议：

董事、高级管理人员如欲与本公司订立合同，将本公司财产转让给其实际控制的公司，一定要在公司章程明确允许的情况下或者经股东会同意后进行。否则合同可能会被法院认定无效。

相关法律规定

《中华人民共和国公司法》

第二十一条 公司的控股股东、实际控制人、董事、监事、高级管理人员不得利用其关联关系损害公司利益。

违反前款规定，给公司造成损失的，应当承担赔偿责任。

第一百四十七条 董事、监事、高级管理人员应当遵守法律、行政法规和公司章程，对公司负有忠实义务和勤勉义务。

董事、监事、高级管理人员不得利用职权收受贿赂或者其他非法收入，不得侵占公司的财产。

第一百四十八条 董事、高级管理人员不得有下列行为：

……

（四）违反公司章程的规定或者未经股东会、股东大会同意，与本公司订立合同或者进行交易；

……

第一百五十二条　董事、高级管理人员违反法律、行政法规或者公司章程的规定，损害股东利益的，股东可以向人民法院提起诉讼。

《中华人民共和国合同法》

第五十二条　有下列情形之一的，合同无效：

（一）一方以欺诈、胁迫的手段订立合同，损害国家利益；

（二）恶意串通，损害国家、集体或者第三人利益；

（三）以合法形式掩盖非法目的；

（四）损害社会公共利益；

（五）违反法律、行政法规的强制性规定。

以下为该案在青海高院审理阶段，裁判文书中“本院认为”就该问题的论述：

香港水晶会、香港森源签订《股权转让协议》后，青海森源投资主体即由香港水晶会变更为香港森源，香港森源成为青海森源的唯一股东和出资人。梁俪瀞作为青海森源的实际控制人，与自己投资设立且经营范围基本一致的内蒙小红山源森签订《探矿权变更协议》，将青海森源已完成勘查投入3200万元的探矿权转让给内蒙小红山源森，青海森源、内蒙小红山源森未提供证据证实内蒙小红山源森已向青海森源支付了发生该项目相关勘查、实验、技术咨询费用及在此期间相应的公司运营费和项目管理费（即内蒙小红山源森将全额承担协议标的发生过程中4750多万元的全部费用，并另行支付现金800万元）的事实，内蒙小红山源森实际向青海森源支付涉案探矿权转让价款8790345元。根据《中华人民共和国公司法》第二十一条、第一百四十八条“公司的控股股东、实际控制人、董事、监事、高级管理人员不得利用其关联关系损害公司利益”“董事、监事、高级管理人员应当遵守法律、行政法规和公司章程，对公司负有忠实义务和勤勉义务”之规定，梁俪瀞作为青海森源的实际控制人，违反对公司负有的忠实义务，利用作为青海森源和内蒙小红山源森法定代表人的便利及关联关系，将青海森源所有的探矿权以实际支付8790345元的价款转让给内蒙小红山源森，转让价款明显低于涉案探矿权前期完成的勘查投入，损害了青海森源唯一股东香港森源的利益。《中华人民共和国公司法》第一百五十三条①规定：“董事、高级管理人员违反法律、行政法规或者公司章程的规定，损害股东利益的，股东可以向人民法院提起诉讼。”香港森源对损害其利益的行为有权提起诉讼。青海森源和内蒙小红山源森签订的《探矿权变更协议》违反《中华人民共和国合同法》第五十二条第二项关于“恶意串通，损害国家、集体或者第

① 修订后的《中华人民共和国公司法》为第一百五十二条。

三人利益的合同无效”的规定，应属无效。香港森源再审请求成立，应予支持。青海森源、内蒙小红山源森、梁俪瀞抗辩理由无法律根据，不予支持。原二审判决适用法律错误，应予撤销。原一审判决法律适用虽有瑕疵，但处理结果正确，应予维持。

案件来源

香港森源与青海森源、内蒙小红山源森、梁俪瀞探矿权转让合同纠纷再审一案判决书，青海省高级人民法院（2014）青民再终字第5号。

延伸阅读

关于公司与其董事实际控制的其他公司订立合同，未经股东会同意，法院认定合同无效的案例：

上海维格拉印刷器材有限公司与ANDREASALBERTUHLEMAYR损害公司利益责任纠纷民事判决书［上海市第一中级人民法院（2009）沪一中民五（商）初字第33号］认为：“安德列斯作为原告公司的董事及董事长，应当遵守法律、行政法规和公司章程，对公司负有忠实义务和勤勉义务，维护公司的利益。根据《中华人民共和国公司法》第一百四十九条[①]第一款第四项规定：董事、高级管理人员不得违反公司章程的规定或者未经股东会、股东大会同意，与本公司订立合同或者进行交易。本案中，安德列斯既是原告的董事、董事长，也是钻树公司的大股东、法人代表及实际经营者，钻树公司通过与原告签订《服务协议》，提供有关咨询服务并获取报酬，安德列斯作为钻树公司的大股东及实际经营者则是该交易的主要获益人，其个人在该交易中处于与原告公司利益相冲突的地位，故该交易应该经原告公司股东会同意方可进行。但安德列斯未经上述程序直接代表原告与钻树公司签约，其行为违反了《中华人民共和国公司法》第一百四十九条第一款第四项的规定，构成对原告公司利益的损害。”

① 修订后的《中华人民共和国公司法》为第一百四十八条，后同。

018 通过设立分公司转让探矿权，转让合同是否有效

——探矿权转让合同当事人通过设立分公司故意规避行政监管，不向行政部门报批转让合同的，转让合同无效

阅读提示

根据《探矿权采矿权转让管理办法》《中华人民共和国合同法》的相关规定，通常情形下探矿权转让合同自矿产行政主管部门批准之日起生效，未经批准合同成立但未生效。本案例认为，如果探矿权转让当事人故意规避行政监管，不向行政部门报批转让合同，通过由受让人法定代表人担任转让人分公司负责人的形式，对探矿权实施管理的，转让合同无效。

裁判要旨

根据《矿产资源法》第六条、《探矿权采矿权转让管理办法》第三条的规定，转让探矿权需经矿产行政主管部门批准，但若当事人具有明显的规避行政监管的意图，不向矿产行政主管部门申报批准探矿权转让合同，通过设立转让人的分公司，由受让人法定代表人担任该分公司负责人的形式，对探矿权实施管理，则探矿权转让合同无效。

案情简介

一、2007年4月，万方公司取得铧厂沟金矿的探矿权。2008年7月，万方公司与亚兴公司签订《探矿权转让协议书》，约定万方公司将该探矿权以800万元转让给亚兴公司。

二、合同签订后亚兴公司向万方公司支付了转让款，但双方未向矿产部门申报批准该合同，而是设立了万方公司铧厂沟金矿分公司，由亚兴公司法定代表人担任该分公司的负责人，以分公司形式具体对铧厂沟金矿实施管理。

三、亚兴公司向陇南中院提起诉讼，请求确认《探矿权转让协议书》无效，判令万方公司返还800万元及利息损失。陇南中院判决：《探矿权转让协议书》无效；万方公司返还亚兴公司转让款800万元。

四、亚兴公司不服陇南中院判决，上诉至甘肃高院，请求万方公司赔偿利息损

失。甘肃高院判决维持了陇南中院上述判决。

五、万方公司不服甘肃高院判决，向最高人民法院申请再审，最高人民法院裁定驳回其再审申请。

裁判要点

法院认定本案《探矿权转让协议书》无效的原因在于，《探矿权转让协议书》签订后，双方未向矿产行政主管部门申报批准该协议，转让方万方公司向矿产行政主管部门隐瞒探矿权已转让的事实，设立万方公司铧厂沟金矿分公司，由亚兴公司法定代表人陈建明担任该公司的负责人，以分公司形式具体对铧厂沟金矿实施管理，双方规避行政监管的意图明显，应认定协议无效。

根据《合同法》第五十八条的规定："合同无效或者被撤销后，因该合同取得的财产，应当予以返还；不能返还或者没有必要返还的，应当折价补偿。有过错的一方应当赔偿对方因此所受到的损失，双方都有过错的，应当各自承当相应的责任。"由于导致《探矿权转让协议书》的无效，亚兴公司和万方公司均有过错，法院据此认定亚兴公司主张的万方公司占用转让款800万元所造成的利息损失，由亚兴公司自行承担。

实务经验总结

前事不忘，后事之师。为避免未来发生类似败诉，提出如下建议：

一、当事人签订探矿权转让合同应当满足法律、法规规定的转让条件，并及时向矿产行政主管部门报批，否则合同将不生效。如果当事人明显具有规避行政审批监管的意图，探矿权转让合同将被法院认定无效。

二、对于转让人而言，以设立分公司的形式实现探矿权转让的风险还在于：总公司应当对于分公司的法律行为承担相应的法律后果。如受让人利用分公司欠下债务，应由总公司承担偿还责任。

相关法律规定

《中华人民共和国矿产资源法》

第六条 除按下列规定可以转让外，探矿权、采矿权不得转让：

（一）探矿权人有权在划定的勘查作业区内进行规定的勘查作业，有权优先取得勘查作业区内矿产资源的采矿权。探矿权人在完成规定的最低勘查投入后，经依

法批准，可以将探矿权转让他人。

（二）已取得采矿权的矿山企业，因企业合并、分立，与他人合资、合作经营，或者因企业资产出售以及有其他变更企业资产产权的情形而需要变更采矿权主体的，经依法批准可以将采矿权转让他人采矿。

前款规定的具体办法和实施步骤由国务院规定。

禁止将探矿权、采矿权倒卖牟利。

《探矿权采矿权转让管理办法》

第三条 除按照下列规定可以转让外，探矿权、采矿权不得转让：

（一）探矿权人有权在划定的勘查作业区内进行规定的勘查作业，有权优先取得勘查作业区内矿产资源的采矿权。探矿权人在完成规定的最低勘查投入后，经依法批准，可以将探矿权转让他人。

（二）已经取得采矿权的矿山企业，因企业合并、分立，与他人合资、合作经营，或者因企业资产出售以及有其他变更企业资产产权的情形，需要变更采矿权主体的，经依法批准，可以将采矿权转让他人采矿。

《中华人民共和国合同法》

第五十二条 有下列情形之一的，合同无效：

（一）一方以欺诈、胁迫的手段订立合同，损害国家利益；

（二）恶意串通，损害国家、集体或者第三人利益；

（三）以合法形式掩盖非法目的；

（四）损害社会公共利益；

（五）违反法律、行政法规的强制性规定。

以下为该案在最高人民法院审理阶段，裁定书中“本院认为”就该问题的论述：

关于万方公司与亚兴公司签订《探矿权转让协议书》效力认定及法律适用问题。基于一、二审判决查明的事实，案涉《探矿权转让协议书》签订后，亚兴公司向万方公司支付了800万元的探矿权转让款，但万方公司向矿产行政主管部门隐瞒了探矿权已转让的事实，双方也未向矿产行政主管部门申报批准该协议，而是设立了万方公司铧厂沟金矿的分公司，由亚兴公司法定代表人陈建明担任该公司的负责人，以分公司形式具体对铧厂沟金矿实施管理，双方规避行政监管的意图明显，二审判决依法确认案涉《探矿权转让协议书》无效并无不当。

案件来源

甘肃万方黄金开采有限公司、成县亚兴矿冶有限公司探矿权转让合同纠纷申请再审民事裁定书，最高人民法院（2014）民申字第2180号。

019 采矿权转让意向合同是否须报批，未报批合同是否有效

——采矿权转让意向合同不属于经地质矿产主管部门批准才生效的合同

阅读提示

采矿权转让交易中有时双方会签订意向书等预约合同，该类合同是否须报地质矿产主管部门批准才生效？最高人民法院认为，该类合同无须报批。但签订正式转让合同时仍须报地质矿产主管部门批准。

裁判要旨

意向合同对未来的采矿权转让作出事前安排，该约定并不属于必须经地质矿产主管部门批准才生效的内容，不违反法律、行政法规的强制性规定，合同合法有效。

案情简介

一、沈阳泰银公司为突泉泰银公司的控股股东，2013年12月，沈阳泰银公司、突泉泰银公司召开股东会，同意将突泉泰银公司的矿权、股权及所有物权对外转让；并按照收购协议约定的条件，将采矿权由沈阳泰银公司变更到突泉泰银公司名下。

二、2013年12月、2014年1月，突泉泰银公司与青阳公司签订了《收购意向书》和《补充协议》，约定：青阳公司收购突泉泰银公司的股权、物权及未来由沈阳泰银公司变更到突泉泰银公司名下的采矿权等多个标的，收购价为11180万元；突泉泰银公司完成相关证照变更手续后5日内，青阳公司支付第一笔价款3000万元；该款项用于解除上述采矿权的抵押后，采矿权人由沈阳泰银公司变更为突泉泰

银公司。邓忠利（突泉泰银公司、沈阳泰银公司的股东、法定代表人）在上述合同签字。

三、突泉泰银公司向兴安盟中院起诉，请求青阳公司履行收购协议，给付首期矿山收购款3000万元。青阳公司提出反诉，请求确认案涉合同无效。兴安盟中院判决案涉合同合法有效，继续履行；青阳公司向突泉泰银公司支付第一期收购款3000万元。

四、青阳公司不服兴安盟中院判决，向内蒙古高院提出上诉称，突泉泰银公司企图通过股权转让方式变相转让矿权，造成国家税费的流失，是规避法律的行为，应认定案涉合同无效。内蒙古高院判决驳回上诉，维持原判。

五、青阳公司不服内蒙古高院判决，向最高人民法院申请再审。最高人民法院裁定驳回其再审申请。

裁判要点

法院认定案涉合同合法有效，应继续履行合同的原因在于：

第一，案涉合同转让的标的涉及突泉泰银公司的多种财产权益，而不仅仅是股权或采矿权，合同为企业资产的整体转让合同。双方的最终目的是青阳公司通过对突泉泰银公司的实物资产、全部股权及未来过户到突泉泰银公司名下采矿权的取得和控制，成为突泉泰银公司的唯一股东，独立经营突泉泰银公司。

第二，沈阳泰银公司和突泉泰银公司的全体股东均一致同意案涉合同标的的对外转让。邓忠利作为突泉泰银公司和沈阳泰银公司的法定代表人、股东，其在《收购意向书》和《收购意向补充协议》上的签字行为可理解为代表了突泉泰银公司和沈阳泰银公司全体股东的意志。

第三，案涉合同只是对未来涉及的沈阳泰银公司与突泉泰银公司之间的采矿权转让作出事前安排，该部分约定并不属于必须经地质矿产主管部门批准才生效的内容。未来采矿权转让时，沈阳泰银公司与突泉泰银公司之间仍需签订相应的采矿权转让合同，并须经地质矿产主管部门依法批准生效。因此，该约定不违反法律、行政法规的强制性规定，合法有效。

第四，虽然案涉合同约定青阳公司向突泉泰银公司支付3000万元的前提条件是突泉泰银公司完成相关证照变更手续，但突泉泰银公司未完成相关证照变更手续的原因是青阳公司不予配合，怠于履行合同义务。根据《合同法》第四十五条第二款、第六十条、第一百零七条等规定，青阳公司应继续履行合同义务，按约支付3000万元。

实务经验总结

前事不忘，后事之师。为避免未来发生类似败诉，提出如下建议：

一、当事人可签订意向书等形式的预约合同对未来的采矿权转让作出事先安排，该种约定无须报地质矿产主管部门批准。但未来转让采矿权时应签订正式协议并报地质矿产主管部门批准，否则转让合同不生效。

二、如一方当事人不履行合同义务是因对方不予配合，该不履行合同的行为不属于违约行为，且可要求对方继续履行合同义务。

相关法律规定

《中华人民共和国合同法》

第四十四条 依法成立的合同，自成立时生效。

法律、行政法规规定应当办理批准、登记等手续生效的，依照其规定。

第四十五条第二款 当事人为自己的利益不正当地阻止条件成就的，视为条件已成就；不正当地促成条件成就的，视为条件不成就。

第六十条 当事人应当按照约定全面履行自己的义务。

当事人应当遵循诚实信用原则，根据合同的性质、目的和交易习惯履行通知、协助、保密等义务。

第一百零七条 当事人一方不履行合同义务或者履行合同义务不符合约定的，应当承担继续履行、采取补救措施或者赔偿损失等违约责任。

以下为该案在最高人民法院审理阶段，裁判文书中“本院认为”部分就该问题的论述：

（一）关于二审判决认定《收购意向书》《收购意向补充协议》合法有效是否有误的问题

1. 关于转让标的及合同性质问题。根据双方签订的《收购意向书》和《收购意向补充协议》的约定内容，双方在合同中涉及了突泉泰银公司的物权、突泉泰银公司的股权及未来由沈阳泰银公司变更到突泉泰银公司名下的采矿权等多个标的，收购价为11180万元，双方的最终目的是青阳公司通过对突泉泰银公司的实物资产、全部股权及未来过户到突泉泰银公司名下采矿权的取得和控制，成为突泉泰银公司的唯一股东，独立经营突泉泰银公司。故二审判决认定案涉合同转让的标的涉及突泉泰银公司的多种财产权益，而不仅仅是股权或采矿权，合同为企业资产的整体转让合同，并无不当。

2. 关于合同效力问题。根据本案已查明的事实，邓忠利既是突泉泰银公司的股东、法定代表人，又是沈阳泰银公司的股东、法定代表人。对于本案中所涉转让采矿权、股权及物权，2013年12月10日，沈阳泰银公司和突泉泰银公司均召开股东会议，全体股东一致同意案涉合同标的的对外转让。邓忠利作为突泉泰银公司和沈阳泰银公司的法定代表人、股东，在各股东形成股东会决议同意转让的情况下，其在《收购意向书》和《收购意向补充协议》上的签字行为可理解代表了突泉泰银公司和沈阳泰银公司全体股东的意志，且至本案诉讼，突泉泰银公司和沈阳泰银公司的股东均未对转让事宜提出异议。故二审判决认定案涉合同内容不违反法律、行政法规的强制性规定，应为有效，并无不当。

至于案涉合同中所涉采矿权转让的内容。按照合同约定，本案所涉采矿权转让是在青阳公司取得突泉泰银公司的物权、股权，支付第一笔价款3000万元，将被抵押的采矿权解除抵押后，采矿权人由沈阳泰银公司变更为突泉泰银公司，即在青阳公司实际成为突泉泰银公司的唯一股东，完全控制突泉泰银公司的情况下，沈阳泰银公司将其采矿权转让给突泉泰银公司，从而实现青阳公司合同目的。届时，就该采矿权的转让应系发生在沈阳泰银公司与突泉泰银公司之间，二者仍需签订相应的采矿权转让合同，并须经地质矿产主管部门依法批准生效。因此，《收购意向书》和《收购意向补充协议》只是对未来涉及的沈阳泰银公司与突泉泰银公司之间的采矿权转让作出事前安排或约定，该部分约定并不属于必须经地质矿产主管部门批准才生效的内容。二审判决认定该约定系双方真实意思表示，不违反法律、行政法规的强制性规定，合同一经成立，即对双方均有拘束力，并无不当。

至于突泉泰银公司是否存在欺诈行为导致合同无效的问题。根据本案已经查明的事实，《收购意向书》和《收购意向补充协议》有明确的约定，签订协议时，青阳公司对突泉泰银公司的采矿权及安全生产证照方面的情况是明知的，并不能证明其存在受欺诈的事实。而且即便青阳公司主张的欺诈事实存在，根据《中华人民共和国合同法》第五十二条、第五十四条规定，以欺诈手段订立的合同只有损害国家利益的，才属于无效，否则应属于可撤销或者可变更的情形，而本案中青阳公司没有证据证明突泉泰银公司的欺诈行为损害了国家利益。故二审判决认定青阳公司以此为由主张合同无效没有事实及法律依据，有相应的事实和法律依据。

（二）关于二审判决青阳公司支付突泉泰银公司3000万元转让款是否有误的问题

《中华人民共和国合同法》第四十四条第一款规定：“依法成立的合同，自成立时生效。”第四十五条第二款规定：“当事人为自己的利益不正当地阻止条件成就的，视为条件已成就。”第六十条规定：“当事人应当按照约定全面履行自己的义务。当事人应当遵循诚实信用原则，根据合同的性质、目的和交易习惯履行通知、协助、保密等义务。”第一百零七条规定：“当事人一方不履行合同义务或者履行合同义务不符合约定的，应当承担继续履行、采取补救措施或者赔偿损失等违约责任。”本案中，双方签订的《收购意向补充协议》明确约定了双方履行各自义务的顺序及路径步骤，按照约定的履行顺序，青阳公司向突泉泰银公司支付3000万元的前提条件是突泉泰银公司完成相关证照变更手续后五日内，但根据本案已查明的事实，突泉泰银公司曾数次邮寄信函催促青阳公司派人配合办理相关证照变更手续，但青阳公司未予配合，且青阳公司亦没有证据证明其催促过突泉泰银公司办理相关证照变更手续及突泉泰银公司怠于履行该义务。由此，二审判决认定因青阳公司怠于履行合同义务导致证照变更手续未办理，其应承担继续履行合同义务，判决其支付3000万元，并无不当。

案件来源

内蒙古青阳矿业有限责任公司与突泉泰银矿业有限责任公司合同纠纷申请再审民事裁定书，最高人民法院（2016）最高法民申930号。

延伸阅读

认定矿产资源整合预约合同无须报批，合同合法有效的案例：

鸡西市裕源煤矿与鸡西市梨树区南凤煤矿、张所才、狄永吉合同纠纷二审民事判决书［黑龙江省高级人民法院（2016）黑民终564号］认为：“案涉《资源整合协议》约定南凤煤矿作为整合矿与被整合矿裕源煤矿进行煤矿资源整合，将双方的煤炭资源等生产要素进行优化重组并将两矿改造为一个生产系统，以提高矿井生产能力，同时约定双方就‘有关整合期间建设矿井经济投入及整合后的利润分配情况，另行签订协议’。从合同内容看，该《资源整合协议》系双方为将来订立确定性合同达成的书面协议，具有预约合同的性质，其整合的内容具体明确，系双方当事人的真实意思表示，并不违反法律、行政法规的效力性禁止性规定，亦无导致合同无效的其他情形，具备合同的一般形式要件，应当认定合同已成立，原审判决认定合同未成立不当，应予纠正。解决本案纠纷涉及以下问题南凤煤矿、张所才和狄永吉应否承担200万元的违约责任。本案中，裕源煤矿主张南凤煤矿作为整合矿，应负责办理煤炭资源整合的相关手续，南凤煤矿消极整合、积极生产的违约行为导致整合失败，进而主张南凤煤矿应承担200万元的违约责任。案涉《资源整合协议》虽约定‘如任何一方违约将赔偿对方200万元’，但并未约定具体的违约情形，亦未约定由南凤煤矿抑或裕源煤矿负责办理煤炭资源整合的相关手续。根据省煤管局和省国土资源厅的《批复》及省国土资源厅下达《预划通知书》的要求，煤炭资源整合不仅涉及矿井关闭、吊（注）销相关证照、整合矿井的法人主体、法人企业名称的预核准及依法重新取得（变更）采矿权等诸多事项，还涉及对两矿煤炭资源扩储的核实、评审、备案等工作。从上述工作情形看，煤炭资源整合并非南凤煤矿抑或裕源煤矿单方即能完成的工作，在合同未明确约定由南凤煤矿负责办理煤炭资源整合相关手续的情况下，不能以整合矿与被整合矿的关系即确定由南凤煤矿负责办理煤炭资源整合的相关手续，且裕源煤矿和南凤煤矿在煤炭资源整合中均支付了相关费用，现有证据不能证明南凤煤矿存在消极整合的行为，裕源煤矿亦未明确南凤煤矿存在违约行为的具体情形，亦未举示整合失败系由南凤煤矿所致的其他相关证据。综上，裕源煤矿主张南凤煤矿、张所才和狄永吉给付200万元违约金缺乏事实根据和法律依据，本院不予支持。”

020 采矿企业资产整体转让合同未经批准是否整体未生效

——采矿企业资产整体转让合同除采矿权转让条款自批准之日起生效外，其他条款自签字之日起生效

阅读提示

实践中采矿企业转让采矿权时，有时会将包含采矿权、生产设备在内的企业整体资产一揽子转让给他人，签订一份资产转让合同。该类一揽子交易的资产转让合同因涉及采矿权转让，未经有关部门批准是否整体未生效？本案例认为，除采矿权转让条款自批准之日起生效外，其他条款自签字之日起生效。但本书作者也关注到司法实践中存在不同的认识，即该类合同因涉及采矿权转让，未经批准合同整体未生效。有鉴于此，采矿企业在转让企业整体资产时可通过签订两份合同的方式规避上述风险，即签订一份针对采矿权转让的合同，报地质矿产主管部门审批；另签订一份针对其余资产转让的合同，无需报批即生效。

裁判要旨

合同的性质和效力应根据合同的内容予以综合判断。采矿企业将包含采矿权在内的所有资产转让给他人，转让合同的性质应为企业资产整体转让合同，除涉及采矿权转让部分的条款，根据《探矿权采矿权转让管理办法》第十条的规定，自批准之日起生效外，其他部分条款自双方签字之日起生效。

案情简介

一、猛湾煤矿是合伙企业，合伙人为肖际兴与杨继军。2011 年 5 月，猛湾煤矿与苏金平、章凌凌签订《产权转让合同》，猛湾煤矿将所有资产（包含采矿权、地面附属设施等）整体转让给苏金平、章凌凌，转让价款为 4850 万元。

二、合同签订后苏金平、章凌凌支付了首期转让款 1940 万元，接收了采矿许可证原件、煤矿附属设施及设备，已实际经营管理猛湾煤矿。但案涉采矿权未办理变更过户手续。

三、苏金平、章凌凌以猛湾煤矿未履行权属变更义务为由，向贵州高院提起诉讼，请求：解除《产权转让合同》；猛湾煤矿返还苏金平、章凌凌支付的转让款 1940 万元及垫付的税费，支付资金占用利息；肖际兴和杨继军承担连带清偿责任。贵州高院认为，《产权转让合同》的性质属于采矿权转让合同，因未按法律规定办理批准手续，属于成立未生效合同。但猛湾煤矿没有故意拖延或不履行采矿权转让的报批义务，且案涉合同可以继续履行，苏金平、章凌凌不能主张解除合同。贵州高院判决驳回诉讼请求。

四、苏金平、章凌凌不服贵州高院判决，向最高人民法院提起上诉。最高人民法院认为，《产权转让合同》的性质应为企业资产整体转让合同，除涉及采矿权转让部分的条款自批准之日起生效外，其他部分条款自双方签字之日起生效。但仍未支持苏金平、章凌凌解除《产权转让合同》的请求。最高人民法院判决驳回上诉，维持原判。

裁判要点

本案值得关注的问题是采矿企业转让包含采矿权在内的所有资产，未经审批转让合同是否整体未生效？贵州高院一审认为，本案《产权转让合同》的性质属于采矿权转让合同，因未按法律规定办理批准手续，属于成立未生效合同。最高人民法院二审对此予以纠正，认定《产权转让合同》的性质应为企业资产整体转让合同，除涉及采矿权转让部分的条款，其他部分条款自双方签字之日起生效。也即合同条款部分未生效，部分生效。

关于《产权转让合同》是否应解除的问题。《产权转让合同》第三条约定："变更矿山主体的工作由甲方提供资料，双方共同完成。"故双方均是办理采矿权过户手续的义务主体。而猛湾煤矿已将相关资料和证照移交苏金平、章凌凌，不存在不履行合同义务的情形。苏金平、章凌凌虽主张采矿权变更手续未能办理的责任在于转让人一方，但并未提供证据予以证明。因此，法院未支持苏金平、章凌凌解除合同的请求，进而未支持其基于合同解除要求猛湾煤矿、肖际兴、杨继军连带返还1940万元转让款、垫付款及相应资金占用利息的请求。

实务经验总结

前事不忘，后事之师。为避免未来发生类似败诉，提出如下建议：

一、鉴于目前司法实践对采矿企业整体资产（含采矿权）转让合同未经批准，转让合同是否整体未生效的问题存在不同的认识，采矿企业在转让企业整体资产时可通过签订两份合同的方式规避上述风险，即签订一份针对采矿权转让的合同，报地质矿产主管部门审批；另签订一份针对其余资产转让的合同，无需报批即生效。

二、合同当事人主张解除合同的，应满足法定解除条件或约定解除条件。《合同法》规定的法定解除条件为：（1）因不可抗力致使不能实现合同目的；（2）在履行期限届满之前，当事人一方明确表示或者以自己的行为表明不履行主要债务；（3）当事人一方迟延履行主要债务，经催告后在合理期限内仍未履行；（4）当事人一方迟延履行债务或者有其他违约行为致使不能实现合同目的；（5）法律规定的其他情形。

相关法律规定

《探矿权采矿权转让管理办法》

第十条　申请转让探矿权、采矿权的，审批管理机关应当自收到转让申请之日起40日内，作出准予转让或者不准转让的决定，并通知转让人和受让人。

准予转让的，转让人和受让人应当自收到批准转让通知之日起60日内，到原发证机关办理变更登记手续；受让人按照国家规定缴纳有关费用后，领取勘查许可证或者采矿许可证，成为探矿权人或者采矿权人。

批准转让的，转让合同自批准之日起生效。

不准转让的，审批管理机关应当说明理由。

以下为该案在最高人民法院审理阶段，裁判文书中“本院认为”部分就该问题的论述：

合同的性质和效力应根据合同的内容予以综合判断。《产权转让合同》第一条约定，转让标的包括猛湾煤矿的工商企业经营权、采矿权、土地使用权、地面附属设施、矿山开采设备、地质勘探资料及相关权益等。第十一条约定“本合同自双方签字生效。有生效前置条件的，自批准备案之日起生效”。由此可知，《产权转让合同》的性质应为企业资产整体转让合同，除涉及采矿权转让部分的条款，根据《探矿权采矿权转让管理办法》第十条的规定，自批准之日起生效外，其他部分条款自双方当事人签字起生效。一审法院关于《产权转让合同》系采矿权转让合同、属已成立未生效合同的认定，有一定的瑕疵，本院予以纠正。苏金平、章凌凌上诉以《产权转让合同》未生效为由主张该合同不应继续履行，缺乏事实和法律依据，本院不予支持。

案件来源

章凌凌、苏金平与肖际兴、杨继军、清镇市陀陇猛湾煤矿采矿权转让合同纠纷二审民事判决书，最高人民法院（2016）最高法民终279号。

延伸阅读

关于采矿企业资产（含采矿权）整体转让合同未经批准，转让合同是否整体未生效的问题，司法实践中存在不同的认识。部分法院认为，转让合同因涉及采矿权转让，未经批准合同整体未生效；部分法院认为，转让合同除涉及采矿权转让的条款经批准才生效外，其他条款自成立时即生效。以下为本书作者检索到的最高人民法院与高院相关案例，供读者参考。

一、认定采矿企业资产（含采矿权）整体转让合同未经批准，转让合同整体未生效的案例（案例1—案例4）

案例1：玉溪市星明房地产开发有限公司、冕宁县青纳乡渔洞河新大采矿厂企业出售合同纠纷申请再审民事裁定书［最高人民法院（2016）最高法民申467号］认为：“新大采矿厂与星明公司签订的《转让合同》和《补充协议》转让的是新大采矿厂的采矿权及相关选矿设备、厂房等企业整体。根据《中华人民共和国矿产资源法》第六条第一款第二项、国务院《探矿权采矿权转让管理办法》第十条第三款的规定，新大采矿厂与星明公司签订的涉及采矿权转让的合同需要经过批准才能生效。根据《最高人民法院关于适用〈中华人民共和国合同法〉若干问题的解释(一)》第九条的规定，本案所涉合同未办理批准手续，应当认定合同未生效。”

案例 2：玉溪市星明房地产开发有限公司与冕宁县青纳乡渔洞河新大采矿厂企业出售合同纠纷申诉、申请民事裁定书［最高人民法院（2016）最高法民申 461 号］认为：“首先，关于合同的性质问题。案涉《转让合同》系个人独资企业新大采矿厂与星明公司签订的，约定的主要内容是新大采矿厂将其合法拥有的位于四川省凉山州冕宁县青纳乡渔洞河马庄村的采矿权及新大采矿厂拥有的采矿、选矿的相关设施、设备、厂房等转让给星明公司，转让价为人民币捌佰万元整。后双方签订的《补充协议》又约定新大采矿厂继续办理矿山经营所需要的安全生产许可证转让的相关手续。可见，星明公司与新大采矿厂之间所转让的合同标的是包括采矿权在内的整个采矿厂，且主要为采矿权的转让。星明公司主张该合同不涉及采矿权的转让，与事实不符。其次，关于合同的效力问题。本案所涉合同未办理批准手续，因此，二审判决认定合同未生效符合法律规定。”

案例 3：于建波与蓬莱市龙山金矿有限公司企业出售合同纠纷申请再审民事裁定书［最高人民法院（2014）民申字第 1271 号］认为：“原审判决关于本案采矿权、探矿权及选矿厂、尾矿库转让《协议书》性质及效力的认定是正确的。本案《协议书》因涉及采（探）矿权转让未经有关审批管理机关批准，不符合法律强制性规定，因而整体上未生效。但是协议中如有涉及报批义务、清算、管辖、仲裁等条款约定内容的，有其独立效力。尽管本案《协议书》未约定报批义务内容，但依照法律规定转让方应当履行相应的报批义务。龙山金矿未履行上述义务，应当承担违反法定义务的责任。龙山金矿对于建波基于对《协议书》信任而投入相应费用所造成的损失，应当予以赔偿。”

案例 4：卢静与靖宇县丹鼎矿业有限公司、张连芳采矿权转让合同纠纷二审民事判决书［吉林省高级人民法院（2015）吉民二终字第 45 号］认为：“卢静与丹鼎矿业公司于 2011 年 12 月 22 日签订的协议书约定，转让标的为‘小营子铁矿的全部矿区’，但同时约定丹鼎矿业公司‘对转让的采矿权等享有处分权’，使卢静成为权利的合法获得者，并约定丹鼎矿业公司‘从矿山营业收入之日起两年内办理完小营子铁矿的采矿权变更登记’；双方于 2012 年 6 月 18 日签订的补充协议书中更加明确地约定转让标的为‘小营子铁矿的全部资产以及采矿权’，因此本案协议书和补充协议书均系以转让小营子铁矿的采矿权及全部资产为合同标的。且卢静主张丹鼎矿业公司构成根本违约是以其未在约定期限内将采矿权变更至卢静或卢静指定的公司名下为理由，则卢静的真实意思表示亦是协议书及补充协议书当然包含采矿权转让之内容。根据《探矿权采矿权转让管理办法》第十条的规定，本案所涉协议书和补充协议书属于依照法律规定应到相关部门办理批准手续才能生效的合同。因此，对于卢静关于协议书及补充协议书约定的转让标的系矿山资产、该协议无需经相关部门审批即生效的上诉主张，与双方约定和事实不符，亦不符合法律规定，本院不予支持。”

二、认定采矿企业资产（含采矿权）整体转让合同除涉及采矿权转让的条款自批准时生效，其他条款自成立时即生效的案例（案例5—案例8）

案例5：贵州国能能源有限公司与贵州省朗月矿业投资有限公司金沙县高坪乡老虎石煤矿、刘肇坤等采矿权转让合同纠纷二审民事判决书［最高人民法院（2015）民一终字第151号］认为：“本案中涉及1份《转让合同》及3份补充协议，其中《转让合同》明确约定转让的标的为‘老虎石煤矿的100%采矿权及煤矿关闭后剩余的其他全部资产’，转让金额为2600万元；结合整个《转让合同》的内容及当事人当庭陈述，案涉合同应属于包含采矿权和其他资产在内的煤矿整体转让。根据《中华人民共和国矿产资源法》第六条、《探矿权采矿权转让管理办法》第十条第三款之规定，虽然合同中涉及采矿权转让的部分因未经地质矿产主管部门审批而未生效，但涉及采矿权转让的报批义务条款及因该报批义务而设定的相关条款和其他资产转让部分无需审批，自合同成立时即发生法律效力。”

案例6：达州市山水商贸有限公司与谭伦军、谭伦明采矿权转让合同纠纷申诉、申请民事［最高人民法院（2016）最高法民申2840号］认为：“就合同效力而言，《转让合同书》的性质既为矿山合伙企业的资产转让合同，亦系双方当事人的真实意思表示，其内容不违反法律、行政法规的强制性规定，应自成立时生效。唯应注意，转让标的除煤厂井巷工程和设施、设备外，还包括老渡口煤厂的采矿权，虽《转让合同书》整体上应自成立时生效，但其中所涉采矿权转让条款，应受《探矿权采矿权转让管理办法》第十条关于‘批准转让的，转让合同自批准之日起生效’的限制，非经审批管理机关批准，不发生采矿权转让的效力。二审判决认定《转让合同书》系采矿权转让合同，在未经国土资源部门批准前尚未生效，有失偏颇，本院予以纠正。《转让合同书》整体上既自成立时生效，其中关于付款方式及时间的约定对双方当事人具有法律约束力，应依约履行。山水公司申请再审以《转让合同书》未经批准尚未生效为由主张其不应支付剩余转让款，于法无据，本院不予支持。”

案例7：胥宝增与赵卫明确认合同无效纠纷申请再审民事裁定书［最高人民法院（2013）民申字第2039号］认为：“《转让协议》系双方当事人真实意思表示，

自双方签字盖章时即告成立。《转让协议》约定转让的标的物包括采矿权和其他资产两部分，采矿权之外的其他资产转让无需相关行政主管部门审批，故二审判决认定《转让协议》中关于该部分的约定自合同订立时已经生效，是正确的。本案中，采矿权的转让尚未获得审批管理机关批准，故《转让协议》中关于采矿权的约定应认定为已成立但尚未生效，胥宝增关于整个《转让协议》无效以及由此要求赵卫明返还财产和赔偿损失的主张不能成立。”

案例 8：贵州神峰矿业集团有限公司、肖文权采矿权转让合同纠纷二审民事判决书［贵州省高级人民法院（2016）黔民终 549 号］认为：“《协议书》载明：‘乙方将兴义市白龙岗煤矿的有形资产（包括井上、井下所有财产、清单附后，土地文件和已交地质灾害保证金、押金等）、无形资产（包括煤矿所有证件、图纸、资料、省能源局开采设计批复文件等）全部转让给甲方，总价 2200 万元’，由上述内容可以确定，《协议书》的标的物包含但不限于白龙岗煤矿的采矿权。按照《中华人民共和国合同法》第四十四条‘依法成立的合同，自成立时生效。法律、行政法规规定应当办理批准、登记等手续生效的，依照其规定’与《中华人民共和国矿产资源法》第六条第一款‘除按下列规定可以转让外，探矿权、采矿权不得转让：……（二）已取得采矿权的矿山企业，因企业合并、分立，与他人合资、合作经营，或者因企业资产出售以及有其他变更企业资产产权的情形而需要变更采矿权主体的，经依法批准可以将采矿权转让他人采矿’。《探矿权采矿权转让管理办法》第十条第三款‘批准转让的，转让合同自批准之日起生效’的规定，在白龙岗煤矿采矿权转让未经相关行政主管部门批准之前，《协议书》关于采矿权转让的部分成立未生效，其余部分因无需审批则自合同成立时生效。在双方签订转让白龙岗煤矿采矿权的《采矿权转让合同》并将该合同报经贵州省国土资源厅批准后，《协议书》中关于采矿权转让的部分也生效。”

021 采矿权转让合同不能获得批准，受让人能否请求解除合同

——地质矿产主管部门对采矿权转让明确不予批准的，受让人有权请求解除合同

阅读提示

采矿权转让合同依法成立后，在行政主管部门明确不予批准的情形下，当事人

能否请求解除采矿权转让合同？最高人民法院认为该情形下因合同目的不能实现，故当事人可请求解除合同。

裁判要旨

采矿权转让合同尽管在未经地质矿产主管部门批准前未生效，但地质矿产主管部门对报批申请明确不予批准的情况下，受让人可以据此以合同目的不能实现为由请求解除合同。

案情简介

一、柳振金、马敏奎出资设立了大宏山煤矿（合伙企业），取得采矿权人为大宏山煤矿（柳振金）的采矿许可证。2011 年，柳振金、马敏奎与肥矿光大公司签订《煤矿股权转让协议》，约定由柳振金、马敏奎先将大宏山煤矿重组为有限公司，然后将公司股权转让给肥矿光大公司，转让总价款 10670 万元。肥矿光大公司已依约支付了转让款共计 4500 万元，

二、2014 年，肥矿光大公司向贵州高院起诉称，在办理采矿权变更登记手续过程中，肥矿光大公司发现大宏山煤矿不具备采矿权转让的法定条件，合同目的无法实现，造成巨大经济损失。故请求判令：解除《煤矿股权转让协议》；柳振金、马敏奎返还肥矿光大公司已经支付的转让款 4500 万元，赔偿肥矿光大公司损失 4000 万元。

三、贵州高院经审理认为，双方通过矿山交接行为，已将案涉协议中股权转让的内容变更为合伙企业份额转让，案涉协议应当定性为采矿权转让协议。因本案当事人未办理审批手续，故案涉协议未生效。而案涉协议的解除系肥矿光大公司怠于履行约定报批义务造成的。故判决：解除《煤矿股权转让协议》；柳振金、马敏奎返还肥矿光大公司已付转让款 4500 万元。

四、肥矿光大公司不服，上诉至最高人民法院，请求依法判决柳振金、马敏奎赔偿肥矿光大公司损失 4000 万元。最高人民法院判决：驳回上诉，维持原判。

五、肥矿光大公司仍不服，向最高人民法院申请再审。最高人民法院裁定：驳回肥矿光大公司的再审申请。

裁判要点

第一，案涉《煤矿股权转让协议》的性质是采矿权转让合同。尽管该协议约定

转让的是股权，但由于大宏山煤矿属于合伙企业，并没有改制为有限责任公司，作为投资人的柳振金、马敏奎转让的只能是大宏山煤矿的合伙财产份额，且属于全部转让。矿山合伙企业全部财产份额的转让将导致原投资合伙人全部退出该企业，原登记在“威宁县大宏山煤矿（柳振金）”名下的采矿许可证亦需要进行相应变更。因此，本案双方的交易应定性为采矿权转让，双方之间的协议应定性为采矿权转让合同。

第二，案涉《煤矿股权转让协议》是未生效合同。根据《中华人民共和国矿产资源法》第六条第一款第二项关于“已取得采矿权的矿山企业，因企业合并、分立，与他人合资、合作经营，或者因企业资产出售以及有其他变更企业资产产权的情形而需要变更采矿权主体的，经依法批准可以将采矿权转让他人采矿”的规定，案涉采矿权的转让应报请地质矿产主管部门批准，未经批准不发生法律效力。本案一审法庭辩论终结前，采矿权转让并未办理审批手续，根据《探矿权采矿权转让管理办法》第十条第三款、《最高人民法院关于适用〈中华人民共和国合同法〉若干问题的解释（一）》第九条之规定，案涉协议应认定为未生效。

第三，案涉《煤矿股权转让协议》应当解除。本案中，贵州省国土资源厅针对肥矿光大公司提交的《关于是否审批同意煤矿采矿权转让的请示》，于 2014 年 12 月 15 复函明确，“只受理兼并重组主体企业转让采矿权的申请”，而贵州省能源局公示的兼并重组主体名单中并没有肥矿光大公司。就此而言，案涉协议涉及的采矿权已经不能变更登记到肥矿光大公司名下，肥矿光大公司有权以合同目的不能实现为由请求解除案涉协议。

第四，肥矿光大公司诉请柳振金、马敏奎赔偿损失 4000 万元不应予以支持。尽管案涉协议由于未经地质矿产主管部门批准未生效，但不影响关于当事人履行报批义务条款及因该报批义务而设定的相关条款的效力。肥矿光大公司在协议签订并接管案涉煤矿后并未积极履行报批的约定义务，致使案涉采矿权由于政策调整已不能审批变更到自己名下，具有明显过错。因此，肥矿光大公司因履行协议如果产生相应损失，该损失应当由其自行承担。

此外，肥矿光大公司在案涉协议未报请地质矿产主管部门审批生效的情况下，即对煤矿进行投资，本身具有过错，而在肥矿光大公司接管案涉煤矿后，柳振金、马敏奎已不能影响其投资行为，对肥矿光大公司主张的该部分损失并没有过错，因此肥矿光大公司自担损失亦符合公平和诚实信用的法律原则。

实务经验总结

前事不忘，后事之师。为避免未来发生类似败诉，提出如下建议：

采矿权转让确定不能获得行政主管部门批准的，当事人可请求解除采矿权转让合同。合同解除后，受让人有权请求返还已付转让款及利息，采矿权人有权请求受让人返还获得的矿产品及收益；一方对采矿权转让申请未获批准有过错的，应赔偿对方因此受到的损失；双方均有过错的，应当各自承担相应的责任。

相关法律规定

《中华人民共和国矿产资源法》

第六条 除按下列规定可以转让外，探矿权、采矿权不得转让：

（一）探矿权人有权在划定的勘查作业区内进行规定的勘查作业，有权优先取得勘查作业区内矿产资源的采矿权。探矿权人在完成规定的最低勘查投入后，经依法批准，可以将探矿权转让他人。

（二）已取得采矿权的矿山企业，因企业合并、分立，与他人合资、合作经营，或者因企业资产出售以及有其他变更企业资产产权的情形而需要变更采矿权主体的，经依法批准可以将采矿权转让他人采矿。

前款规定的具体办法和实施步骤由国务院规定。

禁止将探矿权、采矿权倒卖牟利。

《探矿权采矿权转让管理办法》

第十条 申请转让探矿权、采矿权的，审批管理机关应当自收到转让申请之日起 40 日内，作出准予转让或者不准转让的决定，并通知转让人和受让人。

准予转让的，转让人和受让人应当自收到批准转让通知之日起 60 日内，到原发证机关办理变更登记手续；受让人按照国家规定缴纳有关费用后，领取勘查许可证或者采矿许可证，成为探矿权人或者采矿权人。

批准转让的，转让合同自批准之日起生效。

不准转让的，审批管理机关应当说明理由。

《中华人民共和国合同法》

第九十七条 合同解除后，尚未履行的，终止履行；已经履行的，根据履行情况和合同性质，当事人可以要求恢复原状、采取其他补救措施，并有权要求赔偿损失。

《最高人民法院关于适用〈中华人民共和国合同法〉若干问题的解释（一）》

第九条 依照合同法第四十四条第二款的规定，法律、行政法规规定合同应当办理批准手续，或者办理批准、登记等手续才生效，在一审法庭辩论终结前当事人仍未办理批准手续的，或者仍未办理批准、登记等手续的，人民法院应当认定该合同未生效；法律、行政法规规定合同应当办理登记手续，但未规定登记后生效的，当事人未办理登记手续不影响合同的效力，合同标的物所有权及其他物权不能转移。

合同法第七十七条第二款、第八十七条、第九十六条第二款所列合同变更、转让、解除等情形，依照前款规定处理。

《最高人民法院关于审理矿业权纠纷案件适用法律若干问题的解释》

第十条 国土资源主管部门不予批准矿业权转让申请致使矿业权转让合同被解除，受让人请求返还已付转让款及利息，采矿权人请求受让人返还获得的矿产品及收益，或者探矿权人请求受让人返还勘查资料和勘查中回收的矿产品及收益的，人民法院应予支持，但受让人可请求扣除相关的成本费用。

当事人一方对矿业权转让申请未获批准有过错的，应赔偿对方因此受到的损失；双方均有过错的，应当各自承担相应的责任。

以下为该案在最高人民法院审理阶段，裁判文书中“本院认为”部分就该问题的论述：

关于一审判决解除案涉《协议》以及解除的理由是否有误的问题。

采矿权转让合同尽管在未经地质矿产主管部门批准前未生效，但地质矿产主管部门对报批申请明确不予批准的情况下，受让人可以据此以合同目的不能实现为由请求解除合同。本案中，贵州省国土资源厅针对肥矿光大公司提交的《关于是否审批同意煤矿采矿权转让的请示》，于2014年12月15日作出《关于威宁县草海镇大宏山煤矿采矿权转让相关事宜的复函》，明确“涉及煤矿采矿权的转让，我厅根据《省人民政府办公厅关于进一步推进全省煤矿企业兼并重组工作的通知》（黔府办发电（2013）107号）的规定，按省能源局公示的名单和煤矿采矿许可证载明的现状，将煤矿采矿权过户到对应的兼并重组主体名下。即是只受理向兼并重组主体企业转让采矿权的申请”，而贵州省能源局公示的兼并重组主体名单中并没有肥矿光大公司。就此而言，案涉《协议》涉及的采矿权已经不能办理过户并登记到肥矿光大公司名下，肥矿光大公司以合同目的不能实现为由请求解除案涉《协议》，一审判决予以支持并无不当。肥矿光大公司主张案涉《协议》解除的依据应是《协议》第九条第四项关于柳振金、马敏奎违约导致协议解除的规定没有事实依据，本院不予支持。柳振金、马敏奎尽管不同意案涉《协议》的解除，亦不同意返还煤矿转让款4500万元，甚至要求继续履行案涉《协议》，但并未依法对一审判决提起上诉，故本院对柳振金、马敏奎的主张不予支持，对一审关于解除案涉《协议》并由柳振金、马敏奎返还肥矿光大公司已付煤矿转让款4500万元的判决予以维持。

案件来源

贵州肥矿光大能源有限公司与柳振金、马敏奎采矿权纠纷二审民事判决书，最高人民法院（2015）民一终字第159号；贵州肥矿光大能源有限公司、柳振金采矿权纠纷再审审查与审判监督民事裁定书，最高人民法院（2017）最高法民申2341号。

延伸阅读

裁判规则一：采矿权转让合同已成立但未生效，无法继续履行的，当事人可解除合同。

案例1：玉溪市星明房地产开发有限公司与冕宁县青纳乡渔洞河新大采矿厂企业出售合同纠纷申诉、申请民事裁定书［最高人民法院（2016）最高法民申461号］认为："关于合同的效力问题。如前所述，案涉合同转让的标的主要为采矿权，而采矿权是一项与国家所有矿产资源息息相关的用益物权，因此采矿权的转让应受法律和行政法规关于采矿权转让相关规定的管理和规制。本案所涉合同未办理批准手续，因此，二审判决认定合同未生效符合法律规定。关于合同能否履行问题。星明公司的另一个诉讼请求是请求将新大采矿厂经营所需证照上的负责人变更为陈克翔，并将采矿厂交付给星明公司经营、管理。2014年9月17日，星明公司向新大采矿厂发送的《律师函》中亦要求新大采矿厂在不改变个人独资企业的组织形式下，将证照均变更至陈克翔的名下。新大采矿厂的《采矿许可证》上载明的采矿权人为'新大采矿厂（张春波）'，如果要变更至陈克翔名下，涉及采矿权主体的变更。根据国务院《探矿权采矿权转让管理办法》、国土资源部《关于进一步完善采矿权登记管理有关问题的通知》（已失效）及国土资源部《关于修改〈国土资源部关于进一步完善采矿权登记管理有关问题的通知〉第十三条规定的通知》（已失效）的有关规定，采矿权的受让主体须为企业法人。本案中，星明公司要求在保留新大采矿厂个人独资企业组织形式的基础上，将采矿权变更给自然人陈克翔，不符合上述规定。因此，案涉《转让合同》无法继续履行，二审判决予以解除并无不当。”

裁判规则二：解除并清算未生效的采矿权转让合同，无需经过行政主管部门批准即有效。

案例 2：林加青、包哲欢等与贺均、贵州富强圣能源投资有限公司采矿权转让合同纠纷一审民事判决书［贵州省高级人民法院（2014）黔高民初字第 77 号］认为：“本案应当属于采矿权转让合同纠纷。2012 年 7 月 18 日的《贵州省织金县牛场镇山脚煤矿采矿权转让合同》应当属于采矿权转让合同，因该合同最终无法履行而产生了 2013 年 8 月 16 日《还款协议》、2013 年 9 月 17 日《承诺书》、2014 年 3 月 20 日《债权债务清偿协议》等关于解除采矿权转让合同如何清理和结算的协议，原、被告双方对上述协议如何履行产生纠纷，故本案应当属于采矿权转让合同纠纷。本案采矿权转让合同未经批准而未生效，但是解除并清算未生效的采矿权转让合同，无需经过相关部门批准。因此，前述 3 份协议或承诺，意思表示真实，内容不违反法律、行政法规效力性、强制性规定，无需经过批准即属有效。”

案例 3：贵州国能能源有限公司与金沙县高坪乡老虎石煤矿、孙大明、刘肇坤采矿权转让合同纠纷一案民事判决书［贵州省高级人民法院（2014）黔高民初字第 32 号］认为：“本案应属采矿权转让合同纠纷。2014 年 1 月 16 日《金沙县老虎石煤矿资产（含采矿权）转让合同》，约定将老虎石煤矿全部资产及其权益转让，根据《中华人民共和国矿产资源法》第六条的规定，该合同属于采矿权转让合同。依据《中华人民共和国合同法》第八条、第四十四条以及《最高人民法院关于适用〈中华人民共和国合同法〉若干问题的解释（一）》第九条的规定，该合同成立但因未经采矿权转让审批部门批准，依法应当认定为未生效合同，但合同中报批义务条款有效。同时，本案双方此后签订的 3 份补充协议约定解除本案合同并涉及相应的违约、担保条款，3 份补充协议解除的对象是已经成立且部分条款有效的未生效的采矿权转让合同，不涉及采矿权转让，无需经过采矿权转让审批部门批准。因此，该合同虽然未生效，但是当事人可以约定对之依法予以解除，且无需审批就有效。”

022 就同一采矿权转让行为签订多份合同，转让价款以哪份合同为准

——后签订采矿权转让合同是先签订的转让合同的实际履行行为，则应以先签订的合同确定转让价款

阅读提示

实践中当事人签订采矿权转让合同后，有时会另行签订一份价格不一致的转让合同，以方便办理审批手续、降低交易费用。而该种交易方式很可能会引起对采矿权转让价款等的争议。本案例对该情形下采矿权转让的效力、转让价款、履行情况的认定具有重要的参考价值。

裁判要旨

当事人就同一采矿权签订不同的采矿权转让合同，但后签订的采矿权合同系先签订的转让合同的实际履行行为的，应当以先签订的转让合同确定转让价款。

案情简介

一、2010 年 7 月，永昌公司大通分公司、大通县昌通萤石矿、大通县盛源萤石矿（两矿系个人独资企业，投资人分别是徐继标、王天胜）作为甲方、义乌矿业公司（法定代表人为石长征）作为乙方签订《协议书（草签）》，约定转让永昌公司大通分公司资产、大通县昌通萤石矿采矿权和大通县盛源萤石矿采矿权，转让总价款为 2660 万元。

二、2010 年 8 月，石长征投资设立鸿瑞公司（一人有限责任公司）。2010 年 10 月，永昌公司大通分公司与鸿瑞公司签订《协议书》，约定永昌公司大通分公司选矿厂将现有的生产设备及附属设施转让给鸿瑞公司，转让价格为 800 万。2011 年 7 月，大通县昌通萤石矿与鸿瑞公司签订《采矿权转让合同》，约定大通县昌通萤石矿将该矿花石掌（中段）萤石矿的采矿权转让给鸿瑞公司，转让价格为 268 万元。

三、永昌公司大通分公司相关材料和资产已于 2010 年 7 月移交义乌矿业公司。2010 年 8 月，大通县国土资源局以变更采矿权人的方式将大通县盛源萤石矿采矿权变更至鸿瑞公司名下。2011 年 10 月，以青海省国土资源厅作为出让人与鸿瑞公司

签订《青海省采矿权出让合同（2005-15）补充合同》的方式，将大通县昌通萤石矿花石掌（中段）萤石矿采矿权变更至鸿瑞公司名下。

四、永昌公司、王天胜、徐继标向青海高院提起诉讼，主张义乌矿业公司、鸿瑞公司在支付了1560万元之后，至今未支付余款1100万元。请求判令：义乌矿业公司、鸿瑞公司、石长征共同支付转让款1100万元和延迟付款利息120万元。

五、义乌矿业公司向青海高院提起反诉，主张2010年7月永昌公司大通分公司、大通县盛源萤石矿、大通县昌通萤石矿与义乌矿业公司草签《协议书》后，又与鸿瑞公司签订合同，将采矿权及资产等变更登记给了鸿瑞公司，致使上述协议无法继续履行，应为无效。请求判令：确认《协议书（草签）》无效；永昌公司、王天胜、徐继标向义乌矿业公司返还款项300万元。

六、鸿瑞公司答辩主张，鸿瑞公司受让的永昌公司大通分公司、大通县昌通萤石矿、大通县盛源萤石矿资产总价款为1372万元，鸿瑞公司已支付13295852元，尚欠424148元。

七、青海高院认为，永昌公司、王天胜、徐继标的诉讼请求有事实依据和法律依据，予以支持；义乌矿业公司的反诉请求无事实依据，予以驳回。该院判决：义乌矿业公司、鸿瑞公司共同偿还永昌公司、王天胜、徐继标转让款10856148元及利息。

八、义乌矿业公司、鸿瑞公司不服，上诉至最高人民法院。最高人民法院判决：驳回上诉，维持原判。

裁判要点

第一，2010年7月9日《协议书（草签）》系当事人真实意思表示，约定的标的物均已实现转让，两萤石矿的采矿权变更亦已被相应的审批管理机关批准，不违反法律、行政法规的强制性规定，应为合法有效，故应依该协议确定转让总价款为2660万元。扣除已付款15743852元，尚欠付10856148元。2010年10月《协议书》、2011年7月《采矿权转让合同》的签订，两萤石矿采矿权的变更，永昌公司大通分公司的资产转让以及石长征个人和鸿瑞公司的付款，均系2010年7月9日《协议书（草签）》的实际履行行为。上述履行过程中所涉标的价款数额并未构成对《协议书（草签）》中有关总转让价款约定的变更。鸿瑞公司主张应以1372万元计算转让价款，缺乏事实依据。

第二，案涉协议签订、履行时，石长征系义乌矿业公司的法定代表人、股东，亦系鸿瑞公司的法定代表人和出资人。结合款项支付等案件事实，义乌矿业公司与鸿瑞公司之间表征人格的因素混同，构成法人人格混同。根据《中华人民共和国公司法》第三条第一款、第二十条第三款的规定，义乌矿业公司和鸿瑞公司应当承担连带清偿责任。

第三，石长征系义乌矿业公司的法定代表人，2010年7月《协议书（草签）》的签约主体是义乌矿业公司，并非石长征本人。石长征签字和支付转让款是法定代表人履行职责的行为，代表的是义乌矿业公司。因此，合同的权利义务应由义乌矿业公司行使和履行，相应的合同责任也应由义乌矿业公司承担，不应由石长征个人承担，故石长征不具有本案被告的适格主体。

实务经验总结

前事不忘，后事之师。为避免未来发生类似败诉，提出如下建议：

采矿权转让交易时，即使为了方便办理审批手续、降低交易费用而签订另一份采矿权转让合同，也应当评估该种方式引发合同价款等争议的风险，最好能保持转让价款的一致性。

相关法律规定

《中华人民共和国合同法》

第六十条第一款 当事人应当按照约定全面履行自己的义务。

《中华人民共和国公司法》

第三条第一款 公司是企业法人，有独立的法人财产，享有法人财产权。公司以其全部财产对公司的债务承担责任。

第二十条第三款 公司股东滥用公司法人独立地位和股东有限责任，逃避债务，严重损害公司债权人利益的，应当对公司债务承担连带责任。

以下为该案在最高人民法院审理阶段，裁判文书中“本院认为”部分就该问题的论述：

（一）关于2010年7月9日《协议书（草签）》的效力及履行情况应如何认定的问题

2010年7月9日《协议书（草签）》系永昌公司大通分公司、大通县昌通萤石矿、大通县盛源萤石矿作为甲方，义乌矿业公司作为乙方签订，转让标的物为永昌公司大通分公司资产、大通县昌通萤石矿采矿权和大通县盛源萤石矿采矿权，永昌公司大通分公司负责人（总经理）、大通县昌通萤石矿（个人独资企业）投资人徐继标作为甲方代表签字，义乌矿业公司法定代表人石长征在乙方落款处签字。虽协议名称中含有“草签”字样，但协议内容明确、具体，双方当事人意思表示一致并均有相应的履行行为，现义乌矿业公司上诉主张该协议仅为意向性协议尚未成立，与事实不符，本院不予支持。

协议签订后，被上诉人一方于2010年7月14日将约定转让标的物的相关资料和财产转让清单移交义乌矿业公司。2010年8月4日，大通县国土资源局以变更采矿权人的方式将原登记在大通县盛源萤石矿名下的《采矿许可证》变更至鸿瑞公司名下。2011年10月28日，以青海省国土资源厅作为出让人与鸿瑞公司签订《青海省采矿权出让合同（2005-15）补充合同》的方式，将大通县昌通萤石矿花石掌（中段）萤石矿采矿权变更至鸿瑞公司名下。至此，2010年7月9日《协议书（草签)》中约定的标的物均已实现转让，两萤石矿的采矿权变更亦已被相应的审批管理机关批准。二审庭审中，鸿瑞公司提交2015年8月拍摄的大通县盛源萤石矿现场照片作为新的证据材料，拟证明该矿并未进行开采，不符合转让的法定条件。被上诉人对此发表质证意见，对照片的真实性、关联性不予认可，认为不能反映交易当时大通县盛源萤石矿的实际情况。本院认为，《探矿权采矿权转让管理办法》第六条有关“矿山企业投入采矿生产满1年”的规定，并非采矿权转让合同的生效要件，鸿瑞公司以大通县盛源萤石矿未开采为由主张转让协议无效，于法无据，亦与该矿采矿权已被审批变更的事实不符，不能成立，对鸿瑞公司提交的该份新证据材料，本院不予采信。

至于2010年7月9日《协议书（草签)》签订后，又签订2010年10月28日《协议书》、2011年7月6日《采矿权转让合同》的原因，上诉人未作说明，仅主张2010年7月9日《协议书（草签)》未成立、未生效，应依据嗣后签订的协议以1372万元确定转让价款。被上诉人则主张，因2010年7月9日《协议书（草签)》涉及永昌公司大通分公司的资产转让和两个萤石矿的采矿权转让，且两萤石矿采矿权转让的审批管理机关不同，为方便办理审批手续、降低交易费用而签订后两份合同，后两份合同所涉价款并非当事人真实意思表示，仅为履行前一合同而签订。本院认为，石长征个人支付800万元转让款、鸿瑞公司的嗣后付款行为以及徐继标于2010年7月10日、2010年7月15日、2010年8月3日、2010年8月19日、2010年10月21日出具的五张收条均能证明，上诉人并未就永昌公司大通分公司资产、大通县昌通萤石矿采矿权、大通县盛源萤石矿采矿权的转让予以区分，而系一体支付转让价款。且王天胜和鸿瑞公司未就大通县盛源萤石矿签订采矿权转让合同，该矿采矿权的转让系由大通县国土资源局以直接变更采矿权证上采矿权人名称的方式实现，304万元仅系大通县盛源萤石矿拍卖取得采矿权时的原价款；永昌公司大通分公司和鸿瑞公司虽于2010年10月28日签订《协议书》约定资产转让价款为800万元，但相关材料和资产已于2010年7月14日移交义乌矿业公司；徐继标和鸿瑞公司虽于2011年7月6日签订《采矿权转让合同》约定价款为268万元，但该矿采矿权的转让是以青海省国土资源厅与鸿瑞公司签订采矿权出让合同补充合同的方式实现。由此可知，2010年10月28日《协议书》、2011年7月6日《采矿权转让合同》的签订，两萤石矿采矿权的变更，永昌公司大通分公司的资产转让以及石长征个人和鸿瑞公司的付款，均系2010年7月9日《协议书（草签)》的实际履行行为。虽一审法院有关2010年10月28日《协议书》、2011年7月6日《采矿权转让合同》并非当事人真实意思表示的认定不当，但上述履行过程中所涉标的价款数额确实并未构成对2010年7月9日《协议书（草签)》中有关总转让价款约定的变更，鸿瑞公司主张应以1372万元计算转让价款，缺乏事实依据。综上，2010年7月9日《协议书（草签)》系当事人真实意思表示，其所涉采矿权转让已经相应审批管理机关批准，不违反法律、行政法规的强制性规定，应为合法有效。

（二）关于义乌矿业公司与鸿瑞公司是何种关系，两公司应如何承担法律责任的问题

案涉协议签订、履行时，石长征系义乌矿业公司的法定代表人、股东；亦系鸿瑞公司（一人有限责任公司）的法定代表人和出资人。《财产转让清单》上义乌矿业公司一方签收人、2010年7月15日支付125万元转让款的银行账户开户人为赵嘉；而鸿瑞公司工商登记信息显示，赵嘉现系该公司持股比例20%的股东。2010年7月14日义乌矿业公司签收的《移交资料清单》中包括永昌公司大通分公司和大通县昌通萤石矿、大通县盛源萤石矿相关资料。嗣后鸿瑞公司接收相应资料和财产，均未提供与义乌矿业公司交接的任何证据。石长征个人支付徐继标共计800万元，其中2010年7月10日175万元和2010年7月15日125万元，称系石长征作为义乌矿业公司的法定代表人支付的300万元定金；2010年8月3日、8月19日、10月21日分别支付的50万元、250万元、200万元，则称系石长征作为鸿瑞公司法定代表人支付的500万元转让款，同一方式支付的款项被人为赋予不同性质，既与徐继标针对上述款项出具收条的记载不符，在鸿瑞公司系石长征一人公司的情形下，更有违公司财务制度。义乌矿业公司与鸿瑞公司之间表征人格的因素混同，构成法人人格混同。根据《中华人民共和国公司法》第三条第一款、第二十条第三款的规定，一审法院判令义乌矿业公司和鸿瑞公司承担连带清偿责任，认定事实和适用法律并无不当。鸿瑞公司现有工商登记情况不能推翻案涉协议签订和履行时的法人人格混同事实，其据此主张两公司之间不具有人格混同情形，本院不予支持。

（三）关于本案中已付款和欠付款的数额应如何确定的问题

鸿瑞公司主张其已付款数额为13293852元，计算方式为15743852元-3000000元+550000元，欠付款为1372万元总价款减去已付款。被上诉人主张已付款数额为15743852元，欠付款为2660万元总价款减去已付款。双方争议点在于总价款数额以及2010年7月10日、7月15日石长征支付的300万元，以及2010年11月23日50万元环境治理保证金、2011年10月28日5万元电费押金应如何认定。有关转让总价款数额，前已述及，2010年7月9日《协议书（草签）》合法有效，应依该协议确定为2660万元。有关石长征支付的300万元款项的性质，亦应认定为依据该协议支付的转让款，而非应予返还的定金。同样地，依据该协议中“在办理变更采矿权过程中所产生的生态环境治理备用金由乙方缴纳”之约定，50万元环境治理保证金应由上诉人缴纳，而非列为已付转让款。鉴于大通县昌通萤石矿采矿权已于2011年10月28日变更至鸿瑞公司名下，因其生产经营需要向供电部门支付的用电押金，自应由鸿瑞公司负担，故2011年10月28日支付的5万元电费押金亦不应列为已付转让款。一审判决在确定转让价款为2660万元，已付款为15743852元的基础上，认定欠付款数额为10856148元，证据确凿充分，本院予以维持。

至于鸿瑞公司主张被上诉人应履行开具发票、交付审批火工品手持机等义务未进行认定不当一节，因鸿瑞公司并未就此提出反诉请求，且上述义务不构成支付转让价款的对待给付义务，鸿瑞公司据此认为应享有同时履行抗辩权，不应负担欠付款利息的主张，于法无据，本院不予支持。

案件来源

义乌市矿业煤炭有限公司与永昌天源矿业有限责任公司合同纠纷一案二审民事判决书，最高人民法院（2015）民一终字第177号。

023 就同一采矿权转让行为签订多份合同，权利义务如何认定

——后签订的采矿权转让合同替代和变更先签订的转让合同的，应以后签订的合同认定权利义务

阅读提示

实践中部分当事人通过另行签订一份完整合同的形式，以实现变更原合同条款

的目的。此时如果对两份合同条款之间的关系约定不明，常常会发生争议。本案例对该类案件的处理具有参考价值。

裁判要旨

当事人就同一采矿权转让行为签订不同的采矿权转让合同，但后签订的采矿权合同替代和变更先签订的转让合同的，应当以后签订的转让合同认定当事人的权利义务。

案情简介

一、国保煤矿是王大成投资的私营独资企业。2011 年，华冶公司与王大成签订《收购协议书》《补充协议》，约定：王大成将国保煤矿的全部财产份额及其所代表的资产和权益转让给华冶公司。

二、《收购协议书》及《补充协议》签订之后，华冶公司支付了部分转让款，王大成将国保煤矿实际交给华冶公司经营。2011 年 6 月，华冶公司收购久丰公司作为国保煤矿相关权证变更的指定接收人。

三、2013 年 8 月，为实现国保煤矿采矿权的转让变更目的，久丰公司与王大成签订了《采矿权转让合同》，对付款方式和违约责任重新进行了约定。同年 10 月，国保煤矿采矿权变更到久丰公司名下。

四、2014 年 4 月 23 日，华冶公司以王大成未按双方签订的《收购协议书》及《补充协议》约定将国保煤矿的采矿权变更到其指定公司名下为由，向贵州高院提起诉讼，请求判令：王大成向其支付违约金 1.0836 亿元。

五、贵州高院认为，《采矿权转让合同》约定的权利义务是对原《收购协议书》和《补充协议》的替代和变更；该份《采矿权转让合同》已取得了贵州省国土资源厅的批准，为有效合同；没有证据证明王大成在履行国保煤矿《采矿权转让合同》时存在逾期办证的违约行为。故判决：驳回华冶公司的诉讼请求。

六、华冶公司不服，上诉至最高人民法院。最高人民法院判决：驳回上诉，维持原判。

裁判要点

首先，《采矿权转让合同》系《收购协议书》及《补充协议》的替代和变更。从合同内容来看，《采矿权转让合同》的转让标的、转让价款均与《收购协议书》

及《补充协议》基本一致，仅付款方式和违约责任有所变更，且签订该合同的目的系履行原《收购协议书》及《补充协议》未能实现的变更采矿权的协议内容。

其次，从合同履行情况看，王大成并不存在《采矿权转让合同》所约定的违约行为，华冶公司主张王大成承担违约责任缺乏依据。从合同的履行来看，王大成在转让合同签订后已根据合同约定将国保煤矿的采矿权变更到华冶公司的指定公司久丰公司名下，华冶公司认可该变更行为系王大成向华冶公司履行约定义务的行为，表明《采矿权转让合同》与《收购协议书》《补充协议》之间系相互关联的合同，且均系由华冶公司承受其权利义务。根据《采矿权转让合同》第七条约定："乙方按合同约定向甲方支付完采矿权转让成交金额后，方可要求甲方提供采矿许可证等规定的全部资料，甲方有义务协助乙方办理采矿许可证变更登记等相关手续。"本案中，华冶公司和久丰公司未向王大成支付完转让成交金额3.01亿元；而王大成在该情况下，也已向华冶公司指定的久丰公司办理了采矿权转让变更手续。

实务经验总结

前事不忘，后事之师。为避免未来发生类似败诉，提出如下建议：

采矿权转让合同当事人欲通过另行签订一份完整的合同变更原合同条款时，应当明确两份合同之间的关系，例如，后签订的合同是否完全替代先签订的合同；出现相冲突的约定时以哪一份合同为准。

相关法律规定

《中华人民共和国合同法》

第六十条第一款 当事人应当按照约定全面履行自己的义务。

第一百零七条 当事人一方不履行合同义务或者履行合同义务不符合约定的，应当承担继续履行、采取补救措施或者赔偿损失等违约责任。

以下为该案在最高人民法院审理阶段，裁判文书中"本院认为"部分就该问题的论述：

关于《采矿权转让合同》是否构成对《收购协议书》及《补充协议》的替代和变更，王大成应否承担违约责任的问题。根据本案查明事实，《收购协议书》及《补充协议》签订之后，华冶公司支付了部分转让款，王大成亦将国保煤矿实际交给华冶公司经营；2011年6月，华冶公司收购久丰公司作为国保煤矿相关权证变更的指定接收人；双方协议约定的采矿权变更等合同义务因各种因素未得到履行。

2013年8月，为实现国保煤矿采矿权的转让变更目的，华冶公司指定久丰公司与王大成到贵州省国土资源厅办理采矿权转让变更手续。同年8月13日，久丰公司与王大成签订了《采矿权转让合同》；同年10月21日，国保煤矿采矿权变更到久丰公司名下。从合同内容来看，该转让合同的转让标的、转让价款均与《收购协议书》及《补充协议》基本一致，仅付款方式和违约责任有所变更，且签订该合同的目的系为了履行原《收购协议书》及《补充协议》未能实现的变更采矿权的协议内容。因此，将其视为系《收购协议书》及《补充协议》的替代和变更并无不当。从合同的履行来看，王大成在转让合同签订后已根据合同约定将国保煤矿的采矿权变更到华冶公司的指定公司久丰公司名下，华冶公司认可该变更行为系王大成向华冶公司履行约定义务的行为，表明《采矿权转让合同》与《收购协议书》、《补充协议》之间系相互关联的合同，且均系由华冶公司承受其权利义务。根据《采矿权转让合同》第七条约定："乙方按合同约定向甲方支付完采矿权转让成交金额后，方可要求甲方提供采矿许可证等规定的全部资料，甲方有义务协助乙方办理采矿许可证变更登记等相关手续。"本案中，华冶公司及久丰公司均曾向王大成支付款项，但到目前为止，两公司合计共向王大成支付款项仅17791.3957万元（包含以国保煤矿名义支付的税款在内），尚欠12308.6043万元未予支付；而王大成在华冶公司和久丰公司未向其支付完转让成交金额3.01亿元的情况下，于2013年10月21日向华冶公司指定的久丰公司办理了采矿权转让变更手续。从上述合同履行情况看，王大成并不存在《采矿权转让合同》所约定的违约行为，华冶公司主张王大成承担违约责任缺乏依据。

案件来源

浙江华冶矿建集团有限公司与王大成合同纠纷二审民事判决书，最高人民法院（2015）民一终字第102号。

024 非法矿井能否转让，转让合同是否有效

——采矿权转让标的为非法矿井的，转让合同无效

阅读提示

矿山被有关部门认定为非法矿井后还能否转让，转让合同是否有效？本案例认

为该情形下所签订的转让合同应当认定无效。

裁判要旨

采矿权转让的标的为非法矿井的，不受法律保护，转让合同违反法律法规的强制性规定，应认定无效。

案情简介

一、徐德江向双鸭山中院起诉称：1998 年，徐太宝与富山乡政府发生纠纷，法院将富山乡企业公司煤矿执行给徐太宝。同年 10 月，徐德江与徐太宝签订井口抵债协议，将该煤矿 11 号层煤矿抵债给徐德江。因当时富山乡企业公司煤矿的证照手续未执行到徐太宝名下，双方约定徐德江支付徐太宝 5 万元办证款，徐太宝将煤矿的采矿权证照手续办到徐德江名下。协议签订后，徐德江交给徐太宝 5 万元办证款。后因富山乡政府申请再审，法院裁定中止执行。2001 年，徐太宝、苏丽华为达到不履行井口抵债协议的目的，协议离婚，将煤矿和所有财产分给苏丽华所有。2002 年富山乡政府与徐太宝达成执行和解协议，同意将煤矿抵债给徐太宝，并约定将法人变更在苏丽华名下，富山乡企业公司变更为鸿翔煤矿。2005 年 5 月，徐太宝将鸿翔煤矿以 500 万元的价款转让给邓永革。

二、徐德江请求判令：井口抵债协议有效，徐太宝、苏丽华共同赔偿因违约给徐德江造成的可得利益损失 240 万元，或分得鸿翔煤矿转让款的 50%即 240 万元，并支付利息；如果合同无效，请求判令徐太宝、苏丽华共同返还徐德江退股款、办证款并按 3%支付利息，并赔偿损失等。

三、双鸭山中院认为，11 号层井口属非法井口，徐太宝与徐德江之间转让行为违反法律法规强制性、禁止性规定，因此抵债协议中将煤矿 11 号层井口转让给徐德江的条款为无效条款。该院判决认定徐德江与徐太宝签订的 11 号层井口抵债协议中关于将 11 号层井口转让给徐德江的条款无效，并对合同无效后的处理作出认定。

四、徐德江不服，上诉至黑龙江高院。黑龙江高院认为，徐太宝与徐德江在井口抵债协议中约定的以 11 号层井口抵偿债务的条款违反法律法规的强制性规定，原审认定无效正确。判决：驳回上诉，维持原判。

五、徐德江仍不服，向最高人民法院申请再审。最高人民法院裁定：驳回徐德江的再审申请。

裁判要点

首先，徐太宝与徐德江在井口抵债协议书中约定以 11 号层井口抵偿债务的条款涉及的 11 号层井口已被确认为非法矿井，井口现已被执法机关填平夯实，转让标的不受法律保护，该条款违反法律法规的强制性规定，应予认定无效。

其次，井口抵债协议书第四条明确约定："如因富山乡或法院对矿所有权有变动或封闭井口，乙方必须返还甲方已交的现款和前期欠甲方的退股协议款，并按 3%付息给甲方。并立即包赔甲方接手后的一切实际经济损失后，甲方才能交还矿井，并用煤矿设备作抵押。"据此，双方在井口抵债协议书签订之初对转让条款无法履行均有预见。根据《中华人民共和国合同法》第五十八条的规定："合同无效或者被撤销后，因该合同取得的财产，应当予以返还；不能返还或者没有必要返还的，应当折价补偿。有过错的一方应当赔偿对方因此所受到的损失，双方都有过错的，应当各自承担相应的责任。"本案双方对转让条款无法履行均有过错，所造成的损失应各自承担。

实务经验总结

前事不忘，后事之师。为避免未来发生类似败诉，提出如下建议：

一、当事人在收购矿山前可聘请专业机构对收购标的作尽职调查，不应收购已经被有关部门认定为非法矿井的矿山。收购该类矿山所签订的采矿权转让合同为无效合同。

二、根据《中华人民共和国合同法》第五十八条的规定，合同无效的法律后果是：返还财产或折价补偿；按过错分担损失。

相关法律规定

《中华人民共和国矿产资源法》

第六条 除按下列规定可以转让外，探矿权、采矿权不得转让：

（一）探矿权人有权在划定的勘查作业区内进行规定的勘查作业，有权优先取得勘查作业区内矿产资源的采矿权。探矿权人在完成规定的最低勘查投入后，经依法批准，可以将探矿权转让他人。

（二）已取得采矿权的矿山企业，因企业合并、分立，与他人合资、合作经营，或者因企业资产出售以及有其他变更企业资产产权的情形而需要变更采矿权主体的，经依法批准可以将采矿权转让他人采矿。

前款规定的具体办法和实施步骤由国务院规定。

禁止将探矿权、采矿权倒卖牟利。

《探矿权采矿权转让管理办法》

第十条　申请转让探矿权、采矿权的，审批管理机关应当自收到转让申请之日起40日内，作出准予转让或者不准转让的决定，并通知转让人和受让人。

准予转让的，转让人和受让人应当自收到批准转让通知之日起60日内，到原发证机关办理变更登记手续；受让人按照国家规定缴纳有关费用后，领取勘查许可证或者采矿许可证，成为探矿权人或者采矿权人。

批准转让的，转让合同自批准之日起生效。

不准转让的，审批管理机关应当说明理由。

《中华人民共和国合同法》

第五十八条　合同无效或者被撤销后，因该合同取得的财产，应当予以返还；不能返还或者没有必要返还的，应当折价补偿。有过错的一方应当赔偿对方因此所受到的损失，双方都有过错的，应当各自承担相应的责任。

以下为该案在最高人民法院审理阶段，裁判文书中"本院认为"部分就该问题的论述：

（一）关于二审判决认定徐德江与徐太宝签订的11#层井口抵债协议书中将煤矿11#层井口转让给徐德江条款无效是否正确的问题。

一、二审查明11#井口属非法矿井，井口现已被执法机关填平夯实的事实有充分证据证明。1991年3月4日，宝清县乡镇煤矿管理处下发宝乡煤管发（1991）6号文件，同意富山乡企业公司煤矿开采9、10、11、12#煤层，主井设在9#层，副井设在10#层。1992年5月，徐太宝与徐德江在主、副井之外合伙建成11#层井口。2002年11月25日，宝清县煤炭行业关井压产领导小组下发宝煤关字（2002）1号文件关于关闭非法小煤矿的通知，通知中的非法矿井包括富山乡企业公司煤矿（即鸿翔煤矿）南、北井。2004年2月23日，鸿翔煤矿向有关矿产主管部门提出的整改方案中确定11#井筒立即关闭。2004年10月22日，宝清县煤炭管理局向鸿翔煤矿送达宝清县煤矿安全监察意见书，监察情况及处理意见为："依据市、县审批鸿翔煤矿整改方案，11#号井筒没有填平。限10月末前整改完毕，否则不予验收。"2005年1月18日，宝清县煤炭管理局向鸿翔煤矿送达制止违反煤炭法规行为通知书，内容为："鸿翔煤矿矿井范围内的11#层提升井，不在矿井设计的整改范围内，属非法矿井。责令立即停止一切生产施工行为……井口填平夯实。"（2006）双中法执字第18号生效民事裁定书亦认定，"鸿翔煤矿11#层井口属非法矿井，井口现已被执法机关填平夯实”。根据《最高人民法院关于适用〈中华人民共和国民事诉讼法〉的解释》第九十三条规定：“下列事实，当事人无须举证证明：……（五）已为人民法院发生法律效力的裁判所确认的事实；……”该裁定书确认11#层井口属非法矿井，井口现已被执法机关填平夯实的事实无须另行举证证明。综上，徐太宝与徐德江在井口抵债协议书中约定以11#层井口抵偿债务的条款，不仅未取得有关矿产主管部门的批准，而且该条款涉及的11#层井口已被确认为非法矿井，转让标的不受法律保护，二审判决认定该条款违反法律法规的强制性规定，应予认定无效，事实依据充分，法律适用正确，并无不当。徐德江关于（2006）双中法执字第18号裁定书只能证明11#层井筒在2012年6月19日被填平夯实事实，而不能证明11#层井口属于非法矿井的申请再审理由不能成立。

关于徐德江认为一、二审法院判决驳回其要求徐太宝、苏丽华共同赔偿管理维护11#层井口损失诉讼请求错误的问题。本院认为，井口抵债协议书第四条明确：“如因富山乡或法院对矿所有权有变动或封闭井口，乙方必须返还甲方已交的现款和前期欠甲方的退股协议款，并按3%付息给甲方。并立即包赔甲方接手后的一切实际经济损失后，甲方才能交还矿井，并用煤矿设备作抵押。”据此，二审判决判定双方在井口抵债协议书签订之初对转让条款无法履行均有预见，并根据《中华人民共和国合同法》第五十八条“合同无效或者被撤销后，因该合同取得的财产，应当予以返还；不能返还或者没有必要返还的，应当折价补偿。有过错的一方应当赔偿对方因此所受到的损失，双方都有过错的，应当各自承担相应的责任”之规定，判定双方对转让条款无法履行均有过错，所造成的损失应各自承担，并无不当。

案件来源

徐德江与徐太宝、苏丽华侵权责任纠纷申诉、申请民事裁定书，最高人民法院（2015）民申字第3131号。

025 采矿权能否抵债，未经批准抵债合同是否有效

——采矿权抵债合同须经批准才能生效

阅读提示

以采矿权抵债是否应当适用采矿权转让的相关规定，报经有关矿产主管部门批

准合同才生效？本案例认为该情形涉及采矿权主体变更，应当报经有关矿产主管部门批准合同才生效。

裁判要旨

当事人约定以采矿权抵债的，抵债条款须经有关矿产主管部门批准才能生效。

案情简介

一、徐德江向双鸭山中院起诉称：1998 年，徐太宝与富山乡政府发生纠纷，法院将富山乡企业公司煤矿执行给徐太宝。同年 10 月，徐德江与徐太宝签订井口抵债协议，将该煤矿 11#层煤矿抵债给徐德江。因当时富山乡企业公司煤矿的证照手续未执行到徐太宝名下，双方约定徐德江支付徐太宝 5 万元办证款，徐太宝将煤矿的采矿权证照手续办到徐德江名下。协议签订后，徐德江交给徐太宝 5 万元办证款。后因富山乡政府申请再审，裁定中止执行。2001 年，徐太宝、苏丽华为达到不履行井口抵债协议的目的，协议离婚，将煤矿和所有财产分给苏丽华所有。2002 年富山乡政府与徐太宝达成执行和解协议，同意将煤矿抵债给徐太宝，约定将法人变更在苏丽华名下，富山乡企业公司变更为鸿翔煤矿。2005 年 5 月，徐太宝将鸿翔煤矿以 500 万元的价款转让给邓永革。

二、徐德江请求判令：井口抵债协议有效，徐太宝、苏丽华共同赔偿因违约给徐德江造成的可利益损失 240 万元，或分得鸿翔煤矿转让款的 50%即 240 万元，并支付利息；如果合同无效，请求判令徐太宝、苏丽华共同返还徐德江退股款、办证款并按 3%支付利息，并赔偿损失等。

三、双鸭山中院认为，徐太宝与徐德江之间转让行为违反法律法规强制性、禁止性规定，因此抵债协议中将煤矿 11#层井口转让给徐德江的条款为无效条款。该院判决认定徐德江与徐太宝签订的 11#层井口抵债协议中关于将 11#层井口转让给徐德江的条款无效，并对合同无效后的处理作出认定。

四、徐德江不服，上诉至黑龙江高院。黑龙江高院认为，徐太宝与徐德江在井口抵债协议中约定的以 11#层井口抵偿债务的条款违反法律法规的强制性规定，原审认定无效正确。判决：驳回上诉，维持原判。

五、徐德江仍不服，向最高人民法院申请再审。最高人民法院裁定：驳回徐德江的再审申请。

裁判要点

法院认定徐德江与徐太宝签订的11#层井口抵债协议书中将11#层井口转让给徐德江的条款无效的原因在于：

首先，双方当事人约定的是以11#层煤的采矿权抵债，依照《中华人民共和国矿产资源法》第六条第二款的规定："已取得采矿权的矿山企业，因企业合并、分立，与他人合资、合作经营，或者因企业资产出售以及有其他变更企业资产产权的情形而需要变更采矿权主体的，经依法批准可以将采矿权转让他人采矿。"因此采矿权主体的变更，须经有关矿产主管部门审批。根据《探矿权采矿权转让管理办法》第十条第三款的规定："批准转让的，转让合同自批准之日起生效。"因此徐德江与徐太宝签订的井口抵债协议书中的采矿权转让条款须经批准才能生效。而本案中，11#层井口的采矿权转让未经有关矿产主管部门批准，因此采矿权转让条款还未生效。

其次，11#层井口属非法矿井，转让标的不受法律保护，因此，本案当事人签订11#层井口抵债协议书中将煤矿11#层井口转让给徐德江的条款，违反法律法规的强制性规定，应予认定无效。

实务经验总结

前事不忘，后事之师。为避免未来发生类似败诉，提出如下建议：

当事人以采矿权抵债时，应当按照采矿权转让的规定和程序，报经有关矿产资源行政主管部门批准，否则合同并未正式生效。值得关注的是，2017年7月27日起施行的《最高人民法院关于审理矿业权纠纷案件适用法律若干问题的解释》规定，"矿业权转让合同自依法成立之日起具有法律约束力""矿业权转让合同依法成立后，在不具有法定无效情形下，受让人请求转让人履行报批义务或者转让人请求受让人履行协助报批义务的，人民法院应予支持，但法律上或者事实上不具备履行条件的除外"。

相关法律规定

《中华人民共和国矿产资源法》

第六条 除按下列规定可以转让外，探矿权、采矿权不得转让：

（一）探矿权人有权在划定的勘查作业区内进行规定的勘查作业，有权优先取得勘查作业区内矿产资源的采矿权。探矿权人在完成规定的最低勘查投入后，经依法批准，可以将探矿权转让他人。

（二）已取得采矿权的矿山企业，因企业合并、分立，与他人合资、合作经营，或者因企业资产出售以及有其他变更企业资产产权的情形而需要变更采矿权主体的，经依法批准可以将采矿权转让他人采矿。

前款规定的具体办法和实施步骤由国务院规定。

禁止将探矿权、采矿权倒卖牟利。

《探矿权采矿权转让管理办法》

第十条　申请转让探矿权、采矿权的，审批管理机关应当自收到转让申请之日起40日内，作出准予转让或者不准转让的决定，并通知转让人和受让人。

准予转让的，转让人和受让人应当自收到批准转让通知之日起60日内，到原发证机关办理变更登记手续；受让人按照国家规定缴纳有关费用后，领取勘查许可证或者采矿许可证，成为探矿权人或者采矿权人。

批准转让的，转让合同自批准之日起生效。

不准转让的，审批管理机关应当说明理由。

《中华人民共和国合同法》

第五十八条　合同无效或者被撤销后，因该合同取得的财产，应当予以返还；不能返还或者没有必要返还的，应当折价补偿。有过错的一方应当赔偿对方因此所受到的损失，双方都有过错的，应当各自承担相应的责任。

以下为该案在最高人民法院审理阶段，裁判文书中“本院认为”部分就该问题的论述：

（一）关于二审判决认定徐德江与徐太宝签订的11#层井口抵债协议书中将煤矿11#层井口转让给徐德江条款无效是否正确的问题。首先，根据一、二审判决查明事实，以及徐德江再审申请书内容，双方当事人约定的是以11#层井口的采矿权抵债，依照《中华人民共和国矿产资源法》第六条第二款“已取得采矿权的矿山企业，因企业合并、分立，与他人合资、合作经营，或者因企业资产出售以及有其他变更企业资产产权的情形而需要变更采矿权主体的，经依法批准可以将采矿权转让他人采矿”的规定，采矿权主体的变更，须经有关矿产主管部门审批。根据《探矿权采矿权转让管理办法》第十条第三款“批准转让的，转让合同自批准之日起生效”的规定，徐德江与徐太宝签订的井口抵债协议书中的采矿权转让条款须经批准才能生效。本案中，11#层井口的采矿权转让未经有关矿产主管部门批准。

其次，一、二审查明11#井口属非法矿井，井口现已被执法机关填平夯实的事实有充分证据证明。1991 年 3 月 4 日，宝清县乡镇煤矿管理处下发宝乡煤管发(1991) 6 号文件，同意富山乡企业公司煤矿开采 9、10、11、12#煤层，主井设在 9#层，副井设在 10#层。1992 年 5 月，徐太宝与徐德江在主、副井之外合伙建成 11#层井口。2002 年 11 月 25 日，宝清县煤炭行业关井压产领导小组下发宝煤关字(2002) 1 号文件关于关闭非法小煤矿的通知，通知中的非法矿井包括富山乡企业公司煤矿（即鸿翔煤矿）南、北井。2004 年 2 月 23 日，鸿翔煤矿向有关矿产主管部门提出的整改方案中确定 11#井筒立即关闭。2004 年 10 月 22 日，宝清县煤炭管理局向鸿翔煤矿送达宝清县煤矿安全监察意见书，监察情况及处理意见为："依据市、县审批鸿翔煤矿整改方案，11#井筒没有填平。限 10 月末前整改完毕，否则不予验收。" 2005 年 1 月 18 日，宝清县煤炭管理局向鸿翔煤矿送达制止违反煤炭法规行为通知书，内容为："鸿翔煤矿矿井范围内的 11#层提升井，不在矿井设计的整改范围内，属非法矿井。责令立即停止一切生产施工行为……井口填平夯实。"(2006) 双中法执字第 18 号生效民事裁定书亦认定，"鸿翔煤矿 11#层井口属非法矿井，井口现已被执法机关填平夯实"。根据《最高人民法院关于适用〈中华人民共和国民事诉讼法〉的解释》第九十三条规定："下列事实，当事人无须举证证明：……（五）已为人民法院发生法律效力的裁判所确认的事实；……"该裁定书确认 11#层井口属非法矿井，井口现已被执法机关填平夯实的事实无须另行举证证明。综上，徐太宝与徐德江在井口抵债协议书中约定以 11#层井口抵偿债务的条款，不仅未取得有关矿产主管部门的批准，而且该条款涉及的 11#层井口已被确认为非法矿井，转让标的不受法律保护，二审判决认定该条款违反法律法规的强制性规定，应予认定无效，事实依据充分，法律适用正确，并无不当。徐德江关于(2006) 双中法执字第 18 号裁定书只能证明 11#层井筒在 2012 年 6 月 19 日被填平夯实事实，而不能证明 11#层井口属于非法矿井的申请再审理由不能成立。

再次，因 11#层井口被确认为非法矿井，转让标的不受法律保护，无法办理转让审批手续，且已经被填平夯实，二审判决未支持徐德江要求徐太宝、苏丽华履行采矿权转让申报义务的诉讼请求，并无不当。至于徐德江所举 2002 年 12 月 21 日宝煤发（2002）75 号文件、2002 年 12 月 28 日宝煤整字（2002）78 号文件、2002 年 8 月宝清县鸿翔煤矿矿井补充设计说明书等证据，均形成于（2006）双中法执字第 18 号裁定书作出之前，不能推翻形成在后的生效裁定，徐德江该项申请再审理由不能成立。

最后，关于二审判决判定鸿翔煤矿转让给邓永革经过有关矿产主管部门批准，与涉案争议情况不具可比性是否正确的问题。根据徐德江申请再审期间所举《采矿权变更申请登记书》载明内容，2002年9月26日，经宝清县国土资源局批准，原宝清县富山乡企业公司煤矿变更为宝清县鸿翔煤矿，由原产权人宝清县小城子镇变更为法人代表苏丽华。根据一、二审判决查明事实以及徐德江提交的宝清县鸿翔煤矿署名投资人“邓永革”的营业执照，以及该涉案煤矿采矿许可证，安全生产许可证、煤炭生产许可证，鸿翔煤矿转让给邓永革已经相关矿产行政主管部门批准，二审判决判定该事实与本案争议情况不具可比性，并无不当，故徐德江该项申请再审理由亦不能成立。

案件来源

徐德江与徐太宝、苏丽华侵权责任纠纷申诉、申请民事裁定书，最高人民法院（2015）民申字第3131号。

第三章　涉矿企业投资

026 矿山企业股权转让是否需要履行行政审批才合法有效

——矿山企业股权转让无需行政审批

阅读提示

本书作者检索和梳理了10个相关案例，裁判规则较为一致，即矿山企业的股权转让并未导致矿业权主体变更，无需履行行政审批手续，股权转让合同合法有效。

投资矿山企业前应聘请律师设计交易结构，根据不同情况分别决定股权收购方式还是矿业权转让方式达到控制矿业权的目的。设计之前律师应该知悉：股权收购方式无需履行矿业权转让行政审批手续，因为法律并未禁止通过转让股权的形式，成为享有矿业权的法人企业的股东。

裁判要旨

《矿产资源法》等行政法律法规对转让探矿权规定了相应的行政审批手续，但对矿山企业股权转让没有任何强制性规定，当事人以矿山企业股权转让未履行行政审批手续为由主张合同无效的，法院不予支持。

案情简介

一、2009年，西安东为实业（集团）有限公司（“东为公司”）与西藏宜盛矿业有限公司（“宜盛公司”）签订《公司收购协议》，约定东为公司收购宜盛公司全部股权及其所有的探矿权。

二、《公司收购协议》签订后，宜盛公司股东与东为公司指定的股权受让人签订了《股权转让协议书》并办理了股权过户手续，东为公司支付了股权转让款共计

3450万元，实际履行了《公司收购协议》中约定的股权转让。当事人之间未再进一步协商转让探矿权或者实际履行转让探矿权。

三、东为公司以《公司收购协议》名为股权转让，实为探矿权转让，违反《矿产资源法》相关规定，系无效合同为由，向西藏自治区高院提起诉讼，请求确认《公司收购协议》无效。西藏自治区高院认为双方签订的股权转让协议合法有效，判决驳回东为公司的诉讼请求。

四、东为公司不服西藏自治区高院判决，向最高人民法院提起上诉，最高人民法院判决驳回上诉，维持原判。

裁判要点

本案东为公司的败诉原因是：矿山企业股权转让系矿产企业的股东变更，并未转让探矿权，未发生探矿权所有人变更，故无需履行《矿产资源法》规定的探矿权转让行政审批手续，股权转让合同合法有效。东为公司主张矿产企业股权转让实际是对探矿权的买卖，违反《矿产资源法》及《合同法》等规定，应为无效合同，最高人民法院不予支持。

实务经验总结

前事不忘，后事之师。为避免未来发生类似败诉，提出如下建议：

一、投资矿山企业前聘请律师设计交易结构，明确股权收购方式还是矿业权转让方式达到控制矿业权的目的。若签订股权转让合同后再以矿山企业股权转让合同需经审批为由，主张合同无效，法院不会支持。同时即便是矿业权转让，未经审批也不会导致合同无效，而是合同未生效（参见本书文章：《采矿权转让合同未经批准是否生效》）。

二、本案为欲获取矿业权的投资者提供了新的思路，即通过股权收购的方式成为目标企业控股股东，从而实际控制目标企业的矿业权。此种交易结构无需履行矿业权转让行政审批手续，因为法律并未禁止通过转让股权的形式，成为享有矿业权的法人企业的股东。

相关法律规定

《中华人民共和国矿产资源法》

第六条 除按下列规定可以转让外，探矿权、采矿权不得转让：

（一）探矿权人有权在划定的勘查作业区内进行规定的勘查作业，有权优先取得勘查作业区内矿产资源的采矿权。探矿权人在完成规定的最低勘查投入后，经依法批准，可以将探矿权转让他人。

（二）已取得采矿权的矿山企业，因企业合并、分立，与他人合资、合作经营，或者因企业资产出售以及有其他变更企业资产产权的情形而需要变更采矿权主体的，经依法批准可以将采矿权转让他人采矿。

前款规定的具体办法和实施步骤由国务院规定。

禁止将探矿权、采矿权倒卖牟利。

《探矿权采矿权转让管理办法》

第十四条 未经审批管理机关批准，擅自转让探矿权、采矿权的，由登记管理机关责令改正，没收违法所得，处10万元以下的罚款；情节严重的，由原发证机关吊销勘查许可证、采矿许可证。

《中华人民共和国合同法》

第五十二条 有下列情形之一的，合同无效：

（一）一方以欺诈、胁迫的手段订立合同，损害国家利益；

（二）恶意串通，损害国家、集体或者第三人利益；

（三）以合法形式掩盖非法目的；

（四）损害社会公共利益；

（五）违反法律、行政法规的强制性规定。

以下为该案在最高人民法院审理阶段，判决书中“本院认为”就该问题的论述：

《公司收购协议》为东为公司委托熠锦公司及王耕银与宜盛公司签订的合同，该协议不违反法律法规规定，应当认定合法有效。在《公司收购协议》中，当事人约定了由东为公司收购宜盛公司全部股权及其所有的探矿权，应认定该协议约定了转让股权和探矿权的内容。其中，关于转让股权，因宜盛公司为目标公司而非公司股东，其承诺的股权转让须经宜盛公司股东认可。该协议签订后，宜盛公司股东与东为公司指定的股权受让人签订了《股权转让协议书》并办理了股权过户手续，东为公司为此支付了股权转让款共计3450万元，实际履行了《公司收购协议》中约定的股权转让。关于转让探矿权，《公司收购协议》虽然约定了转让探矿权及该矿区面积等，但根据本案查明的事实，当事人之间并未再进一步协商约定转让探矿权或者实际履行转让探矿权。在办理宜盛公司股权过户手续的同时，公司法定代表人及监事也变更为东为公司指定受让股权的王耕银和杨成宗，至此，宜盛公司的企业所有权及经营管理权等实际移交给了东为公司，《公司收购协议》约定的东为公司收购宜盛公司目的已经实现。因《公司收购协议》签订后，涉案当事人按该协议约定实际安排了股权转让并完成了公司收购，故原审判决认定《公司收购协议》为股权转让协议并无不妥，本院予以维持。东为公司上诉主张宜盛公司的股权转让实际是对探矿权的买卖，违反《矿产资源法》及《合同法》等规定，应为无效合同。因《公司收购协议》虽然约定有探矿权转让内容，但未实际发生探矿权所有人的流转，涉案探矿权仍为宜盛公司的主要资产。《矿产资源法》等行政法律法规对转让探矿权规定了相应的行政审批手续，但对转让矿山企业股权未作出任何强制性规定，故东为公司关于合同无效及返还转让款的主张法律依据不足，本院不予支持。

案件来源

西安东为实业（集团）有限公司与王小龙、熊道军、李国辉、李长友其他合同纠纷二审民事判决书，最高人民法院（2014）民二终字第78号。

延伸阅读

以下为笔者在写作中检索和梳理的10个相关案例，裁判规则较为一致，即矿山企业的股权转让并未导致矿业权主体变更，无需履行行政审批手续，股权转让合同合法有效。

案例1：大宗集团有限公司、宗锡晋与淮北圣火矿业有限公司、淮北圣火房地产开发有限责任公司、涡阳圣火房地产开发有限公司股权转让纠纷二审民事判决书［最高人民法院公报2016年06期，（2015）民二终字第236号］认为："双方在协议中约定，大宗公司、宗锡晋将合法持有宿州宗圣公司和淮北宗圣公司各44%的股权全部转让给圣火矿业公司，圣火矿业公司支付转让款项。3处煤炭资源的探矿权许可证和采矿权许可证始终在两个目标公司名下，不存在变更、审批的问题。《股权转让协议》签订后，圣火矿业公司也实际控制了两个目标公司，实现了合同目的。因此，双方系股权转让的法律关系，圣火矿业公司主张本案系转让探矿权，因未经审批合同未生效，对该主张，本院不予支持。"

案例2：伊春市永丰矿业有限公司与青岛世纪华仁矿业投资有限公司股权转让纠纷二审民事判决书［最高人民法院（2015）民二终字第352号］认为："因华仁公司与永丰公司等在《补充协议》中约定丰溢公司70%股权变更至华仁公司名下后，华仁公司支付相应款项。所以，在华仁公司未支付相应款项时，永丰公司起诉要求华仁公司支付款项，亦属于股权转让纠纷。原审判决将本案确定为股权转让纠纷，并无不当。华仁公司主张本案不属于股权转让纠纷，与事实不符，对其主张本院不予支持。华仁公司与永丰公司等签订的《合作协议书》《补充协议》中虽约定永丰公司负有将涉诉七〇七队享有的采矿权变更至金博公司名下，但因该约定仅系上述协议当事人间的意思表示，而并未实际发生采矿权的转让和权利主体变更，所以，华仁公司以法律法规规定采矿权、探矿权转让需经政府有关部门批准为据来主张涉诉采矿权转让因未经批准进而上述二协议应无效，以及华仁公司主张永丰公司对涉诉采矿权无权处分进而上述二协议应无效，均不能成立，对其主张本院不予支持。上述二协议中并未涉及丰溢公司探矿权的转让和权利主体变更，华仁公司主张探矿权转让未经政府相关部门批准进而上述二协议应无效，与事实不符，对其主张本院不予支持。”

案例3：李克林与黄兴虎、杨万华等股权转让纠纷申诉、申请民事裁定书［最高人民法院（2015）民申字第2672号］认为：“采矿权主体在目标公司股份转让前后并没有发生任何变更，始终属于目标公司。我国矿产资源法确实规定了采矿权转让须经依法批准，但本案并不存在寻甸金林钛矿有限公司转让其依法取得的采矿权的事实，杨万华、黄兴虎并没有通过《股权转让协议》从寻甸金林钛矿有限公司处受让采矿权，杨万华、黄兴虎作为股权受让方是通过股东身份而参与目标公司的经营管理，并通过目标公司享有的采矿权而获得其相应的投资利益。因此，虽然转让协议中约定了转让采矿权的内容，但事实上采矿权并未在当事人之间进行转让，涉案转让协议的实质仍为股权转让而非采矿权转让，故原审判决认定转让协议合法有效并无不当，黄兴虎关于本案转让协议应认定无效的主张缺乏事实和法律依据，本院不予支持。”

案例4：艾梅、张新田与刘小平、王鲜、武丕雄、张宏珍、折奋刚股权转让纠纷二审民事判决书［最高人民法院（2014）民二终字第48号］认为：“双方就转让工贸公司的股权达成了一致的意思表示，刘小平作为受让方依照约定向张新田支付了部分股权转让款，双方亦在工商管理部门进行了股东变更登记。协议中虽有刘小平进入榆林市常乐堡煤矿、刘小平变更为常乐堡矿业公司董事等相关约定，但该约定属双方为履行股权转让协议而设定的条件，并不改变刘小平受让工贸公司股权的交易性质及事实。工贸公司系常乐堡矿业公司的股东，采矿权也始终登记在常乐堡矿业公司的名下，因此，本案的股权转让协议不存在转让采矿权的内容，实际履行中亦没有实施转让采矿权的行为，艾梅、张新田的该项上诉理由没有事实和法律依据，本院不予支持。”

案例5：王能新与徐春勤、青海南部矿业有限公司与西北有色地质勘查局物化探总队、中国冶金地质总局西北地质勘查院的股权转让纠纷申请再审民事裁定书［最高人民法院（2014）民申字第1421号］认为："由于法人的财产独立于股东，股东不能直接支配矿业权，仅股权的变化不能认定为矿业权人的变化，一、二审判决查明的事实以及王能新自己提交的证据均能证明在本案股权转让前后，矿业权人没有发生变化，故涉案合同属于股权转让合同而非矿业权转让合同。法律并未禁止民事主体通过转让股权的形式，成为享有矿业权的法人的股东。当事人通过股权转让间接变更对矿业权的实际经营，在股权转让不影响矿业权归属的情况下，一方当事人以合同双方真实意思是变更矿业权人，进而主张合同无效，不能予以支持。"

案例6：武汉华泽科技有限公司与新疆金特刚公司股权转让纠纷二审民事判决书［新疆维吾尔自治区高级人民法院（2013）新民二终字第150号］认为："根据《中华人民共和国公司法》的规定，股东所享有的股权在符合法律规定的条件下可以自由转让，享有采矿权的公司股权也不例外。《中华人民共和国矿产资源法》《探矿权采矿权转让管理办法》均不禁止股权受让人通过股权转让方式成为享有采矿权的公司股东的行为。故目前并没有法律、行政法规禁止享有采矿权的公司股东转让其股权。因此，本案所涉由金特公司以谢美华名义与华泽公司签订的《股权转让协议》并不具有《中华人民共和国合同法》第五十二条所规定的合同无效情形，是各方当事人的真实意思表示，内容不违反法律、行政法规的效力性强制性规定，不损害国家、集体、第三人利益和社会公共利益，应当认定为有效。"

案例7：新疆昌平矿业有限责任公司与范海清、李民锋股权转让纠纷二审民事判决书［新疆维吾尔自治区高级人民法院（2015）新民二终字第199号］认为："本案所涉《昊通公司（托克逊县艾维尔沟达吾苏图萨拉石灰岩矿）股权转让协议》及《补充协议》系当事人真实意思表示，不违反法律、行政法规强制性规定，合法有效。双方当事人均应严格履行各自的义务。相关当事人基于上述协议产生股权转让民事法律关系，而非采矿权转让民事法律关系。昌平公司认为'存在买卖采矿权的违法行为'的上诉理由不能成立。"

案例8：李成群与李扬扬、魏积泉、王建新、涞源县通正矿业有限公司股权转让纠纷再审民事判决书［河北省高级人民法院（2014）冀民再终字第19号］认为："2006年6月26日魏积泉与李成群签署股权转让《协议》，系双方当事人的真实意思表示，不违反法律强制性规定，合法有效，本院对此予以确认。魏积泉等以李成群主体不适格，协议内容涉嫌非法转让采矿权为由，主张该协议无效，但未能提供该协议违反合同效力性强制性规定的法律依据，本院不予支持。"

案例9：陈冠辉与董泽林、李云仙等股权转让纠纷二审民事判决书［福建省高级人民法院（2015）闽民终字第2213号］认为："讼争《股权转让协议书》上，缘和公司的股东董泽林、李云仙（分别持有缘和公司49%、51%股份）和受让人陈冠辉均有在落款处签名、盖印，由此可见，《股权转让协议书》系各方当事人的真实意思表示。由于协议书中约定的陈冠辉以820万元的价格受让缘和公司100%的股权，并未直接涉及采矿权主体的变更，不属于采矿权的非法转让，因此，该《股权转让协议书》的内容不违反法律、行政法规的强制性规定，合法有效。二审过程中，李云仙辩称其未在协议书上签字，但其在一审时并未对协议书的真实性和其签名的真实性提出异议，故本院对李云仙的该主张不予采信。"

案例10：李丽等与谭弟虎等股权转让纠纷二审民事判决书［重庆市高级人民法院（2014）渝高法民终字第00186号］认为："从合同的订立来看，《股权转让协议》是各方当事人协商一致而订立，是黄启梅、卢海民、余丁可、谭弟虎与嵩康公司、李丽、彭玥的真实意思表示。其次，从合同的约定来看，《股权转让协议》是双方关于股权转让的约定，并无探矿权转让的约定。因此，不能以探矿权转让的禁止性规定否认该协议的效力。"

027 矿山企业股权受让人迟延支付价款后发生政策变化，能否适用情势变更

——矿山企业股权受让人迟延履行价款支付义务后以迟延履行期间国家政策变化为由主张情势变更的，不予支持

阅读提示

《最高人民法院关于适用〈中华人民共和国合同法〉若干问题的解释（二）》第二十六条确立了情势变更原则，在合同当事人迟延履行合同义务后发生的事实，能否作为适用情势变更原则的依据？本案例对此持否定态度。

裁判要旨

矿业权与股权是两种不同的民事权利，如果仅转让公司股权而不导致矿业权主体的变更，则不属于矿业权转让，转让合同无需地质矿产主管部门审批，在不违反

法律、行政法规强制性规定的情况下，应认定合同合法有效。迟延履行生效合同约定义务的当事人以迟延履行期间国家政策变化为由主张情势变更的，不予支持。

案情简介

一、2013 年 3 月 24 日，大宗公司、宗锡晋为甲方，圣火矿业公司为乙方签订《股权转让协议》，约定甲方同意将持有的宿州宗圣矿业公司和淮北宗圣矿业公司各 44%的股权转让给乙方，转让价款为人民币 6.5 亿元，乙方系两个公司的股东之一，具有受让两个公司股权的合法权利；无论与两个公司拥有的 3 处煤炭资源相关的探矿许可证或采矿许可证是否作废、到期或失效，乙方均无条件的履行本协议约定的所有条款。

二、协议签订后，圣火矿业公司未按期支付第一期股权转让款 1 亿元。2014 年 7 月 31 日，圣火矿业公司向大宗公司出具 2 千万元的违约金欠条。后圣火矿业公司分 4 笔共计支付大宗公司违约金 1000 万元，之后再未支付款项。

三、2014 年 10 月 12 日《国家能源局关于调控煤炭总量优化产业布局的指导意见》（以下简称《指导意见》）要求今后一段时间，东部地区原则上不再新建煤矿项目。

四、大宗公司、宗锡晋向山东高院起诉，请求圣火矿业公司支付股权转让款 1 亿元及违约金 1000 万元。山东高院认为，《股权转让协议》合法有效，大宗公司诉请的第一笔股权转让款到期时，《指导意见》尚未出台，对该笔股权转让款，可以确认不符合情势变更原则，故对圣火矿业公司以情势变更原则解除合同的抗辩不予采信。该院判决支持了大宗公司、宗锡晋的上述诉讼请求。

五、圣火矿业公司不服，上诉至最高人民法院。最高人民法院判决驳回上诉，维持原判。

裁判要点

第一，《股权转让协议》系双方真实意思表示，且不违反法律、行政法规的禁止性规定，应认定合法有效。案涉 3 处煤炭资源的探矿权许可证和采矿权许可证始终在两个目标公司名下，不存在变更、审批的问题。

第二，本案未发生情势变更的情形，圣火矿业公司应履行支付第一笔股权转让款的义务。首先，《股权转让协议》约定圣火矿业公司向大宗公司支付第一笔股权转让款的时间是 2014 年 7 月 31 日前，而《指导意见》出台时间是在 2014 年 10 月

12日，在迟延履行支付义务之后，故不符合情势变更原则。其次，政策原因并非是造成合作开发项目得不到核准的唯一原因。属于情势变更还是商业风险，需要参照合同约定，并从可预见性、归责性以及产生后果等方面进行分析。本案中，淮北宗圣公司成立于2007年，涉案3处煤炭资源一直申请办理采矿权手续或立项核准，直到2014年10月12日《指导意见》之前，也未获得批准，并且该意见规定，只是在今后一段时间内东部地区原则上不再新建煤矿项目，且安徽省是否属于该《指导意见》所确定的东部地区尚需进一步论证。圣火矿业公司以情势变更原则不应履行支付第一笔股权转让款的抗辩，法院未予采信。

实务经验总结

前事不忘，后事之师。为避免未来发生类似败诉，提出如下建议：

一、当事人主张适用情势变更原则的，应当以迟延履行合同义务之前发生的事实为依据。当事人以迟延履行合同义务之后发生的事实作为主张情势变更原则的依据的，法院将不予支持。

二、最高人民法院《关于正确适用〈中华人民共和国合同法〉若干问题的解释（二）服务党和国家的工作大局的通知》规定，人民法院如果根据案件的特殊情况，确需在个案中适用《最高人民法院关于适用〈中华人民共和国合同法〉若干问题的解释（二）》第二十六条情势变更原则的，应当由高级人民法院审核，必要时应报请最高人民法院审核。据此，我国司法实践适用情势变更原则较为谨慎。

相关法律规定

《最高人民法院关于适用〈中华人民共和国合同法〉若干问题的解释（二）》

第二十六条 合同成立以后客观情况发生了当事人在订立合同时无法预见的、非不可抗力造成的不属于商业风险的重大变化，继续履行合同对于一方当事人明显不公平或者不能实现合同目的，当事人请求人民法院变更或者解除合同的，人民法院应当根据公平原则，并结合案件的实际情况确定是否变更或者解除。

以下为该案在最高人民法院审理阶段，裁判文书中“本院认为”部分就该问题的论述：

（一）关于一审判决认定第一笔转让款不符合情势变更原则是否有误的问题

最高人民法院《关于适用〈中华人民共和国合同法〉若干问题的解释（二）》第二十六条规定：“合同成立以后客观情况发生了当事人在订立合同时无法预见的、

非不可抗力造成的不属于商业风险的重大变化，继续履行合同对于一方当事人明显不公平或者不能实现合同目的，当事人请求人民法院变更或者解除合同的，人民法院应当根据公平原则，并结合案件的实际情况确定是否变更或者解除。”属于情势变更还是商业风险，需要参照合同约定，并从可预见性、归责性以及产生后果等方面进行分析。本案中，淮北宗圣公司成立于2007年，涉案3处煤炭资源一直申请办理采矿权手续或立项核准，直到2014年10月12日《指导意见》之前，也未获得批准，并且该意见规定，只是在今后一段时间内东部地区原则上不再新建煤矿项目，且安徽省是否属于该《指导意见》所确定的东部地区尚需进一步论证。因此，政策原因并非是造成合作开发项目得不到核准的唯一原因。

案涉《股权转让协议》第四条约定，无论与淮北宗圣公司、宿州宗圣公司拥有的3处煤炭资源相关的探矿许可证或采矿许可证是否作废、到期或失效，圣火矿业公司均无条件的履行本协议约定的所有条款；第二条约定，2014年7月31日前，圣火矿业公司向大宗公司支付第一笔股权转让款。圣火矿业公司对此并无异议，且在第一笔转让款期满不能支付的情况下向大宗公司出具了2000万元的违约金欠条并实际履行1000万元，而《指导意见》出台时间是在2014年10月12日，故对该笔股权转让款，一审判决认定不符合情势变更原则，有事实依据。圣火矿业公司以情势变更原则不应履行支付第一笔股权转让款的抗辩，本院不予采信。

（二）关于一审判决认定股权转让协议有效、协议是否应继续履行的问题

2013年3月24日，大宗公司、宗锡晋与圣火矿业公司签订的《股权转让协议》，系双方真实意思表示，且不违反法律、行政法规的禁止性规定，一审判决认定该协议合法有效并无不当。双方在协议中约定，大宗公司、宗锡晋将合法持有宿州宗圣公司和淮北宗圣公司各44%的股权全部转让给圣火矿业公司，圣火矿业公司支付转让款项。3处煤炭资源的探矿权许可证和采矿权许可证始终在两个目标公司名下，不存在变更、审批的问题。《股权转让协议》签订后，圣火矿业公司也实际控制了两个目标公司，实现了合同目的。因此，双方系股权转让的法律关系，圣火矿业公司主张本案系转让探矿权，因未经审批合同未生效，对该主张，本院不予支持。

鉴于大宗公司、宗锡晋的一审诉讼请求只是请求判令圣火矿业公司支付第一期股权转让款及违约金，并无请求进一步继续履行案涉协议的诉求，故尽管一审判决中有“由于股权转让协议合法有效，大宗公司、宗锡晋要求圣火矿业公司继续履行，支付已到期应给付的股权转让款1亿元及尚未支付的违约金1000万元的主张，本院予以支持”等相关表述，但仍然是基于大宗公司、宗锡晋请求支付第一笔股权

转让款及违约金的诉求，而对于案涉《股权转让协议》是否应进一步继续履行，需要当事人以积极的行为进行主张。圣火矿业公司主张本案符合情势变更原则，协议不应再继续履行，但由于案涉第一笔股权转让款的支付不符合情势变更原则，圣火矿业公司针对第一笔股权转让款项支付的抗辩不能成立。至于案涉《股权转让协议》是否应进一步继续履行、是否应予解除的问题，由于大宗公司、宗锡晋在一审中并没有主张，圣火矿业公司亦未提出反诉，故该部分事项已经超出了本案二审的审理范围，本院不予审理。

案件来源

大宗集团有限公司、宗锡晋与淮北圣火矿业有限公司、淮北圣火房地产开发有限责任公司等股权转让纠纷二审民事判决书，最高人民法院（2015）民二终字第236号，《最高人民法院公报》2016年第6期（总第236期）。

延伸阅读

最高人民法院《关于当前形势下审理民商事合同纠纷案件若干问题的指导意见》（法发〔2009〕40号）

一、慎重适用情势变更原则，合理调整双方利益关系

1. 当前市场主体之间的产品交易、资金流转因原料价格剧烈波动、市场需求关系的变化、流动资金不足等诸多因素的影响而产生大量纠纷，对于部分当事人在诉讼中提出适用情势变更原则变更或者解除合同的请求，人民法院应当依据公平原则和情势变更原则严格审查。

2. 人民法院在适用情势变更原则时，应当充分注意到全球性金融危机和国内宏观经济形势变化并非完全是一个令所有市场主体猝不及防的突变过程，而是一个逐步演变的过程。在演变过程中，市场主体应当对于市场风险存在一定程度的预见和判断。人民法院应当依法把握情势变更原则的适用条件，严格审查当事人提出的“无法预见”的主张，对于涉及石油、焦炭、有色金属等市场属性活泼、长期以来价格波动较大的大宗商品标的物以及股票、期货等风险投资型金融产品标的物的合同，更要慎重适用情势变更原则。

3. 人民法院要合理区分情势变更与商业风险。商业风险属于从事商业活动的固有风险，诸如尚未达到异常变动程度的供求关系变化、价格涨跌等。情势变更是当事人在缔约时无法预见的非市场系统固有的风险。人民法院在判断某种重大客观变化是否属于情势变更时，应当注意衡量风险类型是否属于社会一般观念上的事先无法预见、风险程度是否远远超出正常人的合理预期、风险是否可以防范和控制、交易性质是否属于通常的“高风险高收益”范围等因素，并结合市场的具体情况，在个案中识别情势变更和商业风险。

4. 在调整尺度的价值取向把握上，人民法院仍应遵循侧重于保护守约方的原则。适用情势变更原则并非简单地豁免债务人的义务而使债权人承受不利后果，而是要充分注意利益均衡，公平合理地调整双方利益关系。在诉讼过程中，人民法院要积极引导当事人重新协商，改订合同；重新协商不成的，争取调解解决。为防止情势变更原则被滥用而影响市场正常的交易秩序，人民法院决定适用情势变更原则作出判决的，应当按照最高人民法院《关于正确适用〈中华人民共和国合同法〉若干问题的解释（二）服务党和国家工作大局的通知》（法〔2009〕165号）的要求，严格履行适用情势变更的相关审核程序。

028 受让矿山企业股权后矿业权出现问题，受让人能否拒绝付款

——受让矿山企业股权后未依法行使矿业权产生的法律后果应由受让人自行承担

阅读提示

依约履行合同是诚实信用原则的体现。在无特殊约定的情形下，矿山企业股权受让人在股权变更到其名下后即应支付价款，受让矿山企业后矿业权出现的任何问题均应由受让人自行承担风险。

裁判要旨

矿山企业股权转让人将约定股权变更到受让方名下，并将矿山企业交付受让人后，即按约履行了合同主要义务，受让人的主要合同目的已经实现，转让方应按约定支付转让价款。受让人受让矿山企业股权后未依法行使矿业权产生的法律后果应自行承担。

案情简介

一、钟文荣等 5 人与邓天坤签订股权转让《意向协议》，达成股权转让的意向，钟文荣等 5 人保证祥荣矿业公司《采矿许可证》《安全生产许可证》延续登记，若 2010 年 4 月到期不能延续登记，邓天坤有权要求钟文荣等 5 人无条件退还全部股权转让价款和股权价款溢价转让款，并承担损失。

二、后双方签订《股权转让协议》和《股权溢价转让协议》，约定钟文荣等 5 人将所持有的股权在工商登记机关全部变更给邓天坤后及祥荣公司无债务纠纷、无他人向该公司主张其他权益时，3 日内邓天坤应向钟文荣等 5 人支付股权溢价款。

三、因邓天坤未向钟文荣等支付余欠的 1648 万元股价溢价款，钟文荣等人向长德中院提起诉讼，请求邓天坤按约支付股权溢价款 1648 万元及逾期利息。常德中院判决邓天坤向钟文荣等支付股权溢价转让金 1648 万元。

四、邓天坤不服，上诉至湖南高院，湖南高院判决驳回上诉，维持原判。邓天坤仍不服，向最高人民法院申请再审，最高人民法院裁定驳回邓天坤的再审申请。

裁判要点

第一，《意向协议》中关于办理《采矿许可证》《安全生产许可证》延续登记事项的约定已在《股权溢价转让协议》中发生代替和变更，应以《股权转让协议》和《股权溢价转让协议》为依据认定双方权利义务关系。

第二，2009 年 6 月钟文荣等 5 人在工商部门将祥荣公司约定的股权变更到邓天坤的名下，并将祥荣公司资产交付给邓天坤，邓天坤接受资产后亦实施了生产，钟文荣等 5 人已按约履行了主要合同义务，邓天坤的主要合同目的已经达到。根据双方签订的股权溢价转让协议的约定，涉案股权溢价款支付的条件已成就，邓天坤应按约支付股权溢价款 1648 万元。

第三，因邓天坤变更了采矿规模，由原来采矿 1.50 万吨/年变更为 4.5 万吨/年，原建设项目环境影响评价已无法反映现有采矿规模对环境影响的评价，邓天坤须重新办理新建项目环境影响评价。然而邓天坤在受让股权至原《采矿许可证》到期的 10 个月时间里，没有根据新的采矿规模及时办理建设项目环境影响评价，责任不在钟文荣等 5 人，应由邓天坤自行负责。

实务经验总结

前事不忘，后事之师。为避免未来发生类似败诉，提出如下建议：

一、当事人收购矿山企业股权时，如果企业拥有的矿业权存在不能成功办理延续手续的风险，则可在股权转让合同中明确约定，在截止日期前矿业权无法顺利办理延续如何处理，并可采取将股权转让价款支付与矿业权延续手续挂钩的方式，规避自身风险。

二、收购矿山企业股权应当聘请专业的法律服务机构进行尽职调查，从专业角度核实矿山企业拥有的矿业权是否存在法律瑕疵。

相关法律规定

《中华人民共和国合同法》

第六十条 当事人应当按照约定全面履行自己的义务。

当事人应当遵循诚实信用原则，根据合同的性质、目的和交易习惯履行通知、协助、保密等义务。

以下为该案在最高人民法院审理阶段，裁判文书中“本院认为”部分就该问题的论述：

1. 钟文荣等5人与邓天坤签订的股权转让《意向协议》在前，双方签订的《常德市鼎地祥荣矿业有限公司股权转让协议》（以下简称《股权转让协议》）和《股权溢价转让协议》在后，上述《意向协议》和《股权溢价转让协议》均对祥荣公司的“二证”办理延续登记事项作出了约定，《意向协议》中关于办理“二证”延续登记事项的约定已在《股权溢价转让协议》中发生代替和变更，二审法院以《股权转让协议》和《股权溢价转让协议》为依据认定双方权利义务关系并无不当。

2. 2009年6月钟文荣等5人在工商部门将祥荣公司约定的股权变更到邓天坤的名下，并将祥荣公司资产交付给邓天坤，邓天坤接受资产后亦实施了生产，钟文荣等5人已按约履行了主要合同义务，邓天坤的主要合同目的已经达到。邓天坤向钟文荣等5人支付100万元股权溢价款后，尚有1648万元股权溢价款未支付。根据双方签订的股权溢价转让协议的约定，钟文荣等5人将所持有的股权在工商登记机关全部变更给邓天坤后及祥荣公司无债务纠纷、无他人向该公司主张其他权益时，3日内邓天坤应向钟文荣等5人支付该股权溢价款。从二审查明的事实看，张立忠房屋所受损失已由钟文荣、周吉祥、饶凤园、熊有恒、周平、周沁与当事人协商解决。对于尾矿库征地款29.5379万元及应向常德市鼎城区安全生产监督管理分局缴纳的安全生产风险抵押金（部分尚未实际发生）及向湖南省国土资源厅缴付的地质环境治理备用金77.5万元，是生产经营过程中产生成本或国家规费，不是债务纠纷。综合以上事实，涉案股权溢价款支付的条件已成就，邓天坤应按约支付股权溢价款 1648 万元。邓天坤关于其支付股权溢价转让款的条件没有成就的再审申请理由，与事实不符，违反诚实信用原则，不能成立。

3. 邓天坤认为祥荣公司存在若干故意隐瞒的重大事实，给其造成重大损失，却从未提出将祥荣公司相应股权、资产及相应的经营收益退还给钟文荣、周吉祥、饶凤园、熊有恒、周平、周沁，由钟文荣、周吉祥、饶凤园、熊有恒、周平、周沁退款的要求，仍然继续生产经营，不合常理。关于邓天坤向本院申请再审称钟文荣等 5 人隐瞒了祥荣公司未办理环保立项审批、在 2008 年已经被责令停产、没有尾矿库安全生产许可证的问题。股权转让前，邓天坤对祥荣公司已经过实地考察，对该公司相关证照、资产及矿储量应已审核，股权溢价的定价亦是对祥荣公司在当时所处现状的股权所作的估价，邓天坤对祥荣公司现状及所有证照情形是认可的。且因邓天坤变更了采矿规模，由原来采矿 1.50 万吨/年变更为 4.5 万吨/年，原建设项目环境影响评价亦无法反映现有采矿规模对环境影响的评价，邓天坤也须重新办理新建项目环境影响评价。邓天坤在受让股权至原《采矿许可证》到期的 10 个月时间里，没有根据新的采矿规模及时办理建设项目环境影响评价，责任不在钟文荣等 5 人，应由邓天坤自行负责。祥荣公司虽被责令停产，但其通过整改后在股权转让时已恢复了生产，邓天坤接收祥荣公司后也开展了生产。老尾矿库没有《安全生产许可证》，是老尾矿库已处于闭库阶段，新尾矿库即将启用的时期，双方在股权转让协议中也对新建尾矿库的建设作了约定，对此，邓天坤是明知的，故邓天坤该项再审审理理由，亦不能成立。此外，邓天坤并未提交足以推翻原判决的新证据，对其该项申请再审理由，本院不予支持。

案件来源

邓天坤与钟文荣、周吉祥、饶凤园、熊有恒、周平、周沁股权转让纠纷申请再审民事裁定书，最高人民法院（2013）民申字第 249 号。

029 矿山企业股权“一股二卖”的归属认定

——矿山企业股权转让后未登记，转让人再次处分的，参照无权处分及善意取得的规定处理

阅读提示

矿产企业股权转让后但未办理变更登记，转让人又将股权转让给他人并办理变更登记的，该他人能否取得股权？本案例认为，如果该他人受让股权的行为构成善意取得，则该他人取得股权；如果该他人受让股权的行为不构成善意取得，则原受让人有权追回被处分的股权。

裁判要旨

矿山法人企业股权转让后未办理变更登记，转让人再次处分该股权并办理变更登记的行为属于无权处分。新的受让行为不构成善意取得的，对应的转让合同应当认定无效。

案情简介

一、2013 年 7 月 12 日，国能公司与薛梦懿、薛梦蛟签订合作协议约定：薛梦懿、薛梦蛟有意将持有龙辉公司的全部股权转让给国能公司，双方同意展开一系列合作。履行协议过程中，双方未按协议约定办理股权转让工商变更登记手续。

二、2013 年 10 月 29 日，薛梦懿、薛梦蛟与王如生、薛云琦签订了《探矿权股权转让合同》，将已转让给国能公司的股权再次转让给王如生、薛云琦。12 月 9 日，双方办理了股权变更登记手续，将龙辉公司的股东变更为王如生、薛云琦，将法定代表人变更为王如生。

三、国能公司向西藏高院起诉，请求：确认《合作协议》合法有效；薛梦懿、薛梦蛟履行《合作协议》，为国能公司办理股权变更工商登记手续；确认《探矿权股权转让合同》无效。

四、薛梦懿、薛梦蛟反诉称：由于国能公司怠于履行申请探矿权转让合同批准的义务，故意阻碍合同生效要件的成就，故请求：国能公司赔偿因过错导致合同未

生效给薛梦懿、薛梦蛟造成的经济损失，返还薛梦懿、薛梦蛟交付的物品。

五、西藏高院认为，《合作协议》虽包含股权转让和矿权合作两方面内容，但其实质内容是股权转让，自成立时生效；王如生、薛云琦受让该股权的行为不构成善意取得，《探矿权股权转让合同》属无效。西藏高院判决：《合作协议》合法有效；《探矿权股权转让合同》无效；国能公司支付剩余股权转让价款3083万元；薛梦懿、薛梦蛟及龙辉公司于剩余股权转让价款支付完毕后，配合国能公司并为国能公司办理工商变更登记手续。

六、薛梦懿、薛梦蛟不服，上诉至最高人民法院。最高人民法院判决驳回上诉，维持原判。

裁判要点

法院认定《探矿权股权转让合同》无效的原因在于：

根据《最高人民法院关于适用〈中华人民共和国公司法〉若干问题的规定（三）》（以下简称《公司法解释（三）》）第二十七条第一款及《物权法》第一百零六条规定，公司股权转让后未办理变更登记，出让人再次处分该股权，受让人请求认定处分行为无效的，人民法院可以参照物权法第一百零六条关于无权处分及善意取得的规定处理。即，除非二次受让人符合善意取得的条件，否则股权原受让人有权追回被处分的股权。

本案中，国能公司根据《合作协议》取得龙辉公司股权后未办理工商变更登记，股权出让方薛梦懿、薛梦蛟在此情况下将案涉股权再次转让给王、薛2人。按照上述法律及司法解释规定，薛梦懿、薛梦蛟将股权再次转让的行为属无权处分行为。由于王如生、薛云琦系在明知该股权已经转让给国能公司的情况下与薛梦懿、薛梦蛟完成的股权转让，且系采用欺骗手段获取龙辉公司相关登记资料后办理的股权变更登记，其行为明显不具有善意；此外，王如生、薛云琦受让该股权的价款仅为500万元，不足注册资本5020万元的1/10，与国能公司转让价款4583万元相比也相差巨大，该转让价款应属不合理对价。综合以上事实，王如生、薛云琦受让股权的行为不构成法律规定“善意取得”的条件，薛梦懿、薛梦蛟向其转让股权的行为属无权处分行为，基于该无权处分行为所签订的转让合同应为无效合同。

实务经验总结

前事不忘，后事之师。为避免未来发生类似败诉，提出如下建议：

股权转让人签订股权转让合同后，应当遵循诚实信用原则，全面履行合同。股权转让合同生效后转让人又将该股权转让给他人的，构成无权处分。如果新的受让人基于善意取得制度取得股权，则原受让人有权请求转让人赔偿损失；如果新的受让人不构成善意取得，则原受让人仍享有股权，即使新受让人已办理工商变更登记。

相关法律规定

《中华人民共和国合同法》

第四十四条 依法成立的合同，自成立时生效。

法律、行政法规规定应当办理批准、登记等手续生效的，依照其规定。

《最高人民法院关于适用〈中华人民共和国公司法〉若干问题的规定（三）》

第二十七条 股权转让后尚未向公司登记机关办理变更登记，原股东将仍登记于其名下的股权转让、质押或者以其他方式处分，受让股东以其对于股权享有实际权利为由，请求认定处分股权行为无效的，人民法院可以参照物权法第一百零六条的规定处理。

原股东处分股权造成受让股东损失，受让股东请求原股东承担赔偿责任、对于未及时办理变更登记有过错的董事、高级管理人员或者实际控制人承担相应责任的，人民法院应予支持；受让股东对于未及时办理变更登记也有过错的，可以适当减轻上述董事、高级管理人员或者实际控制人的责任。

《中华人民共和国物权法》

第一百零六条 无处分权人将不动产或者动产转让给受让人的，所有权人有权追回；除法律另有规定外，符合下列情形的，受让人取得该不动产或者动产的所有权：

（一）受让人受让该不动产或者动产时是善意的；

（二）以合理的价格转让；

（三）转让的不动产或者动产依照法律规定应当登记的已经登记，不需要登记的已经交付给受让人。

受让人依照前款规定取得不动产或者动产的所有权的，原所有权人有权向无处分权人请求赔偿损失。

当事人善意取得其他物权的，参照前两款规定。

以下为该案在最高人民法院审理阶段，裁判文书中“本院认为”部分就该问题的论述：

一、关于案涉合作协议及转让合同的性质和效力问题

案涉合作协议的性质应认定为探矿权转让还是股权转让，主要应取决于探矿权

人更名与否的事实以及合作协议约定的内容是否涉及探矿权转让等因素。根据本案查明事实，案涉探矿权系登记在一审被告龙辉公司名下，协议内容中，双方当事人仅约定由薛梦懿、薛梦蛟将其持有龙辉公司的股份转让给国能公司以及与该股权转让相关的事宜，并未涉及探矿权人更名的内容；再者，作为协议转让方的薛梦懿、薛梦蛟，该2人并非案涉探矿权持有人，其无权在协议中处置龙辉公司所持有的探矿权；而作为探矿权人龙辉公司，其并非案涉合作协议的当事人，亦不可能在该协议中进行探矿权转让。协议中虽包括矿产合作的相关内容，但均属基于股权转让所产生的附随权利义务，探矿权人仍系龙辉公司，该协议的实质仍然属于股权转让。因此，本案国能公司与薛梦懿、薛梦蛟所签订的合作协议应认定为股权转让协议，而非探矿权转让协议。关于协议效力，《合同法》第四十四条规定："依法成立的合同，自成立时生效。法律、行政法规规定应当办理批准、登记等手续生效的，依照其规定。"由于本案合作协议属股权转让性质，并不属于法律、行政法规规定应当办理批准、登记等手续生效的情形，协议成立时即生效。协议中双方当事人在第十四条款约定："本协议经各方签署后协议成立，并经各方有权机构批准后生效。"由于协议各方当事人并不存在其他有权机构，当事人自身对协议成立均无异议，即视为批准。因此，根据上述法律规定及当事人约定，本案合作协议依法成立并生效。当事人虽在协议第一条"定义"部分载明："除本协议另有解释外，本协议中出现的下列术语含义如下：……股权转让生效日指经龙辉矿业向工商行政管理局办理完股权转让变更登记之日。"但该约定系当事人对协议术语"股权转让生效日"作相应的解释和备注，约定的内容仅针对协议中出现该术语的相应条款所特指的情形，而并非对合作协议生效条件的约定。一审判决将该约定内容认定为协议生效条件，并认为与当事人约定的其他协议生效条款相矛盾不当，但该认定不影响最终协议效力的认定结果。此外，"西藏政府矿产管理意见"不属于法律法规范畴，不是认定合同效力的依据，案涉合作协议的效力认定不受其约束。

同理，转让合同的性质亦属股权转让合同而非探矿权转让合同。关于转让合同的效力，根据《公司法解释（三）》第二十七条第一款及《物权法》第一百零六条规定，公司股权转让后未办理变更登记，出让人再次处分该股权，受让人请求认定处分行为无效的，人民法院可以参照《物权法》第一百零六条关于无权处分及善意取得的规定处理。即，除非二次受让人符合善意取得的条件，否则股权原受让人有权追回被处分的股权。本案中，国能公司根据合作协议取得龙辉公司股权后未办理工商变更登记，股权出让方薛梦懿、薛梦蛟在此情况下又与王如生、薛云琦签订了转让合同，将案涉股权再次转让给王、薛2人。按照上述法律及司法解释规定，薛梦懿、薛梦蛟将股权再次转让的行为属无权处分行为。由于王如生、薛云琦系在明知该股权已经转让给国能公司的情况下与薛梦懿、薛梦蛟完成的股权转让，且系采用欺骗手段获取龙辉公司相关登记资料后办理的股权变更登记，其行为明显不具有善意；此外，王如生、薛云琦受让该股权的价款仅为500万元，不足注册资本5020万元的1/10，与国能公司转让价款4583万元相比也相差巨大，该转让价款应属不合理对价。综合以上事实，王如生、薛云琦受让股权的行为不构成法律规定“善意取得”的条件，薛梦懿、薛梦蛟向其转让股权的行为属无权处分行为，基于该无权处分行为所签订的转让合同应为无效合同。

综上，上诉人关于案涉合作协议及转让合同系探矿权转让合同，合作协议未生效，而转让合同为有效合同的上诉理由不能成立，本院不予支持。

案件来源

西藏国能矿业发展有限公司与薛梦懿、薛梦蛟等股权转让纠纷二审民事判决书，最高人民法院（2014）民二终字第205号。

延伸阅读

裁判规则一：股权既非动产也非不动产，但可类推适用《物权法》关于善意取得的规定，以维护善意第三人对权利公示之信赖，保障交易秩序的稳定及安全。

案例1：四川京龙建设集团有限公司与简阳三岔湖旅游快速通道投资有限公司等及深圳市合众万家房地产投资顾问有限公司等股权确认纠纷二审民事判决书［最高人民法院（2013）民二终字第29号］认为：“我国《公司法》并未就股权的善意取得制度作出明确的法律规定，但《物权法》第一百零六条规定了动产及不动产的善意取得制度，其立法意旨在于维护善意第三人对权利公示之信赖，以保障交易秩序的稳定及安全。股权既非动产也非不动产，故股权的善意取得并不能直接适用《物权法》第一百零六条之规定。股权的变动与动产的交付公示及不动产的登记公示均有不同。根据《公司法》[①] 第三十三条第三款有关‘公司应当将股东的姓名或者名称及其出资额向公司登记机关登记；登记事项发生变更的，应当办理变更登记。未经登记或者变更登记的，不得对抗第三人’之规定，股权在登记机关的登记具有公示公信的效力。本案中锦云公司及思珩公司的股权已变更登记在合众公司名

① 修订后的《公司法》为第三十二条。

下，华仁公司基于公司股权登记的公示方式而产生对合众公司合法持有锦云公司及思珩公司股权之信赖，符合《物权法》第一百零六条所规定的维护善意第三人对权利公示之信赖，以保障交易秩序的稳定及安全之意旨。故本案可类推适用《物权法》第一百零六条有关善意取得之规定。”

案例 2：杨秀英、邱震钰工商行政管理（工商）再审审查与审判监督行政裁定书［最高人民法院（2016）最高法行申 1286 号］认为：“股权转让亦适用善意取得制度。海南工商局 2009 年 4 月 22 日的股东及股权变更登记行为，虽然违法，但在未被撤销的情况下，刘绍全、杨文林作为股东登记在工商材料中，具有公示公信效力。杨秀英、邱震钰在 2010 年 9 月 20 日从刘绍全、杨文林处受让股权并办理股东及股权变更登记时，并不知晓刘绍全和杨文林未合法取得相应的股权份额，杨秀英、邱震钰基于对工商登记材料的信赖，与刘绍全和杨文林签订《海南西昌农业综合开发有限公司股权转让协议》，主观上是善意的，而且杨秀英、邱震钰已支付了相应的股权转让对价，刘显恩及杨文林、刘洪建、刘洪念对此并无异议，刘显恩在（2012）西昌民初字第 652 号生效民事判决中只是对股权转让款的分配有异议，并且海南工商局已核准了该股东、股权变更登记，故杨秀英、邱震钰从刘绍全和杨文林处受让股权构成善意取得。”

裁判规则二：未支付合理对价的股权受让行为，不构成善意取得。

案例 3：张信泽、周清等股权转让纠纷申请再审民事裁定书［最高人民法院（2016）最高法民申 828 号］认为：“张信泽受让股权后，没有向出让方蒋凤臣支付股权转让款。依据法律规定，善意取得的条件之一是已支付了合理的对价。而张信泽在没有向转让方蒋凤臣支付股权转让款的情况下，占有名义上为蒋凤臣持有实际为张晓一享有的股权，不符合善意取得的法定要件。”

案例 4：海南迪发天然剑麻制品有限公司与中国建设银行股份有限公司阳泉分行、阳泉市矿区建达物资贸易中心、海南证券交易中心清算组、海南证华非上市公司股权登记服务有限公司股权纠纷申请再审民事裁定书［最高人民法院（2012）民再申字第 179 号］认为：“关于迪发公司受让股权是否构成善意取得的问题。首先，诉争股权于 1998 年被郑荣等人非法转让到三亚天元装饰有限责任公司名下，该行为构成违法应无疑义。此后，诉争股权又先后转让给海口顺旺来贸易有限公司、迪发公司。在 3 次股权转让中，股价均为每股 0.1 元，总价仅 2 万元。而根据海南椰岛（集团）股份有限公司审计报告反映，上述股权在当时每股净值应为 1.2 元，法人股股息 4.8 万元（城海公司已领取 2 万元，尚余 2.8 万元未领取），总计 26.8 万元。由于海口顺旺来贸易有限公司、迪发公司受让诉争股权的价格均远低于其实际价值，故原再审判决认定迪发公司不构成善意取得并无不当，迪发公司应将诉争股权返还建达物贸。”

030 如何区分矿山企业股权转让与矿业权转让

——判断属于矿业权转让还是股权转让，取决于矿业权人是否更名及合同内容是否涉及矿业权转让

阅读提示

由于矿业权转让须按规定进行审批，实践中可采取转让矿山法人企业股权的方式实现控制矿业权的目的。本案例确立了矿业权转让与矿山法人企业股权转让的区分标准，对设计该类交易结构的当事人具有重要参考价值。

裁判要旨

当事人签订的合同应认定为探矿权转让还是股权转让，主要应取决于探矿权人更名与否的事实以及合同约定的内容是否涉及探矿权转让等因素。

案情简介

一、2013 年 7 月 12 日，国能公司与薛梦懿、薛梦蛟签订合作协议约定：薛梦懿、薛梦蛟有意将持有龙辉公司的全部股权转让给国能公司，双方同意展开一系列合作。履行协议过程中，双方未按协议约定办理股权转让工商变更登记手续。

二、2013 年 10 月 29 日，薛梦懿、薛梦蛟与王如生、薛云琦签订了《探矿权股权转让合同》，将已转让给国能公司的股权再次转让给王如生、薛云琦。12 月 9 日，双方办理了股权变更登记手续，将龙辉公司的股东变更为王如生、薛云琦，将法定代表人变更为王如生。

三、国能公司向西藏高院起诉，请求：确认《合作协议》合法有效；薛梦懿、薛梦蛟履行《合作协议》，为国能公司办理股权变更工商登记手续；确认《探矿权股权转让合同》无效。

四、薛梦懿、薛梦蛟反诉称：由于国能公司怠于履行申请探矿权转让合同批准的义务，故意阻碍合同生效要件的成就，故请求：国能公司赔偿因过错导致合同未

生效给薛梦懿、薛梦蛟造成的经济损失，返还薛梦懿、薛梦蛟交付的物品。

五、西藏高院认为，《合作协议》虽包含股权转让和矿权合作两方面内容，但其实质内容是股权转让，自成立时生效；王如生、薛云琦受让该股权的行为不构成善意取得，《探矿权股权转让合同》属无效。西藏高院判决：《合作协议》合法有效；《探矿权股权转让合同》无效；国能公司支付剩余股权转让价款3083万元；薛梦懿、薛梦蛟及龙辉公司于剩余股权转让价款支付完毕后配合国能公司并为国能公司办理工商变更登记手续。

六、薛梦懿、薛梦蛟不服，上诉至最高人民法院。最高人民法院判决驳回上诉，维持原判。

裁判要点

法院认定《合作协议》的性质属于股权转让合同的原因在于：

案涉《合作协议》的性质应认定为探矿权转让还是股权转让，主要应取决于探矿权人更名与否的事实以及《合作协议》约定的内容是否涉及探矿权转让等因素。根据本案查明事实，案涉探矿权系登记在龙辉公司名下，协议内容中，双方当事人仅约定由薛梦懿、薛梦蛟将其持有龙辉公司的股份转让给国能公司以及与该股权转让相关的事宜，并未涉及探矿权人更名的内容；再者，作为协议转让方的薛梦懿、薛梦蛟，该2人并非案涉探矿权持有人，其无权在协议中处置龙辉公司所持有的探矿权；而作为探矿权人龙辉公司，其并非《合作协议》的当事人，亦不可能在该协议中进行探矿权转让。协议中虽包括矿产合作的相关内容，但均属基于股权转让所产生的附随权利义务，探矿权人仍系龙辉公司，该协议的实质仍然属于股权转让。因此，本案国能公司与薛梦懿、薛梦蛟所签订的《合作协议》应认定为股权转让协议，而非探矿权转让协议。

关于协议效力，《合同法》第四十四条规定："依法成立的合同，自成立时生效。法律、行政法规规定应当办理批准、登记等手续生效的，依照其规定。"由于本案《合作协议》属股权转让性质，并不属于法律、行政法规规定应当办理批准、登记等手续生效的情形，协议成立时即生效。

实务经验总结

前事不忘，后事之师。为避免未来发生类似败诉，提出如下建议：

当事人可通过股权收购的方式成为目标企业控股股东，从而达到实际控制目标企业矿业权的目的。但是需注意的是，股权转让合同不应涉及矿业权转让，否则应按相关规定办理矿业权转让的审批手续，相关合同条款也不当然生效。

相关法律规定

《中华人民共和国合同法》

第四十四条 依法成立的合同，自成立时生效。

法律、行政法规规定应当办理批准、登记等手续生效的，依照其规定。

以下为该案在最高人民法院审理阶段，裁判文书中“本院认为”部分就该问题的论述：

一、关于案涉合作协议及转让合同的性质和效力问题

案涉合作协议的性质应认定为探矿权转让还是股权转让，主要应取决于探矿权人更名与否的事实以及合作协议约定的内容是否涉及探矿权转让等因素。根据本案查明事实，案涉探矿权系登记在一审被告龙辉公司名下，协议内容中，双方当事人仅约定由薛梦懿、薛梦蛟将其持有龙辉公司的股份转让给国能公司以及与该股权转让相关的事宜，并未涉及探矿权人更名的内容；再者，作为协议转让方的薛梦懿、薛梦蛟，该2人并非案涉探矿权持有人，其无权在协议中处置龙辉公司所持有的探矿权；而作为探矿权人龙辉公司，其并非案涉合作协议的当事人，亦不可能在该协议中进行探矿权转让。协议中虽包括矿产合作的相关内容，但均属基于股权转让所产生的附随权利义务，探矿权人仍系龙辉公司，该协议的实质仍然属于股权转让。因此，本案国能公司与薛梦懿、薛梦蛟所签订的合作协议应认定为股权转让协议，而非探矿权转让协议。关于协议效力，合同法第四十四条规定：“依法成立的合同，自成立时生效。法律、行政法规规定应当办理批准、登记等手续生效的，依照其规定。”由于本案合作协议属股权转让性质，并不属于法律、行政法规规定应当办理批准、登记等手续生效的情形，协议成立时即生效。协议中双方当事人在第十四条14.1款约定：“本协议经各方签署后协议成立，并经各方有权机构批准后生效。”由于协议各方当事人并不存在其他有权机构，当事人自身对协议成立均无异议，即视为批准。因此，根据上述法律规定及当事人约定，本案合作协议依法成立并生效。当事人虽在协议第一条“定义”部分载明：“除本协议另有解释外，本协议中出现的下列术语含义如下：……股权转让生效日指经龙辉矿业向工商行政管理局办理完股权转让变更登记之日”，但该约定系当事人对协议术语“股权转让生效日”作相应的解释和备注，约定的内容仅针对协议中出现该术语的相应条款所特指的情形，而并非对合作协议生效条件的约定。一审判决将该约定内容认定为协议生效条

件，并认为与当事人约定的其他协议生效条款相矛盾不当，但该认定不影响最终协议效力的认定结果。此外，“西藏政府矿产管理意见”不属法律法规范畴，不是认定合同效力的依据，案涉合作协议的效力认定不受其约束。

同理，转让合同的性质亦属股权转让合同而非探矿权转让合同。关于转让合同的效力，根据《最高人民法院关于适用〈中华人民共和国公司法〉若干问题的规定（三)》第二十七条第一款及《物权法》第一百零六条规定，公司股权转让后未办理变更登记，出让人再次处分该股权，受让人请求认定处分行为无效的，人民法院可以参照《物权法》第一百零六条关于无权处分及善意取得的规定处理。即，除非二次受让人符合善意取得的条件，否则股权原受让人有权追回被处分的股权。本案中，国能公司根据合作协议取得龙辉公司股权后未办理工商变更登记，股权出让方薛梦懿、薛梦蛟在此情况下又与王如生、薛云琦签订了转让合同，将案涉股权再次转让给王、薛2人。按照上述法律及司法解释规定，薛梦懿、薛梦蛟将股权再次转让的行为属无权处分行为。由于王如生、薛云琦系在明知该股权已经转让给国能公司的情况下与薛梦懿、薛梦蛟完成的股权转让，且系采用欺骗手段获取龙辉公司相关登记资料后办理的股权变更登记，其行为明显不具有善意；此外，王如生、薛云琦受让该股权的价款仅为500万元，不足注册资本5020万元的1/10，与国能公司转让价款4583万元相比也相差巨大，该转让价款应属不合理对价。综合以上事实，王如生、薛云琦受让股权的行为不构成法律规定“善意取得”的条件，薛梦懿、薛梦蛟向其转让股权的行为属无权处分行为，基于该无权处分行为所签订的转让合同应为无效合同。

综上，上诉人关于案涉合作协议及转让合同系探矿权转让合同，合作协议未生效，而转让合同为有效合同的上诉理由不能成立，本院不予支持。

案件来源

西藏国能矿业发展有限公司与薛梦懿、薛梦蛟等股权转让纠纷二审民事判决书，最高人民法院（2014）民二终字第205号。

延伸阅读

认定不涉及矿业权主体变更的矿山企业股权转让合同无需履行行政审批手续，合同自成立即生效的案例：

案例1：大宗集团有限公司、宗锡晋与淮北圣火矿业有限公司、淮北圣火房地产开发有限责任公司、涡阳圣火房地产开发有限公司股权转让纠纷二审民事判决书［最高人民法院 2016 年 06 期，（2015）民二终字第 236 号］认为：“双方在协议中约定，大宗公司、宗锡晋将合法持有宿州宗圣公司和淮北宗圣公司各 44%的股权全部转让给圣火矿业公司，圣火矿业公司支付转让款项。3 处煤炭资源的探矿权许可证和采矿权许可证始终在两个目标公司名下，不存在变更、审批的问题。《股权转让协议》签订后，圣火矿业公司也实际控制了两个目标公司，实现了合同目的。因此，双方系股权转让的法律关系，圣火矿业公司主张本案系转让探矿权，因未经审批合同未生效，对该主张，本院不予支持。”

案例 2：李克林与黄兴虎、杨万华等股权转让纠纷申诉、申请民事裁定书［最高人民法院（2015）民申字第 2672 号］认为：“采矿权主体在目标公司股份转让前后并没有发生任何变更，始终属于目标公司。我国矿产资源法确实规定了采矿权转让须经依法批准，但本案并不存在寻甸金林钛矿有限公司转让其依法取得的采矿权的事实，杨万华、黄兴虎并没有通过《股权转让协议》从寻甸金林钛矿有限公司处受让采矿权，杨万华、黄兴虎作为股权受让方是通过股东身份而参与目标公司的经营管理，并通过目标公司享有的采矿权而获得其相应的投资利益。因此，虽然转让协议中约定了转让采矿权的内容，但事实上采矿权并未在当事人之间进行转让，涉案转让协议的实质仍为股权转让而非采矿权转让，故原审判决认定转让协议合法有效并无不当，黄兴虎关于本案转让协议应认定无效的主张缺乏事实和法律依据，本院不予支持。”

案例 3：艾梅、张新田与刘小平、王鲜、武丕雄、张宏珍、折奋刚股权转让纠二审民事判决书［最高人民法院（2014）民二终字第 48 号］认为：“双方就转让工贸公司的股权达成了一致的意思表示，刘小平作为受让方依照约定向张新田支付了部分股权转让款，双方亦在工商管理部门进行了股东变更登记。协议中虽有刘小平进入榆林市常乐堡煤矿、刘小平变更为常乐堡矿业公司董事等相关约定，但该约定属双方为履行股权转让协议而设定的条件，并不改变刘小平受让工贸公司股权的交易性质及事实。工贸公司系常乐堡矿业公司的股东，采矿权也始终登记在常乐堡矿业公司的名下，因此，本案的股权转让协议不存在转让采矿权的内容，实际履行中亦没有实施转让采矿权的行为，艾梅、张新田的该项上诉理由没有事实和法律依据，本院不予支持。”

案例 4：王能新与徐春勤、青海南部矿业有限公司与西北有色地质勘查局物化探总队、中国冶金地质总局西北地质勘查院的股权转让纠纷申请再审民事裁定书［最高人民法院（2014）民申字第 1421 号］认为：“由于法人的财产独立于股东，股东不能直接支配矿业权，仅股权的变化不能认定为矿业权人的变化，一、二审判决查明的事实以及王能新自己提交的证据均能证明在本案股权转让前后，矿业权人没有发生变化，故涉案合同属于股权转让合同而非矿业权转让合同。法律并未禁止民事主体通过转让股权的形式，成为享有矿业权的法人的股东。当事人通过股权转让间接变更对矿业权的实际经营，在股权转让不影响矿业权归属的情况下，一方当事人以合同双方真实意思是变更矿业权人，进而主张合同无效，不能予以支持。”

案例 5：李丽等与谭弟虎等股权转让纠纷二审民事判决书［重庆市高级人民法院（2014）渝高法民终字第 00186 号］认为：“首先，从合同的订立来看，《股权转让协议》是各方当事人协商一致而订立，是黄启梅、卢海民、余丁可、谭弟虎与嵩康公司、李丽、彭玥的真实意思表示。其次，从合同的约定来看，《股权转让协议》是双方关于股权转让的约定，并无探矿权转让的约定。因此，不能以探矿权转让的禁止性规定否认该协议的效力。”

031 矿山企业股权转让未过户，受让人能否请求解除转让合同

——矿山企业股权受让人已实际控制企业经营，即使仍有部分股权未变更登记，受让人也无权解除股权转让合同

阅读提示

根据《中华人民共和国合同法》第九十四条的规定，当事人一方迟延履行债务或者有其他违约行为致使不能实现合同目的，对方有权解除合同。在矿山企业股权转让交易中，股权未变更登记，受让人能否依据该规定解除股权转让合同？本案例仅有部分股权未转让，但受让人的主要目的已经实现，法院据此认为受让人不享有解除权。

裁判要旨

矿山企业股权转让后，虽部分股权未办理变更登记，但受让人已实际上掌握企业重大经营管理及经营决策权的，受让人无权请求解除股权转让合同。

案情简介

一、囿源公司与西洋肥业签订《股权转让合同书》，约定囿源公司将囿源公司

开阳县热水地带磷矿、热水（矿泉水）铅锌矿勘查中所占股份比例100%股权转让给西洋肥业。合同签订后，杨绍亮、刘忠全将囿源公司60%的股权变更至西洋肥业指定的胡华峰名下，囿源公司法定代表人变更为西洋肥业指定的胡华峰，公司印章移交给西洋肥业。

二、后西洋肥业没有就囿源公司40%股权的变更催告杨绍亮、刘忠全，杨绍亮、刘忠全也没有提交证据表明2人就囿源公司40%股权变更通知西洋肥业。

三、西洋肥业向贵阳中院提起诉讼，请求解除《股权转让合同书》，杨绍亮、刘忠全返还西洋肥业已支付的转让款720万元。贵阳中院认为，杨绍亮、刘忠全在签订合同后一直未将囿源公司的股份完全变更在西洋肥业名下，使西洋肥业至今5年之久未完全掌控囿源公司，没有实现西洋肥业签订合同的目的，遂判决：解除《股权转让合同书》；杨绍亮、刘忠全返还西洋肥业已支付的转让款720万元。

四、杨绍亮、刘忠全不服，向贵州高院提起上诉。贵州高院认为，对于囿源公司40%股权未及时变更的结果，双方均有责任；西洋肥业实际上掌握了囿源公司经营管理及经营决策权，签订合同的主要目的已经实现。贵州高院判决撤销贵阳中院一审判决，驳回西洋肥业的诉讼请求。

五、西洋肥业不服，向最高人民法院申请再审，最高人民法院裁定驳回其再审申请。

裁判要点

第一，双方当事人对于囿源公司40%股权未过户均有过错。2005年1月13日，囿源公司召开股东会议将法定代表人由杨绍亮变更为西洋肥业指定的胡华峰。随后，杨绍亮、刘忠全将囿源公司印章、勘察图纸等重要资料移交给西洋肥业。同年1月17日，工商变更登记法定代表人，囿源公司60%股权亦过户至胡华峰名下。西洋肥业于2005年5月至7月组织对囿源公司探矿区域进行勘探，证明西洋肥业已经实际控制囿源公司。根据《中华人民共和国公司法》《中华人民共和国公司登记管理条例》第二十七条、第三十五条等有关规定，公司股权变更需公司法定代表人同意并签署变更登记申请书、加盖公司印章，而囿源公司法定代表人已变更为西洋肥业指定的胡华峰，公司印章也移交给西洋肥业，故杨绍亮、刘忠全无法单独完成囿源公司40%股权的工商变更登记，西洋肥业也没有催告杨绍亮、刘忠全协助办理股权变更登记。

第二，西洋肥业签订合同的主要目的已经实现，《股权转让合同》不应解除。西洋肥业支付720万元首期款后获得囿源公司60%的股权，并开始在囿源公司热水地带探矿范围内进行勘察，其指定的胡华锋为圄源公司的法定代表人，西洋肥业实际上掌握了圄源公司的重大经营管理及经营决策权，因此杨绍亮、刘忠全保留40%的股权并没有妨碍西洋肥业在圄源公司实现其股东权利。

实务经验总结

前事不忘，后事之师。为避免未来发生类似败诉，提出如下建议：

根据《中华人民共和国合同法》的相关规定，当事人可基于约定解除权或者法定解除权解除合同，享有法定解除权的情形包括：(1) 因不可抗力致使不能实现合同目的；(2) 在履行期限届满之前，当事人一方明确表示或者以自己的行为表明不履行主要债务；(3) 当事人一方迟延履行主要债务，经催告后在合理期限内仍未履行；(4) 当事人一方迟延履行债务或者有其他违约行为致使不能实现合同目的；(5) 法律规定的其他情形。其中，一方的违约行为只有达到不能实现合同目的的程度，对方才享有法定解除权。

相关法律规定

《中华人民共和国公司登记管理条例》

第二十七条 公司申请变更登记，应当向公司登记机关提交下列文件：

(一) 公司法定代表人签署的变更登记申请书；

(二) 依照《公司法》作出的变更决议或者决定；

(三) 国家工商行政管理总局规定要求提交的其他文件。

公司变更登记事项涉及修改公司章程的，应当提交由公司法定代表人签署的修改后的公司章程或者公司章程修正案。

变更登记事项依照法律、行政法规或者国务院决定规定在登记前须经批准的，还应当向公司登记机关提交有关批准文件。

以下为该案在最高人民法院审理阶段，裁判文书中"本院认为"部分就该问题的论述：

(一) 关于二审判决认定双方当事人对于圄源公司40%股权未过户均有过错是否缺乏证据证明的问题

本院认为：《股权转让合同书》中只约定了合同签订7日内，西洋肥业支付首期款720万元，而余款480万元，则"待甲方（圄源公司）把公司股权变更到乙方（西洋肥业）名下后全部付清"，并未约定在什么期限内变更股权、支付股权转让余款。2004年12月2日，双方签订《股权转让合同书》，同年12月7日，西洋肥业支付首期款720万元。在双方变更囿源公司的相关工商登记时，西洋肥业只提供了胡华峰一人的证件。2005年1月13日，囿源公司召开股东会议将法定代表人由杨绍亮变更为西洋肥业指定的胡华峰。随后，杨绍亮、刘忠全将囿源公司印章、勘察图纸等重要资料移交给西洋肥业。同年1月17日，工商变更登记法定代表人，囿源公司60%股权亦过户至胡华峰名下。西洋肥业于2005年5月至7月组织对囿源公司探矿区域进行勘探，证明西洋肥业已经实际控制囿源公司。根据《中华人民共和国公司法》《中华人民共和国公司登记管理条例》第二十七条、第三十五条等有关规定，公司股权变更需公司全体股东同意、公司法定代表人同意并签署变更登记申请书、需要加盖公司印章，而囿源公司法定代表人已变更为西洋肥业指定的胡华峰，公司印章也移交给西洋肥业，故杨绍亮、刘忠全无法单独完成囿源公司40%股权的工商变更登记，西洋肥业也没有催告杨绍亮、刘忠全协助办理股权变更登记。因此，二审判决认定双方当事人对于囿源公司剩余40%股权未变更均有过错，并无不当。

（二）关于二审判决适用法律是否确有错误的问题

本院认为：根据前述分析，二审判决认定双方的法律关系为股权转让关系并无不当，该转让行为不违反法律规定，二审判决适用法律正确。西洋肥业一审起诉主张解除合同，向本院申请再审时又主张撤销合同。根据《中华人民共和国合同法》第五十四条的规定，只有在重大误解、显失公平、一方以欺诈、胁迫的手段或者乘人之危使对方在违背真实意思的情况下订立的合同，当事人一方才有权请求法院变更或者撤销。现西洋肥业并未提供足够证据证明订立《股权转让合同书》时存在上述情形，其主张撤销权缺乏事实基础。又根据《中华人民共和国合同法》第五十五条第一项的规定，具有撤销权的当事人自知道或者应当知道撤销事由之日起1年内没有行使撤销权的，撤销权消灭。西洋肥业未在法定期限内向法院主张撤销《股权转让合同书》。因此，西洋肥业关于撤销《股权转让合同书》的主张不应支持，二审判决适用法律并无不当。

案件来源

申请再审人贵州西洋肥业有限公司与被申请人杨绍亮、刘忠全股权纠纷申请再审民事裁定书，最高人民法院（2012）民申字第526号。

032 转让股权阴阳合同偷逃税款，合同是否有效

——矿山企业股权转让未缴纳相关税费，转让合同并不因此而无效

阅读提示

股权转让应当缴纳所得税、印花税等税费，如果当事人在转让过程中存在逃避税收的行为，转让合同是否无效？最高人民法院认为，逃避税收的行为并不会导致转让合同无效。但是当事人应当特别注意，逃避税收将遭受税务行政处罚，甚至刑事处罚。

裁判要旨

当事人的股权转让行为应缴纳相关税费而未缴纳，属于行政处罚调整的范围，并不导致转让协议的无效。

案情简介

一、2007 年 12 月 26 日，永昌公司与博峰公司签订《整体收购博峰公司协议》约定，永昌公司以总价款 7000 万元收购博峰公司及其名下的小中甸镇和平铁矿 100%矿权。

二、2008 年 1 月 15 日，博峰公司股东林毅、程启开、拉茸春平作为甲方、永昌公司作为乙方签订《股权转让协议》，约定甲方以总价 1000 万元向乙方转让其在博峰公司持有的 100%的股份。

三、协议签订后，永昌公司支付了 7000 万元转让款，双方已办理了 100%的股权变更登记手续，将博峰公司的股东由林毅、程启开、拉茸春平变更为永昌公司。双方均认可实际履行的转让款为《整体收购博峰公司协议》所约定的 7000 万元，但办理相关手续时系按照《股权转让协议》中载明的 1000 万元，少缴了其余 6000 万元部分的税款。

四、永昌公司向云南高院提起诉讼，主张双方所签订的协议中存在违反国家法律规定的条款，其内容已损害了国家利益，请求：确认《整体收购博峰公司协议》及其相关补充协议无效；林毅等连带返还永昌公司 7000 万元，并承担银行贷款利

息及实际费用支出2000万元。云南高院认为，永昌公司与林毅等所签协议系当事人之间协商一致后自愿签订，且未违反我国法律法规的禁止性规定，应认定合法有效，遂判决驳回永昌公司的诉讼请求。

五、永昌公司不服，上诉至最高人民法院。最高人民法院判决驳回上诉，维持原判。

裁判要点

法院认定案涉合同有效的原因在于：

第一，以转让公司及股权的方式实现企业资产转让，不违反国家强制性规定。从本案双方当事人签订的《整体收购博峰公司协议》《股权转让协议》及相关补充协议内容看，双方当事人的真实意思系转让博峰公司的全部股权，永昌公司因此取得博峰公司及其全部资产的控制权，包括属于无形资产的探矿权。目前尚无对此类变化应办理相关审批手续的规定。

第二，逃避税收并不会导致股权转让协议无效。如果依照国家税收管理规定，当事人的转让行为应缴纳相关税费而未缴纳，其属于行政处罚调整的范围，并不导致转让协议的无效。

实务经验总结

前事不忘，后事之师。为避免未来发生类似败诉，提出如下建议：

虽然逃避税收不影响股权转让合同的效力，但是逃避税收将会遭受行政处罚，甚至承担刑事责任。因此当事人在股权转让交易中应当按照相关税收管理规定缴纳税收。

相关法律规定

《中华人民共和国税收征收管理法》

第六十三条第一款　纳税人伪造、变造、隐匿、擅自销毁帐簿、记帐凭证，或者在帐簿上多列支出或者不列、少列收入，或者经税务机关通知申报而拒不申报或者进行虚假的纳税申报，不缴或者少缴应纳税款的，是偷税。对纳税人偷税的，由税务机关追缴其不缴或者少缴的税款、滞纳金，并处不缴或者少缴的税款百分之五十以上五倍以下的罚款；构成犯罪的，依法追究刑事责任。

**以下为该案在最高人民法院审理阶段，裁判文书中“本院认为”部分就该问题的论述：

（一）关于当事人所签协议的性质和效力问题。从本案双方当事人签订的《整体收购博峰公司协议》《股权转让协议》及相关补充协议内容看，双方当事人的真实意思系转让博峰公司的全部股权，永昌公司因此取得博峰公司及其全部资产的控制权。包括属于无形资产的探矿权。本院认为，股权转让均会伴随资产控制权的主体发生变化。由于目前尚无对此类变化应办理相关审批手续的规定，因此，以转让公司及股权的方式实现企业资产转让的，不违反国家强制性规定。关于逃避税收问题。如果依照国家税收管理规定，当事人的转让行为应缴纳相关税费而未缴纳，其属于行政处罚调整的范围，并不导致转让协议的无效。故一审判决认定双方当事人签订的《整体收购博峰公司协议》《股权转让协议》及相关补充协议有效是正确的。永昌公司该项上诉请求法律依据不足，不予支持。

（二）关于永昌公司请求返还9000万元款项问题。本院认为，《整体收购博峰公司协议》《股权转让协议》及相关补充协议为有效合同，当事人应依约履行，而本案合同已实际履行完毕，且永昌公司没有提供证据证明，博峰公司债务纠纷案件给永昌公司造成实际损失。另，2011年7月11日，迪庆中院已作出（2009）迪法执字第02—7号民事裁定书，解除了对博峰公司小中甸和平铁矿探矿权的查封，其探矿权仍归博峰公司所有。鉴此，永昌公司请求返还已支付的7000万元及贷款利息、实际支出2000万元款项，理由不成立，应予驳回。

案件来源

昆明安宁永昌物资经贸集团有限公司与香格里拉县博峰矿业有限责任公司、林毅、程启开、拉茸春平、云南恒达华星矿业有限公司企业出售合同纠纷二审民事判决书，最高人民法院（2012）民一终字第98号。

延伸阅读

认定逃避税收行为不影响股权转让合同效力的案例：

案例1：张树林与龙蟒矿冶公司、张启华股权转让纠纷二审民事判决书［四川省高级人民法院（2014）川民终字第381号］认为："双方在《关于四川龙蟒矿冶有限责任公司收购盐边县恒辉煤业有限责任公司股东全部股权的协议书》中约定以向华羽天成公司支付项目合作款的方式支付股权转让款，虽然存在逃避税收、损害国家利益之嫌，但该约定系各方共同意思表示，如确有逃避税收行为，则各方应当依照相关法律、行政法规之规定承担相应责任，并不影响各方之间关于股权转让协议的效力。现张树林、张启华以此为据主张股权转让协议无效，理由不足，本院依法不予支持。”

案例 2：和田控股有限公司、安华洲利实业发展（深圳）有限公司与深圳市金来顺集团有限公司股权转让纠纷上诉案［广东省高级人民法院（2012）粤高法民四终字第 64 号］认为：“《股权转让协议》约定金来顺公司是以承担安华洲利公司债务方式来受让股权，安华洲利公司的全部债务金额为人民币 1.7 亿元人民币，而股权转让价款仅为 1.45 亿元。首先，该种股权转让模式并不为法律禁止；其次，和田控股公司在实际转让中并未获取利益。因此，协议中关于双方应另行签订用于外资审批和工商变更登记之用、股权转让价款确定为 1 元的《股权转让合同》的约定不存在损害国家税收利益，从而应确认《股权转让协议》无效的情形。安华洲利公司、和田控股公司上诉认为该协议存在规避法律、逃避税收、损害国家利益行为，应确认无效的理由缺乏事实和法律依据，本院不予采纳。”

033 转让矿山合伙企业全部财产份额是否需报批

——转让矿山合伙企业全部财产份额应履行矿业权转让行政审批手续，否则合同不生效

阅读提示

关于矿山合伙企业合伙人转让财产份额是否需报批的问题，经分析最高人民法院相关案例，可梳理出裁判规则如下：若转让矿山合伙企业全部财产份额，则应履行矿业权转让行政审批手续（主文案例）；但若转让矿山合伙企业部分财产份额，则无需报批（延伸阅读案例）。

裁判要旨

矿山合伙企业全部财产份额的转让将导致原投资合伙人全部退出该企业，采矿许可证亦需要进行相应变更，转让协议应定性为采矿权转让合同。而采矿权的变更必须经由地质矿产主管部门的行政审批，故应按照采矿权转让的规定对转让合同效力进行审查。

案情简介

一、柳振金、马敏奎出资设立了大宏山煤矿（合伙企业），取得采矿权人为威宁县大宏山煤矿（柳振金）的采矿许可证。2011 年，柳振金、马敏奎与肥矿光大公司签订《煤矿股权转让协议》，约定由柳振金、马敏奎先将大宏山煤矿重组为有限公司，然后公司股权转让给肥矿光大公司，转让总价款 10670 万元。肥矿光大公司已依约支付了转让款共计 4500 万元。

二、2014 年，肥矿光大公司向贵州高院起诉称，在办理采矿权变更登记手续过程中，肥矿光大公司发现大宏山煤矿不具备采矿权转让的法定条件，合同目的无法实现，造成巨大经济损失。故请求判令：解除《煤矿股权转让协议》；柳振金、马敏奎返还肥矿光大公司已经支付的转让款 4500 万元，赔偿肥矿光大公司损失 4000 万元。

三、贵州高院经审理认为，双方通过交接行为，已将案涉协议中股权转让的内容变更为合伙企业份额转让，案涉协议应当定性为采矿权转让协议。因本案当事人未办理审批手续，故案涉协议未生效。而案涉协议的解除系肥矿光大公司怠于履行案涉协议中约定的报批义务造成的。故判决：解除《煤矿股权转让协议》；柳振金、马敏奎返还肥矿光大公司已付转让款 4500 万元。

四、肥矿光大公司不服贵州高院判决，上诉至最高人民法院，请求依法判决柳振金、马敏奎赔偿肥矿光大公司损失 4000 万元。最高人民法院判决驳回上诉，维持原判。

裁判要点

本案值得关注的焦点是矿产合伙企业合伙人将全部财产份额对外转让，应按照采矿权转让的规定对转让合同的效力进行审查。具体理由是：一般合伙企业财产份额转让并没有行政审批的要求，但矿山合伙企业全部财产份额的转让将导致原投资合伙人全部退出该企业，原登记在矿山合伙企业名下的采矿许可证亦需要进行相应变更，而采矿权的变更必须经由地质矿产主管部门的行政审批。因此，在矿山合伙企业投资人转让其全部财产份额、采矿权主体发生变更的情况下，转让合同应定性为采矿权转让合同，应按照采矿权转让的规定对转让合同的效力进行审查。而本案双方当事人并未办理采矿权转让审批手续，故最高人民法院认定《煤矿股权转让协议》未生效。

关于《煤矿股权转让协议》解除的问题。首先，由于地方政策变更，地质矿产主管部门已明确对该转让不予批准，受让人肥矿光大公司可以据此以合同目的不能实现为由请求解除合同。其次，《煤矿股权转让协议》约定的报批义务人为肥矿光大公司，合同解除的主要原因是肥矿光大公司怠于履行报批义务，致使案涉采矿权由于政策调整已不能变更到自己名下，故肥矿光大公司因履行该协议产生的损失，应当由其自行承担。再次，肥矿光大公司在《煤矿股权转让协议》未报请地质矿产主管部门审批生效的情况下，即对煤矿进行投资，本身具有过错，而且在肥矿光大公司接管案涉煤矿后，柳振金、马敏奎已不能影响其投资行为，对肥矿光大公司主张的该部分损失并没有过错。因此，法院对肥矿光大公司诉请赔偿损失 4000 万元不予支持。

实务经验总结

前事不忘，后事之师。为避免未来发生类似败诉，提出如下建议：

一、矿山合伙企业合伙人将合伙企业的全部财产份额对外转让，应当按照矿业权转让的审批程序报请地质矿产主管部门批准，否则转让合同属于未生效的合同。

二、合同解除的损失应根据合同当事人的过错分担。因此合同解除后当事人请求对方赔偿损失，应提供充分证据证明对方对造成己方损失存在过错。否则法院将不支持赔偿损失的请求。

相关法律规定

《中华人民共和国矿产资源法》

第六条第一款 除按下列规定可以转让外，探矿权、采矿权不得转让：

（一）探矿权人有权在划定的勘查作业区内进行规定的勘查作业，有权优先取得勘查作业区内矿产资源的采矿权。探矿权人在完成规定的最低勘查投入后，经依法批准，可以将探矿权转让他人。

（二）已取得采矿权的矿山企业，因企业合并、分立，与他人合资、合作经营，或者因企业资产出售以及有其他变更企业资产产权的情形而需要变更采矿权主体的，经依法批准可以将采矿权转让他人采矿。

《探矿权采矿权转让管理办法》

第十条 申请转让探矿权、采矿权的，审批管理机关应当自收到转让申请之日起 40 日内，作出准予转让或者不准转让的决定，并通知转让人和受让人。

准予转让的，转让人和受让人应当自收到批准转让通知之日起60日内，到原发证机关办理变更登记手续；受让人按照国家规定缴纳有关费用后，领取勘查许可证或者采矿许可证，成为探矿权人或者采矿权人。

批准转让的，转让合同自批准之日起生效。

不准转让的，审批管理机关应当说明理由。

《最高人民法院关于适用〈中华人民共和国合同法〉若干问题的解释（一）》

第九条 依照合同法第四十四条第二款的规定，法律、行政法规规定合同应当办理批准手续，或者办理批准、登记等手续才生效，在一审法庭辩论终结前当事人仍未办理批准手续的，或者仍未办理批准、登记等手续的，人民法院应当认定该合同未生效；法律、行政法规规定合同应当办理登记手续，但未规定登记后生效的，当事人未办理登记手续不影响合同的效力，合同标的物所有权及其他物权不能转移。

合同法第七十七条第二款、第八十七条、第九十六条第二款所列合同变更、转让、解除等情形，依照前款规定处理。

《中华人民共和国合同法》

第九十七条 合同解除后，尚未履行的，终止履行；已经履行的，根据履行情况和合同性质，当事人可以要求恢复原状、采取其他补救措施，并有权要求赔偿损失。

以下为该案在最高人民法院审理阶段，裁判文书中"本院认为"部分就该问题的论述：

（一）关于一审判决认定案涉《协议》性质及效力是否有误的问题

关于合同性质的认定，原则上应根据合同的名称予以判断，但如果合同名称与该合同约定的权利义务内容不一致的，则应以该合同约定的权利义务内容确定。除此之外，尚需考察签约双方的真实意思表示。本案中，2011年1月10日，柳振金、马敏奎作为转让方与肥矿光大公司作为受让方签订的《协议》，名称规范、明确，如该协议约定的权利义务内容与名称一致，则该协议即应定性为股权转让协议。经审查，尽管该协议约定转让的是股权，但由于大宏山煤矿属于合伙企业，并没有改制为有限责任公司，作为投资人的柳振金、马敏奎转让的只能是大宏山煤矿的合伙财产份额，且属于全部转让。根据《中华人民共和国合伙企业法》的规定，合伙人有权向合伙人以外的人转让其在合伙企业中的财产份额。一般合伙企业财产份额转让并没有行政审批的要求，但案涉合伙企业属于矿山企业，而矿山合伙企业全部财产份额的转让将导致原投资合伙人全部退出该企业，原登记在"威宁县大宏山煤矿

（柳振金）”名下的采矿许可证亦需要进行相应变更，而采矿权的变更必须经由地质矿产主管部门的行政审批。因此，在矿山合伙企业投资人转让其全部财产份额、采矿权主体发生变更的情况下，应按照采矿权转让的规定对案涉《协议》的效力进行审查。就此而言，一审判决将本案双方的交易定性为采矿权转让、双方之间的协议定性为采矿权转让合同并无不当。柳振金、马敏奎主张本案属于企业并购协议纠纷，采矿权变更只是企业并购协议履行项下的一个组成部分即附随义务的主张与上述事实和法律规定不符，本院不予支持。

关于案涉《协议》的效力问题。根据《中华人民共和国矿产资源法》第六条第一款第二项关于“已取得采矿权的矿山企业，因企业合并、分立，与他人合资、合作经营，或者因企业资产出售以及有其他变更企业资产产权的情形而需要变更采矿权主体的，经依法批准可以将采矿权转让他人采矿”的规定，案涉采矿权的转让应报请地质矿产主管部门批准，未经批准不发生法律效力。鉴于本案一审法庭辩论终结前，采矿权转让并未办理审批手续，一审判决根据《探矿权采矿权转让管理办法》第十条第三款、《最高人民法院关于适用〈中华人民共和国合同法〉若干问题的解释（一)》第九条之规定，将案涉协议认定为未生效并无不当。

（二）关于一审判决解除案涉《协议》以及解除的理由是否有误的问题

采矿权转让合同尽管在未经地质矿产主管部门批准前未生效，但地质矿产主管部门对报批申请明确不予批准的情况下，受让人可以据此以合同目的不能实现为由请求解除合同。本案中，贵州省国土资源厅针对肥矿光大公司提交的《关于是否审批同意煤矿采矿权转让的请示》，于2014年12月15日作出《关于威宁县草海镇大宏山煤矿采矿权转让相关事宜的复函》，明确“涉及煤矿采矿权的转让，我厅根据《省人民政府办公厅关于进一步推进全省煤矿企业兼并重组工作的通知》（黔府办发电（2013）107号）的规定，按省能源局公示的名单和煤矿采矿许可证载明的现状，将煤矿采矿权过户到对应的兼并重组主体名下。即是只受理向兼并重组主体企业转让采矿权的申请”，而贵州省能源局公示的兼并重组主体名单中并没有肥矿光大公司。就此而言，案涉《协议》涉及的采矿权已经不能办理过户并登记到肥矿光大公司名下，肥矿光大公司以合同目的不能实现为由请求解除案涉《协议》，一审判决予以支持并无不当。肥矿光大公司主张案涉《协议》解除的依据应是《协议》第九条第4项关于柳振金、马敏奎违约导致协议解除的规定没有事实依据，本院不予支持。柳振金、马敏奎尽管不同意案涉《协议》的解除，亦不同意返还煤矿转让款4500万元，甚至要求继续履行案涉《协议》，但并未依法对一审判决提起上诉，故本院对柳振金、马敏奎的主张不予支持，对一审关于解除案涉《协议》并由柳振金、马敏奎返还肥矿光大公司已付煤矿转让款4500万元的判决予以维持。

（三）关于一审判决未支持肥矿光大公司诉请柳振金、马敏奎赔偿损失4000万元是否有误的问题

基于本案已查明的事实，2011年1月10日肥矿光大公司与柳振金、马敏奎签订的《协议》中明确约定“甲方（肥矿光大公司）负责办理《采矿权许可证》等丙方各类证照变更事宜，乙方（柳振金、马敏奎）应当及时根据需要提供证照及文件”；2011年1月15日柳振金、马敏奎即将涉及煤矿的证照及文件交付给肥矿光大公司；2011年3月10日双方签订的《补充协议》进一步明确“变更工商登记、采矿权转让手续等相关事宜，柳振金所承担的责任和义务委托贵州肥矿光大能源有限公司行使和办理”。尽管案涉《协议》由于未经地质矿产主管部门批准未生效，但不影响《协议》和《补充协议》中关于当事人履行报批义务条款及因该报批义务而设定的相关条款的效力，因此上述《协议》和《补充协议》中关于采矿权报批、变更登记义务的条款合法有效，对双方当事人均有法律约束力。肥矿光大公司在协议签订并接管案涉煤矿后并未积极履行报批的约定义务，直至2014年12月25日才向贵州省国土资源厅提交了《关于是否审批同意煤矿采矿权转让的请示》，致使案涉采矿权由于政策调整已不能审批变更到自己名下，具有明显过错。一审判决认定“合同解除的主要原因是原告怠于履行《补充协议》约定的义务造成的，原告因履行该协议如果产生相应损失，该损失应当由其自行承担”，对肥矿光大公司诉请赔偿损失4000万元不予支持并无不当。此外，肥矿光大公司在案涉《协议》未报请地质矿产主管部门审批生效的情况下，即对煤矿进行投资，本身具有过错，而在肥矿光大公司接管案涉煤矿后，柳振金、马敏奎已不能影响其投资行为，对肥矿光大公司主张的该部分损失并没有过错，因此一审判决肥矿光大公司自担损失亦符合公平和诚实信用的法律原则。至于柳振金、马敏奎因肥矿光大公司解除案涉《协议》造成的损失，一审判决释明柳振金、马敏奎可以另行主张，对此本院不持异议。

案件来源

贵州肥矿光大能源有限公司与柳振金、马敏奎采矿权纠纷二审民事判决书，最高人民法院（2015）民一终字第159号。

延伸阅读

认定转让矿山合伙企业部分财产份额未导致矿业权主体变更，无需报批的

案例：

俞跃萱、贺天成与徐国友买卖合同纠纷申请再审民事裁定书［最高人民法院（2013）民申字第1682号］认为："关于俞跃萱申请再审认为其和兰明才、贺天成与徐国友口头订立的转让曾凡煤矿的协议，因是变相转让采矿权应被认定为无效的问题。本院认为，首先，俞跃萱、兰明才、贺天成3人与徐国友之间的口头协议，并未明确约定转让的是煤矿采矿权。其次，从工商登记材料看，除贺天成、俞跃萱之外，邬曾凡、杨孝富也系曾凡煤矿的合伙人，俞跃萱称邬曾凡、杨孝富并非实际出资的真实合伙人，其与贺天成、兰明才口头协议转让给徐国友的就是全部煤矿的采矿权，但邬曾凡、杨孝富明确表示在曾凡煤矿占有合伙份额，其2人合伙人身份不容否认。且从口头协议履行过程看，煤矿转让后，《安全生产许可证》上载明的煤矿负责人和《煤炭生产许可证》上的煤矿矿长均仍是邬曾凡，说明采矿主体并未实质发生变更。俞跃萱认为口头协议是煤矿采矿权转让的说法依据不足。故二审判决认定兰明才、俞跃萱、贺天成与徐国友转让煤矿的口头协议应视为其3人合伙份额的转让，并无违反法律、行政法规的强制性规定，从而认定涉案口头协议有效，并无不妥。"

034 矿山合伙企业整体转让是否须报批，未报批是否影响合同效力

——矿山合伙企业整体转让并非采矿权转让，不违反法律、行政法规的禁止性规定

阅读提示

矿山合伙企业合伙人转让企业整体资产，是否需要报经矿产资源主管部门审批？本案例认为，该种交易模式实质上是出资人的变动，不涉及矿业权人变更，因此不需要报批。需关注的是，最高人民法院亦有裁判观点认为，矿山合伙企业全部财产份额的转让将导致原投资合伙人全部退出该企业，采矿许可证亦需要进行相应变更，转让协议应定性为采矿权转让合同。该观点与本案例的裁判观点相左。

裁判要旨

矿山合伙企业整体转让属于出资人的变动，不涉及采矿权人变更，不违反法

律、行政法规的禁止性规定。

案情简介

一、沙包岩煤矿由唐孝全等人合伙经营。2012 年 7 月 1 日，唐孝全、倪礼祥与唐清海、李岩签订《转让协议》约定，唐孝全、倪礼祥将沙包岩煤矿转让给唐清海、李岩经营，转让的内容包括煤矿所有固定资产、设备和一切证照、公章，以及采矿许可手续，转让总价为 6850 万元。协议签订后，唐清海、李岩向唐孝全、倪礼祥支付转让款 5000 万元。

二、唐清海、李岩诉至丽江中院，请求：确认《转让协议》无效；唐孝全、倪礼祥连带返还唐清海、李岩转让款 5000 万元及利息，连带赔偿井下、井上设备材料款、人工费及办理证照的费用投入损失 1100 万元。丽江中院认为，唐清海、李岩为自身利益，违反诚实信用原则，故意不履行义务，无权以合同无效为由提出诉讼要求。该院判决驳回唐清海、李岩的诉讼请求。

三、唐清海、李岩不服，向云南高院提起上诉。云南高院判决驳回上诉，维持原判。

四、唐清海、李岩仍不服，向最高人民法院申请再审。最高人民法院裁定驳回唐清海、李岩的再审申请。

裁判要点

法院认定案涉《转让协议》有效的原因在于：

第一，《转让协议》的性质是合伙企业整体转让合同，并非采矿权转让合同。协议中没有关于办理采矿权转让手续的约定，采矿权仍然登记在沙包岩煤矿名下，这种企业资产整体转让，是沙包岩煤矿出资人的变动，不涉及采矿权人变更。

第二，案涉协议系双方当事人的真实意思表示，不违反法律、行政法规的禁止性规定，亦不损害他人合法权益，应认定有效。

实务经验总结

前事不忘，后事之师。为避免未来发生类似败诉，提出如下建议：

最高人民法院另案裁判观点（裁判原文见延伸阅读）认为，矿山合伙企业合伙人转让企业的全部财产份额将导致矿业权人变更，应履行矿业权转让行政审批手续。而本案首先认为矿山合伙企业整体转让属于合伙人变更，但是认为该种转让方式并不涉及矿业权人变更。有鉴于上述冲突，当事人设计的交易模式将导致合伙企业财产份额全部转让时，为确保交易顺利进行，可向当地矿产资源主管部门咨询是否需要按矿业权转让的规定及程序报批。

相关法律规定

《中华人民共和国合同法》

第四十四条 依法成立的合同，自成立时生效。

法律、行政法规规定应当办理批准、登记等手续生效的，依照其规定。

以下为该案在最高人民法院审理阶段，裁判文书中“本院认为”部分就该问题的论述：

（一）关于转让合同的性质。2012年7月1日，双方当事人签订转让合同明确约定，唐孝全、倪礼祥将沙包岩煤矿转让给唐清海、李岩经营，转让的内容包括煤矿所有固定资产、设备和一切证照、公章，以及采矿许可手续。由于协议中没有关于办理采矿权转让手续的约定，采矿权仍然登记在沙包岩煤矿名下，这种企业资产整体转让，是沙包岩煤矿出资人的变动，不涉及采矿权人变更，二审判决认定该转让合同系企业整体转让合同，并非唐清海、李岩主张的采矿权转让合同，认定事实清楚，定性准确。关于唐清海、李岩申请二审法院调取云南省国土资源厅与唐孝全、倪礼祥签订的采矿权出让合同，拟证明案涉采矿权转让存在倒卖牟利以及不符合转让法定条件等，因与本案缺乏关联性，二审法院对其调查取证申请未予准许并无不当。

（二）关于转让合同的效力。如前所述，本案转让合同涉及合伙企业资产整体转让，并非采矿权转让。案涉转让合同、补充协议系双方当事人的真实意思表示，不违反法律、行政法规的禁止性规定，亦不损害他人合法权益，二审判决认定有效正确。

案件来源

唐清海、李岩与唐孝全、倪礼祥合同纠纷申请再审民事裁定书，最高人民法院（2015）民申字第1282号。

延伸阅读

裁判规则一：转让矿山合伙企业全部财产份额将导致矿业权人变更，应履行矿业权转让行政审批手续。

案例1：贵州肥矿光大能源有限公司与柳振金、马敏奎采矿权纠纷二审民事判决书［最高人民法院（2015）民一终字第159号］认为："一般合伙企业财产份额转让并没有行政审批的要求，但案涉合伙企业属于矿山企业，而矿山合伙企业全部财产份额的转让将导致原投资合伙人全部退出该企业，原登记在'威宁县大宏山煤矿（柳振金）'名下的采矿许可证亦需要进行相应变更，而采矿权的变更必须经由地质矿产主管部门的行政审批。因此，在矿山合伙企业投资人转让其全部财产份额、采矿权主体发生变更的情况下，应按照采矿权转让的规定对案涉《协议》的效力进行审查。就此而言，一审判决将本案双方的交易定性为采矿权转让，双方之间的协议定性为采矿权转让合同并无不当。柳振金、马敏奎主张本案属于企业并购协议纠纷，采矿权变更只是企业并购协议履行项下的一个组成部分即附随义务的主张与上述事实和法律规定不符，本院不予支持。"

裁判规则二：矿山合伙企业整体转让合同不违反国家效力性强制性规定，应认定合法有效。

案例2：原告山东中翔集团有限公司、云南旺立达煤业有限公司诉被告昭通联恒矿业有限公司、云南联恒投资股份有限公司企业出售合同纠纷一审民事判决书［云南省高级人民法院（2014）云高民二初字第5号］认为："中翔公司是山东省地方国有控股企业，旺立达公司是中翔公司2010年7月20日出资设立的全资子公司，付家湾煤矿名义上是旺立达公司与郭训平、刘炳贵于2010年11月1日设立的有限合伙企业，实际上是旺立达公司全部出资设立的煤矿企业，郭训平、刘炳贵只是为了企业设立登记需要代为持有出资的挂名股东。2012年7月24日，中翔公司的主管单位枣庄市市中区国有资产管理局批复同意中翔公司对外转让付家湾煤矿。……本案中，中翔公司与云南联恒2012年7月22日签订的《彝良县付家湾煤矿股权转让合作意向书》及付家湾煤矿与昭通联恒2013年6月19日签订的《付家湾煤矿整体转让合同》是一个合同整体，两者不能割离开来，合同的性质应认定为付家湾煤矿企业整体转让，转让方应认定为中翔公司和旺立达公司，受让方应认定为云南联恒和昭通联恒，付家湾煤矿企业整体转让合同是双方当事人自愿协商签订，内容并未违反国家强制性效力性规定，应认定为合法有效。"

035 转让矿山合伙企业部分财产份额是否须报批，未报批是否影响合同效力

——转让矿山合伙企业部分财产份额、不导致采矿权主体变更的，应认定合法有效

阅读提示

实践中一些矿业权主体为合伙企业，由于合伙企业不是法人企业，合伙人转让财产份额不同于矿山法人企业转让股权。本案例分析的是关于矿山合伙企业转让部分财产份额的裁判规则。

裁判要旨

转让矿山合伙企业部分财产份额，不导致采矿权主体实质发生变更的，未违反法律、行政法规的强制性规定，应认定合法有效。

案情简介

一、2012 年 2 月 14 日，兰明才、贺天成、俞跃萱与徐友国达成口头协议，兰明才、贺天成、俞跃萱以 1580 万元将在曾凡煤矿的合伙份额转让给徐友国。后徐国友将全部转让款支付给兰明才，兰明才收到转让款项后为贺天成、俞跃萱支付了部分欠款。

二、2012 年 2 月 27 日，贺天成、俞跃萱分别书写一份保证书给徐国友，载明："保证在煤矿转让前理清我们应当承担的所有债权和债务。此债权债务不对新业主带来任何麻烦，转让后原股东之间不能因分配影响新业主正常生产。"

三、后俞跃萱、贺天成向丽江中院起诉，请求确认曾凡煤矿买卖合同无效，判令徐国友赔偿经济损失 1045.17 万元。丽江中院认为，贺天成、俞跃萱、兰明才与徐国友达成的口头煤矿买卖协议成立生效；徐国友将购买款支付给兰明才，兰明才代贺天成、俞跃萱支付了部分欠款，说明贺天成、俞跃萱知道徐国友已支付全部购买款，贺天成、俞跃萱书写的保证书中亦明确："转让后股东之间不能因分配影响新业主正常生产。"丽江中院判决驳回贺天成、俞跃萱的诉讼请求。

四、俞跃萱、贺天成不服，向云南高院提起上诉。云南高院判决驳回上诉，维

持原判。

五、俞跃萱仍不服，向最高人民法院申请再审，最高人民法院裁定驳回其再审申请。

裁判要点

法院认定案涉口头协议合法有效的原因在于：

第一，从协议内容看，俞跃萱、兰明才、贺天成3人与徐国友之间的口头协议，并未明确约定转让的是煤矿采矿权。

第二，从工商登记材料看，除贺天成、俞跃萱之外，邬曾凡、杨孝富也系曾凡煤矿的合伙人，本案当事人转让的是合伙企业的部分财产份额。

第三，从口头协议履行过程看，煤矿转让后，《安全生产许可证》上载明的煤矿负责人和《煤炭生产许可证》上的煤矿矿长均仍是邬曾凡，说明采矿主体并未实质发生变更，口头协议并未涉及煤矿采矿权转让。

综上，兰明才、俞跃萱、贺天成与徐国友转让煤矿的口头协议应视为其3人合伙份额的转让，未违反法律、行政法规的强制性规定，应认定有效。

实务经验总结

前事不忘，后事之师。为避免未来发生类似败诉，提出如下建议：

一、矿山合伙企业合伙人可以将企业部分财产份额转让给他人，但是转让财产份额不能发生采矿权主体实质上变更的后果，否则将被认定为采矿权转让。

二、矿山合伙企业合伙人将全部财产份额转让给他人，将导致原投资合伙人全部退出该企业，采矿许可证亦需要进行相应变更，因此转让合同应定性为采矿权转让合同，应按采矿权转让的相关规定办理审批手续。请参阅本书文章《转让矿山合伙企业全部财产份额是否需报批》。

三、根据《中华人民共和国合伙企业法》的规定，除合伙协议另有约定外，合伙人向合伙人以外的人转让其在合伙企业中的财产份额时，须经其他合伙人一致同意。合伙人之间转让在合伙企业中的全部或者部分财产份额时，应当通知其他合伙人。

相关法律规定

《中华人民共和国合同法》

第四十四条 依法成立的合同，自成立时生效。

法律、行政法规规定应当办理批准、登记等手续生效的，依照其规定。

以下为该案在最高人民法院审理阶段，裁判文书中“本院认为”部分就该问题的论述：

关于俞跃萱申请再审认为其和兰明才、贺天成与徐国友口头订立的转让曾凡煤矿的协议，因是变相转让采矿权应被认定为无效的问题。本院认为，首先，俞跃萱、兰明才、贺天成3人与徐国友之间的口头协议，并未明确约定转让的是煤矿采矿权。其次，从工商登记材料看，除贺天成、俞跃萱之外，郳曾凡、杨孝富也系曾凡煤矿的合伙人，俞跃萱称郳曾凡、杨孝富并非实际出资的真实合伙人，其与贺天成、兰明才口头协议转让给徐国友的就是全部煤矿的采矿权，但郳曾凡、杨孝富明确表示在曾凡煤矿占有合伙份额，其2人合伙人身份不容否认。且从口头协议履行过程看，煤矿转让后，《安全生产许可证》上载明的煤矿负责人和《煤炭生产许可证》上的煤矿矿长均仍是郳曾凡，说明采矿主体并未实质发生变更。俞跃萱认为口头协议是煤矿采矿权转让的说法依据不足。故二审判决认定兰明才、俞跃萱、贺天成与徐国友转让煤矿的口头协议应视为其3人合伙份额的转让，并无违反法律、行政法规的强制性规定，从而认定涉案口头协议有效，并无不妥。

关于俞跃萱再审申请认为徐国友应将转让款直接支付俞跃萱和贺天成的问题。兰明才虽不是曾凡煤矿工商登记中的合伙人，但俞跃萱。贺天成均认可兰明才为实际合伙人，而且与徐国友之间的口头协议也是由3人共同订立。口头协议中未约定支付转让款的方式，徐国友将全部转让款已支付兰明才。贺天成认可兰明才用转让款为其支付大部分债务，俞跃萱否认收到过转让款，但一审审理过程中徐国友提交的俞跃萱书写的《情况说明》中，俞跃萱认可兰明才也代其偿还债务152.82万元，俞跃萱对上述《情况说明》的真实性并未否认。据此，二审判决认定徐国友向兰明才支付全部转让款后，俞跃萱明知且并未反对的事实，依据充分。加之，俞跃萱向徐国友出具《保证书》一节，俞跃萱在本案要求徐国友直接支付其转让款的请求不能得到支持。

案件来源

俞跃萱、贺天成与徐国友买卖合同纠纷申请再审民事裁定书，最高人民法院（2013）民申字第1682号。

延伸阅读

一、认定转让矿山合伙企业财产份额不属于采矿权转让的案例

案例1：大连百孚特线缆制造有限公司、大连船舶船用电缆有限公司合伙企业

财产份额转让纠纷二审民事判决书［云南省高级人民法院（2017）云民终 48 号］认为："在《收购协议》中并未约定采矿权进行转让，且拖脚铜矿涉及的采矿权在股权全部转让后，仍然是拖脚铜矿所有，并未发生变更。因此本案属于合伙企业财产份额转让性质，并不是采矿权转让。"

案例 2：戴熙福、胡万贵等与喻火建股权转让纠纷二审民事判决书［湖南省高级人民法院（2015）湘高法民二终字第 163 号］认为："喻火建、戴熙福、胡万贵主张《股份转让协议》没有经过相关管理部门批准转让采矿权，违反了《中华人民共和国矿产资源法》和《中华人民共和国土地管理法》的有关规定，是无效民事行为。根据《股份转让协议》的约定，易文艺、刘文明、蒋菊英、曾宪兵将其在衡山县东湖镇罗渡村大力湾泥钠长石矿龙头冲矿区的股份作价转让给喻火建、戴熙福、胡万贵。衡山县东湖镇罗渡村大力湾泥钠长石矿系普通合伙企业，刘文明系该矿合伙人之一，该矿龙头冲矿区系刘文明实际拥有，刘文明对该矿区独立核算、自负盈亏，对该矿区的股份转让有独立处分权利。本案中，《股份转让协议》法律关系的实质是进行普通合伙企业份额的转让，该协议不涉及采矿权主体的变更，龙头冲矿区的采矿权仍然归属于原普通合伙企业，即衡山县东湖镇罗渡村大力湾泥钠长石矿。故《股份转让协议》不涉及采矿权转让，亦不违反《中华人民共和国矿产资源法》和《中华人民共和国土地管理法》的有关规定，上诉人提出的该项上诉理由没有法律依据，本院不予支持。"

二、认定转让矿山合伙企业财产份额属于矿业权转让的案例

案例 3：李世伟、李义统、李昭醛与秦忠华、贺家华合同纠纷再审民事裁定书［四川省高级人民法院（2014）川民提字第 466 号］认为："本案系秦忠华就案涉各方于 2013 年 9 月 15 日签订的《和解协议》提起的诉讼，诉请一审法院确认该协议生效并继续履行。经查，泰和煤矿是吴刚与李世伟各出资 50%所筹建，并各占 50%的股份份额，其 2 人签订的合伙协议及工商登记均能证明该煤矿系合伙企业，且矿业权登记在该企业名下。对此，双方当事人均无异议，本院予以确认。就《和解协议》约定'李世伟将持有的泰和煤矿 50%的合伙份额转让与秦忠华并由其持有'的内容来看，明显具有合伙采矿企业转让合伙份额的性质。因本案矿业权登记在合伙企业名下，故转让合伙份额时就包括了矿业权的转让，案涉《和解协议》实为矿业权转让合同，应按照矿业权转让的条件和程序规制。"

036 矿山合伙企业合伙人之间合伙份额的转让不需其他合伙人同意

阅读提示

合伙企业的合伙人对内和对外转让财产份额，适用不同的转让规则，本案例分析的是合伙人对内转让财产份额的条件。此外，本书作者经检索相关案例，梳理出合伙企业财产份额转让的相关裁判规则，供读者参考。

裁判要旨

合伙企业合伙人之间合伙份额的转让，只需通知其他合伙人即可，而不需其他合伙人同意。

案情简介

一、另案郴州中院（1995）郴民终字第211号生效民事判决判令团结煤矿收归渣林村委会管理，行使开采权。该案执行过程中，渣林村委会、原塘梅冲煤矿合伙人、原新立山下煤矿合伙人自愿签订了《转体协议书》，约定团结煤矿的采矿权属于渣林村委会，将团结煤矿的分红和管理权划分为渣林村委会、原塘梅冲煤矿、原新立山下煤矿3大股东，3方各占1/3。

二、2004年8月20日，王光生（原新立山下煤矿的股东之一）与原塘梅冲矿和原新立山下矿的其他股东签订《协议书》，由王光生受让上述股东在团结煤矿的股份。双方将转让情况通知了渣林村委会。

三、《协议书》签订后，王光生支付了约定的费用，要求参加团结煤矿的管理，但被渣林村委会拒绝，故王光生向嘉禾县法院提出诉讼，请求判令渣林村委会给付1996年至2004年度团结煤矿利润款3.2万元，支付违约金30万元，团结煤矿由王光生开采和管理。嘉禾县法院判决王光生和渣林村委会共同行使团结煤矿的经营和管理权（王光生占2/3股份权利，渣林村委会占1/3）。

四、判决生效后，渣林村委会不服，向郴州中院申请再审，郴州中院将该案移交嘉禾县法院复查，嘉禾县法院决定再审。嘉禾县法院再审认为，渣林村委会未将《转体协议书》提请村民会议或村民代表会议讨论决定，故签订程序不符合法律规定，内容损害了全体村民的合法利益，应属无效。遂判决驳回王光生的诉讼请求。

五、王光生不服，上诉至郴州中院。郴州中院认为，法律法规并没有规定村委会对外签订的协议必须要以经过村民会议讨论为生效要件，《转体协议书》为有效协议。郴州中院判决：渣林村委会和王光生共同行使团结煤矿的分红和管理权（渣林村委会占 2/3 股份权利，王光生占 1/3 股份权利）；由渣林村委会补偿王光生收受原塘梅冲煤矿股份的费用 4.8 万元。

六、双方均不服，向湖南高院申请再审。湖南高院维持郴州中院上述判决。

七、王光生不服，向检察机关申诉，最高人民检察院向最高人民法院提出抗诉。最高人民法院再审判决维持了嘉禾县最初的判决，即王光生和渣林村委会共同行使团结煤矿的经营和管理权（王光生占 2/3 股份权利，渣林村委会占 1/3）。

裁判要点

第一，《转体协议书》为有效协议。《转体协议书》由渣林村委会当时的村主任以及村支书、村文书与王光生等人签订，并加盖了渣林村委会的公章，是当事人真实意思表示，合法有效。

第二，《协议书》为有效协议。《中华人民共和国合伙企业法》（2006 年 8 月 26 日修订前）第二十一条规定："合伙企业存续期间，合伙人向合伙人以外的人转让其在合伙企业中的全部或者部分财产份额时，须经其他合伙人一致同意。合伙人之间转让在合伙企业中的全部或者部分财产份额时，应当通知其他合伙人。"本案相对于团结煤矿而言，不管是原新立山下煤矿的合伙人，还是原塘梅冲的合伙人，他们都属于团结煤矿内部的合伙人。他们之间合伙份额的转让，属于合伙人之间的转让，而不属于合伙人向合伙人以外的人转让合伙份额。依照上述法律规定，只需通知其他合伙人即可，而不须其他合伙人同意。《协议书》签订时通知了渣林村委会，不违反团结煤矿合伙人之间的约定，也未侵害渣林村委会的权利，应为有效。

第三，对于王光生要求渣林村委会给付 1996 年至 2004 年度团结煤矿利润款 3.2 万元以及 30 万元违约金的诉讼请求，因王光生未能提供相应证据，且王光生庭审陈述 1996 年《转体协议书》签订后，团结煤矿承包费不够赔偿因采矿稻田地面塌陷导致的经济赔偿，一直没有分红，故最高人民法院未予支持。

实务经验总结

前事不忘，后事之师。为避免未来发生类似败诉，提出如下建议：

一、当事人主张受胁迫签订合同，意思表示不真实，应当自胁迫行为终止之日起一年内行使撤销权，并承担举证责任。本案渣林村委会主张《转体协议书》系渣林村委会的主任和支书受胁迫所签订，但没有提供证据予以证明，法院最终未支持村委会的主张。

二、合伙企业合伙人之间转让财产份额，只需通知其他合伙人即可；而合伙企业合伙人向合伙人以外的人转让财产份额，则须经其他合伙人一致同意，但也可通过合伙协议对转让条件进行自由约定。此外，有限合伙人可以按照合伙协议的约定向合伙人以外的人转让财产份额，但应当提前30日通知其他合伙人。

相关法律规定

《中华人民共和国合伙企业法》（1997年）

第二十一条 合伙企业存续期间，合伙人向合伙人以外的人转让其在合伙企业中的全部或者部分财产份额时，须经其他合伙人一致同意。合伙人之间转让在合伙企业中的全部或者部分财产份额时，应当通知其他合伙人。

《中华人民共和国合伙企业法》（2006年修订）

第二十二条 除合伙协议另有约定外，合伙人向合伙人以外的人转让其在合伙企业中的全部或者部分财产份额时，须经其他合伙人一致同意。

合伙人之间转让在合伙企业中的全部或者部分财产份额时，应当通知其他合伙人。

以下为该案在最高人民法院审理阶段，裁判文书中“本院认为”部分就该问题的论述：

团结煤矿最初系由个人投资开办，工商登记中亦确认为普通合伙企业，现因王光生主张参加管理团结煤矿未果引发本案纠纷，故原审认定本案为合伙纠纷，并无不当，应予确认。本案当事人争议的焦点在于王光生买受原塘梅冲煤矿股东在团结煤矿所占的1/3分红和管理权是否有效。对此，必然涉及《转体协议书》以及《协议书》的效力认定问题。

在另案郴州市中级人民法院（1995）郴民终字第211号生效民事判决判令团结煤矿收归渣林村委会管理，行使开采权的执行过程中，渣林村委会、原塘梅冲煤矿合伙人、原新立山下煤矿合伙人根据煤矿的具体情况，为了方便生产生活，提高煤矿效益，自愿签订了《转体协议书》，约定以渣林村委会牵头，将团结煤矿的分红和管理权划分为渣林村委会、原塘梅冲煤矿、原新立山下煤矿3大股东，3方各占1/3。《转体协议书》由渣林村委会当时的村主任以及村支书、村文书与王光生等人签订，并加盖了渣林村委会的公章。该《转体协议书》的签订是当事人真实意思表示，合法有效，应予确认。渣林村委会主张《转体协议书》系渣林村委会的主任和支书受胁迫所签订，对此没有提供证据佐证，不予支持。

根据《转体协议书》约定，团结煤矿的采矿权属于渣林村委会，对团结煤矿的经营管理则由渣林村委会牵头与原塘梅冲煤矿合伙人、原新立山下煤矿合伙人共同进行，各占1/3股。该协议明确了团结煤矿合伙人之间的权利义务，即渣林村委会、原塘梅冲煤矿和原新立山下煤矿各占1/3股。从《转体协议书》的约定并不能看出渣林村委会对团结煤矿享有特权，只是与其他合伙人一起共同行使管理权。另外，该协议也未约定合伙人之间的转让财产份额须经其他合伙人或渣林村委会的同意。

在尊重《转体协议书》约定的基础上，2004年8月20日，王光生与原塘梅冲矿和原新立山下矿的其他股东签订《协议书》，由王光生受让上述股东在团结煤矿的股份。《中华人民共和国合伙企业法》（2006年8月26日修订前）第二十一条规定："合伙企业存续期间，合伙人向合伙人以外的人转让其在合伙企业中的全部或者部分财产份额时，须经其他合伙人一致同意。合伙人之间转让在合伙企业中的全部或者部分财产份额时，应当通知其他合伙人。"本案相对于团结煤矿而言，不管是原新立山下煤矿的合伙人，还是原塘梅冲的合伙人，他们都属于团结煤矿内部的合伙人。他们之间合伙份额的转让，属于合伙人之间的转让，而不属于合伙人向合伙人以外的人转让合伙份额。依照上述法律规定，只需通知其他合伙人即可，而不需其他合伙人同意。王光生与李陶胜（又名李陶圣）、李其保等16人签订合伙人份额内部转让协议时，依法通知了渣林村委会。该内部财产份额转让协议是当事人真实意思表示，不违反团结煤矿合伙人之间的约定，也未侵害渣林村委会的权利，应为有效，且已履行完毕，当然对团结煤矿全体合伙人发生法律拘束力。

现王光生通过合伙人份额内部转让协议取得团结煤矿中原塘梅冲煤矿和原新立山下煤矿各占的1/3股，故王光生有权参与团结煤矿的分红和管理。根据《转体协议书》的约定，王光生应当占有2/3的分红和管理权。

因另案已经确认团结煤矿收归渣林村委会管理，行使开采权；且《转体协议书》上也明确说明"团结煤矿属渣林村委集体所有"；王光生亦确认团结煤矿产权归渣林村委会，所谓"股份权利"是指分红和管理权，分红主要体现在团结煤矿每年的租赁费上。故以往判决判项中的"股份权利"应当理解为对团结煤矿的分红和管理，并不涉及团结煤矿产权的划分。

对于王光生要求渣林村委会给付1996年至2004年度团结煤矿利润款32000元

以及30万元违约金的诉讼请求，因其未能提供相应证据，且庭审陈述1996年《转体协议书》签订后，团结煤矿承包费不够赔偿因采矿稻田地面塌陷导致的经济赔偿，一直没有分红，故不予支持。

案件来源

王光生与嘉禾县泮头乡人民政府渣林村民委员会合伙纠纷再审民事判决书，最高人民法院（2012）民抗字第23号。

延伸阅读

裁判规则一：除合伙协议另有约定外，合伙企业合伙人向合伙人以外的人转让财产份额，未经其他合伙人同意的，转让不能实际履行。

案例1：曲陆宝、王洪章等合伙协议纠纷申请再审民事判决书［最高人民法院（2014）民抗字第17号］认为："曲陆宝等6人向赵明光出售其在合伙企业中的财产份额，并未经过王哲、王晓平的同意，违反了《中华人民共和国合伙企业法》第二十二条'除合伙协议另有约定外，合伙人向合伙人以外的人转让其在合伙企业的全部或部分财产份额时，须经其他合伙人的一致同意'的规定，已不能向赵明光转让其在合伙企业中的财产份额。赵明光对于王哲、王晓平依法行使优先购买权应予配合，在其已经向曲陆宝等6人每人支付175万元情况下，原判决判令曲陆宝等6人各返还给赵明光转让价款175万元，赵明光从大禹煤矿退出经营，是妥善解决关于大禹煤矿财产份额争议和公平处理各方当事人民事权利义务所必需的，不存在超越原告诉讼请求范围审理案件和缺乏证据证明的问题。"

案例2：李羊子、程长生股权转让纠纷再审民事判决书［江西省高级人民法院（2017）赣民再60号］认为："《中华人民共和国合伙企业法》第二十二条规定'除合伙协议另有约定外，合伙人向合伙人以外的人转让其在合伙企业中的全部或者部分财产份额时，须经其他合伙人一致同意'。本案中，并无证据证明程长生与李羊子于2013年7月28日签订的《股权转让协议》已经全体合伙人一致同意，而未经全体合伙人一致同意的对外转让合伙份额无法实际履行。"

裁判规则二：合伙企业合伙人未经其他合伙人同意将财产份额形式上转让给内部合伙人，但实质上是转让给外部其他人的，属于以合法形式掩盖非法目的，转让行为无效；虽然转让合同无效，但是其他内部合伙人仍享有优先购买权。

案例3：曲陆宝、王洪章、赵兴田、姜天明、魏长清、金忠、赵明光与王哲、王晓明普通合伙纠纷申请再审民事裁定书［最高人民法院（2012）民再申字第230号］认为："《中华人民共和国合伙企业法》第二十二条第一款规定：'除合伙协议另有约定外，合伙人向合伙人以外的人转让其在合伙企业中的全部或者部分财产份额时，须经其他合伙人一致同意。'王哲、王晓平、曲陆宝、王洪章、赵兴田、姜天明、魏长清等人于2003年12月24日签署的《合伙开办宝清县大禹煤矿协议书》第六条'入伙与退伙'约定：'入伙与退伙，由本人提出申请，由全体合伙人讨论决定，经工商登记主管机关核准，修改本协议方能有效。'曲陆宝等人违反上述法律规定及合伙人之间的约定，在未经王哲、王晓平同意的情况下将案涉煤矿的份额形式上转让给王洪章，但实质上转让给合伙人之外的赵明光，系以合法形式掩盖非法目的，其转让行为无效。《中华人民共和国合伙企业法》第二十三条规定：'合伙人向合伙人以外的人转让其在合伙企业中的财产份额的，在同等条件下，其他合伙人有优先购买权；但是，合伙协议另有约定的除外。'案涉合伙协议并未就优先购买权另行作出约定，故当曲陆宝等人向合伙人以外的人转让其在合伙企业中的份额时，王哲、王晓平有优先购买权。《内部转让协议》虽然无效，但其所约定的交易条件是确定的，即曲陆宝等人的合伙份额各以175万元的价格转让，王哲、王晓平请求在同等条件下优先购买曲陆宝等人的份额，再审判决予以支持，符合法律规定。"

裁判规则三：除合伙协议另有约定外，合伙人未经其他合伙人一致同意向合伙人以外的人转让财产份额的，其他合伙人有权撤销。但撤销权应当在自知道或者应当知道撤销事由之日起1年内行使。

案例4：王甲与陈甲合伙协议纠纷案［浙江省高级人民法院（2011）浙商提字第76号］认为："本案的争议焦点在于王甲是否有权请求确认陈甲与童××之间的合伙份额转让协议无效。根据《中华人民共和国合伙企业法》的规定，除另有约定外，合伙人向合伙人以外的人转让其在合伙企业中的全部或者部分财产份额时，须经其他合伙人一致同意。对于未经全体合伙人一致同意的向合伙人以外的人转让合伙份额的行为，其他合伙人应有权撤销。但出于维护交易行为稳定性的考虑，《中华人民共和国合同法》第五十五条的规定，具有撤销权的当事人自知道或者应当知道撤销事由之日起1年内没有行使撤销权，撤销权消灭。根据本案再审查明的事实，童××在受让份额实际经营会所后，投入资金对会所进行重新装修，王甲于2008年7月向名豪会所领取分红款时，即应知晓童××受让份额并实际经营会所的情况，但其并未及时行使撤销权，直至2010年1月才向法院提起诉讼，要求确认陈甲与童××之间的合伙份额转让协议无效，已超过行使撤销权的法定期限。而且，考虑到合伙企业法对合伙企业人身信任关系的保护，本案中，在陈甲转让合伙份额前，王甲与陈甲之间即已因合伙企业知情权事宜发生诉讼，应认定双方人身信任关系已经发生动摇，合伙企业的存续基础受到破坏，不宜通过司法判决强系王甲、陈甲之间合伙关系的存续。据此，陈甲、童××签订合伙份额转让协议，意思表示真实，内容不违反法律法规的强制性规定，王甲关于确认陈甲、童××之间合伙份额转让行为无效的诉讼请求缺乏相应的法律和事实基础，二审法院作出的实体判决并无不当。”

裁判规则四：有限合伙中的合伙人内部转让财产份额无须通知其他合伙人。

案例5：刘康与宣纪福合伙企业财产份额转让纠纷审判监督民事裁定书［上海市高级人民法院（2017）沪民申1726号］认为：“上海尊石投资中心本身就是有限合伙，《合伙企业法》并无关于有限合伙中的合伙人内部转让份额需要通知其他合伙人的规定，故该3份《调查笔录》亦与本案缺乏关联，二审不认定为新证据符合法律规定。《合伙企业法》第二十二条第二款是针对普通合伙中的合伙人内部转让份额的规定，不能适用本案。”

裁判规则五：未注册登记成立合伙企业的合伙协议不适用《中华人民共和国合伙企业法》的规定。

案例6：陈昌坤与王增邦合伙协议纠纷一案二审判决书［青海省高级人民法院（2014）青民二终字第10号］认为：“本案当事人签订的《股权转让协议》并不违反合伙人之间《股份合资开办砂石料场协议书》和法律规定，属有效合同。王增邦、陈昌坤与其他合伙人签订合伙协议后，并未办理注册登记，成立合伙企业，本案双方当事人之间合伙协议纠纷不适用《中华人民共和国合伙企业法》的相关规定。”

037 矿山个人独资企业投资人变更，采矿权主体是否同时变更

——矿山个人独资企业投资人变更仅办理工商登记的，依法不能产生采矿权的物权变动效力

阅读提示

《中华人民共和国个人独资企业法》第十七条规定：“个人独资企业投资人对本企业的财产依法享有所有权，其有关权利可以依法进行转让或继承。”矿山企业

系个人独资企业时，投资人变更已办理工商登记，采矿权是否同时发生物权变动的法律效力？本案例对此持否定态度。

裁判要旨

个人独资企业的财产系投资人所有，投资人的变更必然导致企业名下财产权利的转移。就矿山企业而言，投资人变更已办理工商登记，但未向国土资源主管部门申请办理采矿权转让审批登记手续的，依法不能产生采矿权的物权变动效力，采矿权权利人依然是原投资人。

案情简介

一、荆彰石英矿是刘小军于2009年3月投资的一家个人独资企业。2013年6月该矿变更登记投资人为胡国红；2014年1月，变更登记投资人为杜晔南；2016年6月，变更登记投资人为李莎莎。该采矿权许可证颁发时间是刘小军作为投资人的2011年3月，采矿权人为荆彰石英矿。

二、中原银行三门峡分行与刘小军等担保合同民事纠纷一案，三门峡中院裁定保全刘小军的财产，并于2013年7月依职权到三门峡国土局保全了荆彰石英矿的采矿权。该案诉讼结束后，中原银行三门峡分行申请强制执行，荆彰石英矿以该矿投资人已变更为由提出执行异议，三门峡中院裁定异议成立并中止该案执行。

三、中原银行三门峡分行不服，向三门峡中院提出执行异议之诉，请求：依法判决其对荆彰石英矿采矿权继续执行。三门峡中院认为，虽然工商登记变更了荆彰石英矿的投资人，但并不产生采矿权转让的法律效力。故判决：准许执行荆彰石英矿采矿权。

四、荆彰石英矿不服，上诉至河南高院。河南高院认为，三门峡中院查封荆彰石英矿的采矿权时，刘小军已经将荆彰石英矿的资产通过协议的方式转让给胡国红，且已依法变更了投资人的登记，刘小军已经对荆彰石英矿的采矿权不享有任何权利。故判决：驳回中原银行三门峡分行的诉讼请求。

五、中原银行三门峡分行不服，向最高人民法院申请再审。最高人民法院提审本案，判决：撤销河南高院二审判决；维持三门峡中院一审判决。

裁判要点

首先，荆彰石英矿作为个人独资企业变更投资人应认定为包括采矿权转让在内的企业资产的整体转让。《中华人民共和国个人独资企业法》第二条规定："本法所称个人独资企业，是指依照本法在中国境内设立，由一个自然人投资，财产为投资人个人所有，投资人以其个人财产对企业债务承担无限责任的经营实体。"第十七条规定："个人独资企业投资人对本企业的财产依法享有所有权，其有关权利可以依法进行转让或继承。"据此，个人独资企业不具有独立的法律人格，性质是非法人企业，企业全部财产的实际所有权人系投资人。案涉采矿权登记在荆彰石英矿名下，是刘小军作为该个人独资企业的投资人申请取得，刘小军系该采矿权的权利人。本案荆彰石英矿作为个人独资企业多次变更投资人，并经过工商变更登记。从表面上看，荆彰石英矿名称不变，但鉴于个人独资企业的财产系投资人所有，投资人的变更必然导致企业名下财产权利的转移。由于采矿权系矿山企业的核心资产，投资人的变更必然导致采矿权主体的变更。

其次，案涉采矿权未发生权利转移。根据《中华人民共和国矿产资源法》《探矿权采矿权转让管理办法》的相关规定，采矿权转让依法需经国土资源主管部门批准，办理矿业权变更登记，受让人才依法取得采矿权。案涉采矿权系刘小军作为荆彰石英矿投资人于2011年3月申请取得，但刘小军将荆彰石英矿全部资产转让给胡国红、胡国红转让给杜晔南、杜晔南转让给李莎莎，均未依法向该采矿许可证颁发机关办理审批登记手续，故依法不能产生采矿权的物权变动效力。尽管荆彰石英矿投资人已经过工商登记变更，案涉采矿权依法登记在荆彰石英矿名下，但采矿权主体并未同时发生变更，权利人依然是刘小军。

实务经验总结

前事不忘，后事之师。为避免未来发生类似败诉，提出如下建议：

矿山个人独资企业投资人变更后，不能只办理工商登记手续，还应当按规定向国土资源主管部门申请办理矿业权转让审批手续，否则不能产生矿业权物权变动的法律效果，矿业权的权利人依然是原投资人。

相关法律规定

《中华人民共和国个人独资企业法》

第二条 本法所称个人独资企业，是指依照本法在中国境内设立，由一个自然人投资，财产为投资人个人所有，投资人以其个人财产对企业债务承担无限责任的经营实体。

第十七条 个人独资企业投资人对本企业的财产依法享有所有权，其有关权利可以依法进行转让或继承。

《最高人民法院关于民事执行中变更、追加当事人若干问题的规定》

第十三条第一款 作为被执行人的个人独资企业，不能清偿生效法律文书确定的债务，申请执行人申请变更、追加其投资人为被执行人的，人民法院应予支持。个人独资企业投资人作为被执行人的，人民法院可以直接执行该个人独资企业的财产。

《中华人民共和国矿产资源法》

第六条第一款 除按下列规定可以转让外，探矿权、采矿权不得转让：

（一）探矿权人有权在划定的勘查作业区内进行规定的勘查作业，有权优先取得勘查作业区内矿产资源的采矿权。探矿权人在完成规定的最低勘查投入后，经依法批准，可以将探矿权转让他人。

（二）已取得采矿权的矿山企业，因企业合并、分立，与他人合资、合作经营，或者因企业资产出售以及有其他变更企业资产产权的情形而需要变更采矿权主体的，经依法批准可以将采矿权转让他人采矿。

《探矿权采矿权转让管理办法》

第四条 国务院地质矿产主管部门和省、自治区、直辖市人民政府地质矿产主管部门是探矿权、采矿权转让的审批管理机关。

国务院地质矿产主管部门负责由其审批发证的探矿权、采矿权转让的审批。

省、自治区、直辖市人民政府地质矿产主管部门负责本条第二款规定以外的探矿权、采矿权转让的审批。

第十条 申请转让探矿权、采矿权的，审批管理机关应当自收到转让申请之日起40日内，作出准予转让或者不准转让的决定，并通知转让人和受让人。

准予转让的，转让人和受让人应当自收到批准转让通知之日起60日内，到原发证机关办理变更登记手续；受让人按照国家规定缴纳有关费用后，领取勘查许可证或者采矿许可证，成为探矿权人或者采矿权人。

批准转让的，转让合同自批准之日起生效。

不准转让的，审批管理机关应当说明理由。

以下为该案在最高人民法院审理阶段，裁判文书中“本院认为”部分就该问题的论述：

（一）关于荆彰石英矿作为个人独资企业变更投资人的性质问题

《中华人民共和国个人独资企业法》第二条规定：“本法所称个人独资企业，

是指依照本法在中国境内设立，由一个自然人投资，财产为投资人个人所有，投资人以其个人财产对企业债务承担无限责任的经营实体。”第十七条规定：“个人独资企业投资人对本企业的财产依法享有所有权，其有关权利可以依法进行转让或继承。”据此，个人独资企业不具有独立的法律人格，性质是非法人企业，企业全部财产的实际所有权人系投资人。本案中，荆彰石英矿作为个人独资企业多次变更投资人，并经过工商变更登记。从表面上看，荆彰石英矿名称不变，但鉴于个人独资企业的财产系投资人所有，投资人的变更必然导致企业名下财产权利的转移。案涉采矿权登记在荆彰石英矿名下，是刘小军作为该个人独资企业的投资人申请取得，刘小军系该采矿权的权利人。《最高人民法院关于民事执行中变更、追加当事人若干问题的规定》第十三条第一款中规定：“个人独资企业投资人作为被执行人的，人民法院可以直接执行该个人独资企业的财产。”一审法院据此查封了案涉采矿权。由于采矿权系矿山企业的核心资产，矿山企业资产的整体转让和投资人的变更必然导致采矿权主体的变更。因此，刘小军（甲方）与胡国红（乙方）、胡国红（甲方）与杜晔南（乙方）、杜晔南（甲方）与李莎莎（乙方）分别签订的《企业资产转让协议》或者《独资企业股权转让协议》均约定矿山企业全部资产或者100%企业产权的转让，应认定为包括采矿权转让在内的企业资产的整体转让。

（二）关于案涉采矿权是否发生权利转移的问题

《中华人民共和国矿产资源法》第六条第一款第二项规定：“已取得采矿权的矿山企业，因企业合并、分立，与他人合资、合作经营，或者因企业资产出售以及有其他变更企业资产产权的情形而需要变更采矿权主体的，经依法批准可以将采矿权转让他人采矿。”《探矿权采矿权转让管理办法》第四条规定：“国务院地质矿产主管部门和省、自治区、直辖市人民政府地质矿产主管部门是探矿权、采矿权转让的审批管理机关。国务院地质矿产主管部门负责由其审批发证的探矿权、采矿权转让的审批。省、自治区、直辖市人民政府地质矿产主管部门负责本条第二款规定以外的探矿权、采矿权转让的审批。”第十条第一款、第二款规定：“申请转让探矿权、采矿权的，审批管理机关应当自收到转让申请之日起40日内，作出准予转让或者不准转让的决定，并通知转让人和受让人。准予转让的，转让人和受让人应当自收到批准转让通知之日起60日内，到原发证机关办理变更登记手续；受让人按照国家规定缴纳有关费用后，领取勘查许可证或者采矿许可证，成为探矿权人或者采矿权人。”根据上述法律法规的规定，采矿权转让依法需经国土资源主管部门批准，办理矿业权变更登记，受让人才依法取得采矿权。

根据本案查明的事实，案涉采矿权证证号：C4112242010127120101906（有效期限自2011年3月8日至2018年10月8日），系刘小军作为荆彰石英矿投资人于2011年3月8日申请取得，但刘小军将荆彰石英矿全部资产转让给胡国红、胡国红转让给杜晔南、杜晔南转让给李莎莎，均未依法向该采矿许可证颁发机关——三门峡市国土资源局办理审批登记手续，依法不能产生采矿权的物权变动效力。尽管荆彰石英矿投资人已经过工商登记变更，案涉采矿权依法登记在荆彰石英矿名下，但采矿权主体并未同时发生变更，权利人依然是刘小军。尽管案涉采矿权每年年检时，矿山企业需要提供最新营业执照，三门峡市国土资源局在证书副本背面加盖了行政审批专用章，并记载当年缴纳采矿权使用费的情况，但是荆彰石英矿据此主张三门峡市国土资源局在程序上和事实上认可了荆彰石英矿投资人变更，并不能成立。一是没有证据证明三门峡市国土资源局每年对案涉采矿权的年检行为系法律规定的对采矿权转让的审批；二是三门峡市国土资源局在采矿许可证副本上加盖的虽是行政审批专用章，但从记录的事项看则是对该矿缴纳年度采矿权使用费的确认，并不能证明荆彰石英矿的上述主张。二审法院关于“法律法规没有明确规定个人独资企业投资人的变更除了在工商管理机关办理变更登记外，需要履行其他法律手续”的认定未考虑矿业权具有行政赋权的法律特性，以及矿业权转让需经国土资源主管部门审批登记的法律规定，适用法律有误，应予纠正。

案件来源

中原银行股份有限公司三门峡分行、卢氏县杜关镇荆彰石英矿执行异议之诉再审民事判决书，最高人民法院（2017）最高法民再265号。

038 转让矿山个人独资企业部分“股权”是否需报批，未报批合同是否有效

——转让矿山个人独资企业部分财产权益，未经审批不影响合同效力

阅读提示

根据《中华人民共和国个人独资企业法》的规定，个人独资企业是“由一个自然人投资，财产为投资人个人所有，投资人以其个人财产对企业债务承担无限责

任的经营实体”。我国存在大量以个人独资企业形式成立的矿山企业，实践中该类企业的投资人常常通过转让企业部分“股权”，以实现融资等目的。该等转让行为是否有效？是否涉及采矿权转让，须报行政主管部门审批？本案例认为，该等行为未报经行政主管部门审批不影响转让合同的效力。但是司法实践中亦存在相反的观点，详见延伸阅读部分。

裁判要旨

矿山个人独资企业投资人转让部分财产权益，并非通过合同来确定受让人对矿产本身享有所有权，故无须报经矿产资源主管部门批准，合同合法有效。

案情简介

一、四通桥煤矿为个人独资企业，张福祥为投资人。2011 年 8 月 19 日，张福祥、任秀斌签订《联合投资协议》约定，张福祥占该矿 10%的股份，任秀斌占该矿 90%的股份，双方同意按上述比例分配利润、承担风险，任秀斌向张福祥支付 1260 万元的前期补偿费用。8 月 30 日，任秀斌收到四通桥煤矿行政公章、财务公章。后任秀斌尚有 200 万元合同尾款未付。

二、2011 年 9 月 7 日，四通桥煤矿及张福祥向任秀斌出具《授权委托书》，授权任秀斌自 2011 年 9 月起全权处理该矿事宜。

三、2013 年 3 月，四通桥煤矿被四川省政府纳入关闭矿范围。同年 12 月，广元市利州区政府作出《关于关闭 2013 年度第二批煤矿的通知》，确认该矿依法予以关闭。

四、张福祥向广元中院起诉，请求：任秀斌支付张福祥企业出资转让款 200 万元及利息，并承担迟延支付违约金 30 万元；分割四通桥煤矿补偿款及剩余财产处置款 85 万元给张福祥。任秀斌提起反诉，请求：张福祥向任秀斌返还投资款 270 万元（已扣减任秀斌应领取的煤矿关闭补偿款 790 万元），承担任秀斌后期投资所产生的相关损失。

五、广元中院认为，案涉协议成立且已生效，因政策调整，已无法继续履行。因双方未依法对原四通桥煤矿的债权债务进行清算，现张福祥诉请分割财产的主张，不符合法律规定，不予支持。判决：驳回张福祥、任秀斌的诉讼请求。

六、张福祥、任秀斌不服，上诉至四川高院。四川高院认为，张福祥要求任秀斌支付尚欠的转让款 200 万元及资金利息，依据充分，改判：任秀斌向张福祥支付尚欠的转让款 200 万元及资金利息。

七、任秀斌不服，向最高人民法院申请再审，主张双方转让的是煤矿经营权而非企业财产权益。《联合投资协议》中张福祥声明其拥有的财产包括矿产资源，故合同中转让国家所有的矿产资源的条款应属无效。最高人民法院裁定：驳回任秀斌的再审申请。

裁判要点

最高人民法院认定案涉《联合投资协议》等合同有效的原因在于，任秀斌通过与张福祥签订合同受让四通桥煤矿 90%的财产权益，并非通过合同来确定张福祥对矿产本身享有所有权。本案当事人的合同目的，是转让四通桥煤矿的部分财产权益，合同当事人已经实际履行合同内容。并非只有将四通桥煤矿的采矿权主体变更至任秀斌名下才能实现本案当事人的合同目的。对任秀斌关于《联合投资协议》未经批准而未生效的主张，最高人民法院未予采纳。

实务经验总结

前事不忘，后事之师。为避免未来发生类似败诉，提出如下建议：

矿山个人独资企业投资人可将部分财产权益转让给他人，无须报经矿产资源主管部门批准。但是司法实践中亦有部分法院认定该情形需报批，否则合同未生效。有鉴于此，矿山个人独资企业投资人在转让部分财产权益时应向当地矿产资源主管部门咨询具体的操作政策。

相关法律规定

《中华人民共和国个人独资企业法》

第二条 本法所称个人独资企业，是指依照本法在中国境内设立，由一个自然人投资，财产为投资人个人所有，投资人以其个人财产对企业债务承担无限责任的经营实体。

第十七条 个人独资企业投资人对本企业的财产依法享有所有权，其有关权利可以依法进行转让或继承。

《探矿权采矿权转让管理办法》

第十条 申请转让探矿权、采矿权的，审批管理机关应当自收到转让申请之日起 40 日内，作出准予转让或者不准转让的决定，并通知转让人和受让人。

准予转让的，转让人和受让人应当自收到批准转让通知之日起60日内，到原发证机关办理变更登记手续；受让人按照国家规定缴纳有关费用后，领取勘查许可证或者采矿许可证，成为探矿权人或者采矿权人。

批准转让的，转让合同自批准之日起生效。

不准转让的，审批管理机关应当说明理由。

以下为该案在最高人民法院审理阶段，裁判文书中“本院认为”部分就该问题的论述：

本案中，任秀斌通过与张福祥签订《投资意向书》《联合投资协议》《关于对“联合投资协议”的补充协议》等3份合同，受让四通桥煤矿90%的财产权益，包括房屋、设备、设施等，其内容不违反法律和行政法规的规定，是有效的。矿产资源虽属国家所有，但本案当事人并非通过合同来确定张福祥对矿产本身享有所有权，因此任秀斌关于部分合同条款无效的主张没有法律依据，本院不予支持。

本案当事人的合同目的，是转让四通桥煤矿的部分财产权益，合同当事人已经实际履行合同内容。在合同履行过程中，因煤矿的营业执照实际上无法过户至任秀斌个人名下，当事人双方签订了补充协议，约定由张福祥授权任秀斌全权负责四通桥煤矿的生产、经营、管理。任秀斌通过合同享有四通桥煤矿90%的财产权利已无障碍，并非只有将四通桥煤矿的采矿权主体变更至任秀斌名下才能实现本案当事人的合同目的。对任秀斌关于《联合投资协议》未经批准而未生效、合同已经解除的主张，本院不予采纳。

任秀斌尚有200万元合同尾款未付，双方当事人在《联合投资协议》中约定，整个建设工期进行到一半支付100万元、余款100万元在技改验收后一次性支付。由于煤矿建设和技改是任秀斌自身的合同义务，因此，尾款支付所对应的不是付款条件，原审法院认定是双方对付款期限的约定，并无不当。任秀斌应当承担付款义务，支付合同尾款。

张福祥通过行政诉讼主张自身权益，是法律赋予的权利，不能据此确定其与任秀斌之间的民事权利义务。自2011年张福祥、任秀斌签订合同，至2013年四通桥煤矿关闭，任秀斌已经取得了四通桥煤矿的行政公章和财务公章，全权负责四通桥煤矿的生产、经营、管理，并代表四通桥煤矿向广元市利州区人民政府表示同意自愿关闭。二审判决认定任秀斌已经实际控制四通桥煤矿并行使各项权利、张福祥已履行协议约定的义务，并无不当。

案件来源

任秀斌、张福祥合同纠纷申请再审民事裁定书，最高人民法院（2016）最高法民申 117 号。

延伸阅读

裁判规则一：矿山个人独资企业投资人转让其“股权”份额，应认定为采矿权转让。

案例 1：安顺永峰煤焦集团有限公司、张友良采矿权纠纷二审民事判决书［贵州省高级人民法院（2016）黔民终 544 号］，一审法院认为：“众福煤矿系张友良的个人独资企业，无股权可言，永峰集团与张友良签订的《股权收购协议》并非股权转让，该收购协议的内容体现收购对象为众福煤矿的资产，故该协议应为个人独资企业出资人转让其出资份额，根据《贵州省高级人民法院关于涉煤矿采矿权民事纠纷案件的审理纪要》第九条第二项‘已经取得采矿权的煤矿企业有下列情形之一，应当认定为采矿权转让：……（2）个人独资企业出资人转让出资份额的；……’的规定，本案案由应为采矿权纠纷。”该院二审判决：驳回上诉，维持原判。

案例 2：四川东泰投资有限公司与高小春、王磊其他合同纠纷二审民事判决书［四川省高级人民法院（2016）川民终 650 号］认为：“关于高小春与王磊签订的《煤矿股权转让合同》的性质问题。首先，案涉协议虽约定高小春将其持有的大煤洞煤矿 30%的‘股权’转让给王磊，但由于大煤洞煤矿系高小春投资开办的个人独资企业，高小春虽在此前已将其持有的大煤洞煤矿 70%的‘股权’转让给东泰公司，双方并约定共同组建有限公司，但高小春与东泰公司最终并未组建成立有限公司，至高小春与王磊签订案涉《煤矿股权转让合同》时，大煤洞煤矿仍属高小春投资的个人独资企业，并不存在《中华人民共和国公司法》规定的股权，因此，案涉合同性质并非股权转让。其次，《中华人民共和国个人独资企业法》第十七条规定，个人独资企业投资人对本企业的财产依法享有所有权，其有关权利可以依法进行转让或继承。大煤洞煤矿属高小春投资开办的个人独资企业，虽然大煤洞煤矿所涉采矿权登记在大煤洞煤矿名下，但根据前述《中华人民共和国个人独资企业法》第十七条之规定，大煤洞煤矿名下财产包括采矿权，均由投资人高小春依法享有，因此，高小春转让其享有的大煤洞煤矿财产（包括采矿权），实质上涉及采矿权主体的变更，……案涉高小春与王磊签订的《煤矿股权转让合同》依法应当经批准生效。由于该合同并未经国土资源部门批准，且案涉大煤洞煤矿已被政府部门依法实施关闭，案涉《煤矿股权转让合同》事实上已不可能继续办理转让审批手续，因此，该合同确定不能生效。”

裁判规则二：收购矿山个人独资企业采矿权的部分份额的，应办理采矿权转让审批手续，否则合同未生效。

案例 3：张英甫、吉林同鑫热力集团股份有限公司采矿权转让合同纠纷再审审查与审判监督民事裁定书［最高人民法院（2017）最高法民申 2392 号］认为：“2009 年 4 月 30 日，张英明（乙方、转让方）与张保军（甲方、受让方）签订《收购合作协议书》，约定甲方出资 1680 万元，收购煤矿采矿权及煤矿相关附属资产的 70%，协议签订后双方共同到相关主管部门，将煤矿《采矿许可证》和相关证照及投资人姓名变更到甲方名下，甲方应于 2009 年 10 月末前付清全部款项。另案生效的民事判决已认定该合同权利义务的真正主体为张英甫与同鑫热力公司。因该合同涉及采矿权转让以及个人独资企业投资人的变化，根据《中华人民共和国矿产资源法》、国务院《探矿权采矿权转让管理办法》等法律、行政法规的规定，本案争议属采矿权转让合同纠纷。张英甫与同鑫热力公司在平等自愿情况下所签订的《收购合作协议书》，内容并不违反法律、行政法规的强制性规定，依法成立。……因本案双方转让的内容涉及采矿权转让，采矿权转让如需变更权利主体，应办理相关批准、变更登记等手续。……因此，张英甫与同鑫热力公司签订的《收购合作协议书》因未办理采矿权转让审批手续而未生效。”

裁判规则三：转让矿产个人独资企业“股权”份额，不涉及采矿权权利主体名称的变更，故不需要行政主管部门审批，合同合法有效。

案例 4：刘成良、黎胜勇股权转让纠纷二审民事判决书［贵州省高级人民法院（2016）黔民终 400 号］，该案查明：“2010 年 4 月 1 日，黎胜勇（甲方）与刘成良（乙方）签订《贵州省桐梓县永兴煤矿合资经营协议》，双方约定：……乙方自愿出资 1170 万元人民币，合资转让甲方在永兴煤矿 45%的资产份额。”“桐梓县永兴煤矿工商登记类型为个人独资企业，自然人股东为黎胜勇，成立日期为 2003 年 9 月 22 日，经营范围为煤炭的开采及销售。”该院认为：“关于合同效力问题，本案双方签订的是诉争煤矿股份份额的转让，不涉及煤矿采矿权权利主体名称的变更，因此转让协议不需要审批机关进行审批，本案转让协议是生效合同。上诉人刘成良以双方签订的股权转让协议因未经主管部门批准，导致合同未生效的上诉理由不能成立。”

039 借款转化为煤矿投资款，投资回报约定不受民间借贷利率的限制

——民间借贷借款转为煤矿投资款并约定投资回报，不违法法律、行政法规的强制性规定

阅读提示

本案例民间借贷的本金为315万元，最终转变为借款人向出借人支付了5000万元的投资回报，具体过程是：出借人出借315万元本金，后未归还，双方约定本金转化为矿山企业的煤矿投资款，投资回报为5000万元，法院认定约定有效，应按约支付。该案例值得民间借贷的借款人引以为戒。

裁判要旨

民间借贷借款转为煤矿投资款，当事人对投资收益回报的约定不违反法律、行政法规的强制性规定，债务人应按约支付投资收益。

案情简介

一、2007年6月29日，华兴公司与宝马煤炭公司签订《合作协议》，约定华兴公司向宝马煤炭公司拆借资金350万元，如果两个月内华兴公司归还借款，华兴公司向宝马煤炭公司支付一定费用；华兴公司两个月之内未能归还款项，按照华兴公司处分其项下西乌珠穆沁旗吉林高勒浩沁煤田每吨煤炭的价格分别计算收益。协议签订后宝马煤炭公司履行了315万元的出借义务。

二、2009年6月23日，张秀河与宝马煤炭公司签订了《协议书》，约定：2007年6月29日，张秀河代表华兴公司与宝马煤炭公司签订了《合作协议》，按照《合作协议》约定，华兴公司向宝马煤炭公司拆借的315万元，已于2007年9月3日转为宝马煤炭公司对华兴公司名下西乌珠穆沁旗吉林高勒浩沁勘查区煤田探矿权的实际投资。2008年9月8日，华兴公司股权结构发生变化，山煤大同公司以购买华兴公司60%股权的形式，取得了华兴公司名下西乌珠穆沁旗吉林高勒浩沁勘查区煤田探矿权，张秀河持有新华兴公司40%的股权。宝马煤炭公司和张秀河在互谅互让的基础上，就华兴公司股权转让后宝马煤炭公司投资收益款取得的相关事宜，达成

如下协议："（一）由张秀河给付宝马煤炭公司在原华兴公司的投资收益款人民币5000万元……"协议签订后已给付100万元。

三、宝马煤炭公司向内蒙高院提起诉讼，请求判令张秀河支付宝马煤炭公司投资收益款4900万元及利息。内蒙高院认为，《合作协议》《协议书》合法有效，判决张秀河给付宝马煤炭公司投资收益款4900万元及利息。

四、张秀河不服，上诉至最高人民法院，主张内蒙高院认定《合作协议》《协议书》有效是错误的，认定双方形成"投资收益"法律关系没有事实依据。最高人民法院判决驳回上诉，维持原判。

裁判要点

第一，《合作协议》合法有效。根据《最高人民法院关于审理民间借贷案件适用法律若干问题的规定》第十一条的规定，法人之间"为生产、经营需要订立的民间借贷合同，除存在合同法第五十二条、本规定第十四条规定情形外，当事人主张民间借贷合同有效的，人民法院应予支持"。案涉《合作协议》系华兴公司与宝马煤炭公司之间为经营需要进行的临时性资金拆借，不存在法定无效的相关情形。

第二，《协议书》合法有效。《协议书》的核心约定是：宝马煤炭公司出借的315万元转为对华兴公司名下煤田的投资，因华兴公司股权变更，张秀河同意给付宝马煤炭公司5000万投资收益款。该约定不违反法律、行政法规的强制性规定。

第三，张秀河应按照《协议书》约定履行向宝马煤炭公司给付5000万元投资收益的义务，扣除其已给付的100万元，剩余款项4900万元的给付期限均已届满，因此张秀河应给付宝马煤炭公司剩余4900万元投资收益款及利息。

实务经验总结

前事不忘，后事之师。为避免未来发生类似败诉，提出如下建议：

一、民间借贷的借款转化为煤矿投资款后，当事人之间关于投资收益回报的约定合法有效且不受限制，因此债务人在约定投资收益回报时应当评估自身的支付意愿、支付能力，否则覆水难收。本案例中民间借贷的本金为315万元，转化为煤矿投资款后双方约定投资回报为5000万元，最高人民法院最终认定约定有效，债务人仍应当按约支付。

二、我国对民间借贷的利率作出了限制：约定利率未超过年利率24%，出借人可以向法院请求按约定利率支付利息；约定利率超过年利率24%但未超过36%的，出借人不得向法院请求支付超过年利率24%部分的利息，但借款人已支付的，借款人不得请求返还；借贷双方约定的利率超过年利率36%，超过部分的利息约定无效，借款人可以请求出借人返还其已支付的超过年利率36%部分的利息。详见延伸阅读部分。

相关法律规定

《中华人民共和国合同法》

第四条 当事人依法享有自愿订立合同的权利，任何单位和个人不得非法干预。

第五条 当事人应当遵循公平原则确定各方的权利和义务。

第六条 当事人行使权利、履行义务应当遵循诚实信用原则。

第六十条 当事人应当按照约定全面履行自己的义务。

当事人应当遵循诚实信用原则，根据合同的性质、目的和交易习惯履行通知、协助、保密等义务。

第一百零七条 当事人一方不履行合同义务或者履行合同义务不符合约定的，应当承担继续履行、采取补救措施或者赔偿损失等违约责任。

《最高人民法院关于审理民间借贷案件适用法律若干问题的规定》

第十一条 法人之间、其他组织之间以及它们相互之间为生产、经营需要订立的民间借贷合同，除存在合同法第五十二条、本规定第十四条规定的情形外，当事人主张民间借贷合同有效的，人民法院应予支持。

以下为该案在最高人民法院审理阶段，裁判文书中“本院认为”部分就该问题的论述：

（一）关于《合作协议》《协议书》的性质和效力问题

《合作协议》约定华兴公司向宝马煤炭公司拆借资金350万元，宝马煤炭公司以直接向友科矿业有限公司的法定代表人李国璋个人账户汇款315万元的方式履行了约定，该款实际用于张秀河等股东个人解除与友科矿业有限公司股权转让协议的费用。根据《最高人民法院关于审理民间借贷案件适用法律若干问题的规定》第十一条的规定，法人之间“为生产、经营需要订立的民间借贷合同，除存在合同法第五十二条、本规定第十四条规定情形外，当事人主张民间借贷合同有效的，人民法院院应予支持”。案涉《合作协议》系华兴公司与宝马煤炭公司之间为经营需要进行的临时性资金拆借，不存在法定无效的相关情形。一审判决将借款人认定为张秀河不当，但认定《合作协议》合法有效正确。案涉《协议书》的核心约定是：宝马煤炭公司出借的315万元转为对华兴公司名下煤田的投资，因华兴公司股权变更张秀河同意给付宝马煤炭公司5000万投资收益款。该约定不违反法律、行政法规的强制性规定，一审判决认定《协议书》合法有效并无不当。张秀河关于《合作协议》《协议书》违反法律禁止性规定，应当认定为无效的理由不能成立。

（二）关于宝马煤炭公司出借的315万元是否由借款转化为投资款的问题

《合作协议》约定：如果两个月内华兴公司归还此笔借款，华兴公司向宝马煤炭公司支付一定费用；华兴公司两个月之内未能归还此笔款项，按照华兴公司处分其项下西乌珠穆沁旗吉林高勒浩沁煤田每吨煤炭的价格分别计算收益。上述约定表明宝马煤炭公司借款基于两个月内未还的事实而转化成对华兴公司相关权益的投资。《协议书》约定：宝马煤炭公司出借的315万元已于2007年9月3日转为宝马煤炭公司对华兴公司名下煤田探矿权的实际投资，基于华兴公司股权结构发生变化，山煤大同公司以购买华兴公司60%股权的形式取得了华兴公司名下煤田探矿权，故张秀河同意给付宝马煤炭公司5000万元投资收益款。该协议确认了《合作协议》约定的借款已转化为宝马煤炭公司对华兴公司名下煤田探矿权的实际投资的事实，华兴公司的60%股权被山煤大同公司出资购买，宝马煤炭公司的投资收益约定由张秀河承担给付5000万元。宝马煤炭公司、张秀河对本案所涉315万元款项用途性质的转化及收益数额约定明确。基于上述约定，一审判决认定宝马煤炭公司出借的315万元已由借款转化为投资款并无不当。

（三）关于宝马煤炭公司请求张秀河支付4900万元及利息的主张能否成立的问题

因《协议书》合法有效，张秀河应按照协议约定履行向宝马煤炭公司给付5000万元投资收益的义务，扣除其已给付的100万元，剩余款项4900万元的给付期限均已届满。一审判决张秀河应按照《协议书》的约定给付宝马煤炭公司剩余4900万元投资收益款及利息，利息从宝马煤炭公司2014年4月3日变更诉讼请求明确要求张秀河承担给付4900万元及利息责任之日起计算，并无不当。

案件来源

赤峰宝马煤炭物资有限责任公司与张秀河合同纠纷二审民事判决书，最高人民法院（2015）民一终字第161号。

延伸阅读

裁判规则一：民间借贷双方约定的利率未超过年利率24%的，出借人可以向法院请求借款人按照约定的利率支付利息。

案例1：四川省国程劳务有限责任公司、四川洪军建筑劳务有限公司等与云南鑫潮融和置业有限公司民间借贷纠纷一审民事判决书［云南省高级人民法院（2015）云高民一初字第38号］认为："本案中，3原告与被告之间签订的《借款合同》为当事人真实意思表示，内容不违反法律法规的强制性规定，为有效合同，双方当事人形成民间借贷法律关系，且均应按照合同约定全面履行各自义务。3原告已经按照合同约定履行了出借6000万元款项的义务，而被告作为借款人仅归还了4个月借款利息，至今没有归还借款本金和支付剩余的借款利息。合同中约定的年利率22%并未超过法律规定的最高限额，被告应按照约定支付借期内的利息。"

案例2：原告大连安华投资有限公司与被告黑龙江省香坊实验农场民间借贷纠纷一案民事判决书［黑龙江省高级人民法院（2016）黑民初38号］认为："依据《最高人民法院关于审理民间借贷案件适用法律若干问题的规定》第二十六条第一款规定，借贷双方约定的利率未超过年利率24%，出借人请求借款人按照约定的利率支付利息的，人民法院应予支持。本案中，双方关于按月利率2%支付利息的约定并不违反法律法规及司法解释的强制性规定，合法有效，对安华公司关于香坊农场应按双方约定利率给付利息的诉讼请求，本院予以支持。"

案例3：吉林汇鑫天成投资有限公司与张力军、冷宝艳、黑龙江省盛明粮油贸易有限公司借款合同纠纷一审民事判决书［吉林省高级人民法院（2016）吉民初2号］认为："本案借款合同约定，借款利率按照每月1%执行，直至借款人本金结清之日止。从起息日（即借款发放之日）开始按日计息，日利率=年利率/360，每满90日支付相应利息，未按照合同约定的结息日付息，则自次日起计收复利。前述利息标准，不超过《最高人民法院关于审理民间借贷案件适用法律若干问题的规定》第二十六条第一款关于年利率24%的规定，合法有效，张力军应按借款合同约定，给付汇鑫公司的借款利息。"

裁判规则二：民间借贷约定利率超过年利率24%但未超过36%的，出借人不得向法院请求支付超过年利率24%部分的利息，但借款人已支付的，借款人不得请求返还。

案例4：米立新与米良、靖边县泓泰房地产开发有限公司民间借贷纠纷申诉、申请民事裁定书［最高人民法院（2016）最高法民申3597号］认为："根据本案的还款事实，2013 年 8 月 31 日之前米良的还款按月息 3 分计息，年利率为 36%，二审法院对该利息数额的认定，有事实依据。按照《最高人民法院关于审理民间借贷案件适用法律若干问题的规定》第二十六条规定，这部分利息米良已履行完毕，视为自然债务，本院不予干预，双方在此基础上将借据本金确认为 1500 万元有事实和法律依据。”

案例 5：上海九川投资（集团）有限公司、中国民生银行股份有限公司泉州分行等金融借款合同纠纷申请再审民事裁定书［最高人民法院（2015）民申字第 3538 号］认为：“尤其是，2015 年 9 月 1 日实施的《最高人民法院关于审理民间借贷案件适用法律若干问题的规定》第二十六条对前述规定作出了更加细化的解释，即年利率超出 24%未超出 36%的部分，借款人已经支付的不得请求返还，借款人尚未支付的出借人不得请求给付。”

案例 6：林福祥与鹰潭市金森文化投资有限公司、汪美荣民间借贷纠纷二审民事判决书［江西省高级人民法院（2016）赣民终 402 号］认为：“综上，扣除 1200 万元，金森公司向林福祥的实际借款本金应为 8800 万元。结合《借款合同》约定的月息 2%、《居间合同》约定的报酬（实为利息）月息 1%以及金森公司自认月息为 3%等案件事实，本院认为林福祥与金森公司之间的借款利率为月利率 3%。《最高人民法院关于审理民间借贷案件适用法律若干问题的规定》第二十六条第二款规定：‘借贷双方约定的利率超过年利率 36%，超过部分的利息约定无效。借款人请求出借人返还已支付的超过年利率 36%部分的利息，人民法院应予支持。’按照上述规定，借款人已支付的未超过年利率 36%的部分，应视为当事人自愿履行的自然之债，人民法院不予干预。”

案例 7：上诉人林秀菊与被上诉人许淑琴、李中华及原审被告甘肃西域织造有限公司、甘肃华钰集美贸易有限责任公司借款合同纠纷一案二审民事判决书［甘肃省高级人民法院（2016）甘民终 211 号］认为：“林秀菊与许淑琴约定 895000 元借款借期内利息为 537000 元（1432000 元-895000 元），双方约定的利率超过年利率 24%，许淑琴主张按年利率的 24%计算利息符合法律规定，该部分借款利息为 186552.33 元（按年利率的 24%从合同约定的借款日 2014 年 12 月 25 日起至 2015 年 11 月 27 日止）。综上，林秀菊应向许淑琴偿还借款本金 2345000 元，利息 269885.66 元。”

案例 8：占成树与何小艳、魏永干民间借贷纠纷二审民事判决书［江西省高级人民法院（2016）赣民终 277 号］认为：“魏永干于 2011 年 10 月 16 日出具给占成树的借条中明确了月息 3 分，2012 年 12 月 16 日魏永干又在该借条上加注：具欠到占成树利息 1310000 元……根据《最高人民法院关于审理民间借贷案件适用法律若干问题的规定》第二十六条第一款的规定，本院依法将占成树与魏永干约定的月息3分调整至年利率24%。”

裁判规则三：民间借贷双方约定的利率超过年利率36%，超过部分的利息约定无效。借款人可以请求出借人返还其已支付的超过年利率36%部分的利息。

案例9：青海昆玉实业投资集团有限公司与青海福果典当有限公司合同纠纷二审民事判决书［最高人民法院（2016）最高法民终234号］认为：“本案《借款协议》中约定的利息为本金的月3.5%，年化利率为42%；约定的滞纳金为借款本金的日1%，年化利率为365%，同时还约定了本金部分20%的违约金。上述利息、逾期付款滞纳金及违约金的约定超过了《最高人民法院关于审理民间借贷案件适用法律若干问题的规定》中关于民间借贷利率上限的规定，超出部分，应认定无效，人民法院不予保护，其余部分应认定有效，债务人昆玉公司应当依约履行还本付息的合同义务。”

案例10：罗敏、王林凡等与江西合润置地有限公司、王涛民间借贷纠纷二审民事判决书［江西省高级人民法院（2016）赣民终263号］认为：“根据《最高人民法院关于审理民间借贷案件适用法律若干问题的规定》第二十六条‘借贷双方约定的利率未超过年利率24%，出借人请求借款人按照约定的利率支付利息的，人民法院应予支持。借贷双方约定的利率超过年利率36%，超过部分的利息约定无效。借款人请求出借人返还已支付的超过年利率36%部分的利息的，人民法院应予支持’之规定可知，对于民间借贷利率的规制采取的上限是年利率24%，分情形提供适度的法律保护：年利率24%以下之民间借贷利率可申请司法强制执行；超过年利率36%的部分认定为无效；年利率24%~36%的民间借贷利率拥有债权保持力但无执行力。对于借款人已支付的利息未超过年利率36%的部分，人民法院应予支持，如利息约定超过年利率36%，超过部分的利息约定无效，借款人已支付的超过年利率36%部分的利息，借款人有权主张返还或者抵充尚欠借款本息。”

第四章　矿业权承包、租赁

040 采矿权承包合同是否合法有效

——采矿权主体未发生变更的采矿权承包合同合法有效

阅读提示

作者检索和梳理了涉及采矿权承包合同效力的 11 个判例，我们总结发现的裁判规则为：法院根据《承包合同》的内容进行区分处理，对依法成立的采矿权承包合同，法院认定为有效；对“名为承包、实为转让”的采矿权承包合同，法院认定为无效。

裁判要旨

采矿权主体未发生变更的采矿权承包合同，不属于《探矿权采矿权转让管理办法》第十五条规定“以承包等方式擅自将采矿权转让他人进行采矿”的情形，承包合同合法有效。

案情简介

一、2009 年，四川省宝兴县大坪大理石矿（“宝兴大坪矿”）与李竞签订《协议书》，约定宝兴大坪矿将其享有的部分矿权交由李竞开采，李竞拥有生产经营的自主权；协议期内一切合法采矿手续及新增手续均由宝兴大坪矿办理；宝兴大坪矿在协议期内只收取固定的生产营销利润费；宝兴大坪矿提供矿山的现有电力设施、公路、炸药库房等基础设施；如果有新平台、新增林地、公路，协议期满后归宝兴大坪矿所有；如宝兴大坪矿违约改换合作关系，应赔偿李竞所有投入的费用。

二、宝兴大坪矿向雅安市中院提起诉讼，请求确认《协议书》无效；李竞立即停止生产并退场。雅安市中院认为协议性质是以承包为名转让采矿权，判决《协议书》无效；李竞退出矿山。

三、李竞不服雅安市中院判决，向四川省高院提起上诉。四川省高院认为《协议书》的性质为采矿权承包合同，合法有效，判决撤销雅安市中院判决；驳回宝兴大坪矿的诉讼请求。

四、宝兴大坪矿不服四川省高院判决，向最高人民法院申请再审。最高人民法院裁定驳回再审申请。

裁判要点

本案的败诉原因为：最高人民法院认为单纯的采矿权承包合同关系是合法有效的。宝兴大坪矿主张合同性质为采矿权转让合同，应认定为无效合同，法院不予支持，宝兴大坪矿因此败诉。

最高人民法院认为：首先，双方签订的合同性质为采矿权承包合同，合同期内一切合法手续仍以宝兴大坪矿名义办理，宝兴大坪矿须继续履行采矿权人的法定义务并承担法律责任，对于涉案矿山仍享有控制权，符合采矿权承包合同的特点。

其次，案涉采矿权主体并未变更，不存在擅自转让采矿权的问题，不受《探矿权采矿权转让管理办法》第十五条的限制，故承包合同合法有效。

实务经验总结

前事不忘，后事之师。为避免未来发生类似败诉，提出如下建议：

一、采矿权人签订采矿权承包合同要慎重，签订采矿权承包合同后再主张合同无效，法院不会支持。

二、虽然法律法规不禁止采矿权承包，但是也要避免签订“名为承包、实为转让”的采矿权合同，此类合同具有将开采、生产、销售环节整体承包的特点，除非办理了合法转让手续，否则会被法院认定为无效合同（参见延伸阅读案例七（2016）最高法民申2643号）。

相关法律规定

《探矿权采矿权转让管理办法》

第三条 除按照下列规定可以转让外，探矿权、采矿权不得转让：

（一）探矿权人有权在划定的勘查作业区内进行规定的勘查作业，有权优先取得勘查作业区内矿产资源的采矿权。探矿权人在完成规定的最低勘查投入后，经依

法批准，可以将探矿权转让他人。

（二）已经取得采矿权的矿山企业，因企业合并、分立，与他人合资、合作经营，或者因企业资产出售以及有其他变更企业资产产权的情形，需要变更采矿权主体的，经依法批准，可以将采矿权转让他人采矿。

第十五条 违反本办法第三条第（二）项的规定，以承包等方式擅自将采矿权转给他人进行采矿的，由县级以上人民政府负责地质矿产管理工作的部门按照国务院地质矿产主管部门规定的权限，责令改正，没收违法所得，处10万元以下的罚款；情节严重的，由原发证机关吊销采矿许可证。

以下为该案在最高人民法院审理阶段“本院认为”就该问题的论述：

本案再审审查期间的争议焦点是，宝兴大坪矿作为甲方与李竞作为乙方签订的《协议书》的性质及效力应如何认定。从查明事实来看，《协议书》约定协议期内一切合法采矿手续及新增手续均由宝兴大坪矿办理；宝兴大坪矿在协议期内只收取固定的生产营销利润费；由宝兴大坪矿提供矿山的现有电力设施、公路、炸药库房等基础设施；如果有新平台、新增林地、公路，协议期满后归宝兴大坪矿所有。从《协议书》约定的内容来看，合同期内一切合法手续及新增手续仍以宝兴大坪矿名义办理，宝兴大坪矿仍享有采矿权，须继续履行采矿权人的法定义务并承担法律责任，符合采矿权承包合同的特点。从“如甲方违约改换合作关系，甲方应赔偿乙方所有投入的费用”的约定来看，宝兴大坪矿对于涉案矿山仍有着强控制权，这是采矿权转让合同不具备的特点。故二审判决认定《协议书》的性质为采矿权承包合同并无不当。《探矿权采矿权转让管理办法》第十五条规定：“违反本办法第三条第（二）项的规定，以承包等方式擅自将采矿权转让他人进行采矿的，由县级以上人民政府负责地质矿产管理工作的部门按照国务院地质矿产主管部门规定的权限，责令改正，没收违法所得，处10万元以下的罚款；情节严重的，由原发证机关吊销采矿许可证。”本案宝兴大坪矿与李竞之间系采矿权承包合同关系，不存在擅自转让采矿权的问题；涉案矿山的采矿权主体始终是宝兴大坪矿，并没有变更为李竞，亦不存在采矿权主体因不具备采矿资质而导致合同无效的情形。故二审判决认定《协议书》有效并无不当。

案件来源

四川省宝兴县大坪大理石矿与李竞采矿权纠纷申请再审民事裁定书，最高人民法院（2015）民申字第2165号。

延伸阅读

以下是我们在写作中检索和梳理到的法院认定采矿权承包合同效力的 11 个案例，法院根据《承包合同》的内容进行区分处理：对依法成立的采矿权承包合同，法院认定为有效；对“名为承包、实为转让”的采矿权承包合同，法院认定为无效。

一、法院认定依法成立的采矿权承包合同为有效合同

案例 1：樊宾昆与富源县大河镇祥兴煤矿、叶跃祥执行裁定书［最高人民法院（2015）执申字第 67 号］认为：“首先，为鼓励矿业权有序流转，促进矿产资源合理开发利用，应依法确认矿业权的转让、承包、合作等多种流转方式的合法存在。其次，只有实质具备矿业权转让性质的承包合同，即构成‘名为承包、实为转让’的，才可以适用矿业权转让，但须经审批。否则构成违规转让，应认定为违反相关规定，不应将矿业权承包一概认定违法而予以禁止。矿业权合作，亦非一概采取合作转让的方式，而是包括实体性合作和契约性合作两种模式，前者因需设立新的法人企业，并将矿业权转移变更登记在新设立的法人企业名下，涉及矿业权转让的问题；后者仅需通过协议对合作各方权利义务进行安排，无需办理矿业权主体变更登记手续，不存在矿业权转让的问题。本案所涉《协议》即属于后者情形。再者，从法律位阶来看，国土资源部《矿业权出让转让管理暂行规定》属部门规章，不属于合同法及其解释中可作为认定合同无效依据的法律、行政法规。从条文内容看，国务院《探矿权采矿权转让管理办法》第十四条、第十五条，认定为管理性强制性规定为宜（笔者注：案例 7 最高院 2016 年判例将《探矿权采矿权转让管理办法》第十五条认定为效力性规定），不属于合同法及其解释中可作为认定合同无效依据的效力性强制性规定。故不能根据上述规定得出矿业权承包合同或者合作合同一概无效的结论。最后，有关未经审批的矿业权转让合同效力认定，目前存在有效说和未生效说两种意见。但合同性质的认定是判断合同效力的前提，如矿业权承包、合作未构成实质上的转让，则无从适用有关矿业权转让合同须经审批的限制性规定。基于上述考虑，案涉《协议》无论认定为合作合同还是认定为承包合同均为无效的裁判意见不当。依据本案已查明的《协议》约定内容及双方共享利润，未变更矿业权人，有关证照、印鉴、对外指定账号等均由祥兴煤矿持有管理等实际履行情况，并不具有采矿权转让意在转让采矿权对应的全部实体性权益，并变更采矿权人的身份的特征，《协议》在性质上应认定为契约性合作，应为合法有效。”

案例 2：雷闻声、冯中云与王占东、王占宝采矿权纠纷申请再审民事裁定书

［最高人民法院（2015）民申第3400号］认为："关于《合作开采协议》的效力问题。该协议系雷闻声、冯中云与王占东的真实意思表示，而现行法律、行政法规中并无禁止采矿权承包的效力性强制性规定，雷闻声、冯中云认为该协议违反法律、行政法规的强制性规定，应当认定无效的主张没有法律依据。"

案例3：宁城县宏大矿业有限公司、李信合同纠纷申请再审民事裁定书［最高人民法院（2014）民申字第1704号］认为："二审法院认为：双方签订的协议是双方当事人的真实意思表示，不违反法律、法规的强制性效力规范，应认定为有效。从双方签订的协议内容及履行方式符合承包关系的特征，能够证明李信干选厂矿石由宏大公司提供或自行在宏大公司采矿区采矿。本院认为：宏大公司与李信签订的协议系双方当事人的真实意思表示，内容并不违反法律、行政法规的效力性强制规范，协议有效。"

案例4：金大庆、刘存银与徐金丰、中国石油天然气股份有限公司青海油田分公司、茫崖涯美油田工程有限责任公司、茫崖涯美油田工程有限责任公司作业二队、朱建森劳务合同纠纷二审民事判决书［青海省高级人民法院（2016）青民终95号］认为："《探矿权采矿权转让管理办法》第十五条规定：违反本办法第三条第（二）项的规定，以承包等方式擅自将采矿权转给他人进行采矿的，由县级以上人民政府负责地质矿产管理工作的部门按照国务院地质矿产主管部门规定的权限，责令改正，没收违法所得，处10万元以下的罚款；情节严重的，由原发证机关吊销采矿许可证。上述行政法规规定了采矿权人不得以承包的形式将采矿权转让他人；《矿业权出让转让管理暂行规定》第三十八条规定，采矿权人不得将采矿权以承包等方式转给他人开采经营。该行政规章再次明确了上述行政法规。但在实践中应区分以承包形式转让采矿权和采矿权承包两种流转方式的不同，人民法院应在查明事实的基础上，从合同内容、矿产品的占有、处分权利归属、矿山企业经营管理、采矿的名义人、承包人的自主权等多方面认定当事人签订的承包合同为以承包形式转让采矿权还是单纯的采矿权承包或者劳务承包。若当事人签订的承包合同约定发包人放弃对矿山的管理、除收取固定费用或者受益外不再履行作为采矿权人的全部法定义务，亦不承担任何法律责任的，对于矿产品的处分等均没有任何权利，则应认定为以承包的形式转让采矿权；若当事人约定共同采掘或者将采矿权中所包含的生产经营管理赋予他人，给付承包人一定的劳务报酬、享有承包人的劳务成果，但采矿权主体不发生变更，发包人作为采矿权人不退出矿山管理，继续履行采矿权人的法定义务的，应认定为采矿权承包或者劳务承包，在此种情况下，采矿权人有权按照法律规定将采矿权承包他人。"

案例5：重庆三磊天运实业（集团）有限公司与范炎生承揽合同纠纷申诉民事裁定书［重庆市高级人民法院（2015）渝高法民申字第01822号］认为：“《重庆三磊天运实业（集团）有限公司回星矿山石灰石开采、运输承包合同书》是三磊公司与范炎森之间关于权利义务关系的内部约定，并不是以转让采矿权为合同目的。由于本案合同属于内部承包合同，三磊公司具有矿山开采资质，范炎森也具备相应资质，并不违反《中华人民共和国矿产资源法》第三条第五款的规定；范炎森不属于借用三磊公司的资质从事矿山开采，其采矿权主体并没有变更，本案不适用国务院《探矿权采矿权转让管理办法》第十五条的规定；根据《中华人民共和国合同法》第五十二条关于‘违反法律、行政法规的强制性规定’而无效的情形，只限于效力性强制性规定，而从现行法律、行政法规规定来看，采矿权内部承包并未违反效力性强制规定。一、二审认定《重庆三磊天运实业（集团）有限公司回星矿山石灰石开采、运输承包合同书》有效并无不当。”

案例6：周晓彬与湖口县宜山矿业有限公司合同纠纷二审民事判决书［江西省高级人民法院（2015）赣民一终字第108号］认为：“原审法院适用了《中华人民共和国矿产资源法》第四十二条第一款及《探矿权采矿权转让管理办法》第十五条。《中华人民共和国矿产资源法》第四十二条第一款规定：‘买卖、出租或者以其他形式转让矿产资源的，没收违法所得，处以罚款。’《探矿权采矿权转让管理办法》第十五条规定：‘违反本办法第三条第（二）项的规定，以承包等方式擅自将采矿权转给他人进行采矿的，由县级以上人民政府负责地质矿产管理工作的部门按照国务院地质矿产主管部门规定的权限，责令改正，没收违法所得，处10万元以下的罚款；情节严重的，由原发证机关吊销采矿许可证。’原审法院适用的以上规定，是对矿产资源买卖、出租和转让所作的限制性规定，而涉案合同为内部经营承包合同，并非独占采矿权的企业承包合同，也不是采矿权转让合同，故本案不适用以上条款。……该采矿权内部经营承包并没有违反强制性规定。故原苏宜碎石厂与周晓彬之间签订的承包经营合同应当认定为有效。”

二、法院认定“名为承包、实为转让”的采矿权承包合同为无效合同

案例7：湖南众禾石料有限公司与耒阳市大和圩乡存谷村采石场企业承包经营合同纠纷申诉、申请民事裁定书［最高人民法院（2016）最高法民申2643号］认为：“国务院《探矿权采矿权转让管理办法》第十五条‘违反本办法第三条第（二）项的规定，以承包等方式擅自将采矿权转让给他人进行采矿的，由县级以上人民政府负责地质矿产管理工作的部门按照国务院地质矿产主管部门规定的权限，责令改正，没收违法所得，处10万元以下的罚款，情节严重的，由原发证机关吊销采矿许可证’，不仅为管理性规范，也是效力性规范。其内容表明对采矿权人以承包等方式将采矿权转让他人进行采矿的行为，采取的是否定和禁止的态度。除非经过合法地转让程序。从《耒阳市大和圩乡存谷村采石场石料开采，生产加工及风化石加工，碎石销售的承包协议》内容看，存谷采石场作为采矿权人，将采石场整体承包给众禾公司进行矿石的开采、生产、销售，实质就是转让采矿权。该行为违反了上述禁止性规定，应当依法认定为无效合同。”

案例 8：山东省沂源县源发矿业有限公司与沂源县中庄铁矿、沂源县中庄镇人民政府企业承包经营合同纠纷再审民事判决书［山东省高级人民法院（2014）鲁民再终字第 26 号］认为：“该应急救援预案的设立与双方签订的《承包经营合同》中关于发包方对企业进行监督负责的约定并不相悖，在源发矿业公司未能提供其他证据证明中庄镇政府、中庄铁矿参与了企业经营的情况下，应认定源发矿业公司依据合同约定完全享有经营铁矿的自主权。依据合同约定，源发矿业公司享有铁矿的生产、管理、投资、收益等权利，独自承担生产风险，合同内容亦涵盖了采矿权所包含的相关权利，原审法院据此认定本案合同实际是以承包形式进行采矿权转让的合同正确，本院予以确认。……关于双方对采矿权的转让是否有效的问题，本院认为，《中华人民共和国矿产资源法》及国务院《探矿权采矿权转让管理办法》等法律法规，均明确规定采矿经营权是特许经营权，其批准应严格履行审批程序。根据国务院《探矿权采矿权转让管理办法》第十条第三款之规定‘批准转让的，转让合同自批准之日起生效’。据此，源发矿业公司需履行相应的审批手续，方可使本案的采矿权转让合同具有法律效力。原审法院以源发矿业公司未履行审批程序，违反了法律的强制性规定，认定本案合同无效并无不当，本院予以维持。源发矿业公司因合同无效所产生的损失，可另行主张。”

案例 9：上诉人石嘴山市田陶贸易有限公司与被上诉人平罗县崇岗长青石料厂采矿权转让合同纠纷案二审民事判决书［宁夏回族自治区高级人民法院（2014）宁民终字第 165 号］认为：“虽然双方合同的名称为《承包合同书》，合同第一项也约定了长青石料厂将所属石料厂承包给田陶贸易公司开采经营，但根据合同履行的内容及双方的权利义务看，田陶贸易公司承包的是长青石料厂的全部生产经营，其占有、管理、使用长青石料厂的全部资产，并独占涉案石料厂依法享有的采矿权，田陶贸易公司获取的不是完成生产或销售任务的劳动报酬，而是经营石料厂的利润，并承担生产经营的风险，因此双方的合同不是承包合同，而是私自转让采矿权的行为，本案应为采矿权转让合同纠纷。根据《中华人民共和国矿产资源法》第六条的规定，长青石料厂与田陶贸易公司转让采矿权不符合依法转让的条件，双方签订的《承包合同书》系以承包方式擅自将采矿权进行转让，因此《承包合同书》违反了法律、行政法规的强制性规定，应为无效合同。原审法院认定本案案由及合同的性质正确。”

案例10：姚永、王永达等与罗显芬、何辉等采矿权纠纷、财产损害赔偿纠纷再审民事判决书［贵州省高级人民法院（2015）黔高民提字第4号］认为：“2002年9月1日《老鹰岩煤矿承包合同》约定，承包期5年，从2002年12月15日至2007年12月15日，每年承包费9万元，自2007年12月15日后为股份合作直至煤矿停办之日止，在股份合作期间，甲方控股36%的股份，乙方控股64%的股份。可见，该合同既包含承包的约定也包含有股份转让的内容，合同已经超越了单纯煤矿承包合同的范畴。合同约定将煤矿全部交与何辉经营，又不参与经营管理，只取得承包费的约定，属于采矿权承包。约定将煤矿大部分股份即64%份额转让，属于采矿权转让。根据《探矿权采矿权转让管理办法》第十五条‘违反本办法第三条第（二）项的规定，以承包等方式擅自将采矿权转给他人进行采矿的，由县级以上人民政府负责地质矿产管理工作的部门按照国务院地质矿产主管部门规定的权限，责令改正，没收违法所得，处10万元以下的罚款；情节严重的，由原发证机关吊销采矿许可证’的规定，双方签订的《老鹰岩煤矿承包合同》，因违反上述行政法规关于禁止以承包方式转让采矿权的禁止性规定，属于《中华人民共和国合同法》第五十二条第五项规定的合同无效情形，所以双方于2002年9月1日签订的《老鹰岩煤矿承包合同》属无效合同。”

041 如何区分采矿权承包与采矿权转让？合同效力如何认定？

——判断是否属于采矿权承包合同应基于矿区管理、开采期限、合同标的等方面

阅读提示

区分采矿权承包与采矿权转让一直是司法实践中的难题，本案例从合同标的、开采期限、开采范围、矿区管理四个方面论述了采矿权承包合同应具备的特征，具有重要的参考价值。

裁判要旨

认定合同属于采矿权承包合同而非采矿权转让合同的标准在于，当事人转让的是矿山经营权，而非变更采矿权人；合同约定了开采期限，而非永久性转让开采的权利；采矿权人未放弃对矿区的管理，始终控制着矿产品的开采及销售，承包人必须遵守采矿权人的管理规范。

案情简介

一、武孝明向宁夏高院提起诉讼称：武孝明与王占东签署《合作开采协议》并支付2740万元煤矿转让费后，投入巨资对案涉煤矿采区进行剥离开采，但因资源稀少造成3000万元损失。该矿区属于国马公司，王占宝与国马公司合作开采后，在明知无权对外转让和发包合作开采权的情况下，将部分资源通过签署《合作开采协议》的方式转让给王占东开采，王占东又将部分资源转让给武孝明开采。该行为应属违法转让，签署的协议为无效协议。故请求：王占东、王占宝共同返还武孝明煤矿转让费2740万元，共同赔偿武孝明开采投入损失3000万元。

二、宁夏高院认为，武孝明与王占东签署的协议性质名为《合作开采协议》实为采矿权转让，王占东对案涉煤矿采区并不享有采矿权，其实质转让采矿权的行为违反了强制性规定，应认定为无效合同。故判决：王占东返还武孝明煤矿转让费1350万元。

三、武孝明、王占东均不服，上诉至最高人民法院。最高人民法院认为，武孝明与王占东签订的《合作开采协议》的性质，应认定为采矿权承包合同，而非采矿权转让合同。该协议不违反法律、行政法规的强制性规定，具有法律效力。武孝明要求王占东赔偿损失、返还转让款，是基于合同无效提出的诉讼请求，不应支持。故判决：驳回武孝明的诉讼请求。

四、武孝明仍不服，向最高人民法院申请再审。最高人民法院裁定：驳回武孝明的再审申请。

裁判要点

最高人民法院改为认定案涉协议属于采矿权承包合同进而认定合同有效的原因在于，从案涉协议的内容及履行情况看，并不符合采矿权转让合同的特征，具体而言：

第一，正义关煤矿的采矿权人一直是国马公司，本案各方当事人均未试图改变采矿权的归属。武孝明与王占东签订的《合作开采协议》明确，双方系就“经营权转让”达成的协议，协议中并无关于变更采矿权人的约定。

第二，从开采期限上看，《合作开采协议》第二条约定，武孝明的开采时间以王占宝与国马公司所签合作开采协议约定的时间期限为准，而非永久性转让开采的权利。

第三，从开采范围上看，《合作开采协议》约定，武孝明有权开采的仅为五采二区的部分区域，而非整个正义关煤矿。

第四，从矿区管理上看，国马公司始终控制着正义关煤矿的开采及销售，武孝明必须遵守国马公司的管理规范。《合作开采协议》约定，武孝明应“遵守矿业集团合同规定的各项条款”“必须遵循国家矿业集团及安全部门有关规范施工，规范生产、规范经营、确保安全”。在开采过程中，各方须将税费层层上缴国马公司并在国马公司处领取火工品。在销售过程中，各方须将采出的原煤在国马公司所设的磅秤上过磅以缴纳管理费。

实务经验总结

前事不忘，后事之师。为避免未来发生类似败诉，提出如下建议：

一、当事人提起合同纠纷诉讼前应当准确判断所涉合同的性质及效力，在此基础上提出准确、适当的诉讼请求。

二、关于采矿权承包合同的效力问题，2017 年 7 月 27 日施行的《最高人民法院关于审理矿业权纠纷案件适用法律若干问题的解释》已作出规定：“当事人请求确认矿业权租赁、承包合同自依法成立之日起生效的，人民法院应予支持。矿业权租赁、承包合同约定矿业权人仅收取租金、承包费，放弃矿山管理，不履行安全生产、生态环境修复等法定义务，不承担相应法律责任的，人民法院应依法认定合同无效。”

相关法律规定

《中华人民共和国矿产资源法》

第六条 除按下列规定可以转让外，探矿权、采矿权不得转让：

（一）探矿权人有权在划定的勘查作业区内进行规定的勘查作业，有权优先取得勘查作业区内矿产资源的采矿权。探矿权人在完成规定的最低勘查投入后，经依

法批准，可以将探矿权转让他人。

（二）已取得采矿权的矿山企业，因企业合并、分立，与他人合资、合作经营，或者因企业资产出售以及有其他变更企业资产产权的情形而需要变更采矿权主体的，经依法批准可以将采矿权转让他人采矿。

前款规定的具体办法和实施步骤由国务院规定。

禁止将探矿权、采矿权倒卖牟利。

《探矿权采矿权转让管理办法》

第三条 除按照下列规定可以转让外，探矿权、采矿权不得转让：

（一）探矿权人有权在划定的勘查作业区内进行规定的勘查作业，有权优先取得勘查作业区内矿产资源的采矿权。探矿权人在完成规定的最低勘查投入后，经依法批准，可以将探矿权转让他人。

（二）已经取得采矿权的矿山企业，因企业合并、分立，与他人合资、合作经营，或者因企业资产出售以及有其他变更企业资产产权的情形，需要变更采矿权主体的，经依法批准，可以将采矿权转让他人采矿。

《中华人民共和国合同法》

第五十二条 有下列情形之一的，合同无效：

（一）一方以欺诈、胁迫的手段订立合同，损害国家利益；

（二）恶意串通，损害国家、集体或者第三人利益；

（三）以合法形式掩盖非法目的；

（四）损害社会公共利益；

（五）违反法律、行政法规的强制性规定。

第五十八条 合同无效或者被撤销后，因该合同取得的财产，应当予以返还；不能返还或者没有必要返还的，应当折价补偿。有过错的一方应当赔偿对方因此所受到的损失，双方都有过错的，应当各自承担相应的责任。

《最高人民法院关于适用〈中华人民共和国合同法〉若干问题的解释（二）》

第十四条 合同法第五十二条第（五）项规定的“强制性规定”，是指效力性强制性规定。

《最高人民法院关于审理矿业权纠纷案件适用法律若干问题的解释》

第十二条 当事人请求确认矿业权租赁、承包合同自依法成立之日起生效的，人民法院应予支持。

矿业权租赁、承包合同约定矿业权人仅收取租金、承包费，放弃矿山管理，不履行安全生产、生态环境修复等法定义务，不承担相应法律责任的，人民法院应依法认定合同无效。

以下为该案在最高人民法院审理阶段，裁判文书中“本院认为”部分就该问题的论述：

关于武孝明与王占东签订的两份《合作开采协议》的性质，应认定为采矿权承包合同，而非采矿权转让合同。理由如下：(1) 正义关煤矿的采矿权人一直是国马公司，本案各方当事人均未试图改变采矿权的归属。武孝明与王占东签订的《合作开采协议》明确，双方系就“经营权转让”达成的协议，协议中并无关于变更采矿权人的约定。(2) 从开采期限上看，《合作开采协议》第二条约定，武孝明的开采时间以王占宝与国马公司所签合作开采协议约定的时间期限为准，而非永久性转让开采的权利。(3) 从开采范围上看，《合作开采协议》约定，武孝明有权开采的仅为五采二区的部分区域，而非整个正义关煤矿。(4) 从矿区管理上看，国马公司始终控制着正义关煤矿的开采及销售，武孝明必须遵守国马公司的管理规范。《合作开采协议》约定，武孝明应“遵守矿业集团合同规定的各项条款”“必须遵循国家矿业集团及安全部门有关规范施工，规范生产、规范经营、确保安全”。在开采过程中，各方须将税费层层上缴国马公司并在国马公司处领取火工品。在销售过程中，各方须将采出的原煤在国马公司所设的磅秤上过磅以缴纳管理费。故此，从案涉两份《合作开采协议》的内容及履行情况看，并不符合采矿权转让合同的特征，王占东只收取固定数额的转让费用，武孝明自行开采、自主经营、自负盈亏，应认定为采矿权承包合同。

关于案涉两份《合作开采协议》的效力。该两份协议系武孝明与王占东的真实意思表示，不违反法律、行政法规的强制性规定，具有法律效力。理由如下：(1)《中华人民共和国矿产资源法》第六条以及国务院《探矿权采矿权转让管理办法》第三条是对探矿权、采矿权转让所作出的限制性规定，而案涉两份《合作开采协议》为采矿权承包合同，并非采矿权转让合同，故不适用这两条规定。根据《中华人民共和国合同法》第五十二条以及《最高人民法院关于适用〈中华人民共和国合同法〉若干问题的解释（二）》第十四条的规定，人民法院确认合同因“违反法律、行政法规的强制性规定”而无效的，只限于效力性强制性规定。而现行法律、行政法规中，并无禁止采矿权承包的效力性强制性规定。(2) 国马公司与王占宝签订的《煤矿（采区）合作开采协议书》第七条第一款第三项约定，王占宝不得擅自转让或对外发包合作开采权，王占宝如果转让合作项目应提交书面申请并经国马公司会议研究同意，否则国马公司有权单方提前终止协议，所造成一切经济损失及法律责任由王占宝负责。虽然王占宝、王占东未提交转包前经国马公司书面同意的证据，但国马公司在知悉王占宝、王占东擅自转包经营权的事实后，并未终止与王占宝的协议，而是直接与武孝明等人签订了《关于正义关煤矿五采区二队采矿纠纷处理协议》，且实际支付了部分损失赔偿款，其行为应视为对转包效力的追认。(3) 武孝明主张王占东、王占宝隐瞒案涉采区煤炭储量稀少的事实，诱导武孝明签订案涉两份《合作开采协议》，构成欺诈，但未提交相应的证据予以证明，依法不能成立。

综上，一审判决对于武孝明与王占东签订的两份《合作开采协议》的性质及效力认定错误，本院予以纠正。王占东关于该两份协议有效的上诉理由成立。

案件来源

武孝明与王占东、王占宝采矿权纠纷二审民事判决书，最高人民法院（2015）民一终字第 74 号；武孝明与王占东、王占宝采矿权纠纷申诉、申请民事裁定书，最高人民法院（2015）民申第 3401 号。

延伸阅读

认定采矿权承包合同应具备合同标的是经营权、采矿权人未放弃矿山管理等特征的案例：

案例 1：西乌珠穆沁旗意隆煤业有限责任公司与温州市华建设备安装工程有限公司承包合同纠纷二审民事判决书［最高人民法院（2013）民一终字第 16 号］认为："关于《合作开采包尔呼舒高布露天煤矿协议书》的性质，本院认为，应为采矿权承包合同，而非采矿权转让合同。理由如下：(1) 从《合作开采包尔呼舒高布露天煤矿协议书》的内容看，温州华建公司'承包开采经营''独立核算，自负盈亏'，温州华建公司向意隆煤业公司支付固定数额'承包费'，这都符合承包合同的特点。(2) 采矿权转让意在转让采矿权对应的全部实体性权益，并变更采矿权人的身份，而从《合作开采包尔呼舒高布露天煤矿协议书》的内容以及双方实际履行情况来看，不符合采矿权转让的特点：①从承包的范围上看，承包开采的只是部分，并非整个包尔呼舒高布煤矿。依据《采矿许可证》，包尔呼舒高布煤矿的矿区面积为 4. 9188 平方公里（折合为 4918800 平方米），生产规模为 120 万吨/年，而根据《合作开采包尔呼舒高布露天煤矿协议书》第一条、第三条约定，涉案承包开采范围只是第五开采作业区，面积为 303178 平方米，并且在此面积内划定了 300 万吨的储量范围，所以，意隆煤业公司只是将其矿区的部分面积和部分储量承包给温州华建公司开采。②从承包的期限看，只约定了 4 年，并非永久性转让。从《采矿许可证》看，意隆煤业公司已将对涉案煤矿采矿权的有效期续至 2015 年 5 月 27 日，且依据国土资源部出具的《采矿权评估结果确认书》，涉案煤矿露天区评估服务年限为 19.72 年，而根据《合作开采包尔呼舒高布露天煤矿协议书》第十条约定，合同期间为 4 年，到期开采不完由意隆煤业公司收回，故意隆煤业公司只是在特定期限内交由温州华建公司开采，而非永久。③从双方的权利义务看，在对外关系的处理上，仍是以意隆煤业公司名义进行，合同也没有约定变更采矿权人的内容。根据《合作开采包尔呼舒高布露天煤矿协议书》第五条、第六条、第七条、第十一条约定，涉案承包开采区对外相关业务的联系和协调、所需证照和相关手续的办理、与当地各部门和牧民的协调工作仍由意隆煤业公司负责，统一使用意隆煤业公司的税务发票，享受意隆煤业公司在当地减免税、费等优惠政策，以意隆煤业公司名义进行煤炭销售，并且温州华建公司要按照意隆煤业公司提供的施工设计图进行作业，故《合作开采包尔呼舒高布露天煤矿协议书》只是合同双方之间关于权利义务关系的内部约定，不以转让采矿权为合同目的。”

案例 2：四川省宝兴县大坪大理石矿与李竞采矿权纠纷申请再审民事裁定书［最高人民法院（2015）民申字第 2165 号］认为：“从查明事实来看，《协议书》约定协议期内一切合法采矿手续及新增手续均由宝兴大坪矿办理；宝兴大坪矿在协议期内只收取固定的生产营销利润费；由宝兴大坪矿提供矿山的现有电力设施、公路、炸药库房等基础设施；如果有新平台、新增林地、公路，协议期满后归宝兴大坪矿所有。从《协议书》约定的内容来看，合同期内一切合法手续及新增手续仍以宝兴大坪矿名义办理，宝兴大坪矿仍享有采矿权，须继续履行采矿权人的法定义务并承担法律责任，符合采矿权承包合同的特点。从‘如甲方违约改换合作关系，甲方应赔偿乙方所有投入的费用’的约定来看，宝兴大坪矿对于涉案矿山仍有着强控制权，这是采矿权转让合同不具备的特点。故二审判决认定《协议书》的性质为采矿权承包合同并无不当。”

案例 3：范万章、宁夏远洲矿业有限公司合同纠纷再审民事判决书［最高人民法院（2017）最高法民再 176 号］认为：“根据《露天煤矿开采协议书》的约定，远洲公司将案涉煤矿交由范万章开采经营，承包期限为两年，范万章支付承包费及管理费，远洲公司保证各项手续真实、合法、有效，做好指导、协调、服务工作，保证范万章在承包期内能够正常生产经营，保证范万章的开采区域面积和储量，并且双方还约定如果范万章因经营管理不善或严重违法经营，远洲公司可解除承包合同或者更换经营者，如果因远洲公司原因导致范万章无法正常施工、开工建设，远洲公司应返还承包费用；如遇自然灾害、政府政策行为及社会异常事件导致范万章无法进行开采，远洲公司应退还剩余承包费。根据上述约定，远洲公司虽是将案涉煤矿的生产经营权交由范万章，但是有两年的期限，并且远洲公司仍要继续履行采矿权人的法定义务，如办理各项手续、保证范万章能够正常生产经营等，并且承担非因范万章原因导致的经营风险。另一方面，在范万章经营管理不善或严重违法经营时，远洲公司有权解除该合同、更换经营者。这些约定均表明远洲公司让渡的仅是案涉煤矿在一定期限内的生产经营权，并不是采矿权全部权益，双方没有变更采矿权主体的意思表示，且远洲公司不退出煤矿的管理。故从上述约定看，《露天煤矿开采协议书》应认定为采矿权承包合同，而非变更采矿权主体的采矿权转让合同。”

案例 4：山西金晖煤焦化工有限公司、李苏合同纠纷二审民事判决书［最高人民法院（2016）最高法民终 639 号］认为：“根据《中华人民共和国矿产资源法》等涉矿法律、行政法规的规定，矿产资源属于国家所有，开采矿产资源实行许可证制度，只有依法取得采矿许可证，才可以合法进行矿产资源的开采，否则会因无证开采而导致当事人所签矿产资源开采的合同无效，甚至触犯刑律。从《承包协议》的核心目的和合同内容来看，金晖公司系以火区灾害治理的名义将昌华煤矿煤炭资源的开采权利发包给李苏、张瑞，并收取具有承包费性质的固定管理费或者利润分成，《承包协议》符合采矿权承包合同的法律特征。”

案例 5：金大庆、刘存银与徐金丰、中国石油天然气股份有限公司青海油田分公司、茫崖涯美油田工程有限责任公司、茫崖涯美油田工程有限责任公司作业二队、朱建森劳务合同纠纷二审民事判决书［青海省高级人民法院（2016）青民终 95 号］认为：“《探矿权采矿权转让管理办法》第十五条规定：‘违反本办法第三条第（二）项的规定，以承包等方式擅自将采矿权转给他人进行采矿的，由县级以上人民政府负责地质矿产管理工作的部门按照国务院地质矿产主管部门规定的权限，责令改正，没收违法所得，处 10 万元以下的罚款；情节严重的，由原发证机关吊销采矿许可证。’上述行政法规规定了采矿权人不得以承包的形式将采矿权转让他人，《矿业权出让转让管理暂行规定》第三十八条规定，采矿权人不得将采矿权以承包等方式转给他人开采经营。该行政规章再次明确了上述行政法规。但在实践中应区分以承包形式转让采矿权和采矿权承包两种流转方式的不同，人民法院应在查明事实的基础上，从合同内容、矿产品的占有、处分权利归属、矿山企业经营管理、采矿的名义人、承包人的自主权等多方面认定当事人签订的承包合同为以承包形式转让采矿权还是单纯的采矿权承包或者劳务承包。若当事人签订的承包合同约定发包人放弃对矿山的管理、除收取固定费用或者受益外不再履行作为采矿权人的全部法定义务，亦不承担任何法律责任的，对于矿产品的处分等均没有任何权利，则应认定为以承包的形式转让采矿权；若当事人约定共同采掘或者将采矿权中所包含的生产经营管理赋予他人，给付承包人一定的劳务报酬、享有承包人的劳务成果，但采矿权主体不发生变更，发包人作为采矿权人不退出矿山管理，继续履行采矿权人的法定义务的，应认定为采矿权承包或者劳务承包，在此种情况下，采矿权人有权按照法律规定将采矿权承包他人。”

案例 6：重庆三磊天运实业（集团）有限公司与范炎生承揽合同纠纷申诉民事裁定书［重庆市高级人民法院（2015）渝高法民申字第 01822 号］认为：“《重庆三磊天运实业（集团）有限公司回星矿山石灰石开采、运输承包合同书》是三磊公司与范炎森之间关于权利义务关系的内部约定，并不是以转让采矿权为合同目的。由于本案合同属于内部承包合同，三磊公司具有矿山开采资质，范炎森也具备相应资质，并不违反《中华人民共和国矿产资源法》第三条第五款的规定；范炎森不属于借用三磊公司的资质从事矿山开采，其采矿权主体并没有变更，本案不适用国务院《探矿权采矿权转让管理办法》第十五条的规定；根据《中华人民共和国合同法》第五十二条关于‘违反法律、行政法规的强制性规定’而无效的情形，只限于效力性强制性规定，而从现行法律、行政法规规定来看，采矿权内部承包并未违反效力性强制规定。一、二审认定《重庆三磊天运实业（集团）有限公司回星矿山石灰石开采、运输承包合同书》有效并无不当。”

案例 7：周晓彬与湖口县宜山矿业有限公司合同纠纷二审民事判决书［江西省高级人民法院（2015）赣民一终字第 108 号］认为：“从该合同的内容来看，该合同的性质应为采矿权经营承包合同。（1）2012 年 12 月 23 日，苏宜碎石场（发包方）与周晓彬（承包方）签订的承包经营合同约定：承包方实行自主经营，独立核算，自负盈亏的运行模式；承包方应合理正当使用发包方资产，发包方同意从未收回的债权中支出设备改造费用 40 万元；承包方每年向发包方支付承包费 20 万元；如承包期间苏宜碎石厂按市场价格进行出售，同时终止承包合同；承包期间内苏宜碎石厂的会计、出纳均由发包方委派；承包方的每笔销售收入均进入苏宜碎石厂账户，承包方可根据生产经营的需要支取相关费用，但是承包方不得私自收取销售款；承包期间年净利润收入在 300 万元以内的，承包方在支付本协议约定的承包费用后归承包人所有。承包期间年净利润收入超过 300 万元的部分归发包方所有。从以上协议内容可以看出，双方约定的内容不涉及以承包的形式变更采矿权的行使，苏宜碎石厂在《承包经营合同》约定的期间，对矿山经营享有收益权，对财务、销售价格等享有参与及控制的权利，并委派会计、出纳进行财务管理及收取销售款。周晓彬对外以原苏宜碎石厂的名义经营，由原苏宜碎石厂参与财务及销售定价，并未独自掌控矿山的生产与销售及全部经营权。根据合同中规定的双方的权利义务，该合同仅是双方之间有4年期限的内部承包经营约定，故并非企业的完全承包，也不是采矿权的出租。（2）原苏宜碎石厂与周晓彬签订《承包经营合同》之后，原采矿权人张涛将采矿权转让至林干初，林干初在2013年6月19日与张涛签订的《股权转让协议书》中对该承包经营合同予以认可。根据上述合同及之后的《会议纪要》的约定，周晓彬还需要将超过承包费部分金额的费用上交给原苏宜碎石厂，原苏宜碎石厂也要委派财务人员。2013年7月9日，苏宜碎石厂的股东林干初、杨细金作为发包方与周晓彬签订了1份《承包补充协议书》，约定2012年12月23日的承包经营合同在承包期限内继续生效，即作为采矿权人对该承包经营合同予以认可。”

042 能否以承包方式转让采矿权，承包合同是否有效

——以承包方式将采矿权转让他人进行采矿的，承包合同无效

阅读提示

采矿权人能否完全放弃对矿区的管理，将矿区整体承包给他人采矿？本案例认定该情形下所签订的承包合同无效。需关注的是，2017年7月27日起施行的《最高人民法院关于审理矿业权纠纷案件适用法律若干问题的解释》已对该问题作出规定。

裁判要旨

采矿权人将矿区整体承包给他人进行矿产品的开采、生产、销售，实质就是转让采矿权，属于以承包方式将采矿权转让他人进行采矿的行为，当事人所签订的承包合同应当认定无效。

案情简介

一、众禾公司与存谷采石场于2011年12月签订《联营协议》，众禾公司出资

1815 万元收购存谷采石场 55%的股权。

二、众禾公司未如期支付股权收购款，双方于 2012 年 3 月签订《承包协议》约定：在《承包协议》之前形成的合同、协议等自行终止；存谷采石场将玄武岩路面集料（碎石）及风化石的开采、生产加工、碎石销售总承包给众禾公司，由众禾公司向存谷采石场上缴承包费，并负责对矿石的开采、加工、销售，开采出来的产品由众禾公司享有，自主销售。

三、后众禾公司离场，双方发生争议。众禾公司要求存谷采石场退还揭山皮款、履约保证金等并支付废石料、石料销售款未果，遂诉至衡阳中院。请求：解除《承包协议》；由存谷采石场退还揭山皮款、履约保证金、支付采石加工产生的废石料销售收入款、成品石料销售收入款等。

四、衡阳中院认为，《承包协议》系双方当事人的真实意思表示，应当认定为合法有效，但众禾公司请求解除合同的条件未成就。该院判决：驳回众禾公司的诉讼请求。

五、众禾公司不服，上诉至湖南高院。湖南高院认为，存谷采石场将采石场整体承包给众禾公司进行矿石的开采、生产、销售，是以承包的方式将采矿权转让他人进行采矿的情形，《承包协议》应认定无效。该院判决：撤销衡阳中院判决；由存谷采石场向众禾公司返还 270 万元。

六、存谷采石场不服，向最高人民法院申请再审，主张湖南高院认定《承包协议》无效，属于适用法律错误。最高人民法院裁定：驳回存谷采石场的再审申请。

裁判要点

最高人民法院认定《承包协议》无效的原因在于，国务院《探矿权采矿权转让管理办法》第十五条规定："违反本办法第三条第（二）项的规定，以承包等方式擅自将采矿权转给他人进行采矿的，由县级以上人民政府负责地质矿产管理工作的部门按照国务院地质矿产主管部门规定的权限，责令改正，没收违法所得，处 10 万元以下的罚款；情节严重的，由原发证机关吊销采矿许可证。"该规定不仅为管理性规范，也是效力性规范。其内容表明对采矿权人以承包等方式将采矿权转让他人进行采矿的行为，采取的是否定和禁止的态度。除非经过合法的转让程序。

从案涉《承包协议》内容看，存谷采石场作为采矿权人，将采石场整体承包给众禾公司进行矿石的开采、生产、销售，实质就是转让采矿权。该行为违反了上述禁止性规定，应当依法认定为无效合同。

实务经验总结

前事不忘，后事之师。为避免未来发生类似败诉，提出如下建议：

一、采矿权人将矿区承包给他人时，不应完全放弃对矿区的管理，不应将开采、生产、销售环节一并承包给他人。否则承包合同将被认定无效。

二、关于采矿权承包合同的效力问题，2017 年 7 月 27 日起施行的《最高人民法院关于审理矿业权纠纷案件适用法律若干问题的解释》已作出规定："当事人请求确认矿业权租赁、承包合同自依法成立之日起生效的，人民法院应予支持。矿业权租赁、承包合同约定矿业权人仅收取租金、承包费，放弃矿山管理，不履行安全生产、生态环境修复等法定义务，不承担相应法律责任的，人民法院应依法认定合同无效。"

相关法律规定

《探矿权采矿权转让管理办法》

第十五条　违反本办法第三条第（二）项的规定，以承包等方式擅自将采矿权转给他人进行采矿的，由县级以上人民政府负责地质矿产管理工作的部门按照国务院地质矿产主管部门规定的权限，责令改正，没收违法所得，处 10 万元以下的罚款；情节严重的，由原发证机关吊销采矿许可证。

《中华人民共和国合同法》

第五十二条　有下列情形之一的，合同无效：

（一）一方以欺诈、胁迫的手段订立合同，损害国家利益；

（二）恶意串通，损害国家、集体或者第三人利益；

（三）以合法形式掩盖非法目的；

（四）损害社会公共利益；

（五）违反法律、行政法规的强制性规定。

第五十六条　无效的合同或者被撤销的合同自始没有法律约束力。合同部分无效，不影响其他部分效力的，其他部分仍然有效。

第五十八条　合同无效或者被撤销后，因该合同取得的财产，应当予以返还；不能返还或者没有必要返还的，应当折价补偿。有过错的一方应当赔偿对方因此所受到的损失，双方都有过错的，应当各自承担相应的责任。

《最高人民法院关于适用〈中华人民共和国合同法〉若干问题的解释（二）》

第十四条　合同法第五十二条第（五）项规定的"强制性规定"，是指效力性强制性规定。

《最高人民法院关于审理矿业权纠纷案件适用法律若干问题的解释》

第十二条 当事人请求确认矿业权租赁、承包合同自依法成立之日起生效的，人民法院应予支持。

矿业权租赁、承包合同约定矿业权人仅收取租金、承包费，放弃矿山管理，不履行安全生产、生态环境修复等法定义务，不承担相应法律责任的，人民法院应依法认定合同无效。

以下为该案在最高人民法院审理阶段，裁判文书中“本院认为”部分就该问题的论述：

国务院《探矿权采矿权转让管理办法》第十五条“违反本办法第三条第（二）项的规定，以承包等方式擅自将采矿权转让给他人进行采矿的，由县级以上人民政府负责地质矿产管理工作的部门，按照国务院地质矿产主管部门规定的权限，责令改正，没收违法所得，处10万元以下的罚款，情节严重的，由原发证机关吊销采矿许可证”，不仅为管理性规范，也是效力性规范。其内容表明对采矿权人以承包等方式将采矿权转让他人进行采矿的行为，采取的是否定和禁止的态度。除非经过合法的转让程序。从《耒阳市大和圩乡存谷村采石场石料开采，生产加工及风化石加工，碎石销售的承包协议》内容看，存谷采石场作为采矿权人，将采石场整体承包给众禾公司进行矿石的开采、生产、销售，实质就是转让采矿权。该行为违反了上述禁止性规定，应当依法认定为无效合同。另外，原审判决对当事人投入和财产损失情况，结合过错，已经作了考虑，处理恰当。

案件来源

湖南众禾石料有限公司与耒阳市大和圩乡存谷村采石场企业承包经营合同纠纷申诉、申请民事裁定书，最高人民法院（2016）最高法民申2643号。

延伸阅读

认定以承包方式转让采矿权的采矿权承包合同为无效合同的案例：

案例1：山东省沂源县源发矿业有限公司与沂源县中庄铁矿、沂源县中庄镇人民政府企业承包经营合同纠纷再审民事判决书［山东省高级人民法院（2014）鲁民再终字第26号］认为：“该应急救援预案的设立与双方签订的《承包经营合同》中关于发包方对企业进行监督负责的约定并不相悖，在源发矿业公司未能提供其他证据证明中庄镇政府、中庄铁矿参与了企业经营的情况下，应认定源发矿业公司依据合同约定完全享有经营铁矿的自主权。依据合同约定，源发矿业公司享有铁矿的生产、管理、投资、收益等权利，独自承担生产风险，合同内容亦涵盖了采矿权所包含的相关权利，原审法院据此认定本案合同实际是以承包形式进行采矿权转让的合同正确，本院予以确认，原审法院以源发矿业公司未履行审批程序，违反了法律的强制性规定，认定本案合同无效并无不当。”

案例 2：上诉人石嘴山市田陶贸易有限公司与被上诉人平罗县崇岗长青石料厂采矿权转让合同纠纷案二审民事判决书［宁夏回族自治区高级人民法院（2014）宁民终字第 165 号］认为：“虽然双方合同的名称为《承包合同书》，合同第一项也约定了长青石料厂将所属石料厂承包给田陶贸易公司开采经营，但根据合同履行的内容及双方的权利义务看，田陶贸易公司承包的是长青石料厂的全部生产经营，其占有、管理、使用长青石料厂的全部资产，并独占涉案石料厂依法享有的采矿权，田陶贸易公司获取的不是完成生产或销售任务的劳动报酬，而是经营石料厂的利润，并承担生产经营的风险，因此双方的合同不是承包合同，而是私自转让采矿权的行为，本案应为采矿权转让合同纠纷。根据《中华人民共和国矿产资源法》第六条的规定，长青石料厂与田陶贸易公司转让采矿权不符合依法转让的条件，双方签订的《承包合同书》系以承包方式擅自将采矿权进行转让，因此《承包合同书》违反了法律、行政法规的强制性规定，应为无效合同。原审法院认定本案案由及合同的性质正确。”

案例 3：姚永、王永达等与罗显芬、何辉等采矿权纠纷、财产损害赔偿纠纷再审民事判决书［贵州省高级人民法院（2015）黔高民提字第 4 号］认为：“2002 年 9 月 1 日《老鹰岩煤矿承包合同》约定，承包期 5 年，从 2002 年 12 月 15 日至 2007 年 12 月 15 日，每年承包费 9 万元，自 2007 年 12 月 15 日后为股份合作直至煤矿停办之日止，在股份合作期间，甲方控股 36%的股份，乙方控股 64%的股份。可见，该合同既包含承包的约定也包含有股份转让的内容，合同已经超越了单纯煤矿承包合同的范畴。合同约定将煤矿全部交与何辉经营，又不参与经营管理，只取得承包费的约定，属于采矿权承包。约定将煤矿大部分股份即 64%份额转让，属于采矿权转让。根据《探矿权采矿权转让管理办法》第十五条‘违反本办法第三条第（二）项的规定，以承包等方式擅自将采矿权转给他人进行采矿的，由县级以上人民政府负责地质矿产管理工作的部门按照国务院地质矿产主管部门规定的权限，责令改正，没收违法所得，处 10 万元以下的罚款；情节严重的，由原发证机关吊销采矿许可证’的规定，双方签订的《老鹰岩煤矿承包合同》，因违反上述行政法规关于禁止以承包方式转让采矿权的禁止性规定，属于《中华人民共和国合同法》第五十二条第五项规定的合同无效情形，所以双方于 2002 年 9 月 1 日签订的《老鹰岩煤矿承包合同》属无效合同。”

043 采矿权因政策原因被关闭，能否请求解除采矿权委托经营合同

——采矿权因政策原因被关闭的，当事人可请求解除采矿权委托经营合同

阅读提示

采矿权委托合同履行过程中，因政策原因采矿权被关闭的，是否可适用情势变更的规则？本案例认为该情形属于发生情势变更的情形。

裁判要旨

采矿权委托经营合同履行过程中，因政策原因采矿权被关闭的，属于发生情势变更的情形，当事人可请求人民法院解除合同。

案情简介

一、后庄沟煤矿系迪阳村村办集体企业。2000 年 3 月 9 日，秦聚昌与迪阳村民委员会签订后庄沟煤矿承包合同书，约定秦聚昌的经营期限为 15 年。

二、2003 年 11 月 9 日，秦聚昌与赵裕忠签订《委托经营协议》，秦聚昌将后庄沟煤矿委托授权给赵裕忠经营。后因政策原因后庄沟煤矿被关闭。

三、秦聚昌向晋城中院起诉，请求赵裕忠履行合同义务，支付 500 万元。赵裕忠提起反诉，请求解除《委托经营协议》，秦聚昌返还已支付的转让款 756 万元。晋城中院认为，案涉合同合法有效，后庄沟煤矿因政策性关闭，本案发生情势变更；虽然秦聚昌提起诉讼时，合同期限已届满，但由于合同未完全履行完毕，合同的权利义务未终止，而继续履行合同的权利义务有违公平原则，故双方签订的合同应予解除。该院判决：解除《委托经营协议》；赵裕忠支付秦聚昌违约金 50 万元；秦聚昌返还赵裕忠 350 万元。

四、秦聚昌、赵裕忠不服，上诉至山西高院。山西高院认为，后庄沟煤矿关闭后，发生了履行不能的情况，合同实际上已经解除，双方应按公平原则进行结算。晋城中院判决认定事实清楚，适用法律基本正确。故判决：撤销晋城中院解除合同的判项；维持晋城中院其他判项。

五、秦聚昌不服，向最高人民法院申请再审。最高人民法院裁定：驳回秦聚昌的再审申请。

裁判要点

《最高人民法院关于适用〈中华人民共和国合同法〉若干问题的解释（二）》第二十六条规定："合同成立以后客观情况发生了当事人在订立合同时无法预见的、非不可抗力造成的不属于商业风险的重大变化，继续履行合同对于一方当事人明显不公平或者不能实现合同目的，当事人请求人民法院变更或者解除合同的，人民法院应当根据公平原则，并结合案件的实际情况确定是否变更或者解除。"本案《委托经营协议》履行中，根据当事人提供的有关文件精神，可以证实政府及有关职能部门对煤矿生产经营的产能、规模、形式、数量等政策方面作出了调整，发生了政策转变的事由，致后庄沟煤矿被关闭，故本案发生情势变更。

后庄沟煤矿关闭后，发生了履行不能的情况，《委托经营协议》实际上已经解除，双方应按公平原则进行结算。

实务经验总结

前事不忘，后事之师。为避免未来发生类似败诉，提出如下建议：

一、采矿权委托经营合同履行过程中，因政策因素采矿权被关闭的，当事人可提起诉讼，请求解除合同。人民法院将根据公平原则，并结合案件的实际情况确定是否解除合同。需注意的是，因情势变更原则请求解除合同，应向人民法院起诉，而非以通知对方当事人的形式。

二、根据《中华人民共和国合同法》的规定，合同解除后的法律后果是：终止履行；恢复原状；赔偿损失。

相关法律规定

《最高人民法院关于适用〈中华人民共和国合同法〉若干问题的解释（二）》

第二十六条 合同成立以后客观情况发生了当事人在订立合同时无法预见的、

非不可抗力造成的不属于商业风险的重大变化，继续履行合同对于一方当事人明显不公平或者不能实现合同目的，当事人请求人民法院变更或者解除合同的，人民法院应当根据公平原则，并结合案件的实际情况确定是否变更或者解除。

《中华人民共和国合同法》

第九十七条 合同解除后，尚未履行的，终止履行；已经履行的，根据履行情况和合同性质，当事人可以要求恢复原状、采取其他补救措施，并有权要求赔偿损失。

以下为该案在各级法院审理阶段，裁判文书中“本院认为”部分就该问题的论述：

晋城中院认为：“关于赵裕忠主张的情势变更问题。《最高人民法院关于适用〈中华人民共和国合同法〉若干问题的解释（二）》第二十六条规定，合同成立以后客观情况发生了当事人在订立合同时无法预见的、非不可抗力造成的不属于商业风险的重大变化，继续履行合同对于一方当事人明显不公平或者不能实现合同目的，当事人请求人民法院变更或者解除合同的，人民法院应当根据公平原则，并结合案件的实际情况确定是否变更或者解除。合同履行中，根据当事人提供的有关文件精神，可以证实政府及有关职能部门对煤矿生产经营的产能、规模、形式、数量等政策方面作出了调整，发生了政策转变的事由，虽然后庄沟煤矿曾被批准进行安全整治的事实，但终因政策原因至后庄沟煤矿被关闭。秦聚昌主张因赵裕忠未办理安全生产许可证，导致后庄沟煤矿不能被确定为整合主体，从而致使煤矿最终关闭的理由，因后庄沟煤矿的产能因素以及有关政策的调整等实际情况，客观上已不可能办理安全生产许可证，故在此事实上赵裕忠无过错。秦聚昌的此项主张不成立，本院不予支持。之后的后庄沟煤矿被资源整合进入迪阳煤矿，因后庄沟煤矿不是整合主体，根据当事人陈述，整合主体迪阳煤矿的关闭与后庄沟煤矿无关。故后庄沟煤矿属于政策性关闭，赵裕忠主张的本案发生情势变更的理由成立，本院予以认定。关于合同是否解除的问题。后庄沟煤矿被撤除关闭验收合格的时间是2006年9月，相关证件已被吊销，此时，后庄沟煤矿的主体已实际不存在，情势变更事由已发生，赵裕忠已不能继续经营后庄沟煤矿，但双方当事人均未提及合同事宜，直至合同履行期限届满后秦聚昌提起诉讼前，赵裕忠对合同的履行未持异议。虽然，秦聚昌提起诉讼时，合同期限已届满，但由于合同未完全履行完毕，合同的权利义务未终止，而继续履行合同的权利义务有违公平原则，故双方签订的合同应予解除。”

山西高院认为：“关于合同的履行情况，根据当事人提供的有关文件和山西省煤炭资源整合现状，能认定政府及有关职能部门当时对煤矿生产经营企业的产能、规模、数量等政策方面作出了调整。政府文件明确核定年生产能力 9 万吨以下的煤矿应当予以关闭，后庄沟煤矿年生产能力为 3 万吨，自然属于被关闭煤矿。后庄沟煤矿被关闭后，其剩余资源并入迪阳煤矿，如果要缴纳资源价款也应当由整合主体迪阳煤矿缴纳，而非由后庄沟煤矿经营者赵裕忠缴纳，秦聚昌上诉称是赵裕忠未足额缴纳价款造成煤矿关闭之理由不足，本院不予支持。后庄沟煤矿关闭后，发生了履行不能的情况，合同实际上已经解除，双方应按公平原则进行结算较为妥当。”

最高人民法院认为：“根据一、二审法院审理查明的事实，后庄沟煤矿因产能因素及相关政策调整被关闭，《委托经营协议》自煤矿关闭之日即告履行不能。该协议第九条虽然约定‘乙方在协议生效前，应当偿还原经营者秦聚昌在陈区信用社所贷款人民币叁佰万元’，但秦聚昌在赵裕忠支付相关款项前，即将案涉煤矿交由赵裕忠经营，表明双方已以实际履行行为对上述生效条件约定进行了变更。秦聚昌申请再审认为赵裕忠支付 300 万元款项的义务自协议生效前即产生，并应继续履行的主张，与其实际履行行为不符。秦聚昌主张本案生效判决驳回其要求赵裕忠继续支付 300 万元款项的诉讼请求适用法律错误，理据不足，本院不予支持。”

案件来源

秦聚昌与赵裕忠合同纠纷一案再审民事裁定书，最高人民法院（2015）民申字第 69 号；秦聚昌与赵裕忠合同纠纷二审民事判决书，山西省高级人民法院（2013）晋民终字第 16 号。

延伸阅读

裁判规则一：由于无法预料的自然环境变化的影响导致合同目的无法实现，若继续履行合同则必然造成一方当事人取得全部合同收益，而另一方当事人承担全部投资损失，受损方当事人请求变更合同部分条款的，人民法院应当予以支持。

案例 1：成都鹏伟实业有限公司与江西省永修县人民政府、永修县鄱阳湖采砂管理工作领导小组办公室采矿权纠纷案［最高人民法院（2008）民二终字第 91 号，《中华人民共和国最高人民法院公报》2010 年第 4 期（总第 161 期）］认为：“公平原则是当事人订立、履行民事合同所应遵循的基本原则。本院《关于适用〈中华人民共和国合同法〉若干问题的解释（二）》第二十六条规定：‘合同成立以后客观情况发生了当事人在订立合同时无法预见的、非不可抗力造成的不属于商业风险的重大变化，继续履行合同对于一方当事人明显不公平或者不能实现合同目的，当事人请求人民法院变更或者解除合同的，人民法院应当根据公平原则，并结合案件的实际情况确定是否变更或者解除。’本案中，鹏伟公司所享有的鄱阳湖永修段采砂权虽然是通过竞拍方式取得的，但竞拍只是鹏伟公司与采砂办为订立《采砂权出让合同》所采取的具体方式，双方之间的合同行为仍应受《中华人民共和国合同法》的调整。鹏伟公司在履行本案《采砂权出让合同》过程中遭遇鄱阳湖36年未遇的罕见低水位，导致采砂船不能在采砂区域作业，采砂提前结束，未能达到《采砂权出让合同》约定的合同目的，形成巨额亏损。这一客观情况是鹏伟公司和采砂办在签订合同时不可能预见到的，鹏伟公司的损失也非商业风险所致。在此情况下，仍旧依照合同的约定履行，必然导致采砂办取得全部合同收益，而鹏伟公司承担全部投资损失，对鹏伟公司而言是不公平的，有悖于合同法的基本原则。鹏伟公司要求采砂办退还部分合同价款，实际是要求对《采砂权出让合同》的部分条款进行变更，符合合同法和本院上述司法解释的规定，本院予以支持。”

裁判规则二：属于情势变更还是商业风险，需要参照合同约定，并从可预见性、归责性以及产生后果等方面进行分析。

案例2：任维俊、张翔采矿权转让合同纠纷二审民事判决书［最高人民法院（2016）最高法民终781号］认为：“《最高人民法院关于适用〈中华人民共和国合同法〉若干问题的解释（二）》第二十六条规定：‘合同成立以后客观情况发生了当事人在订立合同时无法预见的、非不可抗力造成的不属于商业风险的重大变化，继续履行合同对于一方当事人明显不公平或者不能实现合同目的，当事人请求人民法院变更或者解除合同的，人民法院应当根据公平原则，并结合案件的实际情况确定是否变更或者解除。’是否属于所谓情势变更还是商业风险，需要参照合同约定，并从可预见性、归责性以及产生后果等方面进行分析。本案中，任维俊主张本案适用情势变更的主要依据是其在二审期间提交的2012年12月19日贵州省人民政府办公厅印发的《贵州省煤矿企业兼并重组工作方案（试行）》，但是基于该工作方案的内容可以看出，2010年国家即开始启动煤矿企业的兼并重组工作，国务院办公厅、贵州省人民政府也就煤矿企业兼并重组颁发了相关规范性文件。任维俊作为《转让协议》的签约人，在决策购买地质煤矿时应当了解、知晓国家关于煤炭资源整合、煤矿企业兼并重组的相关政策，对于一定规模以下的煤矿可能存在被兼并重组、甚至关闭的商业风险应该是有预期的，不存在客观情况发生了任维俊在订立合同时无法预见的、非不可抗力造成的不属于商业风险的重大变化。同时，根据本案已经查明的事实，地质煤矿采矿权的转让分别在2013年10月16日和2015年1月20日两次通过了贵州省国土资源厅的批准，说明即便基于《贵州省煤矿企业兼并重组工作方案（试行）》的要求，地质煤矿采矿权也是可以转让的，案涉《转让协议》并非不能履行，并不存在继续履行合同对于任维俊明显不公平或者不能实现合同目的的情形。因此，任维俊主张本案符合情势变更的情形并据此请求解除《转让协议》，没有事实和法律依据，本院不予支持。”

044 采矿权租赁合同未经批准是否有效

——采矿权租赁属于一种特殊的矿业权转让方式，未经批准租赁合同成立但未生效

阅读提示

采矿权租赁是否需经国土资源管理部门批准，未经批准是否会影响合同效力？本案例认为，采矿权租赁属于一种特殊的矿业权转让方式，采矿权转让合同属于批准后才生效的合同。因此当事人出租采矿权应当按照相关规定报国土资源管理部门审批。

需关注的是，2017 年 7 月 27 日起施行的《最高人民法院关于审理矿业权纠纷案件适用法律若干问题的解释》已对该问题作出新的规定。

裁判要旨

采矿权租赁属于一种特殊的矿业权转让方式，根据国务院《探矿权采矿权转让管理办法》第十条第三款的规定，采矿权租赁须经有权批准的机关审批，批准转让的，租赁合同自批准之日起生效。未经批准的，租赁合同未生效。

案情简介

一、2001 年 10 月，陈允斗与村委会签订《老边墙金矿租赁协议书》，约定：村委会将老边墙第一金矿、第二金矿租赁给陈允斗开采经营，开采经营期限 5 年；金矿所有手续由陈允斗办理，如有关手续办理不妥，租金不予返还，所造成的损失由陈允斗自负；一方违约应赔偿对方直接经济损失。协议未经辽宁省国土资源厅审批。

二、协议签订后，陈允斗依约交清了租金 54 万元。由于老边墙金矿原承包人

未及时将其设备从第一金矿撤出，致使陈允斗不能依约正常经营。因第三人原因，第二金矿2001年、2003年和2004年的采矿许可证未获颁发。陈允斗经营老边墙金矿期间，对矿山的井巷工程进行了增建（评估价值706874.90元）。2006年，老边墙金矿采矿权已转让他人。

三、2006年，陈允斗向丹东中院起诉，请求判令：村委会将第一金矿交给陈允斗经营；如不能交付，由第二金矿代为履行；第二金矿的合同期限顺延3年；村委会赔偿陈允斗经济损失160万元。丹东中院认为，案涉协议有效，造成陈允斗不能完全履行租赁协议的原因，是案外人的侵权行为所致，陈允斗应向侵权人主张权利。故判决驳回陈允斗的诉讼请求。

四、陈允斗不服丹东中院判决，向辽宁高院提起上诉。辽宁高院认为，涉案租赁协议没有履行法定审批手续，应为无效。陈允斗所诉村委会违约行为的请求，没有法律依据，不予采纳。判决驳回上诉，维持原判。

五、陈允斗不服辽宁高院判决，向辽宁高院申请再审。辽宁高院判决维持驳回陈允斗的诉讼请求。

六、陈允斗不服辽宁高院再审判决，向最高人民法院申诉。最高人民法院提审本案，认定涉案协议已合法成立，尚未生效，协议条款对双方当事人没有约束力，也不产生违约责任。判决维持辽宁高院再审判决。

裁判要点

最高人民法院认定本案《老边墙金矿租赁协议书》未生效的原因在于，《矿业权出让转让管理暂行规定》第三十六条第二款规定："矿业权的出租、抵押，按照矿业权转让的条件和程序进行管理，由原发证机关审查批准。"《探矿权采矿权转让管理办法》第十条第三款规定："批准转让的，转让合同自批准之日起生效。"据此，取得涉案金矿的租赁权需经过辽宁省国土资源厅审批，而案涉协议未经审批，属已成立但尚未生效的合同。

由于案涉协议未生效，对双方当事人不具有约束力，陈允斗遭受的损失不能依据该协议的违约条款获得救济。且陈允斗在明知租赁协议未生效的情况下，擅自开挖巷道，属于违法开采行为，该行为不受法律保护。故最高人民法院不支持陈允斗关于村委会应承担违约责任、赔偿160万元的主张。

实务经验总结

前事不忘，后事之师。为避免未来发生类似败诉，提出如下建议：

一、关于采矿权租赁的合同效力问题，2017 年 7 月 27 日起施行的《最高人民法院关于审理矿业权纠纷案件适用法律若干问题的解释》已作出新的规定，该解释第十二条规定："当事人请求确认矿业权租赁、承包合同自依法成立之日起生效的，人民法院应予支持。矿业权租赁、承包合同约定矿业权人仅收取租金、承包费，放弃矿山管理，不履行安全生产、生态环境修复等法定义务，不承担相应法律责任的，人民法院应依法认定合同无效。"据此，采矿权出租人未放弃矿山管理，继续履行安全生产、生态环境修复等法定义务的，采矿权租赁合同自成立之日起即生效。

二、合同未生效的，当事人无权主张违约责任，但可请求返还已支付的价款。

相关法律规定

《探矿权采矿权转让管理办法》

第十条第三款　批准转让的，转让合同自批准之日起生效。

《矿业权出让转让管理暂行规定》

第三十六条　矿业权转让是指矿业权人将矿业权转移的行为，包括出售、作价出资、合作、重组改制等。

矿业权的出租、抵押，按照矿业权转让的条件和程序进行管理，由原发证机关审查批准。

第四十九条　矿业权出租是指矿业权人作为出租人将矿业权租赁给承租人，并向承租人收取租金的行为。

矿业权出租应当符合国务院规定的矿业权转让的条件。

矿业权人在矿业权出租期间继续履行矿业权人的法定的义务并承担法律责任。

《最高人民法院关于适用〈中华人民共和国合同法〉若干问题的解释（一）》

第九条　依照合同法第四十四条第二款的规定，法律、行政法规规定合同应当办理批准手续，或者办理批准、登记等手续才生效，在一审法庭辩论终结前当事人仍未办理批准手续的，或者仍未办理批准、登记等手续的，人民法院应当认定该合同未生效；法律、行政法规规定合同应当办理登记手续，但未规定登记后生效的，当事人未办理登记手续不影响合同的效力，合同标的物所有权及其他物权不能转移。

合同法第七十七条第二款、第八十七条、第九十六条第二款所列合同变更、转让、解除等情形，依照前款规定处理。

以下为该案在最高人民法院审理阶段，裁判文书中"本院认为"就该问题的论述：

关于涉案《老边墙金矿租赁协议书》的效力问题。

陈允斗主张涉案租赁协议有效。其理由是：(1) 涉案金矿此前已办理采矿许可证并已承包给他人；(2) 当地县、市国土部门已同意村委会报批的采矿权出租申请，只因另一诉讼影响未办成；(3) 在另一类似诉讼中法院认定采矿权租赁协议有效。村委会则主张涉案租赁协议未经辽宁省国土资源厅批准，因此无效。本院认为，采矿业属于特许行业，根据有关法律、行政法规的规定，取得涉案金矿的采矿权和租赁权都要经过辽宁省国土资源厅审批，其中任何一项权利未经批准，其采矿行为不受法律保护。《探矿权采矿权转让管理办法》第十条第三款规定："批准转让的，转让合同自批准之日起生效。"2000 年 11 月 1 日国土资源部《矿业权出让转让管理暂行规定》第三十六条第二款规定："矿业权的出租、抵押，按照矿业权转让的条件和程序进行管理，由原发证机关审查批准。"据此，本院认定涉案租赁协议已合法成立，尚未生效，该协议条款对双方当事人没有约束力，也不产生违约责任。

案件来源

陈允斗与宽甸满族自治县虎山镇老边墙村民委员会采矿权转让合同纠纷案，最高人民法院（2011）民提字第 81 号，载于《中华人民共和国最高人民法院公报》2012 年第 3 期（总第 185 期）。

延伸阅读

关于采矿权出租未报批是否影响合同效力的案例：

（一）认定采矿权出租未报批合同未生效的案例（案例 1—案例 2）

案例 1：叶朝成与甘肃省康县鑫河矿业开发有限公司采矿权转让合同纠纷上诉案［甘肃省高级人民法院（2013）甘民二终字第 166 号］认为："鑫河公司本应自行组织人员进行合理开采和综合利用，但其却通过《协议书》的形式将采矿权转移给叶朝成等开采，并收取固定管理费和收益分成，其实质是将采矿权出租的行为。国土资源部《矿业权出让转让管理暂行规定》（以下简称《暂行规定》）第四十九条第一款规定：'矿业权出租是指矿业权人作为出租人将矿业权租赁给承租人，并向承租人收取租金的行为。'该条第二款规定：'矿业权出租应当符合国务院规定的矿业权转让的条件。'第三十六条第二款又规定：'矿业权的出租、抵押，按照矿业权转让的条件和程序进行管理，由原发证机关审查批准。'由此可以看出，矿业权出租应当适用矿业权转让的相关规定和程序。本案的采矿权出租行为，须向甘肃省国土资源厅批准或备案，但本案双方并未向相关部门提出申请。虽然《暂行规定》第四十四条第二款规定：‘不设立合作、合资法人勘查或开采矿产资源的，在签订合作或合资合同后，应当将相应的合同向登记管理机关备案。’但《甘肃省采矿权管理暂行办法》第三十六条第四款规定：‘对符合条件的合资、合作备案申请，登记管理机关应予以批复；不符合条件的，不予备案。’这说明对于备案申请，国土资源主管部门仍采取的是审查批准方式。因此原审法院‘虽未经备案，但不影响合同效力’的认定，突破了国家对矿产资源的所有权和管理权，显属适用法律错误，应予纠正。国务院《探矿权采矿权转让管理办法》第十条第三款规定：‘批准转让的，转让合同自批准之日起生效。’未经批准的采矿权出租行为，违反了国土资源主管部门的相关规定，但并不能导致涉案《协议书》因‘违反法律、行政法规的强制性规定’而产生被认定为无效的法律后果。本案《协议书》未经甘肃省国土资源厅批准，本院依据《最高人民法院关于适用〈中华人民共和国合同法〉若干问题的解释（一）》第九条第一款的规定，认定涉案合同合法成立，但尚未生效。”

案例2：彭泽县安顺建材有限公司与彭泽大顺新型建筑材料有限公司、原审第三人彭泽县朱代潮采石场采矿权转让合同纠纷二审民事判决书［江西省高级人民法院（2013）赣民一终字第187号］认为：“关于2011年10月14日、2012年6月1日签订的《租赁承包矿山开采经营协议》《〈租赁承包矿山开采经营协议〉补充协议》的效力问题。2011年10月14日、2012年6月1日签订的《租赁承包矿山开采经营协议》《〈租赁承包矿山开采经营协议〉补充协议》是安顺公司、采石场共同将包含采石矿及水运码头资产在内的合法有效的采矿许可、水运码头经营许可租赁承包给大顺公司，故本案主要系因采矿权租赁合同引发的纠纷，租赁采矿权属于一种特殊的矿业权转让方式，应当按照采矿权转让的有关法律、行政法规的规定取得国土资源主管部门的审批。根据《探矿权采矿权转让管理办法》第十条第三款以及《矿业权出让转让管理暂行规定》第三十六条第二款，原审法院认定，三方分别于2011年10月14日、2012年6月1日签订的《租赁承包矿山开采经营协议》《〈租赁承包矿山开采经营协议〉补充协议》依法成立，但是没有生效，事实清楚、于法有据，应予维持。因此，上述两协议条款对协议当事人没有约束力，也不产生违约责任。”

（二）认定采矿权出租未报批合同有效的案例（案例3）

案例3：上诉人贺州市平桂管理区望高光庆老沙片6号大理石场与被上诉人张积良确认合同无效纠纷二审民事判决书［贺州市中级人民法院（2014）贺民二终字第246号］认为：“2000年11月1日国土资源部发布的《矿业权出让转让管理

暂行规定》第三条规定‘探矿权、采矿权为财产权，统称为矿业权，适用于不动产法律法规的调整原则。依法取得矿业权的自然人、法人或其他经济组织称为矿业权人。矿业权人依法对其矿业权享有占有、使用、收益和处分权”，第六条第三款规定“矿业权人可以依照本规定出租、抵押矿业权’。从上述现行法律条文内容看，法律法规并不明确禁止采矿权人出租采矿权及附合资产给他人租赁经营。上诉人与被上诉人签订的矿山租赁合同不存在违反国家现行法律、行政法规的强制性规定的情形。而且从双方实际履行合同的情况看，上诉人并没有将其取得的采矿权以卖断方式转让给被上诉人，上诉人 6 号石场仍要承担采矿权人应当承担的法定义务并承担相应法律责任，被上诉人张积良亦在承租的矿场投入了大量人力财力开发经营多年。因此，一审法院依据《中华人民共和国合同法》第八条、第四十四条的规定，认定合同属有效合同，判决驳回上诉人提出请求确认双方 2009 年 1 月 1 日签订的《租赁老沙片 6 号大理石场合同书》为无效合同的诉讼主张，并无不当，本院予以维持。”

第五章　矿业权施工

045 矿山开采劳务承包是否属于采矿权转让？未报批是否有效？

——矿山开采劳务承包合同并非转让采矿权，应认定合法有效

阅读提示

本案例为最高人民法院于2016年7月12日发布的人民法院关于依法审理矿业权民事纠纷案件典型案例之一，最高人民法院认为，本案例的典型意义是："劳务承包在矿山企业的生产经营中大量存在，恰当认定承包合同的性质和效力有利于稳定交易秩序和维护交易安全。采矿权人将采矿任务发包给承包人完成，向承包人给付一定的劳务报酬，享有承包人的劳务成果的，其性质应认定为劳务承包合同。矿产资源勘查、开采的劳务承包不发生采矿权人主体的变更，不属于以承包形式转让采矿权，不受合同须经国土资源主管部门批准始生效的法律规制，在不违反法律、行政法规强制性规定的情况下，合同应确认合法有效。"

此外，本书作者另梳理出如下裁判规则：相关法律法规并未对矿山开采劳务方的资质进行明确规定，且矿山开采劳务活动并非建设工程施工活动，故矿山开采劳务承包合同效力的认定不适用《最高人民法院关于审理建设工程施工合同纠纷案件适用法律问题的解释》的规定。

裁判要旨

矿山开采劳务的承包不属于以承包形式擅自转让采矿权，劳务承包合同应认定合法有效。

案情简介

一、鸿基公司系何盛华一人投资的有限公司。2009 年 4 月，鸿基公司与吕志鸿签订《矿山开采劳务承包合同》，将矿山的开采劳务承包给吕志鸿。

二、合同履行中，鸿基公司向吕志鸿书面承诺，按合同约定定期结算并支付相关款项，如不支付导致吕志鸿因资金原因被迫停工，造成的损失由鸿基公司负责。

三、2010 年 2 月，因吕志鸿开采行为给矿区村民造成损失，由鸿基公司垫付 48418 元。

四、鸿基公司向资中法院提起诉讼，请求判令确认《矿山开采劳务承包合同》无效，吕志鸿赔偿损失 668418 元。吕志鸿亦提起诉讼，请求判令鸿基公司、何盛华连带赔偿损失 4635558. 67 元。两案合并审理，分案判决。资中法院认为，《矿山开采劳务承包合同》构成矿业权变相转让，应为无效，判决：吕志鸿给付鸿基公司 48418 元，鸿基公司、何盛华连带给付吕志鸿劳务费及赔偿损失 1682770. 98 元。

五、当事人不服，上诉至内江中院。内江中院认为，《矿山开采劳务承包合同》合法有效，双方均应按照合同约定履行义务。内江中院判决：吕志鸿给付鸿基公司 93418 元，鸿基公司、何盛华连带给付吕志鸿劳务费及赔偿损失 309235. 66 元。

裁判要点

内江中院改判《矿山开采劳务承包合同》合法有效的原因在于：鸿基公司将矿山的开采劳务承包给吕志鸿，仅是采矿劳务的承包，并不属于以承包形式擅自转让采矿权，因此合同应为合法有效，双方均应按照合同约定履行义务。

实务经验总结

前事不忘，后事之师。为避免未来发生类似败诉，提出如下建议：

一、矿山开采劳务的承包并非采矿权转让行为，无需报经相关部门批准。当事人主张劳务承包合同无效的，法院不会支持。

二、关于采矿权承包合同，一般属于合法有效的合同，但是对于“名为承包、实为转让”的采矿权承包合同，法院认定合同无效。请参阅本书文章：《采矿权承包合同是否合法有效》。

相关法律规定

《探矿权采矿权转让管理办法》

第十五条　违反本办法第三条第（二）项的规定，以承包等方式擅自将采矿权转给他人进行采矿的，由县级以上人民政府负责地质矿产管理工作的部门按照国务院地质矿产主管部门规定的权限，责令改正，没收违法所得，处10万元以下的罚款；情节严重的，由原发证机关吊销采矿许可证。

以下为该案在内江中院审理阶段，裁判文书中“本院认为”部分就该问题的论述：

四川省内江市中级人民法院二审认为，鸿基公司与吕志鸿签订《矿山开采劳务承包合同》，将矿山的开采劳务承包给吕志鸿，仅是采矿劳务的承包，并不属于以承包形式擅自转让采矿权，合同应为合法有效，双方均应按照合同约定履行义务。双方的权利义务虽已于2010年7月29日终止，但并不影响根据合同进行清算和根据履行情况要求赔偿损失等。二审法院判决吕志鸿给付鸿基公司93418元，鸿基公司、何盛华连带给付吕志鸿劳务费及赔偿损失309235.66元。

案件来源

资中县鸿基矿业公司、何盛华与吕志鸿劳务承包合同纠纷案，四川省内江市中级人民法院。

延伸阅读

关于矿产开采劳务承包的相关案例及裁判规则：

裁判规则一：相关法律法规并未对矿山开采劳务方的资质进行明确规定，且矿山开采劳务活动并非建设工程施工活动，故矿山开采劳务承包合同效力的认定不适用《最高人民法院关于审理建设工程施工合同纠纷案件适用法律问题的解释》的规定。

案例1：四川华新建筑劳务有限责任公司与冉小云、蔡汉青劳务合同纠纷二审民事判决书［四川省高级人民法院（2014）川民终字第520号］认为：“关于《劳务承包协议》的效力问题。华新公司认为依照最高人民法院《关于审理建设工程施工合同纠纷案件适用法律问题的解释》第一条‘建设工程施工合同具有下列情形之一的，应当根据合同法第五十二条第（五）项的规定，认定无效：（一）承包人未取得建筑施工企业资质或者超越资质等级的；（二）没有资质的实际施工人借用有资质的建筑施工企业名义的；（三）建设工程必须进行招标而未招标或者中标无效的’之规定，冉小云、蔡汉青借用华新公司资质进行施工的合同应属无效。因本案劳务承包的对象为矿山开采，相关法律法规并未对矿山开采劳务方的资质进行明确规定，且矿山开采劳务活动并非建设工程施工活动，故本案合同效力的认定并不适用最高人民法院《关于审理建设工程施工合同纠纷案件适用法律问题的解释》第一条之规定。因《劳务承包协议》系双方当事人真实意思表示，且并不违反相关法律法规规定，应属有效。”

裁判规则二：矿产资源勘察、开采的劳务承包不发生采矿权人主体的变更，不属于以承包形式转让采矿权，应认定合法有效。

案例 2：孔祥壁与彬县陈家坪煤炭有限责任公司、宋再彬等劳务合同纠纷二审民事判决书［咸阳市中级人民法院（2016）陕 04 民终 2253 号］认为：“陈家坪煤炭公司将采矿任务发包给孔祥壁完成，向孔祥壁给付一定的劳务报酬，并享有劳务成果，该合同应为劳务承包合同。矿产资源勘察、开采的劳务承包不发生采矿权人主体的变更，不属于以承包形式转让采矿权，也不存在违反法律、行政法规强制性规定的情况，双方签订的承包合同是将矿山的开采劳务承包给孔祥壁，仅是采矿劳务的承包，并不属于以承包形式擅自转让采矿权，因此合同合法有效，合同已于 2015 年 11 月 26 日终止至今，无法继续履行，但并不影响根据履行情况支付劳动报酬的要求。”

046 探矿权工程承包合同可能被认定为探矿权转让合同

——具有探矿权转让特征的探矿权工程承包合同，应认定为探矿权转让合同

阅读提示

本文梳理了与探矿权承包相关的两个裁判规则：

（1）具有探矿权转让特征的探矿权工程承包合同，应认定为探矿权转让合同（主文案例）；

（2）法律法规并未对探矿权工程承包作出禁止性规定，因此探矿权工程承包行为合法有效（延伸阅读案例 1）。

裁判要旨

探矿权人将勘查工程承包给他人后，只收取费用，不参与具体经营活动，不承担经营风险，不负责施工安全监督管理，不负责施工项目对外关系的处理，承包合同亦未约定承包费、劳务报酬和承包期限，应认定承包合同为探矿权转让合同。

案情简介

一、玉城公司拥有某探矿权。2014年5月，玉城公司与李回书、李勇签订《探矿权项目槽探工程包干协议》，约定玉城公司将某探矿权槽探工程包干给李回书、李勇，工程施工的所有费用由李回书、李勇自行支付，李回书、李勇对施工安全负全部责任，并协调好当地村民和林场的关系。协议签订后，李回书交纳了保证金10万元。

二、因案涉探矿权位于某林场管辖范围内，该林场禁止李回书、李勇上山探矿。李回书、李勇遂向宜章县法院起诉，请求玉城公司退还保证金等。宜章县法院认为，玉城公司未经依法批准擅自将探矿权以包干的形式转让给李回书、李勇，案涉协议为无效合同，故判决玉城公司返还李回书、李勇保证金10万元。

三、玉城公司不服宜章县法院判决，向郴州市中院提起上诉称，本案双方签订的协议是探矿工程的劳动承包合同，而非原审法院认定的探矿权转让合同，请求认定协议有效。郴州市中院判决驳回上诉，维持原判。

裁判要点

法院认定本案《探矿权项目槽探工程的包干协议》为探矿权转让协议的原因在于：

（1）玉城公司只收取费用，不参与具体经营活动，不承担经营风险。涉案槽探中探明出的铁矿产品由李回书、李勇自找销路销售，并承担所有的槽探费用，李回书、李勇探出的铁矿石按税后30元/吨交付玉城公司。（2）玉城公司不负责施工安全监督管理，施工安全均由李回书、李勇负责。（3）施工项目对外关系由李回书、李勇负责处理，并非玉城公司。（4）协议未约定承包费、劳务报酬和承包期限，不符合工程劳务承包特征。

基于上述认定，法院认为，我国对探矿权人的探矿资质和探矿权的转让实行严格的审批制度，本案当事人未经法定程序即自行对探矿权进行转让，应认定案涉协议为无效合同。因无效合同取得的财产应当予以返还，故玉城公司应返还李回书、李勇保证金 10 万元。

实务经验总结

前事不忘，后事之师。为避免未来发生类似败诉，提出如下建议：

一、法律并不禁止探矿权工程承包行为，但是如果探矿权承包合同具备探矿权转让的不再参与具体经营活动，不再承担经营风险等特征，仍会被法院认定为探矿权转让合同。

二、关于探矿权转让合同未经审批是否会导致合同无效的问题，实践中尚存在争议，但《最高人民法院关于审理矿业权纠纷案件适用法律若干问题的解释》已作出规定，请参阅本书文章：《探矿权转让合同未经批准，是否会导致合同无效》。

相关法律规定

《中华人民共和国矿产资源法》

第六条 除按下列规定可以转让外，探矿权、采矿权不得转让：

（一）探矿权人有权在划定的勘查作业区内进行规定的勘查作业，有权优先取得勘查作业区内矿产资源的采矿权。探矿权人在完成规定的最低勘查投入后，经依法批准，可以将探矿权转让他人。

（二）已取得采矿权的矿山企业，因企业合并、分立，与他人合资、合作经营，或者因企业资产出售以及有其他变更企业资产产权的情形而需要变更采矿权主体的，经依法批准可以将采矿权转让他人采矿。

前款规定的具体办法和实施步骤由国务院规定。

禁止将探矿权、采矿权倒卖牟利。

《中华人民共和国合同法》

第五十八条 合同无效或者被撤销后，因该合同取得的财产，应当予以返还；不能返还或者没有必要返还的，应当折价补偿。有过错的一方应当赔偿对方因此所受到的损失，双方都有过错的，应当各自承担相应的责任。

以下为该案在法院审理阶段，裁判文书中“本院认为”就该问题的论述：

关于《郴州玉城矿业有限公司湖南省黄岑岭铅锌多金属矿探矿权项目槽探工程的包干协议》的性质，应认定为探矿权转让协议，而非探矿工程施工工程劳务承包协议。理由如下：(1) 从《郴州玉城矿业有限公司湖南省黄岑岭铅锌多金属矿探矿权项目槽探工程的包干协议》的内容看，涉案槽探中探明出的铁矿产品由李回书、李勇自找销路销售，并承担所有的槽探费用，李回书、李勇探出的铁矿石按税后30元/吨交玉城公司。所发生的所有费用由李回书、李勇支付，而与当地村民和林场的关系、施工安全均由李回书、李勇负责。(2) 从权利义务看，玉城公司只收取费用，不参与具体经营活动，不承担经营风险，不负责施工安全监督管理。对外关系的处理，是李回书、李勇，并非玉城公司。况且该协议未约定承包费、劳务报酬和承包期限，不符合工程劳务承包特征。故涉案协议具有探矿权转让的特征，应认定为探矿权转让协议。

关于《郴州玉城矿业有限公司湖南省黄岑岭铅锌多金属矿探矿权项目槽探工程的包干协议》的效力，我国矿产资源属国家所有，探矿权属特许经营权。由于我国对探矿权人的探矿资质和探矿权的转让实行严格的审批制度，非经法定程序不得自行对探矿权进行转让。根据《中华人民共和国矿产资源法》第六条第一款第一项的规定，"探矿权人有权在划定的勘查作业区内进行规定的勘查作业，有权优先取得勘查作业区内矿产资源的采矿权。探矿权人在完成规定的最低勘查投入后，经依法批准，可以将探矿权转让他人"。除此以外，不得转让探矿权。因此，该协议的性质名为《郴州玉城矿业有限公司湖南省黄岑岭铅锌多金属矿探矿权项目槽探工程的包干协议》，实为探矿权转让，其转让探矿权的行为因违反了法律、行政法规的强制性规定，故该"协议"为无效协议。

案件来源

郴州玉城矿业有限公司与李回书、李勇探矿权转让合同纠纷二审民事判决书，郴州市中级人民法院（2015）郴环民终字第71号。

延伸阅读

裁判规则：法律法规并未对探矿权工程承包作出禁止性规定，因此探矿权工程承包行为合法有效。

案例1：崇礼县三道营铁矿有限公司与路建明财产损害赔偿纠纷再审民事判决书［张家口市中级人民法院（2013）张民再终字第4号］认为："关于路建明在本次事故中的财产损失是否是非法财产损失的问题。经查，路建明是崇礼县二道营磁铁矿有限公司股东之一，事故发生时，崇礼县二道营磁铁矿有限公司的经营方式是由一个股东对其他股东负责的经营方式，是内部股东有偿经营行为，并非以'承包之名行转让之实'；且有关法律法规并未对探矿权的承包作出明确的禁止性规定。路建明承包了崇礼县二道营磁铁矿有限公司的探矿工程，从承包双方的关系来看，营业执照、法定代表人、探矿权人都没有变更，崇礼县二道营铁矿有限公司将探矿作业发包给路建明，路建明负责向崇礼县二道营铁矿支付约定的承包费，探出的副产品全部归承包人所有，是合法有效的探矿权承包行为。”

047 未取得探矿权就与他人订立的勘查合同是否有效

——未取得探矿权就与他人订立勘查合同勘查矿产资源的，合同无效

阅读提示

根据矿产资源管理的相关规定，勘查矿产资源应当取得勘查许可证。本案例的当事人未取得探矿权就签订勘查合同将矿产资源交由他人勘查，最高人民法院认为合同无效。本书作者另检索了非法勘查的相关案例，梳理出相关裁判规则，供读者参考。

裁判要旨

未取得探矿权就与他人订立勘查合同勘查矿产资源的，违反法律、行政法规强制性规定，合同应认定为无效。

案情简介

一、2013 年 9 月 10 日，煤炭公司与地质公司青海分公司签订勘查合同，约定地质公司青海分公司组织队伍施工进行钻井，必须保质保量完成各项地质工作，煤炭公司按要求及时向地质公司青海分公司支付工作费用。

二、煤炭公司于 2013 年 2 月 20 日取得《采矿许可证》，本案勘查合同约定的勘探范围系围绕煤炭公司已取得采矿许可证的 0.18 平方公里之外的矿区范围，在该勘探范围内煤炭公司未取得探矿权。

三、地质公司青海分公司向青海高院提起诉讼，请求确认勘查合同无效，煤炭公司向地质公司青海分公司及地质公司支付工程款、停工费用、垫付费用、物探测

井费用。青海高院认为，勘查合同合法有效，判决驳回地质公司青海分公司的诉讼请求。

四、地质公司青海分公司不服，上诉至最高人民法院。最高人民法院认为，勘查合同无效，青海高院对于地质公司青海分公司已完成勘查工作的相关损失和费用等基本事实并未查清，适用法律亦存在错误，裁定：撤销青海高院一审判决；发回青海高院重审。

裁判要点

最高人民法院认定案涉勘查合同无效的原因在于：根据我国现有矿产资源法律、法规规定，勘查矿产资源须经申请并取得探矿权。本案中，煤炭公司对案涉勘查合同约定勘探的矿区范围并未取得探矿权，双方所签订的勘查合同因违反法律、行政法规强制性规定，应认定为无效。

实务经验总结

前事不忘，后事之师。为避免未来发生类似败诉，提出如下建议：

一、我国对矿产资源的勘查实行许可证制度，除已经取得采矿权的矿山企业在划定的矿区范围内为本企业的生产而进行的勘查外，勘查矿产资源应当取得勘查许可证。未取得勘查许可证，签订合同将矿产资源交由他人勘查的，合同无效，2017年7月27日起施行的《最高人民法院关于审理矿业权纠纷案件适用法律若干问题的解释》已对此作出规定。

二、根据《矿产资源勘查区块登记管理办法》等规定，未取得勘查许可证擅自进行勘查工作，将受到行政处罚。

相关法律规定

《中华人民共和国合同法》

第五十二条　有下列情形之一的，合同无效：

（一）一方以欺诈、胁迫的手段订立合同，损害国家利益；

（二）恶意串通，损害国家、集体或者第三人利益；

（三）以合法形式掩盖非法目的；

（四）损害社会公共利益；

（五）违反法律、行政法规的强制性规定。

《中华人民共和国矿产资源法》

第三条 矿产资源属于国家所有，由国务院行使国家对矿产资源的所有权。地表或者地下的矿产资源的国家所有权，不因其所依附的土地的所有权或者使用权的不同而改变。

国家保障矿产资源的合理开发利用。禁止任何组织或者个人用任何手段侵占或者破坏矿产资源。各级人民政府必须加强矿产资源的保护工作。

勘查、开采矿产资源，必须依法分别申请、经批准取得探矿权、采矿权，并办理登记；但是，已经依法申请取得采矿权的矿山企业在划定的矿区范围内为本企业的生产而进行的勘查除外。国家保护探矿权和采矿权不受侵犯，保障矿区和勘查作业区的生产秩序、工作秩序不受影响和破坏。

从事矿产资源勘查和开采的，必须符合规定的资质条件。

《矿产资源勘查区块登记管理办法》

第二十六条 违反本办法规定，未取得勘查许可证擅自进行勘查工作的，超越批准的勘查区块范围进行勘查工作的，由县级以上人民政府负责地质矿产管理工作的部门按照国务院地质矿产主管部门规定的权限，责令停止违法行为，予以警告，可以并处10万元以下的罚款。

《市（地）县（市）级国土资源主管部门矿产资源监督管理暂行办法》

第六条 市（地）县（市）级国土资源主管部门按照《矿产资源法》、《矿产资源勘查区块登记管理办法》的规定，对发生在本行政区的下列违法勘查行为实施行政处罚：

（一）未取得勘查许可证擅自进行勘查工作的，超越批准的勘查区块范围进行勘查工作的；

（二）擅自进行滚动勘探开发、边探边采或者试采的；

（三）擅自印制或者伪造、冒用勘查许可证的；

（四）不依法备案、报告有关情况、拒绝接受监督检查或者弄虚作假的；

（五）未完成最低勘查投入的；

（六）变更勘查单位未向登记机关备案的；

（七）已领取勘查许可证的勘查项目，满6个月未开始施工，或者施工后无故停止勘查工作满6个月的；

（八）不依法办理勘查许可证变更登记或者注销登记手续的。

《最高人民法院关于审理矿业权纠纷案件适用法律若干问题的解释》

第五条 未取得矿产资源勘查许可证、采矿许可证，签订合同将矿产资源交由他人勘查开采的，人民法院应依法认定合同无效。

以下为该案在最高人民法院审理阶段，裁判文书中“本院认为”部分就该问题的论述：

青海江源煤炭开发有限公司对案涉《勘察合同》约定勘探的矿区范围并未取得探矿权，合同约定的探矿行为属无证探矿。根据我国现有矿产资源法律、法规规定，勘查矿产资源须经申请并取得探矿权。本案中，双方所签订的《勘察合同》因违反法律、行政法规强制性规定，应认定为无效。对于合同无效，双方当事人均有过错，并应依法各自承担相应责任。一审判决对于江西省地质工程（集团）公司青海分公司已完成勘查工作的相关损失和费用等基本事实并未查清，适用法律亦存在错误。

案件来源

江西省地质工程（集团）公司青海分公司、江西省地质工程（集团）公司与青海江源煤炭开发有限公司合同纠纷二审民事裁定书，最高人民法院（2015）民一终字第268号。

延伸阅读

裁判规则：未取得探矿权、采矿权而与他人签订的承包合同无效。

林有才与肖新明合同纠纷二审民事判决书［云南省高级人民法院（2015）云高民三终字第155号］认为：“林有才与肖新明签订的《砂石料场生产承包合同》约定，由林有才承包肖新明办有合法手续的沧源县糯良乡坝尾农瓦砂石料场的石料、河沙、山沙开采和加工，承包期限为30年。肖新明将砂石料场的所有机械设备转让给林有才，并由林有才再添置新设备和实际出资进行生产和加工，肖新明按碎石、河沙、山沙出售方量提成收回出资和收取承包费用。由林有才为肖新明按月归还挖机按揭贷款本息。肖新明负责涉及砂石料场一切按国家规定的要求办理手续及外界因素影响料场正常生产的协调工作。任何一方违约应支付另一方违约金20万元。根据合同内容，双方欲建立承包合同关系。但是，由于合同所涉标的物为矿产资源，《中华人民共和国矿产资源法》第三条第三款规定，勘查、开采矿产资源，必须依法分别申请、经批准取得探矿权、采矿权，并办理登记。《中华人民共和国矿产资源法实施细则》第五条第一款规定，国家对矿产资源的勘查、开采实行许可证制度。勘查矿产资源，必须依法申请登记，领取勘查许可证，取得探矿权；开采矿产资源，必须依法申请登记，领取采矿许可证，取得采矿权。本案中，当事人自始至终未取得探矿权、采矿权，其关于承包经营砂石料场的合同约定因违反法律、行政法规的强制性规定而无效。”

048 露天矿工程属于建设工程，施工人应当具备施工资质

阅读提示

本案例涉及的施工工程为煤层地面剥离矿压防治工程，该工程是否受建设工程施工合同的相关规定调整？施工人是否应具备工程施工资质？最高人民法院认为，该工程属于矿山工程，施工人理应具备相应建筑施工资质，所签订的施工合同适用建设工程施工合同的相关规定。

裁判要旨

露天矿工程属于建设工程，应当适用建设工程施工合同的相关规定。承包人不具备矿山工程施工资质的，施工合同无效。

案情简介

一、2011 年 12 月 12 日，神华新疆公司铁厂沟煤矿与十六冶建公司第四项目部签订《协议书》，约定神华新疆公司铁厂沟煤矿将西翼 43#煤层地面剥离矿压防治工程发包给十六冶建公司第四项目部，工程不得进行转包、分包。2013 年 1 月 5 日，神华新疆公司与十六冶建公司陕西西部分公司签订《补充协议》约定，《协议书》的工程竣工日期延长至 2013 年 2 月 28 日。

二、2011 年 12 月 16 日，张峪鑫与黄兆宝签订《承包协议》，约定：工程名称为神华新疆公司铁厂沟煤矿东翼 43#煤层地面剥离矿压防治工程；黄兆宝在施工过程中对剥离的煤炭自行销售，销售所得价款扣除施工费及向张峪鑫支付的承包费后所得价款为黄兆宝收益。

三、黄兆宝向新疆高院提起诉讼，请求：确认《协议书》无效；确认《承包协议》无效；判令张峪鑫、神华新疆公司赔偿各项经济损失 1.04 亿元。一审时，张峪鑫提交了十六冶建公司陕西西部分公司与张峪鑫签订的《内部承包协议》。

四、新疆高院认为，黄兆宝提出的认定《协议书》无效的诉讼请求违反了合同相对性原则；张峪鑫和黄兆宝作为自然人，不具备施工资质，《承包协议》应当认定无效；黄兆宝实际支付张峪鑫承包费 1450 万元，应予返还。新疆高院判决：黄兆宝与张峪鑫于 2011 年 12 月 16 日签订的《承包协议》无效；张峪鑫返还黄兆宝承包费 1450 万元。

五、张峪鑫、黄兆宝不服，上诉至最高人民法院。最高人民法院认为，涉案工程已完成施工，黄兆宝也以出售工程煤的形式取得了合同对价，故黄兆宝并未因合同无效而受到损失。最高人民法院判决：《承包协议》无效；驳回黄兆宝的诉讼请求。

六、黄兆宝仍不服，向最高人民法院申请再审，最高人民法院裁定驳回黄兆宝的再审申请。

裁判要点

第一，黄兆宝并非《协议书》《补充协议》的签订主体，即便《协议书》《补充协议》无效，也不能使黄兆宝与神华新疆公司形成事实上的合同关系。而且，十六冶建公司承包涉案工程后是否转包，并不导致《协议书》《补充协议》的无效。

第二，《承包协议》无效。首先，涉案工程属于矿山工程，施工人理应具备相应建筑施工资质，而黄兆宝并无施工资质。其次，张峪鑫与黄兆宝均无矿山工程施工资质，两人签订的《承包协议》明确约定了转包工程的内容、价款、工期等内容，构成非法转包。根据《最高人民法院关于审理建设工程施工合同纠纷案件适用法律问题的解释》第一条“承包人未取得建筑施工企业资质或者超越资质等级的建设工程施工合同无效”，第四条“承包人非法转包、违法分包建设工程或者没有资质的实际施工人借用有资质的建筑施工企业名义与他人签订建设工程施工合同的行为无效”的规定，《承包协议》应当认定无效。

实务经验总结

前事不忘，后事之师。为避免未来发生类似败诉，提出如下建议：

一、住房和城乡建设部《建筑业企业资质标准》规定的矿山工程包括：矿井工程（井工开采）、露天矿工程、洗（选）矿工程、尾矿工程、井下机电设备安装及其他地面生产系统和矿区配套工程。上述工程的施工人应当具备相应建筑施工资质，否则将导致建设工程施工合同无效。

二、建设工程承包人不得将其承包的全部建设工程转包给第三人或者肢解以后以分包的名义分别转包给第三人。承包人非法转包的，与他人签订建设工程施工合同无效。

相关法律规定

《中华人民共和国合同法》

第五十二条 有下列情形之一的，合同无效：

（一）一方以欺诈、胁迫的手段订立合同，损害国家利益；

（二）恶意串通，损害国家、集体或者第三人利益；

（三）以合法形式掩盖非法目的；

（四）损害社会公共利益；

（五）违反法律、行政法规的强制性规定。

第五十八条 合同无效或者被撤销后，因该合同取得的财产，应当予以返还；不能返还或者没有必要返还的，应当折价补偿。有过错的一方应当赔偿对方因此所受到的损失，双方都有过错的，应当各自承担相应的责任。

《中华人民共和国建筑法》

第二十六条 承包建筑工程的单位应当持有依法取得的资质证书，并在其资质等级许可的业务范围内承揽工程。

禁止建筑施工企业超越本企业资质等级许可的业务范围或者以任何形式用其他建筑施工企业的名义承揽工程。禁止建筑施工企业以任何形式允许其他单位或者个人使用本企业的资质证书、营业执照，以本企业的名义承揽工程。

《最高人民法院关于审理建设工程施工合同纠纷案件适用法律问题的解释》

第一条 建设工程施工合同具有下列情形之一的，应当根据合同法第五十二条第（五）项的规定，认定无效：

（一）承包人未取得建筑施工企业资质或者超越资质等级的；

（二）没有资质的实际施工人借用有资质的建筑施工企业名义的；

（三）建设工程必须进行招标而未招标或者中标无效的。

第二条 建设工程施工合同无效，但建设工程经竣工验收合格，承包人请求参照合同约定支付工程价款的，应予支持。

第四条 承包人非法转包、违法分包建设工程或者没有资质的实际施工人借用有资质的建筑施工企业名义与他人签订建设工程施工合同的行为无效。人民法院可以根据民法通则第一百三十四条规定，收缴当事人已经取得的非法所得。

第二十六条 实际施工人以转包人、违法分包人为被告起诉的，人民法院应当依法受理。

实际施工人以发包人为被告主张权利的，人民法院可以追加转包人或者违法分包人为本案当事人。发包人只在欠付工程价款范围内对实际施工人承担责任。

以下为该案在最高人民法院审理阶段，裁判文书中“本院认为”部分就该问题的论述：

1. 关于《协议书》《补充协议》的效力问题。黄兆宝上诉主张《协议书》《补充协议》无效的目的，是为了通过确认合同无效，而使其与神华新疆公司形成事实上的合同关系。对此本院认为，首先，十六冶建公司承包涉案工程后是否转包，并不导致《协议书》《补充协议》的无效。黄兆宝上诉主张《协议书》《补充协议》因涉及违法转包而无效不能成立。其次，黄兆宝并非《协议书》《补充协议》的签订主体，即便《协议书》《补充协议》无效，也不能使黄兆宝与神华新疆公司形成事实上的合同关系，黄兆宝据此直接向新疆公司主张权利，不能成立。因此，对黄兆宝主张《协议书》《补充协议》无效的上诉请求，本院不予支持。

2. 关于《承包协议》的效力问题。（1）中华人民共和国住房和城乡建设部《建筑业企业资质标准》规定，露天矿工程属于矿山工程。本案《协议书》《补充协议》及《承包协议》均约定，涉案工程名称为地面剥离矿压防治工程。其中，《协议书》载明工程内容包括地面剥离土方、煤体剥离物的爆破、挖掘、运输、排放、平整及洒水防尘和防灭火，采场道路、排土场道路的洒水降尘及道路养护。工程质量必须达到国家现行的《露天煤矿工程施工及验收规范》（GB50175-93）工程质量验收标准及《煤矿安全规程》《安全生产法》《作业规程》的相关要求。上述事实足以表明涉案工程属于矿山工程，施工人理应具备相应建筑施工资质。

（2）张峪鑫与黄兆宝均无矿山工程施工资质，两人签订的《承包协议》明确约定了转包工程的内容、价款、工期等内容，构成非法转包。黄兆宝称其为“直接施工”与事实不符。根据建设工程司法解释第四条“承包人非法转包、违法分包建设工程或者没有资质的实际施工人借用有资质的建筑施工企业名义与他人签订建设工程施工合同的行为无效”的规定，《承包协议》应当认定无效。张峪鑫上诉主张涉案工程不属于建设工程，《承包协议》不构成非法转包而是居间合同，均不能成立。一审判决认定黄兆宝与张峪鑫签订的《承包协议》无效并无不当，应予维持。

3. 关于张峪鑫、神华新疆公司是否应当向黄兆宝承担责任及如何承担责任的问题。

（1）黄兆宝二审明确提出其向神华新疆公司主张的是合同权利，但黄兆宝与神华新疆公司并无合同关系，且本案亦不符合建设工程司法解释第二十六条“实际施工人以发包人为被告主张权利的，人民法院可以追加转包人或者违法分包人为本案当事人。发包人只在欠付工程价款范围内对实际施工人承担责任”的规定，故对黄兆宝请求神华新疆公司承担责任的上诉请求，本院不予支持。黄兆宝主张因《协议书》《承包协议》无效而使其与神华新疆公司形成了事实上的合同关系，其向神华新疆公司主张权利不违反合同相对性原则没有法律依据，本院不予采纳。

2. 合同法第五十八条规定：“合同无效或者被撤销后，因该合同取得的财产，应当予以返还；不能返还或者没有必要返还的，应当折价补偿。有过错的一方应当赔偿对方因此所受到的损失，双方都有过错的，应当各自承担相应的责任。”根据上述规定，合同无效的后果，一是能够返还的相互返还，不能返还或没有必要返还的折价补偿；二是造成损失过错方承担。就本案《承包协议》无效的后果，本院评判如下：

第一，合同无效的返还，是指因该合同取得的财产由合同当事人相互返还。张峪鑫与黄兆宝因履行《承包协议》取得的财产，既包括1450万元承包费，还包括已经完成的涉案工程以及施工期间黄兆宝开采的28万余吨工程煤。因涉案工程不能恢复原状，工程煤又已实际售出，故本案不具备返还因合同取得的财产的条件。

第二，在不能返还财产的情况下，应当适用折价补偿的规定。对此，建设工程司法解释第二条规定：“建设工程施工合同无效，但建设工程经竣工验收合格，承包人请求参照合同约定支付工程价款的，应予支持。”据此，在建设工程施工合同无效但工程竣工验收合格的情况下，仍可以按照合同约定的价款结算。现张峪鑫、黄兆宝均认可涉案工程已完成施工。《协议书》的承包人十六冶建公司亦向神华新疆公司致函表示合同已经严格履行。故黄兆宝按照《承包协议》的约定向张峪鑫交付承包费，并以开采工程煤抵顶工程款，应当视为按照合同约定的价款结算完毕，符合上述司法解释的规定。

第三，过错赔偿责任应当以合同无效给当事人造成损失为前提。涉案工程已完成施工，黄兆宝也以出售工程煤的形式取得了合同对价。因此，黄兆宝并未因合同无效而受到损失。黄兆宝所称的开采工程煤价值不足以弥补其实际支出导致的亏损，属于正常的商业风险而非合同无效导致的损失。在合同有效的情况下该亏损仍然存在。如果将该亏损认定为合同无效的损失，将出现黄兆宝在合同无效的情况下获得比合同有效更大利益的不合理现象。黄兆宝在不具备资质违法承包涉案工程，又未能准确判断商业风险产生亏损的情况下，为减少自己的损失以合同无效为由要求神华新疆公司、张峪鑫承担责任，缺乏事实与法律依据，本院不予支持。

案件来源

黄兆宝与张峪鑫、神华新疆能源有限责任公司确认合同无效纠纷二审民事判决书，最高人民法院（2015）民一终字第128号；黄兆宝确认合同无效纠纷再审审查与审判监督民事裁定书，最高人民法院（2016）最高法民申1969号。

延伸阅读

一、相关案例

裁判规则：尾矿库的施工单位应当具有矿山工程施工资质。施工人没有矿山工程施工资质的，尾矿库施工合同无效。

刘谨诚与孙常龙、枣庄金正矿业有限公司采矿权转让合同纠纷二审民事判决书［山东省高级人民法院（2016）鲁民终2036号］认为："关于涉案合同的性质和效力认定问题。2010年11月12日，金正公司与孙常龙就上义合北山建设尾矿存放点签订《合同书》，从《合同书》内容及交付的设计图纸来看，系金正公司就开采矿石和建筑尾矿库与孙常龙签订的合同。因尾矿库是引发山体滑坡、泥石流等的重要危险源，国家对尾矿库的建设管理作出了严格规定。《中华人民共和国矿山安全法》第十九条规定：'矿山企业对使用机械、电气设备，排土场矸石山、尾矿库和矿山闭坑后可能引起的危害，应当采取预防措施。'《尾矿库安全监督管理规定》第十条第一款规定：'尾矿库的勘察单位应当具有矿山工程或者岩土工程类勘察资质。设计单位应当具有金属非金属矿山工程设计资质。安全评价单位应当具有尾矿库评价资质。施工单位应当具有矿山工程施工资质。施工监理单位应当具有矿山工程监理资质。'《最高人民法院关于审理建设工程施工合同纠纷案件适用法律问题的解释》第一条规定：'建设工程施工合同具有下列情形之一的，应当根据合同法第五十二条第（五）项的规定，认定无效：（一）承包人未取得建筑施工企业资质或者超越资质等级的；……'从本案查明的事实来看，金正公司计划建设尾矿库，应依法进行勘察、设计、安全评价，并应当与具有相应资质的单位签订建设工程施工合同，但金正公司违反相关规定，与没有矿山工程施工资质的孙常龙个人签订施工合同，孙常龙又与刘谨诚签订转包合同，上述合同均为无效合同。"

二、矿山工程施工资质相关规定

《尾矿库安全监督管理规定》

第十条 尾矿库的勘察单位应当具有矿山工程或者岩土工程类勘察资质。设计单位应当具有金属非金属矿山工程设计资质。安全评价单位应当具有尾矿库评价资质。施工单位应当具有矿山工程施工资质。施工监理单位应当具有矿山工程监理资质。

尾矿库的勘察、设计、安全评价、施工、监理等单位除符合前款规定外，还应当按照尾矿库的等别符合下列规定：

（一）一等、二等、三等尾矿库建设项目，其勘察、设计、安全评价、监理单位具有甲级资质，施工单位具有总承包一级或者特级资质；

（二）四等、五等尾矿库建设项目，其勘察、设计、安全评价、监理单位具有乙级或者乙级以上资质，施工单位具有总承包三级或者三级以上资质，或者专业承包一级、二级资质。

《非煤矿山外包工程安全管理暂行办法》

第十九条 承包单位应当依法取得非煤矿山安全生产许可证和相应等级的施工资质，并在其资质范围内承包工程。

承包金属非金属矿山建设和闭坑工程的资质等级，应当符合《建筑业企业资质等级标准》的规定。

承包金属非金属矿山生产、作业工程的资质等级，应当符合下列要求：

（一）总承包大型地下矿山工程和深凹露天、高陡边坡及地质条件复杂的大型露天矿山工程的，具备矿山工程施工总承包二级以上（含本级，下同）施工资质；

（二）总承包中型、小型地下矿山工程的，具备矿山工程施工总承包三级以上施工资质；

（三）总承包其他露天矿山工程和分项承包金属非金属矿山工程的，具备矿山工程施工总承包或者相关的专业承包资质，具体规定由省级人民政府安全生产监督管理部门制定。

承包尾矿库外包工程的资质，应当符合《尾矿库安全监督管理规定》。

承包金属非金属矿山地质勘探工程的资质等级，应当符合《金属与非金属矿产资源地质勘探安全生产监督管理暂行规定》。

承包石油天然气勘探、开发工程的资质等级，由国家安全生产监督管理总局或者国务院有关部门按照各自的管理权限确定。

第六章 矿业权合作、合伙

049 采矿权合作合同是否需报批，未报批合同是否生效

——契约性矿业权合作合同不涉及矿业权转让，故无需办理矿业权转让审批手续

阅读提示

矿业权转让合同应报矿产资源主管部门批准，《矿业权出让转让管理暂行规定》规定，矿业权转让包括合作的方式，那么矿业权合作合同是否必须报矿产资源主管部门批准？最高人民法院认为，矿业权合作包括实体性合作和契约性合作两种模式，前者涉及矿业权转让的问题，应办理矿业权转让审批手续；后者不涉及矿业权转让的问题，无需办理矿业权转让审批手续。

裁判要旨

矿业权合作，并非一概采取合作转让的方式，而是包括实体性合作和契约性合作两种模式，前者因需设立新的法人企业并将矿业权变更登记在新设立的法人企业名下，涉及矿业权转让的问题，应办理矿业权转让审批及主体变更登记手续；后者仅需通过协议对合作各方权利义务进行安排，不存在矿业权转让的问题，无需办理矿业权转让审批及主体变更登记手续。

案情简介

一、2006年，樊宾昆与祥兴煤矿签订《协议》，约定：因祥兴煤矿资金不足，双方共同开采、经营管理和销售祥兴煤矿的煤炭；合同签订后樊宾昆向祥兴煤矿支付保证金500万元；祥兴煤矿将现有机械设备移交给樊宾昆，樊宾昆享有自主开采、管理、生产、销售的权利；祥兴煤矿享有分配利润的权利，对开采及生产进行

监督。叶跃祥为祥兴煤矿提供担保。

二、因双方在履行合同过程中发生争议，祥兴煤矿向昆明仲裁委申请仲裁。2011 年 11 月，昆明仲裁委作出 140 号裁决：解除《协议》；祥兴煤矿和叶跃祥在扣除樊宾昆应付其应得利润后，支付给樊宾昆应付的款项。

三、上述仲裁案受理过程中，叶跃祥另就《协议》向昆明仲裁委申请仲裁，昆明仲裁委受理后以《协议》违反行政法规禁止性规定为由，于 2012 年 7 月作出 149 号裁决：确认《协议》无效，叶跃祥不承担担保责任。后经樊宾昆申请，149 号裁决被昆明中院撤销。

四、2012 年 2 月，叶跃祥向昆明中院申请撤销 140 号裁决，主要理由是：《协议》因涉及矿山承包而非合作开发关系，违反了法律的强制性规定。昆明中院审理认为，叶跃祥申请撤销仲裁裁决的理由不属于《仲裁法》第五十八条规定的情形，裁定驳回叶跃祥的申请。

五、2012 年 8 月，樊宾昆向曲靖中院申请执行 140 号裁决。执行中，叶跃祥向曲靖中院提出不予执行申请。曲靖中院认为，昆明仲裁委员会作出截然相反的两个有效裁决，证明适用法律确有错误，故裁定不予执行 140 号裁决。樊宾昆提出异议，曲靖中院裁定驳回了樊宾昆的异议申请。

六、樊宾昆不服曲靖中院裁定，向云南高院申请复议。云南高院认为，《协议》实质是以承包方式转让采矿权，应当适用相关行政法规来进行审查，而昆明仲裁委在法律适用上确有错误，故裁定驳回樊宾昆的复议申请。

七、樊宾昆不服云南高院裁定，向最高人民法院申诉。最高人民法院裁定撤销原执行裁定，依法执行 140 号裁决。

裁判要点

本案叶跃祥败诉的原因在于：

第一，只有实质具备矿业权转让性质的承包合同、合作合同，才可以适用矿业权转让须经审批的规定。依据本案已查明的《协议》约定内容及双方共享利润，未变更矿业权人，有关证照、印鉴、对外指定账号等均由祥兴煤矿持有管理等实际履行情况，并不具有采矿权转让的特征（转让采矿权对应的全部实体性权益，并变更采矿权人的身份），《协议》在性质上应认定为契约性合作，合法有效。

第二，本案执行依据 140 号裁决生效后，被执行人叶跃祥曾向昆明中院申请撤销该裁决，理由是《协议》违反行政法规禁止性规定，应属无效合同，被昆明中院依法裁定驳回。债权人樊宾昆申请执行后，叶跃祥在执行程序中又以相同的理由申请不予执行140号裁决。根据《最高人民法院关于适用〈中华人民共和国仲裁法〉若干问题的解释》第二十六条"当事人向人民法院申请撤销仲裁裁决被驳回后，又在执行程序中以相同理由提出不予执行抗辩的，人民法院不予支持"的规定，应当依法裁定驳回叶跃祥不予执行140号裁决的申请。

实务经验总结

前事不忘，后事之师。为避免未来发生类似败诉，提出如下建议：

一、不具备矿业权转让特征的矿业权合作合同，无需按照矿业权转让审批程序报矿产资源主管部门审批，但是如果矿业权合作合同具备矿业权转让性质，将矿业权对应的全部实体性权益转让给他人，则应当报矿产资源主管部门审批，未经批准将影响合同效力。

二、当事人向法院申请撤销仲裁裁决被驳回后，不得在执行程序中再以相同理由申请不予执行仲裁裁决。

三、值得关注的是，自2017年7月27日起施行的《最高人民法院关于审理矿业权纠纷案件适用法律若干问题的解释》对矿业权合作合同已作出规定，确认矿业权人与他人合作进行矿产资源勘查开采所签订的合同自依法成立之日起生效，并规定"合同中有关矿业权转让的条款适用本解释关于矿业权转让合同的规定"。

该解释中关于矿业权转让合同的规定是："矿业权转让合同自依法成立之日起具有法律约束力。"并未明确矿业权转让合同自依法成立之日起生效。《最高人民法院关于审理矿业权纠纷案件适用法律若干问题的解释》新闻发布会上，时任最高人民法院环境资源审判庭庭长郑学林对此解读为："矿业权转让未经国土资源主管部门批准，当事人不能凭转让合同办理矿业权变更登记，但并不意味着转让合同不具有任何法律效力""当事人应当遵照'有约必守'的原则，依约履行自己的义务，包括办理报批或者协助报批义务""矿业权转让申请虽报请国土资源主管部门审批，但未获准许的，矿业权转让合同丧失完全生效的可能，亦无继续履行必要。"

据此，矿业权转让合同成立后即具有法律约束力，当事人应履行报批义务。

相关法律规定

《探矿权采矿权转让管理办法》

第十条第三款　批准转让的，转让合同自批准之日起生效。

第十四条　未经审批管理机关批准，擅自转让探矿权、采矿权的，由登记管理机关责令改正，没收违法所得，处 10 万元以下的罚款；情节严重的，由原发证机关吊销勘查许可证、采矿许可证。

第十五条 违反本办法第三条第（二）项的规定，以承包等方式擅自将采矿权转给他人进行采矿的，由县级以上人民政府负责地质矿产管理工作的部门按照国务院地质矿产主管部门规定的权限，责令改正，没收违法所得，处 10 万元以下的罚款；情节严重的，由原发证机关吊销采矿许可证。

《矿业权出让转让管理暂行规定》

第三十六条 矿业权转让是指矿业权人将矿业权转移的行为，包括出售、作价出资、合作、重组改制等。

矿业权的出租、抵押，按照矿业权转让的条件和程序进行管理，由原发证机关审查批准。

第四十二条 合作勘查或合作开采经营是指矿业权人引进他人资金、技术、管理等，通过签订合作合同约定权利义务，共同勘查、开采矿产资源的行为。

第四十六条 矿业权转让的当事人须依法签订矿业权转让合同。依转让方式的不同，转让合同可以是出售转让合同、合资转让合同或合作转让合同。

转让申请被批准之日起，转让合同生效。

第六十一条 未经登记管理机关批准，擅自转让矿业权或违反本办法规定出租矿业权的，由登记管理机关依据《探矿权采矿权转让管理办法》第十四条的规定予以处罚。

第六十二条 矿业权出租方违反本规定的，矿业权人将矿业权承包给他人开采、经营的，由登记管理机关按照《探矿权采矿权转让管理办法》第十五条的规定予以处罚。

《中华人民共和国物权法》

第十五条 当事人之间订立有关设立、变更、转让和消灭不动产物权的合同，除法律另有规定或者合同另有约定外，自合同成立时生效；未办理物权登记的，不影响合同效力。

《中华人民共和国合同法》

第四十四条 依法成立的合同，自成立时生效。

法律、行政法规规定应当办理批准、登记等手续生效的，依照其规定。

《最高人民法院关于适用〈中华人民共和国合同法〉若干问题的解释（一）》

第九条 依照合同法第四十四条第二款的规定，法律、行政法规规定合同应当办理批准手续，或者办理批准、登记等手续才生效，在一审法庭辩论终结前当事人仍未办理批准手续的，或者仍未办理批准、登记等手续的，人民法院应当认定该合同未生效；法律、行政法规规定合同应当办理登记手续，但未规定登记后生效的，当事人未办理登记手续不影响合同的效力，合同标的物所有权及其他物权不能转移。

合同法第七十七条第二款、第八十七条、第九十六条第二款所列合同变更、转让、解除等情形，依照前款规定处理。

《最高人民法院关于适用〈中华人民共和国仲裁法〉若干问题的解释》

第二十六条　当事人向人民法院申请撤销仲裁裁决被驳回后，又在执行程序中以相同理由提出不予执行抗辩的，人民法院不予支持。

《最高人民法院关于审理矿业权纠纷案件适用法律若干问题的解释》

第六条　矿业权转让合同自依法成立之日起具有法律约束力。矿业权转让申请未经国土资源主管部门批准，受让人请求转让人办理矿业权变更登记手续的，人民法院不予支持。

当事人仅以矿业权转让申请未经国土资源主管部门批准为由请求确认转让合同无效的，人民法院不予支持。

第十三条　矿业权人与他人合作进行矿产资源勘查开采所签订的合同，当事人请求确认自依法成立之日起生效的，人民法院应予支持。

合同中有关矿业权转让的条款适用本解释关于矿业权转让合同的规定。

以下为该案在最高人民法院审理阶段，裁判文书中“本院认为”部分就该问题的论述：

一、关于《协议》是否因合作经营合同违法而无效的问题

目前我国法律法规中，涉及矿业权合作经营或承包的规定主要有国务院《探矿权采矿权转让管理办法》第十五条、国土资源部《矿业权出让转让管理暂行办法》第六十二条，以及国务院、国土资源部等颁发的规范性文件；涉及矿业权合作的规定主要有《探矿权采矿权转让管理办法》第十四条，《矿业权出让转让管理暂行规定》第三十六条、第四十二条、第四十六条、第六十一条；涉及矿业权转让合同效力的规定主要有《中华人民共和国物权法》第十五条，《中华人民共和国合同法》第四十四条、《最高人民法院关于适用〈中华人民共和国合同法〉司法解释（一）》第九条以及《探矿权采矿权转让管理办法》第十条第三款。对上述规定，应全面理解立法精神。

首先，为鼓励矿业权有序流转，促进矿产资源合理开发利用，应依法确认矿业权的转让、承包、合作等多种流转方式的合法存在。其次，只有实质具备矿业权转

让性质的承包合同，即构成“名为承包、实为转让”的，才可以适用矿业权转让须经审批。否则构成违规转让应认定为违法的相关规定，不应将矿业权承包一概认定违法而予以禁止。矿业权合作，亦非一概采取合作转让的方式，而是包括实体性合作和契约性合作两种模式，前者因需设立新的法人企业并将矿业权转移变更登记在新设立的法人企业名下，涉及矿业权转让的问题；后者仅需通过协议对合作各方权利义务进行安排，无需办理矿业权主体变更登记手续，不存在矿业权转让的问题。本案所涉《协议》即属于后者情形。再者，从法律位阶来看，国土资源部《矿业权出让转让管理暂行规定》属部门规章，不属于合同法及其解释中可作为认定合同无效依据的法律、行政法规。从条文内容看，国务院《探矿权采矿权转让管理办法》第十四条、第十五条，认定为管理性强制性规定为宜，不属于合同法及其解释中可作为认定合同无效依据的效力性强制性规定。故不能根据上述规定得出矿业权承包合同或者合作合同一概无效的结论。最后，有关未经审批的矿业权转让合同效力认定，目前存在有效说和未生效说两种意见。但合同性质的认定是判断合同效力的前提，如矿业权承包、合作未构成实质上的转让，则无从适用有关矿业权转让合同须经审批的限制性规定。

基于上述考虑，案涉《协议》无论认定为合作合同还是认定为承包合同均为无效的裁判意见不当。依据本案已查明的《协议》约定内容及双方共享利润，未变更矿业权人，有关证照、印鉴、对外指定账号等均由祥兴煤矿持有管理等实际履行情况，并不具有采矿权转让意在转让采矿权对应的全部实体性权益，并变更采矿权人的身份的特征，《协议》在性质上应认定为契约性合作，应为合法有效。即140号裁决适用法律并无不当。

二、关于云南高院复议裁定适用法律是否正确的问题

本案执行依据140号裁决生效后，被执行人叶跃祥曾向昆明中院申请撤销该裁决，理由是《协议》违反行政法规禁止性规定，应属无效合同，被昆明中院依法裁定驳回。债权人樊宾昆申请执行后，叶跃祥在执行程序中又以相同的理由申请不予执行140号裁决。根据《最高人民法院关于适用〈中华人民共和国仲裁法〉若干问题的解释》第二十六条“当事人向人民法院申请撤销仲裁裁决被驳回后，又在执行程序中以相同理由提出不予执行抗辩的，人民法院不予支持”的规定，应当依法裁定驳回叶跃祥不予执行140号裁决的申请。但是，云南高院审查中认为，本案发生在2012年修改后的《中华人民共和国民事诉讼法》实施日之前，应当适用2007年修改的《中华人民共和国民事诉讼法》第二百一十三条进行审查。其实，2007年修改的《中华人民共和国民事诉讼法》关于执行中审查不予执行申请的标准，与审

查撤裁申请的标准本来就不一致，审查撤裁的标准是《中华人民共和国仲裁法》第五十八条的规定，《最高人民法院关于适用〈中华人民共和国仲裁法〉若干问题的解释》实施时这个问题已然存在，但是该解释第二十六条并未对不同的审查标准作出例外的规定，而仅就申请理由相同作出规定，即以相同理由提出不予执行抗辩的，不予支持，以避免审判和执行的裁定自相矛盾，提高执行效率。因此，云南高院（2013）云高执复字第2号执行裁定适用法律错误，应予纠正；曲靖中院作出的（2012）曲中法执裁字第4号执行裁定以及（2012）曲中法执裁字第3号执行裁定亦应一并纠正，140号裁决应当依法执行。

案件来源

樊宾昆与富源县大河镇祥兴煤矿、叶跃祥执行裁定书，最高人民法院（2015）执申字第67号。

延伸阅读

一、认定不涉及矿业权主体变更的矿业权合作合同无需报矿产资源主管部门批准的案例

案例1：内蒙古昌宇石业有限公司与陈呈浴合同纠纷申请再审民事判决书［最高人民法院（2014）民提字第178号，载于《最高人民法院公报》2016年第3期（总第233期）］认为："合同方面。根据双方认可的5.1协议，昌宇公司以其享有的采矿权与陈呈浴形成了合作开发矿山法律关系，该合作关系并不违背国家法律、法规的强制性规定，应为有效。陈呈浴认为其与昌宇公司构成矿山买卖合同关系及双方买卖关系无效的主张，无事实和法律根据，本院不予支持。"

案例2：河南通润科贸有限公司与泌阳县广元矿业有限公司、泌阳县融兴矿业有限公司采矿权纠纷申请再审民事裁定书［最高人民法院（2013）民申字第2487号］认为："案涉两份《协议书》约定通润公司的主要义务是办理探矿、采矿手续，并向广元公司、融兴公司提供探矿、采矿许可证，广元公司和融兴公司的主要义务是在协议签订时缴纳勘查开发权益金和管理费，负责办理林地占用、安全生产等手续，双方联合勘查共同开发。国土资源部2000年11月1日发布的《矿业权出让转让管理暂行规定》第四十二条规定：'合作勘查或合作开采经营是指矿业权人引进他人资金、技术、管理等，通过签订合作合同约定权利义务，共同勘查、开采矿产资源的行为。'泌阳县矿产资源勘查大队出具的《泌阳县广元矿业公司矿区范围图》《泌阳县融兴矿业公司矿区范围图》也明确显示通润公司的探矿证和采矿证中均包括了广元公司、融兴公司的矿区。因此二审判决认定本案纠纷的性质本质上属于合作勘查（开发）合同纠纷或合作开采经营合同纠纷，属于合同纠纷的一种，是正确的。本案实质上是多个单位共同出资，共同享有开采经营权，广元公司、融兴公司办理矿区地面的林地使用权，通润公司办理采矿权证，相互配合。协议内容是对合作开发的一种约定，意思表示真实，不违反法律、行政法规禁止性规定，对各方当事人具有拘束力。因此，二审判决认定广元公司、融兴公司享有采矿经营权，符合本案实际情况，在适用法律上并无不当。至于各方共享开采经营权后，以哪种具体方式经营，则需要按照国家相关法律、法规规定及有关行政主管部门的管理要求进行。"

二、认定通过合作方式转让矿业权应报矿产资源主管部门批准的案例

案例 3：浙江中矿建设集团有限公司与宁夏石嘴山市矿业（集团）有限责任公司、宁夏石嘴山市矿业（集团）有限责任公司沙巴台煤矿建设工程施工合同纠纷申诉、申请民事裁定书［最高人民法院（2016）最高法民申 2139 号］认为："根据已查明的事实，沙巴台煤矿二号井的采矿权属于矿业集团，采矿许可证办在矿业集团名下。国家对采矿权的转让实行严格的报批管理和登记制度，根据《矿业权出让转让管理暂行规定》第三十六条、第三十七条及第四十四条之规定，矿业权转让包括出售、作价出资、合作、重组改制等形式。各种形式的矿业权转让，转让双方必须向登记管理机关提出申请，经审查批准后办理变更登记手续。不设立合作、合资法人勘查或开采矿产资源的，在签订合作或合资合同后，也应当将相应的合同向登记管理机关备案。因此，《合作开采协议》若是通过合作方式进行的权利转让，须报有关机关批准，并经登记管理机关办理变更登记手续，至少也应将相关合同进行登记备案。而事实上，《合作开采协议》仅为矿业集团和李应亮双方之间的内部协议，李应亮意欲通过该协议获得采矿资格，从事开采活动。该协议没有经过变更登记或者登记备案，不具有以合作方式转让采矿权的对外公示效力。因此，矿业集团再审申请时声称通过《合作开采协议》，其与李应亮之间实为经营权转让的关系，李应亮根据该协议独立经营并独立承担盈余亏损的主张不能成立。"

050 如何区分采矿权合作与采矿权转让

——采矿权合作不涉及变更采矿权主体，且采矿权人未完全放弃矿区管理的，不构成采矿权转让

阅读提示

本案例为最高人民法院 2016 年度发布的十起矿业权民事纠纷典型案例之一，最高人民法院认为，本案例的典型意义是："矿业权合作合同履行中，矿业权人未放弃矿山经营管理，继续履行其法定义务并承担相应法律责任，矿业权主体并未发生变更的，不构成矿业权变相转让，合作合同不受自国土资源主管部门批准之日起生效的法律限制。当事人以未办理审批手续为由请求确认合作合同无效或者未生效的，人民法院不予支持。矿业权民事纠纷案件中，合同效力之争较为常见，尤其在当事人主张和人民法院认定不一致的情况下，人民法院应根据诉讼经济和利益衡平原则，结合具体案件事实和诉讼请求，准确界定合同性质、正确评价合同效力。"

裁判要旨

采矿权人与他人签订合作开采合同，但未变更采矿权主体，且采矿权人并非完全不参与矿区经营管理的，不构成采矿权转让，合作开采合同自成立之日起生效。

案情简介

一、2009 年，星辉公司取得案涉锰矿采矿许可证。2010 年，星辉公司法定代表人彭光辉与郎益春签订合作协议，约定双方合作开发案涉锰矿，项目日常开发由郎益春成立专门机构实施。合同签订后，郎益春共计支付彭光辉 323 万元，并实施了采矿行为。

二、2011 年，国土资源主管部门因案涉锰矿存在漂移现象，向星辉公司发出《停止采矿通知书》。星辉公司虽提交了变更矿区范围的材料，但因其采矿权许可证遗失致变更手续办理未果。郎益春未能再继续实施开采行为。

三、郎益春向楚雄中院提起诉讼，请求确认合作协议未生效，彭光辉返还合作款及占用期间的利息，彭光辉、星辉公司承担连带责任。

四、楚雄中院认为，彭光辉无权以个人名义就星辉公司采矿权对外与他人签订

合同，合作协议约定由郎益春出资并成立专门机构实施采矿行为，构成采矿权的变相转让，协议应为无效，遂判决彭光辉、星辉公司连带返还郎益春 323 万元。

五、星辉公司、彭光辉、彭静文不服，上诉至云南高院。云南高院认为，合作协议主体应为星辉公司和郎益春；根据合同约定内容和实际履行情况，不构成变相转让采矿权，但星辉公司根本违约导致朗益春合同目的不能实现，遂判决解除合作协议并由星辉公司返还郎益春 323 万元。

六、彭光辉、星辉公司不服，向最高人民法院申请再审。最高人民法院认为，云南高院为避免当事人诉累，在认定合作协议合法有效、无继续履行可能以及朗益春对矿山投资建设的设施归星辉公司所有的前提下，结合朗益春的诉讼请求，判令解除合作协议，由星辉公司返还朗益春 323 万元合作款，并无不当。最高人民法院裁定驳回彭光辉、星辉公司的再审申请。

裁判要点

法院认定案涉合作协议不构成采矿权转让，合同合法有效的原因在于：

首先，星辉公司并非完全放弃对矿山的管理。根据合作协议的约定，星辉公司对矿山经营的财务监督、项目实施等依然进行管理，其只是不参与项目的具体开发，并非完全不参与矿山的经营管理。在履行协议的过程中，星辉公司亦实际参与了矿山的管理经营。

其次，案涉采矿权主体并未改变。从合作协议约定的内容中看，并没有星辉公司将本案所涉矿山直接交由郎益春开采，星辉公司退出矿山，由郎益春独立核算、自负盈亏的约定，星辉公司的采矿权主体资格并没有因双方签订《合同协议书》而改变，并未变相转让采矿权。

综上，合作协议是双方当事人的真实意思表示，内容未违反法律法规的效力性强制性规定，且已实际开始履行，为有效合同。

实务经验总结

前事不忘，后事之师。为避免未来发生类似败诉，提出如下建议：

一、采矿权人未完全放弃对矿区的管理，不涉及采矿权主体变更，与他人合作开采的，无需报矿产资源主管部门审批，合同自成立之日起即生效。自 2017 年 7 月 27 日起施行的《最高人民法院关于审理矿业权纠纷案件适用法律若干问题的解释》针对矿业权合作合同已作出规定：“矿业权人与他人合作进行矿产资源勘查开采所签订的合同，当事人请求确认自依法成立之日起生效的，人民法院应予支持。”

二、如果采矿权合作合同涉及变更采矿权主体，则应当按照采矿权转让的有关规定报经矿产资源主管部门审批。

相关法律规定

《中华人民共和国矿产资源法》

第六条 除按下列规定可以转让外，探矿权、采矿权不得转让：

（一）探矿权人有权在划定的勘查作业区内进行规定的勘查作业，有权优先取得勘查作业区内矿产资源的采矿权。探矿权人在完成规定的最低勘查投入后，经依法批准，可以将探矿权转让他人。

（二）已取得采矿权的矿山企业，因企业合并、分立，与他人合资、合作经营，或者因企业资产出售以及有其他变更企业资产产权的情形而需要变更采矿权主体的，经依法批准可以将采矿权转让他人采矿。

前款规定的具体办法和实施步骤由国务院规定。

禁止将探矿权、采矿权倒卖牟利。

《最高人民法院关于审理矿业权纠纷案件适用法律若干问题的解释》

第十三条 矿业权人与他人合作进行矿产资源勘查开采所签订的合同，当事人请求确认自依法成立之日起生效的，人民法院应予支持。

合同中有关矿业权转让的条款适用本解释关于矿业权转让合同的规定。

以下为该案在云南高院审理阶段，裁判文书中“本院认为”部分就该问题的论述：

本案中的《合同协议书》是否有效？

本院认为，第一，2010年5月23日，彭光辉与郎益春签订的《合同协议书》第二条约定：“甲方承诺对此享有合法的矿业及相关物权。”然而，彭光辉并非本案所涉矿区的采矿权人，该矿山的合法采矿权人为星辉公司，但彭光辉系星辉公司的法定代表人，而星辉公司对彭光辉签订合同将其所有的采矿权与他人合作的行为并未提出异议，双方的纠纷进入诉讼程序后，星辉公司亦明确表示对彭光辉签订合同的行为予以认可，且郎益春在签订合同之时对采矿权归属于星辉公司的事实也明确知晓，据此，根据《中华人民共和国民法通则》第四十三条的规定：“企业法人对它的法定代表人和其他工作人员的经营活动，承担民事责任。”《合同协议书》的签订主体应为星辉公司和郎益春，由《合同协议书》所产生的权利义务应由星辉公司与郎益春承担。

第二，《合同协议书》第四条第一项约定：“财务方面由乙方管理，甲方须派一名财会人员进行监督、检查、审核。”第二项约定：“……项目的日常开发由乙方成立专门的开发机构实施，经双方同意后方可进行，甲方不参与项目的开发。”据此，星辉公司对矿山经营的财务监督、项目实施等依然进行管理，其只是不参与项目的具体开发，并非完全不参与矿山的经营管理。在实际履行合同过程中，2014年10月28日，彭光辉与郎益春、赵国恩共同作为甲方与第三人彭静文签订《承包合同》，将本案所涉矿山交由彭静文开洞掘进，同时，在《锰矿价格表》的落款处，彭光辉、郎益春、赵国恩作为矿山负责人进行签字确认，据此，在履行《合同协议书》的过程中，星辉公司实际参与了矿山的管理经营。

第三，从《合同协议书》约定的内容中看，并没有星辉公司将本案所涉矿山直接交由郎益春开采，星辉公司退出矿山，由郎益春独立核算、自负盈亏的约定，星辉公司的采矿权主体资格并没有因双方签订《合同协议书》而改变，并未变相转让采矿权，因此，《合同协议书》不属于《中华人民共和国矿产资源法》第六条第一款第二项规定“除按下列规定可以转让外，探矿权、采矿权不得转让：……（二）已取得采矿权的矿山企业，因企业合并、分立，与他人合资、合作经营，或者因企业资产出售以及有其他变更企业资产产权的情形而需要变更采矿权主体的，经依法批准可以将采矿权转让他人采矿”和《中华人民共和国合同法》第五十二条第五项“有下列情形之一的，合同无效：……（五）违反法律、行政法规的强制性规定”的情形。

第四，《合同协议书》第五条第一款约定：“……经甲、乙双方签字（盖章）且公证后生效。”但合同双方当事人均认可合同未经公证即开始履行，且在本案诉讼之前，无任何一方当事人对此提出异议，据此，应视为双方已以实际行为变更了该条约定，《合同协议书》于双方开始履行合同之日起生效。

综上，《合同协议书》是双方当事人的真实意思表示，内容未违反法律法规的效力性强制性规定，且已实际开始履行，为有效合同。彭光辉、星辉公司、彭静文上诉认为《合同协议书》有效的上诉理由成立，本院予以支持。

案件来源

彭光辉、南华县星辉矿业有限公司等合同纠纷再审复查与审判监督民事裁定书，最高人民法院（2015）民申字第88号；彭光辉合作合同二审民事判决书，云南省高级人民法院（2014）云高民二终字第15号。

延伸阅读

裁判规则一：矿业权合作不涉及矿业权主体变更，矿业权人未放弃矿区管理的，不构成矿业权转让。

案例 1：浙江天台友信投资有限公司与新疆洪沙泉矿业有限公司、新疆神华矿业有限责任公司等采矿权转让合同纠纷二审民事裁定书［最高人民法院（2015）民一终字第 160-1 号］认为："即洪沙泉公司负责办理在有关行政主管部门的报告、备案、年检工作，勘查范围、勘查工作对象等重要事项由洪沙泉公司决定。洪沙泉公司依据《风险勘探及开采合作合同》得到神华公司的授权可对案涉矿区进行勘探，且合理预期将来可取得案涉矿区的采矿权，可以在此基础上引进他人资金、技术等，通过签订合作合同约定权利义务，共同勘查、开发矿产资源。从《合作协议》约定看，天台友信公司以洪沙泉公司名义并在其管理下开展勘查、开采工作，不涉及矿业权主体变更，并不存在矿业权的转让。双方当事人对资金投入、利润分配、勘采管理等内容进行约定，属于合作勘查、开采的范畴，并不违背我国法律、行政法规的强制性规定。因此，《合作协议》应认定为合法有效。"

案例 2：新疆神华矿业有限责任公司与北京凤鼎投资管理有限公司、新疆洪沙泉矿业有限公司探矿权纠纷、采矿权纠纷申诉、申请民事裁定书［最高人民法院（2016）最高法民再 198 号］认为："关于《合作合同》的效力。《中华人民共和国矿产资源法》第三条规定，国家保障矿产资源的合理开发利用，禁止任何组织或者个人用任何手段侵占或者破坏矿产资源。勘查、开采矿产资源，必须依法分别申请、经批准取得探矿权、采矿权，并办理登记。第六条第三款规定，禁止将探矿权、采矿权倒卖牟利。国土资源部《矿业权出让转让管理暂行规定》第六条第一款的规定，矿业权人可以依照本办法的规定采取出售、作价出资、合作勘查或开采、上市等方式依法转让矿业权。第四十二条规定，合作勘查或合作开采经营是指矿业权人引进他人资金、技术、管理等，通过签订合作合同约定权利义务，共同勘查、开采矿产资源的行为。本案《合作合同》虽约定设立合作法人，将来取得的采矿权证办至项目公司名下，但履行合同中双方不需转让探矿权，故不需办理矿业权转让审批和变更登记手续。……因此，《合作合同》的约定未违反法律法规的强制性规定，应认定合法有效。《合作合同》系平等主体协商一致达成的协议，约定将未来取得的采矿权证办理在项目公司名下，法律亦不禁止。"

案例 3：普兰店市莲山矿业有限责任公司、崔永利合同纠纷申请再审民事裁定书［最高人民法院（2015）民申字第 1457 号］认为："本案双方争议焦点是《投资合作协议书》的效力问题。莲山矿业公司申请再审主张该协议名为投资合作，实为采矿权的转让。对此，根据该协议书的记载，当中并没有莲山矿业公司将其部分采矿权转让给崔永利的文字表述，亦无一方出卖、让与采矿权，一方以一定的价格购买、受让采矿权的内容。该协议书第二条约定的是，崔永利应投入的资金数额，并约定由崔永利负责办理采矿的各项手续，莲山矿业公司以其20%的利益作为回报给付崔永利。协议书第三条及第五条的内容亦无转让、出卖部分采矿权的表述。该协议书约定，崔永利投资莲山矿业公司2000万元并负责办理采矿手续，在此情况下可获得莲山矿业公司20%的利益回报以及该利益回报的取得方式。协议还约定了莲山矿业公司对崔永利予以一定的授权，并无莲山矿业公司转让部分采矿权的意思表示。因此，该协议是关于双方投资合作、分配利润的约定，其性质系投资合作。莲山矿业公司主张该协议系采矿权的部分转让且违反相关法律法规规定，应认定无效的理由，缺乏事实及法律依据，其主张不能成立。”

案例4：玉门甘来矿业有限责任公司与甘南州兴达矿业有限责任公司以及临潭县大寺坡矿产资源开发有限责任公司合伙协议纠纷申请再审民事裁定书［最高人民法院（2013）民申字第1702号］认为：“2006年1月23日，兴达公司与甘来公司签订《联合开发锑矿协议》，约定由双方合作开发涉案锑矿。根据合同的约定，兴达公司负责协调地方关系，办理相关手续，保证矿山的投资生产环境，甘来公司负责出资，与国土部门签订承包合同。兴达公司、甘来公司按照3∶7的比例享有合作项目的权益。《联合开发锑矿协议》系当事人双方真实意思表示，内容不违反法律和行政法规的强制性规定，应为合法有效。甘来公司称《联合开发锑矿协议》约定开发的并非是涉案锑矿明显与事实不符，本院不予采纳。《联合开发锑矿协议》并不涉及采矿权转让的内容，甘来公司以合同属于采矿权转让且未经批准为由主张合同无效，本院不予支持。此外，甘来公司以合同主体不合法为由主张合同无效缺乏法律依据，亦不能成立。”

案例5：李永才、叶灶林与青海神牛矿业有限公司联营合同纠纷二审民事判决书［最高人民法院（2014）民一终字第241号］认为：“神牛矿业公司与叶灶林、李永才、祝德星于2010年9月13日签订的《合作经营协议书》是双方当事人真实的意思表示，未违反法律、行政法规的强制性规定，应为合法有效。从《合作经营协议书》的有关约定内容看，神牛矿业公司以矿权投资占65%的股份，叶灶林、李永才、祝德星以技术和设备投资占经营生产35%的股份，双方合作直至矿产资源枯竭为止，并按上述投资比例分配利润。根据上述约定，双方基于合作经营协议，共同出资、共同经营，按出资比例分配利润，共担风险，且双方之间联营未组成新的经济实体，不具备法人条件，故双方之间构成合伙型联营法律关系。”

裁判规则二：通过合作方式进行矿业权转让的，须报有关机关批准，并经登记管理机关办理变更登记手续，至少也应将相关合同进行登记备案。

案例6：浙江中矿建设集团有限公司与宁夏石嘴山市矿业（集团）有限责任公司、宁夏石嘴山市矿业（集团）有限责任公司沙巴台煤矿建设工程施工合同纠纷申诉、申请民事裁定书［最高人民法院（2016）最高法民申2139号］认为：“根据已查明的事实，沙巴台煤矿二号井的采矿权属于矿业集团，采矿许可证办在矿业集团名下。国家对采矿权的转让实行严格的报批管理和登记制度，根据《矿业权出让转让管理暂行规定》第三十六条、第三十七条及第四十四条之规定，矿业权转让包括出售、作价出资、合作、重组改制等形式。各种形式的矿业权转让，转让双方必须向登记管理机关提出申请，经审查批准后办理变更登记手续。不设立合作、合资法人勘查或开采矿产资源的，在签订合作或合资合同后，也应当将相应的合同向登记管理机关备案。因此，《合作开采协议》若是通过合作方式进行的权利转让，须报有关机关批准，并经登记管理机关办理变更登记手续，至少也应将相关合同进行登记备案。而事实上《合作开采协议》仅为矿业集团和李应亮双方之间的内部协议，李应亮意欲通过该协议获得采矿资格，从事开采活动。该协议没有经过变更登记或者登记备案，不具有以合作方式转让采矿权的对外公示效力。因此，矿业集团再审申请时声称通过《合作开采协议》，其与李应亮之间实为经营权转让的关系，李应亮根据该协议独立经营并独立承担盈余亏损的主张不能成立。”

051 合作探矿是否属于探矿权转让，是否需报批

——合作勘查合同不属于探矿权转让合同，故不需办理探矿权转让审批手续

阅读提示

《矿业权出让转让管理暂行规定》第六条第一款规定：“矿业权人可以依照本办法的规定采取出售、作价出资、合作勘查或开采、上市等方式依法转让矿业权。”第四十二条规定：“合作勘查或合作开采经营是指矿业权人引进他人资金、技术、管理等，通过签订合作合同约定权利义务，共同勘查、开采矿产资源的行为。”

合作勘查矿业权是否应定性为探矿权转让，是否应办理探矿权转让审批手续？

本案例认为，合作勘查没有导致探矿权转让，故不需办理探矿权转让审批手续。

本书作者在写作中也关注到有部分法院将合作勘查矿业权定性为探矿权转让。鉴于此，本书作者建议探矿权人在引进他人资金、技术共同勘查矿产资源时一定要与当地矿产资源主管部门预先沟通，确认是否需要办理相关手续，以确保合作勘察项目的顺利开展。

裁判要旨

合作勘查未导致探矿权转让，因此不属于探矿权转让行为，不需办理探矿权转让审批和变更登记手续。

案情简介

一、神华矿业公司拥有某矿区的探矿权，其与凤鼎公司签订《风险勘探及开采合作合同》(下称"《合作合同》")，约定：双方设立项目公司，共同勘查矿产资源，将来取得的采矿权证办至项目公司名下；凤鼎公司补偿神华矿业公司前期投入该矿区的费用2000万元；神华矿业公司负责地质勘探和项目设计及成果报告的提交、评审等手续的办理；凤鼎公司负责矿区勘查的全部出资。

二、神华矿业公司向新疆高院起诉，请求确认《合作合同》无效。凤鼎公司提出反诉，要求确认《合作合同》有效。新疆高院认定《合作合同》无效。

三、新疆高院判决生效后，凤鼎公司向最高人民法院申请再审，最高人民法院认为《合作合同》合法有效，裁定：撤销新疆高院判决，本案发回新疆高院重审。

裁判要点

最高人民法院认定本案《合作合同》合法有效的原因在于：

第一，《合作合同》并没有矿业权转让的实际内容，现有的探矿权仍然由神华矿业公司所有，并没有转让给凤鼎公司或者项目公司，履行合同中双方亦不需转让探矿权，故不需办理矿业权转让审批和变更登记手续。

第二，《合作合同》约定将未来取得的采矿权证办理在项目公司名下，法律并不禁止。

实务经验总结

前事不忘，后事之师。为避免未来发生类似败诉，提出如下建议：

一、鉴于目前各地法院对合作勘查合同是否应认定为探矿权转让合同，是否需报批存在不同的裁判观点，各地矿产资源主管部门的实际操作亦可能有所不同。因此探矿权人在引进他人资金、技术共同勘查矿产资源时，一定要与当地矿产资源主管部门事先沟通，确认是否需要办理相关手续，以确保合作勘察项目的顺利开展。

二、关于合作勘查合同是否需报批的问题，2017 年 7 月 27 日起施行的《最高人民法院关于审理矿业权纠纷案件适用法律若干问题的解释》第十三条已作出规定："矿业权人与他人合作进行矿产资源勘查开采所签订的合同，当事人请求确认自依法成立之日起生效的，人民法院应予支持。合同中有关矿业权转让的条款适用本解释关于矿业权转让合同的规定。"据此，除非合同条款涉及矿业权转让，否则合作勘查合同自成立之日起即生效。

相关法律规定

《中华人民共和国矿产资源法》

第三条 矿产资源属于国家所有，由国务院行使国家对矿产资源的所有权。地表或者地下的矿产资源的国家所有权，不因其所依附的土地的所有权或者使用权的不同而改变。

国家保障矿产资源的合理开发利用。禁止任何组织或者个人用任何手段侵占或者破坏矿产资源。各级人民政府必须加强矿产资源的保护工作。

勘查、开采矿产资源，必须依法分别申请、经批准取得探矿权、采矿权，并办理登记；但是，已经依法申请取得采矿权的矿山企业在划定的矿区范围内为本企业的生产而进行的勘查除外。

国家保护探矿权和采矿权不受侵犯，保障矿区和勘查作业区的生产秩序、工作秩序不受影响和破坏。

从事矿产资源勘查和开采的，必须符合规定的资质条件。

《矿业权出让转让管理暂行规定》

第六条 矿业权人可以依照本办法的规定采取出售、作价出资、合作勘查或开采、上市等方式依法转让矿业权。

转让双方应按规定到原登记发证机关办理矿业权变更登记手续。但是受让方为外商投资矿山企业的，应到具有外商投资矿山企业发证权的登记管理机关办理变更登记手续。

矿业权人可以依照本办法的规定出租、抵押矿业权。

第四十二条 合作勘查或合作开采经营是指矿业权人引进他人资金、技术、管理等，通过签订合作合同约定权利义务，共同勘查、开采矿产资源的行为。

以下为该案在法院审理阶段，裁判文书中“本院认为”就该问题的论述：

关于案涉合同的性质。《合作合同》第1.2条约定，目前甲方（神华矿业公司）已取得该矿区的探矿权；第2.1条约定，甲乙（凤鼎公司）双方共同设立新疆神华矿业有限责任公司红沙泉2号矿有限公司（以下简称项目公司）。公司注册资本金由乙方支付，甲方同意为该公司办理红沙泉2号矿区的采矿权证及相关证件，双方约定在项目公司中持股比例为：甲方占10%，乙方占90%；第2.2条约定，乙方对甲方前期投入该矿区的资源及普查费用进行补偿，补偿数额为人民币2000万元；第2.3条约定，自本协议签订之日起30年内，由乙方负责红沙泉2号煤矿的全部资金投入、煤炭开采、生产和经营并按本协议约定向甲方支付相应费用。乙方经营红沙泉2号煤矿期间，所产生的利润甲乙双方按持股比例分配，乙方承诺甲方所得利润不低于按该矿区煤炭实际销售量计算5元/吨；第3.4条约定，甲方负责组织红沙泉2号矿区煤炭地质勘探和项目设计及成果报告的提交、评审；负责地质环境评价、地质灾害调查及防治方案、资源开发利用方案、矿区规划的办理；负责协助使乙方委派矿长依法取得矿长资格证、矿长安全资格证；第4.1条约定，由乙方负责，对红沙泉2号矿区进行详查和勘探的全部出资，出资根据详查和勘探的进度以及甲方出具的详查和勘探费用清单进行支付。从双方约定内容分析，神华矿业公司与凤鼎公司成立项目公司共同勘查、开采矿产资源，将来亦将采矿权证办至项目公司名下，案涉《合作合同》并没有矿业权转让的实际内容，现有的探矿权仍然由神华矿业公司所有，并没有转让给凤鼎公司或者项目公司。因此，《合作合同》系双方合作合同，不属于探矿权、采矿权转让合同。

案件来源

新疆神华矿业有限责任公司与北京凤鼎投资管理有限公司、新疆洪沙泉矿业有限公司探矿权纠纷、采矿权纠纷申诉、申请民事裁定书，最高人民法院（2016）最高法民再198号。

延伸阅读

一、认定合作勘查实质上属于探矿权转让的案例

案例1：朱为亚与甘肃天府雨子沟金矿有限责任公司探矿权转让合同纠纷案［甘肃省高级人民法院（2013）甘民二初字第2号］认为：“关于本案的性质问题。

本案中朱为亚主张涉案合同系探矿权转让合同，天府公司认为该合同未涉及探矿权属，仍是合作合同范畴，但双方对合作探矿的约定均未否认。2000 年 10 月 31 日国土资源部《矿业权出让转让管理暂行规定》（以下简称《暂行规定》）第三十六条第一款规定：‘矿业权转让是指矿业权人将矿业权转移的行为，包括出售、作价出资、合作、重组改制等。’第四十二条规定：‘合作勘查或合作开采经营是指矿业权人引进他人资金、技术、管理等，通过签订合作合同约定权利义务，共同勘查、开采矿产资源的行为。’从上述规定可以看出，我国矿产资源主管部门对合作探矿行为的界定是探矿权转让，故本案当事人签订的《合作探矿合同》属探矿权转让合同。由于最高人民法院《民事案件案由规定》将因探矿权转让、抵押、继承、出租等引起的权属纠纷，统归为探矿权纠纷，而本案合同不涉及探矿权权属争议。因此，本案的案由应定为探矿权转让合同纠纷。”

案例 2：西藏鼎源矿业开发有限公司与西藏韦恩矿业开发有限公司确认合同有效纠纷再审民事裁定书［西藏自治区高级人民法院（2016）藏民申 99 号］认为：“鼎源矿业在再审申请中提出二审法院援引合同法第四十四条第一款之规定，结合《矿业权出让转让管理暂行规定》，认定《探矿权权益分配确认书》并非合法有效的行为，属于适用法律错误。经查，根据《矿业权出让转让管理暂行规定》第三十六条第一款‘矿业权转让时指矿业权人将矿业权转移的行为，包括出售、作价出资、合作、重组改制’之规定，双方当事人签订的《合作勘查、开发昂仁县罗布真矿区合同书》实质即是矿业权的转让，二审法院适用法律正确。因此，对西藏鼎源矿业诉请确认双方所签订的《探矿权权益分配确认书》合法有效的主张，本院不予支持。”

二、认定合作勘查不属于探矿权转让的案例

案例 3：榆林市凯奇莱能源投资有限公司与西安地质矿产勘查开发院合作勘查合同纠纷一案二审民事判决书［最高人民法院（2011）民一终字第 81 号］认为：“1. 关于《合作勘查合同书》的性质。一审期间双方当事人均多次表示，案涉《合作勘查合同书》的性质是探矿权转让，一审法院对此予以确认。本院认为，人民法院在审理合同纠纷案件中，对于合同的性质、效力，无论当事人是否存在争议，都应当依职权进行审查。对于合同性质，主要应当从合同内容出发，根据合同主体在合同中约定主要事项的性质进行判断，而不能仅根据合同当事人在诉讼中的主张确认。一审判决将《合作勘查合同书》认定为探矿权转让合同是不妥的。从《合作勘查合同书》的内容看，其基本性质是合作勘查合同。因为合同的主要内容是有关由西勘院和凯奇莱公司合作勘查陕西省榆林市横山县波罗—红石桥勘查区的煤炭资源的约定，即确定在合作勘查过程中双方各自所享有的权利和应承担的义务。同时，合同中也涉及了关于探矿权转让的问题。但转让探矿权的相关内容仅仅是作为对合作勘查成果的处置出现在《合作勘查合同书》第十一条中，即取得勘查成果后，由双方按所占权益比例成立有限责任公司联合开发或者西勘院将其所享有的权益评估后转让给凯奇莱公司，由后者单独开发。因此，将《合作勘查合同书》定性为合作勘查合同，是根据该合同表述的双方权利和义务特点，对合同性质的客观认定。至于该合同第十一条所涉及的探矿权转让，是双方对合作勘查成果的处置，是双方下一步订立探矿权转让合同的意向性表示。《合作勘查合同书》第十一条所嵌入的这一意向性表示，不能影响案涉合同表述的合作勘查合同的性质。合同性质的确认，直接关系到合同效力的认定。由于国家法律对矿产资源的合作勘查与探矿权转让条件的规定存在重大区别，因此一审判决对《合作勘查合同书》的性质认定错误，导致适用法律错误。对此，本院依法予以纠正。

2. 关于《合作勘查合同书》的效力。本院认为，案涉《合作勘查合同书》是双方当事人真实意思表示，不违反法律、行政法规的强制性规定。《中华人民共和国合同法》第四十四条规定：‘依法成立的合同，自成立时生效。法律、行政法规规定应当办理批准、登记等手续生效的，依照其规定。’我国相关法律法规要求对矿产资源的合作勘查合同进行备案而非审批。法律规定某些合同签订后需要向政府主管部门备案的目的在于方便政府主管部门掌握信息、进行必要的监督。备案本身并不创设权利，因而也不是合同生效的要件，故该合同备案与否，并不影响其效力。只要是双方的意思表示真实、一致，即发生法律效力。”

052 因采矿权合作一方过错导致无法生产，能否请求其赔偿损失，损失如何计算

——因采矿权合作开采一方的过错导致矿区无法生产，对方有权请求其赔偿损失

阅读提示

采矿权人与他人合作开采，但该他人超越采矿许可证的开采范围进行开采，造成采矿权被有关部门责令停产的，采矿权人能否请求赔偿损失？损失该如何计算？本案例对该情形下的损失范围、双方应承担的责任作出认定，值得参考。

裁判要旨

采矿权合作开采中，因合作一方的过错导致矿区无法正常生产的，构成违约，另一方有权请求其赔偿损失。关于停产损失数额，原则上应以采矿许可证载明的生产规模为标准计算，但根据案件实际情况，从平衡双方利益的角度考虑，可采取其他标准计算。

案情简介

一、2008年1月，采石场与建筑公司签订《关于与昌图县关铁采石场合作开发闪长岩采石场的协议书》，约定采石场为建筑公司提供一座满足工程技术要求和开采量的采石场，提供相应的供变电设施；建筑公司按国家有关规定加工生产，并按每立方米5元给付采石场资源转让费等费用。

二、建筑公司依约进入采石场后，实际开采坑底部平均标高超出国家允许开采深度，且已形成人工沟壑，致使采石场被有关部门责令停改不能生产。

三、采石场向铁岭中院提起诉讼，请求判令建筑公司赔偿将该沟壑恢复原状所需费用、变电器材损失以及停业期间的损失。铁岭中院认为，依据双方过错程度，建筑公司应承担采石场各类损失70%的责任，采石场应承担30%的责任。铁岭中院判决：建筑公司给付采石场采石工作面人工沟壑积水排水工程款、回填工程款、采石场用电设施恢复所需费用、采石场停产3年经营损失款。

四、建筑公司不服，上诉至辽宁高院。辽宁高院判决驳回上诉，维持原判。

五、建筑公司不服，向最高人民法院申请再审。最高人民法院裁定驳回建筑公司的再审申请。

裁判要点

第一，建筑公司的行为构成违约。《采矿许可证》载明许可开采最低标高为199米至214米，建筑公司实际开采坑底部平均标高为193米，超出国家允许开采深度约6米（199米-193米=6米），并形成一个深约6米、面积为10610.6平方米、挖方量为46937.8立方米的人工沟壑，该行为即违反了《采矿许可证》的规定，也违反了合同双方协议约定，构成违约。

第二，关于采石场停产损失的认定标准，采石场提交的采矿许可证显示其生产规模为5万立方米/年，原则上应以此为标准计算采石场的停产损失。但是本案中，昌图县国土资源局出具的《情况说明》载明："矿山企业在生产期间，可以根据矿山实际储量、市场需求，改进开采工艺、增加设备等方法提高实际生产规模，采石场可依据《辽宁省矿产资源开采登记管理办法》依法向登记机关提交申请扩大到年开采10万立方米。"采石场在与建筑公司两年的合作期间内，根据《协议书》约定的建筑公司按每立方米5元向采石场支付资源转让费和配合费等费用，共收取建筑公司98万元，说明双方合作期间采石场的实际生产规模可达到年10万立方米。最终法院确定采石场年产10万立方米并委托鉴定部门进行鉴定，确定3年的经营损失。

而且法院在确认建筑公司为人工沟壑形成责任主体的情况下，判定采石场自担包括停产损失在内的案涉各项损失的30%；采石场停产时间应超过3年，而法院只支持了3年的停产损失。上述判决在一定程度上平衡了双方的利益。

实务经验总结

前事不忘，后事之师。为避免未来发生类似败诉，提出如下建议：

一、采矿权合作开采当事人应当按照矿产资源管理的相关规定进行开采，不可超越采矿许可证规定的开采范围进行开采，否则不仅可能要赔偿给对方造成的损失，承担侵权责任，还可能遭受行政处罚。

二、根据《中华人民共和国合同法》第一百一十九条第一款的规定："当事人一方违约后，对方应当采取适当措施防止损失的扩大；没有采取适当措施致使损失扩大的，不得就扩大的损失要求赔偿。"例如，在本案中，建筑公司未正式移交就撤离场地后，采石场应及时接收场地并进行管理，但采石场不接收不管理进而扩大变电设施的损失，其亦应承担相应的责任。

相关法律规定

《中华人民共和国合同法》

第一百零七条 当事人一方不履行合同义务或者履行合同义务不符合约定的，应当承担继续履行、采取补救措施或者赔偿损失等违约责任。

第一百一十三条第一款 当事人一方不履行合同义务或者履行合同义务不符合约定，给对方造成损失的，损失赔偿额应当相当于因违约所造成的损失，包括合同履行后可以获得的利益，但不得超过违反合同一方订立合同时预见到或者应当预见到的因违反合同可能造成的损失。

《中华人民共和国矿产资源法实施细则》

第三十条　采矿权人享有下列权利：

（一）按照采矿许可证规定的开采范围和期限从事开采活动；

（二）自行销售矿产品，但是国务院规定由指定的单位统一收购的矿产品除外；

（三）在矿区范围内建设采矿所需的生产和生活设施；

（四）根据生产建设的需要依法取得土地使用权；

（五）法律、法规规定的其他权利。

采矿权人行使前款所列权利时，法律、法规规定应当经过批准或者履行其他手续的，依照有关法律、法规的规定办理。

第四十二条　依照《矿产资源法》第三十九条、第四十条、第四十二条、第四十三条、第四十四条规定处以罚款的，分别按照下列规定执行：

（一）未取得采矿许可证擅自采矿的，擅自进入国家规划矿区、对国民经济具有重要价值的矿区和他人矿区范围采矿的，擅自开采国家规定实行保护性开采的特定矿种的，处以违法所得50%以下的罚款；

（二）超越批准的矿区范围采矿的，处以违法所得30%以下的罚款；

……

以下为该案在最高人民法院审理阶段，裁判文书中“本院认为”部分就该问题的论述：

1. 关于二审判决判令建筑公司承担人工沟壑回填费用是否妥当的问题

建筑公司与采石场签订的《协议书》并未涉及人工沟壑问题，合作开采期间也未因人工沟壑问题而被勒令停产，而现在人工沟壑客观存在，并且对周边环境和居民安全构成了威胁，有关部门也多次下令整改。在建筑公司未提交证据证明案涉人工沟壑在建筑公司进入采石场之前即已客观存在的情况下，二审判决认定人工沟壑形成的责任主体是建筑公司，并判令其承担大部分回填费用，具有事实和法律依据。

2. 关于二审判决判令建筑公司赔偿采石场变电设施维修费用是否妥当的问题

虽然双方签订的《协议书》第二条约定：高压变压器发生的一切费用及变压器维护，由采石场承担，但该处的费用应是指双方合作期间变压器正常运转所产生的费用。本案中，在建筑公司移交采石场时变压设施已经损坏，且在未予处理的情况下即自行撤离，造成变压设施的进一步损坏及部分器材丢失。该部分损害应不属于《协议书》中所约定的费用范围。二审判决根据双方过错大小判令建筑公司对该损害承担部分赔偿责任，并无不当。

3. 关于二审判决认定采石场自建筑公司撤场后处于停产状态是否有误的问题

虽然当地政府部门发出《责令改正指令书》《责令停止违法行为通知书》的时间是在2012年3月至2013年9月，但从其内容看，只是要求采石场排空积水并填埋深坑，在此期间不得开工生产，并不能证明采石场在这期间或之前曾正常生产。而采石场提交的《昌图县非煤企业复工申请审批表》显示，2014年7月30日，昌图县安全生产监督管理局对采石场复工生产申请审批同意，并载明："昌图县非煤矿山复工验收工作领导小组对你企业进行复工前安全生产检查验收。经检查，你企业符合安全生产条件，同意复工生产。"建筑公司提交的照片、视频等其他证据亦不能证明采石场在建筑公司撤场后仍在进行生产经营，二审判决认定采石场自建筑公司撤场后处于停产状态并无不当。

4. 关于二审判决认定采石场停产损失的标准是否妥当的问题

采石场提交的采矿许可证显示其生产规模为5万立方米/年，原则上应以此为标准计算采石场的停产损失。但是本案中，第一，昌图县国土资源局出具的《情况说明》载明："矿山企业在生产期间，可以根据矿山实际储量、市场需求、改进开采工艺、增加设备等方法提高实际生产规模，采石场可依据《辽宁省矿产资源开采登记管理办法》依法向登记机关提交申请扩大到年开采10万立方米"，但因建筑公司开采形成沟壑导致采石场无法正常生产经营，也无法实际向地质矿产主管部门申请变更生产规模，采石场对此并无过错；第二，在本案再审审查询问过程中，采石场承认其在与建筑公司两年的合作期间内，根据《协议书》约定的建筑公司按每立方米5元向采石场支付资源转让费和配合费等费用，共收取建筑公司98万元，建筑公司虽以账务不清为由对其与采石场合作期间实际开采数量及支付的费用总额不做确认，但未提交相反证据，这说明双方合作期间采石场的实际生产规模是可以达到年10万立方米的，二审判决以此为标准认定采石场的停产损失，有一定的事实依据；第三，二审判决在确认建筑公司为人工沟壑形成责任主体的情况下，亦判定采石场自担包括停产损失在内的案涉各项损失的30%，且基于《昌图县非煤企业复工申请审批表》批准的采石场复工时间核算，采石场停产时间应超过3年，而二审判决只支持了3年的停产损失，这些在一定程度上已经平衡了双方的利益。故二审判决虽未以采石场《采矿许可证》上载明的生产规模认定其停产损失，但是考虑到本案存在上述实际情况，二审判决的结果并无明显不妥，本院予以维持。

5. 关于案涉（2014）01号《基本建设工程造价咨询报告》的作出程序是否合法的问题

该报告系由建筑公司申请，经一审法院依据法定程序选定具有评估资质的工程造价咨询公司作出。建筑公司申请鉴定事由为“在法院审理确定消除安全隐患的方式后，安全隐患消除所需费用进行鉴定”，而鉴定机构出具鉴定意见认为消除采石场安全隐患应采取先排水后回填的办法（安监部门亦要求采取排水回填的办法），排水工程所需费用为221799.78元，回填工程所需费用为1949037.41元。可见鉴定机构并未超出建筑公司的申请范围进行鉴定。建筑公司主张鉴定程序违法，缺乏事实依据。

6. 关于二审判决适用法律是否错误

变压器修复费用及人工沟壑回填、排水等费用是否应予赔付与是否已经实际支出是两个不同的问题，二审判决基于建筑公司的过错行为导致采石场的各项损失，并根据鉴定机构的鉴定意见依法作出相应的裁判，法律适用并无不当。建筑公司主张该费用尚未实际发生而不属于损害赔偿的范围，缺乏法律依据。

案件来源

中国建筑土木建设有限公司、昌图县关铁采石场采矿权转让合同纠纷申请再审民事裁定书，最高人民法院（2015）民申字第1783号。

延伸阅读

裁判规则一：采矿权合作合同当事人签订跨越采矿权证到期日为履行期限的合同，且对采矿权证期满后可能出现的损失风险负担双方没有约定的，可以酌情考虑由合作双方共担停产损失的风险。

案例1：韦竣严与南丹县南星锑业有限责任公司合同纠纷二审民事判决书［广西壮族自治区高级人民法院（2015）桂民一终字第21号］认为：“本案是合同之诉，非侵权之诉，对损失如何赔偿要围绕当事人订立的合同内容来分析。如前所述，南星公司与韦竣严是一种非法人型的矿业权合作，对于合作的利益分配在《斜井工区及选厂合同》第四条有约定：‘1. 自2007年4月1日至2013年6月30日止，南星公司按窿口与选厂合作项目产出销售总额的20%提取，再扣除合作项目使用的材料和管理费用后，余下的作为劳务费支付给韦竣严；2. 自2013年7月1日至2015年7月30日止，斜井工区合作期限满后，选厂合作项目所剩两年合作期按南星公司51%、韦竣严49%的比例持有股份，经营所得按持股比例分配，合作期限届满无偿归南星公司所有。’双方明知采矿证的到期日仍签订跨越该日期为履行期限的合同，且对采矿证期满后可能出现的损失风险负担双方没有约定，双方主观上均有过错，可以酌情考虑由合作双方共担。综合本案合作双方投资与收益的比例及最终产权归属的情况，南星公司与韦竣严各负担50%的停产损失较为公平合理。”

裁判规则二：采矿权合作合同签订后采矿权人丧失采矿权的，其他合作主体有权请求采矿权人赔偿停产损失。

案例2：韦成军、陈美等与十堰罕王德山矿业有限公司、罕王实业集团有限公司等合同纠纷一案二审民事判决书［十堰市中级人民法院（2015）鄂十堰中民三终字第00053号］认为：“关于韦成军、陈美、邱小燕与六家沟选矿场所签《合作协议》是否有效，是否应当继续履行，上诉人韦成军、陈美、邱小燕应否自行负担损失的20%的问题。韦成军、陈美、邱小燕与六家沟选矿场签订的《合作协议》系双方当事人的真实意思表示，且不违反法律规定，协议有效，应当继续履行。但因六家沟选矿场已丧失了相应的采矿权，不再具有采矿资质，不能继续履行合同义务。所以韦成军、陈美、邱小燕请求赔偿停产损失，应当予以支持。但韦成军、陈美、邱小燕未及时主张权利，导致停产损失扩大，亦存在一定过错，应自行承担部分损失。一审法院判决韦成军、陈美、邱小燕自行负担损失的20%没有不当。”

053 合作办理采矿权证照是否须报批，未报批合同是否有效

——合作办理采矿权证照合同未违反效力性强制性规定，应认定合法有效

阅读提示

当事人均未取得采矿权，能否约定共同合作申请办理采矿许可证？该种交易安排是否有效？是否须报矿产资源主管部门审批？最高人民法院认为该类合同不属于需要报批的合同。

裁判要旨

当事人签订合同约定合作申请办理采矿许可证，待矿权证办理完成后，各自享有相应矿区矿种的权利义务的，未违反法律、行政法规的强制性规定，应认定合法有效。

案情简介

一、2005 年年初，王百忠、王国奎、徐仕毅共同出资组建长城公司，于 2005 年 3 月取得企业名称预先核准通知书。2005 年 5 月 8 日，徐仕毅、何远钧代表长城公司与刘小平签订《合作办证协议》，约定刘小平向有关部门申请办理开采证，何远钧、徐仕毅支付办证费用，何远钧、徐仕毅享有 1.6 平方公里区域内钼镍磷矿和 3.04 平方公里内磷矿的开采权，其他区域开采权归刘小平所有。《合作办证协议》签订后，王百忠、王国奎、徐仕毅代表长城公司先后给付刘小平或按其指示交给镇政府等部门现金共计 31.60 万元。

二、2008 年 3 月 17 日，王百忠、王国奎、徐仕毅与方正圆公司签订《合作协议》，就 1.6 平方公里区域内钼镍磷矿和 3.04 平方公里内磷矿的开采进行合作。

三、因刘小平将《合作办证协议》中约定的上述区域开采权申请在星源公司及贵达公司名下，致使方正圆公司与王百忠、王国奎、徐仕毅无法履行《合作协议》。方正圆公司遂诉至长清区法院，请求：确认方正圆公司拥有 1.6 平方公里区域内所有矿种和 3.04 平方公里内磷矿矿种的开采权和 70%盈利分配权；王百忠、王国奎、徐仕毅和刘小平、星源公司、贵达公司立即停止侵害，赔偿损失 980 万元，刘小平、星源公司、贵达公司承担连带责任。

四、长清区法院判决：王百忠、王国奎、徐仕毅赔偿方正圆公司损失 980 万元；刘小平、星源公司、贵达公司在 980 万元范围内承担连带赔偿责任。

五、刘小平、星源公司、贵达公司不服，上诉至济南中院。济南中院认定，刘小平与方正圆公司不存在合作关系，方正圆公司要求刘小平承担 980 万元的可得利益损失没有依据。星源公司、贵达公司没有侵害方正圆公司的采矿权，不应承担赔偿责任。

六、方正圆公司不服，向山东高院申请再审，该院提审本案。山东高院认为，刘小平与设立中的长城公司发起人王百忠等 3 人存在合伙式的合作关系，对方正圆公司的损失应承担连带赔偿责任。遂判决刘小平在 980 万元的范围内对方正圆公司的损失承担连带赔偿责任。

七、刘小平不服，向最高人民法院申请再审。最高人民法院认为，山东高院再审判决刘小平承担连带责任，认定事实及适用法律均错误，应予撤销。

裁判要点

第一，《合作办证协议》系双方当事人的真实意思表示，未违反法律、行政法规的强制性规定，合法有效。

第二，根据合同相对性原理，刘小平不应承担赔偿方正圆公司 980 万元损失的连带责任。《中华人民共和国合同法》第八条规定，依法成立的合同，对当事人具有法律约束力。根据该规定所确定的合同相对性原理，《合作协议》的效力应及于合同当事人王百忠、王国奎与方正圆公司，而不能及于合同当事人之外的刘小平。进一步来说，如果王百忠、王国奎有违约行为，方正圆公司应依据《合作协议》约定向上述 2 人主张违约责任，而不能向与其无合同关系的刘小平主张。

第三，刘小平与设立中的长城公司发起人不构成合伙关系，故无须基于合伙关系对方正圆公司承担连带赔偿责任。根据《中华人民共和国民法通则》第三十条规定："个人合伙是指两个以上公民按照协议，各自提供资金、实物、技术等，合伙经营、共同劳动。"从本案查明的事实来看，王百忠、王国奎、徐仕毅作为《合作办证协议》一方当事人，与刘小平作为另一方当事人，双方之间的关系仅仅是签订合同的当事人。《合作办证协议》中不存在合伙经营的内容，合同当事人并不存在符合合伙关系实质要件的约定。而且《合作办证协议》已经被另案判决解除，合同当事人所存在的权利义务已不具有诉请履行的基础，《合作办证协议》解除后也不存在事实上的合作关系。

实务经验总结

前事不忘，后事之师。为避免未来发生类似败诉，提出如下建议：

一、当事人就合同纠纷提起诉讼时，应当恪守合同的相对性原则，找准适格的被告，也即必须是合同当事人。向合同当事人之外的主体提起合同纠纷诉讼的，诉讼请求将被法院驳回。

二、当事人可签订合同约定共同合作办理采矿许可证，该类合同并非采矿权转让，无须报经矿产资源主管部门审批，合同效力不受是否审批通过的影响。

相关法律规定

《中华人民共和国合同法》

第八条 依法成立的合同，对当事人具有法律约束力。当事人应当按照约定履行自己的义务，不得擅自变更或者解除合同。

依法成立的合同，受法律保护。

《中华人民共和国民法通则》

第三十条　个人合伙是指两个以上公民按照协议，各自提供资金、实物、技术等，合伙经营、共同劳动。

以下为该案在最高人民法院审理阶段，裁判文书中“本院认为”部分就该问题的论述：

（一）关于《办证协议》的效力问题

刘小平与何远钧、徐仕毅签订的《办证协议》主要约定，就贵州省遵义县毛石镇芭蕉矿区沙湾至高岗地区1.6平方公里区域内钼镍磷矿和3.04平方公里内磷矿的开采事宜，王百忠、王国奎、徐仕毅支付办证费用，刘小平向有关部门申请办理开采证，待矿权证办理完成后，各自享有相应矿区矿种的权利义务。该《办证协议》关于刘小平完成行政许可、取得矿权证的约定，系刘小平应履行的义务，并非《办证协议》所附的生效条件，故刘小平主张《办证协议》未生效的理由不能成立，本院不予采信。《办证协议》系双方当事人的真实意思表示，未违反法律、行政法规的强制性规定，合法有效。

（二）关于刘小平应否承担赔偿方正圆公司980万元损失的连带责任问题

一方面，2008年3月17日签订《合作协议》的当事人为王百忠、王国奎和方正圆公司，合同当事人并无刘小平，且《合作协议》约定的义务承担人为王百忠、王国奎，其中并无刘小平需要履行义务的意思表示。《中华人民共和国合同法》第八条规定，依法成立的合同，对当事人具有法律约束力。故基于上述法律所确定的合同相对性原理，《合作协议》的效力应及于合同当事人王百忠、王国奎与方正圆公司，而不能及于合同当事人之外的刘小平。进一步来说，如果王百忠、王国奎有违约行为，方正圆公司应依据《合作协议》约定向上述2人主张违约责任，而不能向与其无合同关系的刘小平主张。另一方面，2005年5月8日签订《办证协议》的当事人为刘小平、何远钧和徐仕毅，方正圆公司并非合同主体；同样基于合同相对性原理，如果刘小平有违约行为，何远钧和徐仕毅应依据《办证协议》约定向刘小平主张责任。对此，已经发生法律效力的遵义中院（2011）遵市法民商终字第52号民事判决，在解除了案涉《办证协议》的基础上进一步明确，《办证协议》解除后，徐仕毅、何远均可对刘小平应承担的违约责任及给徐仕毅、何远均造成的损失，另案主张。因此，上述生效判决也已经明确，刘小平应根据《办证协议》约定向徐仕毅、何远均承担责任。这也说明，刘小平不应基于同其无法律关系的《合作协议》向方正圆公司承担违约责任。综合上述两个因素，山东高院判决刘小平向方正圆公司承担连带赔偿责任既无事实依据，亦无法律依据，应予纠正。

至于山东高院认定刘小平与设立中的长城公司发起人构成合伙人问题。首先，根据《中华人民共和国民法通则》第三十条规定，个人合伙是指两个以上公民按照协议，各自提供资金、实物、技术等，合伙经营、共同劳动。从本案查明的事实来看，王百忠、王国奎、徐仕毅作为《办证协议》一方当事人，与刘小平作为另一方当事人，双方之间的关系仅仅是签订合同的当事人。根据《办证协议》的约定，双方当事人所负担的义务是明确的，即针对案涉磷矿的开采事宜，王百忠、王国奎、徐仕毅支付办证费用，由刘小平向有关部门申请办理开采证，待矿权证办理完成后，各自享有相应矿区矿种的权利义务，《办证协议》中不存在合伙经营的内容，合同当事人并不存在符合合伙关系实质要件的约定。其次，对于案涉《办证协议》的履行争议，已经发生法律效力的遵义中院（2011）遵市法民商终字第52号民事判决已经解除了《办证协议》。在《办证协议》已经解除的情况下，根据《中华人民共和国合同法》第九十七条的规定："合同解除后，尚未履行的，终止履行；已经履行的，根据履行情况和合同性质，当事人可以要求恢复原状、采取其他补救措施，并有权要求赔偿损失。"刘小平与王百忠、王国奎、徐仕毅之间基于《办证协议》所存在的权利义务已不具有诉请履行的基础；且刘小平与王百忠、王国奎、徐仕毅之间在《办证协议》解除后也不存在事实上的合作关系。因此，山东高院认定刘小平与王百忠、王国奎、徐仕毅形成事实上的合作合伙关系，认定事实错误。进一步，山东高院认定刘小平与王百忠、王国奎、徐仕毅基于合作合伙关系对方正圆公司承担连带赔偿责任，适用法律错误，应予纠正。

案件来源

济南方正圆暖通电气有限公司、王百忠、王国奎、徐世（仕）毅与刘小平合伙协议纠纷审判监督民事判决书，最高人民法院（2014）民提字第83号。

延伸阅读

认定合作办理采矿权证合同不违反法律、行政法规强制性规定，合法有效的案例：

案例1：河南通润科贸有限公司与泌阳县广元矿业有限公司、泌阳县融兴矿业有限公司采矿权纠纷申请再审民事裁定书［最高人民法院（2013）民申字第2487号］认为："案涉两份《协议书》约定通润公司的主要义务是办理探矿、采矿手续，并向广元公司、融兴公司提供探矿、采矿许可证，广元公司和融兴公司的主要义务是在协议签订时缴纳勘查开发权益金和管理费，负责办理林地占用、安全生产等手续，双方联合勘查共同开发。国土资源部 2000 年 11 月 1 日发布的《矿业权出让转让管理暂行规定》第四十二条规定：‘合作勘查或合作开采经营是指矿业权人引进他人资金、技术、管理等，通过签订合作合同约定权利义务，共同勘查、开采矿产资源的行为。’泌阳县矿产资源勘查大队出具的《泌阳县广元矿业公司矿区范围图》《泌阳县融兴矿业公司矿区范围图》也明确显示通润公司的探矿证和采矿证中均包括了广元公司、融兴公司的矿区。因此二审判决认定本案纠纷的性质本质上属于合作勘查（开发）合同纠纷或合作开采经营合同纠纷，属于合同纠纷的一种，是正确的。本案实质上是多个单位共同出资，共同享有开采经营权，广元公司、融兴公司办理矿区地面的林地使用权，通润公司办理采矿权证，相互配合。协议内容是对合作开发的一种约定，意思表示真实，不违反法律、行政法规禁止性规定，对各方当事人具有拘束力。因此，二审判决认定广元公司、融兴公司享有采矿经营权，符合本案实际情况，在适用法律上并无不当。至于各方共享开采经营权后，以哪种具体方式经营，则需要按照国家相关法律、法规规定及有关行政主管部门的管理要求进行。”

案例 2：青龙满族自治县光德矿业有限公司（原青龙满族自治县顺通矿业有限公司）、周树山合同纠纷再审审查与审判监督民事裁定书［河北省高级人民法院（2017）冀民申 4009 号］认为：“周树山与光德公司（原青龙满族自治县顺通矿业有限公司）签订的《协议书》是双方真实意思的表示，内容不违反法律法规强制性规定，合法有效。该协议签订后，申请人又与张艳签订《山场入股协议》，与周银山、孙林签订《合资经营协议书》，内容已经涉及与周树山的共同财产及合法权益，光德公司的上述行为违反了双方合同的约定，且未能证明与他人签订协议时已通知周树山并得到周树山的同意，因此应构成违约。光德公司主张其与他人签订的协议无效的观点不能作为其不构成违约的抗辩理由。另，双方合作的目的为共同开采铁矿石以及共同办理采矿许可证事宜。但自 2012 年签订合同至今，采矿许可证等相关手续仍未办理，双方也未进行实际开采，且协议涉及的山场现处于资源整合范围，故双方约定的合同目的已不能实现。原审法院综合上述情况判决解除双方之间的合作协议并无不当。”

054 合作探矿的目的是进行采矿，合同是否有效

——订立合作探矿合同的目的是进行非法采矿的，应当认定合同无效

阅读提示

根据矿产资源管理的相关规定，开采矿产资源应当取得采矿许可证。本案例的当事人已取得勘查许可证，未取得采矿许可证，却通过签订合作探矿合同的方式，实际上进行非法采矿。最高人民法院从合法形式掩盖非法目的的角度，认定合作探矿协议无效。本书作者另检索了非法采矿的相关案例，梳理出相关裁判规则，供读者参考。

裁判要旨

当事人订立合作探矿合同的真实目的是进行非法采矿的，属于以合法形式掩盖非法目的，并非当事人的真实意思表示，应当认定为无效。合作探矿协议无效，不影响当事人对权利义务进行总括性清理和结算的对账单的效力。

案情简介

一、2007 年 10 月，宏大公司取得连云山铅锌矿普查《探矿资源勘查许可证》。2008 年 12 月，宏大公司与鑫源公司签订《合作探矿开发协议》，约定：双方合作对连云山铅锌矿探矿和开发；宏大公司将本次合作前探矿权的 55%股份转让给鑫源公司；鑫源公司支付转让款 469 万元后，宏大公司负责变更鑫源公司为探矿权人；鑫源公司负责将未划入极值坐标范围的区域全部纳入矿区。

二、合同签订后，鑫源公司先后向宏大公司支付 559 万元，鑫源公司实际对铅锌矿进行开采。截至《探矿资源勘查许可证》有效期满，连云山铅锌矿探矿权人未发生变更，《探矿资源勘查许可证》中空白区域范围也未划入矿区。2011 年 12 月，停止探矿。2013 年 3 月 20 日，双方签订《对账单》，就合作费用对账结算，确认双方实际应退款。

三、鑫源公司向长沙中院起诉，请求：宏大公司退还转让款、投资款，支付投资开发余额、违约金等，解除《合作探矿开发协议》。宏大公司提起反诉，请求：

鑫源公司支付投资款余额及利息；鑫源公司按45%比例向宏大公司返还固定资产及设备或折价款。

四、长沙中院认为，《合作探矿开发协议》合法有效，宏大公司应承担违约责任。长沙中院判决宏大公司返还鑫源公司探矿权转让款、投资款，支付违约金。

五、宏大公司不服，上诉至湖南高院。湖南高院认为，鑫源公司追究宏大公司违约责任的诉讼请求，已超过诉讼时效，依法不予保护；鑫源公司在签订《对账单》后，至今未向宏大公司退还投资款，宏大公司主张退还该款、支付利息，依法予以支持。湖南高院改判鑫源公司退还宏大公司投资款并承担利息。

六、鑫源公司不服，向最高人民法院申请再审。最高人民法院认为，双方签订的《合作探矿开发协议》属于以合法形式掩盖非法目的，应当认定为无效；宏大公司未按照合同约定内容履行，不构成对合同义务的违反。最高人民法院裁定驳回鑫源公司的再审申请。

裁判要点

第一，《合作探矿开发协议》无效。鑫源公司与宏大公司签订《合作探矿开发协议》的真实目的是违法开采宏大公司探矿证极值坐标面积包围的铅锌矿。对此，宏大公司是明知的，且实际获得了非法采矿的收入分配。故《合作探矿开发协议》属于以合法形式掩盖非法目的，应当认定为无效。《合作探矿开发协议》中约定的办理探矿权转让等条款均系对双方共同非法采矿行为的掩饰，并非双方当事人的真实意思表示。在《合作探矿开发协议》无效的情况下，宏大公司未按照合同约定内容履行，不构成对合同义务的违反。

第二，虽然《合作探矿开发协议》无效，但双方另行签订《对账单》，不违反法律、行政法规的强制性规定。《对账单》对双方的权利义务进行了总括性的清理和结算，鑫源公司再依据《合作探矿开发协议》主张宏大公司返还投资款、转让款、承担违约责任等缺乏事实根据与法律依据。

第三，鑫源公司在2011年12月停止采矿后从未就案涉纠纷提出过主张，在双方2013年3月结算时也没有就此提出过相关主张，故鑫源公司的诉讼请求已经超出诉讼时效期间。

实务经验总结

前事不忘，后事之师。为避免未来发生类似败诉，提出如下建议：

一、我国对矿产资源的开采利用实行许可证制度，开采矿产资源应当取得采矿许可证。未取得采矿许可证擅自开采矿产资源的，将受到行政处罚，甚至可能承担刑事责任。未取得采矿许可证，签订合同将矿产资源交由他人开采的，合同无效，《最高人民法院关于审理矿业权纠纷案件适用法律若干问题的解释》已对此作出规定。

二、意思表示真实是民事法律行为有效的要件之一，当事人应当基于真实意思表示订立合同。当事人以虚假意思表示订立合同的，属于无效合同。以虚假的意思表示隐藏的民事法律行为的效力，依据相关规定进行判断。

三、合同无效后，当事人可请求返还财产或折价补偿，按过错分担损失。

相关法律规定

《中华人民共和国合同法》

第五十二条 有下列情形之一的，合同无效：

（一）一方以欺诈、胁迫的手段订立合同，损害国家利益；

（二）恶意串通，损害国家、集体或者第三人利益；

（三）以合法形式掩盖非法目的；

（四）损害社会公共利益；

（五）违反法律、行政法规的强制性规定。

《中华人民共和国矿产资源法》

第三十九条 违反本法规定，未取得采矿许可证擅自采矿的，擅自进入国家规划矿区、对国民经济具有重要价值的矿区范围采矿的，擅自开采国家规定实行保护性开采的特定矿种的，责令停止开采、赔偿损失，没收采出的矿产品和违法所得，可以并处罚款；拒不停止开采，造成矿产资源破坏的，依照刑法第一百五十六条的规定对直接责任人员追究刑事责任。

单位和个人进入他人依法设立的国有矿山企业和其他矿山企业矿区范围内采矿的，依照前款规定处罚。

《中华人民共和国刑法》

第三百四十三条 【非法采矿罪】违反矿产资源法的规定，未取得采矿许可证擅自采矿，擅自进入国家规划矿区、对国民经济具有重要价值的矿区和他人矿区范围采矿，或者擅自开采国家规定实行保护性开采的特定矿种，情节严重的，处三年以下有期徒刑、拘役或者管制，并处或者单处罚金；情节特别严重的，处三年以上七年以下有期徒刑，并处罚金。

【破坏性采矿罪】违反矿产资源法的规定，采取破坏性的开采方法开采矿产资源，造成矿产资源严重破坏的，处五年以下有期徒刑或者拘役，并处罚金。

《中华人民共和国民法总则》

第一百四十六条　行为人与相对人以虚假的意思表示实施的民事法律行为无效。

以虚假的意思表示隐藏的民事法律行为的效力，依照有关法律规定处理。

《最高人民法院关于审理矿业权纠纷案件适用法律若干问题的解释》

第五条　未取得矿产资源勘查许可证、采矿许可证，签订合同将矿产资源交由他人勘查开采的，人民法院应依法认定合同无效。

以下为该案在最高人民法院审理阶段，裁判文书中“本院认为”部分就该问题的论述：

鑫源公司与宏大公司签订案涉《合作探矿开发协议》的真实目的是违法开采《湖南浏阳中岳锑矿评价报告》所载明的为宏大公司探矿证极值坐标面积包围的铅锌矿。对此，宏大公司是明知的，且实际获得了非法采矿的收入分配。故《合作探矿开发协议》属于以合法形式掩盖非法目的，应当认定为无效。《合作探矿开发协议》中约定的办理探矿权转让等条款均系对双方共同非法采矿行为的掩饰，并非双方当事人的真实意思表示。在《合作探矿开发协议》无效的情况下，宏大公司未按照合同约定内容履行，不构成对合同义务的违反。虽然《合作探矿开发协议》无效，但双方另行达成了结算约定，并不违反法律、行政法规的强制性规定。2013 年 3 月 20 日《对账单》对双方的权利义务进行了总括性的清理和结算，鑫源公司再依据《合作探矿开发协议》主张宏大公司返还投资款、转让款、承担违约责任等缺乏事实根据与法律依据。二审判决按照《对账单》的约定依法作出判决，并无不当。关于诉讼时效的问题，鑫源公司在 2011 年 12 月停止采矿后从未就案涉纠纷提出过主张，在双方 2013 年 3 月结算时也没有就此提出过相关主张，故鑫源公司的诉讼请求已经超出诉讼时效期间。

案件来源

浏阳市鑫源矿业有限公司与湖南省宏大矿业有限责任公司、廖美舟探矿权转让合同纠纷申请再审民事裁定书，最高人民法院（2015）民申字第 3186 号。

延伸阅读

裁判规则一：未取得采矿许可证进行非法采矿的行为将受到行政处罚。

案例 1：杨立民诉桦甸市国土资源局行政处罚一案再审审查行政裁定书［吉林省高级人民法院（2017）吉行申 209 号］认为："杨立民在仅办理《河道采砂许可证》而未办理采矿许可手续的情况下，进行筛金的行为属于非法采矿，桦甸市国土局作为地质矿产主管部门，依法负有对辖区内矿产资源的管理职能，并享有对非法开采行为处罚的权力。桦甸市国土局对杨立民作出的《行政处罚决定书》认定事实清楚，证据确凿充分，适用法律正确，程序合法，故杨立民关于该行政处罚决定违法应当撤销的主张不能成立。"

裁判规则二：违反矿产资源法的规定，未取得采矿许可证擅自采矿，情节严重的，构成非法采矿罪。

案例 2：卢业斋与卢家平、韦衍崖非法采矿罪二审刑事裁定书［海南省高级人民法院（2017）琼刑终 157 号］认为："被告人卢业斋、卢家平、韦衍崖以牟利为目的，违反矿产资源法的规定，在未取得采矿许可证的情况下擅自开采砂矿，非法开采的矿产品经鉴定价值共计 746285. 32 元，情节特别严重，其行为均已构成非法采矿罪。"

案例 3：苏章干、苏亚江等非法采矿罪二审刑事裁定书［海南省高级人民法院（2017）琼刑终 155 号］认为："上诉人（原审被告人）苏章干、苏亚江、林国儒违反矿产资源法的规定，在未取得采矿许可证的情况下擅自开采砂矿，非法开采的矿产品经鉴定价值共计 4904661. 6 元，情节特别严重，其行为已构成非法采矿罪。苏章干、苏亚江案发后主动投案，如实供述自己的犯罪事实，林国儒在公安机关一般性排查询问时主动如实供述自己罪行，均构成自首，可依法予以减轻处罚。原判认定事实清楚，证据确实、充分，定罪准确，量刑适当。审判程序合法。"

案例 4：赵新旺、曾刚与刘晓鹏、陈建军非法采矿罪二审刑事判决书［山西省高级人民法院（2017）晋刑终 132 号］认为："原审被告人刘晓鹏受马千里雇佣，在马千里未取得采矿许可证的情况下，分别以后勤部长、副总经理的名义参与管理开采铁矿，造成矿产资源破坏的价值达 2727. 208 万元，情节特别严重，其已构成非法采矿罪。"

案例 5：程长清犯走私、贩卖、运输、制造毒品罪、非法采矿罪二审刑事裁定书［浙江省高级人民法院（2015）浙刑三终字第 75 号］认为："程长清违反矿产资源法规，未取得采矿许可证擅自采矿，造成矿产资源破坏，情节严重，其行为又构成非法采矿罪。"

案例 6：周建光案二审裁定书［海南省高级人民法院（2014）琼刑二终字第 5

号］认为：“上诉人乐东三湾实业发展有限公司违反矿产资源法的规定，未取得采矿许可证擅自采矿，其行为已构成非法采矿罪。周建光作为乐东三湾实业发展有限公司直接负责的主管人员，上诉人谢峻屹作为乐东三湾实业发展有限公司的直接责任人，其行为均构成非法采矿罪。”

案例 7：杨勇非法采矿罪案［广东省高级人民法院（2013）粤高法刑四复字第 18 号］认为：“被告人杨勇违反矿产资源法的规定，在未取得采矿许可证的情况下，擅自开采河沙，经责令停止开采后拒不停止开采，造成矿产资源破坏，其行为已构成非法采矿罪，应依法追究其刑事责任。”

裁判规则三：未取得采矿许可证，签订合同开采矿产资源的，合同无效。

案例 8：黄天耀、董任林等与广西融水苗族自治县白云乡林城村城卡屯村民小组、广西融水苗族自治县白云乡林城村甲哑屯村民小组合同纠纷再审复查与审判监督民事裁定书［广西壮族自治区高级人民法院（2016）桂民申 1217 号］认为：“申请人与被申请人签订协议之初确实是在平等、自愿的基础上签订的，但这是在 3 申请人未取得采矿许可证及 3 被申请人在未取得依法批准的情况下即约定将农业用地用于非农用途，违反了《中华人民共和国矿产资源法》《中华人民共和国土地管理法》及《中华人民共和国农村土地承包法》的相关规定，损害了国家的利益，双方所签订的协议因违反法律规定，应当确认为无效合同。二审法院据此认定双方所签订的协议无效并无不当。”

案例 9：刘庆祥、陈庆林等与陈守印、史延录等合同纠纷二审民事判决书［山东省高级人民法院（2016）鲁民终 1374 号］认为：“关于涉案承包转让协议的效力问题。本院认为，陈守印等 7 人与刘庆祥等 3 人签订涉案承包转让协议，将涉案矿区经营权转包给刘庆祥等 3 人，但是涉案矿区并未取得采矿许可证。矿产资源法明确规定，禁止未取得采矿许可证擅自采矿，禁止将采矿权倒卖牟利。因此，原审法院认定涉案承包转让协议无效，并无不当，应予维持。”

案例 10：赵学章、王艳春等与围场满族蒙古族自治县林合矿业有限公司合同纠纷二审民事判决书［河北省高级人民法院（2015）冀民一终字第 546 号］认为：“关于合同效力问题。林合矿业公司与赵学章、王艳春签订的《转让承包协议书》从承包协议的内容来看，是赵学章、王艳春承包开采经营，独立核算、自负盈亏，向林合矿业公司支付固定数额的承包费。从承包的范围来看，上诉人赵学章、王艳春承包的不仅是矿山的生产线、设备等实物资产，还包括玄武岩的开采权。该协议虽是双方在平等协商的基础上达成，系双方真实意思表示，但其内容涉及了采矿权的承包问题，林合矿业公司自协议签订至赵学章、王艳春撤场时并未取得采矿许可证，林合矿业公司无权就采矿权进行对外发包，其报经当地政府同意临时开采的行为，违反了《中华人民共和国矿产资源法》《矿产资源开采登记管理办法》等强制性规定，因此，其与赵学章、王春艳签订的《转让承包协议书》应为无效。”

案例 11：赵树楷与昆明成茂磷化工经贸有限责任公司承包合同纠纷上诉案［云南省高级人民法院（2013）云高民二终字第 47 号］认为：“该承包合同性质是以承包方式擅自转让探矿权。从该承包合同的履行看，双方均认可开采出上千吨矿石的事实，即存在未取得采矿权的情况下擅自进行采矿活动的行为。因此，2012 年 2 月 5 日，赵树楷与成茂公司签订的《承包协议书》因违反法律、行政法规的强制性规定，属于无效合同。”

055 自然保护区内能否合作开矿

——即使取得矿业权证，在自然保护区内合作勘查和开采矿产资源的合同仍为无效合同

阅读提示

许多自然保护区内蕴藏着丰富的矿产资源，地方政府为了发展地方经济，对自然保护区的违法开矿行为不仅不予查处，甚至违规颁发矿业权证。本案中当事人抗辩主张案涉自然保护区内设立了上百个探矿权及采矿权，不存在影响勘查开发的政策因素，并获得了一审法院的支持。但是最高人民法院对此持坚决否定的态度，认为自然保护区内禁止进行矿产资源的勘查和开采，执法不严不能视为在自然保护区勘查、开采矿产资源合法化的依据。值得注意的是，2017 年 7 月 11 日，环境保护部、国土资源部等 7 部门联合发布《关于联合开展“绿盾 2017”国家级自然保护区监督检查专项行动的通知》，要求重点排查采矿、采砂、工矿企业和保护区核心区缓冲区内旅游开发、水电开发等对生态环境影响较大的活动。因此，在自然保护区内勘查、开采矿产资源的行为为法律所禁止。

此外本书作者特别关注到，2017 年 7 月 27 日起施行的《最高人民法院关于审理矿业权纠纷案件适用法律若干问题的解释》已对该问题作出规定，详见延伸阅读部分。

裁判要旨

在自然保护区内勘查和开采矿产资源属于《自然保护区条例》第二十六条明令禁止的行为，该等行为严重破坏了自然环境和生态，损害环境公共利益。根据《合同法》第五十二条第四项、第五项的规定，在自然保护区内合作勘查和合作开采矿产资源的合同为无效合同，不受地质矿产主管部门是否已颁发矿业权证的影响。

案情简介

一、2011 年，临钢公司与金核公司签订《合作勘查开发协议》，约定：临钢公司补偿金核公司 3500 万元后，金核公司将其持有的某探矿权（位于自然保护区内，已取得探矿权证）转入双方设立的项目公司；金核公司承诺探矿权不在冰川保护区、自然保护区、风景区等可能影响矿山开发的区域范围内；一方严重违反本协议，导致另一方不能实现协议目的，守约方有权解除本协议。

二、2013 年，临钢公司以合作开发的项目位于自然保护区中心区域为由，向金核公司发出《解除合作勘查开发协议函》。

三、金核公司向新疆高院提起诉讼，请求：确认临钢公司解除《合作勘查开发协议》的行为无效；确认《合作勘查开发协议》有效。临钢公司提起反诉，请求：解除《合作勘查开发协议》；金核公司向临钢公司返还矿权合作补偿价款 3500 万元，赔偿临钢公司支出的勘查费用、修路费用等损失。新疆高院认为，《合作勘查开发协议》合法有效，且不存在应当解除的情形，判决：临钢公司解除《合作勘查开发协议》的行为无效，双方继续履行《合作勘查开发协议》。

四、临钢公司不服新疆高院判决，向最高人民法院提起上诉。最高人民法院认为，自然保护区内不允许进行矿产资源的勘探和开发，双方签订的《合作勘探开发协议》违反了《自然保护区条例》的禁止性规定，应属无效，判决：《合作勘查开发协议》无效；金核公司向临钢公司返还合作补偿价款 3500 万元，赔偿临钢公司修路费用损失 250 万元。

裁判要点

最高人民法院改判《合作勘探开发协议》为无效合同的原因在于，《自然保护区条例》第二十六条规定，禁止在自然保护区内进行砍伐、放牧、狩猎、捕捞、采药、开垦、烧荒、开矿、采石、挖沙等活动。据此，在自然保护区内不允许进行矿产资源的勘探和开发。《合作勘探开发协议》违反了《自然保护区条例》的上述禁止性规定，如果认定该协议有效并继续履行，将对自然环境和生态造成严重破坏，损害环境公共利益。根据《中华人民共和国合同法》第五十二条第四项、第五项之规定，《合作勘查开发协议》为无效合同。

因《合作勘查开发协议》无效，临钢公司基于该协议向金核公司支付的3500万元矿权合作补偿价款，临钢公司为案涉勘查项目修建道路支付的工程款250万元，金核公司应当予以支付。

实务经验总结

前事不忘，后事之师。为避免未来发生类似败诉，提出如下建议：

一、当事人与矿业权人签订合作勘查、开采合同前应当对矿业权是否位于自然保护区内进行调查，如前往地质矿产主管部门、环境保护主管部门申请查询。如矿业权位于自然保护区内的，即使行政部门已颁发矿业权证书，合作勘查、开采合同仍将被法院认定无效。

二、针对祁连山国家级自然保护区生态破坏问题，中共中央办公厅、国务院办公厅作出《关于甘肃祁连山国家级自然保护区生态环境问题督查处理情况及其教训的通报》（中办发电〔2017〕13号），指出甘肃祁连山国家级自然保护区“长期以来大规模的探矿、采矿活动，造成保护区局部植被破坏、水土流失、地表塌陷”。通报作出后，环境保护部、国土资源部等7部门于2017年7月11日联合发布《关于联合开展“绿盾2017”国家级自然保护区监督检查专项行动的通知》，要求重点排查采矿、采砂、工矿企业和保护区核心区缓冲区内旅游开发、水电开发等对生态环境影响较大的活动。国土资源部亦专门印发《自然保护区内矿业权清理工作方案》，明确指出确保新设矿业权不再进入自然保护区，组织开展自然保护区内矿业权清理工作。

因此，在自然保护区内勘查、开采矿产资源的行为绝对不可取。

相关法律规定

《中华人民共和国自然保护区条例》

第十八条 自然保护区可以分为核心区、缓冲区和实验区。

自然保护区内保存完好的天然状态的生态系统以及珍稀、濒危动植物的集中分布地，应当划为核心区，禁止任何单位和个人进入；除依照本条例第二十七条的规定经批准外，也不允许进入从事科学研究活动。

核心区外围可以划定一定面积的缓冲区，只准进入从事科学研究观测活动。

缓冲区外围划为实验区，可以进入从事科学试验、教学实习、参观考察、旅游以及驯化、繁殖珍稀、濒危野生动植物等活动。

原批准建立自然保护区的人民政府认为必要时，可以在自然保护区的外围划定一定面积的外围保护地带。

第二十六条　禁止在自然保护区内进行砍伐、放牧、狩猎、捕捞、采药、开垦、烧荒、开矿、采石、挖沙等活动；但是，法律、行政法规另有规定的除外。

第二十七条　禁止任何人进入自然保护区的核心区。因科学研究的需要，必须进入核心区从事科学研究观测、调查活动的，应当事先向自然保护区管理机构提交申请和活动计划，并经省级以上人民政府有关自然保护区行政主管部门批准；其中，进入国家级自然保护区核心区的，必须经国务院有关自然保护区行政主管部门批准。

自然保护区核心区内原有居民确有必要迁出的，由自然保护区所在地的地方人民政府予以妥善安置。

《中华人民共和国合同法》

第五十二条　有下列情形之一的，合同无效：

（一）一方以欺诈、胁迫的手段订立合同，损害国家利益；

（二）恶意串通，损害国家、集体或者第三人利益；

（三）以合法形式掩盖非法目的；

（四）损害社会公共利益；

（五）违反法律、行政法规的强制性规定。

第五十八条　合同无效或者被撤销后，因该合同取得的财产，应当予以返还；不能返还或者没有必要返还的，应当折价补偿。有过错的一方应当赔偿对方因此所受到的损失，双方都有过错的，应当各自承担相应的责任。

以下为该案在最高人民法院审理阶段，裁判文书中“本院认为”部分就该问题的论述：

（一）关于案涉《合作勘查开发协议》应否解除的问题

《合作勘查开发协议》项下的探矿权位于新疆塔什库尔干野生动物自然保护区范围内，该自然保护区设立在先，金核公司的探矿权取得在后，从协议第6.2.3条关于“乙方保证取得的上述探矿证……不在冰川保护区、自然保护区、风景区等可能影响矿山开发的区域范围内”的约定来看，双方当事人均知道或者应当知道在自然保护区内不允许进行矿产资源的勘探和开发。《中华人民共和国自然保护区条例》第二十六条规定，禁止在自然保护区内进行砍伐、放牧、狩猎、捕捞、采药、开垦、烧荒、开矿、采石、挖沙等活动。金核公司主张，案涉矿权虽在自然保护区范围内，但处于实验区和缓冲区，依法允许勘探。《中华人民共和国自然保护区条例》第十八条第一至四款规定：“自然保护区可以分为核心区、缓冲区和实验区。自然保护区内保存完好的天然状态的生态系统以及珍稀、濒危动植物的集中分布地，应当划为核心区，禁止任何单位和个人进入；除依照本条例第二十七条的规定经批准外，也不允许进入从事科学研究活动。核心区外围可以划定一定面积的缓冲区，只准进入从事科学研究观测活动。缓冲区外围划为实验区，可以进入从事科学试验、教学实习、参观考察、旅游以及驯化、繁殖珍稀、濒危野生动植物等活动。”金核公司主张探矿属于“等活动”的范围。本院认为，开矿属于《中华人民共和国自然保护区条例》第二十六条明令禁止的行为，显然不包含在该条例第十八条所允许的活动范围内。金核公司的该项主张，缺乏法律依据，不能成立。因此，双方签订的《合作勘探开发协议》违反了《中华人民共和国自然保护区条例》的禁止性规定，如果认定该协议有效并继续履行，将对自然环境和生态造成严重破坏，损害环境公共利益。根据《中华人民共和国合同法》第五十二条第四项、第五项之规定，《合作勘查开发协议》应属无效。一审法院认定该协议有效并判令双方继续履行，适用法律错误，本院予以纠正。无效合同不存在解除问题，故对金核公司要求确认临钢公司解除《合作勘查开发协议》的行为无效的本诉请求，以及临钢公司要求判决解除《合作勘查开发协议》的反诉请求，均不予支持。

（二）关于返还财产及赔偿损失的认定问题

《中华人民共和国合同法》第五十八条规定：“合同无效或者被撤销后，因该合同取得的财产，应当予以返还；不能返还或者没有必要返还的，应当折价补偿。有过错的一方应当赔偿对方因此所受到的损失，双方都有过错的，应当各自承担相应的责任。”因《合作勘查开发协议》无效，临钢公司基于该协议向金核公司支付的3500万元矿权合作补偿价款，金核公司应当予以返还。临钢公司在《合作勘查开发协议》履行期间，与喀什地区公路桥梁工程有限责任公司签订了《新疆塔什库尔干乌如克铁矿普查项目道路施工工程项目合同书》及《补充合同》，委托后者为案涉勘查项目修建道路，该道路已物化为矿区财产，应由金核公司予以补偿。临钢公司为此支付的工程款中的250万元有加盖银行印鉴的付款凭证为凭，证据充分，本院予以支持。其余303.86万元修路费用以及临钢公司主张的328.815万元勘查费用、150万元矿山道路通行维护费，相关付款凭证为临钢公司自行打印的电子回单，未经银行盖章确认。金核公司在一审质证中提出，电子回单可以自己打印，但应当去银行补盖印章，对其真实性并不认可。临钢公司在二审中仍未就此补强证据，其付款凭证的真实性不能确定，本院不予认定。临钢公司主张的5702257元工程费用、管理费用损失是项目公司日常经营管理中的费用支出，付款人均为项目公司，而临钢公司及金核公司在项目公司成立时均有注资，不能仅认定为临钢公司的损失，该部分款项应在项目公司清算时另行解决。临钢公司在合作前未对矿区位置进行必要的调查了解便盲目投资，对《合作勘查开发协议》的无效具有过错，应当自行承担由此导致的资金利息损失，故对其上诉主张的约665.33万元利息损失，不予支持。临钢公司主张律师费用的依据为《合作勘查开发协议》第7.2条的约定，现该协议已被认定无效，律师费用应由临钢公司自行承担。金核公司的探矿权仍在其名下，不存在返还问题。临钢公司应将该矿的经营管理权交还金核公司。金核公司如因《合作勘查开发协议》无效而遭受损失的，可另案主张权利。

案件来源

新疆临钢资源投资股份有限公司与四川金核矿业有限公司合同纠纷一案二审民事判决书，最高人民法院（2015）民二终字第167号，载于《最高人民法院公报》2017年第4期（总第246期）。

延伸阅读

一、《最高人民法院关于审理矿业权纠纷案件适用法律若干问题的解释》关于自然保护区的规定及现场发布会实录节选

司法解释

《最高人民法院关于审理矿业权纠纷案件适用法律若干问题的解释》

第十八条 当事人约定在自然保护区、风景名胜区、重点生态功能区、生态环境敏感区和脆弱区等区域内勘查开采矿产资源，违反法律、行政法规的强制性规定或者损害环境公共利益的，人民法院应依法认定合同无效。

二、关于自然保护区能否开矿的相关案例

以下案例与最高人民法院公报案例的裁判思路有冲突，仅供读者参考。

裁判规则：在自然保护区设立之前已取得探矿权证的，探矿权转让合同有效。

西安初步乡矿业有限公司与甘肃省地质矿产勘查开发局第二地质矿产勘察院探

矿权纠纷一案二审民事判决书［甘肃省高级人民法院（2010）甘民二终字第194号］认为："本案初步乡公司与二勘院之间签订的《甘肃省临潭县初步乡金矿普查探矿权转让合同书》属于有效合同。该合同涉及的转让标的探矿权，由甘肃省国土资源厅于2004年9月2日登记发证。2005年2月根据甘肃省人民政府的批复，洮河自然保护区建立。按照《中华人民共和国自然保护区条例》及《甘肃省自然保护区管理条例》的相关规定，除法律另有规定外自然保护区禁止开采矿产。但本案探矿权在洮河自然保护区建立之前已经合法设置且一直有效延续，按照《中华人民共和国矿产资源法》及其相关法律规定，矿产资源的勘查和开采属于性质不同的两种行为，需要审批机构分别审批，探矿权仅涉及对矿产资源勘查的权利，不涉及对矿产资源的开采，故本案合同涉及标的探矿权不违背法律的禁止性规定。"

056 矿业权人与他人签订合伙协议是否需报批，未报批合同是否有效

——以合伙形式非法转让采矿权的，合伙协议无效

阅读提示

本案例为最高人民法院于2016年7月12日发布的人民法院关于依法审理矿业权民事纠纷案件典型案例之一，最高人民法院认为，本案例的典型意义是："矿产资源具有不可再生性。为保护和合理开发矿产资源，取得采矿许可证的企业必须严格执行矿产资源开发利用的法律法规。矿业权人与他人签订合伙协议，但并无实际合伙经营的事实，实施采矿行为一方缴纳挂靠费用，以矿业权人名义自行投资、自负盈亏、自担责任，独立从事矿产资源开采，以达到逃避行政监管的非法目的的，合伙协议应认定无效。矿业权人受到行政处罚，不影响其承担民事责任。人民法院在厘清当事人过错的基础上，根据过错大小确定各方当事人的民事责任，对规范矿业权人依法行使采矿权，维护矿产资源流转秩序具有积极意义。"

裁判要旨

采矿权人与他人签订合伙协议，由他人在矿区内独立从事采矿活动，未到相关行政管理部门进行审批和变更登记的，合伙协议应认定无效。

案情简介

一、大林弯采矿厂原系苏芝昌的个人独资企业，于 2003 年 7 月取得采矿许可证、营业执照。2003 年 12 月，苏芝昌与黄国均签订合伙协议，约定苏芝昌提供采矿许可证、营业执照等开采手续，由黄国均自行投资在现有采区内对 4 号井开采，自负盈亏、自行承担矿洞安全责任。

二、后大林弯采矿厂性质虽由个人独资企业变更为合伙企业，合伙人亦多次发生变更。但黄国均一直以大林弯采矿厂的采矿许可证、营业执照从事 4 号井的开采活动，并交纳办证费、资料费、治安费等共计 108120 元。

三、2008 年 8 月，大林弯采矿厂因违法转让采矿权被国土资源主管部门处罚。2009 年 6 月，大林弯采矿厂因无安全生产许可证被安全生产监督管理部门责令停止开采、限期整改。大林弯采矿厂未对 4 号井进行技改，致黄国均不能继续开采。

四、黄国均向红花岗法院提起诉讼，请求判令：大林弯采矿厂赔偿损失 220 万元。红花岗法院认为，双方以合伙的形式非法转让采矿权，损害国家利益，《合伙协议》系无效合同，但黄国均在庭审中未能提供证据证明其损失。故判决：驳回黄国均的诉讼请求。

五、黄国均不服，上诉至遵义中院。遵义中院改判：大林弯采矿厂赔偿黄国均损失 136620 元。

裁判要点

首先，案涉《合伙协议》以合伙之名，行采矿权转让之实，违反了相关规定，应认定无效。根据《中华人民共和国矿产资源法》第十五条“设立矿山企业，必须符合国家规定的资质条件，并依照法律和国家有关规定，由审批机关对其矿区范围、矿山设计或者开采方案、生产技术条件、安全措施和环境保护措施等进行审查；审查合格的，方予批准”之规定，矿山开采应当符合法定资质条件。大林弯采矿厂批准为苏芝昌个人独资企业，苏芝昌与黄国均签订《合伙协议》，在大林弯采矿厂采矿许可开采区域内独立从事采矿活动，未到相关行政管理部门进行审批和变更登记，违反国家关于矿产资源开发利用和保护的审批规定，损害国家关于矿产资源的管理秩序，故根据《中华人民共和国合同法》第五十二条第二项、第五项“有下列情形之一的，合同无效：……（二）恶意串通，损害国家、集体或者第三人利益；……（五）违反法律、行政法规的强制性规定”之规定，双方签订的

《合伙协议》无效。

其次，双方对《合伙协议》的无效均有过错，应按过错承担赔偿责任。大林弯采矿厂无论在个人独资企业阶段，还是依法变更为私营普通合伙企业阶段，都明知与黄国均签订的《合伙协议》以及允许黄国均独自采矿违法，但仍然认可，并向黄国均收取办证费、资料费、治安费等费用，较之黄国均行为而言，具有更大过错。根据《中华人民共和国合同法》第五十八条“合同无效或者被撤销后，因该合同取得的财产，应当予以返还；不能返还或者没有必要返还的，应当折价补偿。有过错的一方应当赔偿对方因此所受到的损失，双方都有过错的，应当各自承担相应的责任”之规定，大林弯采矿厂应当承担与其过错相应的责任，赔偿黄国均因此遭受的部分损失。法院最终结合本案有效证据载明的情况，以大林弯采矿厂收取黄国均费用，同时以苏芝昌转让其股份金额作为参考，认定大林弯采矿厂应当承担的赔偿责任。

实务经验总结

前事不忘，后事之师。为避免未来发生类似败诉，提出如下建议：

一、采矿权人与他人签订合伙协议对矿山进行开采，应当在合同条款中体现合伙经营的性质，不应当约定由他人独立开采，完全放弃对矿山的管理。

二、合同无效的法律后果是：（1）返还因该合同取得的财产或者折价补偿；（2）按过错承担赔偿责任。但是主张赔偿损失的一方应当对其因合同无效遭受的损失承担举证责任。

相关法律规定

《中华人民共和国矿产资源法》

第六条 除按下列规定可以转让外，探矿权、采矿权不得转让：

（一）探矿权人有权在划定的勘查作业区内进行规定的勘查作业，有权优先取得勘查作业区内矿产资源的采矿权。探矿权人在完成规定的最低勘查投入后，经依法批准，可以将探矿权转让他人。

（二）已取得采矿权的矿山企业，因企业合并、分立，与他人合资、合作经营，或者因企业资产出售以及有其他变更企业资产产权的情形而需要变更采矿权主体的，经依法批准可以将采矿权转让他人采矿。

前款规定的具体办法和实施步骤由国务院规定。

禁止将探矿权、采矿权倒卖牟利。

第十五条 设立矿山企业，必须符合国家规定的资质条件，并依照法律和国家有关规定，由审批机关对其矿区范围、矿山设计或者开采方案、生产技术条件、安全措施和环境保护措施等进行审查；审查合格的，方予批准。

《中华人民共和国民法通则》

第三十条 个人合伙是指两个以上公民按照协议，各自提供资金、实物、技术等，合伙经营、共同劳动。

第三十一条 合伙人应当对出资数额、盈余分配、债务承担、入伙、退伙、合伙终止等事项，订立书面协议。

《中华人民共和国合同法》

第五十二条 有下列情形之一的，合同无效：

（一）一方以欺诈、胁迫的手段订立合同，损害国家利益；

（二）恶意串通，损害国家、集体或者第三人利益；

（三）以合法形式掩盖非法目的；

（四）损害社会公共利益；

（五）违反法律、行政法规的强制性规定。

第五十八条 合同无效或者被撤销后，因该合同取得的财产，应当予以返还；不能返还或者没有必要返还的，应当折价补偿。有过错的一方应当赔偿对方因此所受到的损失，双方都有过错的，应当各自承担相应的责任。

以下为该案在遵义中院审理阶段，裁判文书中“本院认为”部分就该问题的论述：

根据《中华人民共和国矿产资源法》第十五条“设立矿山企业，必须符合国家规定的资质条件，并依照法律和国家有关规定，由审批机关对其矿区范围、矿山设计或者开采方案、生产技术条件、安全措施和环境保护措施等进行审查；审查合格的，方予批准”之规定，大林弯采矿厂虽取得采矿许可证，但批准为苏芝昌个人独资企业。黄国均与苏芝昌签订《合伙协议》，在大林弯采矿厂采矿许可开采区域内独立从事采矿活动，未到相关行政管理部门进行审批和变更登记，违反国家关于矿产资源开发利用和保护的审批规定，损害国家关于矿产资源的管理秩序，故根据《中华人民共和国合同法》第五十二条第二项、第五项“有下列情形之一的，合同无效：……（二）恶意串通，损害国家、集体或者第三人利益；……（五）违反法律、行政法规的强制性规定”之规定，双方签订的《合伙协议》无效。对此，双方均有过错。大林弯采矿厂无论在个人独资企业阶段，还是依法变更为私营普通合伙企业阶段，都明知与黄国均签订的《合伙协议》以及允许黄国均独自采矿违法，但仍然认可，并向黄国均收取办证费、资料费、治安费等费用，较之黄国均行为而言，具有更大过错，根据《中华人民共和国合同法》第五十八条“合同无效或者被撤销后，因该合同取得的财产，应当予以返还；不能返还或者没有必要返还的，应当折价补偿。有过错的一方应当赔偿对方因此所受到的损失，双方都有过错的，应当各自承担相应的责任”之规定，大林弯采矿厂应当承担与其过错相应的责任，赔偿黄国均因此遭受的部分损失。结合本案有效证据载明的情况，以大林弯采矿厂收取黄国均费用，同时以苏芝昌转让其股份金额作为参考，认定大林弯采矿厂应当承担的赔偿责任。一审判决认定双方协议无效正确，但未区分双方过错责任不当。黄国均认为合伙协议有效，并要求大林弯采矿场赔偿其全部经济损失，于法无据，本院不予支持。

案件来源

黄国均诉遵义市大林湾采矿厂合伙纠纷一案民事二审判决书，遵义市中级人民法院（2014）遵市法环民终字第20号。

延伸阅读

关于采矿权人与他人签订合作协议是否需报批的问题，请参阅本书文章：《采矿权合作合同是否需报批，未报批合同是否生效》。

第七章　矿业权侵权

057 探矿权人能否请求他人赔偿非法采矿造成的矿产资源损失

——探矿权人不享有开采矿产资源及获得所开采矿产品的权利，故无权要求他人赔偿非法采矿造成的矿产资源损失

阅读提示

他人在探矿权人的勘查区域内非法采矿而造成矿产资源损失，探矿权人能否请求赔偿该项损失？最高人民法院认为，矿产资源属于国家所有，未经批准取得采矿权，包括探矿权人在内的任何人均不得擅自开采国家所有的矿产资源，因此他人在探矿权人的勘查区域内非法采矿造成的矿产资源损失应属于国家的损失，而非探矿权人的损失，探矿权人请求他人赔偿该项损失无权利基础。但是他人非法开采对探矿权人未来勘查工作造成的不利影响及可能增加的成本投入，在有证据证明的前提下，探矿权人有权请求他人赔偿损失。

裁判要旨

探矿权人对勘查作业区内矿产资源仅享有勘查的权利，并不享有开采的权利，对矿产品亦不享有所有权，他人非法采矿造成的矿产资源损失应属于国家的损失，而非探矿权人的损失，因此探矿权人请求他人赔偿该项损失无权利基础。

案情简介

一、2007 年 4 月，万方公司取得铧厂沟金矿的探矿权。2008 年 7 月，亚兴公司与万方公司签订《探矿权转让协议书》，约定万方公司将该探矿权以 800 万元转让给亚兴公司。

二、合同签订后亚兴公司向万方公司支付了转让款，但万方公司向矿产部门隐瞒了探矿权已转让的事实，双方也未向矿产部门申报批准该合同，而是设立了万方公司铧厂沟金矿分公司，由亚兴公司法定代表人担任该分公司的负责人，以分公司形式具体对铧厂沟金矿实施管理。

三、亚兴公司向陇南中院提起诉讼，请求确认《探矿权转让协议书》无效，判令万方公司返还800万元及利息损失。万方公司提起反诉，请求判令亚兴公司赔偿损失2120万元。

四、万方公司委托某司法鉴定所对亚兴公司占用矿山期间给其造成的损失进行鉴定，鉴定意见书记载：本次鉴定估算非法采矿造成矿产资源损失的价值为人民币2120万元。

五、陇南中院判决：《探矿权转让协议书》无效；万方公司返还亚兴公司转让款800万元，亚兴公司不得继续占用矿山：亚兴公司赔偿万方公司损失1060万元。

六、亚兴公司不服陇南中院判决，上诉至甘肃高院，请求驳回万方公司的反诉请求。甘肃高院判决：《探矿权转让协议书》无效；万方公司返还亚兴公司探矿权转让款800万元，亚兴公司不得继续占用矿山；驳回万方公司的反诉请求。

七、万方公司不服甘肃高院判决，向最高人民法院申请再审，最高人民法院裁定驳回其再审申请。

裁判要点

本案万方公司败诉的原因在于：

第一，《探矿权转让协议书》签订后，双方未向矿产行政主管部门申报批准该协议，而是设立了万方公司铧厂沟金矿分公司，由亚兴公司法定代表人陈建明担任该公司的负责人，以分公司形式具体对铧厂沟金矿实施管理，双方规避行政监管的意图明显，因此法院认定《探矿权转让协议书》无效，万方公司应返还亚兴公司探矿权转让款800万元。

第二，《中华人民共和国矿产资源法》第三条规定，矿产资源属于国家所有。勘查、开采矿产资源，必须依法分别申请、经批准取得探矿权、采矿权，并办理登记。《矿产资源法实施细则》第六条规定，探矿权是指在依法取得的勘查许可证规定的范围内，勘查矿产资源的权利。采矿权是指在依法取得的采矿许可证规定的范围内，开采矿产资源和获得所开采的矿产品的权利。

根据上述规定，未经批准取得采矿权，包括探矿权人在内的任何人均不得擅自开采国家所有的矿产资源和获得所开采的矿产品。本案中，万方公司作为探矿权人，不享有开采矿产资源和获得所开采的矿产品的权利，非法采矿造成的矿产资源损失应属于国家的损失，而非万方公司的损失，因此万方公司据此请求亚兴公司赔偿该项损失无权利基础。

实务经验总结

前事不忘，后事之师。为避免未来发生类似败诉，提出如下建议：

一、在探矿权人勘查区域内，他人非法开采造成的矿产资源损失，探矿权人可以向矿产资源管理部门、公安部门举报，请求对非法采矿行为依法查处，但无权请求赔偿该项损失。值得注意的是，他人非法开采对探矿权人未来勘查工作造成的不利影响及可能增加的成本投入，在有证据证明的前提下，探矿权人有权请求他人赔偿。

二、根据国务院《探矿权采矿权转让管理办法》的规定，转让探矿权应当具备下列条件：（1）自颁发勘查许可证之日起满2年，或者在勘查作业区内发现可供进一步勘查或者开采的矿产资源；（2）完成规定的最低勘查投入；（3）探矿权属无争议；（4）按照国家有关规定已经缴纳探矿权使用费、探矿权价款；（5）国务院地质矿产主管部门规定的其他条件。因此，当事人转让探矿权应满足上述条件，并报矿产主管部门批准，否则将影响合同效力且不能办理探矿权变更登记手续。

三、未经批准取得采矿权而非法开采矿产资源，可能面临行政处罚甚至刑事处罚的风险。

四、关于探矿权人能否请求侵权人赔偿矿产资源损失的问题，2017年7月27日起施行的《最高人民法院关于审理矿业权纠纷案件适用法律若干问题的解释》第二十条已作出规定："因他人越界勘查开采矿产资源，矿业权人请求侵权人承担停止侵害、排除妨碍、返还财产、赔偿损失等侵权责任的，人民法院应予支持，但探矿权人请求侵权人返还越界开采的矿产品及收益的除外。"

相关法律规定

《中华人民共和国矿产资源法》

第三条　矿产资源属于国家所有，由国务院行使国家对矿产资源的所有权。地表或者地下的矿产资源的国家所有权，不因其所依附的土地的所有权或者使用权的不同而改变。

国家保障矿产资源的合理开发利用。禁止任何组织或者个人用任何手段侵占或者破坏矿产资源。各级人民政府必须加强矿产资源的保护工作。

勘查、开采矿产资源，必须依法分别申请、经批准取得探矿权、采矿权，并办理登记；但是，已经依法申请取得采矿权的矿山企业在划定的矿区范围内为本企业的生产而进行的勘查除外。国家保护探矿权和采矿权不受侵犯，保障矿区和勘查作业区的生产秩序、工作秩序不受影响和破坏。

从事矿产资源勘查和开采的，必须符合规定的资质条件。

第六条 除按下列规定可以转让外，探矿权、采矿权不得转让：

（一）探矿权人有权在划定的勘查作业区内进行规定的勘查作业，有权优先取得勘查作业区内矿产资源的采矿权。探矿权人在完成规定的最低勘查投入后，经依法批准，可以将探矿权转让他人。

（二）已取得采矿权的矿山企业，因企业合并、分立，与他人合资、合作经营，或者因企业资产出售以及有其他变更企业资产产权的情形而需要变更采矿权主体的，经依法批准可以将采矿权转让他人采矿。

前款规定的具体办法和实施步骤由国务院规定。

禁止将探矿权、采矿权倒卖牟利。

第三十九条 违反本法规定，未取得采矿许可证擅自采矿的，擅自进入国家规划矿区、对国民经济具有重要价值的矿区范围采矿的，擅自开采国家规定实行保护性开采的特定矿种的，责令停止开采、赔偿损失，没收采出的矿产品和违法所得，可以并处罚款；拒不停止开采，造成矿产资源破坏的，依照刑法有关规定对直接责任人员追究刑事责任。

单位和个人进入他人依法设立的国有矿山企业和其他矿山企业矿区范围内采矿的，依照前款规定处罚。

《中华人民共和国矿产资源法实施细则》

第五条 国家对矿产资源的勘查、开采实行许可证制度。勘查矿产资源，必须依法申请登记，领取勘查许可证，取得探矿权；开采矿产资源，必须依法申请登记，领取采矿许可证，取得采矿权。

矿产资源勘查工作区范围和开采矿区范围，以经纬度划分的区块为基本单位。具体办法由国务院地质矿产主管部门制定。

第六条 《矿产资源法》及本细则中下列用语的含义：

探矿权，是指在依法取得的勘查许可证规定的范围内，勘查矿产资源的权利。取得勘查许可证的单位或者个人称为探矿权人。

采矿权，是指在依法取得的采矿许可证规定的范围内，开采矿产资源和获得所开采的矿产品的权利。取得采矿许可证的单位或者个人称为采矿权人。

国家规定实行保护性开采的特定矿种，是指国务院根据国民经济建设和高科技发展的需要，以及资源稀缺、贵重程度确定的，由国务院有关主管部门按照国家计划批准开采的矿种。

国家规划矿区，是指国家根据建设规划和矿产资源规划，为建设大、中型矿山划定的矿产资源分布区域。

对国民经济具有重要价值的矿区，是指国家根据国民经济发展需要划定的，尚未列入国家建设规划的，储量大、质量好、具有开发前景的矿产资源保护区域。

《中华人民共和国刑法》

第三百四十三条 违反矿产资源法的规定，未取得采矿许可证擅自采矿，擅自进入国家规划矿区、对国民经济具有重要价值的矿区和他人矿区范围采矿，或者擅自开采国家规定实行保护性开采的特定矿种，情节严重的，处三年以下有期徒刑、拘役或者管制，并处或者单处罚金；情节特别严重的，处三年以上七年以下有期徒刑，并处罚金。

违反矿产资源法的规定，采取破坏性的开采方法开采矿产资源，造成矿产资源严重破坏的，处五年以下有期徒刑或者拘役，并处罚金。

以下为该案在法院审理阶段，判决书中“本院认为”就该问题的论述：

关于二审判决驳回万方公司赔偿损失请求及法律适用问题。根据国务院《矿产资源法实施细则》第六条，探矿权是指在依法取得的勘查许可证规定的范围内，勘查矿产资源的权利，取得勘查许可证的单位或者个人称为探矿权人。采矿权是指在依法取得的采矿许可证规定的范围内，开采矿产资源和获得所开采的矿产品的权利，取得采矿许可证的单位或者个人称为采矿权人。本案中，万方公司拥有国土资源部颁发的《矿产资源勘查许可证》，但并没有取得采矿许可证，不享有“开采矿产资源和获得所开采的矿产品的权利”。基于《中华人民共和国矿产资源法》第三条、《矿产资源法实施细则》第五条等规定，矿产资源属于国家所有，未经批准取得采矿权并办理登记，包括探矿权人在内的任何人均不得擅自开采；对于未取得采矿许可证擅自采矿的，《中华人民共和国矿产资源法》第三十九条明确规定“……责令停止开采、赔偿损失，没收采出的矿产品和违法所得，可以并处罚款；拒不停止开采，造成矿产资源破坏的，依照刑法有关规定对直接责任人员追究刑事责任”。显然，如果亚兴公司受让案涉探矿权后，在没有取得采矿许可证的情况下擅自开采案涉勘查作业区的矿产资源，首先侵害了国家对矿产资源的所有权，其次在转让协议被认定无效的情况下，也会对万方公司未来勘查工作造成一定的不利影响并可能增加相应的成本投入，造成相应的损失。对于亚兴公司非法开采对国家矿产资源所有权造成的损害，万方公司可以向相关行政、司法机关举报，请求对亚兴公司涉嫌非法采矿等违法犯罪的行为依法查处，但无权要求亚兴公司对己赔偿，二审判决驳回万方公司该项诉讼请求正确；对于亚兴公司非法开采给万方公司造成的损失，万方公司在有证据证明的情况下可以请求亚兴公司予以赔偿，而万方公司对此并没有主张，亦未提供相应证据予以证明，对此本院不予审查。

案件来源

甘肃万方黄金开采有限公司、成县亚兴矿冶有限公司探矿权转让合同纠纷申请再审民事裁定书，［最高人民法院（2014）民申字第2180号］。

延伸阅读

关于当事人未取得采矿权即无权开采矿产资源，获得矿产品的案例：

案例1：张玉山与山西省国土资源厅再审行政裁定书［最高人民法院（2016）最高法行申4011号］认为："根据《中华人民共和国矿产资源法》第三条的规定，矿产资源属于国家所有。勘查、开采矿产资源，必须依法分别申请、经批准取得探矿权、采矿权，并办理登记。张玉山原先的采矿许可证于1992年3月到期以后未办理延续登记，张玉山自那时起即失去了合法采矿权，其后进行的开采行为属于非法开采。1995年张玉山因非法开采被处以行政处罚，这一事实恰恰表明了行政主管部门对该行为作出了否定性评价，故张玉山有关1995年接到办证通知、缴纳罚款、缴纳了办证费，便享有采矿权的主张没有法律依据。"

案例2：台河市双利煤焦有限责任公司与闫新春、台河市宏伟煤矿等采矿权转让合同纠纷申诉、申请民事裁定书［最高人民法院（2016）最高法民申1077号］认为："根据《中华人民共和国矿产资源法》第三条的规定，国家保障矿产资源的合理开发利用，禁止任何组织和个人用任何手段侵占或破坏矿产资源，从事矿产资源勘查和开采，必须符合法定的资质条件。第六条规定，禁止将探矿权、采矿权倒卖牟利。本案中，不仅双利公司不具有采矿权资质，且闫新春与双利公司未经批准擅自转让采矿权，并在未办理采矿权转让手续的情况下非法开采，严重扰乱了国家矿产资源管理秩序，损害了国家和社会公共利益，该煤矿转让协议应当认定无效。"

案例3：温州建峰矿山工程有限公司与美姑宝投矿业有限公司合同纠纷二审民事判决书［四川省高级人民法院（2015）川民终字第1133号］认为："案涉《美

姑宝投矿业有限公司采掘承包合同》，系宝投公司在未取得采矿权证的情况下与建峰公司签订的，其因违反法律、行政法规的强制性规定而应属无效；对于相关当事人私自开采矿产资源的行为，应由相关主管部门按规定程序依法予以处理。”

案例 4：嘉峪关市宏瑞矿业有限公司与罗光明探矿权纠纷一案二审民事判决书［甘肃省高级人民法院（2013）甘民二终字第 103 号］认为：“《中华人民共和国矿产资源法实施细则》第五条第一款规定：‘国家对矿产资源的勘查、开采实行许可证制度。勘查矿产资源，必须依法申请登记，领取勘查许可证，取得探矿权；开采矿产资源，必须依法申请登记，领取采矿许可证，取得采矿权。’宏瑞公司在仅取得了探矿权，并未取得采矿权的情况下将肃北县双山子铁矿的采矿点承包给罗光明开采，违反了法律、行政法规的强制性规定，依法应当确认为无效，原审法院对合同的效力认定正确，但将案由定为承包采矿权纠纷欠妥，应予纠正，本案的案由应当定为探矿权纠纷。关于宏瑞公司以协议中约定了回收矿石 48 元/吨的价格，故协议应属于劳务承包合同的上诉理由，该条款实质上是对宏瑞公司收购罗光明开采出的矿石及价格的约定，故宏瑞公司的该上诉理由不能成立。”

案例 5：平江县碧海农牧开发有限公司、平江县工商行政管理局行政强制再审复查与审判监督行政裁定书［湖南省高级人民法院（2015）湘高法行申字第 126 号］认为：“根据国务院令第 370 号《无照经营查处取缔办法》① 第四条、第九条的规定，工商行政管理部门对已办理工商注册登记的企业超出核准登记的经营范围、擅自从事应当取得许可证或者其他批准文件方可从事的经营活动的违法经营行为，进行查处取缔时，可扣押该企业专门用于从事无照经营活动的工具、设备。碧海农牧公司核准登记的经营范围为农产品种植、产成品养殖、苗木园林、花木培育、农村田、土、水库、河道、沙洲资源综合利用，因其并未取得采矿权许可，当然不具有采矿的经营权限。碧海农牧公司在不具有采矿经营权限的情况下，从事依法应当取得许可证的采矿经营行为，显然属于国务院令第 370 号规定的无照经营违法行为。”

---

① 已失效，现为《无证无照经营查处办法》。

058 矿业权人能否对取得许可证之前的越界开采行为主张侵权责任

——矿业权人无权对取得许可证之前的越界开采行为主张侵权责任

阅读提示

矿业权人能否对取得许可证之前的越界开采行为主张侵权责任？本案例对此持否定态度。

但需关注的是，2017年7月27日生效的《最高人民法院关于审理矿业权纠纷案件适用法律若干问题的解释》已对该问题作出新的规定："矿业权出让合同生效后、矿产资源勘查许可证或者采矿许可证颁发前，第三人越界或者以其他方式非法勘查开采，经出让人同意已实际占有勘查作业区或者矿区的受让人，请求第三人承担停止侵害、排除妨碍、赔偿损失等侵权责任的，人民法院应予支持。"据此，矿业权人虽未取得许可证，但在满足特定条件时仍可对越界开采行为主张侵权责任。

裁判要旨

矿业权人取得矿业权的时间应为矿业权证颁发的时间，矿业权人对取得矿业权之前的越界开采行为主张侵权责任不应予以支持。

案情简介

一、2003年11月18日，地奥公司在拍卖中成功竞得箭竹坪煤矿的探矿权、采矿权。同日，地奥公司与四川省国土资源厅签订《探矿权采矿权出让合同》。2004年3月9日，四川省国土资源厅向地奥公司颁发《矿产资源勘查许可证》。2006年6月，地奥公司出资成立宏能公司，将案涉矿区的采矿权转让给宏能公司，并在四川省国土资源厅进行了备案登记。2006年6月6日，四川省国土资源厅向宏能公司颁发《采矿许可证》。

二、地奥公司、宏能公司向四川高院提起诉讼称：地奥公司、宏能公司的箭竹坪煤矿的法定边界与沿河煤矿的法定边界之间本来设有防水煤柱。但沿河煤矿从自有巷道越界进入防水煤柱进行破坏性开采，随后又越界进入地奥公司、宏能公司的箭竹坪煤矿盗采煤炭资源，给地奥公司、宏能公司造成的经济损失经鉴定逾 5000 万元。故请求判令：沿河煤矿停止越界开采等侵权行为；沿河煤矿、张华清连带赔偿地奥公司、宏能公司经济损失 3000 万元。

三、四川高院认为，地奥公司、宏能公司分别于 2004 年 3 月 9 日、2006 年 6 月 6 日后才享有探矿权、采矿权，而沿河煤矿在 2003 年 12 月 15 日已全面停产整顿，地奥公司、宏能公司未提供证据证明取得探矿权、采矿权后沿河煤矿实施了侵权行为。故判决：驳回地奥公司、宏能公司的诉讼请求。

四、地奥公司不服，上诉至最高人民法院。最高人民法院判决：驳回上诉，维持原判。

裁判要点

首先，地奥公司、宏能公司取得矿业权的时间应为矿业权证颁发的时间。一是，不动产物权的设立经登记发生效力。《矿业权出让转让管理暂行规定》第三条也规定："探矿权、采矿权……适用于不动产法律法规的调整原则。"因此，矿业权的设立应以登记为生效要件。二是，《矿产资源法》第三条规定：勘查、开采矿产资源，必须依法分别申请，经批准取得探矿权、采矿权，并办理登记。《矿产资源法实施细则》第五条规定，勘查矿产资源，必须依法申请登记，取得勘查许可证，取得探矿权；开采矿产资源，必须依法申请登记，领取采矿许可证，取得采矿权。上述规定进一步明确了许可证颁发的时间为矿业权取得时间。因此，本案地奥公司、宏能公司分别于 2004 年 3 月 9 日、2006 年 6 月 6 日后才取得探矿权、采矿权。

其次，地奥公司、宏能公司在受让矿业权后对此前的越界开采行为主张侵权责任不应予以支持。一是，地奥公司作为探矿权人无开采煤矿资源的权利，故其主张沿河煤矿、张华清承担因越界开采给其造成的矿产资源储量损失没有法律依据。二是，宏能公司在 2006 年 6 月取得采矿权时，越界开采行为已经停止。

实务经验总结

前事不忘，后事之师。为避免未来发生类似败诉，提出如下建议：

一、矿业权人可对取得许可证之后的越界开采行为主张侵权责任，而且根据 2017 年 7 月 27 日生效的《最高人民法院关于审理矿业权纠纷案件适用法律若干问题的解释》第三条第二款，“矿业权出让合同生效后、矿产资源勘查许可证或者采矿许可证颁发前，第三人越界或者以其他方式非法勘查开采，经出让人同意已实际占有勘查作业区或者矿区的受让人”，亦可请求第三人承担停止侵害、排除妨碍、赔偿损失等侵权责任。

二、探矿权人无权请求他人赔偿在勘查区域内非法开采造成的矿产资源损失，但可请求赔偿非法开采对未来勘查工作造成的不利影响及可能增加的成本投入。请参阅本书文章：《探矿权人能否请求他人赔偿非法采矿造成的矿产资源损失》。

相关法律规定

《矿业权出让转让管理暂行规定》（国土资发〔2000〕309号）

第三条 探矿权、采矿权为财产权，统称为矿业权，适用于不动产法律法规的调整原则。

依法取得矿业权的自然人、法人或其他经济组织称为矿业权人。

矿业权人依法对其矿业权享有占有、使用、收益和处分权。

《中华人民共和国矿产资源法》

第三条第三款 勘查、开采矿产资源，必须依法分别申请、经批准取得探矿权、采矿权，并办理登记；但是，已经依法申请取得采矿权的矿山企业在划定的矿区范围内为本企业的生产而进行的勘查除外。

《中华人民共和国矿产资源法实施细则》

第五条第一款 国家对矿产资源的勘查、开采实行许可证制度。勘查矿产资源，必须依法申请登记，领取勘查许可证，取得探矿权；开采矿产资源，必须依法申请登记，领取采矿许可证，取得采矿权。

《最高人民法院关于审理矿业权纠纷案件适用法律若干问题的解释》

第三条 受让人请求自矿产资源勘查许可证、采矿许可证载明的有效期起始日确认其探矿权、采矿权的，人民法院应予支持。

矿业权出让合同生效后、矿产资源勘查许可证或者采矿许可证颁发前，第三人越界或者以其他方式非法勘查开采，经出让人同意已实际占有勘查作业区或者矿区的受让人，请求第三人承担停止侵害、排除妨碍、赔偿损失等侵权责任的，人民法院应予支持。

第二十条 因他人越界勘查开采矿产资源，矿业权人请求侵权人承担停止侵害、排除妨碍、返还财产、赔偿损失等侵权责任的，人民法院应予支持，但探矿权人请求侵权人返还越界开采的矿产品及收益的除外。

以下为该案在最高人民法院审理阶段，裁判文书中“本院认为”部分就该问题的论述：

本案二审的争议焦点为：沿河煤矿、张华清是否应当就越界开采行为对地奥公司、宏能公司承担侵权损害赔偿责任。

（一）地奥公司、宏能公司取得矿业权的时间应为矿业权证颁发的时间。一是，不动产物权的设立经登记发生效力。《矿业权出让转让管理暂行规定》第三条也规定：“探矿权、采矿权……适用于不动产法律法规的调整原则。”因此，矿业权的设立应以登记为生效要件。地奥公司、宏能公司作为矿业权人，其权利取得时间应以依法登记并颁发矿业权证为准。二是，《矿产资源法》第三条第二款规定，勘查、开采矿产资源，必须依法分别申请，经批准取得探矿权、采矿权，并办理登记。《矿产资源法实施细则》第五条规定，勘查矿产资源，必须依法申请登记，取得勘查许可证，取得探矿权；开采矿产资源，必须依法申请登记，领取采矿许可证，取得采矿权。上述规定进一步明确了许可证颁发的时间为矿业权取得时间。三是，《探矿权采矿权出让合同》第四条约定，探矿权出让期限2年，采矿权出让期限30年，均自颁发许可证之日起算。因此，在颁发许可证之前，地奥公司、宏能公司并不能取得矿业权。不仅如此，根据《国土资源部关于进一步完善采矿权登记管理有关问题的通知》（以下简称《通知》）（已失效）第十五条“探矿权人申请采矿权许可证的，探矿权人在提出采矿登记申请时，应同时向登记管理机关提交探矿权注销申请，登记管理机关在批准采矿权新立时，同时注销该探矿权”的规定，就申请人申请探矿权，勘查完成后又申请采矿权的情形，应当是先有探矿权，后有采矿权，两项权利出现在不同的阶段且不能并存。本案《探矿权采矿权出让合同》第七条、第八条、第九条即是按照该规则拟定，即地奥公司先申请探矿权，探矿完成后再申请采矿权。因此，如果将合同签订之日即视为地奥公司、宏能公司同时取得探矿权、采矿权之日，不但与合同约定不符，而且还违反了《通知》的规定。第四，矿业权出让兼具民事行为与行政许可的特征，以行政机关审批为生效要件。《探矿权采矿权出让合同》约定，地奥公司在合同签订后应当在3个月内持地质勘察设计等资料办理勘查登记。勘查完成后，地奥公司应当自取得探矿权起6个月内开始勘查工作，并在勘查工作结束后持开发利用方案、环评报告等资料办理采矿权登记。可见，《探矿权采矿权出让合同》签订时国土资源管理部门尚未对地奥公司、宏能公司矿业权申请予以批准，不能认定其已取得矿业权。地奥公司、宏能公司认为其取得矿业权的时间为2003年11月18日《探矿权采矿权出让合同》签订之日的上诉理由不能成立，本院不予采纳。一审判决认为地奥公司、宏能公司分别于2004年3

月9日、2006年6月6日后才取得探矿权、采矿权并无不当，本院予以维持。

（二）地奥公司、宏能公司在受让矿业权后对此前的越界开采行为主张侵权责任不应予以支持。一是，在本案事实发展脉络中，地奥公司取得的是探矿权而非采矿权。地奥公司作为探矿权人无开采煤矿资源的权利，故其主张沿河煤矿、张华清承担因越界开采给其造成的矿产资源储量损失没有法律依据。二是，135鉴定报告载明采矿活动均发生在2003年及以前。而宏能公司在2006年6月取得采矿权时，越界开采行为已经停止。另据《〈四川省古蔺县川南煤田古叙矿区箭竹坪井田（煤矿）勘探报告〉评审意见书》显示，箭竹坪煤矿在勘查阶段已经发现沿河煤矿等小煤矿越界开采造成了矿产资源破坏和损失的事实。对此，宏能公司系明知但仍予以受让。现宏能公司又请求沿河煤矿、张华清承担侵权损害赔偿责任，没有事实依据，本院不予支持。

2011年3月，135地质队向一审法院作出说明，称原鉴定报告"采矿活动均发生在2003年及以前"表述不准确，应更正为"主要采矿活动发生在2003年及以前"。本院认为，本次更正距鉴定结论作出近3年之久，更正的原因是应地奥公司的要求，更正的依据为沿河煤矿不予认可的新增巷道。况且即便该更正属实，也不表明在2006年6月宏能公司取得采矿权时越界开采行为仍未停止。故对该更正内容，本院不予采信。

案件来源

成都地奥制药集团有限公司、古蔺县宏能实业有限公司与古蔺县箭竹乡沿河煤矿、张华清采矿权纠纷二审民事判决书［最高人民法院（2015）民一终字第52号］。

延伸阅读

认定矿业权人取得许可证之后可对他人的越界开采行为请求赔偿损失的案例：

案例1：神木县永兴乡高庄煤矿、中国神华能源股份有限公司采矿权纠纷二审民事判决书［最高人民法院（2017）最高法民终301号］认为："神华公司是2004年11月8日成立的大型国有上市公司，是榆家梁煤矿的采矿权人……高庄煤矿上诉认为一审判决认定的赔偿数额不正确要求改判，却没有具体的上诉请求，本院开庭审理期间已经向其释明，但高庄煤矿没有说明改判的具体数额及依据；一审法院认定2011年榆家梁煤矿被越界开采的损失为132014214元（305730吨×431.8元/

吨)，2012 年榆家梁煤矿被越界开采的损失为 35837237.06 元（108699.8 吨×329.69 元/吨）均有事实和法律依据，应予维持。”

案例 2：信阳申雅矿业有限公司与信阳市上天梯杨湾珍珠岩矿财产损害赔偿纠纷二审民事判决书［河南省高级人民法院（2015）豫法民一终字第 161 号］认为：“信阳申雅矿业公司享有该争议区域的采矿权，信阳杨湾矿在信阳申雅矿业公司矿区范围内进行开采，侵犯了信阳申雅矿业公司的财产权利。……原审依据鉴定结论认定损失数额并无不当。”

059 已签订矿业权出让合同但未取得许可证的受让人，能否对越界开采行为主张侵权责任

——采矿权出让合同生效后、采矿许可证颁发前，受让人依约履行合同并合法占有矿区的，有权对他人的越界开采行为主张侵权责任

阅读提示

矿业权人与国土资源主管部门签订出让合同后、取得矿业权许可证之前，矿业权人并未实际取得物权，该期间内发生越界开采行为受让人能否主张侵权赔偿？2017 年 7 月 27 日起施行的《最高人民法院关于审理矿业权纠纷案件适用法律若干问题的解释》已对该问题作出明确规定，即：“矿业权出让合同生效后、矿产资源勘查许可证或者采矿许可证颁发前，第三人越界或者以其他方式非法勘查开采，经出让人同意已实际占有勘查作业区或者矿区的受让人，请求第三人承担停止侵害、排除妨碍、赔偿损失等侵权责任的，人民法院应予支持。”

裁判要旨

采矿权出让合同生效后、采矿许可证颁发前，受让人依约履行付款和办理采矿权证手续，并实际合法占有矿区的，受让人对矿产资源享有开采权和预期利益。第三人越界开采的，受让人有权请求第三人赔偿因矿产资源减少造成的损失。

案情简介

一、根据 2004 年 3 月新新公司与旗国土局签订的协议，新新公司早在 2002 年

之前就享有争议地块的采矿权，新新公司只需交纳相应费用，仍然可以重新办理采矿许可证。2004 年 7 月，新新公司与旗国土局签订协议，新新公司以挂牌最终价款的平均价 9308080 元有偿取得采矿权，旗国土局同意出让价款分批付清。2006 年 12 月，新新公司取得采矿许可证。

二、2006 年 12 月，新新公司对英泽公司越界开采行为向当地行政主管部门报告。旗国土资源局监察大队对矿区进行现场勘查，作出《关于英泽矿业有限责任公司越界开采情况汇报》，认定英泽公司有越界开采行为，越界长度、面积待进一步核实。2007 年 2 月，旗国土局向英泽公司下发《责令停止土地矿产违法行为通知书》，要求英泽公司停止其矿区东部的开采行为。

三、新新公司向锡林郭勒盟中院起诉，请求判令：英泽公司停止侵害并赔偿从 2004 年越界开采至 2008 年期间的损失 12692586. 93 元。锡林郭勒盟中院判决：英泽公司停止越界开采行为，并赔偿新新公司 1513233. 03 元。

四、新新公司与英泽公司不服，上诉至内蒙古高院。内蒙古高院判决：英泽公司停止越界开采行为，并赔偿新新公司 804123. 96 元。

五、英泽公司仍不服，向最高人民法院申请再审，主张新新公司于 2006 年 12 月取得争议区域的采矿权证，其无权就 2006 年 12 月底之前的开采主张权利。最高人民法院认为，原审判令英泽公司承担 2004 年至 2008 年期间越界开采给新新公司造成的损失并无不当。裁定：驳回英泽公司的再审申请。

裁判要点

新新公司有权主张 2004 年至 2006 年期间矿产资源损失。新新公司于 2004 年 7 月 29 日与旗国土局签订协议，新新公司以挂牌最终价款的平均价 9308080 元有偿取得采矿权，依约履行付款和办理采矿权证手续，于 2006 年 12 月取得采矿权证。在此期间，新新公司对争议地块的矿产资源享有开采权和预期利益。英泽公司的越界开采行为，直接导致新新公司所在矿区的矿产资源减少，侵害其合法权益，故英泽公司应当承担 2004 年至 2008 年期间越界开采给新新公司造成的损失。

实务经验总结

前事不忘，后事之师。为避免未来发生类似败诉，提出如下建议：

根据《最高人民法院关于审理矿业权纠纷案件适用法律若干问题的解释》第三条的规定，矿业权出让合同生效后、矿产资源勘查许可证或者采矿许可证颁发前，并非绝对禁止受让人对他人的越界开采行为主张侵权责任。如果受让人经出让人同意已实际占有勘查作业区或者矿区，则受让人有权请求越界开采行为人承担停止侵害、排除妨碍、赔偿损失等侵权责任。

相关法律规定

《中华人民共和国侵权责任法》

第三条　被侵权人有权请求侵权人承担侵权责任。

第十五条　承担侵权责任的方式主要有：

（一）停止侵害；

（二）排除妨碍；

（三）消除危险；

（四）返还财产；

（五）恢复原状；

（六）赔偿损失；

（七）赔礼道歉；

（八）消除影响、恢复名誉。

以上承担侵权责任的方式，可以单独适用，也可以合并适用。

《中华人民共和国矿产资源法》

第三条第三款　勘查、开采矿产资源，必须依法分别申请、经批准取得探矿权、采矿权，并办理登记；但是，已经依法申请取得采矿权的矿山企业在划定的矿区范围内为本企业的生产而进行的勘查除外。

《中华人民共和国矿产资源法实施细则》

第五条第一款　国家对矿产资源的勘查、开采实行许可证制度。勘查矿产资源，必须依法申请登记，领取勘查许可证，取得探矿权；开采矿产资源，必须依法申请登记，领取采矿许可证，取得采矿权。

《最高人民法院关于审理矿业权纠纷案件适用法律若干问题的解释》

第三条　受让人请求自矿产资源勘查许可证、采矿许可证载明的有效期起始日确认其探矿权、采矿权的，人民法院应予支持。

矿业权出让合同生效后、矿产资源勘查许可证或者采矿许可证颁发前，第三人越界或者以其他方式非法勘查开采，经出让人同意已实际占有勘查作业区或者矿区的受让人，请求第三人承担停止侵害、排除妨碍、赔偿损失等侵权责任的，人民法院应予支持。

第二十条 因他人越界勘查开采矿产资源，矿业权人请求侵权人承担停止侵害、排除妨碍、返还财产、赔偿损失等侵权责任的，人民法院应予支持，但探矿权人请求侵权人返还越界开采的矿产品及收益的除外。

以下为该案在最高人民法院审理阶段，裁判文书中“本院认为”部分就该问题的论述：

（一）关于英泽公司是否存在越界开采行为的问题。根据一审判决认定的事实，2006 年 12 月 18 日，新新公司对英泽公司越界开采行为向当地行政主管部门报告。苏尼特右旗国土资源局监察大队于 2006 年 12 月 19 日对白云敖包铁矿区进行现场勘查，作出《关于英泽矿业有限责任公司越界开采情况汇报》，认定经过打点上图核实，英泽公司有越界开采行为，越界长度、面积待进一步核实。2007 年 2 月 2 日，旗国土局向英泽公司下发苏右国土监字（2007）第 001 号《责令停止土地矿产违法行为通知书》，要求英泽公司其停止其矿区东部的开采行为。上述证据证明英泽公司存在越界开采行为，只是越界面积待核实。故一、二审判决认定英泽公司存在越界开采行为并无不当。苏尼特右旗国土资源局监察大队虽然是旗国土局的内设机构，其出具的报告虽然不具有行政文件的效力，但仍然可以作为民事案件中的证据参考使用，英泽公司将行政文件和民事证据相混淆的理由本院不予采纳。故一、二审判决认定英泽公司存在越界开采行为并无不当。

（二）关于新新公司是否有权主张 2004 年至 2006 年期间矿产资源损失的问题。根据 2004 年 3 月 24 日新新公司与旗国土局签订的协议，新新公司早在 2002 年之前就享有争议地块的采矿权，该协议约定新新公司只需交纳相应费用，仍然可以重新办理采矿许可证。2004 年 7 月 29 日新新公司与旗国土局签订协议，新新公司以挂牌最终价款的平均价 9308080 元有偿取得采矿权，旗国土局同意出让价款分批付清。2006 年 12 月，新新公司取得采矿许可证。上述事实表明，虽然新新公司 2006 年 12 月才重新取得争议地块的采矿权证，但按照 2004 年 7 月 29 日的协议，其已有偿取得采矿权，并依约履行付款和办理采矿权证手续，在此期间，其对争议地块的矿产资源享有开采权和预期利益。英泽公司的越界开采行为，直接导致新新公司所在矿区的矿产资源减少，侵害其合法权益，原审判令英泽公司承担 2004 年至 2008 年期间越界开采给新新公司造成的损失并无不当，应予维持。

案件来源

苏尼特右旗英泽矿业公司有限责任公司、苏尼特右旗新新矿产公司有限责任公司采矿权纠纷申请再审民事裁定书，最高人民法院（2014）民申字第1521号。

060 采矿权受到侵害，能否请求赔偿间接损失

——采矿权受到侵害可主张的赔偿范围包括直接损失和间接损失

阅读提示

赔偿损失的范围通常是采矿权侵权案件的重要争议焦点，本案例明确了被侵权人可主张的赔偿范围。

裁判要旨

根据《中华人民共和国民法通则》第一百一十七条、第一百三十四条及《中华人民共和国侵权责任法》第七条、第十五条、第十九条的规定以及财产损害应全部赔偿的民法原则，侵权责任的赔偿范围应包括直接损失和间接损失。直接损失是指由于侵权行为直接作用于受害人的财产所造成的财产损害；间接损失是指由于受害人受到侵害而发生的可得利益的丧失。

案情简介

一、孔祥悦于2003年5月与东垛夼村村民委员会签订合同，承包经营祥和采石场，并于2008年5月取得烟台市国土资源局牟平分局颁发的《采矿许可证》，期限至2009年5月。

二、2008年7月，因电力公司架设输电线路，祥和采石场停产。

三、2009年10月，孔祥悦就本案向牟平区法院提起诉讼，请求：电力公司赔偿因侵权导致孔祥悦3年的停产损失1448万元及利息297.8万元，合同违约金50万元，3年看护工资36万元。后因电力公司提出管辖权异议，牟平区法院将案件移送烟台中院审理。

四、牟平区法院在审理过程中，委托鉴定机构对祥和采石场的矿种、剩余储量、技术指标等进行评估，鉴定意见确认祥和采石场剩余可采矿石为26075立方米，剩余储量的矿石开采后纯利润为11389206.19元。

五、烟台中院认为，电力公司在涉案送电线路建设过程中，已尽到了足够的、必要的注意义务。因此，其行为不具有法定违法性，依法不构成侵权，电力公司不应承担侵权赔偿责任，但应当承担补偿责任，电力公司对孔祥悦遭受损失的补偿范围应以孔祥悦丧失的采矿权价值为限。判决：电力公司补偿孔祥悦经济损失762188元。

六、孔祥悦不服，上诉至山东高院，请求判决电力公司赔偿孔祥悦停产前及停产后的损失。山东高院认为，电力公司架设送电线路的行为构成侵权，对孔祥悦的赔偿应当包括间接损失。结合当地经济社会发展情况、孔祥悦没有进行开采的实际、双方的过错程度和公平原则，该院认为对孔祥悦的间接损失按该鉴定结论的40%进行认定较为合适。故判决：电力公司赔偿孔祥悦经济损失4555682.48（11389206.19×40%）元。

七、孔祥悦仍不服，向最高人民法院申请再审，请求改判电力公司赔偿损失17953032.78元。最高人民法院裁定：驳回孔祥悦的再审申请。

裁判要点

侵权责任的赔偿范围应包括直接损失和间接损失：

第一，关于孔祥悦的间接损失问题。鉴定意见确认祥和采石场剩余可采矿石为26075立方米，剩余储量的矿石开采后纯利润为11389206.19元。根据一、二审查明的事实，结合当地经济社会发展情况、孔祥悦没有进行实际开采、双方的过错程度及公平原则，法院酌情确定孔祥悦的间接损失按该鉴定意见确认的金额40%进行认定。

第二，关于孔祥悦的直接损失问题。鉴定意见是在充分考虑剩余可采矿石的预期收入及成本费用的基础上，得出的剩余储量的矿石开采后纯利润。其中，成本费用则包含了孔祥悦与东埠夼村村民委员会合同约定的租金、房屋建筑物及机器设备的折旧、矿石开采的人工费用、采矿权的价格、矿石开采需消耗的油、电、爆破材料等及其他费用。可见，鉴定意见的结论已将孔祥悦主张的直接损失，即其实际投入转化为开采利润，在此情况下，孔祥悦主张的直接投资损失不应予以支持。

实务经验总结

前事不忘，后事之师。为避免未来发生类似败诉，提出如下建议：

一、采矿权受侵害，采矿权人既可请求加害人赔偿因财产减少导致的直接损失，亦可请求赔偿未来可获得的收益，即间接损失。

二、按照本案例的裁判逻辑，侵权责任的赔偿范围应包括直接损失和间接损失，也就是既包括直接损失，也包括间接损失。但是法院最终认定当事人主张的直接损失（实际投入）已转化为开采利润，未支持当事人主张的直接损失，值得商榷。例如，当事人购买采矿权及投入设备等花费1000万，如果正常开采可获得500万的开采利润，即实际可获得1500万的现金流入。后遭受侵权导致不能开采，因侵权给采矿权人造成的损失数额应当是1500万（直接损失1000万、间接损失500万），即损失了1500万的现金流入，而不是只损失利润500万，利润不等于现金流入。

相关法律规定

《中华人民共和国民法通则》

第一百一十七条 侵占国家的、集体的财产或者他人财产的，应当返还财产，不能返还财产的，应当折价赔偿。

损坏国家的、集体的财产或者他人财产的，应当恢复原状或者折价赔偿。

受害人因此遭受其他重大损失的，侵害人并应当赔偿损失。

第一百三十四条 承担民事责任的方式主要有：

（一）停止侵害；

（二）排除妨碍；

（三）消除危险；

（四）返还财产；

（五）恢复原状；

（六）修理、重作、更换；

（七）赔偿损失；

（八）支付违约金；

（九）消除影响、恢复名誉；

（十）赔礼道歉。

以上承担民事责任的方式，可以单独适用，也可以合并适用。

人民法院审理民事案件，除适用上述规定外，还可以予以训诫、责令具结悔过，收缴进行非法活动的财物和非法所得，并可以依照法律规定处以罚款、拘留。

《中华人民共和国侵权责任法》

第七条 行为人损害他人民事权益，不论行为人有无过错，法律规定应当承担侵权责任的，依照其规定。

第十五条 承担侵权责任的方式主要有：

（一）停止侵害；

（二）排除妨碍；

（三）消除危险；

（四）返还财产；

（五）恢复原状；

（六）赔偿损失；

（七）赔礼道歉；

（八）消除影响、恢复名誉。

以上承担侵权责任的方式，可以单独适用，也可以合并适用。

第十九条 侵害他人财产的，财产损失按照损失发生时的市场价格或者其他方式计算。

以下为该案在最高人民法院审理阶段，裁判文书中“本院认为”部分就该问题的论述：

本案争议的焦点问题是电力公司赔偿孔祥悦损失的范围如何确定。

电力公司的侵权行为给孔祥悦造成了损失，电力公司依法应该承担赔偿责任。根据《中华人民共和国民法通则》第一百一十七条、第一百三十四条及《中华人民共和国侵权责任法》第七条、第十五条、第十九条的规定以及财产损害应全部赔偿的民法原则，侵权责任的赔偿范围应包括孔祥悦的直接损失和间接损失。

一、关于孔祥悦的间接损失问题。所谓间接损失是指由于受害人受到侵害而发生的可得利益的丧失。在其受到侵害时，该财产权益尚未存在，但在通常情况下，如果其不受到侵害，这一财产权益必然或极有可能获得。孔祥悦于2003年5月31日与烟台市牟平区莒格庄镇东垛夼村村民委员会签订合同，承包经营烟台市牟平区祥和采石场（以下简称祥和采石场），并于2008年5月16日取得烟台市国土资源局牟平分局颁发的证号为3706000830877的《采矿许可证》，期限至2009年5月16日。2008年7月31日，因电力公司架设输电线路，祥和采石场停产。2009年10月

20日，孔祥悦就本案向烟台市牟平区人民法院（以下简称牟平区法院）提起诉讼，后因电力公司提出管辖权异议，牟平区法院将案件移送烟台市中级人民法院审理。牟平区法院在审理过程中，于2010年12月委托山东正元地质勘查院烟台分院对祥和采石场的资源量进行评估，该院出具了《烟台市牟平区祥和采石场花岗岩矿地质简报》，估算的结论为，建筑用花岗岩矿33300立方米；需剥离毛石量7225立方米；剥采比为0.210。2011年6月8日，山东永鼎司法鉴定中心根据牟平区法院的委托，对祥和采石场的矿种、剩余储量、技术指标等进行了评估，并根据孔祥悦提供的销售发票及市场调查，作出鲁永司鉴中心（2011）评鉴字第5号《资产评估司法鉴定意见书》，确认祥和采石场剩余可采矿石为26075立方米，剩余储量的矿石开采后纯利润为11389206.19元。由于《资产评估司法鉴定意见书》确定的矿石价格明显高于孔祥悦提供的《烟台市牟平区东垛夼矿区祥和建筑用花岗岩矿矿产资源开发利用说明书》和山东新广信有限责任会计师事务所出具的《烟台市牟平区祥和采石场花岗岩矿采矿权评估报告书》确认的价格，且孔祥悦及相关评估机构均未提供证据证明石料价格的变动情况，故二审判决没有直接采信《资产评估司法鉴定意见书》确认的价格，而是根据一、二审查明的事实，结合当地经济社会发展情况、孔祥悦没有进行实际开采、双方的过错程度及公平原则，酌情确定孔祥悦的间接损失，并按该鉴定结论确认金额的40%进行认定，并无不当。

二、关于孔祥悦的直接损失问题。所谓直接损失是指由于侵权行为直接作用于受害人的财产所造成的财产损害。山东永鼎司法鉴定中心出具的《资产评估司法鉴定意见书》，是在充分考虑剩余可采矿石的预期收入及成本费用的基础上，得出的剩余储量的矿石开采后纯利润。其中，成本费用则包含了孔祥悦与烟台市牟平区莒格庄镇东垛夼村村民委员会合同约定的租金、房屋建筑物及机器设备的折旧、矿石开采的人工费用、采矿权的价格、矿石开采需消耗的油、电、爆破材料等及其他费用。可见，《资产评估司法鉴定意见书》的结论已将孔祥悦主张的直接损失，即其实际投入转化为开采利润，在此情况下，二审判决未支持孔祥悦主张的直接投资损失，并无不妥。

案件来源

孔祥悦与国网山东省电力公司侵权责任纠纷申请再审民事裁定书，最高人民法院（2015）民申字第3501号。

延伸阅读

认定侵权责任的赔偿范围包括直接损失和间接损失的案例：

案例 1：东宁县绿林牧野养貂有限责任公司与吉林特研生物技术有限责任公司产品责任纠纷申诉、申请民事判决书［最高人民法院（2016）最高法民再 43 号］认为："关于绿林公司的损害后果，一审法院经绿林公司申请委托牡丹江市价格认证中心出具了鉴定报告，二审判决支持了死亡损失 4166653 元，皮张尺码变小、质量问题造成的损失 5384927 元，少产仔损失 1168059 元，保存尸体耗电损失 80128 元，共计 10799767 元。从上述各项损失的性质来看，死亡损失、皮张质量问题造成的损失、保存尸体耗电损失属于直接经济损失，少产仔损失属于合理的预期利益损失，均属绿林公司所受损失范围。特研公司虽然对绿林公司提供的有关损害后果的证据以及损失数额不予认可，但在已有价值鉴定报告的情况下，特研公司未申请重新鉴定，亦未提交足以推翻鉴定结论的充分证据。因此，特研公司再审所提原判决关于绿林公司损害后果的认定缺乏证据支持的主张，理据不足，本院亦不予支持。"

案例 2：山西御花园时代广场有限公司与李海水、张锦波等侵害企业出资人权益纠纷二审民事判决书［最高人民法院（2015）民二终字第 56 号］认为："御花园公司出资权益损失包括直接损失和间接损失两部分。其直接损失是其明确表示与五阳集运站终止合作设立山西大平公司前，在设立山西大平公司过程中应取得财产的损失。因御花园公司向设立中的山西大平公司投资的目的是获取投资收益，其应取得财产可能产生的投资收益应作为其间接损失。"

案例 3：湘西自治州炼兴矿业有限责任公司与湖南省高速公路建设开发总公司侵权责任纠纷二审民事判决书［湖南省高级人民法院（2016）湘民终 760 号］认为："关于炼兴公司的损失应当如何认定的问题。《中华人民共和国物权法》第一百二十三条的规定，依法取得的采矿权受法律保护。《中华人民共和国侵权责任法》第二条第一款规定，侵害民事权益的，应当承担侵权责任。本案中，高速公路建设开发公司在修路过程中在没有与炼兴公司就补偿问题达成一致意见的情况下压覆了其矿区，导致炼兴公司不能进行正常的开采活动，侵害了炼兴公司的采矿权，其应当承担相应的侵权责任。《中华人民共和国侵权责任法》第十九条规定，侵害他人财产的，财产损失按照损失发生时的市场价格或者其他方式计算。故高速公路建设开发公司称赔偿应以投入资金等直接损失为限的辩解与前述法律规定不符，本院不予支持。《湖南省国土资源厅关于建设项目压覆矿产资源补偿有关问题的通知》

（湘国土资发〔2013〕17号）、《湖南省人民政府办公厅关于做好压覆矿产资源补偿工作的通知》（湘政办发〔2015〕17号）等相关文件规定，压覆矿业权应当赔偿的损失主要包括所压覆矿产资源应分摊的已缴采矿权价款、被压覆范围矿业权的取得成本、压覆范围的直接损失、被压覆采矿权开采投资及同类开采矿山行业投资平均利润减去已获投资回报、被压覆范围探矿权的勘查投资和行业投资平均利润。故高速公路建设开发公司应当向炼兴公司赔偿直接损失外，还应考虑投资利润。”

061 越界开采行为已受到行政处罚，被侵权人还能否请求民事赔偿

——越界开采行为已受到行政处罚，不影响民事责任的承担

阅读提示

本案例载于《中华人民共和国最高人民法院公报》2012年第3期（总第185期），对引导越界开采行为行政责任和民事责任的区分处理具有重要意义。

裁判要旨

根据《中华人民共和国行政处罚法》第七条的规定，公民、法人或者其他组织因违法受到行政处罚，其违法行为对他人造成损害的，应当依法承担民事责任。行为人因过错侵害他人民事权益的，应当承担相应的赔偿责任，行为人因同一行为已受到行政处罚的，不影响其承担民事责任。

案情简介

一、1998年9月，白银公司取得《采矿许可证》。2006年10月，白银公司发现须弥山公司正在进行大规模的盗采活动，白银公司即向有关行政主管部门汇报。经现场实地勘探调查，2007年9月，陇南市国土资源局作出《矿产资源行政处罚决定书》，以须弥山公司自2006年以来超越批准的矿区范围，进入李家沟矿区范围采矿，违反了相关法规为由，对其作出行政处罚：没收越界开采的矿石量4907吨，折合人民币1048135元；并处以违法所得5%的罚款52407元。

二、自1999年10月至2003年11月，须弥山公司与黄渚选矿厂、106队签订数份联合探矿合同与合作勘查合同，约定各方联合探矿、探采结合、逐步转入正规开采，直至开采闭坑为止。2004年10月，由须弥山公司申请取得须弥山公司徐明山铅锌矿《采矿许可证》。2004年4月，黄渚选矿厂全部出资由茅德贤个人受让。2007年10月，黄渚选矿厂被注销，恒兴公司接收了黄渚选矿厂的部分财产。

三、2008年10月，白银公司向甘肃高院提起诉讼，请求判令：须弥山公司、茅德贤、106队、恒兴公司共同赔偿白银公司损失5234.85万元。

四、须弥山公司和恒兴公司提出，盗采事件已经行政主管部门处罚过，根据一事不二罚的原则，白银公司无权提出民事赔偿诉求。

五、甘肃高院认为，本案白银公司提出的是民事侵权赔偿诉讼，与行政处罚是两个不同的法律关系。判决：须弥山公司、茅德贤、106队连带赔偿白银公司5234.85万元；恒兴公司对于茅德贤承担赔偿部分在其承接的黄渚选矿厂的财产范围内承担补充赔偿责任。

六、须弥山公司、茅德贤、106队及恒兴公司均不服，上诉至最高人民法院。最高人民法院判决：驳回上诉，维持原判。

裁判要点

首先，本案的侵权事实客观存在。关于案涉越界开采事件，陇南市国土资源局与甘肃省国土资源厅已分别组成调查组进行了调查，陇南市国土资源局作出了《矿产资源行政处罚决定书》，就该事件作出了基本结论与处理。当地政府均表态该事件为非法越界开采国有矿藏，事件严重情况与白银公司李家沟铅锌矿反映的情况基本一致。各方当事人对本案侵权事实的存在均予认可。

其次，本案作为侵权损害赔偿纠纷，与陇南市国土资源局就该事件作出行政处罚，属于民事与行政两个不同性质的法律关系，二者在认定事实、适用法律政策方面的依据均有所不同。《中华人民共和国行政处罚法》第七条明确规定“公民、法人或者其他组织因违法受到行政处罚，其违法行为对他人造成损害的，应当依法承担民事责任”，因此，须弥山公司、茅德贤、106队及恒兴公司仍应承担本案民事责任。

实务经验总结

前事不忘，后事之师。为避免未来发生类似败诉，提出如下建议：

一、采矿权人越界开采，不仅需要承担行政责任，还要承担民事赔偿责任，甚至可能承担刑事责任。上述责任的承担相互独立、互不影响。

二、当事人越界开采应当承担的行政责任是：责令退回本矿区范围内开采，没收越界开采的矿产品和违法所得，可以并处罚款。

三、2017 年 7 月 27 日起施行的《最高人民法院关于审理矿业权纠纷案件适用法律若干问题的解释》第二十条规定："因他人越界勘查开采矿产资源，矿业权人请求侵权人承担停止侵害、排除妨碍、返还财产、赔偿损失等侵权责任的，人民法院应予支持，但探矿权人请求侵权人返还越界开采的矿产品及收益的除外。"据此，采矿权人有权请求越界开采人承担停止侵害、排除妨碍、返还财产、赔偿损失等侵权责任。

相关法律规定

《中华人民共和国侵权责任法》

第三条　被侵权人有权请求侵权人承担侵权责任。

第四条　侵权人因同一行为应当承担行政责任或者刑事责任的，不影响依法承担侵权责任。

因同一行为应当承担侵权责任和行政责任、刑事责任，侵权人的财产不足以支付的，先承担侵权责任。

《中华人民共和国行政处罚法》

第七条　公民、法人或者其他组织因违法受到行政处罚，其违法行为对他人造成损害的，应当依法承担民事责任。

违法行为构成犯罪，应当依法追究刑事责任，不得以行政处罚代替刑事处罚。

以下为该案在最高人民法院审理阶段，裁判文书中"本院认为"部分就该问题的论述：

关于本案侵权损失数额的确定问题。从本案查明的事实看，关于涉案"10·23"越界开采事件，陇南市国土资源局与甘肃省国土资源厅已分别组织调查组进行了调查，并分别作出了《陇南市国土资源局关于成县李家沟矿区"10·23"非法越界开采情况的调查报告》与《甘肃省国土资源厅关于白银公司成县李家沟铅锌矿区"10·23"越界开采事件处理意见的请示》，陇南市国土资源局还作出了《矿产资源行政处罚决定书》，就该事件作出了基本结论与处理。当地政府均表态该事件为非法越界开采国有矿藏，事件严重情况与白银公司李家沟铅锌矿反映的情况基本一致；一、二审中，各方当事人对本案侵权事实的存在均予认可。因此，本案作为侵权损害赔偿纠纷，侵权事实客观存在，其与陇南市国土资源局就该事件作出行政处罚，属于民事与行政两个不同性质的法律关系，二者在认定事实、适用法律政策方面的依据均有所不同。《中华人民共和国行政处罚法》第七条明确规定“公民、法人或者其他组织因违法受到行政处罚，其违法行为对他人造成损害的，应当依法承担民事责任”，四方上诉人要求按照陇南市国土资源局作出的《矿产资源行政处罚决定书》确认本案民事责任，缺乏法律依据，本院不予支持。

案件来源

茅德贤、成县茨坝须弥山实业有限公司、甘肃有色地质勘查局106队、成县恒兴矿业有限公司与白银有色金属公司采矿权纠纷案，最高人民法院（2011）民二终字第22号，《中华人民共和国最高人民法院公报》2012年第3期（总第185期）。

延伸阅读

裁判规则：侵权人因同一行为应当承担行政责任或者刑事责任的，不影响依法承担侵权责任。

案例1：刘涛、方大炭素新材料科技股份有限公司侵权责任纠纷再审审查与审判监督民事裁定书［最高人民法院（2017）最高法民申1815号］认为：“关于原审法院以侵权责任纠纷为由受理本案并作出判决是否正确的问题。刘涛认为方大公司起诉的事实是基于刑事案件导致的侵权责任，该行为已经被司法机关予以处理，故不能再次提起民事诉讼。《中华人民共和国侵权责任法》第四条第一款规定：‘侵权人因同一行为应当承担行政责任或者刑事责任的，不影响依法承担侵权责任。’这一规定表明，民事责任和刑事责任的目的不同，前者的主要目的在于恢复原状，弥补损失，侧重对私人权利的维护；后者则旨在保护人权，惩罚犯罪，侧重保护公共利益。当侵权行为同时危及公共利益和私人利益时，对公共利益的保护不能替代私人利益。侵权人在承担刑事责任后，依法需要承担民事责任的仍应当承担相应的责任。本案中，虽然刘涛已经因为侵犯商业秘密罪被判处刑罚，但不能免除其民事责任。因此，原审法院以侵权责任纠纷为由受理本案并判决刘涛承担相应的民事责任，并无不当。”

案例2：陈江鹏与陕西中能煤田有限公司财产损害赔偿纠纷申诉、申请民事裁定书［最高人民法院（2015）民申字第3423号］认为：“中能公司主张其已与昌汗界村民达成补偿协议。其支付的补偿款中包括陈江鹏涉案苗圃苗木的损失补偿，不应再重复赔偿。但补偿仅针对因开采煤矿导致地面形成塌陷区和临时储水沙地而支付，现无证据证明中能公司对陈江鹏的损害也已经给予了补偿。中能公司还主张其向榆阳区人民政府缴纳了环境治理补偿费，应视为其已经承担了损失责任。根据《侵权责任法》第四条的规定，侵权人因同一行为应当承担行政责任或者刑事责任的，不影响依法承担侵权责任。中能公司缴纳环境治理补偿费的行为属于承担行政责任的行为，并不能据此免除中能公司因采矿行为导致陈江鹏苗木死亡的民事赔偿责任。中能公司关于二审判决认定苗圃苗木死亡与开采煤矿之间存在因果关系缺乏证据支持、二审判决确定民事责任违背《侵权责任法》第二十七条的规定、适用法律错误等申请理由均不能成立。"

案例 3：徐州市鸿顺造纸有限公司环境污染责任纠纷二审民事判决书［江苏省高级人民法院（2016）苏民终 1357 号］认为："已经缴纳的罚款不应从生态环境修复费用中抵扣。依照《中华人民共和国侵权责任法》第四条之规定，侵权人因同一行为应当承担行政责任或者刑事责任的，不影响依法承担侵权责任。环保执法机关对鸿顺公司做出罚款的行政处罚，属于该公司因行政违法而应当承担的行政责任，该处罚系对鸿顺公司违法排放废水的惩戒，目的在于遏制环境违法行为。徐州市人民检察院要求鸿顺公司支付生态修复费用，系要求该公司承担对生态环境造成损害的修复责任，属于民事侵权责任。两项法律责任的功能完全不同。鸿顺公司要求将其缴纳的罚款在侵权赔偿费中予以抵扣，该请求缺乏法律依据。"

案例 4：昆明三农农牧有限公司、昆明羊甫联合牧业有限公司与昆明市环境保护局环境污染侵权纠纷上诉案［云南省高级人民法院（2011）云高民一终字第 41 号］认为："《中华人民共和国侵权责任法》第四条第一款规定：'侵权人因同一行为应当承担行政责任或者刑事责任的，不影响依法承担侵权责任。'本案中，行政机关作出的行政处罚针对的是三农公司的环保设施未竣工验收，违反法律规定的'三同时'义务，故给予行政处罚。而本案为侵权纠纷，停止侵害系承担侵权责任的首要方式。对上诉人因侵权行为所应承担的民事责任，与行政处罚并不冲突。上诉人的该项上诉理由不成立，本院不予支持，一审判决停止侵权适当。"

062 越界开采侵权赔偿数额能否扣除开采成本

——越界开采行为恶意侵犯国有矿山资源的，计算侵权损失时不应剔除开采成本

阅读提示

越界开采侵权案件中，计算赔偿损失数额时能否扣除侵权人发生的开采成本？本公报案例因涉及恶意侵犯国有资产，最高人民法院认为不应当扣除相关成本。但在不涉及侵犯国有资产的案件中，实践中亦有法院支持扣除相关成本。

裁判要旨

行为人侵犯他人财产造成损失的，应当承担赔偿责任，特别是恶意侵犯国有资产的行为所付出的成本不同于一般民事交易行为中的成本，计算侵权损失数额时不应予以剔除。

案情简介

一、1998 年 9 月，白银公司（国有企业）取得《采矿许可证》。2006 年 10 月，白银公司发现须弥山公司正在进行大规模的盗采活动，白银公司即向有关行政主管部门予以汇报。经现场实地勘探调查，2007 年 9 月，陇南市国土资源局作出《矿产资源行政处罚决定书》，以须弥山公司自 2006 年以来超越批准的矿区范围，进入李家沟矿区范围采矿，违反了相关法规为由，对其作出行政处罚：没收越界开采的矿石量 4907 吨，折合人民币 1048135 元；并处以违法所得 5%的罚款 52407 元。

二、自 1999 年 10 月至 2003 年 11 月，须弥山公司与黄渚选矿厂、106 队签订数份联合探矿合同与合作勘查合同，约定各方联合探矿、探采结合、逐步转入正规开采，直至开采闭坑为止。2004 年 10 月，由须弥山公司申请取得须弥山公司徐明山铅锌矿《采矿许可证》。2004 年 4 月，黄渚选矿厂全部出资由茅德贤个人受让。2007 年 10 月，黄渚选矿厂被注销，恒兴公司接收了黄渚选矿厂的部分财产。

三、2008 年 10 月，白银公司向甘肃高院提起诉讼，请求判令：须弥山公司、茅德贤、106 队、恒兴公司共同赔偿白银公司损失 5234.85 万元。甘肃高院判决：

须弥山公司、茅德贤、106 队连带赔偿白银公司 5234.85 万元；恒兴公司对于茅德贤承担赔偿部分在其承接的黄渚选矿厂的财产范围内承担补充赔偿责任。

四、须弥山公司、茅德贤、106 队及恒兴公司均不服，上诉至最高人民法院，主张原审计算赔偿数额时没有考虑矿石开采成本、管理成本、销售成本、资源税金及规费等因素。最高人民法院判决：驳回上诉，维持原判。

裁判要点

本案计算赔偿数额时不应当扣除开采、运输、税收等必要的成本。原矿石被开采出来后经过加工、运输等生产程序，转换成精粉等深加工产品，在计算侵权损失时扣除开采、运输、人工工资、税收等必要的成本，得出净利润予以赔偿，是一般正常合同交易损害赔偿纠纷中通常使用的计算方法。而本案当事人的侵权行为完全不同于一般矿石开采交易，该侵权行为持续多年，使国有矿山资源遭受巨大破坏，在该侵权行为被发现、相关国家管理部门三令五申立即停止侵权的情况下，侵权人仍通过爆破、封堵等手段阻挠调查，毁灭证据，已被国家有关部门处以行政处罚，故对这种恶意侵权行为人民法院应当进行制裁。将如此恶意侵权行为所付出的成本由受害方国有企业承担，既无法律依据，亦不合情理。

实务经验总结

前事不忘，后事之师。为避免未来发生类似败诉，提出如下建议：

一、越界开采侵权人在有关行政部门责令停止侵权后后应当立即停止侵权，并积极配合调查，否则不仅需要承担行政责任，还可能加重民事责任的承担。但在不考虑国有资产流失问题的越界开采侵权案件中，能否扣除开采成本尚存在争议（请见延伸阅读部分）。

二、采矿权人越界开采，不仅需要承担行政责任，还要承担民事赔偿责任，甚至可能承担刑事责任。上述责任的承担相互独立、互不影响。

相关法律规定

《中华人民共和国侵权责任法》

第三条 被侵权人有权请求侵权人承担侵权责任。

第十九条 侵害他人财产的，财产损失按照损失发生时的市场价格或者其他方式计算。

以下为该案在最高人民法院审理阶段，裁判文书中“本院认为”部分就该问题的论述：

关于本案侵权损失数额的确定问题。从本案查明的事实看，关于涉案“10·23”越界开采事件，陇南市国土资源局与甘肃省国土资源厅已分别组织调查组进行了调查，并分别作出了《陇南市国土资源局关于成县李家沟矿区“10·23”非法越界开采情况的调查报告》与《甘肃省国土资源厅关于白银公司成县李家沟铅锌矿区“10·23”越界开采事件处理意见的请示》，陇南市国土资源局还作出了《矿产资源行政处罚决定书》，就该事件作出了基本结论与处理。当地政府均表态该事件为非法越界开采国有矿藏，事件严重情况与白银公司李家沟铅锌矿反映的情况基本一致；一、二审中，各方当事人对本案侵权事实的存在均予认可。因此，本案作为侵权损害赔偿纠纷，侵权事实客观存在，其与陇南市国土资源局就该事件作出行政处罚，属于民事与行政两个不同性质的法律关系，二者在认定事实、适用法律政策方面的依据均有所不同。《中华人民共和国行政处罚法》第七条明确规定“公民、法人或者其他组织因违法受到行政处罚，其违法行为对他人造成损害的，应当依法承担民事责任”，四方上诉人要求按照陇南市国土资源局作出的《矿产资源行政处罚决定书》确认本案民事责任，缺乏法律依据，本院不予支持。关于侵权损失赔偿数额，包括越界采矿数量与矿石损失单价的确认，以及应否剔除越界开采成本问题，一审中，白银公司为支持自己的主张向法庭提供了一系列证据材料，包括参与当地政府调查期间形成的实测资料报告、采场水平平面图、增值税专业发票等，经过一审法庭质证，有关当事人对其真实性或者表示认可，或者虽提出异议，但并未提出相应的反驳证据。本院二审中，原审4被告均提出上诉，认为原审判决在证据的认定与采纳方面不符合我国法律要求，经本院释明后，各方仍均未提出相应有效的合法证据予以反驳。根据《关于民事诉讼证据的若干规定》第二条“当事人对自己提出的诉讼请求所依据的事实或反驳对方诉讼请求所依据的事实有责任提供证据加以证明。没有证据或者证据不足以证明当事人的事实主张的，由负有举证责任的当事人承担不利后果”之规定，四方上诉人应当承担举证不能的法律责任。首先，白银公司主张的27288吨矿石损失数量问题，该数量系地方政府两次组织调查前后，白银公司清算组作为联合调查组成员对越界开采现场实际测量取得数据，再依据国家矿产储量委员会审核通过的106队作出的相关地质报告所确定的矿石品位及计算公式严格计算出来的；且包括该数据在内的有关越界开采的事实情况报告得到了陇南市国土资源局以及甘肃省国土资源厅三级联合调查组的肯定，并成为陇南市国土资源局作出行政处罚的基本依据之一，具有相当的权威性。该数据系理论计算结果，本应通过实地核查予以印证，但由于黄渚选矿厂在越界开采行为被发现后，不但没有停止侵权、保护现场，反而多次实施爆破、封堵等恶意阻挠行为，陇南市国土资源局多次发文责令其停止侵权行为并立即清理，但黄渚选矿厂拒不清理，阻挠有关调查，致使矿产损失至今无法准确核实。该爆破、封堵行为是本案侵权行为的延续和实际损失不能准确核查的主要原因，已被地方与矿产资源管理机构的有效行政文件所确认。在地方政府组织的调查组对该越界开采事件调查处理过程中，茅德贤与黄渚选矿厂在该调查组成员白银公司清算组出具的“越界开采调查平面图”上签字、加盖公章，对自己实施的侵权行为以及该行为实施的范围、位置予以认可。而在本案诉讼中，茅德贤又拒绝承认黄渚选矿厂实施了爆堵行为，否认该厂越界开采行为与损害后果之间的关联性，有违诚实信用原则，据此，本院不予支持。至于一勘院基于甘肃省国土资源厅三级联合调查组委托就侵权事实所作的《估算报告》亦明确97线采场因为封堵无法进入，但该报告对105线Ⅲ2采场未提及，一些损失计算所必要的数据未提供，原审法院对该《估算报告》未予采纳，符合我国民事诉讼证据规则的规定，并无不妥。本院二审中，106队向本院提出申请，请求由权威部门就本案侵权产生的矿石损失予以鉴定。对此，本院认为，基于本案业已查明的案件事实，已不可能恢复越界开采当时的历史原貌，本案已不存在进行相关鉴定的条件，故本院不予准许。原审判决认定本案越界开采矿石数量为27288吨，并以国家矿产储量委员会1988年1月审批的106队呈报的《甘肃省成县李家沟铅锌矿床地质勘探报告》所确定的矿石品位及计算公式计算本案侵权损失数额，符合我国民事诉讼证据规则的基本要求，并无不妥，本院予以维持。其次，四方上诉人在上诉意见中均提出在计算损失具体数额时应当采用原矿价格而非精粉价格。本院在二审期间依职权走访咨询了国土资源部、陇南市国土资源局与物价局等部门，均无法查询到确切的涉案原矿石的市场价格或者国家指导性价格等直接证据；如前所述，由于上诉人方面的原因，采场已无法恢复原状，本案已不具备法定的鉴定条件，上诉人又未提出有效的合法证据加以反驳，依照证据规则要求，上诉人应当承担举证不能的法律后果。故原审判决实际采纳白银公司2006年（非1996年）10月即越界开采被发现当月购买铅精粉和锌精粉价格发票的平均值，符合本院民事诉讼证据规则的要求，本院予以维持。对于上诉人提出的计算损失具体数额时应剔除开采、选矿成本与损失、支出的管理运输费用、税费等问题。本院认为，本案系侵犯采矿权纠纷，本案中的越界开采行为系非法侵权行为，不同于一般的合法商业交易行为。该非法行为持续多年，使国有矿山资源遭受巨大破坏，造成国有资产的流失，严重损害了国家利益；在该侵权行为被发现、相关国家管理部门三令五申立即停止侵权的情况下，侵权人仍通过爆破、封堵等手段阻挠调查，毁灭证据，已被国家有关部门予以行政处罚，故对这种恶意侵权行为人民法院应当进行制裁。原矿石被开采出来后经过加工、运输等生产程序，转换成精粉等深加工产品，在计算侵权损失时扣除开采、运输、人工工资、税收等必要的成本，得出净利润予以赔偿，是一般正常合同交易损害赔偿纠纷中通常使用的计算方法。本案当事人的侵权行为完全不同于一般矿石开采交易，而是恶意侵犯国有资产，性质严重，造成的国有资产损失难以估量，将如此恶意侵权行为所付出的成本由受害方国有企业承担，既无法律依据，亦不合情理。且上诉人在一审反驳、二审上诉中经法院释明后均拒绝提供自己非法越界开采成本的相关证据，故本院对此不予支持。因此，上诉人关于重新确认价格和损失的上诉请求缺乏事实和法律依据，不能成立，本院不予支持。

案件来源

茅德贤、成县茨坝须弥山实业有限公司、甘肃有色地质勘查局106队、成县恒兴矿业有限公司与白银有色金属公司采矿权纠纷案，最高人民法院（2011）民二终字第22号，《中华人民共和国最高人民法院公报》2012年第3期（总第185期）。

延伸阅读

一、认定计算越界开采行为造成的损失应当扣除必要的开采成本支出的案例

案例1：信阳申雅矿业有限公司与信阳市上天梯杨湾珍珠岩矿财产损害赔偿纠纷二审民事判决书［河南省高级人民法院（2015）豫法民一终字第161号］认为："信阳申雅矿业公司对鉴定意见提出的异议为在计算侵权损失时不应扣除矿石开采成本。信阳杨湾矿的越界开采行为构成侵权，信阳申雅矿业公司因该侵权行为所受到的损失，是其对该部分矿石进行开采、销售而得到利益的损失，由于其进行开采、销售均会产生相应费用并交纳税费，属于必要的成本支出，因此，在计算信阳申雅矿业公司侵权损失时应当扣除该成本。鉴定意见采取收益法进行计算，其所扣除的矿产税、开采机械费、管理费等成本内容与信阳申雅矿业公司在取得采矿权时向政府资源管理部门交纳的费用不同，不存在重复扣减的问题，故信阳申雅矿业公司的该项异议不成立，本院不予支持。原审依据鉴定结论认定损失数额并无不当。"

二、认定计算越界开采行为造成的损失不应当扣除开采成本支出的案例

案例2：秀山县天源矿业有限公司、秀山九鑫锰业有限公司采矿权纠纷执行审查类执行裁定书［最高人民法院（2017）最高法执监16号］认为："关于在执行九鑫公司已开采的锰矿石过程中，是否应剔除开采成本问题。本案系九鑫公司因越界开采侵犯天源公司采矿权而形成的纠纷，越界开采行为系非法侵权行为，不同于一般的合法商业交易行为。该非法行为使矿山资源遭受破坏，造成 14479 吨锰矿资源量不能再开采利用，不仅侵害了天源公司的利益，也损害了国家利益。矿石从矿山中被开采出来后，势必要经过加工、运输等生产程序，在计算侵权损失时扣除开采、运输、人工工资、税收等必要的成本，得出净利润予以赔偿，是一般正常合同交易损害赔偿纠纷中通常使用的计算方法。本案当事人的侵权行为完全不同于一般矿石开采交易，而是恶意侵犯他人财产，性质严重，将恶意侵权行为所付出的成本由受害方承担，既无法律依据，亦不合情理。执行依据判项明确，即九鑫公司‘向天源公司返还已开采的锰矿资源 18793 吨’，执行中，执行机构对九鑫公司盗挖成本进行裁断，不仅违反相关实体法规定且违反程序行使裁判权。因此，重庆高院（2016）渝执复 15 号执行裁定支持九鑫公司扣除锰矿石开采的相应成本费用的请求，与生效判决主文确定的事项不符，应予纠正。”

063 越界开采行为人恶意阻挠调查取证，侵权损失如何认定

——越界开采行为人恶意阻挠调查取证致使调查部门无法取得证据，应承担举证不能的法律后果

阅读提示

越界开采侵权行为发生后，一些侵权行为人恶意阻挠有关部门调查取证，欲通过此种方式逃脱责任，此时侵权损失该如何计算？本案例认同该情形下以理论计算结果作为计算损失的依据，由侵权行为人承担举证不能的法律后果。因此恶意阻挠调查取证的方式不可取。

裁判要旨

根据最高人民法院《关于民事诉讼证据的若干规定》第二条的规定，当事人对自己提出的诉讼请求所依据的事实或反驳对方诉讼请求所依据的事实有责任提供证据加以证明。没有证据或者证据不足以证明当事人的事实主张的，由负有举证责任的当事人承担不利后果。案件调查处理过程中，当事人恶意阻挠调查取证，致使调

查部门无法取得相关证据的，当事人应当承担举证不能的法律后果。

案情简介

一、1998 年 9 月，白银公司取得《采矿许可证》。2006 年 10 月，白银公司发现须弥山公司正在进行大规模的盗采活动，白银公司即向有关行政主管部门汇报。经现场实地勘探调查，2007 年 9 月，陇南市国土资源局作出《矿产资源行政处罚决定书》，以须弥山公司自 2006 年以来超越批准的矿区范围，进入李家沟矿区范围采矿，违反了相关法规为由，对其作出行政处罚。

二、自 1999 年 10 月至 2003 年 11 月，须弥山公司与黄渚选矿厂、106 队签订数份联合探矿合同与合作勘查合同，约定各方联合探矿、探采结合、逐步转入正规开采，直至开采闭坑为止。2004 年 10 月，由须弥山公司申请取得须弥山公司徐明山铅锌矿《采矿许可证》。2004 年 4 月，黄渚选矿厂全部出资由茅德贤个人受让。2007 年 10 月，黄渚选矿厂被注销，恒兴公司接收了黄渚选矿厂的部分财产。

三、2008 年 10 月，白银公司向甘肃高院提起诉讼，请求判令：须弥山公司、茅德贤、106 队、恒兴公司共同赔偿白银公司损失 5234.85 万元。甘肃高院判决：须弥山公司、茅德贤、106 队连带赔偿白银公司 5234.85 万元；恒兴公司对于茅德贤承担赔偿部分在其承接的黄渚选矿厂的财产范围内承担补充赔偿责任。

四、须弥山公司、茅德贤、106 队及恒兴公司均不服，上诉至最高人民法院，认为原审判决在证据的认定与采纳方面不符合我国法律要求。最高人民法院判决：驳回上诉，维持原判。

裁判要点

本案被告恶意阻挠调查取证，应当承担举证不能的法律后果。

首先，白银公司主张的 27288 吨矿石损失数量问题，该数据系理论计算结果，本应通过实地核查予以印证，但由于黄渚选矿厂在越界开采行为被发现后，不但没有停止侵权、保护现场，反而多次实施爆破、封堵等恶意阻挠行为，陇南市国土资源局多次发文责令其停止侵权行为并立即清理，但黄渚选矿厂拒不清理，阻挠有关调查，致使矿产损失至今无法准确核实。法院认定本案越界开采矿石数量为 27288 吨，并以国家矿产储量委员会 1988 年 1 月审批的 106 队呈报的《甘肃省成县李家沟铅锌矿床地质勘探报告》所确定的矿石品位及计算公式计算本案侵权损失数额，符合我国民事诉讼证据规则的基本要求。

其次，被告在二审中提出申请，请求由权威部门就本案侵权产生的矿石损失予以鉴定。但由于被告的原因，采场已无法恢复原状，本案已不具备法定的鉴定条件，被告又未提出有效的合法证据加以反驳，依照证据规则要求，被告应当承担举证不能的法律后果。

实务经验总结

前事不忘，后事之师。为避免未来发生类似败诉，提出如下建议：

越界开采侵权人在有关行政部门责令停止侵权后应当立即停止侵权，并积极配合调查取证。恶意阻挠调查取证将可能影响侵权赔偿具体数额的认定，承担举证不能的不利后果。

相关法律规定

《最高人民法院关于民事诉讼证据的若干规定》

第二条　当事人对自己提出的诉讼请求所依据的事实或者反驳对方诉讼请求所依据的事实有责任提供证据加以证明。

没有证据或者证据不足以证明当事人的事实主张的，由负有举证责任的当事人承担不利后果。

以下为该案在最高人民法院审理阶段，裁判文书中“本院认为”部分就该问题的论述：

关于本案侵权损失数额的确定问题。从本案查明的事实看，关于涉案“10·23”越界开采事件，陇南市国土资源局与甘肃省国土资源厅已分别组织调查组进行了调查，并分别作出了《陇南市国土资源局关于成县李家沟矿区“10·23”非法越界开采情况的调查报告》与《甘肃省国土资源厅关于白银公司成县李家沟铅锌矿区“10·23”越界开采事件处理意见的请示》，陇南市国土资源局还作出了《矿产资源行政处罚决定书》，就该事件作出了基本结论与处理。当地政府均表态该事件为非法越界开采国有矿藏，事件严重情况与白银公司李家沟铅锌矿反映的情况基本一致；一、二审中，各方当事人对本案侵权事实的存在均予认可。因此，本案作为侵权损害赔偿纠纷，侵权事实客观存在，其与陇南市国土资源局就该事件作出行政处罚，属于民事与行政两个不同性质的法律关系，二者在认定事实、适用法律政策方面的依据均有所不同。《中华人民共和国行政处罚法》第七条明确规定“公民、法人或者其他组织因违法受到行政处罚，其违法行为对他人造成损害的，应当依法承担民事责任”，四方上诉人要求按照陇南市国土资源局作出的《矿产资源行政处罚决定书》确认本案民事责任，缺乏法律依据，本院不予支持。关于侵权损失赔偿数额，包括越界采矿数量与矿石损失单价的确认，以及应否剔除越界开采成本问题，一审中，白银公司为支持自己的主张向法庭提供了一系列证据材料，包括参与当地政府调查期间形成的实测资料报告、采场水平平面图、增值税专业发票等，经过一审法庭质证，有关当事人对其真实性或者表示认可，或者虽提出异议，但并未提出相应的反驳证据。本院二审中，原审4被告均提出上诉，认为原审判决在证据的认定与采纳方面不符合我国法律要求，经本院释明后，各方仍均未提出相应有效的合法证据予以反驳。根据《关于民事诉讼证据的若干规定》第二条“当事人对自己提出的诉讼请求所依据的事实或反驳对方诉讼请求所依据的事实有责任提供证据加以证明。没有证据或者证据不足以证明当事人的事实主张的，由负有举证责任的当事人承担不利后果”之规定，四方上诉人应当承担举证不能的法律责任。首先，白银公司主张的27288吨矿石损失数量问题，该数量系地方政府两次组织调查前后，白银公司清算组作为联合调查组成员对越界开采现场实际测量取得数据，再依据国家矿产储量委员会审核通过的106队作出的相关地质报告所确定的矿石品位及计算公式严格计算出来的；且包括该数据在内的有关越界开采的事实情况报告得到了陇南市国土资源局以及甘肃省国土资源厅三级联合调查组的肯定，并成为陇南市国土资源局作出行政处罚的基本依据之一，具有相当的权威性。该数据系理论计算结果，本应通过实地核查予以印证，但由于黄渚选矿厂在越界开采行为被发现后，不但没有停止侵权、保护现场，反而多次实施爆破、封堵等恶意阻挠行为，陇南市国土资源局多次发文责令其停止侵权行为并立即清理，但黄渚选矿厂拒不清理，阻挠有关调查，致使矿产损失至今无法准确核实。该爆破、封堵行为是本案侵权行为的延续和实际损失不能准确核查的主要原因，已被地方与矿产资源管理机构的有效行政文件所确认。在地方政府组织的调查组对该越界开采事件调查处理过程中，茅德贤与黄渚选矿厂在该调查组成员白银公司清算组出具的“越界开采调查平面图”上签字、加盖公章，对自己实施的侵权行为以及该行为实施的范围、位置予以认可。而在本案诉讼中，茅德贤又拒绝承认黄渚选矿厂实施了爆堵行为，否认该厂越界开采行为与损害后果之间的关联性，有违诚实信用原则，据此，本院不予支持。至于一勘院基于甘肃省国土资源厅三级联合调查组委托就侵权事实所作的《估算报告》亦明确97线采场因为封堵无法进入，但该报告对105线Ⅲ2采场未提及，一些损失计算所必要的数据未提供，原审法院对该《估算报告》未予采纳，符合我国民事诉讼证据规则的规定，并无不妥。本院二审中，106队向本院提出申请，请求由权威部门就本案侵权产生的矿石损失予以鉴定。对此，本院认为，基于本案业已查明的案件事实，已不可能恢复越界开采当时的历史原貌，本案已不存在进行相关鉴定的条件，故本院不予准许。原审判决认定本案越界开采矿石数量为27288吨，并以国家矿产储量委员会1988年1月审批的106队呈报的《甘肃省成县李家沟铅锌矿床地质勘探报告》所确定的矿石品位及计算公式计算本案侵权损失数额，符合我国民事诉讼证据规则的基本要求，并无不妥，本院予以维持。其次，四方上诉人在上诉意见中均提出在计算损失具体数额时应当采用原矿价格而非精粉价格。本院在二审期间依职权走访咨询了国土资源部、陇南市国土资源局与物价局等部门，均无法查询到确切的涉案原矿石的市场价格或者国家指导性价格等直接证据；如前所述，由于上诉人方面的原因，采场已无法恢复原状，本案已不具备法定的鉴定条件，上诉人又未提出有效的合法证据加以反驳，依照证据规则要求，上诉人应当承担举证不能的法律后果。故原审判决实际采纳白银公司2006年（非1996年）10月即越界开采被发现当月购买铅精粉和锌精粉价格发票的平均值，符合本院民事诉讼证据规则的要求，本院予以维持。对于上诉人提出的计算损失具体数额时应剔除开采、选矿成本与损失、支出的管理运输费用、税费等问题。本院认为，本案系侵犯采矿权纠纷，本案中的越界开采行为系非法侵权行为，不同于一般的合法商业交易行为。该非法行为持续多年，使国有矿山资源遭受巨大破坏，造成国有资产的流失，严重损害了国家利益；在该侵权行为被发现、相关国家管理部门三令五申立即停止侵权的情况下，侵权人仍通过爆破、封堵等手段阻挠调查，毁灭证据，已被国家有关部门予以行政处罚，故对这种恶意侵权行为人民法院应当进行制裁。原矿石被开采出来后经过加工、运输等生产程序，转换成精粉等深加工产品，在计算侵权损失时扣除开采、运输、人工工资、税收等必要的成本，得出净利润予以赔偿，是一般正常合同交易损害赔偿纠纷中通常使用的计算方法。本案当事人的侵权行为完全不同于一般矿石开采交易，而是恶意侵犯国有资产，性质严重，造成的国有资产损失难以估量，将如此恶意侵权行为所付出的成本由受害方国有企业承担，既无法律依据，亦不合情理。且上诉人在一审反驳、二审上诉中经法院释明后均拒绝提供自己非法越界开采成本的相关证据，故本院对此不予支持。因此，上诉人关于重新确认价格和损失的上诉请求缺乏事实和法律依据，不能成立，本院不予支持。

案件来源

茅德贤、成县茨坝须弥山实业有限公司、甘肃有色地质勘查局106队、成县恒兴矿业有限公司与白银有色金属公司采矿权纠纷案，最高人民法院（2011）民二终字第22号,《中华人民共和国最高人民法院公报》2012年第3期（总第185期）。

064 越界开采行为涉嫌非法采矿犯罪，民事侵权案件能否继续审理

——越界开采行为涉嫌非法采矿犯罪的，应驳回被侵权人提起的民事侵权诉讼

阅读提示

根据《中华人民共和国刑法》第三百四十三条的规定，违反矿产资源法的规定，擅自进入他人矿区范围采矿，情节严重的，构成非法采矿罪。如果越界开采侵权行为涉嫌非法采矿罪，被侵权人提起的民事侵权诉讼能否继续审理？最高人民法院认为，该情形下应当驳回被侵权人提起的民事诉讼。

裁判要旨

人民法院作为越界开采侵权纠纷受理的案件，该侵权行为涉嫌非法采矿犯罪的，应当裁定驳回起诉。

案情简介

一、乾源公司于2011年1月向吉林高院提起民事诉讼，主张尊正公司及尊正大方铁矿存在越界开采的侵权行为，并导致了乾源公司可开采的铁矿石储量的减少，请求判令尊正公司及尊正大方铁矿立即停止侵权行为并赔偿乾源公司的经济损失等。

二、在本案民事诉讼审理期间，乾源公司基于尊正大方铁矿的同一开采行为向吉林省国土资源厅举报尊正大方铁矿涉嫌非法采矿。吉林省国土资源厅将该举报案件转交白山市国土资源局调查处理。白山市国土资源局将举报案件移送白山市公安局，白山市公安局决定对尊正大方铁矿涉嫌非法采矿案立案侦查。

三、吉林高院认为，目前乾源公司因尊正公司、尊正大方铁矿非法开采行为产生的损失救济应通过刑事诉讼途径处理，即乾源公司与尊正公司、尊正大方铁矿之间法律关系应属刑事法律规范调整范围，不属于法院民事诉讼受案范围。故裁定：

驳回乾源公司的起诉。

四、乾源公司不服，上诉至最高人民法院，主张本案属民事侵权案件，虽涉及非法采矿犯罪，但并不适用最高人民法院《关于在审理经济纠纷案件中涉及经济犯罪嫌疑若干问题的规定》第十一条的规定，而应依据《中华人民共和国民事诉讼法》第一百五十条第一款第五项及最高人民法院全国民事审判工作会议纪要中关于“刑民交叉”案件的规定中止审理。最高人民法院裁定：驳回上诉，维持原裁定。

裁判要点

乾源公司起诉尊正公司及尊正大方铁矿侵犯探矿权的民事案件本身所涉尊正大方铁矿越界开采行为涉嫌刑事犯罪，根据《最高人民法院关于在审理经济纠纷案件中涉及经济犯罪嫌疑若干问题的规定》第十一条规定：“人民法院作为经济纠纷受理的案件，经审理认为不属经济纠纷案件而有经济犯罪嫌疑的，应当裁定驳回起诉，将有关材料移送公安机关或检察机关。”据此，本案应先通过刑事诉讼程序解决，故法院裁定驳回乾源公司的诉讼请求。

实务经验总结

前事不忘，后事之师。为避免未来发生类似败诉，提出如下建议：

一、越界开采侵权行为涉嫌非法开采犯罪的，被侵权人无权单独提起民事侵权诉讼。如刑事案件中认定侵权人的行为不构成犯罪，则被侵权人可以再行寻求民事诉讼程序救济。如认定侵权人的行为构成犯罪，则被侵权人可通过退赔程序、附带民事诉讼程序获得赔偿。

二、根据《中华人民共和国刑法》第三百四十三条的规定，违反矿产资源法的规定，未取得采矿许可证擅自采矿，擅自进入国家规划矿区、对国民经济具有重要价值的矿区和他人矿区范围采矿，或者擅自开采国家规定实行保护性开采的特定矿种，情节严重的，构成非法采矿罪。据此，当事人因越界开采行为可能会涉嫌刑事犯罪。

相关法律规定

《最高人民法院关于在审理经济纠纷案件中涉及经济犯罪嫌疑若干问题的规定》

第十一条　人民法院作为经济纠纷受理的案件，经审理认为不属经济纠纷案件而有关经济犯罪嫌疑的，应当裁定驳回起诉，将有关材料移送公安机关或检察机关。

以下为该案在最高人民法院审理阶段，裁判文书中“本院认为”部分就该问题的论述：

《最高人民法院关于在审理经济纠纷案件中涉及经济犯罪嫌疑若干问题的规定》第十一条规定，“人民法院作为经济纠纷受理的案件，经审理认为不属经济纠纷案件而有经济犯罪嫌疑的，应当裁定驳回起诉，将有关材料移送公安机关或检察机关”。本案中，乾源公司于2011年1月提起民事诉讼，主张尊正公司及尊正大方铁矿存在越界开采的侵权行为，并导致了乾源公司可开采的铁矿石储量的减少，要求法院判决尊正公司及尊正大方铁矿立即停止侵权行为并赔偿乾源公司的经济损失等。在本案民事诉讼审理期间，乾源公司又基于尊正大方铁矿的同一开采行为向国土部门举报尊正大方铁矿涉嫌非法采矿。2015年10月13日吉林省白山市国土资源局将乾源公司的举报案件移送白山市公安局，白山市公安局于当日受理，并于2016年3月30日作出白山公刑立字〔2016〕10005号立案决定书，决定对尊正大方铁矿涉嫌非法采矿案立案侦查。本院二审中，乾源公司亦认可本案民事诉讼所涉开采行为包含在刑事案件范围之内。据此可以认定，本案民事诉讼与刑事侦查案件指向同一法律事实，即尊正大方铁矿是否擅自进入乾源公司矿区范围内采矿。由于白山市公安局已经作出立案决定书，本案乾源公司起诉尊正公司及尊正大方铁矿侵犯探矿权的民事案件本身所涉尊正大方铁矿开采行为涉嫌刑事犯罪，据此，本案应先通过刑事诉讼程序解决，一审裁定驳回乾源公司的起诉，有事实依据，亦符合《最高人民法院关于在审理经济纠纷案件中涉及经济犯罪嫌疑若干问题的规定》第十一条的规定。关于乾源公司上诉主张在刑事案件作出生效裁判之前，不能确定本案案件本身是否构成犯罪，应当适用《中华人民共和国民事诉讼法》第一百五十条第一款第五项的规定中止本案审理，本院认为，上述法律规定的中止审理的情形是指一案必须以另一案的审理结果为依据，而另一案件尚未审结的情形。但本案与刑事案件是基于同一事实产生，且《最高人民法院关于在审理经济纠纷案件中涉及经济犯罪嫌疑若干问题的规定》第十一条的适用仅要求达到“有经济犯罪嫌疑”的情形，并未要求经济犯罪的事实经过法院生效判决予以认定为前提条件。因此，乾源公司主张本案应当中止审理的上诉请求缺乏相应的事实和法律依据，本院不予支持。如在刑事案件中经法定程序认定尊正大方铁矿的行为不构成犯罪，乾源公司可以再行寻求民事诉讼程序救济。至于一审裁定适用《最高人民法院关于适用刑法第六十四条有关问题的批复》是否属于适用法律错误的问题，因所涉刑事案件现尚处于侦查阶段，本案是否构成该批复规定的“被告人非法占有、处置被害人财产的”情形尚不确定，乾源公司的诉请是否应当通过追缴或者责令退赔的方式予以解决亦不确定，因此本案缺乏适用该批复的前提条件。但是，由于一审裁定依据《最高人民法院关于在审理经济纠纷案件中涉及经济犯罪嫌疑若干问题的规定》第十一条规定驳回乾源公司的起诉并无不当，故上述适用法律上存在的瑕疵不影响本案裁判结果。

案件来源

吉林省乾源矿业开发有限责任公司与通化尊正实业有限公司抚松县大方铁矿、通化尊正实业有限公司探矿权纠纷二审民事裁定书，最高人民法院（2016）最高法民终 654 号。

延伸阅读

认定民事案件涉嫌非法采矿罪应驳回起诉的案例：

案例 1：朱志忠与花树林、付帮胜合同纠纷一审民事裁定书［安徽省全椒县人民法院（2015）全民一初字第 01922 号］认为："原、被告双方均未获得国家行政主管部门的采矿（黄沙）许可，在马厂水库河西段进行黄沙开采，属非法采挖，且非法采挖沙矿数额较大，双方当事人已涉嫌构成非法采矿罪，故本案已不属民事案件审理范围。根据《中华人民共和国民事诉讼法》第一百一十九条第四项、第一百五十四条第一款第三项，《最高人民法院关于适用〈中华人民共和国民事诉讼法〉的解释》第二百零八条第三款，《最高人民法院关于在审理经济纠纷案件中涉及经济犯罪嫌疑若干问题的规定》第十一条之规定，裁定如下：驳回原告朱志忠、花树林的起诉。"

案例 2：李炳艳等诉袁波合伙协议纠纷一审民事裁定书［吉林省敦化市人民法院（2017）吉 2403 民初 2041 号］认为："根据《最高人民法院关于在审理经济纠纷案件中涉及经济犯罪嫌疑若干问题的规定》第十一条关于'人民法院作为经济纠纷受理的案件，经审理认为不属经济纠纷案件而有经济犯罪嫌疑的，应当裁定驳回起诉，将有关材料移送公安机关或检察机关'的规定，在本案审理期间，发现涉案沙场没有合法审批手续，涉嫌犯非法采矿罪，现已将有关材料移送敦化市公安局进行刑事侦查。"

065 采煤沉陷侵权是否适用环境污染责任，举证责任如何分配

——采煤沉陷侵权纠纷应适用《侵权责任法》环境污染责任的相关规定

阅读提示

举证责任的分配是侵权责任纠纷中的重要问题，一般侵权责任和特殊侵权责任在举证责任的分配上存在较大差异。本案例对采煤沉陷侵权属于一般侵权还是污染环境侵权，以及如何分配因果关系举证责任作出认定，对该类案件的当事人具有重要参考价值。

裁判要旨

一、采煤沉陷是一种典型的生态地质灾害，主要特征为地面塌陷、地裂、山体滑坡、地下水位下降等，造成危害的主要表现是房屋破坏、土地破坏、水资源破坏、道路等公共设施损坏。对于破坏生态造成损害的情形，应适用《侵权责任法》关于环境污染责任的相关规定。

二、因污染环境、破坏生态行为造成损害适用无过错责任原则。被侵权人应就生态破坏行为与损害结果之间是否存在因果关系承担举证责任，在被侵权人尽到该举证责任后，则应由侵权者对生态破坏行为与损害结果之间不存在因果关系承担举证责任。

案情简介

一、2000 年 3 月，陈江鹏创办“大漠之星”苗木基地。自 2008 年起，陈江鹏的 5 块苗圃的苗木大量死亡，陈江鹏认为是由于中能煤田的开采，地下水下降，多管井无法抽水，致使苗圃的苗木大量死亡。据此，陈江鹏向榆林中院起诉，请求由中能煤田公司赔偿各项损失 18952700 元。

二、榆林中院委托河北农业司法鉴定中心鉴定，鉴定意见认为，首先，造成陈江鹏苗圃苗木死亡或长势不良的主要原因是由于干旱所致；其次，在栽培管理过程中种植密度较大、病虫害防治等管理措施不到位也是诱因。

三、榆林中院认为，陈江鹏 5 块苗圃的苗木因干旱致死是否与陕西中能煤田有限

公司的生产行为有因果关系，鉴定意见没有明确。遂判决：驳回陈江鹏的诉讼请求。

四、陈江鹏不服，上诉至陕西高院，主张本案应是环境污染纠纷，而非财产损害赔偿纠纷，应适用无过错推定原则。既然生态破坏和环境污染是中能煤田公司造成的，应由中能煤田公司就其行为和损害之间不存在因果关系承担举证责任。陕西高院认为，本案属于财产损害赔偿纠纷，不属于环境污染责任纠纷；根据河北农业司法鉴定中心的鉴定意见书、榆林市水务局2012年《地下水通报》，案涉5块苗圃的死亡与中能煤田公司具有一定的因果关系。陕西高院根据鉴定意见确定的损失金额，以及双方责任，判决：中能煤田公司向陈江鹏支付赔偿款180万元。

五、中能煤田公司不服，向最高人民法院申请再审，主张二审判决认定陈江鹏苗圃地苗木死亡与中能煤田公司采煤之间存在因果关系缺乏证据支持。最高人民法院认为，采煤沉陷属于生态破坏行为的一种，应适用《侵权责任法》关于环境污染责任的相关规定；陈江鹏作为被侵权人已经尽到了中能煤田公司的开采煤矿行为与其苗圃苗木损害之间存在关联性的举证责任。裁定：驳回中能煤田公司的再审申请。

裁判要点

首先，本案属于环境污染责任纠纷。本案系因中能煤田公司开采煤矿导致地下水位下降而造成的损害，属于生态破坏行为的一种。对于破坏生态造成损害的情形，应适用《侵权责任法》关于环境污染责任的相关规定。故本案案由应当确定为环境污染责任纠纷。

其次，中能煤田公司应承担侵权赔偿责任。《侵权责任法》第六十六条规定：“因污染环境发生纠纷，污染者应当就法律规定的不承担责任或者减轻责任的情形及其行为与损害之间不存在因果关系承担举证责任。”《最高人民法院关于审理环境侵权责任纠纷案件适用法律若干问题的解释》第六条规定：“被侵权人根据侵权责任法第六十五条规定请求赔偿的，应当提供证明以下事实的证据材料：……（三）污染者排放的污染物或者其次生污染物与损害之间具有关联性。”据此，因污染环境、破坏生态行为造成损害适用无过错责任原则。被侵权人应就生态破坏行为与损害结果之间是否存在因果关系承担举证责任，在被侵权人尽到该举证责任后，则应由侵权者对生态破坏行为与损害结果之间不存在因果关系承担举证责任。

本案陈江鹏在一、二审中提供的证据能证明中能煤田公司开采煤矿行为导致地下水位下降从而造成苗木死亡，陈江鹏作为被侵权人已经尽到了中能煤田公司的开采煤矿行为与其苗圃苗木损害之间存在关联性的举证责任。此后，关于开采煤矿行为与苗木死亡之间不存在因果关系的举证责任应当转由中能煤田公司承担。而中能煤田公司提交的证据至多只能证明陈江鹏未尽到妥善灌溉义务是造成损失的原因之一，并不能完全排除地下水位下降是导致苗木干旱死亡的原因。因此，中能煤田公司开采煤矿与陈江鹏苗木死亡之间存在因果关系，中能煤田公司应当承担赔偿责任。

实务经验总结

前事不忘，后事之师。为避免未来发生类似败诉，提出如下建议：

一、因采煤沉陷发生的侵权纠纷属于环境侵权责任纠纷，侵权人应当对以下事实承担举证责任：存在法律规定的不承担责任或者减轻责任的情形；侵权人的行为与损害之间不存在因果关系。

二、因采煤沉陷发生的侵权纠纷属于环境侵权责任纠纷，被侵权人应当对以下事实承担举证责任：（1）污染者排放了污染物；（2）被侵权人的损害；（3）污染者排放的污染物或者其次生污染物与损害之间具有关联性。

相关法律规定

《中华人民共和国侵权责任法》

第六十五条 因污染环境造成损害的，污染者应当承担侵权责任。

第六十六条 因污染环境发生纠纷，污染者应当就法律规定的不承担责任或者减轻责任的情形及其行为与损害之间不存在因果关系承担举证责任。

《中华人民共和国环境保护法》

第六十四条 因污染环境和破坏生态造成损害的，应当依照《中华人民共和国侵权责任法》的有关规定承担侵权责任。

《最高人民法院关于审理环境侵权责任纠纷案件适用法律若干问题的解释》

第六条 被侵权人根据侵权责任法第六十五条规定请求赔偿的，应当提供证明以下事实的证据材料：

（一）污染者排放了污染物；

（二）被侵权人的损害；

（三）污染者排放的污染物或者其次生污染物与损害之间具有关联性。

以下为该案在最高人民法院审理阶段，裁判文书中“本院认为”部分就该问题的论述：

（一）关于本案属于财产损害赔偿纠纷还是环境污染责任纠纷的问题

《侵权责任法》第六十五条规定："因污染环境造成损害的，污染者应当承担侵权责任。"《中华人民共和国环境保护法》第六十四条规定："因污染环境和破坏生态造成损害的，应当依照《中华人民共和国侵权责任法》的有关规定承担侵权责任。"采煤沉陷是一种典型的生态地质灾害，主要特征为地面塌陷、地裂、山体滑坡、地下水位下降等，造成危害的主要表现是房屋破坏、土地破坏、水资源破坏、道路等公共设施损坏。本案系因中能公司开采煤矿导致地下水位下降而造成的损害，属于生态破坏行为的一种。对于破坏生态造成损害的情形，应适用《侵权责任法》关于环境污染责任的相关规定。故本案案由应当确定为环境污染责任纠纷。二审法院将本案案由确认为财产损害赔偿纠纷，定性有误，本院予以纠正。

（二）关于中能公司是否应承担侵权赔偿责任的问题

《侵权责任法》第六十六条规定："因污染环境发生纠纷，污染者应当就法律规定的不承担责任或者减轻责任的情形及其行为与损害之间不存在因果关系承担举证责任。"《最高人民法院关于审理环境侵权责任纠纷案件适用法律若干问题的解释》第六条规定："被侵权人根据侵权责任法第六十五条规定请求赔偿的，应当提供证明以下事实的证据材料：……（三）污染者排放的污染物或者其次生污染物与损害之间具有关联性。"据此，因污染环境、破坏生态行为造成损害适用无过错责任原则。被侵权人应就生态破坏行为与损害结果之间是否存在因果关系承担举证责任，在被侵权人尽到该举证责任后，则应由侵权者对生态破坏行为与损害结果之间不存在因果关系承担举证责任。陈江鹏在一、二审中提供以下证据证明中能公司开采煤矿行为导致地下水位下降从而造成苗木死亡：一是榆林市地下水管理监测站对榆林市昌汗界村的地下水位监测数据表明，地下水位从2010年起出现严重下降，榆林市水务局在2012年《地下水通报》中认为昌汗界地下水位数据下降主要由于中能公司开采导致，大量地下水被排泄入沙漠，几乎造成全部农灌井枯竭；二是中能公司与村民签订的补偿协议也可以证实由于开采煤矿导致地下水位下降、地面塌陷给该村村民造成的损失，中能公司也是因此而作出的补偿；三是陈江鹏在一、二审中提供了多名村民、米脂县高西沟村委会等证言，相关证人出庭作证，证明陈江鹏的苗圃苗木灌溉情况受中能公司开采煤矿导致地下水位下降的影响；四是河北农业司法鉴定中心作出的鉴定意见表明，造成陈江鹏苗圃苗木死亡或长势不良的主要原因是由于干旱所致，而地下水水位下降是造成苗圃地干旱的影响因素之一。综合上述证据，本案陈江鹏作为被侵权人已经尽到了中能公司的开采煤矿行为与其苗圃苗木损害之间存在关联性的举证责任。此后，关于开采煤矿行为与苗木死亡之间不存在因果关系的举证责任应当转由中能公司承担。中能公司主张其已经为昌汗界村修建了灌溉水渠，开采煤矿后的废水在经其处理后排入水渠，供村民用于农业灌溉，陈江鹏也可用该水渠中的水灌溉其苗圃苗木。陈江鹏的苗木死亡是由于其未及时灌溉所致，并非该公司开采煤矿行为导致。根据二审查明的事实，中能公司修建的灌溉水渠只流经3、4、5号苗圃，1、2号苗圃附近没有修建灌溉水渠。即使可以灌溉，也已经改变以往的多井灌溉便利模式，加大了其灌溉成本。且中能公司提交的证据至多只能证明陈江鹏未尽到妥善灌溉义务是造成损失的原因之一，并不能完全排除地下水位下降是导致苗木干旱死亡的原因。综上，二审判决认定中能公司开采煤矿与陈江鹏苗木死亡之间存在因果关系并酌定中能公司承担180万元的补偿款并无不当，本院予以维持。

案件来源

陈江鹏与陕西中能煤田有限公司财产损害赔偿纠纷申诉、申请民事裁定书，最高人民法院（2015）民申字第3423号。

延伸阅读

裁判规则一：煤矿采矿权人取得采矿权在先，他人在采矿范围内承租土地在后的，采矿权人不承担因采煤沉陷引起的赔偿责任。

案例1：再审申请人丁凤生与被申请人阜新矿业集团恒大煤业有限责任公司、阜新市海州区韩家店镇人民政府财产损害赔偿纠纷一案民事裁定书［辽宁省高级人民法院（2016）辽民申4295号］认为："关于恒大煤业是否应承担赔偿责任的问题，对因恒大煤业采矿行为造成丁凤生房屋受损产生损失各方不持异议，争议的是恒大煤业是否因此应承担赔偿责任，原审已查明，恒大煤业取得采矿权在先，丁凤生承租土地生产建设在后，故依据《矿产资源法》《煤炭法》等相关法律规定以及国务院《关于加速解决矿区村庄压煤和迁村问题的通知》（已失效），对恒大煤业采煤引起的丁凤生棚舍等建筑物的损失，恒大煤业不应承担赔偿责任。恒大煤业与韩家店镇政府签订的沉陷受损赔偿协议，是就民主村暖棚小区采煤沉陷区域治理问题，与地方政府所达成，不代表恒大煤业对财产受损个人负有直接法定赔偿责任。"

裁判规则二：环境侵权责任纠纷中污染者应当就法律规定的不承担责任或者减轻责任的情形及其行为与损害之间不存在因果关系承担举证责任。

案例2：陈汝国与泰州市天源化工有限公司水污染责任纠纷案［江苏省泰州医药高新技术产业开发区人民法院（2013）泰高新环民初字第0001号，《最高人民法院公报》2016年03期］认为："因污染环境造成损害的，污染者应当承担侵权责任。我国侵权责任法规定，因污染环境发生纠纷，污染者应当就法律规定的不承担责任或者减轻责任的情形及其行为与损害之间不存在因果关系承担举证责任。原告举证和有关鉴定报告证明，天源公司与陈汝国所承包的鱼塘相毗邻，排水口相联通且为野徐镇工业园内唯一使用氰化物的单位。2012年4月20日至次日所降中到大雨导致含有氰化物的污水排入原告承包的鱼塘造成鱼受污染而死亡的可能性较大。本案中，原告证明天源公司系鱼塘周边氰化物使用者的唯一性且有相联通管道排泄雨水及氰化物外泄的可能性，由排污口氰化物浓度高于鱼塘内水可以推定，外源性污染物介入导致鱼死亡的较大可能性。而被告天源公司对原告渔业用水水质标准提出质疑，国家制定的水质标准，是环保、水利部门对水体进行监测、环境管理的依据，而不是确定排污单位是否承担赔偿责任的前提或界限。因此，本案中鱼塘水中的氰化物含量是否符合二类水质的标准以及是否应当用渔业用水的标准衡量，与排污单位承担赔偿责任并无必然之关系，天源公司的抗辩不足以否定本案因果关系的存在。综上，可以认定本案中污染行为与损害结果之间存在因果关系的可能性较大，而天源公司未能举证证明存在免责事由以及其行为与损害之间不存在因果关系，故其应当承担环境污染损害赔偿责任。"

案例3：林甸县南岗水产养殖场与黑龙江省运通高速公路管理发展有限公司水污染责任纠纷案［黑龙江省大庆市中级人民法院（2016）黑06民终1142号，第二巡回法庭关于东北三省法院服务东北老工业基地振兴典型案例］认为："本案是水污染责任纠纷，根据《中华人民共和国侵权责任法》第六十六条'因污染环境发生纠纷，污染者应当就法律规定的不承担责任或者减轻责任的情形及其行为与损害之间不存在因果关系承担举证责任'的规定，省运通高速公司应承担相应的举证责任。本案中南岗养殖场鱼池发生了鱼类死亡的损害后果，省运通高速公司实施了排放污水的行为，南岗养殖场已经提供了处罚决定、证明、鉴定结论等证据证明其主张，而省运通高速公司不能就其不应当承担责任或者减轻责任及其行为与损害之间不存在因果关系进行举证，故应当认定省运通高速公司排放污水的行为与南岗养殖场鱼池鱼类死亡的事实之间存在因果关系，省运通高速公司应当承担侵权损害赔偿责任。因此，判决驳回上诉，维持原判。"

案例4：吴冬青、盐城市丰杯精细化工有限公司等与盐城苏海制药有限公司草庙分公司水污染责任纠纷上诉案［江苏省高级人民法院（2013）苏民终字第0014号］认为："关于丰杯公司等企业排放废水而污染环境的行为与吴冬青财产损失之间是否具有因果关系的问题。本院认为，《中华人民共和国侵权责任法》第六十六条规定：‘因污染环境发生纠纷，污染者应当就法律规定的不承担责任或者减轻责任的情形及其行为与损害之间不存在因果关系承担举证责任。’《中华人民共和国水污染防治法》① 第八十七条也规定：‘因水污染引起的损害赔偿诉讼，由排污方就法律规定的免责事由及其行为与损害结果之间不存在因果关系承担举证责任。’由此可见，立法考虑到环境污染侵权行为的复杂性，从有利于实现社会公平正义的目的出发，将法律规定的免责或减责事由和因果关系方面的举证责任均分配给污染者。”

案例 5：鹤壁煤电股份有限公司第六煤矿、李丙国财产损害赔偿纠纷再审审查与审判监督民事裁定书［河南省高级人民法院（2016）豫民申 1759 号］认为：“关于生效判决是否适用法律错误的问题。李丙国于 2002 年 11 月 5 日经鹤壁市天平拍卖行竞拍取得鹤壁市物华镁业有限公司房地产及设备，已经拥有了拍卖所得的土地及房产的所有权，在其财产受到损害时，有权向侵权人提出赔偿请求。根据鹤政〔2005〕43 号鹤壁市人民政府文件、2015 年 1 月 31 日山城区‘5+1’研判信访会议记录，结合鹤壁市山城区人民政府工农关系办公室作出的会议纪要及 2008 年 9 月 8 日鹤壁市山城区长风中路街道办事处出具的情况说明、鹤政〔2005〕43 号鹤壁市人民政府文件、鹤壁市采煤沉陷区农村分级一次性处理受损建（构）筑物基本情况调查登记表等证据，足以认定鹤壁市物华镁业有限公司财产损害与鹤煤六矿采煤沉陷之间存在因果关系，生效判决判令鹤煤六矿承担相应的民事责任并无不当。在李丙国举证责任已经完成的情况下，举证责任发生了转移，鹤煤六矿应当就自己不应承担赔偿责任的主张承担举证责任。”

066 建设工程压覆矿区，矿业权人能否诉请拆除

——已投入运营且涉及公共利益的建设工程压覆矿区的，采矿权人无权诉请拆除

阅读提示

本案例为最高人民法院于 2016 年 7 月 12 日发布的人民法院关于依法审理矿业权民事纠纷案件典型案例之一，最高人民法院认为，本案例的典型意义是：“在建

① 此为 2008 年的《中华人民共和国水污染防治法》，现已修正。

设铁路、工厂、水库、输油管道、输电线路和各种大型建筑物或者建筑群之前，建设单位须向省级国土资源主管部门了解拟建工程所在地区的矿产资源分布和开采情况。非经国务院授权的部门批准，不得压覆重要矿床。矿床压覆人未经审批评估、与矿业权人签订补偿协议、办理矿产资源储量登记等法定程序，在采矿权人矿区范围内建设工程，压覆矿产资源，侵害了矿业权人的合法利益。但就侵权责任的承担方式而言，应综合考虑输电线路等国家重点建设工程关涉国家利益和社会公共利益，投资巨大并已投入运营等因素，不宜径行判令拆除。在矿业权人仅请求排除妨碍的情形下，人民法院应予以充分释明，告知其可另行主张适当的责任方式，兼顾国家利益、社会公共利益和矿业权人的合法权益，适应国家产业政策与社会经济发展需要。”

裁判要旨

工程建设构成对采矿权的妨害，但该工程投资巨大并已正式投入运营，且涉及社会公共利益的，法院对采矿权人要求拆除该工程的诉讼请求不予支持。

案情简介

一、2004 年 12 月，云和县叶腊石矿取得叶腊石采矿权。2013 年 3 月，浙北-福州特高压交流输变电工程获得国家发展和改革委员会的核准批复。2013 年 4 月，国网浙江省电力公司将浙北-福州特高压交流工程线路工程发包给案外人施工。

二、2014 年 8 月，云和县叶腊石矿到案涉线路工程项目部反映，浙北-福州 1000KV 交流输电线路第 5R67 号桩及第 5R66-5R68 号桩之间的电线跨越其矿区。经核实，该输电线路路径确与云和县叶蜡石矿矿区范围存在冲突。

三、2014 年 12 月，案涉特高压交流输变电工程正式投运。

四、云和县叶腊石矿以其不能正常爆破采矿为由向云和法院提起诉讼，请求判令：国网浙江省电力公司立即拆除建立在其采矿区域内的输电线路。云和法院认为，浙北-福州特高压交流输变电工程系国家重点工程，投资巨大且已竣工并正式投入运营，如拆除将会给国家利益、社会公共利益造成重大损失，故判决：驳回云和县叶腊石矿的诉讼请求。

五、云和县叶腊石矿不服，上诉至丽水中院。丽水中院判决：驳回上诉，维持原判。

裁判要点

本案云和县叶腊石矿主张国网浙江省电力公司建设的“浙江-福州 1000 千伏特高压线路”压覆其矿区，导致云和县叶腊石矿不能正常开采矿石，诉请拆除该输电线路。

对此，法院认为，“考虑到浙北-福州特高压交流输变电工程在满足福建与浙江联网送电需要及提高华东电网供电可靠性方面发挥的重要作用，且该工程投资巨大并已正式投入运营，如拆除，必将对浙江省电力供应造成重大影响，电力供应不仅涉及被上诉人的经济利益，更涉及社会的公共利益”，最终驳回了云和县叶腊石矿的诉讼请求。

实务经验总结

前事不忘，后事之师。为避免未来发生类似败诉，提出如下建议：

当事人提起矿业权压覆侵权诉讼时，应当结合案件的实际情况，选择合适的侵权责任承担方式提起诉讼。本案原告方如果提起赔偿损失的诉讼请求，则案件可能会出现转机。

相关法律规定

《中华人民共和国矿产资源法》

第三十三条 在建设铁路、工厂、水库、输油管道、输电线路和各种大型建筑物或者建筑群之前，建设单位必须向所在省、自治区、直辖市地质矿产主管部门了解拟建工程所在地区的矿产资源分布和开采情况。非经国务院授权的部门批准，不得压覆重要矿床。

《中华人民共和国侵权责任法》

第十五条 承担侵权责任的方式主要有：

（一）停止侵害；

（二）排除妨碍；

（三）消除危险；

（四）返还财产；

（五）恢复原状；

（六）赔偿损失；

（七）赔礼道歉；

（八）消除影响、恢复名誉。

以上承担侵权责任的方式，可以单独适用，也可以合并适用。

《中华人民共和国物权法》

第三十五条　妨害物权或者可能妨害物权的，权利人可以请求排除妨害或者消除危险。

第三十七条　侵害物权，造成权利人损害的，权利人可以请求损害赔偿，也可以请求承担其他民事责任。

以下为该案在丽水中院审理阶段，裁判文书中“本院认为”部分就该问题的论述：

已生效的龙泉市人民法院（2015）丽龙行初字第8号行政判决，虽然确认云和县国土资源局于2013年2月4日向上诉人颁发《采矿许可证》（证号：C331125010117120080212）的行政行为违法，但并未撤销该采矿许可证，上诉人仍享有采矿许可证上所载明矿区范围的采矿权。上诉人主张被上诉人建设的“浙江-福州1000千伏特高压线路”压覆上诉人的矿区，没有履行委托地质勘查、含量评估、压覆登记批准、签订补偿协议、备案等手续，导致上诉人不能正常开采矿石，侵犯了上诉人的合法权益。本院认为，即使被上诉人建设支桩和架设电线的行为构成对上诉人采矿权的妨害，但考虑到浙北-福州特高压交流输变电工程在满足福建与浙江联网送电需要及提高华东电网供电可靠性方面发挥的重要作用，且该工程投资巨大并已正式投入运营，如拆除，必将对浙江省电力供应造成重大影响，电力供应不仅涉及被上诉人的经济利益，更涉及社会的公共利益，故，原审对于上诉人要求拆除被上诉人建设的第5R67号桩及第5R66-5R68号桩之间的电线的诉讼请求不予支持，并无不当。

案件来源

云和县土岩岗头庵叶腊石矿与国网浙江省电力公司排除妨害纠纷上诉案，浙江省丽水市中级人民法院（原浙江省丽水市人民法院）（2015）浙丽民终字第189号。

延伸阅读

认定建设工程压覆矿业权，矿业权人可请求侵权损害赔偿的案例：

案例1：承德县嘉鸿矿业有限责任公司与河北省高速公路承赤管理处、河北省高速公路管理局侵权责任纠纷二审民事判决书［最高人民法院（2016）最高法民终 583 号］认为："关于承赤管理处、省高管局是否应当赔偿嘉鸿矿业损失问题。根据《中华人民共和国物权法》第一百二十三条'依法取得的探矿权、采矿权、取水权和使用水域、滩涂从事养殖、捕捞的权利受法律保护。'以及《中华人民共和国侵权责任法》第二条'侵害民事权益，应当依照本法承担侵权责任。本法所称民事权益，包括……用益物权……'的规定，对于侵害探矿权的行为，侵权行为人应当承担侵权责任。承赤管理处、省高管局因修建承赤高速公路给嘉鸿矿业合法的探矿权造成损失，依法应当给予赔偿。关于赔偿损失的数额，鉴定机构的鉴定结论为：承赤高速公路压覆承德县岗子乡东沟村东沟钼多金属矿详查探矿权 300 米范围内评估价值为 886.45 万元。对该鉴定结论各方当事人均未提出异议，本院予以采信。"

案例 2：唐山不锈钢有限责任公司与唐山市宏文卑家店煤炭有限公司侵权损害赔偿纠纷申请再审民事裁定书［最高人民法院（2014）民申字第 690 号］认为："一审法院根据卑家店煤炭公司的申请，委托了评估公司对造成卑家店煤炭公司停产的损失进行了鉴定。鉴定前已通知双方当事人到法院主管委托鉴定机关挑选鉴定单位，同时，对双方提供的鉴定资料进行了当庭质证；评估公司作出鉴定意见为，不锈钢公司共造成卑家店煤炭公司损失 4159.2251 万元，已经过双方当事人当庭质证。评估公司出具《解释说明》，确定《鉴定意见》中 4159.2251 万元停产损失，系《停产通知》所述的储水池、运料铁路及大规模储料压覆造成卑家店煤炭公司 2007 年 10 月 18 日至 2008 年 8 月 31 日期间全部的正常经济利润和非正常生产的维护费用。上述《解释说明》也已经双方当事人质证，其程序符合法律规定。故一、二审法院采信《鉴定意见》作为对卑家店煤炭公司停产损失的定案依据并无不妥，不锈钢公司关于认定事实的主要证据未经质证的再审申请事由亦不成立，本院不予支持。"

067 矿产资源被压覆，矿业权人可诉请哪些赔偿

——矿产资源被压覆，采矿权人可诉请赔偿停产损失

阅读提示

关于矿产资源被压覆后矿业权人可获得的赔偿范围，目前已有的规定是 2010

年国土资源部发布的规章《关于进一步做好建设项目压覆重要矿产资源审批管理工作的通知》，该通知规定："建设项目压覆已设置矿业权矿产资源的，新的土地使用权人还应同时与矿业权人签订协议，协议应包括矿业权人同意放弃被压覆矿区范围及相关补偿内容。补偿的范围原则上应包括：1. 矿业权人被压覆资源储量在当前市场条件下所应缴的价款（无偿取得的除外）；2. 所压覆的矿产资源分担的勘查投资、已建的开采设施投入和搬迁相应设施等直接损失。"但未对矿业权人可获得的赔偿是否包含未来可获得的利润进行规定。

本书作者经分析相关案例，梳理出司法实践对矿产资源被压覆后矿业权人可获得的赔偿范围的裁判规则如下：

（1）矿产资源被他人压覆导致矿区停产的，采矿权人可诉请赔偿停产损失，停产损失包括正常经济利润和非正常生产的维护费用。（主文案例）

（2）矿产资源被压覆，侵权人应向矿业权人赔偿直接损失，并非停产停业的损失。（延伸阅读案例 1）

（3）矿产资源被压覆，侵权人应向矿业权人赔偿直接损失、投资利润。（延伸阅读案例 2）

（4）矿产资源被压覆，侵权人应向矿业权人赔偿被压覆煤炭资源储量对应的矿权资源价值、被压覆矿产资源分摊的实物资产价值。（延伸阅读案例 3-5）

（5）矿产资源被压覆，侵权人应依成本补偿原则对矿业权人进行补偿，而非依资源价值进行补偿。（延伸阅读案例 6）

从上述裁判规则可以看出，司法实践对该问题存在不同的认识。

裁判要旨

矿产资源被他人压覆导致矿区停产的，采矿权人可诉请赔偿停产损失，停产损失包括正常经济利润和非正常生产的维护费用。

案情简介

一、卑家店煤炭公司于 2002 年 5 月取得采矿许可证。

二、卑家店煤炭公司向河北高院起诉称，不锈钢公司在未告知卑家店煤炭公司的情况下，擅自在卑家店煤炭公司西翼矿区范围内建立了两座储水池，在卑家店煤炭公司矿西南新建两条 200 米长的运料铁路和大规模储料场，致使卑家店煤炭公司矿区西翼的煤矿资源全部变为不可开采，请求判令：不锈钢公司赔偿给卑家店煤炭公司造成的经济损失 10600.6552 万元，其中卑家店煤炭公司为实现矿井的正常开采投资 1942.5432 万元，停产期间为维护矿井的安全产生的费用 3858.112 万元，卑家店煤炭公司正常开采可获得的利润 4800 万元。

三、根据卑家店煤炭公司的申请，河北高院委托评估公司对铁路压覆 21.7 亩、大规模料场上堆放大量钢渣压覆 51.23 亩、向两座大型储水池排水形成大量水体压覆 97.67 亩、造成卑家店煤炭公司停产的损失进行了鉴定。鉴定意见为：三方面的压覆总共造成停产损失 4159.2251 万元。《鉴定意见》中的停产损失系储水池、运料铁路及大规模储料场压覆造成卑家店煤炭公司的正常经济利润和非正常生产的维护费用。

四、河北高院基于上述鉴定意见，判决：不锈钢公司赔偿卑家店煤炭公司 4159.2251 万元。

五、不锈钢公司不服，上诉至最高人民法院，主张鉴定意见认定事实存在错误。本案经最高人民法院二审、再审，均未支持不锈钢公司的主张。

裁判要点

首先，不锈钢公司的行为构成压覆卑家店煤炭公司地下煤矿资源。本案古冶区安监局的《停产通知》明确了卑家店煤炭公司相关区域的煤炭资源被不锈钢公司压覆的事实，证明卑家店煤炭公司停产系由不锈钢公司造成。

其次，本案《鉴定意见》明确不锈钢公司的停产损失（停产期间的正常经济利润和非正常生产的维护费用）为 4159.2251 万元，《鉴定意见》已经双方当事人质证，程序符合法律规定，不锈钢公司应以《鉴定意见》确定的数额赔偿卑家店煤炭公司损失。

实务经验总结

前事不忘，后事之师。为避免未来发生类似败诉，提出如下建议：

一、根据《最高人民法院关于适用〈中华人民共和国民事诉讼法〉的解释》一百二十二条第一款的规定："当事人可以依照民事诉讼法第七十九条的规定，在举证期限届满前申请一至二名具有专门知识的人出庭，代表当事人对鉴定意见进行质证，或者对案件事实所涉及的专业问题提出意见。"据此，当事人如对鉴定意见有异议，可申请具有专门知识的人出庭对鉴定意见进行质证。

二、关于矿产资源被压覆后矿业权人可获得的赔偿范围，司法实践中尚存在争议，仍有案例认定矿业权人仅可获得被压覆矿产资源已投入的成本价值，详见延伸阅读部分。

相关法律规定

《中华人民共和国民事诉讼法》

第六十三条　证据包括：

（一）当事人的陈述；

（二）书证；

（三）物证；

（四）视听资料；

（五）电子数据；

（六）证人证言；

（七）鉴定意见；

（八）勘验笔录。

证据必须查证属实，才能作为认定事实的根据。

第六十八条　证据应当在法庭上出示，并由当事人互相质证。对涉及国家秘密、商业秘密和个人隐私的证据应当保密，需要在法庭出示的，不得在公开开庭时出示。

《最高人民法院关于适用〈中华人民共和国民事诉讼法〉的解释》

第一百零三条　证据应当在法庭上出示，由当事人互相质证。未经当事人质证的证据，不得作为认定案件事实的根据。

当事人在审理前的准备阶段认可的证据，经审判人员在庭审中说明后，视为质证过的证据。

涉及国家秘密、商业秘密、个人隐私或者法律规定应当保密的证据，不得公开质证。

第一百零四条　人民法院应当组织当事人围绕证据的真实性、合法性以及与待证事实的关联性进行质证，并针对证据有无证明力和证明力大小进行说明和辩论。

能够反映案件真实情况、与待证事实相关联、来源和形式符合法律规定的证据，应当作为认定案件事实的根据。

《中华人民共和国物权法》

第三十七条　侵害物权，造成权利人损害的，权利人可以请求损害赔偿，也可以请求承担其他民事责任。

以下为该案在最高人民法院审理阶段，裁判文书中“本院认为”部分就该问题的论述：

一、关于不锈钢公司是否压覆卑家店煤炭公司地下煤矿资源问题

不锈钢公司上诉称，根据《国土资源部压覆通知》及《河北压覆办法》的相关规定，是否压覆矿产资源证明材料以及压覆矿资源储量评估报告应由国家相应的国土资源主管部门审查、批准、出具。而河北地勘局第二地质大队不是国家国土地资源主管机关，其出具的《储量核实报告》不具有确认压覆矿产资源的法律效力。

本院认为，不锈钢公司所提及的《国土资源部压覆通知》与《河北压覆办法》主要是为了避免和减少建设项目压覆重要矿产资源而作出的规定，其要求在开发建设项目之前，对地下矿产资源进行压覆评估、审查、批准等。而卑家店煤炭公司起诉请求的是压覆发生之后不锈钢公司赔偿其停产所造成的损失，并非从事建设项目开发前确定是否压覆矿产资源的问题。因此，本案古冶区安监局的《停产通知》明确了卑家店煤炭公司相关区域的煤炭资源被不锈钢公司压覆的事实，证明卑家店煤炭公司停产系由不锈钢公司造成，而《储量核实报告》系对涉及的压覆矿产资源的评估，并无适用《国土资源部压覆通知》及《河北压覆办法》的法定要求。另外，关于不锈钢公司提供了唐山市国土资源局出具的《调查情况说明》，其载明“经核实，该建设项目用地区不压覆矿产资源”。本院认为，《调查情况说明》不是针对《停产通知》作出的，且该《调查情况说明》没有标明调查的具体范围，也未附调查相关资料等。因此，《调查情况说明》不是以否认卑家店煤炭公司地下煤矿资源被压覆的事实。故不锈钢公司该项上诉理由依据不足，不予支持。

二、关于《鉴定意见》能否作为对卑家店煤炭公司停产损失的定案依据问题

不锈钢公司上诉称，《鉴定意见》仅就不锈钢公司占地21.7亩压覆卑家店煤炭公司资源的停工损失作出了鉴定，并不包含宏伟炉料厂51.23亩占地与宏源污水公司97.67亩占地压覆资源停工损失，储水池与储料场系宏源污水公司及宏伟炉料厂的作业场所，不锈钢公司不应承担责任。

针对上述问题，二审期间评估公司已出具《解释说明》，确定《鉴定意见》中4159.2251万元停产损失，系《停产通知》所述的储水池、运料铁路及大规模储料压覆造成卑家店煤炭公司2007年10月18日至2008年8月31日期间全部的正常经济利润和非正常生产的维护费用。

本院认为，《鉴定意见》已经双方当事人质证，其程序符合法律规定，一审法院采信《鉴定意见》正确，应予维持。此外，根据本案查明的事实，宏源污水公司与宏伟炉料厂为不锈钢公司提供作用，储水池与储料场均在不锈钢公司的范围内，

其应当对因此造成的压覆承担责任。况且，《停产通知》下达后，卑家店煤炭公司就停产损失赔偿问题，向古冶区政府等相关部门反映，古冶区工贸促进局曾多次召集不锈钢公司与卑家店煤炭公司进行协调。经双方当事人协商，共同委托了唐山盛发测绘有限公司对压覆面积进行测绘。唐山盛发测绘有限公司在双方在场的情况下进行了实地勘测，并制作了《宗地图》《界址点成果及面积计算表》。其显示在卑家店煤炭公司2号矿采区范围内，两条铁路及两旁堆料、储水池、大规模料场均压覆煤炭资源。在此期间，不锈钢公司从未提出宏源污水公司及宏伟炉料厂系侵权责任人，而且不锈钢公司也未提供宏源污水公司及宏伟炉料厂曾参与协商停产损失事宜的相关证据。因此，一审法院根据本案事实，认定不锈钢公司承担卑家店煤炭公司停产损失赔偿责任正确，应予维持。不锈钢公司在承担全部停产损失责任后，其认为宏源污水公司与宏伟炉料厂亦应承担相应责任的，可另诉解决。

案件来源

唐山不锈钢有限责任公司与唐山市宏文卑家店煤炭有限公司侵权损害赔偿纠纷二审民事判决书，最高人民法院（2013）民一终字第60号；唐山不锈钢有限责任公司与唐山市宏文卑家店煤炭有限公司侵权损害赔偿纠纷申请再审民事裁定书，最高人民法院（2014）民申字第690号。

延伸阅读

裁判规则一：矿产资源被压覆，侵权人应向矿业权人赔偿直接损失，并非停产停业的损失。（案例1）

案例1：张忠与乌鲁木齐市米东区房屋征收与补偿管理办公室、新疆方夏资产评估事务所（有限公司）房屋拆迁安置补偿合同再审民事判决书［新疆维吾尔自治区高级人民法院（2015）新审二民提字第205号］认为："《矿产补偿通知》第二条第（二）项关于'补偿范围'规定为：1. 已缴纳的矿业权价款（无偿取得的不予补偿）；2. 所压覆矿产资源分担的勘查投资、已建的开采设施投入和搬迁相应设施等直接损失。第（三）项第2小项关于对国家和自治区批准的水利、铁路、公路、机场、油气管道、电网等基础设计建设项目压覆矿产资源的补偿标准，规定为按实际投入予以补偿，最高不超过1.5倍。方夏评估公司在评估时将停产停业的损失作为矿业权的价值，与《矿产补偿通知》中赔偿范围为赔偿直接损失的规定不符。方夏评估公司按照被征收人张忠的要求，以评估报告认定的设备损失及停产停业损失数额的 1.5 倍作为补偿价格亦与《矿产补偿通知》中规定的最高不超过实际投入的 1.5 倍不符。”

裁判规则二：矿产资源被压覆，侵权人应向矿业权人赔偿直接损失、投资利润。(案例 2)

案例 2：湘西自治州炼兴矿业有限责任公司与湖南省高速公路建设开发总公司侵权责任纠纷二审民事判决书［湖南省高级人民法院（2016）湘民终 760 号］认为：“《湖南省国土资源厅关于建设项目压覆矿产资源补偿有关问题的通知》(湘国土资发（2013）17 号)、《湖南省人民政府办公厅关于做好压覆矿产资源补偿工作的通知》(湘政办发（2015）17 号）等相关文件规定，压覆矿业权应当赔偿的损失主要包括所压覆矿产资源应分摊的已缴采矿权价款、被压覆范围矿业权的取得成本、压覆范围的直接损失、被压覆采矿权开采投资及同类开采矿山行业投资平均利润减已获投资回报、被压覆范围探矿权的勘查投资和行业投资平均利润。故高速公路建设开发公司应当向炼兴公司赔偿直接损失外，还应考虑投资利润。关于直接损失的认定问题，高速公路建设开发公司在一审中向原审法院申请对炼兴公司因开采牛角山锰矿支出的费用进行司法审计。原审法院依法委托湖南恒信宏正会计师事务所有限责任公司对炼兴公司已缴采矿权价款、被压覆范围矿业权的取得成本、压覆范围的直接损失、被压覆采矿权开采投资、被压覆范围探矿权的勘察投资等损失进行审计，审计结论为上述投资和费用合计为 20626747.69 元。剔除掉炼兴公司已经处置和在用的固定资产净值 344112.00 元，对白条酌减 36 万元，对直接损失部分认定为 19922635.69 元。对于炼兴公司主张的投资利润问题。考虑到炼兴公司自 2006 年即开始投资，投资额近 2000 万元，也结合当时锰矿不景气的市场行情，一审法院酌减为 600 万元，符合本案的实际情况，对双方利益做了充分的衡平考虑，本院依法予以维持。”

裁判规则三：矿产资源被压覆，侵权人应向矿业权人赔偿被压覆煤炭资源储量对应的矿权资源价值、被压覆矿产资源分摊的实物资产价值。(案例 3—案例 5)

案例 3：山东高速集团四川乐自公路有限公司、四川达源山实业有限公司合同纠纷二审民事判决书［四川省高级人民法院（2016）川民终 601 号］认为：“根据司法鉴定机构四零二地质队出具的鉴定报告，结合双方认可一审确定的部分事实、损失计算方法，山东高速集团应当赔偿的损失金额为：（1）被压覆煤炭资源储量对应的矿权资源价值：达源山公司双马凼煤矿被压覆的煤炭资源储量为 13.22 万吨，占双马凼煤矿整个矿权保有储量 126.36 万吨的 10.46%。截至评估基准日，双马凼煤矿整个矿权价值为 3323.74 万元。对应的被压覆煤矿的价值损失为 347.66 万元

（3323.74 万元×10.46% = 347.66 万元）。（2）被压覆煤炭资源分摊的实物资产价值：截止到评估基准日，双马凼煤矿的实物资产价值为 9998.87 万元。达源山公司双马凼煤矿被压覆的煤炭资源储量为 13.22 万吨，占双马凼煤矿保有储量 126.36 万吨的 10.46%。对应的被压覆煤炭资源分摊的实物资产损失为 1045.88 万元（9998.87 万元×10.46% = 1045.88 万元）。据此，达源山公司应获得的损失赔偿金额为：347.66 万元+1045.88 万元 = 1393.54 万元。"

案例 4：龙岩市恒鑫煤业有限公司与龙岩永武高速公路有限公司二审民事判决书［福建省高级人民法院（2014）闽民终字第 849 号］认为："压覆猪麻山煤矿后，武平县高速公路建设指挥部委托龙岩华泰资产评估有限公司，对涉案煤矿资产进行了评估。补偿项目确定为八大项。恒鑫煤业公司对此持不同意见，认为与实际不符且评估系单方所托。根据原告恒鑫煤业公司的申请和福建省人民政府办公厅闽政办（2012）1 号关于印发《福建省铁路建设压覆矿产资源评估补偿管理办法》（已失效）第四条第二款规定：'压覆的矿产资源涉及经济补偿应委托第三方机构评估。'为客观公正地评定本案实际造成的压覆损失和应补偿项目，原审法院依法委托有鉴定资质的厦门市大学资产评估有限公司和北京恩地科技发展有限责任公司分别对被压覆的构筑物及其他辅助设备和被压覆的采矿权价值进行了评估。上诉人的压覆行为造成被上诉人已建或在建的矿山工程和设施报废及资源损失，根据双方的《补偿协议》，原判依据评估鉴定意见和本案双方所提供的相关证据及有关规定，确认赔偿项目和补偿损失金额，并无不当。"

案例 5：重庆安吉尔科技有限公司，重庆市轨道交通（集团）有限公司与相邻关系纠纷二审判决书［重庆市高级人民法院（2015）渝高法民终字第 00238 号］认为："安吉尔科技公司依法取得了南岸区长生桥镇白沙村饮用天然矿泉水资源的采矿权，其权利应当依法受到保护。轨道交通公司在轨道交通六号线二期工程铜锣山隧道建设施工过程中，对安吉尔科技公司的采矿权造成侵害，应当承担相应的侵权责任。……关于安吉尔科技公司损失的确定问题。对于安吉尔科技公司所遭受的损失，双方共同委托国能鉴定所进行了评估，国能鉴定所作出了《鉴定意见书》，确定安吉尔科技公司龙派矿泉水水源地可得利益损失价值为 1027.21 万元，其他相关资产需补偿价值为 793.77 万元。国能鉴定所作出的《鉴定意见书》应当作为确定安吉尔科技公司损失的依据，安吉尔科技公司认为一审判决对该《鉴定意见书》采信错误、轨道交通公司认为该《鉴定意见书》不应被采信的上诉理由均不能成立。"

裁判规则四：矿产资源被压覆，侵权人应依成本补偿原则对矿业权人进行补

偿，而非依资源价值进行补偿。（案例6）

案例6：广元市茂成商贸有限责任公司与兰渝铁路有限责任公司探矿权纠纷一审民事判决书［四川省高级人民法院（2014）川民初字第33号］认为："根据《国土资源部关于进一步做好建设项目压覆重要矿产资源审批管理工作的通知》（国土资发〔2010〕137号）第四条中规定：'建设项目压覆已设置矿业权矿产资源的，新的土地使用权人还应同时与矿业权人签订协议，协议应包括矿业权人同意放弃被压覆矿区范围及相关补偿内容。补偿的范围原则上应包括：1. 矿业权人被压覆资源储量在当前市场条件下所应缴的价款（无偿取得的除外）；2. 所压覆的矿产资源分担的勘查投资、已建的开采设施投入和搬迁相应设施等直接损失。'即补偿压覆矿产资源依成本补偿原则进行，并非依资源价值进行补偿。诉前广元市重点办委托天地源公司所作《矿权报告》和四川煤炭院所作《影响报告》，即两份评估报告，评估方法和采用的标准，均不符合上述法规规定，且没有得到兰渝公司的确认，不能作为判决依据。……本案中，茂成公司和兰渝公司均确认茂成公司投入勘查费用为980万元（包括茂成公司取得探矿权所缴纳的价款），庭审中茂成公司称已经投入4000万元，但没有举证予以证明，故本院认定茂成公司的勘察投资费为980万元。茂成公司投入980万元勘查费用确定周家沟煤矿资源量27490万吨，兰渝公司修建兰渝铁路所压覆部分为432.5万吨，占压覆矿业权面积比例为15.73%，兰渝公司应当补偿茂成公司154.16万元。由于兰渝公司已经支付3000万元，超付2845.84万元，应由茂成公司返还。因兰渝公司只主张返还2845.65万元，故本院判令茂成公司返还2845.65万元。兰渝公司的反诉请求成立，本院予以支持。"

068 电力设施建于探矿区域内无须赔偿

——在探矿区域内建设电力设施的行为未致使勘探受阻的，电力设施建设人无须承担不能勘探的损失赔偿责任

阅读提示

输电线路建设项目有时会经过探矿区域，此时探矿权人能否主张不能继续勘查的赔偿责任？本案例中，最高人民法院认为，在电力设施500米范围内实施爆破并非完全不可行，且爆破并不是唯一的施工方式，因此未支持探矿权人关于无法继续探矿的损害赔偿请求。但是如果因电力设施的建设行为导致探矿费用增加，则探矿

权人可以主张赔偿增加的探矿费用。

裁判要旨

在电力设施500米范围内实施爆破并非完全不可行，且勘探的方式包括坑探、槽探、钻探等，爆破并不是唯一的施工方式，故在探矿区域内建设电力设施的行为并未致使勘探受阻，电力设施建设人无须承担不能勘查造成探矿权经济价值损失的赔偿责任。

案情简介

一、乙源实业公司于2006年取得案涉探矿权。2011年，经四川省国土资源厅批准，鑫达公司从乙源实业公司受让该探矿权。

二、省电力公司瀑布沟、深溪沟、龙头石水电站500KV送出输变电工程于2008年取得国家发展和改革委员会的核准，该建设工程于2010年完工。其中，在鑫达公司探矿权区域内架设了基铁塔37座。

三、鑫达公司向成都中院起诉，请求判令省电力公司赔偿损失5127.66万元。鑫达公司在诉讼中明确损失范围是因省电力公司37座基铁塔500米范围内不能爆破作业导致鑫达公司无法探矿继而取得采矿权，鑫达公司探矿的目的无法实现。

四、成都中院认为，鑫达公司主张500米内绝对禁止爆破的主张，缺乏事实及法律依据；建设项目与矿区范围重叠但不影响矿产资源正常开采的，不作为压覆处理。判决：驳回鑫达公司的诉讼请求。

五、鑫达公司不服，上诉至四川高院。四川高院判决：驳回上诉，维持原判。

六、鑫达公司仍不服，向最高人民法院申请再审。最高人民法院裁定：驳回鑫达公司的再审申请。

裁判要点

首先，省电力公司建设电力设备的行为并未造成鑫达公司在相应范围内无法进行资源勘探。鑫达公司勘探的方式包括坑探、槽探、钻探等，爆破并不是唯一的施工方式。且根据《电力设施保护条例实施细则》第十条第一款关于“任何单位和个人不得在距电力设施周围五百米范围内（指水平距离）进行爆破作业。因工作需要必须进行爆破作业时，应当按国家颁发的有关爆破作业的法律法规，采取可靠的安全防范措施，确保电力设施安全，并征得当地电力设施产权单位或管理部门的书面同意，报经政府有关管理部门批准”之规定，在电力设施500米范围内实施爆破并非完全不可行，专家辅助人亦对此出庭予以证实。鑫达公司也未举示充分证据证明其因无法在省电力公司建设项目影响区域范围内进行爆破作业、设置安全矿柱致使勘探受阻，进而无法探明案涉探矿权的资源储量。

其次，针对鑫达公司在一审和二审中申请对输电线路水平500米范围内和地下200米范围内不能勘查造成的探矿权经济价值的损失进行鉴定的问题，因鑫达公司未证明上述范围内无法进行矿产勘探，其鉴定申请的事项与是否对其探矿权进行赔偿并无关联。根据《最高人民法院关于适用〈中华人民共和国民事诉讼法〉的解释》第一百二十一条第一款关于“申请鉴定的事项与待证事实无关联，或者对证明待证事实无意义的，人民法院不予准许”之规定，法院不予准许鑫达公司的鉴定申请。

实务经验总结

前事不忘，后事之师。为避免未来发生类似败诉，提出如下建议：

一、根据《电力设施保护条例实施细则》第十条的规定，电力设施周围500米范围内并非绝对禁止爆破作业，因此电力设施建设于探矿区域并不会造成探矿权人无法继续进行勘探。而如果因电力设施的建设行为导致探矿费用增加，则探矿权人可以向电力设施的建设人主张赔偿增加的费用，但是无权主张探矿权无法勘探的损失赔偿责任。

二、当事人可以就查明事实的专门性问题向人民法院申请鉴定，但是申请鉴定的事项应当与待证事实存在关联，对证明待证事实具有意义。

三、值得关注的是，本案四川高院二审审理时提出一个观点：因无法认定案涉探矿区域内可供开发利用的矿产资源及其经济价值，故无法认定省电力公司建设电力设施的行为构成对案涉探矿权的侵害。针对该观点，鑫达公司向最高人民法院申请再审时主张，省电力公司的行为是否构成侵权与探矿权是否有经济价值并无关联。但最高人民法院未对该问题予以回应。

相关法律规定

《电力设施保护条例实施细则》

第十条 任何单位和个人不得在距电力设施周围五百米范围内（指水平距离）进行爆破作业。因工作需要必须进行爆破作业时，应当按国家颁发的有关爆破作业的法律法规，采取可靠的安全防范措施，确保电力设施安全，并征得当地电力设施产权单位或管理部门的书面同意，报经政府有关管理部门批准。

在规定范围外进行的爆破作业必须确保电力设施的安全。

《最高人民法院关于适用〈中华人民共和国民事诉讼法〉的解释》

第一百二十一条第一款　当事人申请鉴定，可以在举证期限届满前提出。申请鉴定的事项与待证事实无关联，或者对证明待证事实无意义的，人民法院不予准许。

以下为该案在最高人民法院审理阶段，裁判文书中“本院认为”部分就该问题的论述：

首先，鑫达公司提供的多项证据显示，省电力公司建设电力设备的行为并未造成鑫达公司在相应范围内无法进行资源勘探。鑫达公司勘探的方式包括坑探、槽探、钻探等，爆破并不是唯一的施工方式，一审专家辅助人朱兵对此亦出庭证实。且根据《电力设施保护条例实施细则》第十条第一款关于“任何单位和个人不得在距电力设施周围五百米范围内（指水平距离）进行爆破作业。因工作需要必须进行爆破作业时，应当按国家颁发的有关爆破作业的法律法规，采取可靠的安全防范措施，确保电力设施安全，并征得当地电力设施产权单位或管理部门的书面同意，报经政府有关管理部门批准”之规定，在电力设施500米范围内实施爆破并非完全不可行，一审专家辅助人张继春对此出庭予以证实。鑫达公司也未举示充分证据证明其因无法在省电力公司案涉建设项目影响区域范围内进行爆破作业、设置安全矿柱致使勘探受阻，进而无法探明案涉探矿权的资源储量。因此，鑫达公司关于案涉探矿权因省电力公司建设电力设备阻断其勘探的申请再审理由不能成立。如果存在鑫达公司因省电力公司建设电力设备行为导致其探矿费用增加的情况，二审判决已经明确鑫达公司可以根据实际情况向省电力公司另行主张，由于鑫达公司在本案中未提出该项主张，原审法院未予处理并无不当。

其次，鑫达公司在一审和二审中申请鉴定的具体内容是请求对输电线路水平500米范围内和地下200米范围内不能勘查造成的探矿权经济价值的损失进行鉴定。鑫达公司并未证明上述范围内无法进行矿产勘探，其鉴定申请的事项与是否对其探矿权进行赔偿并无关联。根据《最高人民法院关于适用〈中华人民共和国民事诉讼法〉的解释》第一百二十一条第一款关于“申请鉴定的事项与待证事实无关联，或者对证明待证事实无意义的，人民法院不予准许”之规定，原审法院不予准许鑫达公司鉴定申请并无不当。鑫达公司关于原审法院不予准许其有关探矿权利损失的鉴定的申请违反法律规定的申请再审事由不能成立。

再次，鑫达公司主张赔偿损失的依据是四川省地平线矿产资源咨询有限责任公司出具的评估报告书，该评估报告书又是以四川省地质矿产勘查开发局川西北地质队出具的地质报告书中载明的资源量作为评估基础数据。但是根据地质报告书中有关“在槽探、钻孔工程全部见矿的理想状态下，预估算（333）+（334）资源量830.85万吨”的内容，可见地质报告书预估的资源量具有很大的不确定性，故原审法院对评估报告书不予采信并无不当。

案件来源

乐山鑫达置业有限公司财产损害赔偿纠纷再审审查与审判监督民事裁定书，最高人民法院（2017）最高法民申2944号。

延伸阅读

认定铁路、公路建设项目压覆探矿权构成侵权时应承担侵权责任的案例：

案例1：张忠与乌鲁木齐市米东区房屋征收与补偿管理办公室、新疆方夏资产评估事务所（有限公司）房屋拆迁安置补偿合同再审民事判决书［新疆维吾尔自治区高级人民法院（2015）新审二民提字第205号］认为：“虽然承德市国土资源局于2010年12月6日、2011年3月28日分别向河北省国土资源厅和省高管局出具了《关于‘大广公路蒙冀界至承德段工程建设项目用地“压覆”承德县岗子乡东沟村东沟钼多金属矿普查项目’的说明》，但根据该说明仅能证明承赤高速公路路桩在嘉鸿矿业探矿区范围内，并没有确定嘉鸿矿业位于承赤高速公路1000米范围内的探矿权已经无法行使。根据前述法律法规、管理办法的规定以及承德市国土资源局出具的《关于大庆至广州公路蒙冀界至承德段工程建设项目用地压覆矿产资源批复》，本案嘉鸿矿业探矿权相应权益补偿范围确定为‘高速公路用地边界外推300米范围内’为宜。承赤管理处的该项上诉请求成立，本院予以支持。……对于侵害探矿权的行为，侵权行为人应当承担侵权责任。承赤管理处、省高管局因修建承赤高速公路给嘉鸿矿业合法的探矿权造成损失，依法应当给予赔偿。关于赔偿损失的数额，鉴定机构的鉴定结论为：承赤高速公路压覆承德县岗子乡东沟村东沟钼多金属矿详查探矿权300米范围内评估价值为886.45万元。对该鉴定结论各方当事人均未提出异议，本院予以采信。”

案例2：上海戴比尔斯矿业公司与乌鲁木齐铁路局财产损害赔偿纠纷一审民事判决书［新疆维吾尔自治区高级人民法院（2014）新民二初字第44号］认为：“2009年4月，在未与乌拉提煤矿探矿权所属方戴比尔斯公司进行协商的情况下，库俄铁路铺设压覆乌拉提煤矿部分矿区，造成该矿区无法继续开发利用的损害结果。《中华人民共和国物权法》第一百二十三条中规定：‘依法取得的探矿权受法律保护。’探矿权应是用益物权的一种。《中华人民共和国侵权责任法》第二条第一款规定，侵害民事权益的，应当承担侵权责任。而该条第二款又明确规定，民事权益包括了用益物权。根据上述规定，铺设库俄铁路未履行报批手续，与乌拉提煤矿探矿权所有人戴比尔斯公司未进行协商，造成压覆矿区的实际危害后果，库俄铁路业主存在明显过错，其上述行为构成侵权。”

案例3：山东高速集团四川乐自公路有限公司、四川达源山实业有限公司合同纠纷二审民事判决书［四川省高级人民法院（2016）川民终601号］认为：“新林北项目办经国家发展和改革委员会及交通部批准，实施相关公路建设，所建公路穿过鼎泰公司探矿区域。新林北项目办未与鼎泰公司签订协议的情况下进行公路建设，压覆了鼎泰公司的部分探矿区域，主观存在过错，客观损害了鼎泰公司的探矿权，构成对鼎泰公司的侵权。新林北项目办抗辩不构成侵权的理由不能成立。……根据《中华人民共和国物权法》规定，探矿权属于用益物权，具有财产价值。根据《中华人民共和国侵权责任法》第十九条规定，侵犯他人财产的，财产损失按照损失发生时的市场价格或者其他方式计算。该条规定是确定各类侵犯财产权赔偿金额的方法。国土资源部和内蒙古自治区国土资源厅的通知，是就矿产资源被压覆如何赔偿进一步作出的规定，是对侵犯矿业权如何确定赔偿金额作出的规定，是执行《中华人民共和国侵权责任法》的规范性文件。一审判决适用上述通知确认赔偿金额并不违反《中华人民共和国侵权责任法》的相关规定。”

案例4：贵溪市明贵石膏矿与赣韶铁路有限公司损害赔偿纠纷二审民事判决书［江西省高级人民法院（2015）赣民二终字第52号］认为：“明贵石膏矿于2007年9月14日取得南康市茶叶坳金银多金属矿的探矿权，之后有效期延续至2015年10月28日，从探矿权的取得直至延续有效期，都有国家主管部门颁发的许可证书，且经原审法院向省国土资源厅核实无误，因此明贵石膏矿的探矿权合法权益应受保护。赣韶铁路公司作为铁路的建设单位，其建设的铁路压覆明贵石膏矿的探矿权地域范围，因铁路保护区不能进行采矿活动，故铁路压覆造成明贵石膏矿已投入的勘查成本不能收回，赣韶铁路公司应对明贵石膏矿予以赔偿。赣韶铁路公司开工时应当查明铁路经过地域的探矿权情况，其没有查明并造成明贵石膏矿的损失，存在过错，应承担侵权责任。赣州荣达投资咨询有限公司具有探矿权评估资质，评估程序合法，结论明确具体，赣韶铁路公司没有提出确有依据的异议，也未申请重新评估，原审判决采信其评估结论并无不当，应予维持。根据省国土资源厅给原审法院的回复函，赣韶铁路公司只是部分压覆本案所涉探矿权地域范围，原审判决按照面积比例计算压覆损失正确，明贵石膏矿上诉主张全部探矿权压覆损失，依据不足，本院不予支持。”

案例5：江西丰广实业有限公司、沪昆铁路客运专线江西有限公司探矿权纠纷二审民事裁定书［江西省高级人民法院（2017）赣民终45号］认为：“探矿权的市场价值为探矿权价值，即本案应进行探矿权价值鉴定，本案鉴定机构使用成本效用法对探矿权价值进行鉴定，该方法中的效用系数已经内化了相关投入的实际效用，在探矿权价值之外另行计算相关投入为重复计算，该问题也可以从涉案探矿权两次高度同质性的鉴定或评估中得到印证。涉案的同一探矿权先后因为西气东输工程和沪昆铁路两个公益事业项目的建设而被两次压覆，因西气东输工程压覆，湘华信矿评字〔2012〕04号探矿权评估报告对于涉案的椒岭铝土矿探矿权评估价值为959.68万元，因沪昆铁路的压覆，赣中磊司法鉴定中心（2015）资鉴字第0050号补充司法鉴定意见书鉴定探矿权价值为858.04万元（加上西气东输已压覆扣除部分15.55万元为873.59万元，），两者数额非常接近，不同的是赣中磊司法鉴定中心（2015）资鉴字第0050号补充司法鉴定意见书除开探矿权价值外另行计算了房屋建筑物等相关投入，本案探矿权人对于西气东输工程中探矿权价值的评估并无异议且已经实际获得补偿款，故一审法院委托鉴定事项和鉴定机构鉴定的对象存在重复计算的问题。”

案例6：广元市茂成商贸有限责任公司与兰渝铁路有限责任公司探矿权纠纷一审民事判决书［四川省高级人民法院（2014）川民初字第33号］认为：“现双方当事人就茂成公司拥有的被压覆432.5万吨煤矿资源探矿权如何补偿存在分歧。根据《中华人民共和国矿产资源法》第三条第一款规定：‘矿产资源属于国家所有，由国务院行使国家对矿产资源的所有权。地表或者地下的矿产资源的国家所有权，不因其所依附的土地的所有权或者使用权的不同而改变。’茂成公司享有探矿权，只是取得矿产资源进行勘探的权利。茂成公司没有取得采矿权，不享有开采、利用并取得收益的权利。《中华人民共和国矿产资源法》第二十条：‘非经国务院授权的有关主管部门同意，不得在下列地区开采矿产资源：……（三）铁路、重要公路两侧一定距离以内；……’兰渝铁路作为国家重点建设项目，依法受法律保护，造成茂成公司部分探矿权的损失，由兰渝公司进行补偿。”

069 公路建设压覆矿业权的具体范围如何认定

——公路两侧不得开采矿产资源的具体范围应参照公路安全的相关规定

阅读提示

公路、铁路等建设项目压覆矿产资源纠纷的重要争议焦点在于评估范围的确定，评估范围最终将影响矿业权人可获得的赔偿数额。本案例的裁判规则对该问题的处理具有重要意义。

裁判要旨

《中华人民共和国矿产资源法》第二十条规定，非经国务院授权的有关主管部门同意，铁路、重要公路两侧一定距离内不得开采矿产资源，但未规定具体范围。故对“一定距离内”的确定应参照我国保护公路安全的法律及条例的相关规定。

案情简介

一、2007 年 1 月，任凤军取得案涉探矿权。2010 年 4 月，经承德市国土资源局批准，探矿权人变更为嘉鸿矿业。

二、2010 年 1 月，国家发展与改革委员会批准以河北省高速公路管理局（“省高管局”）为项目单位对大广高速公路中蒙冀界至承德段的修建。大广高速公路中承赤高速公路段于 2011 年 3 月正式开工建设，2013 年 12 月建成通车。在该段高速公路修建过程中省高管局成立河北省高速公路承赤管理处（“承赤管理处”）负责高速公路建设事宜。

三、嘉鸿矿业向河北高院起诉，主张上述高速公路压覆其探矿权，请求判令：省高管局、承赤管理处共同赔偿嘉鸿矿业损失 11000 万元（具体数额以评估报告为准）。

四、一审中嘉鸿矿业提出鉴定申请。因当事人对于赔偿范围是高速公路 1000 米范围内，还是 300 米范围内压覆探矿权造成的损失进行赔偿发生争议，故河北高院委托鉴定单位分别对 1000 米范围内和 300 米范围的损失进行了鉴定，结论为：承赤高速公路压覆案涉探矿权 300 米范围内的评估价值为 886.45 万元；压覆 1000

米范围内评估价值为 2549.82 万元［115 米硐探（斜井）存在的情形下］。

五、河北高院认为，《河北省矿产资源总体规划（2008-2015 年）》对于批准矿业权有明确规定，即“铁路、高速公路两侧 1000 米、禁止采矿（包括地下）”，由此，高速公路的修建致使 1000 米范围内探矿权已经不可能转为采矿权。因此，应认定按 1000 米范围的损失确定。故判决：省高管局、承赤管理处共同赔偿嘉鸿矿业 2549.82 万元。

六、承赤管理处不服，上诉至最高人民法院，主张案涉探矿权相应权益损失的评估范围应确定为高速公路用地边界外推 300 米范围内。最高人民法院支持了承赤管理处的该项主张，改判：省高管局、承赤管理处共同赔偿嘉鸿矿业 886.45 万元。

裁判要点

本案主要的争议焦点是承赤管理处、省高管局应按高速公路 1000 米范围内，还是 300 米范围内对压覆探矿权造成的损失进行赔偿。最高人民法院改判应按高速公路 300 米范围内进行赔偿的原因在于：

《中华人民共和国矿产资源法》第二十条规定，非经国务院授权的有关主管部门同意，“铁路、重要公路两侧一定距离内”不得开采矿产资源，但未规定具体范围，故对“一定距离内”的确定应参照我国保护公路安全的法律及条例的相关规定。

《中华人民共和国公路法》第四十七条规定，“……在公路两侧一定距离内，不得挖砂、采石、取土、倾倒废弃物，不得进行爆破作业及其他危及公路、公路桥梁、公路隧道、公路渡口安全的活动。”《公路安全保护条例》第十七条规定，“禁止在下列范围内从事采矿、采石、取土、爆破作业等危及公路、公路桥梁、公路隧道、公路渡口安全的活动：（一）国道、省道、县道的公路用地外缘起向外 100 米……”而《河北省矿产资源总体规划（2008-2015 年）》仅是对河北省范围内矿产资源的利用开发进行的长远计划，具体实施中应以《河北省矿产资源总体规划实施管理办法》《河北省国土资源厅建设项目压覆矿产资源管理办法》为依据。《河北省矿产资源总体规划实施管理办法》第十六条第一款规定：“铁路、高速公路、国道、省道两侧可视范围内，原则上不再新设露天采矿权。设置地下采矿权的必须符合铁路公路相关安全规程的要求。”《河北省国土资源厅建设项目压覆矿产资源管理办法》第十三条规定：“建设项目压覆矿产资源的评估范围应不小于用地边界外推 300 米，行业规定保护范围大于 300 米的，按行业规定评估。”

根据前述规定，最高人民法院最终认定本案嘉鸿矿业探矿权相应权益补偿范围确定为“高速公路用地边界外推 300 米范围内”为宜。

实务经验总结

前事不忘，后事之师。为避免未来发生类似败诉，提出如下建议：

根据本案例最高人民法院的裁判思路，法院对公路压覆矿产资源具体评估范围的认定应参照保护公路安全的相关规定，具有一定的自由裁量权。有鉴于此，该类案件中矿业权人可根据案件发生地，尽可能多地检索对己方有利的相关行政规定、行政文件，作为法官裁判的参考。

相关法律规定

《中华人民共和国矿产资源法》

第二十条　非经国务院授权的有关主管部门同意，不得在下列地区开采矿产资源：

（一）港口、机场、国防工程设施圈定地区以内；

（二）重要工业区、大型水利工程设施、城镇市政工程设施附近一定距离以内；

（三）铁路、重要公路两侧一定距离以内；

（四）重要河流、堤坝两侧一定距离以内；

（五）国家划定的自然保护区、重要风景区，国家重点保护的不能移动的历史文物和名胜古迹所在地；

（六）国家规定不得开采矿产资源的其他地区。

《中华人民共和国侵权责任法》

第二条　侵害民事权益，应当依照本法承担侵权责任。

本法所称民事权益，包括生命权、健康权、姓名权、名誉权、荣誉权、肖像权、隐私权、婚姻自主权、监护权、所有权、用益物权、担保物权、著作权、专利权、商标专用权、发现权、股权、继承权等人身、财产权益。

《中华人民共和国公路法》

第四十七条第一款　在大中型公路桥梁和渡口周围二百米、公路隧道上方和洞口外一百米范围内，以及在公路两侧一定距离内，不得挖砂、采石、取土、倾倒废弃物，不得进行爆破作业及其他危及公路、公路桥梁、公路隧道、公路渡口安全的活动。

《公路安全保护条例》

第十一条　县级以上地方人民政府应当根据保障公路运行安全和节约用地的原则

以及公路发展的需要，组织交通运输、国土资源等部门划定公路建筑控制区的范围。

公路建筑控制区的范围，从公路用地外缘起向外的距离标准为：

（一）国道不少于 20 米；

（二）省道不少于 15 米；

（三）县道不少于 10 米；

（四）乡道不少于 5 米。

属于高速公路的，公路建筑控制区的范围从公路用地外缘起向外的距离标准不少于 30 米。

公路弯道内侧、互通立交以及平面交叉道口的建筑控制区范围根据安全视距等要求确定。

第十七条第一款 禁止在下列范围内从事采矿、采石、取土、爆破作业等危及公路、公路桥梁、公路隧道、公路渡口安全的活动：

（一）国道、省道、县道的公路用地外缘起向外 100 米，乡道的公路用地外缘起向外 50 米；

（二）公路渡口和中型以上公路桥梁周围 200 米；

（三）公路隧道上方和洞口外 100 米。

《河北省矿产资源总体规划实施管理办法》（2010 年 9 月 19 日生效）

第十六条 铁路、高速公路、国道、省道两侧可视范围内，原则上不再新设露天采矿权。设置地下采矿权的必须符合铁路、公路相关安全规程的要求。

铁路、高速公路、国道、省道两侧 1000 米可视范围内已设置采矿权的露天开采矿山，由当地政府做出限期关闭决定或采矿许可证到期立即关闭，并由市、县国土资源部门引导和帮助被关闭矿山企业易地办矿。

铁路、高速公路、国道、省道两侧超过 1000 米可视范围内已设置采矿权的露天开采矿山，采矿许可证到期可办理一次延续手续，并且不能扩大露天开采范围，延续期限不超过 3 年，延续期满关闭。

《河北省国土资源厅建设项目压覆矿产资源管理办法》（冀国土资发〔2011〕41 号）

第十三条 建设项目压覆矿产资源的评估范围应不小于用地边界外推 300 米，行业规定保护范围大于 300 米的，按行业规定评估。

以下为该案在最高人民法院审理阶段，裁判文书中“本院认为”部分就该问题的论述：

关于承赤管理处是否存在压覆嘉鸿矿业探矿区域及压覆的评估范围如何确定问

题。一审法院组织双方当事人及评估鉴定机构进行现场勘查的结果是：依据嘉鸿矿业的探矿权坐标，嘉鸿矿业的探矿权区域主要位于承赤高速公路一侧1000米的范围内，近端位于该高速公路300米范围内。在本院二审庭审中，承赤管理处、省高管局均认可在承赤高速公路边界上与嘉鸿矿业的探矿权区域有一部分重叠，故可以认定承赤高速公路压覆了嘉鸿矿业部分探矿权区域。关于压覆的评估范围如何确定问题。经查，《河北省矿产资源总体规划（2008—2015)》系河北省人民政府报请国土资源部批复后于2010年2月实施的，但在2010年9月、2011年6月河北省国土资源厅颁布了《河北省矿产资源总体规划实施管理办法》和《河北省国土资源厅建设项目压覆矿产资源管理办法》。《河北省矿产资源总体规划实施管理办法》第十六条第一款规定："铁路、高速公路、国道、省道两侧可视范围内，原则上不再新设露天采矿权。设置地下采矿权的必须符合铁路公路相关安全规程的要求。"《河北省国土资源厅建设项目压覆矿产资源管理办法》第十三条规定："建设项目压覆矿产资源的评估范围应不小于用地边界外推300米，行业规定保护范围大于300米的，按行业规定评估。"《中华人民共和国公路法》第四十七条第一款规定："在大中型公路桥梁和渡口周围二百米、公路隧道上方和洞口外一百米范围内，以及在公路两侧一定距离内，不得挖砂、采石、取土、倾倒废弃物，不得进行爆破作业及其他危及公路、公路桥梁、公路隧道、公路渡口安全的活动。"而《公路安全保护条例》第十一条规定："县级以上地方人民政府应当根据保障公路运行安全和节约用地的原则以及公路发展的需要，组织交通运输、国土资源等部门划定公路建筑控制区的范围。公路建筑控制区的范围，从公路用地外缘起向外的距离标准为：（一）国道不少于20米；（二）省道不少于15米；（三）县道不少于10米；（四）乡道不少于5米。属于高速公路的，公路建筑控制区的范围从公路用地外缘起向外的距离标准不少于30米。公路弯道内侧、互通立交以及平面交叉道口的建筑控制区范围根据安全视距等要求确定。"第十七条第一款规定："禁止在下列范围内从事采矿、采石、取土、爆破作业等危及公路、公路桥梁、公路隧道、公路渡口安全的活动：（一）国道、省道、县道的公路用地外缘起向外100米，乡道的公路用地外缘起向外50米；（二）公路渡口和中型以上公路桥梁周围200米；（三）公路隧道上方和洞口外100米。"本院认为，鉴于《中华人民共和国矿产资源法》第二十条仅规定非经国务院授权的有关主管部门同意，"铁路、重要公路两侧一定距离内"不得开采矿产资源，并没有规定具体范围，故对"一定距离内"的确定应参照我国保护公路安全的法律及条例的相关规定。本案是因高速公路建设压覆探矿权而发生的纠纷，《河北省矿产资源总体规划（2008—2015)》仅是对河北省范围内矿产资源的利用开发进行的长远计划，具体实施中应以《河北省矿产资源总体规划实施管理办法》《河北省国土资源厅建设项目压覆矿产资源管理办法》为依据。虽然承德市国土资源局于2010年12月6日、2011年3月28日分别向河北省国土资源厅和省高管局出具了《关于“大广公路蒙冀界至承德段工程建设项目用地”压覆“承德县岗子乡东沟村东沟钼多金属矿普查项目”的说明》，但根据该说明仅能证明承赤高速公路路桩在嘉鸿矿业探矿区范围内，并没有确定嘉鸿矿业位于承赤高速公路1000米范围内的探矿权已经无法行使。根据前述法律法规、管理办法的规定以及承德市国土资源局出具的《关于大庆至广州公路蒙冀界至承德段工程建设项目用地压覆矿产资源批复》，本案嘉鸿矿业探矿权相应权益补偿范围确定为“高速公路用地边界外推300米范围内”为宜。承赤管理处的该项上诉请求成立，本院予以支持。

案件来源

承德县嘉鸿矿业有限责任公司与河北省高速公路承赤管理处、河北省高速公路管理局侵权责任纠纷二审民事判决书，最高人民法院（2016）最高法民终583号。

延伸阅读

关于公路两侧不得从事勘探开采行为的距离范围的规定：

《湖北省国土资源厅关于进一步规范建设项目压覆矿产资源审批管理工作的通知》（鄂土资规〔2013〕1号）

附件1　部分基础设施保护范围及相关规定（摘录）

一、公路

（一）主要规定。

禁止在下列范围内从事采矿、采石、取土、爆破作业等危及公路、公路桥梁、公路隧道、公路渡口安全的活动：

1. 国道、省道、县道的公路用地外缘起向外100米，乡道的公路用地外缘起向外50米。

2. 公路渡口和中型以上公路桥梁周围200米。

3. 公路隧道上方和洞口外100米。

4. 在大中型公路桥梁和渡口周围二百米、公路隧道上方和洞口外一百米范围内，以及在公路两侧一定距离内，不得挖砂、采石、取土、倾倒废弃物，不得进行爆破作业及其他危及公路、公路桥梁、公路隧道、公路渡口安全的活动。

（二）法规依据。

《公路法》第四十七条；《公路安全保护条例》第十七条。

二、铁路

（一）主要规定。

1. 在铁路线路两侧路堤坡脚、路堑坡顶、铁路桥梁外侧起

各1000米范围内，及在铁路隧道上方中心线两侧各1000米范围内，禁止从事采矿、采石及爆破作业。

2. 不得在铁路桥梁跨越的河道上下游的下列范围内采砂：

（1）桥长500米以上的铁路桥梁，河道上游500米，下游3000米；

（2）桥长100米以上500米以下的铁路桥梁，河道上游500米，下游2000米；

（3）桥长100米以下的铁路桥梁，河道上游500米，下游1000米。

3. 不得在铁路桥梁（含道路、铁路两用桥）跨越的河道上下游各1000米范围内抽取地下水、拦河筑坝，及修建其他影响或者危害铁路桥梁安全的设施。确需进行抽取地下水、拦河筑坝等活动的，应当进行安全论证，有关行政管理部门在批准之前应当征求有关铁路管理机构的意见。

（二）法规依据。

《铁路运输安全保护条例》第十五条、第十六条、第十八条。

《山东省国土资源厅关于进一步规范建设项目压覆矿产资源管理工作的通知》（2007年2月12日生效）

五、建设项目压覆矿产资源调查工作的技术要求

（一）调查范围

建设项目用地的地质调查范围应视选址区周边环境情况和工程情况而定。一般以建设用地边界外推1000米~2000米。

《浙江省国土资源厅关于进一步规范建设用地项目压覆矿产资源审核工作的通知》（2006年2月23日生效）

五、进一步规范压覆矿产资源调查工作的技术要求

（一）调查范围：根据露采矿山的安全距离，建设用地项目的调查范围一般为建设用地红线外推300—500m。水库项目的调查范围为最高洪水位以内。

《湖南省人民政府办公厅关于做好压覆矿产资源补偿工作的通知》（湘政办发〔2015〕17号）

四、压覆范围划定

（一）各类保护区、城镇土地利用总体规划压覆矿产资源的，由制定保护区规

划和土地利用总体规划的人民政府向省国土资源厅提出压覆申请。省国土资源厅组织有相应资质（资格）的单位进行压覆查询或评估，并根据查询或评估结果划定压覆范围。

（二）建设项目压覆矿产资源的，由建设单位提出建设项目的安全保护范围。省国土资源厅组织具有相应资质（资格）的单位，根据安全保护范围进行压覆查询或评估，并根据查询或评估结果划定压覆范围。

《湖南省国土资源厅关于建设项目压覆矿产资源补偿有关问题的通知》（湘国土资发〔2013〕17号）

二、实行建设项目压覆矿产资源论证制度。建设单位在项目（含城市规划区内已设矿业权的单个建设项目）论证中，应将压覆矿产资源纳入论证范围。委托省国土资源信息中心进行建设项目压覆矿产资源查询，对压覆已探明矿产资源和已设置矿业权的不可避免性进行论证。确需压覆矿产资源的，由建设单位委托有相应乙级以上地质勘查资质的机构进行压覆矿产资源评估。压覆矿产资源评估单位应对压覆范围进行科学、严格论证，不能简单的、机械的以规定距离确定压覆范围。对于探矿权和采矿权部分压覆后，矿业权范围内勘查或采矿活动无法再正常进行，不能保留探矿权或采矿权的，压覆范围为整个探矿权或采矿权范围。

070 签订压覆矿产资源补偿协议后应依约支付补偿款，否则应赔偿利息损失

阅读提示

本文梳理了与压覆矿产资源补偿协议相关的两个裁判规则：

（1）压覆矿产资源补偿协议系当事人的真实意思表示，且不存在合同无效的情形的，协议合法有效，当事人应当依约履行。（主文案例、延伸阅读案例2、案例3）

（2）因公共利益需要压覆探矿权，且压覆经过地质矿产主管部门批准，并与探矿权人达成同意压覆的意向性协议的，该压覆行为不宜定性为侵权。（延伸阅读案例1）

裁判要旨

压覆矿产资源补偿协议系当事人的真实意思表示，且不存在合同无效的情形

的，协议合法有效，当事人应当依约履行。未依约履行的，构成违约。

案情简介

一、2012 年 11 月，枣临铁路公司与鲁南运输公司签订《枣（庄）临（沂）铁路压覆山东省苍山县东新兴铁矿扩界区采矿权补偿协议》（以下简称《补偿协议》），约定：根据山东省国土资源厅《关于山东省新建枣庄至临沂铁路建设用地压覆矿产资源情况的函》，枣临铁路公司拟建枣临铁路工程对鲁南运输公司所有的东新兴铁矿构成了部分压覆；根据对压覆部分进行评估的结果，枣临铁路公司应付鲁南运输公司压覆矿产补偿费用 10394.65 万元，最迟付清期限为 2013 年 6 月 30 日；鲁南运输公司保证积极配合相关工作。

二、协议签订后，案涉压覆矿业权及资产均已经交付处置，案涉铁路线路亦开通运营。但枣临铁路公司未按照协议约定支付压覆矿产补偿费用。鲁南运输公司遂向山东高院起诉。请求：枣临铁路公司支付约定补偿款 10394.65 万元及利息。

三、枣临铁路公司提起反诉称，本案起因是由于苍山县东新兴铁矿位于枣临铁路下方 1000 米范围内，但是 2014 年 1 月 1 日起实施的《铁路安全管理条例》取消了原压覆矿依据“铁路两侧 1000 米内禁止地下采矿”的规定，依据情势变更原则，请求：解除双方签订的《补偿协议》。

四、山东高院认为，《补偿协议》为有效合同，枣临铁路公司不履行其付款义务，已经构成违约，给鲁南运输公司造成的利息损失，应当予以赔偿；《铁路安全管理条例》于双方所约定的支付款项最后期限之后颁布，所以对于《补偿协议》不具有追溯力。故判决：枣临铁路公司支付鲁南运输公司补偿费用 10394.65 万元及利息。

五、枣临铁路公司不服山东高院判决，上诉至最高人民法院。最高人民法院判决：驳回上诉，维持原判。

裁判要点

首先，《补偿协议》合法有效，枣临铁路公司已构成违约。《补偿协议》是枣临铁路公司聘请的中介机构完成了相关评估、审核后，又经双方当事人反复磋商达成的，系双方当事人的真实意思表示，亦不存在合同无效的情形，故《补偿协议》合法有效。而枣临铁路公司未按照约定的最后期限向鲁南运输公司支付压覆矿产补偿费用，已经构成违约，故枣临铁路公司应当向鲁南运输公司支付补偿费用及利息损失。

其次，枣临铁路公司主张 2014 年 1 月 1 日起实施的《铁路安全管理条例》对《铁路运输安全保护条例》进行了修改，取消了原压覆矿依据“铁路两侧 1000 米内禁止地下采矿”的规定，按照现行规定，自 2014 年 1 月 1 日起法律允许鲁南运输公司继续采矿，不存在压覆补偿的问题，双方签订的《补偿协议》也失去了签订的目的，故请求解除合同。对此最高人民法院认为，法不溯及既往是法律适用的基本原则。案涉《补偿协议》的签订时间及枣临铁路公司支付款项的最后期限均是在《铁路安全管理条例》颁布之前，该条例并没有强制规定此前行为适用该条例，因此《铁路安全管理条例》对本案不具有溯及力。

实务经验总结

前事不忘，后事之师。为避免未来发生类似败诉，提出如下建议：

一、根据《国土资源部关于进一步做好建设项目压覆重要矿产资源审批管理工作的通知》，由国土资源部负责审批的建设项目压覆矿产资源的办理流程如下：（1）建设项目选址前，建设单位应向省级国土资源行政主管部门查询拟建项目所在地区的矿产资源规划、矿产资源分布和矿业权设置情况；（2）根据有关工程建设规范确定建设项目压覆重要矿产资源的范围，委托具有相应地质勘查资质的单位编制建设项目压覆重要矿产资源评估报告；（3）将相关材料报省国土资源行政主管部门、国土资源部审批；（4）压覆已设置矿业权矿产资源的，建设单位应与矿业权人签订协议，协议应包括矿业权人同意放弃被压覆矿区范围及相关补偿内容；（5）建设单位在收到同意压覆重要矿产资源的批复文件后 45 个工作日内，到项目所在地省级国土资源行政主管部门办理压覆重要矿产资源储量登记手续。

二、压覆矿产资源补偿协议签订后，在不存在合同无效的情形下，项目建设单位应当依约向矿业权人支付补偿款，否则构成违约，不仅要支付补偿款，还要支付利息。

三、根据《铁路安全管理条例》第三十四条的规定，铁路两侧并非绝对禁止采矿。在铁路线路路堤坡脚、路堑坡顶、铁路桥梁外侧起向外各 1000 米范围内，以及在铁路隧道上方中心线两侧各 1000 米范围内，从事露天采矿、采石或者爆破作业的，应当与铁路运输企业协商一致，报县级以上地方人民政府有关部门批准，采取安全防护措施后方可进行。

相关法律规定

《中华人民共和国合同法》

第五十二条　有下列情形之一的，合同无效：

（一）一方以欺诈、胁迫的手段订立合同，损害国家利益；

（二）恶意串通，损害国家、集体或者第三人利益；

（三）以合法形式掩盖非法目的；

（四）损害社会公共利益；

（五）违反法律、行政法规的强制性规定。

《铁路安全管理条例》

第三十四条　在铁路线路两侧从事采矿、采石或者爆破作业，应当遵守有关采矿和民用爆破的法律法规，符合国家标准、行业标准和铁路安全保护要求。

在铁路线路路堤坡脚、路堑坡顶、铁路桥梁外侧起向外各1000米范围内，以及在铁路隧道上方中心线两侧各1000米范围内，确需从事露天采矿、采石或者爆破作业的，应当与铁路运输企业协商一致，依照有关法律法规的规定报县级以上地方人民政府有关部门批准，采取安全防护措施后方可进行。

《铁路运输安全保护条例》（现已失效）

第十八条　在铁路线路两侧路堤坡脚、路堑坡顶、铁路桥梁外侧起各1000米范围内，及在铁路隧道上方中心线两侧各1000米范围内，禁止从事采矿、采石及爆破作业。

在前款规定的范围内，因修建道路、水利工程等公共工程，确需实施采石、爆破作业的，应当与铁路运输企业协商后，采取必要的安全防护措施。

以下为该案在最高人民法院审理阶段，裁判文书中“本院认为”部分就该问题的论述：

一、关于《补偿协议》是否合法有效问题。本院认为，《中华人民共和国合同法》第五十二条规定：“有下列情形之一的，合同无效：（一）一方以欺诈、胁迫的手段订立合同，损害国家利益；（二）恶意串通，损害国家、集体或者第三人利益；（三）以合法形式掩盖非法目的；（四）损害社会公共利益；（五）违反法律、行政法规的强制性规定。”根据一审法院及本院查明的事实，2010年7月30日，山东省国土资源厅作出的鲁国土资字（2010）805号文，系以枣临铁路公司委托山东省第一地质矿产勘查院编制的《山东省新建枣庄至临沂铁路压覆矿产资源调查报告》为依据。但是，从双方2011年4月15日签署的《框架协议书》内容看，双方对于枣临铁路压覆矿产资源储量问题并未达成一致，双方亦未按照山东省国土资源厅鲁国土资字（2010）805号文的要求达成《补偿协议》并备案。尔后，鲁南运输公司委托山东省第一地质矿产勘查院编制完成了《山东省苍山县东新兴铁矿枣临铁路压覆区资源储量核实报告》，该报告于2011年5月28日经山东省矿产储量评审办公室组织专家评审，由山东省国土资源资料档案馆储量评审办公室出具了《〈枣（庄）至临（沂）铁路压覆山东省苍山县东新兴铁矿扩界区资源储量核实报告〉评审意见书》（鲁矿核审金字（2011）22号），该意见书以山东省国土资源厅作出《关于苍山县鲁南蔬菜运输有限公司东新兴铁矿扩界的批复》（鲁国土资字（2010）62号）为依据，评审认为枣临铁路压覆东新兴铁矿扩界区保有铁矿石资源量667.8万吨，在报山东省国土资源厅备案时，山东省国土资源厅对该评审意见书和相关材料进行了合规性审查，于2011年6月23日以鲁国土资字（2011）783号函同意备案。在枣临铁路公司委托山东正源和信资产评估有限公司、山东大地矿产资源评估有限公司、北京中路华会计师事务所有限公司山东分所对压覆鲁南运输公司东新兴铁矿扩界区资产和采矿权进行评估、审核时，山东省国土资源厅作出的鲁国土资字（2010）805号函、鲁国土资字（2011）783号函、鲁国土资字（2010）62号批复，以及山东省国土资源资料档案馆储量评审办公室（鲁矿核审金字（2011）22号）评审意见书均作为了评估依据，枣临铁路公司对此评估、审核结果并未提出异议，并且以评估结果作为赔偿依据与鲁南运输公司签订了《补偿协议》。山东省国土资源厅作为山东省矿产资源的管理机构，其所作出的鲁国土资字（2010）805号函、鲁国土资字（2011）783号函，均是依法行使行政管理权的行为。从内容看，山东省国土资源厅作出的鲁国土资字（2011）783号函，系对其作出的鲁国土资字（2010）805号函的补充。在一审中，枣临铁路公司对该证据的真实性并无异议，因此其上诉主张《补偿协议》是背离鲁国土资字（2010）805号函的理由不能成立，本院不予支持。

鉴于《补偿协议》是枣临铁路公司聘请的中介机构完成了相关评估、审核后，又经双方当事人反复磋商达成的，系双方当事人的真实意思表示，亦不存在合同无效的情形，故一审判决认定《补偿协议》合法有效并无不当。

二、关于鲁南运输公司是否享有枣临铁路压覆矿产资源补偿款问题。本院认为，案涉《补偿协议》中所涉压覆的采矿权及资源储量均经过了山东省国土资源厅的备案登记，并且鲁南运输公司已经将铁路压覆矿区交付处置，枣临铁路公司所属的铁路线路早已开通运营，故鲁南运输公司享有被枣临铁路压覆矿区资源的补偿权益。枣临铁路公司未按照补偿协议约定的最后期限向鲁南运输公司支付压覆矿产补偿费用，已经构成违约，故一审判决枣临铁路公司向鲁南运输公司支付补偿费用及利息损失并无不当。

三、关于《铁路安全管理条例》对本案是否有溯及力问题。本院认为，法不溯及既往是法律适用的基本原则。案涉《补偿协议》的签订时间及枣临铁路公司支付款项的最后期限均是在《铁路安全管理条例》颁布之前，该条例并没有强制规定此前行为适用该条例，因此一审判决认定《铁路安全管理条例》对本案不具有溯及力并无不当。虽然《补偿协议》的签约主体是双方当事人，但是否构成压覆及压覆的范围、储量等问题确需山东省国土资源厅的审批备案。案涉铁路线路压覆矿产资源已经通过了山东省国土资源厅的备案程序，并对鲁南运输公司扩界区压覆矿区的采矿证进行了变更登记，鲁南运输公司已不是枣临铁路压覆矿区的矿业权人。而且从本案《补偿协议》的履行情况看，枣临铁路公司建设的铁路线路早已通车运行，合同目的已经实现，但其却未依约履行补偿义务，如解除合同则对鲁南运输公司有失公平，故一审判决未支持枣临铁路公司解除合同的反诉请求并无不当。

案件来源

苍山县鲁南蔬菜运输有限公司与枣临铁路有限责任公司二审民事判决书，最高人民法院（2014）民一终字第 300 号。

延伸阅读

裁判规则一：因公共利益需要压覆探矿权，且压覆经过地质矿产主管部门批准，并与探矿权人达成同意压覆的意向性协议的，该压覆行为不宜定性为侵权。(案例 1)

案例 1：江西丰广实业有限公司、沪昆铁路客运专线江西有限公司探矿权纠纷二审民事裁定书［江西省高级人民法院（2017）赣民终 45 号］认为："2009 年 9 月 21 日，江西省国土资源厅印发的《关于杭州至长沙（江西）××铁路工程建设用地压覆矿产资源评估报告审查意见的批复》，对沪昆铁路客运专线（江西）公司筹备组委托江西省地质工程公司完成的《杭州至长沙（江西）××铁路工程建设用地压覆矿产资源评估报告》作出了同意压覆的批复，亦即涉案探矿权的压覆经过了地质矿产主管部门批准，并与探矿权人达成了同意压覆的意向性协议，只是双方对于具体的补偿数额未达成一致意见，并因此成讼，且涉案探矿权系通过申请在先即无偿的方式取得，探矿权的取得并未支付价款，本案探矿权压覆的原因为公共利益的需要，涉案探矿权的压覆经过了地质矿产主管部门批准，并与探矿权人达成了同意压覆的意向性协议，因此本案的压覆行为不宜定性为侵权。”

裁判规则二：压覆矿产资源补偿协议合法有效，应依约履行。（案例2—案例3）

案例2：山西泰兴煤业有限公司，山西兆丰铝业有限责任公司，山西省地质调查院等合同纠纷二审裁定书［山西省高级人民法院（2013）晋商终字第59号］认为：“本案兆丰公司与泰兴公司签订《压覆资源补偿协议》，以确保其电解铝分公司一期技改项目在建设过程中不因地表沉降遭受损失，双方在《压覆资源补偿协议》中约定了违约责任。兆丰公司电解铝分公司一期技改项目竣工后，在南车间北侧发现车间墙体出现大规模的裂缝现象，呈现下沉态势，特别是62-84轴之间出现基础沉降，墙体出现较大裂缝等。依据山西家豪鉴定中心的结论：兆丰公司电解铝分公司厂房车间地下有15#煤采空区，采空区造成兆丰公司地表和厂房的沉降。兆丰公司即可以依据《压覆资源补偿协议》向泰兴公司主张违约责任，也可以依据《侵权责任法》的相关规定向泰兴公司主张侵权责任，当事人在一案中不能同时选择两个请求权，只能选择一个请求权提起诉讼，但可以在选择的请求权被驳回后，行使另一项请求权。但只要当事人有一项请求权得以实现，另一项请求权即归于消灭。”

案例3：龙岩市恒鑫煤业有限公司与龙岩永武高速公路有限公司二审民事判决书［福建省高级人民法院（2014）闽民终字第849号］认为：“永武高速公司与被压覆者达成的《补偿协议》是解决压覆矿产合法化的必经程序，并经上级主管部门审核批准。《补偿协议》是解决双方补偿纠纷的法律依据，其内容和形式并未违反法律法规的相关规定，是双方当事人的真实意思表示，合法有效。永武高速公司诉辩称该协议是迫于压力而签订的，无事实依据，故该诉辩理由，不能成立。”

071 未经国土资源部门审批的材料，能否作为诉讼中认定压覆矿产资源的依据

——诉讼中用于认定构成压覆矿产资源的证明材料及资源储量评估报告无须国土资源主管部门审批、出具

阅读提示

《国土资源部关于进一步做好建设项目压覆重要矿产资源审批管理工作的通

知》规定，压覆重要矿产资源的评估报告及评审意见应当报国土资源主管部门审批。能否据此认定：法院审理压覆矿产资源案件时，压覆矿产资源证明材料应当经国土资源主管部门审批、出具才能作为认定案件事实的依据？本案例对此持否定态度。

裁判要旨

《国土资源部关于规范建设项目压覆矿产资源审批工作的通知》主要是为了避免和减少建设项目压覆重要矿产资源而作出的规定，其要求在开发建设项目之前，对地下矿产资源进行压覆评估、审查、批准等。而压覆发生之后用于认定构成压覆矿产资源的证明材料以及资源储量评估报告无须国土资源主管部门审批、出具。

案情简介

一、卑家店煤炭公司于2002年5月取得采矿许可证。

二、卑家店煤炭公司向河北高院起诉称，不锈钢公司在未告知卑家店煤炭公司的情况下，擅自在卑家店煤炭公司西翼矿区范围内建立了两座储水池，在卑家店煤炭公司矿区西南新建两条200米长的运料铁路和大规模储料场，致使卑家店煤炭公司矿区西翼的煤矿资源全部变为不可开采，请求判令：不锈钢公司赔偿给卑家店煤炭公司造成的经济损失10600.6552万元，其中卑家店煤炭公司为实现矿井的正常开采投资1942.5432万元，停产期间为维护矿井的安全产生的费用3858.112万元，卑家店煤炭公司正常开采可获得的利润4800万元。

三、根据卑家店煤炭公司的申请，河北高院委托评估公司对压覆造成卑家店煤炭公司停产的损失进行了鉴定。鉴定意见为：压覆总共造成停产损失4159.2251万元。《鉴定意见》中的停产损失系储水池、运料铁路及大规模储料场压覆造成卑家店煤炭公司的正常经济利润和非正常生产的维护费用。

四、河北高院基于上述鉴定意见，判决：不锈钢公司赔偿卑家店煤炭公司4159.2251万元。

五、不锈钢公司不服，上诉至最高人民法院。最高人民法院判决：驳回上诉，维持原判。

裁判要点

本案不锈钢公司向最高人民法院上诉称，根据《国土资源部关于规范建设项目压覆矿产资源审批工作的通知》(已失效)及《河北省国土资源厅建设项目压覆矿产资源管理暂行办法》的相关规定，是否压覆矿产资源证明材料以及压覆矿资源储量评估报告应由国家相应的国土资源主管部门审查、批准、出具。而河北地勘局第二地质大队出具的《储量核实报告》，不具有确认压覆矿产资源的法律效力。

对此最高人民法院认为，《国土资源部关于规范建设项目压覆矿产资源审批工作的通知》(以下简称《国土资源部压覆通知》)及《河北省建设项目压覆矿产资源管理暂行办法》(以下简称《河北压覆办法》)主要是为了避免和减少建设项目压覆重要矿产资源而作出的规定，其要求在开发建设项目之前，对地下矿产资源进行压覆评估、审查、批准等。而卑家店煤炭公司起诉请求的是压覆发生之后不锈钢公司赔偿其停产所造成的损失，并非从事建设项目开发前确定是否压覆矿产资源的问题。本案古冶区安监局的《停产通知》明确了卑家店煤炭公司相关区域的煤炭资源被不锈钢公司压覆的事实，《储量核实报告》系对涉及的压覆矿产资源的评估，并无适用上述规定的法定要求。

值得关注的是，不锈钢公司提供了唐山市国土资源局出具的《调查情况说明》，载明："经核实，该建设项目用地区不压覆矿产资源。"对此最高人民法院认为："《调查情况说明》不是针对《停产通知》作出的，且该《调查情况说明》没有标明调查的具体范围，也未附调查相关资料等。因此，《调查情况说明》不足以否认卑家店煤炭公司地下煤矿资源被压覆的事实。"

实务经验总结

前事不忘，后事之师。为避免未来发生类似败诉，提出如下建议：

根据《国土资源部关于进一步做好建设项目压覆重要矿产资源审批管理工作的通知》，建设项目确需压覆重要矿产资源的，应当事先履行相关手续。但是法院在审理压覆矿产资源侵权案件中的证明材料并不强制要求由国土资源主管部门出具。只要其他证据材料能认定构成压覆矿产资源的，法院即予以认可。

相关法律规定

《国土资源部关于规范建设项目压覆矿产资源审批工作的通知》(国土资发〔2000〕386号，已失效)

四、需要压覆重要矿产资源的建设项目，在建设项目可行性研究阶段，建设单位提出压覆重要矿产资源申请，由省级国土资源主管部门审查，出具是否压覆重要矿床证明材料或压覆重要矿床的评估报告，报国土资源部批准。

需要压覆非重要矿产资源的建设项目，在建设项目可行性研究阶段，建设单位应提出压覆非重要矿产资源申请，由矿产地所在行政区的县级以上地质矿产主管部门审查，出具是否压覆非重要矿床证明材料或压覆非重要矿床的评估报告，报省级国土资源主管部门批准。

《国土资源部关于进一步做好建设项目压覆重要矿产资源审批管理工作的通知》(国土资发〔2010〕137号)

四、规范报批要求

按本通知规定由国土资源部负责审批的，建设单位应履行以下手续：

（一）建设项目选址前，建设单位应向省级国土资源行政主管部门查询拟建项目所在地区的矿产资源规划、矿产资源分布和矿业权设置情况，各级国土资源行政主管部门应为建设单位查询提供便利条件。不压覆重要矿产资源的，由省级国土资源行政主管部门出具未压覆重要矿产资源的证明；确需压覆重要矿产资源的，建设单位应根据有关工程建设规范确定建设项目压覆重要矿产资源的范围，委托具有相应地质勘查资质的单位编制建设项目压覆重要矿产资源评估报告。

（二）有关材料经建设项目所在省（区、市）国土资源行政主管部门初审同意后，将以下材料（纸质和电子版各1套）报国土资源部：

1. 关于××××压覆重要矿产资源的申请函（编写提纲见附件1）；

2. 关于××××压覆重要矿产资源的评估报告（编写提纲见附件2）及评审意见书；

3. 省级国土资源行政主管部门出具的《关于对××××压覆重要矿产资源初审意见》(编写提纲见附件3)；

4. 国土资源行政主管部门要求提交的其他有关资料。

……

以下为该案在最高人民法院审理阶段，裁判文书中“本院认为”部分就该问题的论述：

不锈钢公司所提及的《国土资源部压覆通知》与《河北压覆办法》主要是为了避免和减少建设项目压覆重要矿产资源而作出的规定，其要求在开发建设项目之前，对地下矿产资源进行压覆评估、审查、批准等。而卑家店煤炭公司起诉请求的是压覆发生之后不锈钢公司赔偿其停产所造成的损失，并非从事建设项目开发前确定是否压覆矿产资源的问题。因此，本案古冶区安监局的《停产通知》明确了卑家店煤炭公司相关区域的煤炭资源被不锈钢公司压覆的事实，证明卑家店煤炭公司停产系由不锈钢公司造成，而《储量核实报告》系对涉及的压覆矿产资源的评估，并无适用《国土资源部压覆通知》及《河北压覆办法》的法定要求。另外，关于不锈钢公司提供了唐山市国土资源局出具的《调查情况说明》，其载明“经核实，该建设项目用地区不压覆矿产资源”。本院认为，《调查情况说明》不是针对《停产通知》作出的，且该《调查情况说明》没有标明调查的具体范围，也未附调查相关资料等。因此，《调查情况说明》不是以否认卑家店煤炭公司地下煤矿资源被压覆的事实。故不锈钢公司该项上诉理由依据不足，不予支持。

案件来源

唐山不锈钢有限责任公司与唐山市宏文卑家店煤炭有限公司侵权损害赔偿纠纷二审民事判决书，最高人民法院（2013）民一终字第60号。

072 铁路压覆矿产资源侵权纠纷是否适用铁路运输法院专属管辖

——铁路建设项目压覆矿产资源引起的侵权纠纷不适用铁路运输法院专属管辖

阅读提示

铁路建设项目压覆矿产资源引起的侵权纠纷是否属于《最高人民法院关于铁路运输法院案件管辖范围的若干规定》第三条规定的由铁路运输法院专属管辖的案件？最高人民法院对此持否定态度，认定该类案件应由侵权行为地或者被告住所地人民法院管辖。

裁判要旨

因铁路建设项目压覆矿产资源而引起的侵权损害赔偿纠纷不属于铁路运输法院专属管辖的案件，应当依据《中华人民共和国民事诉讼法》第二十八条“因侵权行为提起的诉讼，由侵权行为地或者被告住所地人民法院管辖”的规定确定管辖法院。

案情简介

一、鑫丰公司向河北高院起诉称：北京铁路局在修建张唐铁路过程中，压覆了鑫丰公司享有采矿权的区域，给鑫丰公司造成损失，故请求北京铁路局赔偿损失201669385.88元。

二、北京铁路局在提交答辩状期间对管辖权提出异议，认为根据《最高人民法院关于铁路运输法院案件管辖范围的若干规定》第三条第九项规定，违反铁路安全保护法律、法规，造成铁路线路、机车车辆、安全保障设施及其他财产损害的侵权纠纷应当由铁路运输法院管辖。请求将本案移送北京铁路运输中院管辖。

三、河北高院认为，本案属于侵权类案件，侵权结果发生地在河北省辖区，该院对本案具有管辖权。故裁定：驳回北京铁路局对本案管辖权提出的异议。

四、北京铁路局不服，上诉至最高人民法院，主张根据《国土资源部关于进一步做好建设项目压覆重要矿产资源审批管理工作的通知》的规定，建设项目拟压覆矿产资源的，建设单位应先行与采矿权人达成《压矿补偿协议》，但是，由于北京铁路局与鑫丰公司未能达成补偿协议，在确定鑫丰公司享有的采矿权予以补偿的范围前不存在任何侵权事实，而本案的审理工作也将围绕着矿产资源压覆及补偿范围的确定展开。故本案应为合同纠纷。依据《最高人民法院关于铁路运输法院案件管辖范围的若干规定》第三条第六项之规定，本案属于“与铁路及其附属设施的建设施工有关的合同纠纷”，应当由铁路运输法院管辖。最高人民法院裁定：驳回上诉，维持原裁定。

裁判要点

首先，针对北京铁路局所称本案属于“与铁路及其附属设施的建设施工有关的合同纠纷，应当由铁路运输法院管辖”的上诉意见，最高人民法院认为，因北京铁路局与鑫丰公司之间并无合同关系，故不能适用《最高人民法院关于铁路运输法院案件管辖范围的若干规定》第三条的规定，本案不属于铁路运输法院专属管辖的案件。

其次，本案鑫丰公司以北京铁路局铁路建设项目压覆其矿产资源，给其造成损失为由，要求北京铁路局给予赔偿，故本案应定性为侵权纠纷。因本案的侵权结果发生地在河北省辖区，依据《中华人民共和国民事诉讼法》第二十八条“因侵权行为提起的诉讼，由侵权行为地或者被告住所地人民法院管辖”的规定，河北高院对本案有管辖权。

实务经验总结

前事不忘，后事之师。为避免未来发生类似败诉，提出如下建议：

因铁路压覆矿产资源引起的纠纷属于侵权纠纷，矿业权人有权向侵权行为实施地、侵权结果发生地或者被告住所地人民法院提起诉讼。侵权人以该类纠纷属于铁路运输法院专属管辖提起管辖权异议的，法院不予支持。

相关法律规定

《最高人民法院关于铁路运输法院案件管辖范围的若干规定》（法释〔2012〕10号）

第三条 下列涉及铁路运输、铁路安全、铁路财产的民事诉讼，由铁路运输法院管辖：

（一）铁路旅客和行李、包裹运输合同纠纷；

（二）铁路货物运输合同和铁路货物运输保险合同纠纷；

（三）国际铁路联运合同和铁路运输企业作为经营人的多式联运合同纠纷；

（四）代办托运、包装整理、仓储保管、接取送达等铁路运输延伸服务合同纠纷；

（五）铁路运输企业在装卸作业、线路维修等方面发生的委外劳务、承包等合同纠纷；

（六）与铁路及其附属设施的建设施工有关的合同纠纷；

（七）铁路设备、设施的采购、安装、加工承揽、维护、服务等合同纠纷；

（八）铁路行车事故及其他铁路运营事故造成的人身、财产损害赔偿纠纷；

（九）违反铁路安全保护法律、法规，造成铁路线路、机车车辆、安全保障设施及其他财产损害的侵权纠纷；

（十）因铁路建设及铁路运输引起的环境污染侵权纠纷；

（十一）对铁路运输企业财产权属发生争议的纠纷。

《中华人民共和国民事诉讼法》

第二十八条 因侵权行为提起的诉讼，由侵权行为地或者被告住所地人民法院管辖。

《最高人民法院关于适用〈中华人民共和国民事诉讼法〉的解释》（法释〔2015〕5号）

第二十四条　民事诉讼法第二十八条规定的侵权行为地，包括侵权行为实施地、侵权结果发生地。

以下为该案在最高人民法院审理阶段，裁判文书中“本院认为”部分就该问题的论述：

鑫丰公司以北京铁路局铁路建设项目压覆其矿产资源，给其造成损失为由，要求北京铁路局给予赔偿，故一审法院将本案定性为侵权纠纷是正确的。北京铁路局所称本案属于“与铁路及其附属设施的建设施工有关的合同纠纷，应当由铁路运输法院管辖”的上诉意见，因北京铁路局与鑫丰公司之间并无合同关系，故不能适用《最高人民法院关于铁路运输法院案件管辖范围的若干规定》第三条的规定。本案不属于铁路运输法院专属管辖的案件。本案的侵权结果发生地在河北省辖区。一审法院依据《中华人民共和国民事诉讼法》第二十八条“因侵权行为提起的诉讼，由侵权行为地或者被告住所地人民法院管辖”的规定受理本案并无不妥。

案件来源

丰宁满族自治县鑫丰矿业有限责任公司与北京铁路局管辖裁定书，最高人民法院（2015）民一终字第65号。

延伸阅读

认定建设工程压覆矿产资源引起的侵权纠纷，由侵权行为地或者被告住所地人民法院管辖的案例：

案例1：江西省高速公路投资集团有限责任公司、江西省高速公路投资集团有限责任公司南昌至上栗高速公路建设项目办公室与新余市鑫云贸易有限公司探矿权纠纷二审民事裁定书［江西省高级人民法院（2015）赣立终字第17号］认为：“本案系高速公路公司、南昌至上栗高速公路项目办因修建公路压覆鑫云公司所拥有探矿权的矿区而引发的纠纷，虽压覆涉案矿区确因修建公路所需且须经相关部门批准，但鑫云公司认为该压覆行为给其在该矿区的相关利益造成了损失，侵害了其合法民事权益，故本案应属平等民事主体之间的侵权行为，即属于侵害探矿权的侵权责任纠纷。高速公路公司、南昌至上栗高速公路项目办上诉提出本案应按照相关行政程序先行处理的上诉理由不能成立。本案中，双方就压覆矿区的相关补偿并未签订合同，本案不属于履行补偿合同引发的纠纷，高速公路公司、南昌至上栗高速公路项目办上诉提出本案系双方在履行补偿合同过程中发生的争议与案件事实不符。根据《中华人民共和国民事诉讼法》第二十八条规定，因侵权行为提起的诉讼，由侵权行为地或者被告住所地人民法院管辖。本案侵权行为地即涉案矿区所在地、原审被告南昌至上栗高速公路项目办住所地均在江西省宜春市所辖范围内，故江西省宜春市中级人民法院对本案具有管辖权。”

案例 2：沪昆铁路客运专线江西有限责任公司与江西丰广实业有限公司探矿权纠纷二审民事裁定书［江西省高级人民法院（2014）赣立终字第 61 号］认为："本案系沪昆客专江西公司因新建铁路压覆丰广实业公司所拥有探矿权的土矿而引发的纠纷，虽压覆土矿确因修建铁路所需且经相关部门批准，但该压覆行为给丰广实业公司在该土矿的相关投资造成了损失，侵害了其合法民事权益，属平等民事主体之间的侵权行为，即本案属于侵害探矿权的侵权责任纠纷。本案中，双方就压覆土矿的相关补偿并未签订合同，本案不属于履行补偿合同引发的纠纷，也非沪昆客专江西公司上诉提出的属于铁路建设过程中发生的合同纠纷和与铁路运输有关的纠纷，即本案不属于由铁路运输法院专门管辖的案件。即使按照《江西省高级人民法院关于指定南昌铁路运输两级法院受理民商事纠纷案件范围的规定》（赣高法（2003）83 号）、《江西省高级人民法院关于指定南昌铁路运输两级法院受理民商事纠纷案件范围的补充规定》（赣高法（2007）136 号）的规定，当事人一方为铁路企业的侵权纠纷案件可以由铁路运输法院管辖，但并非由铁路运输法院专门管辖，当事人也可以选择有管辖权的地方人民法院起诉。本案系侵权责任纠纷，根据《中华人民共和国民事诉讼法》第二十八条规定，因侵权行为提起的诉讼，由侵权行为地或者被告住所地人民法院管辖。本案侵权行为地在江西省上饶市广丰县，江西省上饶市中级人民法院作为侵权行为地人民法院对本案具有管辖权。上诉人的上诉理由不能成立，本院不予支持。”

案例 3：北京铁路局、遵化市石家口振兴采矿财产损害赔偿纠纷二审民事裁定书［唐山市中级人民法院（2017）冀 02 民辖终 228 号］认为："本案系财产损害赔偿纠纷。被上诉人遵化市石家口振兴采矿以北京铁路局铁路建设项目压覆其矿产资源并给其造成损失为由，要求北京铁路局给予赔偿，故原审法院将本案定性为财产损害赔偿纠纷是正确的。上诉人北京铁路局认为本案依据《最高人民法院关于铁路运输法院案件管辖范围的若干规定》第三条第九项规定由北京铁路运输法院专属管辖的主张，因本案案情与该规定不符，故本院对该主张不予采信。河北省遵化市人民法院作为侵权行为地及结果发生地人民法院对本案有管辖权。”

案例4：安徽省凤阳县华新矿业有限公司与京福铁路客运专线安徽有限责任公司侵权责任纠纷二审民事裁定书［滁州市中级人民法院（2016）皖11民辖终77号］认为："本案系物权纠纷引起的诉讼。《中华人民共和国民事诉讼法》第二十八条规定，因侵权行为提起的诉讼，由侵权行为地或者被告住所地人民法院管辖。原审原告安徽省凤阳县华新矿业有限公司依据安徽省国土资源厅颁发的证号为400000620204探矿权证以及相关材料向安徽省凤阳县人民法院起诉，认为原审被告京福铁路客运专线安徽有限责任公司建设的位于合肥-蚌埠铁路客运专线（DK11-DK13段）1KM安全保护距离压覆其二号采矿区，导致其无法实现采矿权，要求给予赔偿。涉案行为发生在凤阳县境内，安徽省凤阳县人民法院对本案有管辖权。"

案例5：沪昆铁路客运专线江西有限责任公司、江西丰广实业有限公司财产损害赔偿纠纷二审民事裁定书［上饶市中级人民法院（2016）赣11民辖终189号］认为："根据丰广公司的起诉状所述，本案不是造成铁路线路、机车车辆、安全保障设施及其他财产损害的侵权纠纷，而是因沪昆铁路公司的铁路建设需要压覆丰广公司所有的矿山，现该铁路建设项目已经交付使用，但补偿事宜尚未落实，故本案属于侵害探矿权的侵权责任纠纷，不属于铁路运输法院专属管辖的案件。《中华人民共和国民事诉讼法》第二十八条规定，因侵权行为提起的诉讼，由侵权行为地或者被告住所地人民法院管辖。本案侵权行为地在江西省上饶市广丰区，且本案诉讼标的额在基层人民法院管辖范围内，故原审法院作为侵权行为地法院对本案具有管辖权。"

073 煤矿整合后利益受损，各方责任如何认定

——煤矿多次整合后一方遭受损失的，各方应承担的责任应以法律关系及诉讼请求为基础进行认定

阅读提示

煤矿经历多次整合后一方利益受损，由于主体较多、案件事实复杂，可能会涉及合同关系、侵权责任关系、不当得利关系等，处理起来尤为复杂。本案例对此类案件各方责任的认定具有重要的参考价值。

裁判要旨

煤矿多次整合后一方利益受损的，应当以当事人之间的法律关系及当事人的诉讼请求为基础，认定各方当事人应当承担的责任。

案情简介

一、2006年，经政府有关部门批准，北石煤矿与汾阳煤矿平佳坑口进行资源整合。孔祥生等3人（甲方）、田祥柏（乙方）、新华酒业（丙方）签订《资源整合投资协议》约定，乙方以北石煤矿上组残留煤作价900万元转让给孔祥生等3人开采收益；甲、乙、丙3方资源整体联合后，对下组煤的开采，每年甲方给乙方、丙方原煤13800吨；北石煤矿相关设备归乙方所有；甲方同意聘任田祥柏为平佳坑口名誉坑长5年，年薪10万元。

二、《资源整合投资协议》签订后，孔祥生等3人向田祥柏给付1045万元。2007年12月，由山西省工商局预核准名称为安兴煤业。

三、2009年，山西省开始第二轮煤矿资源整合，经政府有关部门批准，安兴煤业被矿业集团和金晖公司整合收购。矿业集团和金晖公司（甲方）与孔祥生等3人（乙方）签订《资产收购协议》约定，乙方将安兴煤业全部资产转让给甲方，本次资产收购的交易总价款为8800万元。

四、田祥柏向山西高院法院提起诉讼称：孔祥生等3人仅履行了1045万元的合同义务，其余内容均未履行。孔祥生等3人将安兴煤业资产转让给矿业集团、金晖公司，但未将其中田祥柏享有的北石煤矿资产进行评估，对于相应的采矿权价款补偿和矿井资产补偿均未给付。故请求判令：孔祥生等3人给付原煤220827.6吨或者折价支付92747592元和库存物资材料备件款50万元；终止《资源整合投资协议》；孔祥生等3人返还田祥柏已交付的采矿权价款700万元，补偿700万元；矿业集团、金晖公司返还田祥柏矿井资产2000万元；矿业集团与金晖公司在向孔祥生等3人支付收购价款的范围内，与孔祥生等3人承担连带责任。

五、孔祥生等3人向山西高院提起反诉，请求判令：解除《资源整合投资协议》；田祥柏返还1000万元资源整合款。

六、山西高院判决：解除《资源整合投资协议》；孔祥生等3人给付田祥柏采矿权价款补偿980万元；矿业集团、金晖公司共同给付田祥柏采矿权价款补偿350万元和矿井资产补偿600万元。

七、田祥柏、孔祥生等3人、矿业集团、金晖公司均不服，上诉至最高人民法院。最高人民法院判决：驳回上诉，维持原判。

裁判要点

首先，由于山西省政府政策的变化，安兴煤业被矿业集团和金晖公司整合，其资产进行了收购，发生了情事变更，如继续履行双方签订的《资源整合投资协议》对孔祥生等3人显失公平。而且田祥柏和孔祥生等3人均要求解除《资源整合投资协议》，故对该协议予以解除，田祥柏请求的煤款不应予以支持。

其次，田祥柏应获得的补偿包括两部分：

第一部分为采矿权价款补偿，即700万元按照100%的补偿，共计1400万元。对此，矿业集团、金晖公司作为整合主体已经向孔祥生等3人给付1050万元，应当由孔祥生等3人作为不当得利返还田祥柏。剩余350万元，则应由矿业集团、金晖公司连带给付田祥柏。

第二部分是矿井资产补偿600万元。矿业集团、金晖公司作为整合主体，在整合安兴煤业时违反吕政发〔2009〕12号文的规定，对安兴煤业中北石煤矿的资产未予评估，具有共同的过错，构成共同侵权，应当承担连带赔偿责任。因孔祥生等3人不是侵权行为人，故不对此承担连带赔偿责任。

最后，2006年《资源整合投资协议》签订后，孔祥生等3人共给付田祥柏1045万元。其中包括田祥柏5年薪资50万元，另还多付了50万元。因《资源整合投资协议》仅履行了3年，故田祥柏应当向孔祥生等3人返还两年的薪资20万元。多付的50万元因田祥柏不能说明理由，故应按不当得利予以全额返还。在扣除上述70万元后，孔祥生等3人共计给付田祥柏975万元。

实务经验总结

前事不忘，后事之师。为避免未来发生类似败诉，提出如下建议：

一、煤矿经历多次整合后遭受损失，由于涉及的主体较多、案件事实较为复杂，此时应以法律关系为线索，厘清各方当事人应当承担的责任。

二、值得关注的是，此类案件中法院以当地政府煤矿资源整合政策作为认定补偿数额的重要参考依据。例如，本案例中法院参照晋政办发〔2008〕83号文和吕政发〔2009〕12号文的规定，认定田祥柏应获得的采矿权价款补偿、矿井资产补偿。

相关法律规定

《中华人民共和国合同法》

第九十七条 合同解除后，尚未履行的，终止履行；已经履行的，根据履行情况和合同性质，当事人可以要求恢复原状、采取其他补救措施，并有权要求赔偿损失。

《中华人民共和国侵权责任法》

第二条 侵害民事权益，应当依照本法承担侵权责任。

本法所称民事权益，包括生命权、健康权、姓名权、名誉权、荣誉权、肖像权、隐私权、婚姻自主权、监护权、所有权、用益物权、担保物权、著作权、专利权、商标专用权、发现权、股权、继承权等人身、财产权益。

《中华人民共和国民法通则》[①]

第九十二条 没有合法根据，取得不当利益，造成他人损失的，应当将取得的不当利益返还受损失的人。

以下为该案在最高人民法院审理阶段，裁判文书中“本院认为”部分就该问题的论述：

田祥柏应获得的补偿包括两部分。第一部分为采矿权价款补偿，即700万元按照100%的补偿，共计1400万元。对此，矿业集团、金晖公司作为整合主体已经向孔祥生等3人给付1050万元，应当由孔祥生等3人作为不当得利返还田祥柏。剩余350万元，则应由矿业集团、金晖公司连带给付田祥柏。第二部分是矿井资产补偿600万元。矿业集团、金晖公司作为整合主体，在整合安兴煤业时违反吕政发〔2009〕12号文的规定，对安兴煤业中北石煤矿的资产未予评估，具有共同的过错，构成共同侵权，应当承担连带赔偿责任。田祥柏主张孔祥生等3人、矿业集团、金晖公司应对其全部2000万元采矿权价款补偿和矿井资产补偿承担连带责任，以及矿业集团、金晖公司主张不应对田祥柏950万元采矿权价款补偿和矿井资产补偿互负连带责任，均缺乏事实与法律依据，不能成立。

孔祥生等3人关于即使按照一审判决，也应当在其给付范围内扣除代缴税的上诉理由，因不能提供充分证据证明，本院亦不予采纳。

---

① 《中华人民共和国民法总则》为第122条。

案件来源

田祥柏与孔祥生、孔令军等采矿权转让合同纠纷二审民事判决书，最高人民法院（2014）民一终字第 157 号。

延伸阅读

本书作者另梳理了与煤炭资源整合的相关案例如下：

裁判规则一：煤矿资源整合协议中的政府担保条款为无效条款。

案例 1：禹州市鸿畅镇罗家沟煤业有限公司与田文学合同纠纷二审民事判决书［河南省高级人民法院（2013）豫法民二终字第 219 号］认为："本案中，罗家沟煤业公司认为双方于 2009 年 3 月 30 日签订的《煤矿资源整合协议》是在胁迫下签订的，但未提交证据佐证。且依据《中华人民共和国合同法》第五十四条第二款关于'一方以欺诈、胁迫的手段或者乘人之危，使对方在违背真实意思的情况下订立的合同，受损害方有权请求人民法院或者仲裁机构变更或者撤销'之规定，罗家沟煤业公司并未对该《煤矿资源整合协议》提起撤销之诉。在《煤矿资源整合协议》签订后，罗家沟煤业公司接收了镇办二矿的所有资产，并按照约定向田文学支付了补偿款 410 万元。因此，该《煤矿资源整合协议》除鸿畅镇人民政府的担保条款违反法律的强制性规定应为无效外，其他条款系双方当事人的真实意思表示，不违反相关法律、行政法规的强制性规定，应为有效条款。原审法院认定正确，罗家沟煤业公司应当按照约定向田文学支付剩余补偿款 490 万元及违约金。"

裁判规则二：因煤炭资源整合协议引起的纠纷属于民事案件的受理范围。

案例 2：张克俭确认合同无效纠纷再审民事裁定书［河南省高级人民法院（2015）豫法民提字第 00314 号］认为："虽然本案由贾来成、焦二营、张克俭、郭占宾于 2005 年 6 月 28 日签订的《煤炭资源整合协议书》是在煤炭资源整合工作的大背景下签订的，但从该协议书的形式及内容上看，仍为个人之间签订的民事协议，该协议中并未显示出政府相关部门的具体整合意见，也没有事后处理意见。现张克俭起诉称该协议并非本人签订，协议内容侵犯了其合法权益，要求确认该协议无效，符合法律规定的起诉条件，本案应予受理。原审以该协议签订的背景与内容均与政府煤矿资源整合政策有关，不是单纯的民事合同，不属法院受理民事案件的范围为由裁定不予受理不当。"

裁判规则三：依据当地政府煤炭资源整合相关规定，政府不具有强制整合煤矿的职责。

案例 3：苗永光诉河曲县人民政府不履行法定职责及行政赔偿二审行政判决书［山西省高级人民法院（2016）晋行终 303 号］认为："本案争议焦点是河曲县人民政府对关闭的财源沟煤矿是否有进行整合的法定职责。根据山西省人民政府晋政令〔2006〕187 号《山西省煤炭资源整合和有偿使用办法》第五条、第六条的规定'煤炭资源整合是指以现有合法煤矿为基础，对两座以上煤矿的井田合并和对已关闭煤矿的资源/储量及其他零星边角的空白资源/储量合并，实现统一规划，提升矿井生产、技术、安全保障等综合能力；并对布局不合理和经整改仍不具备安全生产条件的煤矿实施关闭。''煤炭资源整合可以采取收购、兼并、参股等方式。鼓励大中型企业参与煤炭资源整合，组建和发展大型企业集团。'另据 2007 年 5 月 10 日河曲县人民政府《河曲县煤炭资源整合方案》规定，列入全县煤炭资源整合方案的煤矿，坚持'政府政策引导，煤矿自愿整合'的原则。综上，河曲县煤矿资源整合实行的是'政府政策引导，煤矿自愿整合'的原则，河曲县人民政府不具有强制整合的职责。上诉人起诉河曲县人民政府不履行整合职责没有法律依据。其要求河曲县人民政府赔偿煤矿自关闭至整合完毕期间的经济损失没有事实和法律依据。"

第八章　矿业权物权

074 能否以提起民事诉讼的方式请求对探矿权予以确权

——当事人请求对探矿权确权不属于民事诉讼受案范围

裁判要旨

法律针对不同性质的纠纷规定了不同形式的救济渠道，当事人须依法妥当行使诉讼权利，方能及时维护其合法权益。在探矿权须经行政许可方能设立、变更或者撤销的情况下，当事人直接提起民事诉讼，请求对案涉探矿权进行确权，不符合《民事诉讼法》第一百一十九条第四项规定的民事诉讼受案范围。

案情简介

一、孙素贤等 3 人向原审法院提起民事诉讼称，孙素贤等 3 人委托玄正军申请探矿权，但是玄正军未忠实履行委托义务，采取欺诈的手段，将孙素贤等 3 人委托其办理的探矿权证办理在自己名下，故请求法院对案涉探矿权进行确权。

二、原审法院审理认为，孙素贤等 3 人提起的诉讼不是民事诉讼受案范围，故裁定驳回孙素贤等 3 人的起诉。

三、孙素贤等 3 人不服原审法院判决，向最高人民法院申请再审。最高人民法院裁定驳回孙素贤等 3 人的再审申请。

裁判要点

本案法院驳回孙素贤等 3 人起诉的原因在于，孙素贤等 3 人直接提起民事诉讼，请求对案涉探矿权进行确权，不属于《民事诉讼法》第一百一十九条第四项规定的民事诉讼受案范围。探矿权的设立须经地质矿产主管部门的许可，此行政许可具有赋权的性质，属于行政机关管理职能，由行政许可法等行政法予以调整。根据

《中华人民共和国行政许可法》第六十九条第二款的规定："被许可人以欺骗、贿赂等不正当手段取得行政许可的，应当予以撤销。"本案孙素贤等 3 人认为玄正军未忠实履行委托义务，采取欺诈的手段，将孙素贤等 3 人委托其办理的探矿权证办理在了自己名下，可以根据以上规定以利害关系人的身份向地质矿产主管部门提出撤销许可申请，并请求对案涉探矿权的归属依法作出处理；也可以依法提起行政诉讼，请求人民法院对地质矿产主管部门的相关具体行政行为进行司法审查。

实务经验总结

前事不忘，后事之师。为避免未来发生类似败诉，提出如下建议：

一、当事人对探矿权物权权属产生争议的，无权向法院诉请对探矿权进行确权，而应当向地质矿产主管部门请求对探矿权的归属依法作出处理，或者直接提起行政诉讼，请求法院对地质矿产主管部门的相关行政行为进行司法审查。

二、本案孙素贤等 3 人若认为因玄正军采取欺诈手段造成经济损失，可以提起民事诉讼，并向玄正军主张民事损害赔偿。

三、需关注的是，关于自然人能否成为探矿权人的问题，实践中尚存在争议，本书作者建议自然人拟受让探矿权时应事先向当地国土资源管理部门咨询具体政策，或者出资设立企业法人，以确保顺利取得探矿权。请参阅本书文章：《自然人能否成为探矿权人，与自然人签订的探矿权转让合同效力如何》。

四、2017 年 7 月 27 日施行的《最高人民法院关于审理矿业权纠纷案件适用法律若干问题的解释》第十九条规定："因越界勘查开采矿产资源引发的侵权责任纠纷，涉及国土资源主管部门批准的勘查开采范围重复或者界限不清的，人民法院应告知当事人先向国土资源主管部门申请解决。"据此，因矿业权界限不清产生的纠纷，应先向国土资源主管部门申请解决。

相关法律规定

《中华人民共和国民事诉讼法》

第一百一十九条 起诉必须符合下列条件：

（一）原告是与本案有直接利害关系的公民、法人和其他组织；

（二）有明确的被告；

（三）有具体的诉讼请求和事实、理由；

（四）属于人民法院受理民事诉讼的范围和受诉人民法院管辖。

《中华人民共和国行政许可法》

第六十九条第二款 被许可人以欺骗、贿赂等不正当手段取得行政许可的，应当予以撤销。

《中华人民共和国矿产资源法》

第三条第三款 勘查、开采矿产资源，必须依法分别申请、经批准取得探矿权、采矿权，并办理登记；但是，已经依法申请取得采矿权的矿山企业在划定的矿区范围内为本企业的生产而进行的勘查除外。

《中华人民共和国矿产资源法实施细则》

第五条 国家对矿产资源的勘查、开采实行许可证制度。勘查矿产资源，必须依法申请登记，领取勘查许可证，取得探矿权；开采矿产资源，必须依法申请登记，领取采矿许可证，取得采矿权。

矿产资源勘查工作区范围和开采矿区范围，以经纬度划分的区块为基本单位。具体办法由国务院地质矿产主管部门制定。

以下为该案在最高人民法院审理阶段，裁判文书中“本院认为”部分就该问题的论述：

《中华人民共和国矿产资源法》第三条第三款规定，勘查、开采矿产资源，必须依法分别申请、经批准取得探矿权、采矿权，并办理登记。《中华人民共和国矿产资源法实施细则》第五条规定，国家对矿产资源的勘查、开采实行许可证制度。勘查矿产资源，必须依法申请登记，领取勘查许可证，取得探矿权。据此，探矿权的设立须经地质矿产主管部门的许可。此行政许可具有赋权的性质，属于行政机关管理职能，由行政许可法等行政法予以调整。

根据《中华人民共和国行政许可法》第六十九条第二款的规定，“被许可人以欺骗、贿赂等不正当手段取得行政许可的，应当予以撤销”。本案当事人讼争的探矿权，系由内蒙古自治区国土资源厅于2006年2月13日颁发《矿产资源勘查许可证》，该证记载玄正军为案涉探矿权的权利人。孙素贤等3人认为玄正军未忠实履行委托义务，采取欺诈的手段，将孙素贤等3人委托其办理的探矿权证办理在了自己名下，可以根据以上规定以利害关系人的身份向地质矿产主管部门提出撤销申请，并请求对案涉探矿权的归属依法作出处理；也可以依法提起行政诉讼，请求人民法院对地质矿产主管部门的相关行政行为进行司法审查。此外，如若认为因玄正军采取欺诈手段造成经济损失，孙素贤等3人还可以向玄正军主张民事损害赔偿。

法律针对不同性质的纠纷规定了不同形式的救济渠道。当事人亦须依法妥当行使诉讼权利，方能及时维护其合法权益。尤其是在探矿权须经行政许可方能设立、变更或者撤销的情况下，孙素贤等3人直接提起民事诉讼，请求对案涉探矿权进行确权，不符合《中华人民共和国民事诉讼法》第一百一十九条第四项规定的民事诉讼受案范围。故，二审法院裁定驳回孙素贤等3人的起诉，适用法律并无不当。

案件来源

孙素贤、孙东升等与玄正军探矿权纠纷申请再审民事裁定书，最高人民法院（2015）民申字第464号。

延伸阅读

认定采矿权的确认不属于民事诉讼管辖范围的案例：

杨青骏、杨二团、杨埃铧、赵新云、张志忠、任新院、杨治华与神木镇李家沟村村民委员会、榆林高能神府煤田营销有限公司确认合同效力纠纷二审民事裁定书［陕西省高级人民法院（2015）陕民一终字第00005号］认为："关于神木县永兴乡大贝峁煤矿的采矿权权属问题。《矿产资源法》规定勘查、开采矿产资源，必须依法分别申请、经批准取得探矿权、采矿权，并办理登记。从法律规定来看，煤矿的采矿权是特许物权。杨青骏等7人认为神木县永兴乡大贝峁煤矿的采矿权归李家沟村委会享有，其根据是最高人民法院（2006）民一终字第25号民事调解书。事实上，最高人民法院（2006）民一终字第25号民事调解书并未确认神木县永兴乡大贝峁煤矿的采矿权归属神木镇李家沟村委会，只是载明'王文学认可神木县永兴乡大贝峁煤矿的采矿权由神木镇李家沟村民委员会享有，神木镇李家沟村民委员会同意王文学经营该矿至2013年9月30日止'。尔后，在神木镇圪针崖村梅庄村民小组以案外人身份就最高人民法院（2006）民一终字第25号民事调解书向最高人民法院申请再审时，最高人民法院作出（2009）民申字第1076号民事裁定书认为：'本案是侵权诉讼纠纷，不涉及采矿权的确认，且采矿权的许可、变更、延续和撤销由地质矿产行政主管机关审查决定，本案采矿权的确认和变更不属于人民法院民事诉讼管辖范围，故本案民事调解书不可能解决本案采矿权的归属问题，也不产生采矿权确认或变更的效果。本案中，行政机关作出行政许可决定颁发的采矿权许可证，已将涉案煤矿采矿权人明确为"神木县永兴乡大贝峁煤矿"这一矿山企业，李家沟村、梅庄村或其他利害关系人对这一行政决定不服的，可依法通过行政救济途径解决。故李家沟村关于采矿权的确认不属于民事诉讼管辖范围以及采矿权的争议可以通过行政申诉等途径解决的答辩意见应予支持；梅庄村基于对调解书的错误理解，认为调解书将采矿权确认给李家沟村损害其合法权益的主张不能成立。’该裁定书进一步说明最高人民法院（2006）民一终字第25号民事调解书不可能解决涉案煤矿采矿权的归属问题。由此可见，杨青骏等7人对最高人民法院（2006）民一终字第25号民事调解书理解错误。故其上诉认为神木县永兴乡大贝峁煤矿的采矿权归李家沟村委会享有的理由不能成立。”

075 矿业权抵押是否需登记，矿业权抵押备案是否等同于抵押登记

——国土资源主管部门办理的矿业权抵押备案视为矿业权抵押登记，矿业权抵押权自备案时设立

阅读提示

我国法律法规并未对矿业权抵押登记作出明确的规定，仅在《矿业权出让转让管理暂行规定》等部门规章中规定：“矿业权设定抵押时，矿业权人应持抵押合同和矿业权许可证到原发证机关办理备案手续。”而该规定中的备案能否视为《物权法》规定的不动产登记？最高人民法院对此认为，鉴于不动产物权登记的主要功能和作用在于对世的公示效力，就目前矿业权抵押备案的主要功能以及法律效果而言，备案与登记并无实质区别，抵押权人可取得对抗他人的公示效力和优先受偿权。

此外，各地对矿业权抵押问题存在不同认识和差别化处理，因此当事人如欲设立矿业权抵押作为债权的担保，应事先向当地国土资源管理部门咨询具体的办理程序及条件。

值得关注的是，2017年7月27日起施行的《最高人民法院关于审理矿业权纠纷案件适用法律若干问题的解释》已对该问题作出规定。

裁判要旨

矿产资源作为土地附着物，探矿权、采矿权抵押应遵循登记生效主义原则，抵押权应自登记时设立。在法律、行政法规尚未明确矿业权抵押登记部门的情况下，

国土资源主管部门依据部门规章或者地方性法规办理的矿业权抵押备案，可视为矿业权抵押登记，矿业权抵押权自备案时设立。

案情简介

一、工银租赁公司与离柳公司先后签订了融资租赁合同、抵押合同、补充合同，约定：双方采取售后回租模式进行融资租赁，离柳公司将其所有的铁路专用线、井巷工程及相应设备的所有权转让给工银租赁公司，价款为8亿元，再从工银租赁公司租回继续使用，并按期向工银租赁公司支付租金；离柳公司将其持有的朱家店煤矿采矿权、兑镇煤矿采矿权抵押给工银租赁公司，作为对工银租赁公司债权的担保，如未依约办理采矿权抵押登记，离柳公司应支付违约金。上述采矿权均未办理抵押登记手续。

二、工银租赁公司向天津高院起诉，请求：离柳公司向工银租赁公司支付欠付租金121586930.74元及逾期利息；离柳公司向工银租赁公司支付因未办理采矿权抵押登记手续而应承担的违约金9528000元；工银租赁公司对朱家店煤矿采矿权和兑镇煤矿采矿权依法享有抵押权。天津高院认为，采矿权抵押属于应经登记设立抵押权的财产范畴，案涉采矿权均未在主管部门进行登记备案，故抵押权不能成立。判决：离柳公司向工银租赁公司支付租金121586930.74元及逾期利息；离柳公司向工银租赁公司支付违约金9528000元。

三、工银租赁公司不服天津高院判决，上诉至最高人民法院，请求判令工银租赁公司对案涉采矿权享有抵押权。最高人民法院判决驳回上诉，维持原判。

裁判要点

法院认定工银租赁公司对案涉采矿权不享有抵押权的原因在于：

第一，参照《矿业权出让转让管理暂行规定》等部门规章以及社会对矿产资源的一般理解，矿产资源可视为土地附着物，应适用不动产法律法规予以调整，采矿权抵押自登记时设立。

第二，目前我国矿业权抵押尚无法律明确规定的登记部门，国土资源主管部门作为矿产资源勘查许可证、采矿许可证的审批登记机关，基于国土资源部《矿业权出让转让管理暂行规定》和《关于进一步完善采矿权登记管理有关问题的通知》（已失效）等规范性文件的相关规定，为矿业权抵押办理备案手续，可产生对世的公示效力，与登记并无实质区别，故可视为矿业权抵押登记。

而本案抵押合同约定用于抵押的采矿权没有在国土资源主管部门办理备案，因此采矿权抵押权未设立。

实务经验总结

前事不忘，后事之师。为避免未来发生类似败诉，提出如下建议：

一、目前矿业权抵押尚无法律明确规定的登记部门，且部分地方出台文件对矿业权抵押设定了限制条件，因此当事人如欲设立矿业权抵押作为债权的担保，应事先向当地国土资源管理部门咨询具体的办理程序及条件。并可借鉴本案抵押合同中关于如不能办理矿业权抵押登记，抵押人即支付违约金的约定，督促抵押人尽快办理抵押登记手续。

二、关于矿业权抵押登记问题，2017 年 7 月 27 日起施行的《最高人民法院关于审理矿业权纠纷案件适用法律若干问题的解释》第十五条已作出规定："当事人请求确认矿业权之抵押权自依法登记时设立的，人民法院应予支持。颁发矿产资源勘查许可证或者采矿许可证的国土资源主管部门根据相关规定办理的矿业权抵押备案手续，视为前款规定的登记。"

相关法律规定

《中华人民共和国物权法》

第九条第一款　不动产物权的设立、变更、转让和消灭，经依法登记，发生效力；未经登记，不发生效力，但法律另有规定的除外。

第一百二十三条　依法取得的探矿权、采矿权、取水权和使用水域、滩涂从事养殖、捕捞的权利受法律保护。

第一百八十条　债务人或者第三人有权处分的下列财产可以抵押：

（一）建筑物和其他土地附着物；

……

第一百八十七条　以本法第一百八十条第一款第一项至第三项规定的财产或者第五项规定的正在建造的建筑物抵押的，应当办理抵押登记。抵押权自登记时设立。

《矿业权出让转让管理暂行规定》（国土资发〔2000〕309 号）

第三条第一款　探矿权、采矿权为财产权，统称为矿业权，适用于不动产法律法规的调整原则。

第五十七条 矿业权设定抵押时，矿业权人应持抵押合同和矿业权许可证到原发证机关办理备案手续。矿业权抵押解除后20日内，矿业权人应书面告知原发证机关。

《财政部、国家税务总局关于固定资产进项税额抵扣问题的通知》(财税〔2009〕113号)

《中华人民共和国增值税暂行条例实施细则》第二十三条第二款所称建筑物，是指供人们在其内生产、生活和其他活动的房屋或者场所，具体为《固定资产分类与代码》(GB/T14885-1994) 中代码前两位为“02”的房屋；所称构筑物，是指人们不在其内生产、生活的人工建造物，具体为《固定资产分类与代码》(GB/T14885-1994) 中代码前两位为“03”的构筑物；所称其他土地附着物，是指矿产资源及土地上生长的植物。

以下为该案在最高人民法院审理阶段，判决书中“本院认为”部分就该问题的论述：

关于工银租赁公司对案涉两项采矿权是否享有抵押权及优先受偿权的问题。

矿产资源是指由地质作用形成的，具有利用价值的，呈固态、液态、气态的自然资源。根据矿产资源法、物权法等法律规定，矿产资源属于国家所有。国家在保留矿产资源所有权基础上，将矿产资源的勘查、开采以有偿使用的方式出让给具有相应资质的申请人，并向申请人颁发矿产资源勘查许可证或者开采许可证，获得许可证的申请人即享有相应矿区的探矿权或者采矿权。物权法第一百二十三条关于“依法取得的探矿权、采矿权、取水权和使用水域、滩涂从事养殖、捕捞的权利受法律保护”的规定，明确了探矿权、采矿权作为用益物权的法律属性。但物权法并没有明确规定探矿权、采矿权系不动产，亦没有关于探矿权、采矿权抵押登记的明确规定，从而导致实践中对矿业权抵押问题的不同认识和差别化处理。

国土资源部《矿业权出让转让管理暂行规定》第三条第一款规定：“探矿权、采矿权为财产权，统称为矿业权，适用于不动产法律法规的调整原则。”《中华人民共和国增值税暂行条例实施细则》第二十三条规定：“条例第十条第（一）项和本细则所称非增值税应税项目，是指提供非增值税应税劳务、转让无形资产、销售不动产和不动产在建工程。前款所称不动产是指不能移动或者移动后会引起性质、形状改变的财产，包括建筑物、构筑物和其他土地附着物。……”财政部、国家税务总局《关于固定资产进项税额抵扣问题的通知》规定：“《中华人民共和国增值税暂行条例实施细则》第二十三条第二款所称建筑物，是指供人们在其内生产、生活和其他活动的房屋或者场所，……所称其他土地附着物，是指矿产资源及土地上生长的植物。”参照国家相关部委的上述规定以及社会对矿产资源的一般理解，矿产资源可视为土地附着物，矿业权适用不动产法律法规予以调整。因此，在法律、行政法规没有另外规定的情况下，上述部委的规章、规范性文件可以作为认定矿产资源及矿业权属性的重要参考。

根据物权法第九条第一款“不动产物权的设立、变更、转让和消灭，经依法登记，发生效力；未经登记，不发生效力，但法律另有规定的除外”；第一百八十条第一款“债务人或者第三人有权处分的下列财产可以抵押：（一）建筑物和其他土地附着物；……”；第一百八十七条“以本法第一百八十条第一款第一项至第三项规定的财产或者第五项规定的正在建造的建筑物抵押的，应当办理抵押登记。抵押权自登记时设立”的规定，矿产资源作为土地附着物，探矿权、采矿权抵押应遵循登记生效主义原则，抵押权应自登记时设立。目前，矿业权抵押尚无法律明确规定的登记部门。国土资源主管部门作为矿产资源勘查许可证、采矿许可证的审批登记机关，基于国土资源部《矿业权出让转让管理暂行规定》和《关于进一步完善采矿权登记管理有关问题的通知》（已失效）等规范性文件的规定，为矿业权抵押办理备案手续。同时，也有省、自治区在本行政区域内制定的涉矿地方性法规中包含了矿业权抵押须办理登记或者备案的规定。鉴于不动产物权登记的主要功能和作用在于藉此获得对世的公示效力，就目前矿业权抵押备案的主要功能以及法律效果而言，备案与登记并无实质区别，抵押权人可藉此取得对抗他人的公示效力和优先受偿权。在法律、行政法规尚无明确矿业权抵押登记部门的情况下，国土资源主管部门依据部门规章或者地方性法规办理的矿业权抵押备案，可视为矿业权抵押登记，矿业权抵押权自登记或者备案时设立。就本案而言，案涉两份抵押合同约定用于抵押的采矿权，均没有在国土资源主管部门办理备案登记，一审法院据此认定两煤矿采矿权抵押权均未设立，并无不当。

案件来源

工银金融租赁有限公司与山西离柳焦煤集团有限公司融资租赁合同纠纷二审民事判决书，最高人民法院（2016）最高法民终605号。

延伸阅读

一、矿业权抵押问题相关规定

（一）国土资源部规定

《国土资源部关于采矿权人为他人债务提供担保的采矿权抵押备案有关问题的通知》（国土资发〔2015〕56号）

为落实《国土资源部关于停止执行〈关于印发《矿业权出让转让管理暂行规定》的通知〉第五十五条规定的通知》（国土资发〔2014〕89号）精神，采矿权人以其拥有的采矿权为抵押物，为他人贷款债务提供担保而申请抵押备案的，应提交的申请资料、具备的条件、备案通知及抵押解除等相关要求，按照《国土资源部关于进一步完善采矿权登记管理有关问题的通知》（国土资发〔2011〕14号）第二十八条至三十一条规定执行，其中，抵押备案申请书需抵押人、抵押权人及债务人三方分别签字盖章。

本通知自印发之日起施行，有效期五年。

（二）地方规定

《内蒙古自治区矿产资源管理条例》（内蒙古自治区九届人民代表大会常务委员会第25号）

第七条第一款 探矿权和采矿权实行有偿取得制度。探矿权、采矿权可以依法转让。采矿权可以出租、抵押。个人出资取得的探矿权和采矿权可以继承、赠与。

《广东省矿产资源管理条例》（广东省第十一届人民代表大会常务委员会公告第85号）

第七条第三款 探矿权、采矿权通过申请或招标投标的方式取得，符合有关法律、法规规定的，经依法批准可以转让、出租和抵押。

《海南省矿产资源管理条例》（2018年9月30日修正）

第八条第四款 探矿权、采矿权可以依法转让、出租、抵押。

二、关于认定矿业权抵押自办理备案手续时抵押权设立的案例

案例1：上海浦东发展银行股份有限公司成都温江支行与珙县恒欣经贸有限公司、珙县观斗高桥煤炭生产有限公司、珙县汪家沟煤炭生产有限公司等金融借款、担保合同纠纷一审民事判决书［四川省高级人民法院（2015）川民初字第32号］认为："关于浦发银行温江支行对观斗高桥煤炭公司、汪家沟煤炭公司因煤矿关闭所获得的补助款是否享有优先受偿权的问题。依照相关法律规定，在抵押权已依法设立的前提下，如抵押物灭失后有代位物（如补偿金、赔偿金）的，抵押权人有权对该代位物行使优先受偿权。而本案中，浦发银行温江支行分别与观斗高桥煤炭公司、汪家沟煤炭公司签订《采矿权最高额抵押合同》后，未办理相关抵押手续。在我国，矿业权（包括探矿权、采矿权）属于行政许可取得的权利，我国矿产资源法及相关法规、规章对其流转均作出了限制性的规定，不允许当事人自由流转。以矿业权设定抵押本身虽然有别于直接转让，但抵押权人实现抵押权，必然产生矿业权转让的后果，故其实质是广义上的转让行为。因此，以矿业权设定抵押的，也应当满足法律规定的条件，并履行相关手续，否则，可能因构成变相的矿业权转让而难以完成，抵押权人的利益难以得到实际保障，国家规定的矿业权流转的审批制度也将被架空。目前，我国对矿业权抵押实行备案制，当事人应持抵押合同和矿业权许可证到原发证机关办理备案手续，抵押权应自此方得设立。本案双方并未办理相关的抵押备案手续，故相应抵押权未依法设立，浦发银行温江支行不享有抵押权。在此前提下，该行也不享有抵押物的代位物即补偿金的优先受偿权。原告浦发银行温江支行的该项诉请，本院依法不予支持。该合同当事人因签订、履行《采矿权最高额抵押合同》这一债权合同而产生的争议，可以依法另行处理。”

案例2：王世春与张永安、黄陵东方煤炭有限公司借款、担保合同纠纷二审民事判决书［陕西省高级人民法院（2014）陕民一终字第00075号］认为：“关于本案所涉采矿权的抵押权是否设立的问题。作为不动产物权的采矿权进行抵押，法律并未禁止，但其抵押应遵循法律关于不动产担保物权的规定在相关部门办理备案登记，否则，抵押权不成立生效。王世春与张永安所签《借款合同》中的抵押担保条款虽然有效，但该抵押因没有在相关部门办理备案登记，而未成立生效。原判依据不动产担保物权的相关法律规定，认定本案抵押权不成立，并无不当。故张永安关于原判认定本案抵押权不成立，法律依据不足的理由，本院不予采信。”

第九章　矿业权执行

076 矿业权转让案件执行中能否变更申请执行人

——矿业权受让人主体资格是否符合法定条件应由行政机关作出判断，通过申请执行主体变更不能最终解决

阅读提示

本案例涉及的是矿业权转让合同纠纷中矿业权过户手续的执行问题，基本事实是：矿业权受让人为自然人，其向法院申请执行，请求转让人办理过户手续；法院向国土部门发出协助执行通知后，国土部门答复无法完成协助执行，理由是当事人未提交转让申请，且矿业权转让合同是一个企业法人与自然人之间签订的；后该受让人出资设立一人有限责任公司，向法院申请将申请执行人变更为该公司，法院未同意该申请。

裁判要旨

一、生效判决所称的转让人按照矿业权转让合同的约定为受让人办理转让手续，并非对矿业权权属的认定，而首先应是指履行促成合同生效的合同报批义务，合同经过审批管理机关批准后，才涉及办理矿业权转让过户登记。

二、矿业权因涉及行政机关的审批和许可问题，不同于一般的民事权利，未经审批的矿业权转让合同的权利承受问题，与普通的民事裁判中的权利承受及债权转让问题有较大差别，通过执行程序中的申请执行主体变更的方式，并不能最终解决。

案情简介

一、2008 年 8 月 1 日，隆兴矿业与于红岩签订《矿权转让合同》，约定隆兴矿

业将阿巴嘎旗巴彦图嘎三队李瑛萤石矿的采矿权有偿转让给于红岩。合同签订后，于红岩支付了采矿权转让费150万元，并在接收采矿区后对矿区进行了初步设计以及采矿工作。而隆兴矿业未按照《矿权转让合同》的约定，为于红岩办理矿权转让手续。2012年10月双方当事人发生纠纷诉至锡盟中院。

二、锡盟中院判决隆兴矿业按照《矿权转让合同》的约定为于红岩办理矿业权转让手续。后内蒙高院判决维持原判。

三、于红岩向锡盟中院申请执行，锡盟中院向被执行人隆兴矿业发出执行通知，要求其自动履行生效法律文书确定的义务。因隆兴矿业未自动履行，该院向锡盟国土局发出协助执行通知书，请其协助为于红岩按照《矿权转让合同》的约定办理矿权过户转让手续。锡盟国土局答复称，隆兴矿业与于红岩签订《矿权转让合同》后，未向其提交转让申请，且该合同是一个企业法人与自然人之间签订的矿权转让合同，依据法律、行政法规及地方法规的规定，无法完成该协助通知书中的内容。

四、于红岩成立自然人独资的有限责任公司辉澜萤石公司，向锡盟中院申请将申请执行人变更为辉澜萤石公司。锡盟中院认为，本案执行依据确定的权利人是于红岩个人，并不是其独资成立的辉澜萤石公司，于红岩请求将申请执行人变更为辉澜萤石公司没有法律依据。遂驳回于红岩申请将申请执行人变更为辉澜萤石公司的请求。

五、于红岩不服，向内蒙高院申请复议，内蒙高院裁定驳回其复议申请。

六、于红岩仍不服，向最高人民法院申诉，最高人民法院裁定驳回于红岩的申诉请求。

裁判要点

本案于红岩主张以其成立的辉澜萤石公司名义办理矿业权转让手续问题，本质上仍属于矿业权受让人主体资格是否符合法定条件的行政审批范围，应由行政机关根据矿业权管理的相关规定作出判断。

实务经验总结

前事不忘，后事之师。为避免未来发生类似败诉，提出如下建议：

一、关于自然人能否取得采矿权的问题，《国土资源部关于进一步完善采矿权登记管理有关问题的通知》曾规定，“申请采矿权应具有独立企业法人资格”，但该通知已被废止。2017年12月29日发布的《国土资源部关于完善矿产资源开采审批登记管理有关事项的通知》规定："采矿权申请人原则上应当为营利法人。"已经将措辞改变，这一变化与《中华人民共和国矿产资源法》规定"允许个人采挖零星分散资源和只能用作普通建筑材料的砂、石、粘土以及为生活自用采挖少量矿产"的精神相符。

二、通过本案例可以看出，在办理矿业权转让手续的执行程序中，申请变更申请执行人尤为困难，因此，在矿业权转让交易中，受让人在签订合同时应当满足相关行政管理规定的资格条件，必要时可咨询当地的矿产主管部门。

相关法律规定

《最高人民法院关于民事执行中变更、追加当事人若干问题的规定》

第一条 执行过程中，申请执行人或其继承人、权利承受人可以向人民法院申请变更、追加当事人。申请符合法定条件的，人民法院应予支持。

第九条 申请执行人将生效法律文书确定的债权依法转让给第三人，且书面认可第三人取得该债权，该第三人申请变更、追加其为申请执行人的，人民法院应予支持。

《国土资源部关于进一步完善采矿权登记管理有关问题的通知》（已废止）

（十三）第一款 申请采矿权应具有独立企业法人资格，外商投资企业申请限制类矿种采矿权的，应出具有关部门的项目核准文件。

《国土资源部关于完善矿产资源开采审批登记管理有关事项的通知》

（七）采矿权申请人原则上应当为营利法人。外商投资企业申请限制类矿种采矿权的，应当出具有关部门的项目核准文件。申请放射性矿产资源采矿权的，应当出具行业主管部门的项目核准文件。

申请人在取得采矿许可证后，须具备其他相关法定条件后方可实施开采作业。

以下为该案在最高人民法院审理阶段，裁判文书中"本院认为"部分就该问题的论述：

本案的焦点问题是，锡盟中院和内蒙高院裁定不予变更于红岩独资设立的有限责任公司为本案申请执行人是否违反法律规定。

本案执行依据的判项为，隆兴矿业按照《矿权转让合同》的约定为于红岩办理矿权转让手续。根据现行法律法规的规定，申请转让探矿权、采矿权的，须经审批管理机关审批，其批准转让的，转让合同自批准之日起生效。本案中，一、二审法院均认为对于矿权受让人的资格审查，属行政机关的审批权力，于红岩是否符合采矿权受让人条件、《矿权转让合同》能否经相关部门批准，并非法院审理范围，因该合同尚未经审批机关批准，因此认定该合同依法成立，但尚未生效。二审判决也认定，如该合同经审批管理机关不予批准，双方当事人对于合同的法律后果、权利义务，可另行主张权利。鉴于转让合同因未经批准而未生效的，不影响合同中关于履行报批义务的条款的效力，结合判决理由部分，本案生效判决所称的隆兴矿业按照《矿权转让合同》的约定为于红岩办理矿权转让手续，并非对矿业权权属的认定，而首先应是指履行促成合同生效的合同报批义务，合同经过审批管理机关批准后，才涉及办理矿权转让过户登记。因此，锡盟中院向锡盟国土局发出协助办理矿权转让手续的通知，只是相当于完成了隆兴矿业向主管机关申请办理矿权转让手续的行为，启动了行政机关审批的程序，且在当前阶段，只能理解为要求锡盟国土局依法履行转让合同审批的职能。

矿业权因涉及行政机关的审批和许可问题，不同于一般的民事权利，未经审批的矿权转让合同的权利承受问题，与普通的民事裁判中的权利承受及债权转让问题有较大差别，通过执行程序中的申请执行主体变更的方式，并不能最终解决。本案于红岩主张以其成立的辉澜萤石公司名义办理矿业权转让手续问题，本质上仍属于矿业权受让人主体资格是否符合法定条件的行政审批范围，应由行政机关根据矿权管理的相关规定作出判断。于红岩认为，其在履行生效判决确定的权利义务过程中，成立辉澜萤石公司，是在按照行政机关的行政管理性规定完善办理矿权转让的相关手续，并非将《矿权转让合同》的权利向第三方转让，亦未损害国家利益和任何当事人的利益，其申请将采矿权转让手续办至辉澜萤石公司名下，完全符合《矿产资源法》《矿业权出让转让管理暂行规定》《矿产资源开采登记管理办法》《内蒙古自治区国土资源厅关于规范探矿权采矿权管理有关问题的补充通知》等行政机关在自然人签署矿权转让合同情况下办理矿权转让手续的行政管理规定，此观点应向相关行政审批机关主张。锡盟中院和内蒙高院裁定驳回于红岩变更主体的申请，符合本案生效判决就矿业权转让合同审批问题所表达的意见，亦不违反执行程序的相关法律和司法解释的规定。

案件来源

于红岩、锡林郭勒盟隆兴矿业有限责任公司采矿权纠纷执行审查类执行裁定书，最高人民法院（2017）最高法执监136号。

077 国土厅拒不协助执行，单位被罚款80万，直接责任人被罚款10万

——矿产主管部门及直接责任人无正当理由拒不办理协助执行事项，法院可予以罚款

阅读提示

矿产主管部门通常需在法院执行程序中协助办理矿业权过户手续，矿产主管部门在收到法院的协助执行通知书后如果拒不协助执行，法院能否采取强制措施？根据相关规定，此时法院有权责令矿产主管部门履行协助义务，对单位予以罚款，对个人予以罚款，甚至拘留。

裁判要旨

矿产主管部门及直接责任人在履行协助执行义务的过程中，以内部规定为由拖延办理，无正当理由拒不办理协助执行事项的，人民法院有权对国土资源主管部门及直接责任人予以罚款。

案情简介

一、河北高院在执行秦皇岛市臻宝源能源有限责任公司申请执行内蒙古特弘全盈煤炭有限责任公司、余嘉祺一案中，因内蒙国土厅未依法履行协助执行义务且无合法理由，遂作出（2015）冀执字第5号罚款决定，对内蒙国土厅罚款80万元，对直接责任人该厅矿管处处长崔庆云罚款10万元。

二、内蒙国土厅及崔庆云不服，向最高人民法院申请复议，请求撤销河北高院（2015）冀执字第5号罚款决定。

三、最高人民法院经过复议，决定驳回内蒙国土厅及崔庆云的复议申请，维持原罚款决定。

裁判要点

内蒙国土厅以其内部规定及函文为由要求人民法院收回被执行人的采矿许可证否则即不予办理协助过户事宜的做法，符合《最高人民法院关于适用〈中华人民共

和国民事诉讼法〉的解释》第一百九十二条规定的“有关单位接到人民法院协助执行通知书后，有下列行为之一的，人民法院可以适用民事诉讼法第一百一十四条规定处理：……（四）以需要内部请示、内部审批，有内部规定等为由拖延办理的”的情形，河北高院有权依据《中华人民共和国民事诉讼法》第一百一十四条的规定对内蒙国土厅作出罚款决定。

实务经验总结

前事不忘，后事之师。为避免未来发生类似败诉，提出如下建议：

法院在执行中，需要办理有关财产权证照转移手续的，有权向有关单位发出协助执行通知书。国土部门接到该类协助执行通知书后，应当及时办理。无正当理由拒不协助执行的，法院有权采取强制措施：对单位处以罚款；对单位主要负责人或者直接责任人员予以罚款，对仍不履行协助义务的，可以予以拘留，并可以向监察机关或者有关机关提出予以纪律处分的司法建议。

相关法律规定

《中华人民共和国民事诉讼法》

第一百一十四条　有义务协助调查、执行的单位有下列行为之一的，人民法院除责令其履行协助义务外，并可以予以罚款：

……

（三）有关单位接到人民法院协助执行通知书后，拒不协助扣留被执行人的收入、办理有关财产权证照转移手续、转交有关票证、证照或者其他财产的；

（四）其他拒绝协助执行的。

人民法院对有前款规定的行为之一的单位，可以对其主要负责人或者直接责任人员予以罚款；对仍不履行协助义务的，可以予以拘留；并可以向监察机关或者有关机关提出予以纪律处分的司法建议。

《最高人民法院关于适用〈中华人民共和国民事诉讼法〉的解释》（法释〔2015〕5号）

第一百九十二条　有关单位接到人民法院协助执行通知书后，有下列行为之一的，人民法院可以适用民事诉讼法第一百一十四条规定处理：

（一）允许被执行人高消费的；

（二）允许被执行人出境的；

（三）拒不停止办理有关财产权证照转移手续、权属变更登记、规划审批等手续的；

（四）以需要内部请示、内部审批，有内部规定等为由拖延办理的。

以下为该案在最高人民法院审理阶段，裁判文书中“本院认为”部分就该问题的论述：

第一，关于申请复议人提出的申请执行人名称与协助执行通知书不一致的问题。虽然（2015）冀执字第5-1号协助执行通知书中将申请执行人名称漏写“责任”二字，但结合（2015）冀执字第5-2号执行裁定及其他相关材料载明的内容，对该厅办理协助过户手续并不会造成实质影响。并且在协助办理过程中，该厅并未就申请执行人名称与协助执行通知书书写不一致提出过异议，在河北高院作出罚款决定后又将名称不一致作为无法办理过户手续的理由，不能成立。第二，关于申请复议人要求河北高院收回被执行人持有的采矿许可证是否有法律依据的问题。内蒙国土厅以其内部规定及函文为由要求人民法院收回被执行人的采矿许可证否则即不予办理协助过户事宜的做法，符合《最高人民法院关于适用〈中华人民共和国民事诉讼法〉的解释》第一百九十二条规定的“有关单位接到人民法院协助执行通知书后，有下列行为之一的，人民法院可以适用民事诉讼法第一百一十四条规定处理：……（四）以需要内部请示、内部审批，有内部规定等为由拖延办理的”的情形，河北高院对其作出罚款决定于法有据。第三，关于公安机关查封及本院受理本执行案执行依据再审申请是否影响内蒙国土厅办理协助执行事项的问题。河北高院作出的（2015）冀执字第5-2号以物抵债裁定生效后，涉案采矿权即已转移至申请执行人名下，已非原被执行人所有，公安机关无权查封属于申请执行人的财产，该事项不能成为内蒙国土厅拒不办理协助执行事项的理由。而根据法律规定，人民法院决定再审前并不中止原生效法律文书的执行，本院受理本执行案执行依据再审申请并不影响内蒙国土厅完成协助执行事项。

综上，内蒙国土厅及直接责任人崔庆云在履行协助执行义务的过程中，以内部规定为由拖延办理，无正当理由拒不办理协助执行事项，又以被执行人欠缴费用为由，拟吊销涉案采矿证，从而可能导致本案执行标的失去财产价值，严重影响案件执行。而且，从河北高院作出罚款决定后内蒙国土厅立即为申请执行人办理了采矿权变更登记手续的事实来看，相关协助执行事项完全可以正常办理，也印证了内蒙国土厅及直接责任人崔庆云确实有拒不履行协助执行义务的情形存在。《中华人民共和国民事诉讼法》第一百一十四条规定：“有义务协助调查、执行的单位有下列行为之一的，人民法院除责令其履行协助义务外，并可以予以罚款：……（三）有关单位接到人民法院协助执行通知书后，拒不协助扣留被执行人的收入、办理有关财产权证照转移手续、转交有关票证、证照或者其他财产的；……人民法院对有前款规定的行为之一的单位，可以对其主要负责人或者直接责任人员予以罚款；对仍不履行协助义务的，可以予以拘留；并可以向监察机关或者有关机关提出予以纪律处分的司法建议。”据此，河北高院对内蒙国土厅及崔庆云作出罚款决定，于法有据，并无不当，本院予以维持。内蒙国土厅及崔庆云的相关复议申请不能成立，本院予以驳回。

案件来源

执行复议决定书，最高人民法院（2015）执复字第37号。

延伸阅读

一、有义务协助执行的单位拒不协助执行，法院对其予以罚款的案例

案例1：十堰市郧阳区商务局建设工程施工合同纠纷执行审查类执行决定书［湖北省高级人民法院（2017）鄂执复36号］认为：“人民法院在办理执行案件时，需要相关单位协助调查、协助执行的，相关单位依法应当配合人民法院调查取证、按照人民法院生效法律文书和协助执行通知书办理协助执行事项。相关单位对协助执行事项有异议的，也应通过书面等方式向人民法院说明情况和理由，由人民法院进行审查，而不应拒绝协助。本案执行过程中，十堰中院先后多次向复议申请人郧阳区招商局送达协助执行通知书、要求协助调查取证的函、要求该局负责人到法院接受询问的传票等法律文书，要求该局协助执行及调查取证，该局及负责人均拒绝签收、拒绝协助该院调查取证和接受询问，其行为已经构成《中华人民共和国民事诉讼法》第一百一十四条第一款‘有义务协助调查、执行的单位有下列行为之一的，人民法院除责令其履行协助义务外，并可以予以罚款’规定中的第一项所称‘有关单位拒绝或者妨碍人民法院调查取证’，妨碍了执行工作，十堰中院有权对其作出罚款决定。”

案例2：中国农业银行陇川县支行勐宛路分理处申请复议的复议决定书［云南省高级人民法院（2016）云执复2号］认为：“保山中院在要求农行勐宛分理处履行协助执行业务时，提交了协助执行通知书、工作证以及执行公务证，要求农行勐宛分理处协助执行的材料符合民事诉讼法及相关规定的要求。工作证及执行公务证已经能够证实执行人员身份，经保山中院工作人员多次解释，并明确告知如果不协助将进行罚款的情况下，农行勐宛分理处工作人员仍然拒不履行协助执行义务，其行为已经阻碍司法，影响人民法院执行工作的正常开展。农行勐宛分理处所提交的规定，并不调整人民法院的执行工作，且民事诉讼法及其相关司法解释，已就该问题进行了明确具体的规定，农行勐宛分理处应当照此依据履行其协助执行义务。综上所述，保山中院对农行勐宛分理处进行罚款10万元并无不当，申请复议人提出的复议理由不能成立，应予驳回。”

案例3：韩君堂与弘盛地产有限公司、山东中铁地产有限公司、王安年等借款合同纠纷执行复议决定书［山东省高级人民法院（2015）鲁执复字第94号］认为：“本案中，泰安中院于2015年3月26日向申请复议人蒙阴国土局送达（2014）泰执字第87-13号、第88-12号、第89-11号执行裁定书及协助执行通知书，要求申请复议人协助将涉案土地使用权过户至申请执行人韩君堂名下。根据上述法律规定，申请复议人作为负有协助执行义务的土地管理部门，必须按生效法律文书的要求办理协助执行事项。申请复议人如有证据认为泰安中院处理涉案土地使用权存有错误，可依法向泰安中院提出审查建议，但不应停止办理协助执行事项。因申请复议人在收到上述法律文书后，未及时履行泰安中院所要求的协助义务，泰安中院再次责令申请复议人履行协助义务，但是申请复议人在并无蒙阴法院对涉案土地续封记录的情况下，仅以蒙阴法院的公函为由，仍不协助泰安中院办理涉案土地的过户登记手续，违反上述法律规定。故该复议请求及理由没有法律依据。泰安中院对申请复议人接到协助执行通知书后拒不履行协助义务的行为作出罚款决定符合法律规定，本院应予支持。”

案例4：首钢水城钢铁（集团）有限责任公司与买卖合同纠纷复议决定书［江西省高级人民法院（2015）赣执复字第28号］认为：“依照法律规定，协助执行人依法应履行协助义务，首钢水城钢铁公司未按萍乡中院通知要求履行完协助义务，妨碍了人民法院执行，其经济效益不好，企业困难，不能成为部分履行协助义务的理由，萍乡中院依法可予以处罚。考虑首钢水城钢铁公司在萍乡中院罚款后又支付了第二期60万银行承兑汇票，还在继续履行协助义务，故可对其从轻处罚。”

第十章　矿业权行政

078 最高法副院长亲判国土部败诉，裁判文书堪称典范

——复议机关所提供的证据材料不能满足司法审查需要，未完全履行说明理由义务的，法院可以要求复议机关重新调查处理

阅读提示

该案对行政机关依法行使复议权、正确作出复议决定提供了重要指引，对司法机关审理同类案件具有重大参考价值，对保护行政相对人的合法权益具有重要意义。本案的诉讼过程也极为复杂，历经一二审的败诉再到最高人民法院通过再审获得支持，当事人饭垄堆公司获得司法救济和正义的过程也极为不易。

裁判要旨

人民法院认为复议机关所提供的证据材料不能满足司法审查需要，复议机关未完全履行说明理由义务的，可以要求复议机关重新调查处理，并提供可供审查的证据、依据以及相应的理由说明。

案情简介

一、中信兴光公司的红旗岭矿与饭垄堆公司的饭垄堆矿存在矿区垂直投影重叠，因在采矿许可证有效期内无法解决重叠问题，中信兴光公司于 2012 年 11 月向国土资源部提出行政复议申请，以湖南省国土厅在该公司矿业权坐标范围内重叠、交叉向饭垄堆公司设置采矿权侵权等为由，请求：撤销湖南省国土厅（授权郴州市国土局）于 2006 年向饭垄堆公司颁发、于 2011 年又经湖南省国土厅延续的 2011 年《采矿许可证》的具体行政行为。

二、2014 年 7 月 14 日，国土资源部作出行政复议决定（简称“被诉复议决定”），主要内容为：本案涉及的小规模铅、锌、银等矿种应由国务院地质矿产主管部门授权省级国土资源部门审批发证，并且不得再行授权，故湖南省国土厅授权郴州市国土局颁发本案 2006 年《采矿许可证》不符合有关规定；本案红旗岭矿、饭垄堆矿等存在矿权范围垂直投影重叠，湖南省国土厅在 2006 年授权郴州市国土局向饭垄堆公司颁发 2006 年《采矿许可证》时，中信兴光公司的采矿权已经合法存在，湖南省国土厅该发证行为违反了有关矿业权重叠与交叉的禁止性规定。

三、饭垄堆公司不服，向北京一中院提起行政诉讼。北京一中院认为，饭垄堆公司与中信兴光公司的采矿权存在矿区范围垂直投影重叠的问题，不符合相关规定的要求，应当依法予以纠正；饭垄堆公司取得的采矿权与中信兴光公司的在先采矿权发生冲突，国土资源部撤销饭垄堆公司的采矿权并无不当。遂判决驳回饭垄堆公司的诉讼请求。

四、饭垄堆公司不服，上诉至北京高院。北京高院判决驳回上诉，维持一审判决。

五、饭垄堆公司仍不服，向最高人民法院申请再审，最高人民法院提审本案，判决：撤销北京高院二审判决和北京一中院一审判决；撤销被诉复议决定；责令国土资源部重新作出行政复议决定。

裁判要点

最高人民法院撤销被诉复议决定、责令国土资源部重新作出复议决定的原因在于：

第一，从本案复议机关所提供的证据与全案卷宗情况来看，被诉复议决定未全面查清案件事实与重叠情形，在对重叠问题有多种处理方式、有多种复议决定结论可供选择的情况下，未体现相应的衡量因素，未履行充分说明理由义务，也未能提供有关撤销的必要性和紧迫性的相应证据，仅简单以构成重叠即作出撤销决定，难以得到人民法院支持。

第二，被诉复议决定援引《行政复议法》第二十八条第一款第三项作为法律依据时，未明确具体适用该项五种违法情形的具体类型，更未阐明具体理由，给当事人依法维权和人民法院合法性审查造成障碍，构成适用法律不当。

第三，湖南省国土厅委托郴州市国土局颁发 2006 年《采矿许可证》的行为虽然存在瑕疵，但该瑕疵已经因为 2011 年湖南省国土厅以自己的名义颁证而得到纠正，被诉复议决定以 2006 年颁证行为违法作为撤销 2011 年颁证行为的理由不能成立。

实务经验总结

前事不忘，后事之师。为避免未来发生类似败诉，提出如下建议：

一、行政复议机关在作出行政复议决定时，应当充分说明理由，以事实证据为依据。尤其是可能存在多种处理结果的情形下，应当坚持比例原则，具体论述相应的衡量因素。

二、现行法律、法规并未禁止设立垂直投影重叠的采矿权，不应一概撤销已经设立的重叠的采矿权。最高人民法院认为，国土资源管理部门对因历史原因已经设立的部分重叠的采矿权，应在不影响安全生产和环境保护且更有利于不同种类矿产资源全面节约利用的前提下，综合衡量矿产资源形成状态和地质条件，尊重不同矿业权人的不同开采意向、开采能力与开采工艺以及矿藏的开发规律等因素，区别进行处理。

三、需注意的是，本案国土资源部仍可依据重新查明的事实，在衡量全案各种因素和处理结果且充分说明理由的情况下，正确援引法律规范，依法作出撤销行政许可的复议决定。但饭垄堆公司对其合法产权受到的损失可依法申请国家赔偿。

相关法律规定

《国务院关于印发全面推进依法行政实施纲要的通知》

20. 严格按照法定程序行使权力、履行职责。……行政机关行使自由裁量权的，应当在行政决定中说明理由。要切实解决行政机关违法行使权力侵犯人民群众切身利益的问题。

《中华人民共和国行政复议法》

第二十八条 行政复议机关负责法制工作的机构应当对被申请人作出的具体行政行为进行审查，提出意见，经行政复议机关的负责人同意或者集体讨论通过后，按照下列规定作出行政复议决定：

（一）具体行政行为认定事实清楚，证据确凿，适用依据正确，程序合法，内容适当的，决定维持；

（二）被申请人不履行法定职责的，决定其在一定期限内履行；

（三）具体行政行为有下列情形之一的，决定撤销、变更或者确认该具体行政行为违法；决定撤销或者确认该具体行政行为违法的，可以责令被申请人在一定期限内重新作出具体行政行为：

1. 主要事实不清、证据不足的；

2. 适用依据错误的；

3. 违反法定程序的；

4. 超越或者滥用职权的；

5. 具体行政行为明显不当的。

（四）被申请人不按照本法第二十三条的规定提出书面答复、提交当初作出具体行政行为的证据、依据和其他有关材料的，视为该具体行政行为没有证据、依据，决定撤销该具体行政行为。

行政复议机关责令被申请人重新作出具体行政行为的，被申请人不得以同一的事实和理由作出与原具体行政行为相同或者基本相同的具体行政行为。

法院判决

以下为该案在最高人民法院审理阶段，裁判文书中“本院认为”部分就该问题的论述：

关于被诉复议决定说明理由义务问题。

国务院《全面推进依法行政实施纲要》规定，行政机关行使自由裁量权的，应当在行政决定中说明理由。行政复议决定是复议机关居中行使准司法权进行的裁决，且行使着上级行政机关专业判断权，人民法院对行政复议决定判断与裁量及理由说明，应当给予充分尊重。与此相对应，行政复议决定和复议卷宗也应当依法说明理由，以此表明复议机关已经全面客观地查清了事实，综合衡量了与案情相关的全部因素，而非轻率或者武断地作出决定。因为只有借助书面决定和卷宗记载的理由说明，人民法院才能知晓决定考虑了哪些相关因素以及是否考虑了不相关因素，才能有效地审查和评价决定的合法性。不说明裁量过程和没有充分说明理由的决定，既不能说服行政相对人，也难以有效控制行政裁量权，还会给嗣后司法审查带来障碍。

对本案而言，颁发采矿许可证属于典型的许可类授益性行政行为，撤销采矿许可必须考虑被许可人的信赖利益保护，衡量撤销许可对国家、他人和权利人造成的利益损失大小问题。确需撤销的，还应当坚持比例原则，衡量全部撤销与部分撤销的关系问题。同时，被复议撤销的2011年《采矿许可证》有效期自2011年至2014年9月；国土资源部2014年7月14日作出被诉复议决定时，该《采矿许可证》的有效期已经临近届满。在许可期限即将届满，双方均已经因整合需要停产且不存在安全生产问题的情况下，被诉复议决定也未能说明撤销的紧迫性和必要性，反而使饭垄堆公司在可能的整合中处于明显不利地位，加大整合并购的难度。

坚持依法行政和有错必纠是法治的基本要求，但法治并不要求硬性地、概无例外地撤销已经存续的、存在瑕疵甚至是违法情形的行政行为，而是要求根据不同情况作出不同处理。《行政复议法》第二十八条第一款第三项规定，复议机关对违法的行政行为，可以作出撤销、变更或者确认违法等行政复议决定。因此，复议机关应当审慎选择适用复议决定的种类，权衡撤销对法秩序的维护与撤销对权利人合法权益造成损害的程度以及采取补救措施的成本等诸相关因素；认为撤销存在不符合公共利益等情形时，可以决定不予撤销而选择确认违法等复议结果；确需撤销的，还需指明因撤销许可而给被许可人造成的损失如何给予以及给予何种程度的补偿或者赔偿问题。如此，方能构成一个合法的撤销决定。在对案涉采矿权重叠问题有多种处理方式以及可能存在多种复议结论的情况下，国土资源部选择作出撤销决定，更应充分说明理由。但是，从复议机关所提供的证据与全案卷宗情况来看，被诉复议决定并未体现相应的衡量因素，也未进行充分说理，仅简单以构成重叠即作出撤销决定，难以得到人民法院支持。人民法院认为复议机关所提供的证据材料不能满足司法审查需要，复议机关未完全履行说明理由义务的，可以要求复议机关重新调查处理，并提供可以进行审查的证据、依据以及相应的理由说明。

同时，被诉复议决定援引《行政复议法》第二十八条第一款第三项作为法律依据时，未明确具体适用该项 5 种违法情形的具体类型，更未阐明具体理由，给当事人依法维权和人民法院合法性审查造成障碍，构成适用法律不当。

综上，中信兴光公司在申请行政复议时，虽然其《采矿许可证》开采期限已经届满，但仍然拥有除开采矿产资源以外的其他合法权益，具备行政复议申请人资格；国土资源部受理中信兴光公司的行政复议申请，符合《行政复议法》有关行政复议受理条件规定。湖南省国土厅委托郴州市国土局颁发 2006 年《采矿许可证》的行为虽然存在瑕疵，但该瑕疵已经因为 2011 年湖南省国土厅以自己的名义颁证而得到纠正和治愈，被诉复议决定以 2006 年颁证行为违法作为撤销 2011 年颁证行为的理由不能成立。饭垄堆公司 2011 年《采矿许可证》与中信兴光公司相应《采矿许可证》载明的矿区范围存在部分垂直投影重叠情形属实，但被诉复议决定未全面查清案件事实与重叠情形，在对重叠问题有多种处理方式、有多种复议决定结论可供选择的情况下，未履行充分说明理由义务，也未能提供有关撤销的必要性和紧迫性的相应证据，径行撤销 2011 年采矿许可，且援引法律规范不明确不具体，依法应予纠正。一、二审法院支持行政复议决定的裁判结果不当，亦应一并予以纠正。

当然，国土资源部在重新作出复议决定时，如经相应专业机构认定饭垄堆公司与中信兴光公司的《采矿许可证》矿区范围和各自的开采工艺存在确属不能重叠的情形，或者饭垄堆公司非重叠部分不能独立设立采矿权，或者重叠部分已经影响到中信兴光公司的安全生产且无法通过采取其他防范措施的方法予以解决，又无法通过整合、并购等方式实现采矿权主体同一的，国土资源部仍可依据所查明事实和相应鉴定意见，在衡量全案各种因素和处理结果且充分说明理由的情况下，正确援引法律规范，依法作出撤销行政许可的复议决定；饭垄堆公司对其合法产权受到的损失则可依法申请国家赔偿。

案件来源

郴州饭垄堆矿业有限公司、中华人民共和国国土资源部资源行政管理：土地行政管理（土地）再审行政判决书，最高人民法院（2018）最高法行再6号。

附：最高人民法院判决全文

中华人民共和国最高人民法院

行　政　判　决　书

（2018）最高法行再6号

再审申请人（一审原告、二审上诉人）：郴州饭垄堆矿业有限公司。住所地：湖南省郴州市苏仙区白露塘镇柿竹园村三组。

法定代表人：田小宝，该公司董事长。

被申请人（一审被告、二审被上诉人）：中华人民共和国国土资源部。住所地：北京市西城区阜内大街64号。

法定代表人：姜大明，该部部长。

被申请人（一审第三人、二审被上诉人）：中信兴光矿业有限公司。住所地：湖南省郴州市苏仙区白露塘镇红旗岭。

法定代表人：曹彦富，该公司董事长。

委托诉讼代理人：韩红兴。

再审申请人郴州饭垄堆矿业有限公司（以下简称饭垄堆公司）诉被申请人中华人民共和国国土资源部（以下简称国土资源部）国土资源行政复议决定一案，北京市第一中级人民法院于2015年7月1日作出（2015）一中行初字第839号行政判决，驳回饭垄堆公司的诉讼请求。饭垄堆公司不服提起上诉后，北京市高级人民法院于2016年3月2日作出（2015）高行终字第3209号行政判决，驳回上诉，维持一审判决。饭垄堆公司仍不服，向本院申请再审。本院于 2017 年 12 月 28 日作出（2016）最高法行申 1002 号行政裁定，提审本案，并依法组成由审判员江必新担任审判长、审判员黄永维、审判员耿宝建参加的合议庭，对本案进行了审理，现已审理终结。

国土资源部国土资复议〔2014〕455 号行政复议决定（以下简称被诉复议决定）主要内容如下：

第一，湖南省国土资源厅（以下简称湖南省国土厅）授权郴州市国土资源局（以下简称郴州市国土局）颁发本案采矿许可证不符合有关规定。按照《矿产资源开采登记管理办法》、原中华人民共和国地质矿产部《关于授权颁发勘查许可证采矿许可证的规定》（地发〔1998〕48 号，以下简称地发〔1998〕48 号文件）以及国土资源部《关于规范勘查许可证采矿许可证权限有关问题的通知》（国土资发〔2005〕200 号，以下简称国土资发〔2005〕200 号文件）的规定，本案涉及的小规模铅、锌、银等矿种由国务院地质矿产主管部门授权省级国土资源部门审批发证，并且不得再行授权。湖南省国土厅根据原湖南省地质矿产厅《关于委托审批登记颁发采矿许可证的通知》（湘地行发〔1998〕6 号，以下简称湘地行发〔1998〕6 号文件）规定，将小规模铅、锌、银等矿种的审批发证权限下放至市级国土资源部门。本案中 2006 年 4310000610044 号《采矿许可证》（以下简称 2006 年《采矿许可证》）由郴州市国土局颁发，湖南省国土厅认可该发证行为。湘地行发〔1998〕6 号文件和湖南省国土厅的该授权行为与上述文件规定不符。第二，本案采矿许可证不符合采矿权审批发证的有关规定。根据有关地质资料，本案红旗岭矿、饭垄堆矿等存在矿权范围垂直投影重叠，尽管在立体空间上采矿权没有重叠与交叉，但垂直投影重叠已经实质构成了矿产资源管理中的矿业权重叠。根据《国务院办公厅转发国土资源部〈关于进一步治理整顿矿产资源管理秩序的意见〉的通知》（国办发〔2001〕85 号，以下简称〔2001〕85 号文件）第二条“一个矿山原则上只能审批一个采矿主体。不能违法重叠和交叉设置探矿权、采矿权”的规定，湖南省国土厅在 2006 年 3 月 24 日授权郴州市国土局向饭垄堆公司颁发 2006 年《采矿许可证》时，中信兴光矿业有限公司（以下简称中信兴光公司）的采矿权已经合法存在，湖南省国土厅该发证行为违反了有关矿业权重叠与交叉的禁止性规定。决定：根据上述事实和理由，依据《中华人民共和国行政复议法》（以下简称《行政复议法》）第二十八条第一款第三项规定，撤销湖南省国土厅向饭垄堆公司颁发的 C4300002010123230090905 号《采矿许可证》（以下简称 2011 年《采矿许可证》）。

北京市第一中级人民法院审理查明以下事实：

2006年1月16日，湖南省国土厅向郴州市兴光矿业有限公司颁发430000620008号《采矿许可证》，矿山名称为“郴州市兴光矿业有限公司红旗岭矿”，开采矿种为“锡矿、钨、砷”，有效期限为2006年1月至2010年1月。红旗岭矿原为国有企业郴州市桥口铅锌矿红旗岭矿区。2005年该国有企业改制，通过招拍挂处置矿业权，郴州市兴光矿业有限公司竞得该采矿权。2009年，矿山与中信集团合作，成立中信兴光公司作为经营主体，并于2010年在湖南省国土厅办理转让和变更（延续）登记手续，采矿权人变更为中信兴光公司。由于锡矿储量达到中型以上，2010年11月和2011年10月，中信兴光公司在国土资源部办理了采矿许可延续登记手续，证号为C4300002010013210053832。经延续，该采矿证的有效期为2011年10月7日至2012年10月7日，发证日期为2011年12月26日。同时，国土资源部在该采矿许可证上标注：“请在本证有效期内解决重叠问题，重叠问题解决后，再申请办理延续登记。否则不再予以延续。”

2006年3月24日，郴州市国土局颁发2006年《采矿许可证》，采矿权人为“苏仙区饭垄堆北段有色金属矿”，矿山名称为“苏仙区饭垄堆北段有色金属矿”，开采矿种为“铅矿、锌、银”，有效期限为2006年3月至2011年3月。2010年12月，郴州市国土局进行换证，证号变更为C4300002010123230090905。2011年该证到期后，由湖南省国土厅办理采矿权延续登记手续，并将开采矿种变更为“锡矿、铅、锌，综合回收钨、银、铜”。同时，由于原矿山企业不具备法人资格，矿山重新登记成立了饭垄堆公司作为新的采矿权人，并办理了变更登记手续，证号不变，即2011年《采矿许可证》。经延续和变更登记，该采矿许可证的有效期限为2011年9月1日至2014年9月1日。

据地质资料和矿山储量核实，红旗岭矿与饭垄堆矿存在矿区垂直投影重叠。2010年起，为了确保矿山安全生产，郴州市人民政府和郴州市苏仙区人民政府将红旗岭矿区列为重点整合矿区，拟通过资源整合彻底解决矿区矿山设置过密及部分矿区范围垂直投影重叠等问题。2011年5月16日，饭垄堆公司与中信兴光公司签订承诺书，双方承诺在采矿生产过程中保证做到合法开采、安全生产，不超深越界。

因在采矿许可证有效期内无法解决重叠问题，中信兴光公司于2012年11月向国土资源部提出行政复议申请，以湖南省国土厅授权郴州市国土局向饭垄堆公司颁发《采矿许可证》违法、湖南省国土厅在该公司矿业权坐标范围内重叠、交叉向饭垄堆公司设置采矿权侵权、湖南省国土厅授权郴州市国土局向饭垄堆公司颁发《采矿许可证》违反法定程序等为由，请求：撤销湖南省国土厅（授权郴州市国土局）

于2006年向饭垄堆公司颁发，于2011年又经湖南省国土厅延续的2011年《采矿许可证》的具体行政行为。2012年12月12日，国土资源部决定受理中信兴光公司提出的复议申请，并通知饭垄堆公司参加行政复议。因认为需要进一步查明有关事实和依据，国土资源部于2013年1月30日中止该案的审理。2014年7月14日，国土资源部恢复该案审理，并于同日作出被诉复议决定。饭垄堆公司不服，提起本案行政诉讼。

北京市第一中级人民法院一审认为：

一、关于2006年采矿许可是否属于2011年采矿许可合法性审查要素的问题

从权利来源来看，饭垄堆公司最初系通过挂牌出让方式取得饭垄堆矿的采矿权。对此，郴州市国土局核发2006年《采矿许可证》，对该采矿权予以登记。2010年12月，郴州市国土局进行换证。2011年该证到期后，由湖南省国土厅办理采矿权延续和变更手续，向饭垄堆公司颁发2011年《采矿许可证》。由此可知，2011年《采矿许可证》系由2006年《采矿许可证》延续变更而来。虽然两者的发证机关、矿种和生产规模有所区别，但这无法否定两者之间的权利延续关系。从权利内容来看，前者是后者的基础，后者是对前者的延续。前者在有效期届满后，其权利内容会被后者继承与吸收。因此，对湖南省国土厅向饭垄堆公司颁发2011年《采矿许可证》的合法性审查应当包含以下几个要素：一是2011年《采矿许可证》记载的采矿权设立的合法性；二是采矿权延续手续的合法性；三是采矿权变更手续的合法性。其中，第一项要素包含许可实施机关、条件、程序和期限等方面内容的审查，这与郴州市国土局颁发《采矿许可证》的合法性审查并无区别。因此，从结果上看，郴州市国土局向饭垄堆公司颁发2006年《采矿许可证》的合法性，属于湖南省国土厅向饭垄堆公司颁发2011年《采矿许可证》的合法性审查要素。

二、关于湖南省国土厅委托郴州市国土局向饭垄堆公司颁发《采矿许可证》是否违法的问题

根据《矿产资源开采登记管理办法》第三条第一款规定，2011年《采矿许可证》中记载的“锡矿、铅、锌，综合回收钨、银、铜”等，属于国务院地质矿产主管部门审批发证矿种。同时，根据该办法第三条第三款第二项、地发〔1998〕48号文件第二条、国土资发〔2005〕200号文件第十条、第十一条、第十七条等规定，2011年《采矿许可证》所涉及的矿种属于国土资源部授权省国土资源厅审批发证的范围，而省国土资源厅不得再行授权。本案中，湖南省国土厅委托郴州市国土局为饭垄堆公司颁发采矿许可证违反了上述禁止性规定，该颁证行为违法，作为郴州市国土局所颁发的采矿许可证的延续，2011年《采矿许可证》亦存在上述违

法问题。

三、关于饭垄堆公司与中信兴光公司的采矿权是否存在重叠，是否足以导致涉案采矿许可证被撤销的问题

饭垄堆公司与中信兴光公司的采矿权矿区范围在空间上相互独立，但存在垂直投影重叠之情形。对此，〔2001〕85号文件第二条第一项规定，对未按照法定程序和权限颁发的勘查许可证、采矿许可证，向不符合法定条件的申请者颁发的勘查许可证、采矿许可证，违法设置的相互重叠或交叉的勘查许可证、采矿许可证，都要依法抓紧进行纠正。该吊销的要依法吊销，该注销的要坚决注销，该协调处理的要妥善处理。第二条第四项规定，一个矿山原则上只能审批一个采矿主体。不能违法重叠和交叉设置探矿权、采矿权。由上可知，饭垄堆公司与中信兴光公司的采矿权存在矿区范围垂直投影重叠的问题，不符合上述规定的要求，应当依法予以纠正。且从权利产生的时间而言，饭垄堆公司的采矿权系出让取得，并于2006年3月24日由郴州市国土局颁证；而中信兴光公司的采矿权系转让取得，并于2006年1月16日由湖南省国土厅颁证。中信兴光公司的采矿权取得在先，属于在先权利。当饭垄堆公司取得的采矿权与中信兴光公司的在先采矿权发生冲突时，国土资源部依据上述规定撤销饭垄堆公司的采矿权并无不当。

四、关于中信兴光公司申请行政复议是否超过法定期限、是否符合行政复议受理条件的问题

《行政复议法》第九条规定："公民、法人或者其他组织认为具体行政行为侵犯其合法权益的，可以自知道该具体行政行为之日起六十日内提出行政复议申请；但是法律规定的申请期限超过六十日的除外。因不可抗力或者其他正当理由耽误法定申请期限的，申请期限自障碍消除之日起继续计算。"从本案证据来看，中信兴光公司申请复议时已经超出六十日的复议期限。但鉴于中信兴光公司一直在积极主张权利，一方面向湖南省国土厅反映矿区重叠问题，要求予以解决，当地政府及国土部门也确实在进行协调。另一方面，国土资源部在为中信兴光公司办理采矿许可证延续时明确指出，需在有效期内解决重叠问题，否则不再予以延续。中信兴光公司出于对当地政府及国土部门的信任，一直等待其协调解决问题。因在有效期内无法协调解决，中信兴光公司无法办理延续手续的情况下，其在合理期限内提出复议申请，并不存在怠于行使权利之情形，应当认为其具有正当理由，国土资源部受理其提出的行政复议申请并无不当。

因此，北京市第一中级人民法院依照《中华人民共和国行政诉讼法》第六十九条之规定，判决驳回饭垄堆公司的诉讼请求。饭垄堆公司不服一审判决，向北京市

高级人民法院提起上诉。

北京市高级人民法院二审审理查明的事实与一审审理查明的事实基本一致。

北京市高级人民法院二审认为：

一、关于行政复议审查对象确定的问题

根据《中华人民共和国行政许可法》（以下简称《行政许可法》）的相关规定，行政许可的行为样态包括行政机关对行政许可的准予、变更、延续、撤回、注销和撤销等，这些行为样态相对独立，均可以成为行政复议的审查对象。本案中，中信兴光公司申请行政复议的对象为“湖南省国土厅（授权郴州市国土局）于2006年向饭垄堆公司颁发、于2011年又经湖南省国土厅延续的2011年《采矿许可证》的具体行政行为”，国土资源部在被诉复议决定中将中信兴光公司的复议请求归纳为“请求撤销湖南省国土厅向饭垄堆公司颁发2011年《采矿许可证》的行为”，其作出被诉复议决定的结果是“撤销湖南省国土厅向饭垄堆公司颁发的2011年《采矿许可证》”。因此，本案中被复议审查的对象应为湖南省国土厅向饭垄堆公司颁发2011年《采矿许可证》的行为，从而亦将国土资源部对上述行政许可进行行政复议的行为，作为本案行政审判审理对象。

二、关于行政复议申请期限认定的问题

根据《行政复议法》第九条、《中华人民共和国行政复议法实施条例》（以下简称《复议法实施条例》）第十七条规定，本案中，湖南省国土厅颁发2011年《采矿许可证》的行为对中信兴光公司的权利、义务可能产生不利影响，但湖南省国土厅并未举证证明其已告知中信兴光公司申请行政复议的权利、行政复议机关和行政复议申请期限。由于《行政复议法》和《复议法实施条例》并未明确行政机关未履行《复议法实施条例》第十七条所规定的告知义务情况下行政复议申请期限如何计算，鉴于行政复议在权利救济方面的准司法性质，可以参照当时有效的《最高人民法院关于执行〈中华人民共和国行政诉讼法〉若干问题的解释》第四十一条第一款的规定，将此种情况下申请复议的期限计算问题解释为：从相对人知道或者应当知道复议权利或者复议期限之日起计算，但从知道或者应当知道具体行政行为内容之日起最长不得超过适当的期限。就本案而言，湖南省国土厅为饭垄堆公司颁发2011年《采矿许可证》的日期为2011年9月1日，国土资源部在向中信兴光公司颁发的《采矿许可证》上标注“请在本证有效期内解决重叠问题”的日期为2011年12月26日，2012年中信兴光公司多次向湖南省国土厅提出撤销重叠采矿权的申请。且在此期间相关政府部门组织各方进行整顿整合。因此，中信兴光公司于2012年11月对2011年《采矿许可证》申请行政复议，应认定未超过适当期限，故国土资源部受理中信兴光公司的行政复议申请并无不当。

三、关于2006年《采矿许可证》是否存在重大明显违法的问题

结合《最高人民法院关于审理行政许可案件若干问题的规定》第七条规定，行政复议机关在对行政行为进行复议审查时，发现作为被审查行政行为基础的其他行政决定存在明显缺乏事实根据、明显缺乏法律依据、超越职权或者其他重大明显违法情形的，可以据此对被申请审查的行政行为作出相应处理。本案中，湖南省国土厅颁发的2011年《采矿许可证》，属于对郴州市国土局颁发的2006年《采矿许可证》的变更、延续。相对于2011年采矿许可而言，2006年采矿许可处于基础行政决定的法律地位。国土资源部在对2011年采矿许可进行复议审查时，发现2006年采矿许可存在重大明显违法情形，可以对2011年采矿许可进行相应处理。本案国土资源部撤销2011年采矿许可的理由分别为湖南省国土厅授权郴州市国土局作出采矿许可违法，以及郴州市国土局作出采矿许可违反有关矿业权重叠与交叉的禁止性规定。对此，分别作出认定：

（一）湖南省国土厅委托郴州市国土局作出采矿许可是否属于重大明显违法

根据《中华人民共和国矿产资源法》等系列规定，本案中对于饭垄堆公司的采矿许可应由湖南省国土厅作出，且国务院地质矿产主管部门明确要求不得再行授权。《行政许可法》第二十四条规定："行政机关在其法定职权范围内，依照法律、法规、规章的规定，可以委托其他行政机关实施行政许可。委托机关应当将受委托行政机关和受委托实施行政许可的内容予以公告。委托行政机关对受委托行政机关实施行政许可的行为应当负责监督，并对该行为的后果承担法律责任。受委托行政机关在委托范围内，以委托行政机关名义实施行政许可；不得再委托其他组织或者个人实施行政许可。"本案中，2006年采矿许可作出时无法律、法规、规章规定湖南省国土厅可以委托郴州市国土局颁发采矿许可证，原湖南省地质矿产厅通过制发湘地行发〔1998〕6号文件的形式，将颁发2006年《采矿许可证》的权限委托郴州市国土局行使，郴州市国土局颁发采矿许可也未以湖南省国土厅的名义作出。因此，上述委托行为不符合《行政许可法》的规定。但鉴于2006年《采矿许可证》确系郴州市国土局受湖南省国土厅委托向饭垄堆公司颁发，而湖南省国土厅本身具有作出采矿许可的主体资格，且其以颁发2011年《采矿许可证》的行为实际追认了郴州市国土局颁发2006年《采矿许可证》的行为。综合上述情况，本案中湖南省国土厅委托郴州市国土局以后者名义颁发2006年《采矿许可证》并不构成重大明显违法。至于上述委托行为违法问题，可通过其他途径予以责任追究。因此，国土资源部以湖南省国土厅委托郴州市国土局颁发2006年《采矿许可证》违法作为

撤销湖南省国土厅颁发 2011 年《采矿许可证》的理由之一，属于不当。

（二）郴州市国土局违反垂直投影重叠禁止性规定颁发《采矿许可证》是否属于重大明显违法

根据国土资源部提交的《红旗岭矿区矿权设置平面位置关系图》《红旗岭矿区矿权设置剖面位置关系图》，以及饭垄堆公司在行政复议程序中提交的《行政复议答辩书》等材料，可以认定本案存在垂直投影部分重叠的情况，被诉复议决定认定重叠的事实清楚。

根据《中华人民共和国矿产资源法实施细则》第五条、《矿产资源开采登记管理办法》第五条第一款、第三十二条第一款规定，申请采矿许可所指向的矿区范围，应是指立体空间区域。但对于矿区范围之间能否存在垂直投影重叠，2006 年《采矿许可证》颁发时的相关法律、法规、规章未予规定。根据〔2001〕85 号文件第二条规定，违法设置的相互重叠或交叉的采矿许可证，都要依法抓紧进行纠正。该吊销的要依法吊销，该注销的要坚决注销，该协调处理的要妥善处理；一个矿山原则上只能审批一个采矿主体。不能违法重叠和交叉设置采矿权。上述通知系经国务院办公厅转发的并由国务院地质矿产主管部门制发的规范性文件，下级地质矿产主管行政机关在行政执法中应予执行，其中有关不能违法设置相互重叠的采矿权的规定不与上位法相抵触，且具有矿产行政管理的实际必要性，主管行政机关在颁发采矿许可证时不应违反。本案中，郴州市国土局在向饭垄堆公司颁发 2006 年《采矿许可证》时，〔2001〕85 号文件已经颁布施行，在垂直投影范围内已存在在先采矿权的情况下，郴州市国土局颁发 2006 年《采矿许可证》的行为违反了该文件中“不能违法重叠设置采矿权”的相关规定。故本案应参照上述规范性文件的规定，认定郴州市国土局颁发 2006 年《采矿许可证》存在重大明显违法。国土资源部以此作为理由之一撤销 2011 年采矿许可行为，适用法律正确。

四、关于湖南省国土厅颁发 2011 年《采矿许可证》是否存在违法的问题

2011 年 1 月 20 日，国土资源部制发的《关于进一步完善采矿权登记管理有关问题的通知》（国土资发〔2011〕14 号，以下简称〔2011〕14 号文件）第十四条明确规定：“除同属一个矿业权人的情形外，矿业权在垂直投影范围内原则上不得重叠。涉及和石油、天然气等特定矿种的矿业权重叠的，应当签署互不影响，确保安全生产的协议后，办理采矿许可证。”本案中，湖南省国土厅颁发 2011 年《采矿许可证》的日期为 2011 年 9 月 1 日，应适用上述〔2001〕85 号文件和〔2011〕14 号文件有关采矿权垂直投影重叠禁止性规定。但在存在垂直投影重叠的情况下，湖南省国土厅仍通过颁发 2011 年《采矿许可证》的形式将 2006 年《采矿许可证》予

以延续和变更，违反了上述规范性文件的规定。需要指出的是，国土资源部并未将湖南省国土厅颁发2011年《采矿许可证》存在此项违法情形，在被诉复议决定中直接而明显地予以体现，属于适用法律不全面的情况，应予指正。

五、关于被诉复议决定引用法律条文是否具体的问题

行政机关作出行政行为有对应法律条文可以援引的，应当写明法律依据及具体条款。本案中，被诉复议决定系适用《行政复议法》第二十八条第一款第三项，该项包括“1. 主要事实不清、证据不足的；2. 适用依据错误的；3. 违反法定程序的；4. 超越或者滥用职权的；5. 具体行政行为明显不当的”等5目，但国土资源部并未在被诉复议决定中引用具体的目，存在引用法律条文不具体的情况，对此应予指出，国土资源部应在以后的行政执法中避免出现上述情况。

另，在接到中信兴光公司的行政复议申请后，国土资源部履行了受理、通知、调查取证、中止、作出决定等法定步骤，履行行政复议程序并无不当。

因此，北京市高级人民法院认为国土资源部撤销湖南省国土厅向饭垄堆公司颁发2011年《采矿许可证》的主要理由成立，主要法律依据充分，遂依照《中华人民共和国行政诉讼法》第八十九条第一款第一项之规定，判决驳回上诉，维持一审判决。

再审申请人饭垄堆公司在法定期限内向本院申请再审，请求：

1. 撤销一、二审法院判决；2. 撤销被诉复议决定；3. 判令国土资源部依法重新作出行政复议决定；4. 判令由国土资源部承担一、二审诉讼费用。主要理由为：1. 一、二审法院判决认定事实不清，主要证据不足。一、二审法院对审查对象认定严重错误，二审法院表面认定被复议审查对象应为湖南省国土厅向饭垄堆公司颁发2011年《采矿许可证》的行为，实际上仍然以郴州市国土局颁发2006年《采矿许可证》为基础进行合法性审查。一、二审法院在没有明确依据的情形下，仅依据矿区范围存在垂直投影重叠的事实就认定存在违法重叠，明显证据不足。〔2001〕85号文件与〔2011〕14号文件的相关规定均属于原则性规定，对违法重叠的认定，规范性文件本身规定不明确，没有当然的法律效力。相关规定既为原则性规定，即是属于自由裁量的范畴，湖南省国土厅作为发证机关享有自由裁量权，其基于自由裁量权而做出的发证行为及后来一系列的协调行为，并不存在违反法律规定的情形。被诉复议决定对饭垄堆公司和中信兴光公司的采矿权构成垂直投影重叠的事实、程度、影响等未进行认定，没有进行任何分析。2. 一、二审法院判决违反法定程序、适用法律错误。一、二审法院超越权限违法裁判，将本应由国土资源部在行政复议中作出的决定直接在判决中作出，违反法律规定，将中信兴光公司自主选

择放弃申请复议的行为视为超过复议申请期限的正当理由，属适用法律错误。3. 一、二审法院违反客观公正原则，影响公正审判。二审法院在明知被诉复议决定引用法律不全面的情况下，不仅仍然认定被诉复议决定合法，还在判决书中提到“国土资源部……存在引用法律条文不具体的情况，对此本院应予指出，国土资源部应在以后的行政执法中避免出现上述情况”等内容，明显偏向国土资源部。4. 被诉复议决定无视行政相对人的信赖利益，严重损害了再审申请人的合法权益。

被申请人国土资源部向本院提出意见，请求驳回饭垄堆公司的再审申请。

主要理由为：1. 郴州市国土局 2006 年许可行为违反有关矿产资源颁证权限的相关规定，属越权执法行为。2. 郴州市国土局 2006 年许可行为、湖南省国土厅 2011 年许可行为，均违反了垂直投影重叠的禁止性规定，属重大明显违法的行政行为，依法应予撤销。3. 中信兴光公司申请行政复议没有超过法定期限，湖南省国土厅于 2011 年 9 月 1 日作出行政许可行为，中信兴光公司于 2012 年 11 月申请行政复议，且中信兴光公司在行政许可作出后，曾多次提出要求撤销重叠的采矿权申请，相关政府部门也组织多方进行整合协调，因而中信兴光公司不存在怠于行使复议申请权的情形。

被申请人中信兴光公司向本院提出意见，请求驳回饭垄堆公司的再审申请。

主要理由为：1. 被诉复议决定及一、二审法院判决认定事实清楚、证据确实充分、审查对象正确。作为涉案采矿许可证取得基础的拍卖行为违法，采矿权设置违法重叠，拍卖标的依法不具有可处分性。违法重叠，既包括立体空间重叠，也包括垂直投影重叠，采矿权重叠将明显对矿山生产安全造成隐患。郴州市国土局 2006 年许可行为不仅程序违法，而且实体违法，但鉴于该行为已被湖南省国土厅 2011 年行政许可行为所替代，可以不予撤销。湖南省国土厅 2011 年行政许可是对郴州市国土局 2006 年行政许可的延续和变更，其没有纠正违法重叠设置的采矿权，同样构成违法，依法应予撤销。2. 中信兴光公司申请行政复议没有超过法定期限，符合法定申请条件，国土资源部受理中信兴光公司的行政复议申请符合法律规定。

本院对一、二审法院审理查明的事实依法予以确认。

本院另查明：2016 年 10 月 26 日，郴州市人民政府给国土资源部《关于支持郴州市苏仙区红旗岭矿区资源整合工作的请示》（郴政〔2016〕71 号）载明：“90 年代中后期，郴州市苏仙区红旗岭等矿区因乡镇、村多头发包，多头管理，乱采乱挖严重，非法矿点达 255 个。2001 年起，苏仙区政府开展了红旗岭等矿区的矿业秩序整治工作。截至 2003 年，有色金属矿点由原来的 255 个整治保留到 56 个，由于这些矿山基本上未办理采矿登记或延续登记手续，未取得合法采矿权或者合法采矿权已废止，引发多人向中央、省、市有关部门上访。为逐步化解历史遗留问题，苏仙区政府编制了《郴州市苏仙区有色矿遗留问题矿山矿产资源开发利用专项规划》，明确红旗岭矿属于国有矿山企业予以保留，饭垄堆矿和白沙垄矿虽然与红旗岭矿存在部分垂直投影重叠，但有各自独立的空间范围，经区政府组织有关主管部门及红旗岭矿等协调，同意将这 2 个矿山作为新设采矿权公开挂牌出让。该专项规划于 2005 年 11 月获湖南省国土厅批复（湘国土资办函〔2005〕138 号）。”

本院组织各方当事人勘验现场后还查明：根据相关政府部门要求，饭垄堆公司和中信兴光公司的涉案矿区至今仍处于停止生产状态。

本院审理期间，曾多次组织各方当事人并邀请湖南省国土厅、郴州市人民政府、前期曾经签订整合并购协议的相关公司参与协调整合事宜，但因故协调未果。

本院认为：本案审查的标的是被诉行政复议决定是否合法。结合被诉复议决定、一、二审法院判决以及各方当事人在再审期间的诉辩意见，本院对被诉复议决定是否合法、一、二审法院判决是否正确，从以下五个方面分述之：

一、关于国土资源部受理中信兴光公司行政复议申请是否合法的问题

国家对矿产资源的开采利用实行许可证制度，并实行采矿权有偿取得的矿产资源产权制度。根据《矿产资源开采登记管理办法》第六条、第十三条之规定，通常情况下，采矿权的设立和取得，是行政机关与相对人多阶段、多步骤多个行为共同作用的结果：地质矿产行政主管部门确定采矿权类型与矿区范围，发布招标公告并根据择优原则确定中标人，中标人缴纳采矿权出让费用并签订出让合同，中标人取得相关行政机关的相关联行政许可，并取得相应年限的采矿许可证。其中，采矿许可证是地质矿产行政主管部门代表国家向采矿权申请人颁发的、授予采矿权申请人行使开采矿产资源权利的法律凭证，但并非唯一法律文件。采矿权人开采矿产资源权利的取得，虽以有权机关颁发采矿许可证为标志，但采矿权出让合同依法生效后即使未取得采矿许可证，也仅表明受让人暂时无权进行开采作业，除此之外的其他占有性权利仍应依法予以保障。同样，采矿许可证规定的期限届满，仅仅表明采矿权人在未经延续前不得继续开采相应矿产资源，采矿权人其他依法可以独立行使的权利仍然有效。《矿产资源开采登记管理办法》第七条第二款规定：“采矿权人逾期不办理延续登记手续的，采矿许可证自行废止。”该条规定的“自行废止”，不能理解为所有矿产资源产权权益一并丧失。而且，本案中信兴光公司在采矿许可证到期之前已经提出延续登记手续，仅仅是因为重叠问题未解决，采矿许可证暂未得到延续，并不具备采矿许可证自行废止的条件，也不影响其基于采矿权出让合同等已经取得的矿产资源权利，更不应以采矿许可证事后未得到延续的事实，来否定其

与在先的采矿许可行为的利害关系。因此，虽然中信兴光公司采矿许可证在2012年10月7日期限届满后未得到延续，但基于中信兴光公司已经取得的矿产资源等权益，其与湖南省国土厅2011年的许可行为，仍具有法律上的利害关系，有权以自己的名义申请行政复议。由于饭垄堆公司、中信兴光公司双方客观存在采矿许可证范围垂直投影重叠问题，国土资源部、湖南省国土厅、当地政府及职能部门等多次举行专题协调会推进整合事宜；国土资源部2011年12月26日向中信兴光公司颁发的《采矿许可证》也明确标注："请在本证有效期内解决重叠问题，重叠问题解决后，再申请办理延续登记。否则不再予以延续。"因此，中信兴光公司基于等待当地政府和国土资源部门推动整合等考虑，于2012年11月申请行政复议，即使存在申请超过法定期限情形，也应当认为属于有"正当理由"。因此，一、二审法院结合全案情况，对国土资源部依法受理中信兴光公司的行政复议申请予以支持，有法律依据。

二、关于2006年行政许可行为违法是否必然影响2011年行政许可行为合法性的问题

本院注意到中信兴光公司提交的行政复议申请曾对2006年《采矿许可证》合法性提出质疑，但被诉复议决定并未将该许可行为的合法性直接作为审查标的，一、二审法院亦仅将国土资源部对颁发2011年《采矿许可证》复议的行为作为本案审理对象。但是，不论是被诉复议决定还是一、二审法院判决，在对2011年采矿许可的合法性作出否定性评价时，又均将2006年采矿许可的违法性作为主要理由之一。因此，对行政复议决定合法性的审查，仍需全面考虑前后两次行政许可的合法性问题。具体而言，湖南省国土厅2011年行政许可，系对郴州市国土局2006年行政许可的承继和延续，因而对2011年行政许可的合法性审查，也必然会涉及对2006年行政许可甚至采矿权设立行为、拍卖出让行为的合法性评价。但是，不能认为只要2006年行政许可存在合法性问题，就必然影响2011年行政许可的合法性；而且对2006年行政许可合法性的审查与对2011年行政许可合法性的审查，其审查标准应当有所不同。一方面，2006年行政许可已经超过法定申请行政复议和提起行政诉讼的期限，具有不可争力。因而，不能认为只要2006年行政许可存在违法性问题，就必然要对2011年行政许可的合法性作出否定性评价；只有在2006年行政许可存在重大明显违法或者存在显而易见的违法且无法补正的情况下，才可能直接影响到2011年行政许可的合法性。另一方面，不论是行政许可机关、行政复议机关还是人民法院，对首次许可与延续许可行为合法性的判断标准与审查重点均应有所不同。对许可期限届满的行政许可，许可机关在延续时，既会考虑原许可

的适法性问题，也必然会考虑法律规范的变化对是否延续的影响，甚至会考虑基于公共利益需要是否能够延续的问题。但显然，行政系统作出首次许可、许可延续以及撤销许可时，裁量幅度应当有所不同。首次许可时，许可机关可以依法裁量不予许可；但是否延续许可的裁量和判断，则应受首次许可的约束，兼顾信赖利益保护问题。即使首次许可存在瑕疵或者违法，许可机关仍应审慎行使不予延续职权。同理，行政复议机关或者人民法院对许可机关裁量权进行审查时，亦应秉持谦抑原则，尊重许可机关对自身裁量权的限缩，除非这种限缩性裁量明显不合理或者违背了立法目的，抑或构成滥用裁量权。本案中，国土资源管理部门2006年可以裁量不设定矿区范围垂直投影重叠的采矿权，也可以不颁发相应的采矿许可证，但其一旦实施了首次许可，那么在其后的延续许可，以至行政复议机关、人民法院对延续许可合法性进行审查时，则既要考虑首次许可的适法性，也要考虑维持许可是否必然损害公共利益，以及是否有必要的措施防范可能的不利影响并保障被许可人的信赖利益等问题。因此，不能简单以首次许可存在适法性问题，即否定许可延续行为的合法性。易言之，在审查许可延续行为的合法性时，只有首次许可具有重大明显违法或者存在显而易见的违法且无法补正情形的，复议机关才可以撤销延续许可。具体到本案，郴州市国土局2006年许可行为，系根据湘地行发〔1998〕6号文件进行。该通知授权市级国土资源部门以自己名义而非以湖南省国土厅的名义审批并颁发采矿许可证，虽违反地发〔1998〕48号文件和国土资发〔2005〕200号文件中有关应当由省级国土资源部门审批发证并不得再行授权的规定，但湖南省国土厅将审批发证权限违法下放至市级国土资源部门的法律责任，不应全部由饭垄堆公司承担。饭垄堆公司持有的2006年《采矿许可证》，系通过采矿权公开挂牌拍卖出让、签订采矿权出让合同、缴纳采矿权价款、办理相关行政许可手续等法定程序依法取得，其合法的矿产资源权益应当受到法律保护。尤为重要的是，郴州市国土局颁发的2006年《采矿许可证》于2011年到期后，延续许可的审批主体已经由郴州市国土局变更为湖南省国土厅，并由湖南省国土厅以自己的名义颁发了2011年《采矿许可证》。因此，2006年许可行为存在的越权情形，已经得到2011年许可行为的治愈，其越权颁证的后果已经消除，并不构成违法性继承问题。中信兴光公司有关2011年《采矿许可证》系从2006年《采矿许可证》发展而来，2006年颁证越权违法，2011年颁证亦属违法的主张，不能成立；被诉复议决定将此作为撤销湖南省国土厅颁发2011年《采矿许可证》的理由，亦不能成立。二审法院认定被诉复议决定将此作为撤销2011年采矿许可的理由不当，符合法律规定，本院予以支持。

三、关于采矿权矿区范围垂直投影能否重叠的问题

正如一、二审法院查明，对于能否重叠问题，现行法律、法规、规章并无明确规定；对于何为重叠，也缺少明确的认定方法和处理程序。一般认为，采矿权矿区范围垂直投影重叠，是指两个分别处于上、下位置的采矿权矿区范围，虽然不发生物理交叉，但垂直投影后在平面上形成重叠。由于可供开采的矿产资源分布于地表上下，不同种类矿藏可能在不同深度的垂直空间分层分布，采矿权矿区范围垂直投影重叠也就难以完全避免。国土资源部复议决定撤销 2011 年《采矿许可证》所援引的最主要的依据为〔2001〕85 号文件，但该文也仅规定“一个矿山原则上只能审批一个采矿主体。不能违法重叠和交叉设置探矿权、采矿权”。该文件既未对何为“一个矿山”予以明确，也未对何为“重叠”作出界定，更未明确违法重叠设置矿业权的法律责任。国土资源部在其后的答辩中虽又补充提供〔2011〕14 号文件作为不得重叠的依据，但该文件中也仅规定“除同属一个矿业权人的情形外，矿业权在垂直投影范围内原则上不得重叠”。上述文件规定，符合矿业管理实际需要，且不违反上位法规定，国土资源管理部门在设定采矿权、划定矿区范围和颁发采矿许可证时应当执行。但上述规定的目的，并非在于绝对不能设立重叠的采矿权，而是在于强调设定和出让重叠的采矿权时，应当采取适当措施，确保采矿权由同一采矿权人取得，以便于安全生产并统筹开采时序。〔2001〕85 号文件与〔2011〕14 号文件，均未规定重叠设置的采矿权只能予以撤销，且均强调对因历史原因形成重叠且采矿权人不同一时，应当逐步妥善处理。而如果进一步考察矿产资源的共生和伴生过程，以及不同类型的矿产资源可能分别蕴藏于不同的垂直分层这一地质现象，如果简单强调在同一矿区范围已经存在采矿权的情况下，不考虑矿产资源种类和开采工艺的差别，对垂直投影重叠的其他采矿权一律不予设置，或者要一律撤销已经设立的重叠的采矿权，既不利于推进有限矿产资源的全面节约与循环高效利用，也与国土资源部既有规定不相一致。《国土资源部关于矿产资源勘查登记、开采登记有关规定的通知》（国土资发〔1998〕7 号）附件二《矿产资源开采登记有关规定》第一条规定：“（三）划定矿区范围……审批机关在划定矿区范围时，应依据以下原则确定……4. 保护已有探矿权、采矿权人利益。申请人申请划定的矿区范围，其地面投影或地表塌陷区与已设立探矿权、采矿权的区块范围、矿区范围重叠或有其他影响的，采矿登记管理机关在审批矿区范围时应以不影响已有的探矿权人或采矿权人权益为原则。采矿权申请人应与已有的探矿权人或采矿权人就可能造成对探矿权或采矿权影响的诸方面签有协议。探矿权人或采矿权人同意开采的，采矿登记管理机关可划定矿区范围；探矿权人或采矿权人认为有影响且出具充分证明

的，采矿登记管理机关可以组织技术论证。论证结果确有影响且无法进行技术处理的，不予划定矿区范围。”此规定说明，在同一立体空间依法可以存在两个采矿权（或探矿权），在不影响已有采矿权、已有采矿权人同意开采的情况下，采矿登记管理机关审核后，可以依法划定重叠的矿区范围。此即说明现行立法并未完全禁止设立区分矿业权或者重叠矿业权。总之，基于特定的矿藏以及不同开采工艺水平限制等因素考虑，强调在特定历史时期，垂直投影重叠的采矿权原则上由同一个矿业权人拥有，有其积极意义，应当得到支持。而在现行法律、法规并未禁止设立垂直投影重叠的采矿权的情形下，国土资源管理部门对因历史原因已经设立的部分重叠的采矿权，则应在不影响安全生产和环境保护且更有利于不同种类矿产资源全面节约利用的前提下，综合衡量矿产资源形成状态和地质条件，尊重不同矿业权人的不同开采意向、开采能力与开采工艺以及矿藏的开发规律等因素，区别进行处理。

四、关于重叠采矿许可证的处理与撤销的条件问题

现行法律、法规、规章以及被诉复议决定所引用的相关规范性文件，对类似于本案因历史原因形成的重叠的采矿权撤销程序、步骤、方法及具体情形均无具体规定。〔2001〕85 号文件对于违法设置的相互重叠或者交叉的采矿许可，要求依法抓紧进行纠正，而纠正的方式包括“该吊销的要依法吊销，该注销的要坚决注销，该协调处理的要妥善处理”。实践中，解决重叠有多种方式，包括将不同采矿权主体推动整合为同一采矿权主体、调整并缩小采矿许可证范围以解决重叠问题、在不同采矿权主体间建立开采协调机制、区分矿产资源开发时序且在确保安全生产的前提下签订承诺协议、撤销一方采矿许可并通过补偿或者赔偿等方式弥补损失，等等。据此，对因采矿权主体不同一且采矿权重叠之情形，处理方式是多重的且可以综合运用，撤销重叠的采矿许可仅为其中一种处理方式。

本案存在部分重叠属实，而能否仅凭部分重叠即撤销采矿权人已经依法取得的采矿许可，则应全面、客观、历史地看待。由于历史和管理水平等原因，涉案郴州市苏仙区红旗岭矿区存在区、乡镇和村多头发包、矿业秩序混乱的现实问题，国务院《关于全面整顿和规范矿产资源开发秩序的通知》（国发〔2005〕28 号）下发后，经对原来的持证矿山和发包矿山实行停产整顿，湖南省国土厅又于 2005 年 11 月 25 日下发《关于郴州市苏仙区遗留问题矿山专项规划的批复》（湘国土资办函〔2005〕138 号）。根据有关专项规划，中信兴光公司采矿权（原红旗岭矿）属于保留矿山招标出让，饭垄堆矿属于招拍挂出让。根据双方的《采矿许可证》记载，位于上方的饭垄堆公司开采铅锌银矿，位于下方的中信兴光公司开采锡钨砷矿。在立体上，两矿没有重叠与交叉，饭垄堆矿开采标高为 790 米至 1200 米，中信兴光矿

开采标高为 760 米至 370 米，两矿之间安全隔离层 30 米。双方均取得了湖南省安全生产监督管理局颁发的《安全生产许可证》，且双方也曾就安全生产等问题于 2011 年签订有关承诺书。

同时，各方当事人对重叠的比例及计算方法存有不同意见。即使按国土资源部在作出复议决定后答辩主张的垂直投影部分重叠面积占 57%，饭垄堆公司 2011 年《采矿许可证》仍有 43%面积不构成重叠。被诉复议决定既未认定重叠的比例和计算方法，也未认定现有重叠是否存在影响安全生产等情形，又未征求安全生产等行政主管部门意见或者专业机构鉴定意见，即简单以构成重叠为由作出撤销决定，未能全面认定事实，属于认定事实不清。

五、关于被诉复议决定说明理由义务问题

国务院《全面推进依法行政实施纲要》规定，行政机关行使自由裁量权的，应当在行政决定中说明理由。行政复议决定是复议机关居中行使准司法权进行的裁决，且行使着上级行政机关专业判断权，人民法院对行政复议决定判断与裁量及理由说明，应当给予充分尊重。与此相对应，行政复议决定和复议卷宗也应当依法说明理由，以此表明复议机关已经全面客观地查清了事实，综合衡量了与案情相关的全部因素，而非轻率或者武断地作出决定。因为只有借助书面决定和卷宗记载的理由说明，人民法院才能知晓决定考虑了哪些相关因素以及是否考虑了不相关因素，才能有效地审查和评价决定的合法性。不说明裁量过程和没有充分说明理由的决定，既不能说服行政相对人，也难以有效控制行政裁量权，还会给嗣后司法审查带来障碍。

对本案而言，颁发采矿许可证属于典型的许可类授益性行政行为，撤销采矿许可必须考虑被许可人的信赖利益保护，衡量撤销许可对国家、他人和权利人造成的利益损失大小问题。确需撤销的，还应当坚持比例原则，衡量全部撤销与部分撤销的关系问题。同时，被复议撤销的 2011 年《采矿许可证》有效期自 2011 年至 2014 年 9 月；国土资源部 2014 年 7 月 14 日作出被诉复议决定时，该《采矿许可证》的有效期已经临近届满。在许可期限即将届满，双方均已经因整合需要停产且不存在安全生产问题的情况下，被诉复议决定也未能说明撤销的紧迫性和必要性，反而使饭垄堆公司在可能的整合中处于明显不利地位，加大整合并购的难度。

坚持依法行政和有错必纠是法治的基本要求，但法治并不要求硬性地、概无例外地撤销已经存续的、存在瑕疵甚至是违法情形的行政行为，而是要求根据不同情况作出不同处理。《行政复议法》第二十八条第一款第三项规定，复议机关对违法的行政行为，可以作出撤销、变更或者确认违法等行政复议决定。因此，复议机关应当审慎选择适用复议决定的种类，权衡撤销对法秩序的维护与撤销对权利人合法权益造成损害的程度以及采取补救措施的成本等诸相关因素；认为撤销存在不符合公共利益等情形时，可以决定不予撤销而选择确认违法等复议结果；确需撤销的，还需指明因撤销许可而给被许可人造成的损失如何给予以及给予何种程度的补偿或者赔偿问题。如此，方能构成一个合法的撤销决定。在对案涉采矿权重叠问题有多种处理方式以及可能存在多种复议结论的情况下，国土资源部选择作出撤销决定，更应充分说明理由。但是，从复议机关所提供的证据与全案卷宗情况来看，被诉复议决定并未体现相应的衡量因素，也未进行充分说理，仅简单以构成重叠即作出撤销决定，难以得到人民法院支持。人民法院认为复议机关所提供的证据材料不能满足司法审查需要，复议机关未完全履行说明理由义务的，可以要求复议机关重新调查处理，并提供可以进行审查的证据、依据以及相应的理由说明。

同时，被诉复议决定援引《行政复议法》第二十八条第一款第三项作为法律依据时，未明确具体适用该项五种违法情形的具体类型，更未阐明具体理由，给当事人依法维权和人民法院合法性审查造成障碍，构成适用法律不当。

综上，中信兴光公司在申请行政复议时，虽然其《采矿许可证》开采期限已经届满，但仍然拥有除开采矿产资源以外的其他合法权益，具备行政复议申请人资格；国土资源部受理中信兴光公司的行政复议申请，符合《行政复议法》有关行政复议受理条件规定。湖南省国土厅委托郴州市国土局颁发 2006 年《采矿许可证》的行为虽然存在瑕疵，但该瑕疵已经因为 2011 年湖南省国土厅以自己的名义颁证而得到纠正和治愈，被诉复议决定以 2006 年颁证行为违法作为撤销 2011 年颁证行为的理由不能成立。饭垄堆公司 2011 年《采矿许可证》与中信兴光公司相应《采矿许可证》载明的矿区范围存在部分垂直投影重叠情形属实，但被诉复议决定未全面查清案件事实与重叠情形，在对重叠问题有多种处理方式、有多种复议决定结论可供选择的情况下，未履行充分说明理由义务，也未能提供有关撤销的必要性和紧迫性的相应证据，径行撤销 2011 年采矿许可，且援引法律规范不明确不具体，依法应予纠正。一、二审法院支持行政复议决定的裁判结果不当，亦应一并予以纠正。

当然，国土资源部在重新作出复议决定时，如经相应专业机构认定饭垄堆公司与中信兴光公司的《采矿许可证》矿区范围和各自的开采工艺存在确属不能重叠的情形，或者饭垄堆公司非重叠部分不能独立设立采矿权，或者重叠部分已经影响到中信兴光公司的安全生产且无法通过采取其他防范措施的方法予以解决，又无法通过整合、并购等方式实现采矿权主体同一的，国土资源部仍可依据所查明事实和相应鉴定意见，在衡量全案各种因素和处理结果且充分说明理由的情况下，正确援引法律规范，依法作出撤销行政许可的复议决定；饭垄堆公司对其合法产权受到的损失则可依法申请国家赔偿。

综上，依照《中华人民共和国行政诉讼法》第八十九条第一款第二项、《最高人民法院关于适用〈中华人民共和国行政诉讼法〉的解释》第一百一十九条第一款、第一百二十二条之规定，判决如下：

一、撤销北京市高级人民法院（2015）高行终字第3209号行政判决和北京市第一中级人民法院（2015）一中行初字第839号行政判决；

二、撤销中华人民共和国国土资源部国土资复议〔2014〕455号行政复议决定；

三、责令中华人民共和国国土资源部重新作出行政复议决定。

一、二审案件受理费共计100元，由被申请人中华人民共和国国土资源部负担。

本判决为终审判决。

审 判 长　江必新
审 判 员　黄永维
审 判 员　耿宝建
二〇一八年三月七日
法官助理　殷　勤
书 记 员　卫倩男

079 采矿权被行政机关违法关闭的，采矿权人有权取得国家赔偿

阅读提示

采矿权被行政机关违法关闭后，采矿权人可通过什么途径维护自身权益？本案例认为，采矿权人有权取得国家赔偿，并对赔偿范围作出了认定。

裁判要旨

行政机关违法关闭采矿权造成采矿权人合法权益的实际损失，依法应当予以赔

偿，赔偿范围包括停产停业期间必要的经营性费用开支、其他直接损失。

案情简介

一、2009 年 7 月 24 日，铁东区政府作出《四平市铁东区人民政府关于关闭山门至叶赫公路两侧可视范围内露天采石场的公告》（以下简称《公告》），对山佳公司露天采石场实施关闭。其后，四平市国土资源局、四平市环境保护局、四平市林业局、四平市工商管理局、四平市安全生产监督管理局、四平市电力行政执法监察大队等部门，根据铁东区政府的《公告》，先后实施了注销山佳公司相关资质、出台关闭意见、停止工业用电等一系列行为，最终导致山佳公司二采区全面停产。

二、山佳公司不服铁东区政府《公告》，提起行政诉讼，经辽源中院一审、吉林高院二审，均判决撤销《公告》。

三、山佳公司向铁东区政府申请行政赔偿，铁东区政府收到行政赔偿申请后未予答复。山佳公司遂提起行政赔偿诉讼，请求铁东区政府赔偿损失 1925884. 75 元。

四、辽源中院一审认为，铁东区政府《公告》已被生效行政判决撤销，铁东区政府违法关闭，注销相关资质和许可，造成山佳公司今后无法生产，山佳公司为生产经营建设的房屋、构筑物、购买的专用机器设备闲置，无法发挥应有的作用，山佳公司请求铁东区政府行政赔偿，应予支持。遂判决铁东区政府赔偿山佳公司各项损失 1398199. 38 元。

五、山佳公司、铁东区政府均不服，上诉至辽宁高院，辽宁高院判决铁东区政府赔偿山佳公司各项损失共计 1674073. 72 元。

六、铁东区政府仍不服，向最高人民法院申请再审，最高人民法院裁定驳回铁东区政府的再审申请。

裁判要点

第一，山佳公司的合法权益受到铁东区政府违法行政行为的损害，山佳公司有权获得赔偿。《最高人民法院关于审理行政赔偿案件若干问题的规定》第三十三条规定："被告的具体行政行为违法但尚未对原告合法权益造成损害的，或者原告的请求没有事实根据或法律根据的，人民法院应当判决驳回原告的赔偿请求。"据此，行政赔偿案件中，赔偿请求人获得赔偿的前提是，其合法权益受到违法行政行为的损害。本案中，铁东区政府作出关闭采石场的《公告》已经被生效判决撤销，其违法性已经得到确认。

第二，铁东区政府应对山佳公司停产期间的必要的经营性费用开支、其他直接损失给予赔偿。根据《中华人民共和国国家赔偿法》第三十六条第六、八项的规定，侵犯公民、法人和其他组织的财产权造成损害的，吊销许可证和执照、责令停产停业的，赔偿停产停业期间必要的经常性费用开支；造成其他损害的，按照直接损失给予赔偿。停产停业期间必要的经营性费用开支，是维系企业被停产停业期间生存所需的基本开支，包括职工基本工资、税金、水电费等费用。山佳公司为了开采矿石而购置的机器设备、修筑的护坡、水池等设施，均无法发挥应有的价值，这些损失属于因违法《公告》关闭行为造成的直接损失，在扣除残值的基础上亦应予以赔偿。

实务经验总结

前事不忘，后事之师。为避免未来发生类似败诉，提出如下建议：

行政机关在关闭涉嫌违法的采矿权时，应当充分调查案件事实，保留完整证据，正确适用相关法律，依照法定程序作出合法、合理的行政行为。行政机关作出关闭采矿权的行政行为违法的，应赔偿给采矿权人造成的损失。

相关法律规定

《最高人民法院关于审理行政赔偿案件若干问题的规定》

第三十三条 被告的具体行政行为违法但尚未对原告合法权益造成损害的，或者原告的请求没有事实根据或法律根据的，人民法院应当判决驳回原告的赔偿请求。

《中华人民共和国国家赔偿法》

第四条 行政机关及其工作人员在行使行政职权时有下列侵犯财产权情形之一的，受害人有取得赔偿的权利：

（一）违法实施罚款、吊销许可证和执照、责令停产停业、没收财物等行政处罚的；

（二）违法对财产采取查封、扣押、冻结等行政强制措施的；

（三）违法征收、征用财产的；

（四）造成财产损害的其他违法行为。

第三十六条 侵犯公民、法人和其他组织的财产权造成损害的，按照下列规定处理：

（一）处罚款、罚金、追缴、没收财产或者违法征收、征用财产的，返还财产；

（二）查封、扣押、冻结财产的，解除对财产的查封、扣押、冻结，造成财产损坏或者灭失的，依照本条第三项、第四项的规定赔偿；

（三）应当返还的财产损坏的，能够恢复原状的恢复原状，不能恢复原状的，按照损害程度给付相应的赔偿金；

（四）应当返还的财产灭失的，给付相应的赔偿金；

（五）财产已经拍卖或者变卖的，给付拍卖或者变卖所得的价款；变卖的价款明显低于财产价值的，应当支付相应的赔偿金；

（六）吊销许可证和执照、责令停产停业的，赔偿停产停业期间必要的经常性费用开支；

（七）返还执行的罚款或者罚金、追缴或者没收的金钱，解除冻结的存款或者汇款的，应当支付银行同期存款利息；

（八）对财产权造成其他损害的，按照直接损失给予赔偿。

以下为该案在最高人民法院审理阶段，裁判文书中“本院认为”部分就该问题的论述：

关于是否存在合法权益损失问题。

《最高人民法院关于审理行政赔偿案件若干问题的规定》第三十三条规定，被告的具体行政行为违法但尚未对原告合法权益造成损害的，人民法院应当判决驳回原告的赔偿请求。也就是说，行政赔偿案件中，赔偿请求人获得赔偿的前提是，其合法权益受到违法行政行为的损害。本案中，铁东区政府依据《中华人民共和国水污染防治法》第五十九条、《风景名胜区条例》第二十六条、《吉林省矿产资源开发利用保护条例》第十条，作出关闭采石场的《公告》，已经被生效判决撤销，其违法性已经得到确认。且在本案一、二审期间，铁东区政府亦未提供证据证明山佳公司二采区处在风景名胜区范围内或山门水库水源地二级保护区范围内，抑或山佳公司有违法排放污染物等其他依法应予关闭的违法行为。山佳公司二采区在铁东区政府作出《公告》之前，拥有合法的营业执照；采矿许可证到期后申请延长有效期，主管部门逾期未予答复，依法应当视为批准延期；尽管山佳公司二采区的安全生产许可证登记的有效期限已经届满，但是该许可证记载的有效期限明显与《安全生产许可证条例》第九条关于安全生产许可证有效期为3年的规定相抵触，一、二审在认定山佳公司不存在安全生产问题的情况下，将其安全生产许可证的有效期按照法定3年计算，亦无不当。因此，铁东区政府主张山佳公司二采区属于违法开采，没有合法权利可保护，缺乏事实根据，其该项申请再审理由亦不能成立。

关于赔偿范围及数额问题。

《中华人民共和国国家赔偿法》第三十六条第六、八项的规定，侵犯公民、法人和其他组织的财产权造成损害的，吊销许可证和执照、责令停产停业的，赔偿停产停业期间必要的经常性费用开支；造成其他损害的，按照直接损失给予赔偿。本案二审判决结合案件实际情况，对一审判决确定的赔偿数额予以调整，确定的赔偿范围和赔偿数额符合法律规定，公平合理。停产停业期间必要的经营性费用开支，是维系企业被停产停业期间生存所需的基本开支，包括职工基本工资、税金、水电费等费用。由于停产停业，企业失去收入来源，相关损失应当由作出违法行政行为的行政机关予以赔偿。铁东区政府称，山佳公司因销售石材产生了人工费、电费等费用，但并未提供充分证据予以证明，其主张不予支持。停产停业损失期间，应当包括违法行政行为造成当事人无法进行正常生产经营活动的全部期间。铁东区政府认为，停产停业期间充其量可以计算至2011年9月《公告》被终审判决撤销之日。本院认为，铁东区政府的上述主张与案件事实不符，《公告》被终审判决撤销后，铁东区政府并未提供山佳公司恢复生产经营的基本条件，企业一直处于停产停业状态。二审判决以2013年8月评估报告出具之日作为停产停业的截止时间，与案件事实相符合，更有利于对当事人合法权益的保护，本院予以支持。山佳公司二采区事实上已经无法在原地继续生产经营，故其为了开采矿石而购置的机器设备、修筑的护坡、水池等设施，均无法发挥应有的价值，这些损失属于因违法《公告》关闭行为造成的直接损失，二审法院在扣除残值的基础上判决铁东区政府对上述损失予以赔偿，于法有据，并无不当。

案件来源

吉林省四平市铁东区人民政府、四平市山佳石材有限公司申请申诉审查裁定书，最高人民法院（2016）最高法行赔申14号。

延伸阅读

认定采矿权被行政机关违法关闭，采矿权人有权取得赔偿的案例：

刘谨诚与孙常龙、枣庄金正矿业有限公司采矿权转让合同纠纷二审民事判决书［山东省高级人民法院（2016）鲁民终2036号］认为："本案被诉的253号、285号及39号通知，均要求马家湾煤矿停止井下一切作业，应属于行政处罚。……国家赔偿法第四条第一项规定‘行政机关及其工作人员在行使行政职权时有下列侵犯财产权情形之一的，受害人有取得赔偿的权利：（一）违法实施罚款、吊销许可证和执照、责令停产停业、没收财物等行政处罚的’。邻水县煤炭局及煤监办作出的3个通知已被确认违法，则马司有取得赔偿的权利。”

080 行政机关因公共利益需要撤回采矿许可的，应给予补偿

阅读提示

行政机关因公共利益需要撤回采矿许可后，未给予原采矿权人补偿，原采矿权人可通过什么途径维护自身权益？本案例认为，采矿权人有权提起行政诉讼请求补偿。

裁判要旨

行政机关为了公共利益需要依法撤回采矿许可的，应当对原采矿权人的财产损失给予补偿。虽然行政机关未作出书面决定，但事实上已经构成撤回采矿许可的，也应当给予补偿。

案情简介

一、鑫海公司向襄阳中院提起诉讼称：鑫海公司系原襄州区东津镇政府招商引资企业，合法取得采矿许可证，2011 年 5 月投入生产。后襄州区政府以鹿门风景区开发和保护生态环境等为由，于 2011 年 11 月通知该区国土资源局吊销鑫海公司采矿许可证，并通知公安部门停止供给开矿炸药，致使鑫海公司被迫停止生产，至今未予行政补偿。遂诉请判令襄州区政府和东津新区管委会补偿鑫海公司的相关损失。

二、襄阳中院一审判决：襄州区政府因关停鑫海公司的行政行为补偿鑫海公司财产损失 1089 万元。

三、鑫海公司和襄州区政府均不服，向湖北高院提起上诉。湖北高院判决襄州区政府因关停采矿行为补偿鑫海公司财产损失 12225097. 75 元。

四、襄州区政府仍不服，向最高人民法院申请再审。最高人民法院裁定驳回襄州区政府的再审申请。

裁判要点

第一，襄州区政府应当对鑫海公司给予补偿。根据《行政许可法》第八条第二款规定精神，通常情况下，公民、法人或者其他组织要求行政机关予以补偿，前提应当是行政机关为了公共利益的需要，依法变更或者撤回已经生效的行政许可。本案中，襄州区政府及其职能部门虽然尚未直接作出吊销鑫海公司采矿许可证的决定，也未以其他书面形式正式撤回已经生效的鑫海公司相关行政许可，但襄州区政府作出的通知该区国土资源局吊销鑫海公司的采矿许可证、通知质检、公安部门做好整顿关闭等相关工作、口头要求鑫海公司停业等一系列行为，客观上导致鑫海公司不能正常采矿，被迫停产，事实上已经构成对鑫海公司采矿许可的撤回，由此给鑫海公司造成的财产损失，应当由襄州区政府依照《行政许可法》第八条第二款的规定依法予以补偿。

第二，应以独立性和公正性更高的社会中介机构出具的《资产评估报告》作为认定损失数额的依据。襄樊中兴达资产评估事务所接受襄州区财政局的委托，对鑫海公司的构筑物及辅助设施、机械设备、设备安装工程、采矿权以 2011 年 12 月 8 日的市场价值进行评估并形成《资产评估报告》。襄州区审计局对鑫海公司关停补偿资金进行了审计并形成《审计报告》。在《资产评估报告》和《审计报告》均真实有效的前提下，采信社会中介机构所出具的《资产评估报告》，认定鑫海公司所受损失的具体数额，属公平合理。

实务经验总结

前事不忘，后事之师。为避免未来发生类似败诉，提出如下建议：

一、行政机关因公共利益需要撤回采矿许可的，应当依法、及时对原采矿权人的财产损失给予补偿，否则原采矿权人有权提起行政诉讼请求补偿。

二、行政机关一般应当以书面形式撤回采矿许可，但是行政机关通过一系列行为已经造成采矿权人停产的，应认定为事实上构成对采矿许可的撤回，应按规定进行补偿。

三、根据《最高人民法院关于审理行政许可案件若干问题的规定》第十四条的规定，行政机关依据因公共利益需要撤回已经生效的采矿许可，原采矿权人仅主张行政补偿的，应当先向行政机关提出申请；行政机关在法定期限或者合理期限内不予答复或者对行政机关作出的补偿决定不服的，可以依法提起行政诉讼。

相关法律规定

《中华人民共和国行政许可法》

第八条 公民、法人或者其他组织依法取得的行政许可受法律保护，行政机关不得擅自改变已经生效的行政许可。

行政许可所依据的法律、法规、规章修改或者废止，或者准予行政许可所依据的客观情况发生重大变化的，为了公共利益的需要，行政机关可以依法变更或者撤回已经生效的行政许可。由此给公民、法人或者其他组织造成财产损失的，行政机关应当依法给予补偿。

《最高人民法院关于审理行政许可案件若干问题的规定》

第十四条 行政机关依据行政许可法第八条第二款规定变更或者撤回已经生效的行政许可，公民、法人或者其他组织仅主张行政补偿的，应当先向行政机关提出申请；行政机关在法定期限或者合理期限内不予答复或者对行政机关作出的补偿决定不服的，可以依法提起行政诉讼。

第十五条 法律、法规、规章或者规范性文件对变更或者撤回行政许可的补偿标准未作规定的，一般在实际损失范围内确定补偿数额；行政许可属于行政许可法第十二条第（二）项规定情形的，一般按照实际投入的损失确定补偿数额。

以下为该案在最高人民法院审理阶段，裁判文书中“本院认为”部分就该问题的论述：

关于争议焦点一。根据《行政许可法》第八条第二款规定精神，通常情况下，公民、法人或者其他组织要求行政机关予以补偿，前提应当是行政机关为了公共利益的需要，依法变更或者撤回已经生效的行政许可。本案中，襄州区政府及其职能部门虽然尚未直接作出吊销鑫海公司采矿许可证的决定，也未以其他书面形式正式撤回已经生效的鑫海公司相关行政许可，但襄州区政府作出的通知该区国土资源局吊销鑫海公司的采矿许可证、通知质检、公安部门做好整顿关闭等相关工作、口头要求鑫海公司停业等一系列行为，客观上导致鑫海公司不能正常采矿，被迫停产，事实上已经构成对鑫海公司采矿许可的撤回，由此给鑫海公司造成的财产损失，应当由襄州区政府依照《行政许可法》第八条第二款的规定依法予以补偿。至于襄州区政府以口头通知形式而非书面形式作出相关要求停业的决定，是其行政执法过程中的不规范之处，不能以此为由否定停业决定的存在；相关国土资源部门未及时依据襄州区政府通知吊销或者撤回鑫海公司的采矿许可证，也不能作为其否定撤回行政许可并主张不应补偿的理由。此外，鑫海公司采矿许可证有效期到 2014 年 8 月

19日已经截止，襄州区政府认为鑫海公司采矿许可证至今仍然有效，不应对其予以补偿的再审申请理由，无事实及法律依据，不能成立。

关于争议焦点二。2011年12月25日，襄樊中兴达资产评估事务所接受襄州区财政局的委托，对鑫海公司位于襄州区东津镇李湾村的构筑物及辅助设施、机械设备、设备安装工程、采矿权以2011年12月8日的市场价值进行评估并最终形成襄中兴达评字〔2011〕1318号《鑫海公司资产评估报告》（以下简称《资产评估报告》）。2012年9月4日，襄州区审计局根据襄州区政府领导批示，对鑫海公司关停补偿资金进行了审计并形成襄州区审计局《关于鑫海公司关停补偿资金的审计报告》（以下简称《审计报告》）。《资产评估报告》系襄樊中兴达资产评估事务所接受襄州区财政局委托作出，且经过襄州区审计局审检。因此，在现有证据无法证明《资产评估报告》和《审计报告》可能存在错误、鑫海公司明确表示不同意重新鉴定且采矿设备和现场已经发生极大变化的情况下，一审法院对襄州区政府重新鉴定的申请予以驳回，并无不当。

《资产评估报告》和《审计报告》中均明确载明采矿权属于鑫海公司资产，在《资产评估报告》和《审计报告》均真实有效的前提下，二审法院采信独立性和公正性更高的社会中介机构所出具的《资产评估报告》，认定鑫海公司所受损失的具体数额，亦属公平合理。

案件来源

襄阳市襄州区人民政府、湖北鑫海矿业有限公司襄樊分公司等行政补偿申诉行政裁定书，最高人民法院（2016）最高法行申260号。

延伸阅读

裁判规则一：采矿权被行政机关撤回引起的补偿争议，不属于民事诉讼受理范围，当事人应提起行政诉讼。

案例1：贵阳市花溪燕楼滴水岩煤矿与二审民事裁定书［最高人民法院（2014）民二终字第226号］认为：“本案是因贵州省有关政府和部门注销采矿许可证、关闭煤矿引起的补偿纠纷。滴水岩煤矿与花溪区政府关于补偿款的争议，不是平等主体的公民之间、法人之间、公民和法人之间的财产关系，依法不属于民事诉讼受理范围。滴水岩煤矿可就有关补偿问题依法提起行政诉讼。一审法院裁定不予受理滴水岩煤矿的民事起诉并无不当。滴水岩煤矿的上诉理由不成立。”

案例2：北川县擂鼓硫铁矿、四川省北川羌族自治县人民政府再审审查与审判监督行政裁定书［最高人民法院（2017）最高法行申8675号］认为："《中华人民共和国行政诉讼法》第十二条第十二项规定，公民、法人或者其他组织认为行政机关侵犯其他人身权、财产权等合法权益的，可以提起行政诉讼。本案中，北川县擂鼓硫铁矿作为依法取得采矿许可证的合法企业，其应北川县政府的要求而将矿山关闭。北川县政府在向北川县擂鼓硫铁矿先期支付职工安置经济补偿207万余元后，对北川县擂鼓硫铁矿的其他财产损失并未予以补偿。北川县擂鼓硫铁矿认为其财产权利受到损害，有权向人民法院提起行政诉讼。根据北川县擂鼓硫铁矿原审诉称，其关闭系基于北川县政府为保证四川省绵阳市北川县擂鼓镇麻柳湾村居民安置点的安全及打造山东大道景观的需要，且原审已认定北川县政府要求北川县擂鼓硫铁矿关闭发生在2012年2月9日，而54号通知于2012年11月4日才出台。基于此，原审法院认为北川县擂鼓硫铁矿系政策性关闭，其针对行政补偿提起的本案诉讼，不属于人民法院行政诉讼的受案范围，尚缺乏事实根据和法律依据。"

裁判规则二：行政机关因公共利益需要关闭采矿权，应补偿给采矿权人造成的损失。

案例3：舟山市红星石料有限公司与浙江舟山群岛金塘管理委员会不履行行政补偿法定职责二审行政判决书［浙江省高级人民法院（2016）浙行终1091号］认为："因金塘北部开发围垦需要，导致鱼龙山宕口闭矿，由此给红星公司造成的损失依法应给予补偿，故金塘管委会仅因红星公司表述的不准确，就作出被诉《回复》以'不存在红星公司所述征用行为'为由而拒绝给予其补偿，显属不当，一审法院据此予以撤销，并无不当。鉴于金塘管委会在履行补偿职责过程中存在故意拖延、拒绝的行为，故一审法院为减少当事人讼累，在查清金塘管委会具有补偿职责的前提下，直接按13号价格认定书所确定的评估价值，并结合红星公司与金塘管委会双方协商过程中的意见及剩余矿产量，酌情确定由金塘管委会对红星公司机械设备迁移费、房屋、水池、设备基础、码头、土建项目、电缆、场地建设费等损失予以补偿并无不当，但一审法院对设备折旧费及经济损失的补偿未予考虑存在不当，对部分2008年7月后购买的部分机器设备迁移费未予扣除也存在不当，但综合本案设备已变卖等实际情况，红星公司也无法再提交损失的证据，故本院酌情将上述迁移费与此同时红星公司设备折旧费相抵，不再扣除。红星公司与金塘管委会提出的部分上诉理由虽成立，但不足以导致撤销一审判决。对原审法院存在的上述不当之处，本院予以指正。"

081 安全生产许可证被注销，煤矿能否继续经营

——煤矿安全生产许可证已被注销的，行政机关可对煤矿实施关闭

阅读提示

《中华人民共和国煤炭法》规定："煤矿投入生产前，煤矿企业应当依照有关安全生产的法律、行政法规的规定取得安全生产许可证。"未取得安全生产许可证，煤矿能否存续、继续经营？本案例认为，该情形下行政机关有权关闭煤矿。

裁判要旨

我国对矿山企业实行安全生产许可制度，企业未取得安全生产许可证的，不得从事生产活动。煤矿不具备安全生产许可证颁证条件、安全生产许可证已被注销的，行政机关可对煤矿实施关闭。

案情简介

一、2006 年 4 月 30 日，湖南煤矿安全监察局作出《关于依法关闭唐一窿等 4 处煤矿的意见》，明确青山煤矿由于不具备安全生产许可证颁证条件，作出不予行政许可决定，并提请郴州市人民政府予以关闭。2006 年 10 月 16 日，郴州市人民政府决定关闭青山煤矿。2006 年 11 月 6 日，湖南省国土资源厅、湖南煤矿安全监察局、湖南省煤炭工业局作出公告，注销青山煤矿的采矿许可证、安全生产许可证、煤炭生产许可证。2006 年 11 月，桂阳县人民政府对青山煤矿实施关闭。

二、青山煤矿向郴州中院提起行政诉讼，请求确认桂阳县人民政府关闭青山煤矿的行政行为违法，要求赔偿经济损失 860 万元。湖南省郴州市中级人民法院一审认为，青山煤矿在未取得《安全生产许可证》的情况下，擅自从事生产，属非法煤矿，依法应予关闭，桂阳县人民政府关闭青山煤矿的具体行政行为符合法律、法规的规定。遂判决驳回青山煤矿的诉讼请求。

三、青山煤矿不服，上诉至湖南高院，湖南高院判决驳回上诉，维持原判。

四、青山煤矿仍不服，向最高人民法院申请再审，最高人民法院裁定驳回青山煤矿的再审申请。

裁判要点

桂阳县人民政府关闭青山煤矿的行为有法律依据和事实根据，无违法之处。根据《安全生产许可证条例》第二条的规定："国家对矿山企业、建筑施工企业和危险化学品、烟花爆竹、民用爆破器材生产企业实行安全生产许可制度。企业未取得安全生产许可证的，不得从事生产活动。"本案中湖南煤矿安全监察局明确青山煤矿由于不具备安全生产许可证颁证条件，作出不予行政许可决定，并注销了青山煤矿的安全生产许可证。据此，青山煤矿已不具备继续从事生产的条件。此后，桂阳县人民政府遂将青山煤矿关闭，并无不当。

实务经验总结

前事不忘，后事之师。为避免未来发生类似败诉，提出如下建议：

一、煤矿企业应当具备《安全生产许可证条例》规定的安全生产条件，取得安全生产许可证。不具备安全生产条件导致安全生产许可证被注销后，行政机关有权关闭煤矿。

二、煤矿企业未取得安全生产许可证擅自进行生产，将受到行政处罚，甚至承担刑事责任。

相关法律规定

《中华人民共和国煤炭法》

第二十条 煤矿投入生产前，煤矿企业应当依照有关安全生产的法律、行政法规的规定取得安全生产许可证。未取得安全生产许可证的，不得从事煤炭生产。

《安全生产许可证条例》

第二条 国家对矿山企业、建筑施工企业和危险化学品、烟花爆竹、民用爆炸物品生产企业实行安全生产许可制度。企业未取得安全生产许可证的，不得从事生产活动。

第六条 企业取得安全生产许可证，应当具备下列安全生产条件：

（一）建立、健全安全生产责任制，制定完备的安全生产规章制度和操作规程；

（二）安全投入符合安全生产要求；

（三）设置安全生产管理机构，配备专职安全生产管理人员；

（四）主要负责人和安全生产管理人员经考核合格；

（五）特种作业人员经有关业务主管部门考核合格，取得特种作业操作资格证书；

（六）从业人员经安全生产教育和培训合格；

（七）依法参加工伤保险，为从业人员缴纳保险费；

（八）厂房、作业场所和安全设施、设备、工艺符合有关安全生产法律、法规、标准和规程的要求；

（九）有职业危害防治措施，并为从业人员配备符合国家标准或者行业标准的劳动防护用品；

（十）依法进行安全评价；

（十一）有重大危险源检测、评估、监控措施和应急预案；

（十二）有生产安全事故应急救援预案、应急救援组织或者应急救援人员，配备必要的应急救援器材、设备；

（十三）法律、法规规定的其他条件。

第九条 安全生产许可证的有效期为3年。安全生产许可证有效期满需要延期的，企业应当于期满前3个月向原安全生产许可证颁发管理机关办理延期手续。

企业在安全生产许可证有效期内，严格遵守有关安全生产的法律法规，未发生死亡事故的，安全生产许可证有效期届满时，经原安全生产许可证颁发管理机关同意，不再审查，安全生产许可证有效期延期3年。

第十九条 违反本条例规定，未取得安全生产许可证擅自进行生产的，责令停止生产，没收违法所得，并处10万元以上50万元以下的罚款；造成重大事故或者其他严重后果，构成犯罪的，依法追究刑事责任。

《国务院关于预防煤矿生产安全事故的特别规定》

第五条 煤矿未依法取得采矿许可证、安全生产许可证、营业执照和矿长未依法取得矿长资格证、矿长安全资格证的，煤矿不得从事生产。擅自从事生产的，属非法煤矿。

负责颁发前款规定证照的部门，一经发现煤矿无证照或者证照不全从事生产的，应当责令该煤矿立即停止生产，没收违法所得和开采出的煤炭以及采掘设备，并处违法所得1倍以上5倍以下的罚款；构成犯罪的，依法追究刑事责任；同时于2日内提请当地县级以上地方人民政府予以关闭，并可以向上一级地方人民政府报告。

以下为该案在最高人民法院审理阶段，裁判文书中“本院认为”部分就该问题的论述：

根据原审法院查明的事实，湖南煤矿安全监察局于2006年4月30日作出湘煤安监察（2006）52号《关于依法关闭唐一窿等4处煤矿的意见》，明确青山煤矿由于不具备安全生产许可证颁证条件，该局已作出不予行政许可决定，并提请郴州市人民政府予以关闭。根据《安全生产许可证条例》第二条“国家对矿山企业、建筑施工企业和危险化学品、烟花爆竹、民用爆破器材生产企业实行安全生产许可制度。企业未取得安全生产许可证的，不得从事生产活动”。由此，青山煤矿已不具备继续从事生产的条件。湖南省国土资源厅、湖南煤矿安全监察局、湖南省煤炭工业局于2006年11月6日作出公告，注销了青山煤矿的采矿许可证、煤炭生产许可证。此后，桂阳县人民政府遂将青山煤矿关闭。因此，桂阳县人民政府关闭青山煤矿的行为有法律依据和事实根据，并无违法之处，原审判决并无不当。

案件来源

湖南省桂阳县正和乡青山煤矿再审审查与审判监督行政裁定书，最高人民法院（2016）最高法行申4966号。

延伸阅读

裁判规则一：行政机关注销煤矿安全生产许可证的内部通知属于内部行政行为，没有对行政相对人的权利和义务产生实际影响，故不具有可诉性。

案例1：韩城市桑树坪镇昌顺煤矿与陕西省煤炭安全监察局行政处罚纠纷再审申请行政裁定书［陕西省高级人民法院（2015）陕行监字第00179号］认为：“本案所诉陕煤安局发（2012）252号《关于注销韩城市桑树坪镇昌顺煤矿安全生产许可证的通知》是煤监局2012年10月8日发给渭南监察分局的文件，该《通知》内容为：‘根据我局《关于陕西煤业化工集团有限责任公司桑树坪煤矿“8·7”透水事故有关问题的报告》（陕煤安局发（2012）58号）和省政府领导的批示精神，现依法注销韩城市桑树坪镇昌顺煤矿的安全生产许可证，请你分局负责收回其安全生产许可证，并与2012年10月20日前将证件交回省局政策法规处。同时督促县煤炭管理部门加强对该矿的监管，按照关闭标准实施关闭，严禁非法、违规组织生产。’该通知涉及注销安全生产许可证和督促县煤炭管理部门实施关闭两项内容。关于通知内所称的注销行为，是煤监局在给下级单位内部文件中提到的内容，而该文件没有向昌顺煤矿送达，昌顺煤矿的安全生产许可证亦未公告注销，申请人没有提供证据证明煤监局实际实施了注销其安全生产许可证的行为；……故本案所诉252号《通知》并没有给申请人送达，且未实际执行，没有对外发生法律效力，对申请人的权利义务并没有产生实际影响，属于行政机关内部行政行为，申请人称该《通知》已外化并具有可诉性的再审申请理由没有事实依据，不能成立。”

裁判规则二：未取得安全生产许可从事生产经营活动，造成事故的，安全生产监督主管部门有权对事故发生单位处以行政处罚。

案例2：潜山县古井工业公司诉潜山县安全生产监督管理局安全生产行政处罚纠纷再审行政判决书［安徽省高级人民法院（2015）皖行提字第00004号］认为："古井公司将其第一轮窑厂出租给谢文生个人从事生产经营活动，直至伤亡事故发生时，租赁双方均无合法的安全生产许可，其行为违反了法律、法规的禁止性规定，潜山县安监局认定古井公司对事故发生负有责任亦无不当。故潜山县安监局认定古井公司是事故发生单位，对事故发生负有责任，有事实依据和法律依据。关于被诉行政处罚决定及原一审判决适用法律是否正确问题。《中华人民共和国安全生产法》第七十三条规定：'事故调查和处理的具体办法由国务院制定。'即对事故发生负有责任者的调查和处理，已授权国务院另行规定。而根据国务院《生产安全事故报告和调查处理条例》第三十七条的规定，事故发生单位对发生的一般事故负有责任的，应当承担10万元以上20万元以下的罚款责任。因此，潜山县安监局依据该条款的规定，对古井公司处以12万元罚款的行政处罚，一审判决予以维持，适用法律正确。"

082 煤矿承包人能否对关闭煤矿的行政行为提起诉讼

——煤矿承包人对整合关闭煤矿的行政行为存在利害关系

阅读提示

行政机关作出整合关闭煤矿的行政行为，煤矿的承包经营权人是否有权对该行政行为提起行政诉讼？本案例认为，煤矿的合法承包经营权人与煤矿整合存在一定利害关系，但因本案起诉时已经超过起诉期限，因此最高人民法院认为原审裁定驳回起诉在结果上并无不当，本案无再审之必要。

裁判要旨

煤矿的合法承包经营权人与煤矿整合存在一定利害关系，但行政机关作出整合关闭煤矿的行政行为时，并无告知煤矿承包经营权人的义务。

案情简介

一、2006年，娄烦县政府向山西省太原市人民政府上报《太原市娄烦县煤炭资源整合和有偿使用工作方案》。2006年10月10日，山西省煤炭资源整合和有偿使用工作领导组办公室下发《关于太原市娄烦县煤炭资源整合和有偿使用工作方案的核准意见》，核准娄烦县天池店煤矿和顺道村二煤矿整合，其中顺道村二煤矿被整合关闭。

二、石丁山等4人认为娄烦县政府作出的《太原市娄烦县煤炭资源整合和有偿使用工作方案》，非法整合了其承包经营的顺道村二煤矿，向太原中院提起诉讼，请求确认娄烦县政府整合顺道村二煤矿的行政行为违法。

三、山西中院认为，石丁山等4人于2015年6月提起行政诉讼，已经超过法定起诉期限，故裁定驳回石丁山等4人的起诉。

四、石丁山等4人不服，上诉至山西高院。山西高院认为，煤矿整合涉及的是采矿权人，石丁山等4人并没有提供证据证明其是顺道村二煤矿的采矿权人，因此，其与被诉行政行为无利害关系，不具备原告主体资格。此外，本案已超过法定起诉期限。故裁定驳回上诉、维持一审裁定。

五、石丁山等4人仍不服，向最高人民法院申请再审。最高人民法院裁定驳回石丁山等4人的再审申请。

裁判要点

煤矿的合法承包经营权人与煤矿整合存在一定利害关系，而煤矿的合法承包经营权人与采矿权人之间的承包经营关系属于民事法律关系，石丁山等4人未提供证据证明其是顺道村二煤矿的采矿权人，因此，娄烦县政府在作出《太原市娄烦县煤炭资源整合和有偿使用工作方案》时，并无告知义务。

此外，适用20年起诉期限的必要条件为当事人不知道行政行为内容，本案石丁山等4人至迟应在2007年7月后即应当知道顺道村二煤矿被整合的情况，石丁山等4人于2015年6月提起诉讼，已超过法定起诉期限。最高人民法院据此认为："原审裁定驳回起诉在结果上并无不当，本案无再审之必要。"

实务经验总结

前事不忘，后事之师。为避免未来发生类似败诉，提出如下建议：

一、当事人可在煤矿承包经营合同中约定煤矿被行政机关整合关闭时，相关事宜如何处理，如何分担风险，如何清理和结算。此后煤矿承包经营权人与采矿权人之间发生纠纷的，可通过民事诉讼或申请仲裁的方式解决。

二、当事人对行政行为不服，应在法定起诉期限内提起行政诉讼。根据《中华人民共和国行政诉讼法》及相关司法解释的规定，除法律另有规定外，当事人直接向人民法院提起诉讼的，应当自知道或者应当知道作出行政行为之日起六个月内提出。行政机关作出行政行为时，未告知当事人起诉期限的，起诉期限从当事人知道或者应当知道起诉期限之日起计算，但从知道或者应当知道行政行为内容之日起最长不得超过1年。

相关法律规定

《中华人民共和国行政诉讼法》

第二十五条第一款　行政行为的相对人以及其他与行政行为有利害关系的公民、法人或者其他组织，有权提起诉讼。

第四十五条　公民、法人或者其他组织不服复议决定的，可以在收到复议决定书之日起十五日内向人民法院提起诉讼。复议机关逾期不作决定的，申请人可以在复议期满之日起十五日内向人民法院提起诉讼。法律另有规定的除外。

第四十六条　公民、法人或者其他组织直接向人民法院提起诉讼的，应当自知道或者应当知道作出行政行为之日起六个月内提出。法律另有规定的除外。

因不动产提起诉讼的案件自行政行为作出之日起超过二十年，其他案件自行政行为作出之日起超过五年提起诉讼的，人民法院不予受理。

《最高人民法院关于执行〈中华人民共和国行政诉讼法〉若干问题的解释》（法释〔2000〕8号，已废止）

第四十一条第一款　行政机关作出具体行政行为时，未告知公民、法人或者其他组织诉权或者起诉期限的，起诉期限从公民、法人或者其他组织知道或者应当知道诉权或者起诉期限之日起计算，但从知道或者应当知道具体行政行为内容之日起最长不得超过2年。

《最高人民法院关于适用〈中华人民共和国行政诉讼法〉的解释》（法释〔2018〕1号）

第十二条　有下列情形之一的，属于行政诉讼法第二十五条第一款规定的“与行政行为有利害关系”：

（一）被诉的行政行为涉及其相邻权或者公平竞争权的；

（二）在行政复议等行政程序中被追加为第三人的；

（三）要求行政机关依法追究加害人法律责任的；

（四）撤销或者变更行政行为涉及其合法权益的；

（五）为维护自身合法权益向行政机关投诉，具有处理投诉职责的行政机关作出或者未作出处理的；

（六）其他与行政行为有利害关系的情形。

第六十四条 行政机关作出行政行为时，未告知公民、法人或者其他组织起诉期限的，起诉期限从公民、法人或者其他组织知道或者应当知道起诉期限之日起计算，但从知道或者应当知道行政行为内容之日起最长不得超过一年。

复议决定未告知公民、法人或者其他组织起诉期限的，适用前款规定。

第六十五条 公民、法人或者其他组织不知道行政机关作出的行政行为内容的，其起诉期限从知道或者应当知道该行政行为内容之日起计算，但最长不得超过行政诉讼法第四十六条第二款规定的起诉期限。

以下为该案在最高人民法院审理阶段，裁判文书中“本院认为”部分就该问题的论述：

本案争议焦点主要是再审申请人的起诉是否符合法定起诉条件。煤矿的合法承包经营权人与煤矿整合存在一定利害关系，而合法承包经营权人与采矿权人之间的承包经营关系属于民事法律关系。因再审申请人与冀拉爱签订的是承包经营合同，并未提供证据证明其是顺道村二煤矿的采矿权人，因此，娄烦县政府在作出《太原市娄烦县煤炭资源整合和有偿使用工作方案》时，并无告知再审申请人的义务。此外，适用20年起诉期限的必要条件为当事人不知道具体行政行为内容。顺道村二煤矿于2006年被整合关闭，2007年4月27日山西省国土资源厅向整合后的山西天池店煤业有限公司颁发了采矿许可证，且根据原审法院在另案中查明的事实，山西省国土资源厅于2007年7月17日在《山西日报》就上述颁证行为进行了公告。据此可以推定，再审申请人至迟应在公告后即应当知道顺道村二煤矿被整合的情况，再审申请人主张其在2014年12月30日才知道自身权利遭受侵害，该理由不能成立，本案应适用2年的起诉期限。因此，再审申请人于2015年6月提起诉讼，已超过法定起诉期限。原审裁定驳回起诉在结果上并无不当，本案无再审之必要。

案件来源

石丁山、耿明亮再审审查与审判监督行政裁定书，最高人民法院（2016）最高法行申4987号。

延伸阅读

裁判规则：煤矿承包经营人无权诉请行政机关支付政策性关闭煤矿的补偿资金。

王松山、刘少彬、张国兴、张凤坡与凌源市煤炭工业办公室要求履行煤矿关闭专项资金给付义务纠纷案件二审行政判决书［辽宁省朝阳市中级人民法院（2016）辽13行终63号］认为："本案被上诉人凌源市煤炭办依据《中华人民共和国煤炭法》及相关规定，具有对政策性关闭煤矿专项资金审核和给付的职责和义务。上诉人王松山、刘少彬、张国兴、张松坡以对五道岭煤矿进行投资经营后因煤矿政策性关闭遭受较大损失应予补助并申请关闭煤矿专项资金未给付为由提起的行政诉讼。本案原审第三人张瑞年之父张国江有采矿许可证，是该煤矿的所有权人和采矿权人，张国江去世后，张瑞年取得了张国江在该矿的原有相关财产权利。被上诉人根据关闭煤矿的相关规定将专项资金给付该煤矿的所有权人和采矿权人并无违反相关规定。而本案上诉人王松山等人，系煤矿的承包经营人，具有取得在其经营期间经营收益的权利。被上诉人认定王松山等人不符合领取该煤矿关闭40万专项资金条件的认定亦并无不当。故原审法院判决结果正确合法，应予维持。上诉人的上诉理由及其他诉讼请求本院不予支持。"

083 能否对信访答复申请行政复议、提起行政诉讼

——信访答复不属于行政复议范围

阅读提示

信访是我国的特有的纠纷解决制度，根据国务院《信访条例》，信访是指公民、法人或者其他组织采用书信、电子邮件、传真、电话、走访等形式，向各级人民政府、县级以上人民政府工作部门反映情况，提出建议、意见或者投诉请求，依法由有关行政机关处理的活动。当事人对信访机构作出的信访答复、处理意见等不服，能否申请行政复议、提起行政诉讼？司法实践认为该等行为不属于行政复议、行政诉讼的范围。

裁判要旨

信访部门作出的信访事项告知书对当事人的实体权利义务不产生实质影响，故不属于行政复议法规定的行政复议范围。

案情简介

一、国土部于 2015 年 1 月 15 日收到张立宽以山东省国土资源厅为被申请人的行政复议申请书，其中第一项请求为：撤销被申请人于 2014 年 2 月 24 日对申请人作出的山东省国土资源厅《信访事项告知书》，并责令被申请人受理申请人的《行政复议申请》；第二项请求为：责令被申请人于 2011 年 1 月 28 日《国土资源信访告知书》作出处理意见。

二、国土部于 2016 年 4 月 20 日作出行政复议不予受理决定书（简称被诉复议决定），决定不予受理。

三、张立宽不服，向北京一中院起诉。北京一中院认为，本案中，2011 年 1 月 28 日的信访告知书为针对张立宽反复反映的矿区范围问题的信访答复意见，属于对当事人的实体权利义务不产生实质影响的行为；2014 年 2 月 24 日的信访事项告知书为对张立宽行政复议申请的处理意见；前述两告知书均不属于行政复议法规定的行政复议范围。北京一中院判决驳回张立宽的诉讼请求。

四、张立宽不服，上诉至北京高院，主张其提出的第一项、第二项复议请求，虽针对的是信访事项，但该两个信访答复均对其权利、义务产生了实质影响，对此，该两项复议请求属于行政复议的受理范围。北京高院判决驳回上诉，维持原判。

裁判要点

根据《行政复议法实施条例》第二十八条第五项的规定，行政复议申请的事项应当属于行政复议法规定的行政复议范围。本案中，2011 年 1 月 28 日的信访告知书系针对张立宽反复反映的矿区范围问题的信访答复意见，2014 年 2 月 24 日的信访事项告知书系对张立宽行政复议申请的处理意见，依法均不属于行政复议法规定的行政复议范围，故被诉复议决定认定张立宽的第一项、第二项行政复议申请不属于行政复议受案范围，依据行政复议法第十七条第一款的规定，决定不予受理并无不当。

实务经验总结

前事不忘，后事之师。为避免未来发生类似败诉，提出如下建议：

一、当事人有权申请行政复议的对象是对其实体权利义务产生实质影响的行政行为，《中华人民共和国行政复议法》第六条列举了行政相对人可申请行政复议的情形：(1) 对行政机关作出的警告、罚款、没收违法所得、没收非法财物、责令停产停业、暂扣或者吊销许可证、暂扣或者吊销执照、行政拘留等行政处罚决定不服的；(2) 对行政机关作出的限制人身自由或者查封、扣押、冻结财产等行政强制措施决定不服的；(3) 对行政机关作出的有关许可证、执照、资质证、资格证等证书变更、中止、撤销的决定不服的；(4) 对行政机关作出的关于确认土地、矿藏、水流、森林、山岭、草原、荒地、滩涂、海域等自然资源的所有权或者使用权的决定不服的；(5) 认为行政机关侵犯合法的经营自主权的；(6) 认为行政机关变更或者废止农业承包合同，侵犯其合法权益的；(7) 认为行政机关违法集资、征收财物、摊派费用或者违法要求履行其他义务的；(8) 认为符合法定条件，申请行政机关颁发许可证、执照、资质证、资格证等证书，或者申请行政机关审批、登记有关事项，行政机关没有依法办理的；(9) 申请行政机关履行保护人身权利、财产权利、受教育权利的法定职责，行政机关没有依法履行的；(10) 申请行政机关依法发放抚恤金、社会保险金或者最低生活保障费，行政机关没有依法发放的；(11) 认为行政机关的其他具体行政行为侵犯其合法权益的。

二、针对可复议、诉讼的行政行为，当事人应当在法定期限内对该行政行为申请复议、提起诉讼，避免超过申请期限、起诉期限。

相关法律规定

《中华人民共和国行政复议法》

第十七条第一款 行政复议机关收到行政复议申请后，应当在五日内进行审查，对不符合本法规定的行政复议申请，决定不予受理，并书面告知申请人；对符合本法规定，但是不属于本机关受理的行政复议申请，应当告知申请人向有关行政复议机关提出。

《中华人民共和国行政复议法实施条例》

第二十八条 行政复议申请符合下列规定的，应当予以受理：

（一）有明确的申请人和符合规定的被申请人；

（二）申请人与具体行政行为有利害关系；

（三）有具体的行政复议请求和理由；

（四）在法定申请期限内提出；

（五）属于行政复议法规定的行政复议范围；

（六）属于收到行政复议申请的行政复议机构的职责范围；

（七）其他行政复议机关尚未受理同一行政复议申请，人民法院尚未受理同一主体就同一事实提起的行政诉讼。

《最高人民法院关于适用〈中华人民共和国行政诉讼法〉的解释》（法释〔2018〕1号）

第一条第二款 下列行为不属于人民法院行政诉讼的受案范围：

（一）公安、国家安全等机关依照刑事诉讼法的明确授权实施的行为；

（二）调解行为以及法律规定的仲裁行为；

（三）行政指导行为；

（四）驳回当事人对行政行为提起申诉的重复处理行为；

（五）行政机关作出的不产生外部法律效力的行为；

（六）行政机关为作出行政行为而实施的准备、论证、研究、层报、咨询等过程性行为；

（七）行政机关根据人民法院的生效裁判、协助执行通知书作出的执行行为，但行政机关扩大执行范围或者采取违法方式实施的除外；

（八）上级行政机关基于内部层级监督关系对下级行政机关作出的听取报告、执法检查、督促履责等行为；

（九）行政机关针对信访事项作出的登记、受理、交办、转送、复查、复核意见等行为；

（十）对公民、法人或者其他组织权利义务不产生实际影响的行为。

以下为该案在北京高院审理阶段，裁判文书中“本院认为”部分就该问题的论述：

根据行政复议法第十二条规定，对县级以上地方各级人民政府工作部门的具体行政行为不服的，由申请人选择，可以向该部门的本级人民政府申请行政复议，也可以向上一级主管部门申请行政复议。本案中，国土资源部作为复议机关，有权对张立宽的复议申请依职权作出合法性确认，且张立宽对被诉复议决定作出的职权不持异议，故对国土资源部作出处理的职权予以确认。

根据行政复议法实施条例第二十八条第五项的规定，行政复议申请的事项应当属于行政复议法规定的行政复议范围。本案中，3 号告知书系针对张立宽反复反映的矿区范围问题的信访答复意见，2014 年 2 月 24 日的信访事项告知书系对张立宽行政复议申请的处理意见，要求国土资源部责令山东省国土资源厅履行行政判决书，依法均不属于行政复议法规定的行政复议范围，故被诉复议决定认定张立宽的第一项、第二项、第六项行政复议申请不属于行政复议受案范围，依据行政复议法第十七条第一款的规定，决定不予受理并无不当。一审法院对国土资源部认定张立宽的第一、二项行政复议申请不符合行政复议法实施条例第二十八条第二项规定的行政复议受理条件的错误予以指正，符合法律规定。

案件来源

张立宽与国土资源部其他二审行政判决书，北京市高级人民法院（2017）京行终 43 号。

延伸阅读

一、认定行政机关对信访事项的处理意见不属于行政诉讼受案范围的案例

案例 1：李三宝再审审查与审判监督行政裁定书［最高人民法院（2017）最高法行申 8723 号］认为："沾益县政府根据《信访条例》作出的《信访处理决定》，主要内容是协调有关部门就李三宝提出的信访事项进行处理，对其权利义务不产生实质影响，亦不属于行政诉讼的受案范围。"

案例 2：刘祥再审审查与审判监督行政裁定书［最高人民法院（2017）最高法行申 7676 号］认为："《信访条例》第二条第一款规定：'本条例所称信访，是指公民、法人或者其他组织采用书信、电子邮件、传真、电话、走访等形式，向各级人民政府、县级以上人民政府工作部门反映情况，提出建议、意见或者投诉请求，依法由有关行政机关处理的活动。'根据《最高人民法院关于不服县级以上人民政府信访行政管理部门、负责受理信访事项的行政管理机关以及镇（乡）人民政府作出的处理意见或者不再受理决定而提起的行政诉讼人民法院是否受理的批复》（〔2005〕行立他字第 4 号）的规定，信访人对信访工作机构依据《信访条例》处理信访事项的行为或者不履行《信访条例》规定的职责不服提起行政诉讼的，人民法院不予受理。本案中，刘祥认为其原就职企业领导干部存在滥用职权、假公济私、玩忽职守的违法行为，向徐州市人民政府实名举报，实质系信访行为，该事项依法不属于人民法院行政诉讼的受案范围。刘祥的起诉不符合《中华人民共和国行政诉讼法》第四十九条规定的起诉条件。据此，一审法院裁定不予立案，二审予以维持，并无不当。”

案例 3：潘学敏再审审查与审判监督行政裁定书［最高人民法院（2017）最高法行申 7720 号］认为：“根据《中华人民共和国行政诉讼法》第四十九条第四项的规定，公民、法人或者其他组织提起诉讼的条件之一是属于人民法院的受案范围。《最高人民法院关于不服信访工作机构依据〈信访条例〉处理信访事项的行为提起行政诉讼人民法院是否受理的复函》明确：信访人对信访工作机构依据《信访条例》处理信访事项的行为或者不履行《信访条例》规定的职责不服提起行政诉讼的，人民法院不予受理；对信访事项有权处理的行政机关依据《信访条例》作出的处理意见、复查意见、复核意见和不再受理决定，信访人不服提起行政诉讼的，人民法院不予受理。据此，潘学敏针对四川省成都市信访问题复查复核委员会办公室根据《信访条例》作出的《告知书》不服而提起的本案行政诉讼，不属于人民法院行政诉讼的受案范围。综上，一审法院以起诉不符合行政诉讼的受案范围为由，裁定对潘学敏的起诉不予立案，二审维持一审裁定，均无不当。”

案例 4：孙景菊、徐州市人民政府再审审查与审判监督行政裁定书［最高人民法院（2017）最高法行申 6305 号］认为：“根据《最高人民法院关于不服县级以上人民政府信访行政管理部门、负责受理信访事项的行政管理机关以及镇（乡）人民政府作出的处理意见或者不再受理决定而提起的行政诉讼人民法院是否受理的批复》规定，贾汪区政府作出信访事项复查意见、徐州市政府作出的信访事项复核意见亦不属于行政诉讼的受案范围。”

案例 5：郑建惠、陕西省西安市人民政府再审审查与审判监督行政裁定书［最高人民法院（2017）最高法行申 7253 号］认为：“二审法院认为郑建惠向西安市政府提出的申请属于信访举报事项，不属于行政诉讼受案范围，并无不当。郑建惠认为二审法院只用‘形式要件’就将其要求西安市政府履行职责的行为认定为信访事项错误的再审理由不成立，本院不予支持。关于郑建惠认为（2005）行立他字第 4 号批复所列举的人民法院不予受理的决定不包括行政机关对信访事项作出‘不予受理’决定的再审理由。行政机关对信访事项作出‘不予受理’决定亦为行政机关根据《信访条例》作出的处理意见，该处理意见不属于行政诉讼的受案范围。郑建惠的该项理由系对该批复的不当理解，本院不予支持。”

案例 6：刘广梅、广东省人民政府再审审查与审判监督行政裁定书［最高人民法院（2017）最高法行申 7738 号］认为：“信访工作机构是各级人民政府或政府工作部门授权负责信访工作的专门机构。其依据《信访条例》作出的登记、受理、交办、转送、承办、协调处理、监督检查、指导信访事项等行为，对信访人不具有强制力，对信访人的实体权利义务不产生实质影响。根据《最高人民法院关于执行〈中华人民共和国行政诉讼法〉若干问题的解释》（已失效）第一条的规定，对公民、法人或者其他组织权利义务不产生实际影响的行为不属于人民法院行政诉讼的受案范围。同时，参照《最高人民法院关于不服县级以上人民政府信访行政管理部门、负责受理信访事项的行政管理机关以及镇（乡）人民政府作出的处理意见或者不再受理决定而提起的行政诉讼人民法院是否受理的批复》的规定，信访人对信访工作机构依据《信访条例》处理信访事项的行为或者不履行《信访条例》规定的职责不服提起行政诉讼的，人民法院不予受理；对信访事项有权处理的行政机关依据《信访条例》作出的处理意见、复查意见、复核意见和不再受理决定，信访人不服提起行政诉讼的，人民法院亦不予受理。故刘广梅申请的事项依法不属于可申请行政复议或提起行政诉讼的行政行为范围，广东省人民政府作出的行政复议告知书亦不属于行政诉讼的受案范围。根据《最高人民法院关于适用〈中华人民共和国行政诉讼法〉若干问题的解释》（已失效）第三条第一款的规定，已经立案的应当裁定驳回起诉，故原裁定驳回刘广梅的起诉，并无不当。”

案例7：祝学志、南阳市人民政府再审审查与审判监督行政裁定书［最高人民法院（2017）最高法行申6261号］认为：“由于信访制度是与行政诉讼制度相互独立、相互分离的权利救济制度，在南阳市政府及相关部门已经对再审申请人的信访诉求作出处理的情况下，再审申请人仍不服，提起本案诉讼要求南阳市政府履行相应职责，二审法院认为‘该请求本身属于信访事项，不属于行政诉讼的受案范围’，从而维持一审法院作出的驳回起诉裁定，并无不当。”

案例8：孙庆君再审审查与审判监督行政裁定书［最高人民法院（2017）最高法行申4838号］认为：“本案焦点问题是孙庆君的起诉是否符合法定立案条件。根据《最高人民法院关于执行〈中华人民共和国行政诉讼法〉若干问题的解释》（已失效）第一条第二款第六项、《中华人民共和国行政诉讼法》第五十一条第二款规定，行政行为对公民、法人或者其他组织的权利义务不产生实际影响的，不属于人民法院行政诉讼的受案范围；不符合起诉条件的，作出不予立案的裁定。本案中，再审申请人孙庆君申请公开‘上访诉求单和制作的网上受理转办单’等，属于信访事项。江苏省政府办公厅作出答复告知孙庆君按照信访有关规定办理。该答复告知书对孙庆君的权利义务不产生实际影响。因此，一、二审裁定不予立案，并无不当。”

案例9：韩淑清、北京市朝阳区人民政府再审审查与审判监督行政裁定书［最高人民法院（2017）最高法行申2960号］认为：“本案的核心争议是再审申请人韩淑清因对信访办公室所作《答复告知书》、北京市政府所作维持该告知书的行政复议决定不服，以再审被申请人朝阳区政府、再审被申请人北京市政府为共同被告提起本案诉讼，是否符合法定起诉条件。信访办公室对再审申请人所作信访信息告知的行为不属于《中华人民共和国政府信息公开条例》的调整范围，不属于人民法院行政诉讼的受案范围。再审申请人以再审被申请人朝阳区政府为被告提起诉讼，不符合行政诉讼的法定起诉条件。由于再审申请人对再审被申请人朝阳区政府的起诉因不符合法定起诉条件而应裁定驳回，其对再审被申请人北京市政府作出复议维持该告知书的行为提起的行政诉讼，依法亦应一并裁定驳回。因此，一审法院裁定驳回起诉，二审法院裁定驳回上诉、维持一审裁定，均无不当。”

案例10：马桂英再审审查与审判监督行政裁定书［最高人民法院（2017）最高法行申5518号］认为：“信访答复意见是信访工作机构对当事人信访活动以书面形式作出的解释、说明，属于单纯的告知、回复行为，并不创设新的权利义务，因此信访答复意见对当事人的实体权利义务不产生实际影响，不具备行政行为的相应特征。（2005）行立他字第4号《最高人民法院关于不服县级以上人民政府信访行政管理部门、负责受理信访事项的行政管理机关以及镇（乡）人民政府作出的处理意见或者不再受理决定而提起的行政诉讼人民法院是否受理的批复》规定：‘对信访事项有权处理的行政机关根据《信访条例》作出的处理意见、复查意见、复核意见和不再受理决定，信访人不服提起行政诉讼的，人民法院不予受理。’参照以上批复，马桂英所诉事项系信访事项，不具有可诉性，不属于人民法院行政诉讼的受案范围，一审法院裁定不予立案，二审法院裁定驳回上诉并无不当。”

案例11：杨春梅、陕西省西安市雁塔区人民政府再审审查与审判监督行政裁定书［最高人民法院（2017）最高法行申4638号］认为：“本案中，杨春梅就其拆迁安置问题长期信访，在高新区拆迁办、高新区管委会、西安市信访局于2011年已经就其信访事项作出答复、复查、复核后，仍继续就同一信访事项反复请求相关行政机关予以答复，现雁塔区政府对其信访诉求不予重复答复的行为，未对其合法权益产生实际影响，依法不属于行政诉讼的受案范围，应裁定驳回其起诉。”

二、认定行政机关对信访事项的处理意见不属于行政复议范围的案例

案例12：邓德琼、四川省住房和城乡建设厅城乡建设行政管理：其他（城建）再审审查与审判监督行政裁定书［最高人民法院（2017）最高法行申8720号］认为：“本案系再审申请人对不予受理行政复议申请决定所提起的行政诉讼，故本案争议的焦点为再审申请人申请复议的事项是否属于行政复议受案范围。根据原审查明的事实，成都市房管局接到中共成都市委、四川省成都市人民政府信访局《关于交办省委巡视组受理信访事项的函》后，按照信访事项进行处理，作出《不予受理告知书》，同时向邓德琼明示了其请求事项的维权途径。邓德琼如对该处理意见不服，应当依法定信访途径向成都市房管局的上一级行政机关申请复查。邓德琼对此提起行政复议，四川省住建厅以该答复行为不属于行政复议范围为由作出不予受理行政复议申请的4号决定，并无不当。”

案例13：田荣辉、陕西省人民政府再审审查与审判监督行政裁定书［最高人民法院（2017）最高法行申6660号］认为：“根据《中华人民共和国行政复议法》第二条‘公民、法人或者其他组织认为具体行政行为侵犯其合法权益，向行政机关提出行政复议申请，行政机关受理行政复议申请、作出行政复议决定，适用本法’的规定，申请复议的行政行为应当存在侵犯行政复议申请人合法权益的可能性；若该行政行为不存在侵犯其合法权益的可能性，则该行政复议申请不符合行政复议的受理条件。本案中，陕西省信访局依据田荣辉的信访申请所作《来访告知单》是对信访人信访事项的答复与告知，该行为不具有强制力，不存在侵犯田荣辉的合法权益的可能性，因此不属于行政复议的受理范围。陕西省政府于2014年10月8日收到行政复议申请后，于同年10月10日作出《告知》正确且符合《中华人民共和国行政复议法》第十七条第一款的规定。”

案例14：成先财与桐梓县人民政府再审行政裁定书［最高人民法院（2017）最高法行申5970号］认为：“该《不予受理通知书》属于对信访结果的答复，根据《最高人民法院关于不服县级以上人民政府信访行政管理部门、负责受理信访事项的行政管理机关以及镇（乡）人民政府作出的处理意见或者不再受理决定而提起的行政诉讼人民法院是否受理的请示的批复》：‘对信访事项有权处理的行政机关依据《信访条例》作出的处理意见、复查意见、复核意见和不再受理决定，信访人不服提起行政诉讼的，人民法院不予受理。’故对于再审申请人主张《不予受理通知书》属于受案范围的理由，本院不予支持。”

第十一章　涉矿犯罪

084 未经许可能否开采河砂，是否可能构成犯罪

——未取得采砂许可擅自开采河砂，情节严重的，构成非法采矿罪

阅读提示

《中华人民共和国水法》规定："国家实行河道采砂许可制度。"未取得采砂许可擅自在河道开采河砂，是否可能构成非法采矿罪？《最高人民法院、最高人民检察院关于办理非法采矿、破坏性采矿刑事案件适用法律若干问题的解释》已明确，依据相关规定应当办理河道采砂许可证，但未取得河道采砂许可证，在河道管理范围内采砂，情节严重的，以非法采矿罪定罪处罚。

裁判要旨

未取得河道采砂许可证即在河道管理范围内采砂，情节严重的，构成非法采矿罪。

案情简介

一、卢业斋、卢家平、韦衍崖未取得采砂许可证，擅自在万泉河河道高美村河段盗采河砂。经鉴定，采出河砂量（松方）12036.86 立方米，价值 746285.32 元。

二、海南检察院一分院向海南一中院提起公诉，指控被告人卢业斋、卢家平、韦衍崖犯非法采矿罪。海南一中院认为，被告人卢业斋、卢家平、韦衍崖以牟利为目的，违反矿产资源法的规定，未取得采砂许可证即擅自在万泉河河道管理范围内采砂达 12036.86 立方米，价值 746285.32 元，其行为均已构成非法采矿罪，且属情节特别严重。

三、海南一中院判决：卢业斋犯非法采矿罪，判处有期徒刑 3 年，并处罚金 10 万元；卢家平犯非法采矿罪，判处有期徒刑 1 年 2 个月，并处罚金 5 万元；韦衍崖

犯非法采矿罪，判处有期徒刑9个月，缓刑1年6个月，并处罚金5万元；扣押在案的汽车1辆、龙工牌铲车1辆，予以没收。

四、卢业斋不服，上诉至海南高院，海南高院裁定驳回上诉，维持原判。

裁判要点

卢业斋、卢家平、韦衍崖以牟利为目的，在未取得采砂许可证的情况下擅自开采砂矿，非法开采的矿产品经鉴定价值共计746285.32元，情节特别严重，其行为均已构成非法采矿罪。

实务经验总结

前事不忘，后事之师。为避免未来发生类似败诉，提出如下建议：

我国实行河道采砂许可制度，因此开采河砂应当向有关主管部门申请，取得采砂许可证。未取得采砂许可即开采河砂的，将受到行政处罚，甚至承担刑事责任。

相关法律规定

《中华人民共和国水法》

第三十九条　国家实行河道采砂许可制度。河道采砂许可制度实施办法，由国务院规定。

在河道管理范围内采砂，影响河势稳定或者危及堤防安全的，有关县级以上人民政府水行政主管部门应当划定禁采区和规定禁采期，并予以公告。

《中华人民共和国刑法》

第三百四十三条　【非法采矿罪】违反矿产资源法的规定，未取得采矿许可证擅自采矿，擅自进入国家规划矿区、对国民经济具有重要价值的矿区和他人矿区范围采矿，或者擅自开采国家规定实行保护性开采的特定矿种，情节严重的，处三年以下有期徒刑、拘役或者管制，并处或者单处罚金；情节特别严重的，处三年以上七年以下有期徒刑，并处罚金。

【破坏性采矿罪】违反矿产资源法的规定，采取破坏性的开采方法开采矿产资源，造成矿产资源严重破坏的，处五年以下有期徒刑或者拘役，并处罚金。

《最高人民法院、最高人民检察院关于办理非法采矿、破坏性采矿刑事案件适用法律若干问题的解释》（法释〔2016〕25号）

第一条　违反《中华人民共和国矿产资源法》《中华人民共和国水法》等法

律、行政法规有关矿产资源开发、利用、保护和管理的规定的，应当认定为刑法第三百四十三条规定的“违反矿产资源法的规定”。

第二条 具有下列情形之一的，应当认定为刑法第三百四十三条第一款规定的“未取得采矿许可证”：

（一）无许可证的；

……

第三条 实施非法采矿行为，具有下列情形之一的，应当认定为刑法第三百四十三条第一款规定的“情节严重”：

（一）开采的矿产品价值或者造成矿产资源破坏的价值在十万元至三十万元以上的；

……

实施非法采矿行为，具有下列情形之一的，应当认定为刑法第三百四十三条第一款规定的“情节特别严重”：

（一）数额达到前款第一项、第二项规定标准五倍以上的；

……

第四条 在河道管理范围内采砂，具有下列情形之一，符合刑法第三百四十三条第一款和本解释第二条、第三条规定的，以非法采矿罪定罪处罚：

（一）依据相关规定应当办理河道采砂许可证，未取得河道采砂许可证的；

（二）依据相关规定应当办理河道采砂许可证和采矿许可证，既未取得河道采砂许可证，又未取得采矿许可证的。

实施前款规定行为，虽不具有本解释第三条第一款规定的情形，但严重影响河势稳定，危害防洪安全的，应当认定为刑法第三百四十三条第一款规定的“情节严重”。

以下为该案在海南高院审理阶段，裁判文书中“本院认为”部分就该问题的论述：

被告人卢业斋、卢家平、韦衍崖以牟利为目的，违反矿产资源法的规定，在未取得采矿许可证的情况下擅自开采砂矿，非法开采的矿产品经鉴定价值共计746285.32元，情节特别严重，其行为均已构成非法采矿罪。在共同犯罪中，卢业斋是非法采矿行为的全额投资者，卢家平是非法采矿行为的积极组织实施者，2人均起主要作用，均应认定为主犯；韦衍崖是参与实施者，且仅以成本价的低价从高美砂场购买河砂转手销售牟利，应认定为从犯，依法应从轻或减轻处罚。卢家平、韦衍崖犯罪后自动投案，如实供述主要犯罪事实，应认定为自首，依法可从轻或减轻处罚。原判认定事实清楚，证据确实、充分，定罪准确，量刑适当。审判程序合法。

案件来源

卢业斋与卢家平、韦衍崖非法采矿罪二审刑事裁定书，海南省高级人民法院（2017）琼刑终157号。

延伸阅读

认定未经许可擅自开采河砂构成非法采矿罪的案例：

案例1：周福茂、周卫权非法采矿二审刑事裁定书［广东省梅州市中级人民法院（2017）粤14刑终214号］认为："上诉人周福茂、周卫权违反国家矿产资源法的规定，伙同他人在未取得采砂许可证的情况下擅自采砂，情节严重，究其行为已构成非法采矿罪。"

案例2：金明寿与曾国辉二审刑事裁定书［海南省第二中级人民法院（原海南省洋浦经济开发区中级人民法院）（2017）琼97刑终271号］认为："上诉人金明寿违反矿产资源法的规定，在《河道采砂许可证》超过有效期后未取得新的许可证及采矿许可证的前提下，擅自开采建筑用河砂26742立方米，价值374388元，情节严重，其行为已构成非法采矿罪。上诉人金明寿违反刑法的规定，殴打他人，致一人一处轻伤二级，一处轻微伤，其行为已构成故意伤害罪。原判认定上诉人金明寿犯非法采矿罪、故意伤害罪的事实清楚，证据确实充分，适用法律正确，量刑适当，审判程序合法。"

案例3：陈灵煌非法采矿二审刑事裁定书［福建省福州市中级人民法院（2017）闽01刑终1055号］认为："上诉人陈灵煌违反矿产资源法的规定，在未取得采矿许可的情况下非法采矿，盗采河砂总计2739.3立方米，造成矿产资源破坏价值人民币164358元，情节严重，其行为已构成非法采矿罪，原审根据上诉人陈灵煌的犯罪事实，在对其量刑同时，依法判处罚金，罚金数额符合法律规定，上诉请求罚金部分予以减免，理由不足，本院不予采纳。"

案例4：刘鹏新非法采矿二审刑事判决书［福建省福州市中级人民法院（2017）闽01刑终898号］认为："上诉人刘鹏新伙同他人以非法牟利为目的，违反矿产资源法的规定，未经许可擅自开采河砂，涉案金额人民币3023971元，其行为已构成非法采矿罪，情节特别严重。"

案例5：黄勇强掩饰、隐瞒犯罪所得、犯罪所得收益二审刑事判决书［广东省肇庆市中级人民法院（2017）粤12刑终51号］认为："上诉人黄勇强违反矿产资源法的规定，事前明知抽砂船未取得采矿许可证而与砂船老板在非法采矿之前进行通谋，承诺在非法采矿后予以购买河砂，所购河砂价值13万多元，情节严重，应当以非法采矿罪追究其刑事责任。"

案例6：夏某甲、李某甲、周某甲非法采矿罪上诉案［湖南省永州市中级人民法院（2016）湘11刑终437号］认为："上诉人唐某甲、原审被告人夏某甲、李某甲、周某甲在没有取得相关许可的情况下，非法采砂（矿），情节严重，其行为构成了非法采矿罪。本案系共同犯罪，上诉人唐某甲、夏某甲、李某甲、周某甲在共同犯罪中均起了主要作用，均系主犯。经核实，上诉人唐某甲、原审被告人夏某甲、李某甲、周某甲等人实际非法采挖河砂为2543.85立方，破坏的矿产资源价值为177,439.28元。根据《最高人民法院、最高人民检察院关于办理非法采矿、破坏性采矿刑事案件适用法律若干问题的解释》第三条一项的规定，实施非法采矿行为，开采的矿产品价值或者造成矿产资源破坏的价值在10万元至30万元以上的，应当认定为刑法第三百四十三条第一款规定的'情节严重'。上诉人唐某甲、原审被告人夏某甲、李某甲、周某甲非法开采的矿产品的价值在解释规定的够罪范围之内，其行为构成非法采矿罪。上诉人唐某甲提出'非法开采的河沙只有2534.85立方，价值只有178,067元，应当认定情节轻微，免于刑事处罚'的上诉理由不能成立，本院不予采纳。"

案例7：乔某等人非法采矿案二审刑事裁定书［安徽省阜阳市中级人民法院（2016）皖12刑终526号］认为："上诉人乔某、钱某某、原审被告人王某违反矿产资源法规定，在未取得采矿许可证的情况下，擅自盗采河砂2万吨，价值人民币40万元，情节严重，3人的行为均已构成非法采矿罪，应依法惩处。"

案例8：陈军、张显虎非法采矿二审刑事裁定书［广东省肇庆市中级人民法院（2016）粤12刑终290号］认为："上诉人陈军、原审被告人张显虎、韦文峰、吴少云无视国家法律，违反矿产资源法的规定，未取得采砂许可证而擅自抽采河砂，情节严重，其行为均已构成非法采矿罪，应依法处罚。"

案例9：张某、梁某非法采矿二审刑事裁定书［广东省肇庆市中级人民法院（2016）粤12刑终256号］认为："上诉人张某、梁某、谭某甲、黄某、原审被告人汤某、罗某、谭某乙、周某、杨某、刘某甲、吴某、方某甲无视国家法律，未取得采矿许可证而擅自采矿，其行为均已构成非法采矿罪，应依法处罚。上诉人张某、梁某、谭某甲、黄某、原审被告人汤某、罗某、谭某乙、周某、杨某、刘某甲、吴某、方某甲非法开采河砂4万立方米，价值320万元，依照相关规定，属情节特别严重，原判认定情节严重不当，应予纠正。”

案例10：郝宝×、何伯×非法采矿二审刑事裁定书［河北省保定市（地区）中级人民法院（2016）冀06刑终357号］认为：“上诉人郝宝×伙同他人未取得采矿许可证，擅自采挖建筑用河砂矿，其行为构成非法采矿罪；原审被告人何伯×明知他人非法采挖建筑用河砂，仍积极帮助联系采砂土地，其行为亦构成非法采矿罪。关于郝宝×所提的上诉理由。经查，原判已根据其在非法采矿的共同犯罪中的地位和作用，认定其系从犯，已经对其减轻处罚，其提出对其量刑过重的意见理据不足，本院不予采纳。原判认定上诉人郝宝×、原审被告人何伯×犯非法采矿罪的事实清楚，证据确实、充分，适用法律正确，量刑适当，审判程序合法。上诉人的上诉理由经查不能成立，本院不予支持。”

附录

最高人民法院关于审理矿业权纠纷案件适用法律若干问题的解释

（2017年2月20日由最高人民法院审判委员会第1710次会议通过　2017年6月24日最高人民法院公告公布　自2017年7月27日起施行　法释〔2017〕12号）

为正确审理矿业权纠纷案件，依法保护当事人的合法权益，根据《中华人民共和国物权法》《中华人民共和国合同法》《中华人民共和国矿产资源法》《中华人民共和国环境保护法》等法律法规的规定，结合审判实践，制定本解释。

第一条　人民法院审理探矿权、采矿权等矿业权纠纷案件，应当依法保护矿业权流转，维护市场秩序和交易安全，保障矿产资源合理开发利用，促进资源节约与环境保护。

第二条　县级以上人民政府国土资源主管部门作为出让人与受让人签订的矿业权出让合同，除法律、行政法规另有规定的情形外，当事人请求确认自依法成立之日起生效的，人民法院应予支持。

第三条　受让人请求自矿产资源勘查许可证、采矿许可证载明的有效期起始日确认其探矿权、采矿权的，人民法院应予支持。

矿业权出让合同生效后、矿产资源勘查许可证或者采矿许可证颁发前，第三人越界或者以其他方式非法勘查开采，经出让人同意已实际占有勘查作业区或者矿区的受让人，请求第三人承担停止侵害、排除妨碍、赔偿损失等侵权责任的，人民法院应予支持。

第四条　出让人未按照出让合同的约定移交勘查作业区或者矿区、颁发矿产资源勘查许可证或者采矿许可证，受让人请求解除出让合同的，人民法院应予支持。

受让人勘查开采矿产资源未达到国土资源主管部门批准的矿山地质环境保护与治理恢复方案要求，在国土资源主管部门规定的期限内拒不改正，或者因违反法律法规被吊销矿产资源勘查许可证、采矿许可证，或者未按照出让合同的约定支付矿业权出让价款，出让人请求解除出让合同的，人民法院应予支持。

第五条 未取得矿产资源勘查许可证、采矿许可证，签订合同将矿产资源交由他人勘查开采的，人民法院应依法认定合同无效。

第六条 矿业权转让合同自依法成立之日起具有法律约束力。矿业权转让申请未经国土资源主管部门批准，受让人请求转让人办理矿业权变更登记手续的，人民法院不予支持。

当事人仅以矿业权转让申请未经国土资源主管部门批准为由请求确认转让合同无效的，人民法院不予支持。

第七条 矿业权转让合同依法成立后，在不具有法定无效情形下，受让人请求转让人履行报批义务或者转让人请求受让人履行协助报批义务的，人民法院应予支持，但法律上或者事实上不具备履行条件的除外。

人民法院可以依据案件事实和受让人的请求，判决受让人代为办理报批手续，转让人应当履行协助义务，并承担由此产生的费用。

第八条 矿业权转让合同依法成立后，转让人无正当理由拒不履行报批义务，受让人请求解除合同、返还已付转让款及利息，并由转让人承担违约责任的，人民法院应予支持。

第九条 矿业权转让合同约定受让人支付全部或者部分转让款后办理报批手续，转让人在办理报批手续前请求受让人先履行付款义务的，人民法院应予支持，但受让人有确切证据证明存在转让人将同一矿业权转让给第三人、矿业权人将被兼并重组等符合合同法第六十八条规定情形的除外。

第十条 国土资源主管部门不予批准矿业权转让申请致使矿业权转让合同被解除，受让人请求返还已付转让款及利息，采矿权人请求受让人返还获得的矿产品及收益，或者探矿权人请求受让人返还勘查资料和勘查中回收的矿产品及收益的，人民法院应予支持，但受让人可请求扣除相关的成本费用。

当事人一方对矿业权转让申请未获批准有过错的，应赔偿对方因此受到的损失；双方均有过错的，应当各自承担相应的责任。

第十一条 矿业权转让合同依法成立后、国土资源主管部门批准前，矿业权人又将矿业权转让给第三人并经国土资源主管部门批准、登记，受让人请求解除转让合同、返还已付转让款及利息，并由矿业权人承担违约责任的，人民法院应予支持。

第十二条 当事人请求确认矿业权租赁、承包合同自依法成立之日起生效的，人民法院应予支持。

矿业权租赁、承包合同约定矿业权人仅收取租金、承包费，放弃矿山管理，不履行安全生产、生态环境修复等法定义务，不承担相应法律责任的，人民法院应依法认定合同无效。

第十三条 矿业权人与他人合作进行矿产资源勘查开采所签订的合同，当事人请求确认自依法成立之日起生效的，人民法院应予支持。

合同中有关矿业权转让的条款适用本解释关于矿业权转让合同的规定。

第十四条 矿业权人为担保自己或者他人债务的履行，将矿业权抵押给债权人的，抵押合同自依法成立之日起生效，但法律、行政法规规定不得抵押的除外。

当事人仅以未经主管部门批准或者登记、备案为由请求确认抵押合同无效的，人民法院不予支持。

第十五条 当事人请求确认矿业权之抵押权自依法登记时设立的，人民法院应予支持。

颁发矿产资源勘查许可证或者采矿许可证的国土资源主管部门根据相关规定办理的矿业权抵押备案手续，视为前款规定的登记。

第十六条 债务人不履行到期债务或者发生当事人约定的实现抵押权的情形，抵押权人依据民事诉讼法第一百九十六条、第一百九十七条规定申请实现抵押权的，人民法院可以拍卖、变卖矿业权或者裁定以矿业权抵债，但矿业权竞买人、受让人应具备相应的资质条件。

第十七条 矿业权抵押期间因抵押人被兼并重组或者矿床被压覆等原因导致矿业权全部或者部分灭失，抵押权人请求就抵押人因此获得的保险金、赔偿金或者补偿金等款项优先受偿或者将该款项予以提存的，人民法院应予支持。

第十八条 当事人约定在自然保护区、风景名胜区、重点生态功能区、生态环境敏感区和脆弱区等区域内勘查开采矿产资源，违反法律、行政法规的强制性规定或者损害环境公共利益的，人民法院应依法认定合同无效。

第十九条 因越界勘查开采矿产资源引发的侵权责任纠纷，涉及国土资源主管部门批准的勘查开采范围重复或者界限不清的，人民法院应告知当事人先向国土资源主管部门申请解决。

第二十条 因他人越界勘查开采矿产资源，矿业权人请求侵权人承担停止侵害、排除妨碍、返还财产、赔偿损失等侵权责任的，人民法院应予支持，但探矿权人请求侵权人返还越界开采的矿产品及收益的除外。

第二十一条 勘查开采矿产资源造成环境污染，或者导致地质灾害、植被毁损等生态破坏，法律规定的机关和有关组织提起环境公益诉讼的，人民法院应依法予以受理。

法律规定的机关和有关组织提起环境公益诉讼的，不影响因同一勘查开采行为受到人身、财产损害的自然人、法人和其他组织依据民事诉讼法第一百一十九条的规定提起诉讼。

第二十二条 人民法院在审理案件中，发现无证勘查开采，勘查资质、地质资料造假，或者勘查开采未履行生态环境修复义务等违法情形的，可以向有关行政主管部门提出司法建议，由其依法处理；涉嫌犯罪的，依法移送侦查机关处理。

第二十三条 本解释施行后，人民法院尚未审结的一审、二审案件适用本解释规定。本解释施行前已经作出生效裁判的案件，本解释施行后依法再审的，不适用本解释。

图书在版编目（CIP）数据

矿产资源案件胜诉实战指南：疑难案件办案思路和实务要点详解 / 唐青林，李舒，杨巍编著．—北京：中国法制出版社，2019.11

ISBN 978-7-5216-0600-3

Ⅰ.①矿…　Ⅱ.①唐…②李…③杨…　Ⅲ.①矿产资源—经济纠纷—案例—中国　Ⅳ.①D922.625

中国版本图书馆 CIP 数据核字（2019）第 226050 号

策划编辑　袁笋冰　　　责任编辑　欧　丹　　　封面设计　杨泽江

矿产资源案件胜诉实战指南：疑难案件办案思路和实务要点详解

KUANGCHAN ZIYUAN ANJIAN SHENGSU SHIZHAN ZHINAN：YINAN ANJIAN BAN'AN SILU HE SHIWU YAODIAN XIANGJIE

编著/唐青林　李　舒　杨　巍

经销/新华书店

印刷/三河市国英印务有限公司

开本/710 毫米×1000 毫米　16 开　　　印张/30　　字数/552 千

版次/2019 年 11 月第 1 版　　　2019 年 11 月第 1 次印刷

中国法制出版社出版

书号 ISBN 978-7-5216-0600-3　　　定价：125.00 元

北京西单横二条 2 号　　　值班电话：010-66026508

邮政编码：100031　　　传真：010-66031119

网址：http：//www.zgfzs.com　　　**编辑部电话：010-66066621**

市场营销部电话：010-66033393　　　**邮购部电话：010-66033288**

（如有印装质量问题，请与本社印务部联系调换。电话：010-66032926）